信息资源检索与综合利用教程

主　编　黄丹俞　徐晨飞
编　者（按姓氏笔画排序）
　　　　朱虹凌　施李丽　秦飞飞
　　　　徐晨飞　唐　昭　黄丹俞
　　　　黄桂娟　崔倩倩　端木艺
　　　　镇丽华

扫码加入读者圈
轻松解决重难点

南京大学出版社

图书在版编目(CIP)数据

信息资源检索与综合利用教程 / 黄丹俞，徐晨飞主编. —南京：南京大学出版社，2023.8
ISBN 978-7-305-26013-1

Ⅰ.①信… Ⅱ.①黄… ②徐… Ⅲ.①信息检索－高等学校－教材 Ⅳ.①G254.9

中国版本图书馆 CIP 数据核字(2022)第 135818 号

出版发行	南京大学出版社		
社　　址	南京市汉口路 22 号	邮　编	210093
出 版 人	王文军		

书　　名　**信息资源检索与综合利用教程**
主　　编　黄丹俞　徐晨飞
责任编辑　吴　华　　　　　　　　编辑热线　025-83596997
照　　排　南京南琳图文制作有限公司
印　　刷　盐城市华光印刷厂
开　　本　787×1092　1/16　印张 25.5　字数 605 千
版　　次　2023 年 8 月第 1 版　2023 年 8 月第 1 次印刷
ISBN　978-7-305-26013-1
定　　价　64.80 元

网址：http://www.njupco.com
官方微博：http://weibo.com/njupco
微信服务号：njuyuexue
销售咨询热线：(025) 83594756

扫二维码可免费获取教学资源

＊版权所有，侵权必究
＊凡购买南大版图书，如有印装质量问题，请与所购图书销售部门联系调换

代 序

　　信息检索一直是信息素养教育中信息获取能力养成的重要课题。传统的检索教育,从最初的工具书介绍,到后来对各种数字化文献信息源的认识和数据库使用能力的培养,提升了人们获取所需文献的效率。网络的发展、信息量的激增、数据的爆发性增长和社会化趋势、移动通信工具的广泛使用,一方面大大扩展了获取信息的时空领域和获取手段,另一方面也增加了人的认知负担,这些变化都给信息检索教育提出了新的要求。黄丹俞、徐晨飞老师主编的《信息资源检索与综合利用教程》正是在这一背景下编撰的。

　　虽然检索方式经历了长期从"检(线索)"到"索(取原文)"分离的手工阶段,跨越到"检""索"合一的全文时代和大量"一站式"查阅的网络时代,检索工具也由原先的一次、二次、三次文献构成的检索体系发展到以布尔逻辑检索为主的脱机和联机检索系统,再进展到利用加权检索和引文注释进行超文本链接追溯而提高了检索的个性化和准确性,实现了更为主动的知识推送服务,直至今日的大数据时代,各类型数据相互融合,统一、跨库的检索实现了数据资源的整合,形成了庞大的信息资源。但变化中也有不变的:首先,每一阶段的变化并未完全抛弃上一阶段的检索方式,而是在以往检索技术和方式的基础上"接力"和"并跑";其次,各个阶段的信息用户既从图书馆、数据库、网站等"序化"的信息资源中检索,也从非序化的信息来源中获取,如交互性强的论坛、个性化的自媒体、各种网络空间和社交软件。这两种状况要求信息检索教育在关注新技术带来变化的同时,不能忽视基础性的知识,我认为这也构成了这本教材主要特点——在方法和策略的介绍中没有偏废过去行之有效的检索技能和工具,而是将手工查找方法、传统的目录工具与现代检索技术结合在一起。

毕竟，知识隐含在各种载体上，而不同学科专业、不同教育背景、不同知识结构、身处不同信息资源环境的用户，其需求是千差万别的。教材的主编们根据这一情况设计了不同的模块，分章节介绍图书资源、学术论文资源、知识产权信息资源、标准信息资源、法律法规信息资源、统计资料信息资源和新兴网络信息资源等信息资源的检索与利用，一些"不入流"的非学术社交站点和在生活中人气很高的视音频资源进入了大学教科书，各种工具的介绍围绕"是什么""在哪里"和"怎么用"三个核心问题层层展开，既有概念的界定和资源特征的解析，又有检索技巧的介绍和应用实例的拓展，还有图示增强直观认识，让用户"知其然"也"知其所以然"，较好地处理了传承与发展、高深与普及、手检与机检、中文和外文的统一等问题，使教材具有较强的可读性和普适性。

现在的信息检索系统普遍重视了用户的个性化管理，通过积累用户行为数据，有效提高了系统的服务能力。这种注重用户管理的思想也被教材的编者吸收了，即不仅让读者知晓检索工具，也让他们学会掌握适合自己的学习方法。在"信息管理与综合利用"模块，编者通过将工具分为搜集、整理、内化、输出四类，强调将书本上的检索知识融入自身知识体系进行重构的能力和利用信息解决实际问题的能力，这是一个有益的创新性尝试，相信这种"授人以渔"教学思想有利于让广大读者真正掌握在知识海洋中撒网捕鱼的技能。

沈固朝

南京大学信息管理学院

2023 年 6 月 12 日

前言

习近平总书记在中国共产党第二十次全国代表大会指出,要以中国式现代化全面推进中华民族伟大复兴。全面建成社会主义现代化强国,首先需要建成现代化经济体系,形成新发展格局,基本实现新型工业化、信息化、城镇化、农业现代化;同时需加快建设网络强国和数字中国,全面推进教育数字化,建设全民终身学习的学习型社会、学习型大国。

信息素养是终身学习的核心要素,是适应社会信息化、数字化的综合能力,以一定的信息意识、信息知识和信息伦理为基础,包括信息需求与获取能力、信息理解与鉴评能力、信息交流与创新能力、信息管理与利用能力。本书主要为处于高等教育阶段的学生群体讲授信息资源检索与综合利用技能,聚焦课程学习情境、学术研究情境下的信息需求,同时辐射生活情境与工作情境中可能遇到的信息问题,系统阐述当代大学生所需的信息素养知识与技能。

本书共10章,分信息检索基础知识与原理(第1章~第3章)、信息资源介绍与检索实践(第4章~第8章)和信息管理与综合利用(第9章~第10章)三个模块。

"信息检索基础知识与原理"模块以概念理论介绍和方法论教学为主,强调信息理论和信息检索技术方法对于信息检索实践的指导意义。"信息资源介绍与检索实践"模块以信息资源类型作为主要归类依据,分章节介绍图书资源、学术论文资源、知识产权信息资源、标准信息资源、法律信息资源、统计资料信息资源和新兴网络信息资源等信息资源的检索与利用,各章围绕"该类信息资源是什么?"、"该类信息资源在哪里?"、"该类信息资源如何检索利用?"三个核心问题展开,对各类信息资源进行概念界定和资源特征解析,择优介绍中外代表性信息资源集合产品,讲解检索技巧和拓展功能。信息技术迅速发展，信息传播交流渠道多元、信息类型之间的耦合现象也日趋明显，信息资源集合产品（数据库）种类繁多且呈现大而全的趋势，越来越多的数据库不再囿于某一类文献资源，而是拥有多元的信息类型，实现一站式检索服务。因此，一些信息资源集合产品无法做到精确归类，本书只能以最适宜原则将其归到相应的章节中予以阐述。"信息管理与综合利用"模块强化将信息融入自身知识体系进行重构的能力和利用信息解决实际问题的能力，并以文献计量分析和科技查新为例介绍信息资源的综合利用。

本书由黄丹俞和徐晨飞担任主编，负责总体规划，设计章节布局，由10位信息检索教学实践者和研究者分工编写，具体分工如下：黄丹俞（第1—3章），黄桂娟（第4章），崔倩倩（第5章5.1、5.2、5.4、第10章10.2），端木艺（第5章5.3），朱虹凌（第6章6.1—6.2），镇丽华（第6章6.3—6.4），唐昭（第7章7.1—7.4），秦飞飞（第7章7.5—7.6），徐晨飞（第8—9章），施李丽（第10章10.1）。统稿校稿环节，黄丹俞负责1—6章的审改，徐晨飞负责7—10章的审改，由黄丹俞、徐晨飞和端木艺共同校稿。南通大学信息管理与信息系统专业20级本科生杨轲裕、孙青、肖棠和张艺琼4位同学共同参与了资料收集整理、知识框架图制作和文稿校对等辅助性工作。特别感谢南京大学出版社吴华老师为本书顺利出版所做的工作！

本书编写过程中借鉴了国内外大量的文献资源，由于编写体例的限制没有在文中一一注明，部分内容只在最后的参考文献中列出。在此，谨向各位学者表示由衷的敬意和感谢。因信息资源更新频率高、作者水平有限，本书难免存在不妥之处，恳请专家和读者批评指正。

编　者

2023年6月

目 录

第1章 绪 论
1.1 信息社会与数字化生存 ·· 2
1.2 信息素养 ·· 5
1.3 面向信息传播与交流的综合素养 ································· 7

第2章 信息与信息资源
2.1 信息 ·· 14
2.2 信息媒介 ·· 18
2.3 信息资源 ·· 29
2.4 文献信息资源 ··· 30

第3章 信息检索
3.1 信息检索基础知识 ··· 37
3.2 信息检索系统 ··· 39
3.3 信息检索技术与方法 ·· 44
3.4 信息检索策略 ··· 58

第4章 线索型信息检索工具
4.1 线索型检索工具 ·· 67
4.2 搜索引擎 ·· 71
4.3 索引文摘数据库 ·· 80

第5章 图书资源检索
5.1 图书资源概述 ·· 100
5.2 一般图书资源检索 ··· 103
5.3 国学与古籍类图书检索 ··· 123

5.4 参考工具书检索 …………………………………………………………… 144

第6章 学术论文资源检索

6.1 学术论文概述 ……………………………………………………………… 163
6.2 综合类学术信息资源库 …………………………………………………… 170
6.3 专类学术信息资源库 ……………………………………………………… 203
6.4 开放获取资源集合 ………………………………………………………… 225

第7章 专题信息资源检索

7.1 报刊信息资源 ……………………………………………………………… 229
7.2 知识产权信息资源 ………………………………………………………… 233
7.3 标准信息资源 ……………………………………………………………… 255
7.4 科技报告信息资源 ………………………………………………………… 265
7.5 法律信息资源 ……………………………………………………………… 270
7.6 统计资料信息资源 ………………………………………………………… 276

第8章 新兴网络信息资源检索

8.1 在线课程信息资源 ………………………………………………………… 285
8.2 社交媒体信息资源 ………………………………………………………… 296
8.3 网络存储信息资源 ………………………………………………………… 304
8.4 专类网络信息资源 ………………………………………………………… 307

第9章 个人学术信息管理与效率工具

9.1 个人学术信息搜集策略与工具 …………………………………………… 340
9.2 学术信息整理方法与工具 ………………………………………………… 343
9.3 学术信息内化方法与工具 ………………………………………………… 350
9.4 个人学术信息输出方法与工具 …………………………………………… 356

第10章 信息资源检索综合利用

10.1 文献计量与分析 …………………………………………………………… 366
10.2 科技查新 …………………………………………………………………… 393

主要参考文献

第 1 章 绪 论

扫码可浏览
本章学习资源

学习目标

本章系统阐述了当今社会数字环境下的信息生态特征,介绍了面向信息传播与交流的素养能力要求。要求学习者能够了解当今社会所面临的信息困境;了解信息素养的定义和能力框架;学会识别素养缺陷。

知识框架

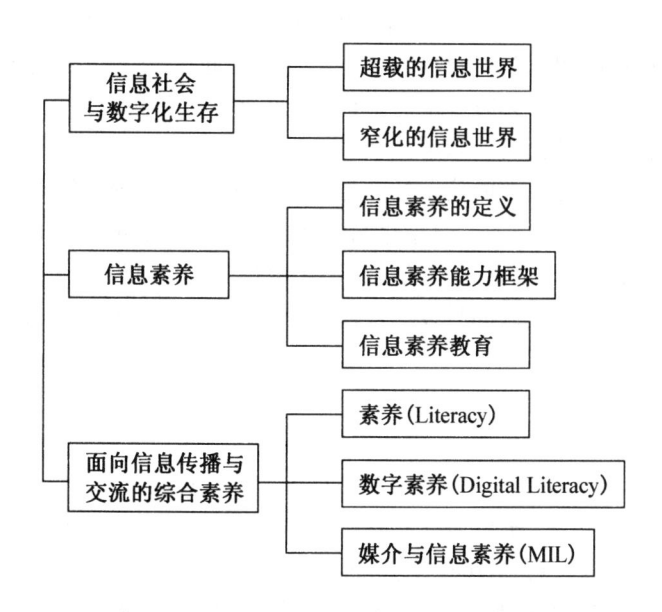

- 信息社会与数字化生存
  - 超载的信息世界
  - 窄化的信息世界
- 信息素养
  - 信息素养的定义
  - 信息素养能力框架
  - 信息素养教育
- 面向信息传播与交流的综合素养
  - 素养(Literacy)
  - 数字素养(Digital Literacy)
  - 媒介与信息素养(MIL)

1.1 信息社会与数字化生存

人类社会从洪荒到现在，经历了石器社会、农业社会、工业社会和信息社会。随着人类对自然界征服能力的增强，社会进化的步伐越来越快。人类文明中每一次科技变革和发明创造，都不断实现了人的延伸和空间的延伸。人的延伸和空间的延伸不仅带来了创新的扩散，也带来了信息的扩散和生产加速。1945年，美国的莫斯利博士和艾克特总工程师造出了世界第一台取名为ENIAC的电子计算机。1969年底，世界上有四台主机在联网运行。随着个人计算机（PC机）的出现和广泛应用，20世纪90年代PC互联网横空出世，拉开了信息社会的序幕。

在农业社会和工业社会中，物质和能源是主要资源，所从事的是大规模的物质生产。而在信息社会中，信息成为与物质和能源同样重要的资源，以开发和利用信息资源为目的的信息经济活动迅速扩大，成为国民经济活动的主要内容，信息产业蓬勃发展。在信息产业领域，大量的人才从事信息资源和信息技术的研究、开发与利用工作，企业以信息及其设备等产品为主要产出，生产信息产品和提供信息服务。因此，信息社会以信息技术为基础，以信息资源为基本发展资源，以信息服务性产业为基本社会产业，以数字化和网络化为基本社会交往方式，是一种新型社会。

信息社会的主体互联网，为我们创造了一个绚丽多彩的数字化虚拟世界，给予了我们美轮美奂的视觉体验，更切切实实地通过信息技术改变着我们的工作、生活、学习和娱乐。随着信息传播技术和载体介质技术不断突破，互联网从1.0发展到2.0，再进阶到移动网络、物联网，信息空间更加广阔，信息的数量、形态随着媒介技术的发展不断丰富。信息环境发生了巨大变化，我们比以往任何时候都能更快、更便捷地获取和传播信息，也比以往任何时候都更依赖信息技术、信息化设备和信息资源。

在未来学家的眼中，理想中的信息社会是在信息的搜集、处理、流通、控制和利用方面高度发达的社会。但现实却是当下的信息化潮流在给予我们便利的同时也带来了一系列的问题——信息爆炸、信息泛滥、信息冗余、信息污染、信息失真、信息茧房……信息生态环境庞大而混沌，"熵"值并没有因我们的科技进步而变小，反而在庞大混沌和狭窄封闭之间变得两极魔幻。

1.1.1 超载的信息世界

英国学者詹姆斯·马丁统计，人类知识的倍增周期，在19世纪为50年，20世纪前半叶为10年左右，到了70年代，缩短为5年，80年代末几乎到了每3年翻一番的程度。近年来，全世界每天发表的论文达13 000～14 000篇，每年登记的新专利达70万项。新理论、新材料、新工艺、新方法的不断出现，使知识老化的速度加快。据统计，一个人所掌握的知识半衰期在18世纪为80—90年，19—20世纪为30年，20世纪60年代为15年，进入80年代，缩短为5年左右。近30年来，人类生产的信息已超过过去5000年信息生产的总和。根据我国新闻出版署发布的报告，2020年全国共出版图书、期刊、报纸、音像制品和电子出版物417.51亿册（份、盒、张）。

互联网上每分钟都在发生无数的下载和上传、发布和搜索。生活的每一个方面,从工作到锻炼,全都转移到了线上,人们越来越依靠 APP 和网络进行社交、教育和娱乐。云计算软件公司 Domo 公司 2021 年发布的全球主流互联网平台 1 分钟内正在进行的活动量信息图显示:每分钟有 570 万次 Google 搜索,每分钟 Facebook 用户分享 24 万张照片,Instagram 用户每分钟发布 6.5 万张照片。另外一份由 Lori Lewis 汇编并发布在网站 AllAccess 上的数据显示,2021 年网络上的 60 秒包括:上传到 YouTube 的 500 多个小时的内容、在 Instagram 上分享的 695 000 条故事以及通过 WhatsApp 和 Facebook Messenger 发送的近 7000 万条消息。国际数据公司(IDC)发布白皮书 *Data Age 2025*,以"世界的数字化由边缘到核心"为主题,预测 2025 年全球数据量总和将高达 175ZB。(如图 1-1)

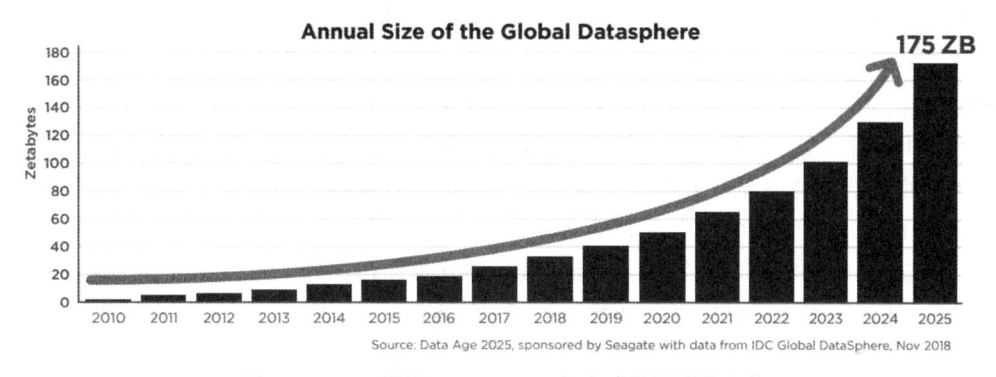

图 1-1 IDC 预测 2010—2025 年全球数据量的变化

IDC 定义了数字化以及数字化内容创建的三个主要位置:核心(传统和云数据中心)、边缘(由企业强化的基础设施,如基站和分支机构)和端点(电脑、智能手机和物联网设备)。无论数据是被创建、采集或是复制,所有这些数据的集合称为全球数据圈。

以上所述现代出版信息和互联网数据数量极度膨胀的现象被称为"信息爆炸""信息泛滥"。信息爆炸表现在五个方面:① 新闻信息飞速增加;② 娱乐信息急剧攀升;③ 广告信息铺天盖地;④ 科技信息飞速递增;⑤ 个人接受严重"超载"。

面对极度膨胀的信息量,面对"混沌信息空间"和"数据过剩"的巨大压力,人们对于信息的苦苦追求和期待忽然间变得踟蹰了。因为即使每天 24 小时看这些信息,也阅读不完,更何况,其中存在着大量无用的、同质化的、质量不佳的甚至不真实的信息。汹涌而来的信息使人们无所适从,从浩如烟海的信息海洋中迅速而准确地获取自己最需要的信息,变得非常困难。信息是减少不确定性的东西,但是现阶段,我们所面对的信息世界已经完全超出了个人应对处理能力范围,我们的不确定性反而增加了,就如同面临一个房间的四五个钟表一样,不知道哪个时间是对的,也就不存在消除不确定。"超载"不只是因为信息太多,还包括信息质量不佳、同质化严重等,冗余信息、虚假信息、污秽信息使得人们花费大量的精力去甄别信息,令人认知产生迷失感,生活和工作中选择与决策困难,导致身心疲惫,安全感和幸福度下降。

1.1.2 窄化的信息世界

当人们面对超载的信息时,只能选择性地接触部分信息,从浩瀚无边的信息海洋中逃离,进入到一个窄化的信息世界中。这种窄化的信息世界被形象地称为信息茧房。

"信息茧房"(Information Cocoons)这一概念由哈佛大学凯斯·桑斯坦教授在其著作《信息乌托邦——众人如何生产知识》中首次提出。桑斯坦教授认为"信息茧房"是人们对信息进行选择的结果,并将其定义为一种特殊的信息世界——我们(信息传播中用户)只关注自己感兴趣的内容、使自己感到安慰和愉悦的传播世界,如同置身于蚕织就的茧房。

信息茧房的相似概念有"回音室"(Echo Chambers)、"我的日报"(the Daily Me)、"网络巴尔干化"(Cyber-balkanization)、"围墙花园"(Walled Garden)、"过滤气泡"(Filter Bubble)等。其中,由《泰晤士报》文学副刊于1980年提出的回音室效应和由美国科技企业家和活动家伊莱·帕里泽(Eli Pariser)于2011年提出的过滤气泡概念备受讨论。回音室效应,指的是人们每天都在跟与自己想法一致的人交流互动,从而陷入了设计好的封闭小圈子。在回音室内部,同质化的声音不断得到加强,往往会滋生出盲目自信和极端主义。过滤气泡概念是伊莱·帕里泽在其出版的《过滤气泡:互联网对你隐藏了什么》一书中提出的,他认为用户在网络上搜索结果的差异是由搜索引擎的个性化推荐算法导致的。基于算法推荐的信息内容分发,造成了千人千面的信息内容消费形态。

信息茧房、回音室和过滤气泡,三者常被交替互换使用。这三个概念的相同之处在于都强调同质化信息,反映了对信息的选择性趋近/回避现象;不同之处是信息茧房强调个体主动的选择性接触,仅获取想要的信息,回音室强调信息用户仅与志同道合的人交流,过滤气泡强调平台及其算法技术导致的内容差异。

当人们面对大量丰富的信息无法选择,习惯被动接收已经被过滤后的信息时,容易失去理解世界的主动权。你以为你看到的东西是世界的全部,其实它只是别人出于商业目的想让你看到的而已。不知不觉中,我们以选择性接触心理为丝、以浏览历史为线、以算法为支架给自己织就一个信息的茧房。处于信息茧房中的人们视角是狭小和封闭的,每个人只对自己感兴趣的领域和话题兴致勃勃,而逐渐消散对公共话题的关注,经一定时间发酵后外界异质信息无法进入,从而使得人们的信息行为不断固化、信息视野不断窄化,最终受困于狭小、封闭的个人信息世界中。倘若信息用户长期忽略或不关注异质性信息,失去信息偶遇的机会,远离开放多元的信息环境,会导致思维方式固化、对事物的偏见加深,甚至会造成意见领袖极权、从众现象严重、沉默的螺旋扩大、群体意见极化等负面影响,失去创新力,又会进一步对社会凝聚和国家稳定造成破坏。

在数字化进程不断加快的信息社会,我们不能在过量的信息中迷失,也不能受困于狭窄的信息茧房,拒绝被算法算计、被投喂信息,要学会掌握获取信息的主动权。国际图联在《信息获取和发展里昂宣言》中强调,增强信息与知识获取是可持续发展的支柱,而全民素养是信息与知识获取的基础。因此,在《信息获取与发展报告》(Development and Access to Information (DA2I) Report)的2019更新版本中,强调数字时代的信息获取,需要将媒介与信息素养、数字素养、数据素养等纳入教育体系,以提升全民素养,确保广大的年轻人积极参与社会、实现自己的目标,并开发自己的知识和潜能。

1.2 信息素养

英国纽卡斯尔大学教育技术学教授、云端教育的发起者苏伽特·米特拉(Sugata·Mitra)被称为教育创新者,是2013年TED奖获得者,获得了有史以来第一个100万美元大奖,其重构未来教育的思想在国际社交媒体上引发热议。苏伽特·米特拉教授认为农耕时代、工业时代和信息时代对人类生存技能的要求是不一样的,教育内容应随着社会发展的需要而适时改变,原有的教育内容框架和教育方式亟待变革。他认为,未来的教育体系中可以设计这样一门课程,这门课只需要教授学生三项技能——阅读理解能力(Reading Comprehension)、信息搜寻和检索能力(Information Search and Retrieval Skills)和信息鉴别评价能力(How to Believe)。如果在教育中尽早地将这三项技能传授给孩子,让他们建立一套自我评判机制,那他们就能够拥有与教条抗衡的能力,并实现自我学习和探索创新。

苏伽特·米特拉教授所说的这三项技能可以用一个专业术语来形容——信息素养。信息素养被认为是21世纪终身学习的核心要素。

1.2.1 信息素养的定义

信息素养(Information Literacy)是一个舶来词汇,一般认为最早是在1974年由美国信息产业协会主席保罗·泽考斯基(Paul Zurkowski)提出,指的是利用大量的信息检索工具及主要信息源使问题得到解答的技术和技能。1989年美国图书馆协会(ALA)对其进行了简单定义,认为信息素养包括以下内容:能够判断什么时候需要信息,懂得如何获取信息,以及如何评价和有效利用所需信息。这是目前最为大众所知晓和接受的定义,也是现如今国际图联信息素养委员会官网上给出的定义。1992年,"Information Literacy"被教育资源文献数据库(ERIC)正式纳入索引词典,成为图书馆与信息科学领域、教育学领域的研究热点。近年来,随着对信息素养研究的深入,一些机构和组织也给出了它们的描述来定义信息素养。例如,美国大学与研究图书馆协会(ACRL)认为信息素养是一组综合能力,包括对信息的反思性发现、理解信息如何被创建和评价、利用信息创造新知识和合理合法地参与到学习团队中;英国图书信息专业委员会(CILIP)认为信息素养是对发现和使用的信息进行批判性思考和做出平衡判断的能力,它使我们作为公民能够形成明智的观点,并充分参与社会。

1.2.2 信息素养能力框架

信息素养到底包含哪些能力范畴呢?可以通过细化的能力指标体系或框架来深入了解。

国际上较有影响力的信息素养能力框架或标准有:美国大学与研究图书馆协会(ACRL)发布的《高等教育信息素养框架》(2000)、澳大利亚和新西兰信息素养研究所和澳大利亚大学图书馆委员会发布的《澳大利亚和新西兰信息素养评估框架》(2004)、英国国立和大学图书馆协会(SCONUL)制定的《信息素养七要素标准》(2011)等。其中,知名度和影响力最大的是ACRL发布的《高等教育信息素养框架》。2015年,ACRL发布全新的《高等教育信息素养框架》，以元素养为核心理念，由 6 个要素（阈值）组成，分别是：权威的构建型与情境性、信息创建的过程性、信息的价值属性、探究式研究、对话式学术研究和战略探索式检索，每个要素（阈值）由知识技能（Knowledge Practices）和行为方式（Dispositions）来阐明与这些阈值概念相关的重要学习目标。该框架主要采纳了"元素养"的概念，强调元认知和批判式反省，以应对快速变化的信息生态环境。这版新修订的信息素养框架更多地聚焦一组相互关联的核心概念和理念的认知，打破了该机构于 2000 年制定的《高等教育信息素养标准》体系结构。迄今为止，2000 年版的 ACRL 信息素养标准仍在国际上具有较广泛的影响力，许多国家和机构颁布的信息素养标准均以此为模板或参照。该标准体系围绕信息检索与利用的完整过程，由 5 大标准、22 项表现指标及 87 项具体评价指标组成，5 大标准包括：

① 能确定所需信息的类别和范围；
② 能有效地和快速地获取所需的信息；
③ 能有效地利用所获取的信息实现特定的目标；
④ 能批判性地评价信息及其信息源，并有选择地将信息融入自身知识库和价值体系中；
⑤ 了解信息和信息使用相关的经济、法律和社会问题，并能合理合法地获取和使用信息。

我国学者和团队构建的本土化信息素养指标体系权威度和受关注度不高，相对影响力较广且由专业研究机构发布的信息素养框架有三个，分别是《北京地区高校信息素质能力指标体系》(2005)、《高校大学生信息素质指标体系（讨论稿）》(2008)和《高校学生信息素质综合水平评价指标体系》(2005)。其中，《高校大学生信息素质指标体系（讨论稿）》(2008)是在《北京地区高校信息素质能力指标体系》的基础上修改完善的成果，两者重合度较高，综合而言，两个指标体系揭示的信息素养能力一级能力范畴包含以下几个方面：

① 了解信息以及信息素质能力在现代社会中的作用、价值与力量；
② 确定所需信息的性质与范围；
③ 有效地获取所需要的信息；
④ 正确地评价信息及其信息源，并且把选择的信息融入自身的知识体系中重建新的知识结构；
⑤ 有效地管理、组织与交流信息；
⑥ 有效地利用信息来完成一个具体的任务；
⑦ 了解与信息检索和信息利用相关的法律、伦理和社会经济问题，能够合理、合法地检索和利用信息。

综上，本书认为：信息素养是一种适应现在信息社会的综合能力，是知识、技能和态度（包括权利、原则、价值观和态度）这三个认知要素的综合体现，以一定的信息意识、信息知识和信息伦理为基础，包括信息需求与获取能力、信息理解与鉴评能力、信息交流与创新能力和信息管理与利用能力，特别强调将信息融入自身知识体系进行重构的能力和利用信息解决实际问题的能力。

1.2.3 信息素养教育

教育部于 1984 年 2 月发出《印发〈关于在高等学校开设"文献检索与利用"课的意见〉的通知》，《通知》说"如何提高大学生的自学能力和独立研究问题的能力，是造就四化建设需要的专门人才的重要课题,也是教学改革应当重视和研究的课题。""近几年,一部分高校图书馆和一些专业课教师给学生开设了《文献检索与利用》的课程或讲座,所花时间不多,但对培养学生的能力,收到了较好的效果。从国外的经验和教育发展的趋势来看,这是一门很有意义的课,凡有条件的学校可作为必修课,不具备条件的学校可作为选修课或先开设专题讲座,然后逐步发展、完善。"《通知》中建议课程内容大致可归纳为以下几个方面:

① 文献与文献检索的基本知识;
② 主要检索工具的内容、结构及查找方法;
③ 主要参考工具书的内容、作用及使用方法;
④ 在上述内容的基础上,根据实际需要和可能的条件,适当增加阅读方法与技巧、文献整理与综述、情报分析研究以及论文写作方法等内容。

该《通知》是教育部重点部署文献(信息)检索能力培养的起点,之后也陆续出台了相应的指导文件进行跟进(1985/1992)。21世纪,随着信息技术及互联网络的迅速发展,课程经历发展与演进,"文献"拓展为更广泛意义上的"信息",聚焦于信息的搜寻、获取、理解、评价、管理、利用等技能,强调信息意识与信息伦理道德问题,即信息素养能力教育。与此同时,课程名称的核心关键词逐渐被"信息检索""信息素养"等术语替代。

近年来,随着我国教育信息化和现代化不断推进,教师和学生的"信息素养"教育问题备受关注。教育部发布的《中小学信息技术课程指导纲要(试行)》提出:要培养学生对信息技术的兴趣和意识,使学生具有获取信息、传输信息、处理信息和应用信息的能力,教育学生正确认识和理解与信息技术相关的文化、伦理和社会等问题,负责任地使用信息技术。《普通高中信息技术课程标准(2017版)》提出要全面提升学生的信息素养,帮助学生成为数字化时代的合格中国公民。2018年发布的《教育信息化2.0行动计划》中,强调要将教育重心从提升师生信息技术应用能力向全面提升其信息素养转变。2021年3月,教育部发布《高等学校数字校园建设规范(试行)》,规范要求"高等学校应积极开展信息素养培养,融合线上与线下教育方式,不断拓展教育内容,开展以学分课程为主、嵌入式教学和培训讲座为辅、形式多样的信息素养教育活动,帮助用户不断提升利用信息及信息技术开展学习、研究和工作的能力"。

可见,信息素养教育贯穿教育体系的各个阶段,信息素养是适应信息化社会与数字化发展的必备能力。

1.3 面向信息传播与交流的综合素养

1.3.1 素养(Literacy)

信息素养(Information Literacy)短语中的核心词是 literacy,那么什么是 literacy 呢? 据牛津英语词典,英语词汇"illiterate"(文盲)、"literate"(识字的)出现于16世纪中叶(1556年左右),即古腾堡印刷术发明后的一百年左右,其时代背景是古腾堡印刷术进入实用阶段,印刷革命让书籍成为日常消费品,阅读从稀有变得普遍,信息的交流和传播进一步突破时空限制,人类社会经历了一次信息爆炸。因此,就出现了"literate"和"illiterate"来区分具有读、写、算能力的受过教育的人和文盲。19世纪出现了单词"literacy"表示"literate"的状态或能力,可简单理解为是具有读、写、算的能力。

科技发展正快速改变着媒介和阅读形态,除了具备基本的读写能力,我们还需具备不同的能力去解码各类信息,"literacy"的含义随之扩展。牛津英语词典中,"literacy"的一个义项表述为:与修饰词组合后表示"阅读"某一主题或某种媒介的能力(即:信息解码能力)。在这种情境下,中文翻译都用"素养"来表述,如我们所熟知的信息素养(Information Literacy)、科学素养(Scientific Literacy)等。

因此,我们可以先把素养分为两种:基础素养(Basic Literacy)和高级素养(Advanced Literacy)。基础素养指的是读、写、算能力,即素养的基本含义,为了与高级素养相对应而加了"基础"前缀;高级素养则指的是与限定词组合后的素养类型。据不完全统计,形形色色的高级素养类型达近40种。这些素养可以大致分成两个类型,一类是面向专业领域的主题素养,如科学素养(Scientific Literacy)、健康素养(Health Literacy)、经济素养(Economic Literacy)等;另一类是面向信息传播与交流的通用素养,代表性的有文本素养(Text Literacy)、信息素养(Information Literacy)、媒介素养(Media Literacy)、视觉素养(Visual Literacy)、计算机素养(Computer Literacy)、ICT素养、数字素养(Digital Literacy)、数据素养(Data Literacy)等。数字化和媒介融合使得信息交流模式变得较为复杂,淡化了不同信息传播与交流素养之间的界限,因此,面向信息传播与交流的通用素养还衍生出了不少泛化的复合素养概念,如元素养(Metaliteracy)、跨媒体素养(Transliteracy)、媒介与信息素养(Media and Informational Literacy)等。(如图1-2)

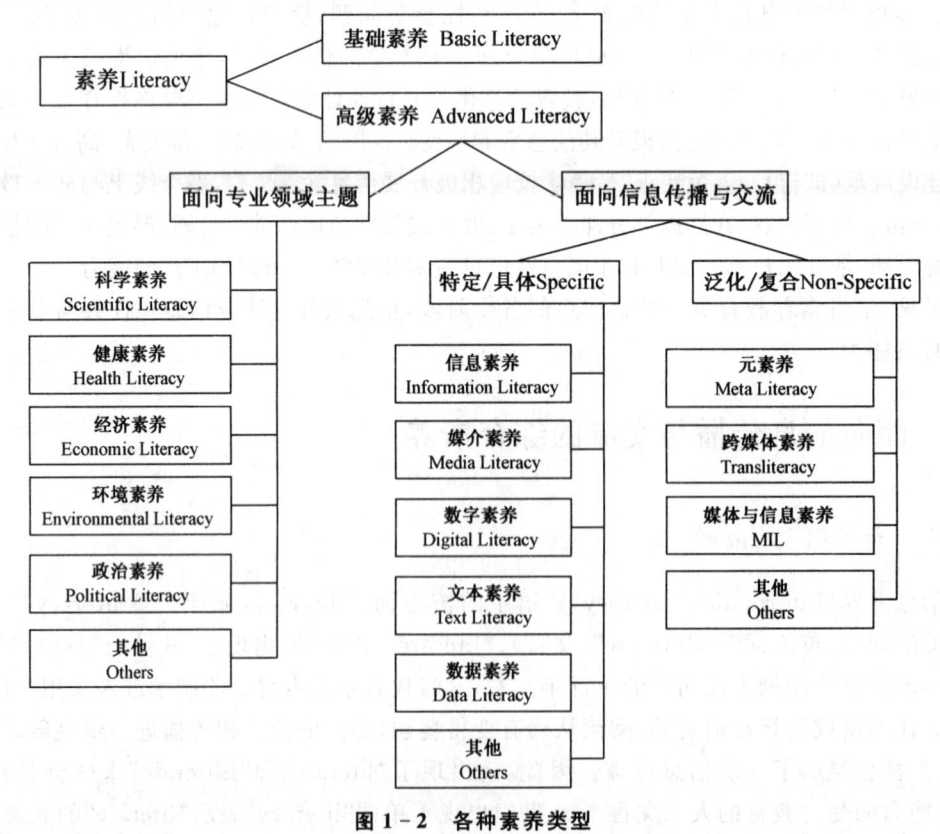

图1-2 各种素养类型

面向专业领域的主题素养帮助人们去更好地理解信息内容和涵义,如:具有较高经济素养的人会更好地理解经济学的专有名词和指标,并对经济方面的报道更具有敏感度和判断力。面向信息传播与交流的通用素养则帮助人们去适应各种信息的符号体系和媒介载体形态(声、图、字、像都有一套属于自己的"语言"符号表达体系,印刷媒介、影视媒介、网络媒介也是各具传播特性),如:具有较好媒介与信息素养的人可以更好地适应媒介与信息形态,能多渠道浏览、搜寻、感知和定位有价值的信息,并具有较好的媒介批判性,能够对信息进行鉴别和评价。

在众多高级素养能力中,国际图联(IFLA)所代表的图书馆与信息科学领域主要致力于研究和推广面向信息传播与交流的通用素养,重点是信息素养(布拉格宣言,2003;亚历山大宣言,2005)、媒介与信息素养(莫斯科宣言,2012)和数字素养(数字素养声明,2017)这三个。在《信息获取与发展报告》(Development and Access to Information (DA2I) Report)2017和2019的更新版本中,IFLA认为基础的(读写能力)素养已经无法适应数字时代的信息获取,需要将素养的概念进行扩展,将媒介与信息素养、数字素养、数据素养等都要纳入进来,以提升全民素养(Universal Literacy)。

1.3.2 数字素养(Digital Literacy)

2021年10月18日,中共中央政治局就推动我国数字经济健康发展进行第三十四次集体学习,习近平总书记在主持学习时强调"数字经济事关国家发展大局,要做好我国数字经济发展顶层设计和体制机制建设,加强形势研判,抓住机遇,赢得主动。各级领导干部要提高数字经济思维能力和专业素质,增强发展数字经济本领,强化安全意识,推动数字经济更好服务和融入新发展格局。要提高全民全社会数字素养和技能,夯实我国数字经济发展社会基础"。在此背景下,中央网络安全和信息化委员会在11月初发布《提升全民数字素养与技能行动纲要》,对提升全民数字素养与技能做出安排部署,提出构建终身数字学习体系的任务纲领,引发教育界热议,如何开展数字素养教育成为了当下的热点。

1. 数字素养定义

"数字素养"这一概念因保罗·吉尔斯特(Pol Gilster)的《数字素养》(Digital Literacy)一书而流行起来,他将数字素养定义为批判性地理解和使用计算机接收到的各种形式和各种来源的信息的能力,主要包括获取、理解和整合数字信息的能力,如网络搜索、超文本阅读、数字信息批判与整合等。2012年,美国图书馆协会(ALA)数字素养任务小组将"数字素养"定义为:利用信息与通信技术检索、理解、评价、创造并交流数字信息的能力,这个过程需具备认知技能及技术技能。联合国教科文组织制订《数字素养全球框架》(Digital Literacy Global Framework)的项目小组按照研究目的,对来自政府和非政府机构的不同的有关框架进行了研究,对数字素养进行了以下定义:数字素养就是为了就业、体面工作和创业,通过数字技术安全适当地获得、管理、理解、整合、沟通、评价和创造信息的能力,它包括以各种方式提到的素养,如计算机素养、ICT素养、信息素养和媒介素养。

2. 数字素养能力框架

从数字素养的定义无法明确其到底是包含哪些能力要素。我们可以借助已有的数字素养能力框架来进一步了解。欧盟委员会的《数字素养框架》(The Digital Competence Framework)将数字素养能力概括为5个素养域和21个具体素养指标,5个素养域分别为信息与数据素养域、交流与协作域、数字内容创建域、安全域和问题解决域。联合国教科文组织(UNESCO)以欧盟委员会的数字素养框架2.0作为初始参考框架,制定了《全球数字素养框架》,将能力范畴扩充为7个素养域和26个具体素养指标。UNESCO制定的数字素养框架在体系和内容上体现了对欧盟委员会数字素养框架的传承和扩展(见表1-1)。

表1-1 数字素养能力指标

素养域	具体素养
0 硬件和软件基础	0.1 基本的硬件知识,如开关、调控和锁定等 0.2 基本的软件知识,如账号密码管理、登录和隐私设置等
1 信息和数据素养	1.1 浏览、搜索和过滤数据、信息和数字内容 1.2 评价数据、信息和数字内容 1.3 管理数据、信息和数字内容
2 交流与协作	2.1 通过数据技术互动 2.2 通过数据技术分享 2.3 通过数据技术以公民身份参与 2.4 通过数据技术合作 2.5 网络礼仪 2.6 管理数字身份
3 数字内容创建	3.1 开发数字内容 3.2 整合并重新阐述数字内容 3.3 版权和许可证 3.4 编程
4 安全	4.1 设备保护 4.2 个人数据和隐私保护 4.3 保护健康和福祉 4.4 环境保护
5 问题解决	5.1 解决技术问题 5.2 发现需求和技术响应 5.3 创造性地使用数字技术 5.4 发现数字能力鸿沟 5.5 计算思维
6 职业相关能力	6.1 操作某一特定领域的专业化的数字技术 6.2 解释和利用某一特定领域的数据、信息和数字内容

注:下划线部分是UNESCO新增的指标内容,其他部分是原有DigComp 2.0的指标内容。

1.3.3 媒介与信息素养(MIL)

"媒介与信息素养"的英文表述是"Media and Information Literacy",是UNESCO在2008年提出并积极推动的一个复合素养概念。根据UNESCO给出的定义,媒介与信息素养(Media and Information Literacy,以下简称MIL)涵盖了信息素养、媒介素养、数字素养、

ICT素养等多个素养(如图1-3),是一种能够批判地、合理合法地获取、理解、评价、利用、创造和分享各类型媒介信息与知识的综合能力(包含知识、技能和态度)。

联合国教科文组织发布了《全球媒介与信息素养评估框架:国家状况与能力》,表明MIL能力由3大核心构成要素组成,分别是① 获取与检索;② 理解与评价;③ 创建与分享。这3个核心构成要素在能力矩阵中用获取、评价和创建这三个词分别表述:"获取"的含义是"识别需求、具备搜索能力,并最终检索和获取到所需的信息与媒介内容";"评价"的含义是"理解、评估和评价信息与媒介";"创建"的含义是"信息与媒介内容的创新、利用和监督"。MIL评估框架的二级维度是将3个核心构成要素分别扩展至4项主题内容,形成12项MIL主题内容及相对应的12项能力要求(见表1-2)。

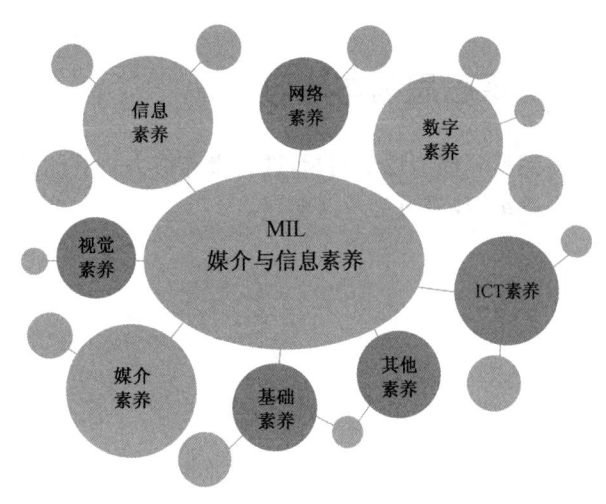

图1-3 媒介与信息素养概念示意图

表1-2 MIL核心要素、主题内容和能力要求

核心要素	主题内容	能力
获取 Access	1.1 信息需求的定义和表达 1.2 信息和媒介内容的搜索与定位 1.3 获取信息、媒介内容、接触媒介与信息提供者 1.4 检索以及保留/存储信息和媒介内容	通过多种渠道阐释和表达信息需求,明确信息与媒介内容的特性、角色和范围; 搜寻与定位信息与媒介内容; 快速、高效并规范地访问信息、媒介内容以及媒介与信息提供者; 使用多种方法和工具检索并临时保存信息与媒介内容。
评价 Evaluate	2.1 理解媒介和信息 2.2 对信息和媒介内容,以及媒介和信息提供者的评估 2.3 对信息和媒介内容,以及媒介和信息提供者的评价 2.4 组织信息和媒介内容	理解媒介与信息提供者在社会中的必要性; 评估、分析、比较、表达和应用初级标准来评估检索到的信息、信息源,评价社会媒介与信息提供者; 对收集到的信息与媒介内容、来源和提供者进行评价和认证; 对收集到的信息与媒介内容进行整合与组织。
创建 Creation	3.1 知识的创新和创造性表达 3.2 以合乎伦理和有效的方式交流信息、媒介内容和知识 3.3 作为公民积极参与社会公共活动 3.4 监督信息、媒介内容、知识生产、利用以及媒介和信息提供者的影响	基于某特定目标,以一种新颖、符合道德规范和创新的方式来创建新的信息、媒介内容或知识; 以合理、合法和高效的方式使用合适的渠道和工具进行信息、媒介内容和知识的交流; 与媒介与信息提供者接洽,以符合道德、高效的方式通过各种方法进行自我表达、跨文化对话和参与民主; 监控已创建和已传播信息、媒介内容和知识的影响。

课后思考与练习

对照素养能力评价指标,进行素养能力自我测评。逐条对应,每一项要求可以分低、中、高三个等级,找到自己的薄弱点。

第 2 章　信息与信息资源

☞ 扫码可浏览
本章学习资源

学习目标

了解信息的定义与特征；了解信息表达、存储和传播过程中所依附的媒介特性及其演变历史；掌握信息资源的类型，特别是文献信息资源的类型和特征；了解信息资源的获取途径。

知识框架

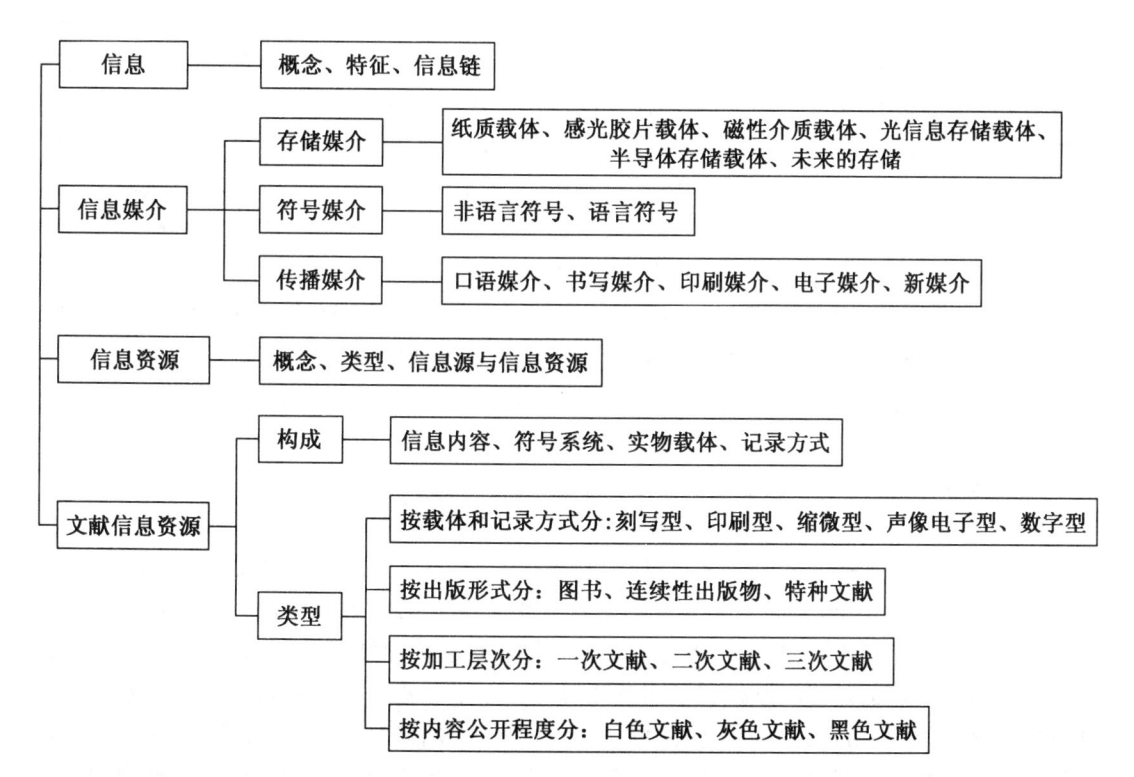

- 信息 —— 概念、特征、信息链
- 信息媒介
  - 存储媒介 —— 纸质载体、感光胶片载体、磁性介质载体、光信息存储载体、半导体存储载体、未来的存储
  - 符号媒介 —— 非语言符号、语言符号
  - 传播媒介 —— 口语媒介、书写媒介、印刷媒介、电子媒介、新媒介
- 信息资源 —— 概念、类型、信息源与信息资源
- 文献信息资源
  - 构成 —— 信息内容、符号系统、实物载体、记录方式
  - 类型
    - 按载体和记录方式分：刻写型、印刷型、缩微型、声像电子型、数字型
    - 按出版形式分：图书、连续性出版物、特种文献
    - 按加工层次分：一次文献、二次文献、三次文献
    - 按内容公开程度分：白色文献、灰色文献、黑色文献

2.1 信息

2.1.1 信息的概念

信息是当今社会人们使用频率最高的词汇之一。《现代汉语词典》(第7版)中的"信息"释义为：① 音信、消息；② 用符号传送的报道，报道传送的内容是接收符号者预先不知道的。

最早将信息作为科学对象加以研究的是通信领域，主要从通信视角探讨信息由信源经信道传递到信宿过程中信息的量化问题，认为信息是可测的，可以用数学方法加以测度。

美国学者哈特莱(R. V. L. Hartley, 1890—1970)提出了信息定量化的初步设想。1928年，他在论文《信息传输》(Transmission of Information)中把信息定义为选择通信符号的方式，并用选择的自由度来计量这种信息的大小，将消息数的对数定义为信息量，即信息是选择的自由度。

1948年，控制论的创始人、信息论的先驱诺伯特·维纳(Noebert Wiener, 1894—1964)出版了《控制论：或关于在动物和机器中控制和通信的科学》(Cybernetics: Or the Control and Communication in the Animal and the Machine)，信息论创始人香农(Claude Elwood Shannon, 1916—2001)发表论文《通信的数学理论》(A Mathematical Theory of Communication)，两位先驱不约而同地用"熵"来表示信息的量化，提出了度量信息量的公式。维纳认为"信息是信息，不是物质，也不是能量，不承认这一点的唯物论，在今天就不能存在下去"，首次将信息与物质、能量相提并论，将"信息"上升到"最基本概念"的位置。根据维纳的观点，物质、能量和信息是相互有区别的，是人类社会赖以生存、发展的三大基础：世界由物质组成，能量是一切物质运动的动力，信息是人类了解自然及人类社会的凭据。物质和能量可以量化，信息也可以被量化。维纳这样定义了信息：信息是人们适应外部世界并且使这种适应反作用于外部世界的过程中，同外部世界进行互相交换的内容的名称。香农则对信息这样描述：信息是随机不确定性的减少，亦即信息是用来减少随机不确定性的东西。香农用"信息熵"来描述信源的不确定度，用来表示对信息的量化度量。"信息熵"和概率有关，当概率大的时候，信息量小，当概率小的时候，信息量大。信息熵越大，可以或需要输入的信息量越大。比如说，针对某一个学术主题，手头资料很少，做出正确判断和总结的概率就小，不确定的东西就越多，信息熵大，需要输入较多的信息量；反之，当看的资料越多，知道得越多，做出正确判断和总结的概率越大，确定的东西就越多，信息熵就越小，需要输入的信息量就小。

1956年，法国物理学家莱昂·布里渊(Léon Brillouin, 1889—1969)发表《科学与信息论》(Science and Information Theory)专著，以维纳和香农的成果为基础，从热力学和生命等许多方面探讨信息论，把热力学熵与信息熵直接联系起来，使热力学中争论了一个世纪之久的"麦克斯韦妖"的佯谬问题得到了满意的解释。布里渊进一步指出，信息量所表示的是体系的有序度、组织结构程度、复杂性、特异性或进化发展程度，这是熵(无序度、不定度、混乱度)的矛盾对立面，即负熵。他认为，信息代表着秩序，代表着外部输入的有序能量，增强了系统的有序度，也就降低了系统的无序度，使系统熵减。由此，布里渊给出了一个经典论断：信息是负熵，可以降低系统的熵。

这几位通信领域的先驱对信息的探讨虽局限于通信系统中信息的量，并未对信息的内容与效用价值等方面有所涉及，但却具有里程碑意义，对于后人从哲学和认识论层面去理解信息具有重要参考价值。由于信息自身的复杂性、研究视角差异和时代的变迁，不同领域的学者对信息概念做出了许多不同的解释，本书不再进行回顾和赘述。

当我们明白信息是选择的自由度、信息是随机不确定性的减少、信息是负熵后，对于什么是信息，还可以从本体论层次和认识论层次两个角度来进一步理解：

从本体论层次看，信息是事物运动状态及其状态变化方式的自我呈现和自我表述。这里的"事物"，泛指存在于人类社会、思维活动和自然界中一切可能的对象；"运动"，泛指一切意义上的变化；"运动状态"，是事物在空间上变化所展示的性质与态势；"状态变化方式"则是该事物运动在时间上所呈现的过程和规律。本体论层次上的信息，没有任何约束条件，是最普遍意义上的信息，是与物质和能量等同的客观存在。

从认识论层次来看，信息是主体所感知或表述的关于事物运动状态及其状态变化方式的外在形式、内在涵义和效用价值。认识论层次的信息以认知主体的存在为前提。作为支配人类基本活动的三大要素之一，信息在被人类这个认知主体感知、理解和利用的过程中获得存在感：首先，作为主体的人具有感知能力，能够感知到事物的存在和运动状态（外在形式）；其次，作为主体的人具有理解能力，能理解事物的存在和运动状态的特定含义（内在涵义）；最后，作为主体的人具有目的性，能判断事物的存在方式和运动状态对其目的而言的作用（效用价值）。

本书主要讲授信息资源检索与综合利用，就是基于认识论层次，培养和提升主体对信息的感知能力、理解能力和利用能力。

2.1.2 信息的特征

物质、能量和信息是人类社会赖以生存、发展的三要素，但信息与其他两者具有显著的区别。我们可以通过了解信息的一些特征来加深对信息的认识：

1. 普遍性与客观性

马克思主义辩证唯物哲学观认为，事物是运动、变化、发展的，运动是事物的基本属性。因此，对事物运动状态及其状态变化方式体现的信息是一种普遍客观存在。信息广泛存在于物质世界中，如阳光普照、星斗灿烂、冰雪融化、草木发芽，是自然界发出的信息，是一种本我存在。同时，凡是人和动物通过眼睛、耳朵、鼻子、舌头、身体、大脑接收到的外界事物及其变化，也都是信息，如五彩的图画、动物的嚎叫、花朵的芬芳、野果的甘甜、棒击的疼痛、灵感的触发……信息无处不在，无时不有。

2. 依附性

信息是事物运动状态及其状态变化方式的表征，这种表征需要依赖一定的符号体系和物质载体作为媒介得以表达，经由认知主体的听觉、视觉、触觉等感官系统得以感知。符号体系包括绳结、绘画、语言、文字、代码、视频等，物质载体包括石板、竹木、布帛、纸张、胶片、磁盘、光盘等。认识论层次上信息的存在以媒介依附为前提，只有依附于一定的媒介，信息才能被感知、传播和利用。但信息本身是独立于媒介存在的，记录在纸上或是记录在网络磁盘上,其内容不受影响。

3. 传递性

信息被感知的过程,其实质就是传递的过程。信息依附于一定的物质载体实现在时间和空间上的传递。古代通过烽火进行战事信息的远距离传递,实现信息在空间上的传递。历史档案文献可以让后人了解过去的人和事,实现信息在时间上的传递。当今社会的互联网络则可以同时突破时空障碍,中国网民可以通过社交网络平台实时了解美国大选的进行状况,实现信息的时空传递。

4. 共享性

信息在传递和使用过程中不被消耗,可以被重复使用,这是信息的共享性。信息的共享性是区别于物质和能量的最显著特性。当面对一定单位量的物质或能量,其使用者之间存在竞争关系,表现为你有我无,你多我少的状况。其次,物质和能量在被使用的过程中会"消耗",其总量会变少。信息的共享性使得面对一定量的信息,其使用者之间不存在这种竞争关系,且在被使用的过程中不被消耗,其总量不会变少。

5. 时效性

信息是事物运动状态及其状态变化方式的描述。运动和变化时刻在发生,其状态也是时时在改变,因此信息自产生之刻起便是一个过去时,需要不断更新。信息的时效性大多数时候表现为"及时"和"新",人们总是希望得到"最新消息",无论是商场还是战场,越新、越及时的信息越有价值,过时、老化的信息则一文不值。值得一提的是,信息的时效性有些时候还表现为"时机",不早不晚,在恰当的时间点发挥最大的效用。

6. 相对性

信息是客观存在,但同样的信息对不同的认知主体而言,具有相对性。信息的相对性首先体现在主体对信息的感知层面,信息敏感度或信息意识就是用来形容不同个体对于信息的感知度是不一样的。中央电视台的新闻联播每天定时播放,但是不同家庭对其关注度、重视程度是不一样的,有的家庭从来不关注,有的当作吃饭时候的背景偶尔看一眼,有的则是认真观看。其次,信息相对于不同主体其内在涵义和效用价值是不一样的。我们常说"一千个读者就有一千个哈姆雷特",意思就是每个人的人生阅历、知识结构和认知能力都存在差异性,所获得的信息体验也是千差万别。

总而言之,信息的存在具有普遍性和客观性,但它需要依附于一定的载体来表达和传递;信息在时间和空间上具有传递性,在传递和使用过程中表现为不消耗性,即共享性;信息的效用价值对于不同的认识主体而言具有相对性,且在传递过程中具有时效性,因人而异、因时而异。对信息这些特征的了解,可以帮助我们更好地理解信息、利用信息。

2.1.3 信息链

英语中的信息(Information)是一个连续体概念,由事实(Fact)—数据(Data)—信息(Information)—知识(Knowledge)—情报(Intelligence)五个要素构成"信息链"(如图2-1)。"事实"是人类思想和社会活动的客观映射;"数据"是事实的数字化、编码化、序列化、结构化;"信息"是数据在信息媒介上的映射;"知识"是对信息的加工、吸收、提取和评价的结果;"情报"是激活了的知识。信息链的上游面向物理属性,信息链的下游面向认知属性。

```
           情报
        (intelligence)      激活的知识应用于判断、决策和预测
          知识
        (knowledge)         对信息整合、提炼和推理后形成的见解、认识
          信息                数据载荷的内容,
       (information)        经过加工后有逻辑、有意义的数据
          数据                反映事实的原始材料,对事实进行
         (data)              获取、存储和表达的物理符号体系
          事实
         (fact)              人类思想和社会活动的客观映射
```

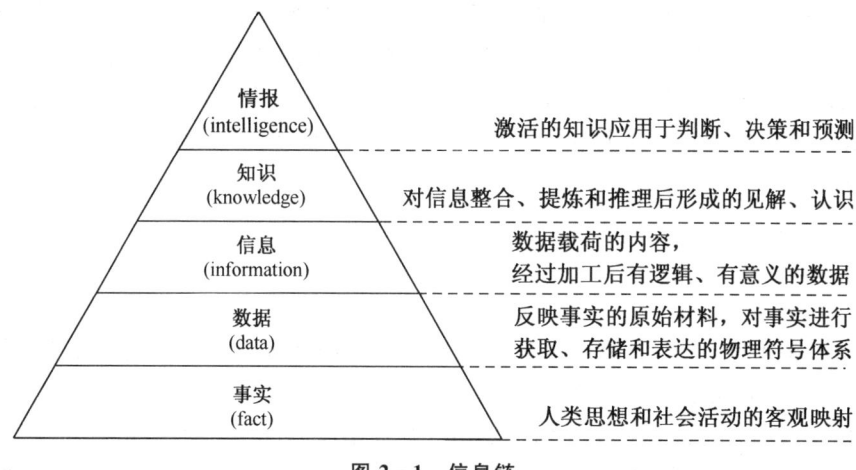

图 2-1　信息链

信息链中,与信息紧密相关的是数据和知识。数据是信息的原材料,而信息则是知识的原材料。数据涵盖范围最广,信息次之,知识最小。不能简单理解为相交或不相交,相关或不相关,三者具有独立内涵和典型的外延所指,又具有模糊的边界,是转化过程的递进链,是加工组织程度的等级链,是价值量的进阶链。

"数据"是反映事实的原始材料,是对事实进行获取、存储和表达的物理符号体系,如数字、文字、图像、声音或计算机代码等。现代社会,记录手段多样化,传感器、探测器可捕捉到气象事实、地理状况形成数据流,监控视频、录音、机器运行日志等也都是典型的数据流。数据本身不具有语义内涵,只有通过对数据背景和规则的解读才能形成信息。人们对信息的接收始于对数据的接收,对信息的获取只能通过对数据背景和规则的解读,即:数据+意义(背景/规则……)=信息。

"信息"是在特定情况下经过整理的、表达一定意义的数字、文字、符号、图像、声音、信号等。信息是数据载荷的内容。对于同一内容,其数据表现形式可以多种多样,相当于将意义装进了不同的外壳,从而形成不同的信息。

"知识"是在信息这一原材料的基础上形成的见解、认识,是信息接收者通过对信息的提炼和推理而获得的正确结论,是人通过信息对自然界、人类社会以及思维方式与运动规律的认识与掌握,是人的大脑通过思维重新组合的、系统化的信息集合。

1996年,经济合作与发展组织(OECD)在《以知识为基础的经济》(The Knowledge-Based Economy)报告中将知识分为四类,分别是:知道是什么的知识(Know-what),指关于客观事实本质属性结论的知识;知道为什么的知识(Know-why),指对客观事物发展、变化的原理和规律方面进行推论和总结的知识;知道怎么做的知识(Know-how),指对某项技术、技能、技巧和诀窍等能力的掌握和整合的知识;知道是谁的知识(Know-who),指知道何人具有何种知识和能力的知识,是对社会关系的系统化认识。由于大量高级的、隐性的知识存在于人的头脑中,因此人比知识更重要。在面临海量信息无法处理的时候,知道谁是专家,知道知识的源头可以有效降低知识焦虑感。

信息只有同接收者的个人经验整合,才能转化为知识,即:信息＋经验＝知识。这里的经验是知识形成的条件,是知识的来源,可以是直接经验、间接经验、内省经验。直接经验是指由亲身参加变革现实的实践所获得的知识;间接经验是指从别人或书本那里学习得来的知识;内省经验则是指神学的或用中国人的话讲"悟"出来的知识。不管来自哪种经验,信息转化为知识的关键还在于融入了信息接收者的智力活动,经人类大脑思维组合后形成。

2.2 信息媒介

信息具有依附性,需要依赖一定的符号系统和实物载体作为媒介得以表达、存储和传播,经由认知主体的视觉、听觉、触觉等感官系统得以感知。"符号系统"是信息的携带者,承担着信息内容表达之功效,声、图、字、像是当今社会主流的"语言"符号系统。"实物载体"是信息所依附的寄主,携带信息内容的"符号系统"经人工、机械或者声、光、电、磁等各种技术手段固化到实物载体上,承担着信息存储与传播的功能,承载着信息的表达、示现、再现、存储、传播和读取之功效的符号系统、实物载体、物理能和新兴技术手段都可以称之为媒介,是作为一种中介(Mediate)的存在。媒介的性质决定着信息传播特征和存取效果,进而影响了人类文明的传承和发展。

媒介形态的演化伴随着信息表达、存储、传播、阅读、交流的变更,其中实物载体形态演化和存取技术的变革起到了主导作用,其材质特征、保存期限、信息密度和所承载的信息表达类型等要素决定了最终的信息产品形态,影响信息的表达方式和传播交流模式。

2.2.1 信息的存储媒介

在造纸术这项伟大的技术发明之前,人类已经开始用图画、符号和文字来表达信息,通过刻痕或者颜料附着的方式将信息固化到自然物和人造物上以实现信息的表示、保存和流转,这些自然物包括石块、黏土板、动物骨甲、竹木片、羊皮、树叶、草等,人造物包括金石、陶器、绢帛等,形成了初代的人类文明和历史记载传承信息产品——壁画、碑文、竹书、帛书、羊皮书等。

竹片太笨重,缣帛太昂贵,纸作为竹简和帛的替代品,因为其制作原料广泛,成本相对较低,逐渐取代了其他材料,成为信息承载的主流材质。在2200年前,我国西汉初期已有了纸,但还是很粗糙,不被广泛应用。公元105年,东汉蔡伦改进造纸术,发明了质地细腻的"蔡侯纸",被认为是现代造纸术的鼻祖。造纸术的普及,使得信息的记录和传播有了革命性的进步。以造纸术为分割线,本书重点介绍之后的存储载体媒介形态演化过程。

一、纸质载体

纸张作为信息载体,其特性为质轻、吸水性强、硬度小、易折叠,适合于用水墨颜料书写、绘画。纸张可承载的信息表示形态为图画、符号和文字。人们用写(颜料附着)、手工印刷(雕版、活字)、机械印刷、数字激光照排印刷等技术将信息内容固化到纸张上,形成多样的信息产品,如书本、册子、报纸等。虽然造纸的技术、印刷的技术一直在进步,但是基于纸质载体的信息产品形态基本没变,且自现代印刷革命后以来一直是人类社会最主流的信息载体。

古人说"纸寿千年",大部分指的是宣纸,意思是纸的寿命非常长,写在纸上的东西有一千年寿命。以宣纸为代表的中国古代造纸,采用手工工艺,自然发酵法提取纤维,纸浆纤维长短不一,掺加石灰等碱性物质为添料,细腻洁白、薄中见韧、寿命长久。现代工业所造纸张,机器打浆,纤维平均,容易断裂,化学提炼导致纸质酸性较重,容易变硬变脆,因而纸张的寿命偏短。我们现在用的普通纸张寿命较短。纸的寿命除了它本身的材质外,环境的影响也非常大。为了保障纸张的耐久性,抵抗住外来侵蚀,需要严格把控纸的原料、配料,将纸张的pH值控制在7.5—9.5的范围内,碳酸钙和碳酸镁的留存率不低于2%,所存放环境的温湿度适宜,避免长时间光照、无虫蚁为佳。

一般而言,纸张作为信息载体,其物理状态相对稳定,只要没有虫咬,不发霉,不接触水火,不受外力拉扯,便不会破损。纸质载体的信息产品,所见即所得,不需要额外的机器手段,直接可读,且即使纸张破损,个别信息丢失,根据上下文也可以还原修复。

二、感光胶片载体

1839年,法国人达盖尔发明了"银版摄影术",使摄影成为人类在绘画之外保存视觉影像的新方式,并由此开辟了人类视觉信息传递的新纪元。摄影术的技术要点主要有两个,一是利用具有感光性能的材料通过光学原理进行成像;二是找到合适的片基载体将感光材料附着,用于固化保存影像。经历了用树叶、纸、玻璃板、铁皮等材料作为片基后,涂有感光材料的透明胶片,即感光胶片载体成为利用感光材料做影像保存的典型代表。感光胶片具有优良的物理机械性能,耐冲击性优异,拉伸强度、弯曲强度、压缩强度高;蠕变性小,尺寸稳定。档案馆和图书馆利用缩微技术将纸质资料摄录在成卷的感光胶卷上形成缩微品,实现信息的转存,方便检索、阅读。

缩微存储技术广泛应用于珍贵的图书、档案、历史文献资料的保存,是对古籍的再生性保护。与纸质载体相比,采用缩微感光胶片存储信息可以提高单位体积的信息存储量,提高信息密度,载体占用空间小、保存寿命长、安全可靠。一卷35毫米规格的胶卷可以拍摄500至700拍,普通的书页一拍可以拍下两个页面,一卷手掌大的胶卷可以拍下1 000至14 00页文献。一本本珍贵的古籍文献转化为缩微胶片,通过冲洗、质检、数据编目等工序后入库,在恒温恒湿的库房可以保存500年左右。因此,缩微技术是一种重要的文献保存保护技术,是目前国际公认的珍贵文献长期保存手段之一。

缩微技术不仅延长了古籍的生命周期,还便于公众、学者对古籍进行阅读与研究,同时也为珍贵文献数字资源库建设提供了坚实的文献基础。古籍缩微胶卷经缩微胶片高速扫描仪进行"模转数"扫描,转换为数字影像,成本低、速度快,具有无可比拟的优势。

三、磁性介质载体

1898年,丹麦机械师波尔森(Poulsen Valdemar)发明了世界上第一个磁线录音机,从此,开始了传统的磁介质承载信息的应用实践。磁介质利用了磁材料的特性与电磁感应的规律存储信息,最早被用于录音,其简单原理是磁带在移动过程中,随着音频信号强弱,磁带被磁化程度也会发生变化,从而记录声音。

现如今，利用磁性介质记录保存信息是应用得非常广泛的一种信息技术，有模拟存储和数字存储两类。人们使用氧化物磁粉、金属合金磁粉和金属薄膜等物质形成磁场，将塑料、金属等物质磁化，形成物理形态的磁介质载体。磁存储系统一般由磁头、记录介质、电路和伺服机械等部分组成。磁头是电磁转换器件，它是磁存储系统的核心部件之一，按其功能可分为记录磁头、重放磁头和消磁磁头三种。记录磁头的作用是将输入的记录信号电流转变为磁头缝隙处的记录磁化场，并感应磁存储介质产生相应变化，将信息记录下来。重放磁头的作用正好相反，当磁头经过磁介质时，磁存储介质的磁化区域就会在磁头导线上产生相应的电流，即把已记录信号的记录介质磁层表露磁场转变为线圈两端的电压（即重现电压），经电路的放大和处理，从而读出已记录的声音、图像等信息。消磁磁头的作用则是将信息从磁存储介质上抹去，就是使磁层从磁化状态返回到退磁状态。

磁介质可以承载的信息形式包括一切可以转换为电信号的信息，如数字、文字、声音、图像等，具体实物载体形态有磁带、硬盘、软盘。

1. 磁带

磁带是一种用于记录声音、图像、数字或其他信号的载有磁层的带状材料，是产量最大和用途最广的一种磁记录材料。通常是在塑料薄膜带基（支持体）上涂覆一层颗粒状磁性材料或蒸发沉积上一层磁性氧化物或合金薄膜而成。曾使用纸和赛璐珞等作带基，现主要用强度高、稳定性好和不易变形的聚酯薄膜。磁带的优点是价格便宜、存储容量很大，其缺点是查找速度较慢，磁头与磁带表面接触过多容易磨损。磁带的存储方式是顺序存取，适用于大批量的回溯检索。

2. 硬盘

硬盘也叫硬磁盘，是由涂有磁性材料的铝合金原盘组成的，每个硬盘都由若干个磁性圆盘组成。硬盘适合作为计算机的外部存储设备，能够随机存储数据，数据传输速度快。硬盘的正常使用时间大概是 4 万个小时，约 10 年左右，可以读写 10 万次以上。如果硬盘一直 24 小时持续工作，使用时间会大大缩减。

3. 软盘

软盘也叫软磁盘，是个人计算机（PC）时代最早使用的可移动存储介质。软盘使用柔软的聚酯材料制成原型底片，在两个表面涂有磁性材料。常用软盘直径为 3.5 英寸，存储容量为 1.44MB。软盘通过软盘驱动器来读取数据。它曾经盛极一时，之后由于 U 盘的出现，软盘逐渐衰落直至被淘汰。

以硬盘为代表的磁介质存储是现如今计算机外部存储的主流载体，存储量大、不易丢失数据，能够存储一切可以转化为电信号的信息类型，可以反复实施写入、读取、擦除等操作，磁介质的寿命取决于"读写次数"（磁介质的损耗）和温度、灰尘、静电等外部环境因素，存储介质一旦出现损坏，数据基本不可能恢复，需要及时做好备份。

四、光信息存储载体

光信息存储的原理是用介质记录光强的分布，经过激发，这个介质能忠实地还原先前存储的光强分布。之前介绍的感光胶片载体其原理也是光存储技术，利用胶片的感光灵敏度来拍摄静止图像,实现图像信息的再现,是一种模拟光存储技术。现代光信息存储所用光源是激光,利用激光与介质的相关作用,导致介质发生物理、化学性质变化,实现数字存储功能。光信息存储载体的产品形态主要是光盘,光盘可承载任何形式的信息,数字、文字、图像、音频、视频等各种格式类型都可以。

光盘记录的原理是通过激光束在光盘记录表面留下储存信息。利用从激光束吸收的能量,作为高度集中的、强大的热源,促使介质局部熔化或蒸发,通常称为烧蚀记录。写入信息时,将主机送来的数据经编码后送入光调制器,使激光源输出强度不同的光束,调制后的激光束通过光路系统,经物镜聚焦然后照射到介质上,存储介质经激光照射后被烧蚀出小凹坑,所以在存储介质上,存在被烧蚀和未烧蚀两种不同的状态,这两种状态对应着两种不同的二进制的数据。读取信息时,激光扫描介质,在凹坑处由于反射光与入射光相互抵消,入射光不返回,而在未烧蚀的无凹坑处,入射光大部分返回。这样,根据光束反射能力的不同,就可以把存储介质上的二进制信息读出,然后再将这些二进制代码转换成为原来的信息。

1. 光盘的类型

根据光盘结构,光盘主要分为 CD、DVD、蓝光光碟等几种类型,这几种类型的光盘,在结构上有所区别,但主要结构原理是一致的。

CD(Compact Disk)代表小型镭射盘。现在市场上有的 CD 格式包括声频 CD,CD-ROM,CD-ROM XA,照片 CD,CD-I 和视频 CD 等等。在这些多样的 CD 格式中,最为人们熟悉的是声频 CD,用于存储声音信号轨道的标准 CD 格式。DVD 在诞生之初的全称是"Digital Video Disc"(数字视频光盘),后来则被称为"Digital Versatile Disc",即"数字通用光盘",是 LD/CD/VCD 等光存储产品的接班人。蓝光光碟(Blu-ray Disc,简称 BD),是指 DVD 之后的下一代光盘格式之一,用以存储高品质的影音文件以及高容量的数据存储。蓝光光碟的命名是由于其采用波长为 405 nm(纳米)的蓝紫色激光来进行读写操作(DVD 光碟采用波长为 650 nm 的红色激光进行读写操作,CD 光碟则是采用波长为 780 nm 的近红外不可见激光进行读写数据)。普通的 CD 光盘,容量仅有 700MB 左右;DVD 盘,容量在 4.2 到 10 GB 等不同规格;蓝光盘,容量在 50 GB 左右。

根据光盘的读写功能,光盘的类型有只读存储光盘(ROM,Read Only Memory)、一次写入光盘(WORM,Write Once Read Memory)、可擦重写光盘(Rewrite)、直接重写光盘(Overwrite)。只读的光盘和可记录的光盘在结构上没有区别,它们的主要区别在于材料的应用和某些制造工序的不同。

不同的光盘结构和不同的读写功能相组合,就会有 CD-Audio、CD-Video、CD-ROM、DVD-Audio、DVD-Video、DVD-ROM 和 CD-R、CD-RW、DVD-R、DVD＋R、DVD＋RW、DVD-RAM、Double layer DVD＋R 等各种类型的光盘。

2. 光存储的主要特点

① 记录密度高、存储容量大。光盘存储系统用激光器作光源。由于激光的相干性好,可以聚焦为直径小于 0.001 mm 的小光斑。用这样的小光斑读写,光盘的面密度可高达 10^7 bit/cm^2 ~ 10^8 bit/cm^2。一张 CD-ROM 光盘可存储 3 亿个汉字。

② 光盘采用非接触式读写,光学读写头与记录盘片间通常有大约 2 mm 的距离。这种

结构带来了一系列优点：首先，由于无接触，没有磨损，所以可靠性高、寿命长，记录的信息不会因为反复读取而产生信息衰减；第二，记录介质上附有透明保护层，因而光盘表面上的灰尘和划痕，均对记录信息影响很小，这不仅提高了光盘的可靠性，同时使光盘保存的条件要求大大降低；第三，焦距的改变可以改变记录层的相对位置，这使得光存储实现多层记录成为可能；第四，光盘片可以方便自由地更换，并仍能保持极高的存储密度。这既给用户带来使用方便，也等于无限制地扩大了系统的存储容量。

③ 普通 CD 或 DVD 的理论寿命是 50—75 年左右，但实际寿命可能只有一半不到。有良好的存储环境（室温＋防潮＋遮光），或使用质量更高的档案级光盘、M-disc 光盘和蓝光光盘，会保障更长的存储年限。光盘数据层的材料老化是一个连续和均匀的过程，可以通过定期检查来保证数据完好。即使稍有磨损，仍可以读出一部分数据，就像纸书缺页撕毁一般。此外，光盘价格低廉，可以方便地复制，定期查验和复制备份的话可以使光盘记录的信息寿命实际上为无限长。

当然，光存储技术也有缺点和不足。光学头的体积和质量，都还不能与磁头相比，这影响光盘的寻址速度，从而影响其读写速度。且由于光盘的存储密度非常高，盘片上极小的缺陷也会引起错误。光盘的原生误码率比较高，使得光盘系统必须采用强有力的误码校正措施，从而增加了设备成本。

存储密度高本是光存储技术最突出的特点，但是随着科学技术的发展和制造工艺的改善，磁存储技术也在不断取得新的进展。受限于光学衍射极限定理，光盘的单数据点结构从 CD 时代的约 800 nm，缩小到 DVD 的 400 nm，再到蓝光 DVD 的 150 nm，单个尺寸结构便很难再进一步缩小。目前，与磁盘相比，光盘单机的存储容量已无绝对优势，而存取速度差距并无明显缩小。因此，提高记录密度，从而提高光存储的容量，以及提高读写速度是光存储技术研究工作的主要方向。

五、半导体存储载体

半导体材料是一类具有半导体性能（导电能力介于导体与绝缘体之间，电阻率约在 $1\ m\Omega \cdot cm \sim 1\ G\Omega \cdot cm$ 范围内）的电子材料，半导体材料在外界因素如光、热、磁、电等作用下会产生物化效应，这种特性使得半导体可用来制作半导体器件和集成电路。半导体存储器是一种以半导体电路作为存储媒介的存储器，具有体积小、存储速度快、存储密度高、与逻辑电路接口容易等优点。半导体存储器是具备存储功能的半导体元器件，作为基本元器件，广泛应用于各类电子产品中，发挥着存储程序或数据的功能。

半导体存储器可以按照断电是否能保存数据分为易失性存储器和非易失性存储器两类。易失性存储器的代表是随机存取存储器（RAM，Random Access Memory），非易失性存储器的代表是只读存储器（ROM，Read-Only Memory）。

随机存储器是易失性存储器，一旦失去电源，信息会丢失。按照存储机理的不同，随机存储器（RAM）又可分为动态随机存取存储器（DRAM）和静态随机存取存储器（SRAM）。DRAM 和 SRAM 主要用作计算机内存，二者相比，DRAM 的存储密度更高，需要周期性刷新才能保持住存储的数据，它的发展主要受存储密度和成本的影响；SRAM 则具有最快的片上缓存，不需要周期性刷新就能锁存"0"和"1"信号，影响其发展的主要因素则是单元面积和读取速度。

只读存储器(ROM)是非易失性存储器，断电情形下所储存的信息不丢失。传统只读存储器所存数据，一般是在装入整机前事先写好的。整机工作过程中只能从只读存储器中读出事先存储的数据，而不像随机存储器那样能快速地、方便地加以改写。ROM 结构比较简单，读取方便，所存数据比较稳定、不易改变，即使在断电后所存数据也不会丢失，因而常用于存储各种固定程序和数据。只读存储器可以分为以下四种：掩膜式 ROM(MROM)，一次可编程 ROM(PROM)，可擦除可编程 ROM(EPROM)，闪速存储器(Flash Memory)。

除了计算机内存外，我们所熟悉的半导体存储产品有 U 盘和固态硬盘。U 盘，俗称"优盘"，是闪速存储器的一种，全称为 USB 闪存盘。U 盘通常被用于移动数据存储，可以通过计算机的 USB 口存储数据。与磁软盘相比，U 盘有体积小、存储量大及携带方便等诸多优点。固态硬盘(SSD)由控制单元和存储单元(FLASH 芯片、DRAM 芯片)组成。固态硬盘在接口的规范和定义、功能及使用方法上与普通硬盘的完全相同，在产品外形和尺寸上基本与普通硬盘一致。但固态硬盘具有传统硬盘不具备的快速读写、质量轻、能耗低以及体积小的优势，同时其劣势也较为明显，价格昂贵、容量低、易损坏、数据难恢复、寿命短等，适合存储访问量最高的热数据。

随着物联网和人工智能技术的蓬勃发展，越来越多的智能产品出现，例如智能手表、智能服装、智能家居等等。这些产品对于存储技术提出了更高的要求，需要以"低功耗方式"高速存储和获取大量数据。一大批新型的半导体存储器面世，如相变存储器(PCM)、铁电存储器(FeRAM)、磁阻 RAM(MRAM)、电阻 RAM(RRAM 或 ReRAM)、自旋转移力矩RAM(STT-RAM)、导电桥 RAM(CBRAM)、氧化物电阻存储器(OxRAM)等。这些新型的半导体存储技术都能实现断电数据不丢失，并以提高存储容量、密度、可靠性和数据传输率作为主要发展目标。

六、未来的存储

计算机存储系统中，使用磁、光、电进行信息存储是主流技术，三者各有利弊。为发挥各自优势，最大限度获得高密度存储容量、低成本、低能耗、高安全性、可靠性和高数据传输率，科技公司研发了磁光电混合存储系统。磁光电混合存储系统作为一种新兴的综合型存储系统，将固态硬盘、磁盘、光盘等存储介质综合，合理分配存储资源，将冷、热、温数据分层存储，既能满足数据的长期安全存储，也能快速读取数据。

我们认为未来十年存储技术将迎来一场革命，这场革命不仅仅是在硬件上，也会在应用层、软件设计乃至生态上发生系列转变。变革是一把双刃剑。信息技术变化太快，硬件和软件都在不可预测地老化、淘汰，使得相当一部分数字资源虽然保存了，但却面临因软硬件缺失而无法读取的状况。因此，如何实现数字资源的长期存储和获取也将会是未来信息存储领域的重要课题。

2.2.2　信息的符号媒介

信息的依附性，除了需要依附于各种存储媒介作为硬载体外，还需要依附于符号媒介作为软载体。人类早期使用"结绳"来记事，使用"烽烟"来传递战况，使用"绘画"来描述事物，并发明了"文字"记录下更多的人类历史。这些都是信息的符号媒介。

什么是符号？符号指的是根据社会的约定俗成使用某种特定的物质实体来表示某种特定的意义而形成的这种实体和意义的结合体。符号包含两部分：① 符号的物质形态，如汉字的字形，作为外在形式被人的感官感知存在，为思想和意义提供附着的场所；② 符号所指代和表示的意义，如汉字的意思，成为表达人类思维、记忆和知识的中介。因此，符号既有外在可感性，又有思想内容，是一种二重统一体，是形式和内容的统一体，也是物质和精神的统一体。

符号的多样化为信息的表达提供了多种途径，人类社会的信息传播，就是符号化（表达）和符号解读（理解）的过程。从受感的感官不同来看，符号可分为视觉符号、听觉符号、嗅觉符号等，其中视觉和听觉是人类接受信息最主要的两个感官，视觉符号和听觉符号自然也成为最为普遍的符号类型。

语言学家弗迪南·德·索绪尔（Ferdinand de Saussure）将符号分为非语言符号和语言符号两大类别，再从受感的感官角度进行细分（如图2-2）。

```
        ┌ 非语言符号 ┬ 视觉性符号 ┬ 动态：体语、运动画面、人际距离等
        │            │            └ 静态：静止体态、象征符号、实义符
        │            │                    号、衣着、摆设、环境、雕塑、
符号 ───┤            │                    绘画、图片等
        │            └ 听觉性符号 ┬ 类语言：笑声、哭声、呻吟、叹息等
        │                         └ 其他声音符号：乐声、鼓声、口哨、汽笛等
        └ 语言符号 ┬ 无声语言符号（书面语）：书面对话、书面独白等
                   └ 有声语言符号（口语）：对话、独白等
```

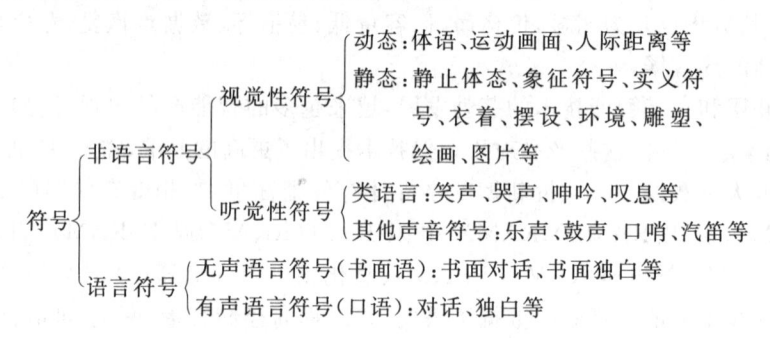

图2-2 索绪尔的符号分类

一、非语言符号

虽然语言是人类最重要的符号系统，但是非语言符号同样在日常信息传播活动中扮演着不可或缺的角色。非语言符号可以分为基本的两大类：视觉性非语言符号和听觉性非语言符号。

1. 视觉性非语言符号

包括动态的视觉性非语言符号和静态的视觉性非语言符号。

动态的视觉性非语言符号包括体语（以及舞蹈语言）、运动画面、人际距离等。体语是以人的身体动作表示意义的符号系统，一般包括手势、动态体态、面部表情、触摸、眼神等。运动画面主要是指电影、电视等大众媒介中使用的一种符号系统，运动画面利用其光影、色彩、构图以及画面的组接和转换等元素来传递信息。人际距离的符号性由美国人类学家E.霍尔提出，认为人际距离能传递出人际关系信息，关系越密切，距离越近；关系越疏远，距离越远。

静态的视觉性非语言符号包括静止体态、象征符号、实义符号乃至衣着、摆设、环境、雕塑、绘画、图片等。人际互动过程中，静止体态不仅能沟通双方的思想和感情，而且它的不同

样式还反映出双方社会地位和审美的区别。象征符号代表某个抽象的意义,它往往是特定文化的结晶,如五角星、镰刀斧头等标志和徽记。实义符号表达某个确定的意义,特征为简洁、形象、直观、易记,如路标、信号符等。

2. 听觉性非语言符号

包括类语言和其他声音符号。

类语言是人类发出的没有固定意义的声音,它是一种类似语言的符号,但是又不像语言一样有明确的字形和读音,也不像语言一样有固定的语法规律可循。类语言包括辅助语言和功能性发声。辅助语言是指辅助人类口头语言的声音要素,主要包括音调、音量、音速和音质。当声音要素系统中的诸要素在口头语言的传播过程中发生变化时,就会导致口头语言意义的变化。通俗地说,说话时的抑扬顿挫会使同一句话产生不同的意思。功能性发声是指人发出的哭、笑、哼、叹息、呻吟、口头语等声音。它们不具有固定意义,往往在不同的情境中表达不同的意义。简而言之,类语言是口语的附加或补充部分。

其他声音符号指的是鼓声、口哨、汽笛、乐声等。在特定的传播情境下,某种单一的声音符号也可能担当表达信息的重任。

二、语言符号

语言伴随着人类社会的产生而形成,是人们在长期的社会交往中约定俗成的、以语音和字形为物质外壳、以词汇为建筑材料、以语法为结构规律的符号系统。

索绪尔将语言符号分为有声语言符号和无声语言符号两个类别。有声语言符号是口头语,包括对话和独白;无声语言符号是以书写符号文字形态出现的书面语,分书面对话(书信)和书面独白(文章)。此处索绪尔所指的语言符号是人类之间进行沟通交流的自然语言符号,其中有声语言是听觉符号,是第一性的;书面语言符号将有声语言记载成为书面语,是在有声语言基础上产生的(听觉+视觉符号),是第二性的。除口语和书面语符号外,还可用其他符号体系来编码自然语言,如聋哑人使用的手语符号和盲人的盲文符号。

自然语言虽然也是人类社会文明发展的产物,但却是随着人类的历史发展自然形成的,与人们思维和认识过程紧密联系。现代社会,在自然语言基础上产生了一类人工语言符号体系,如计算机编程语言、计算机检索语言、机器翻译媒介语言等。这种人工语言是一种事先约定的、单义的人工代码,也是一种符号体系,与自然语言有所区别。

三、不同的信息形态

由语言符号和非语言符号所单独或组合呈现的信息形态有各自不同的特点,通过语言符号承载信息其意义具有较高可控性,更适宜体现抽象思维和逻辑观点;通过非语言符号承载信息所要表达的意义既模糊又具体,具有不可控性,更适宜体现具象和直观的事实信息。当今社会,信息一般由文字、图形(图像)、声音、视频这四种形态来表达。

文字信息的抽象性最强,它适于表达人脑思维的结果,但不适于表达客观世界中现实存在的各种事物,比如,用文字描述大山的外貌,就远不如图片好,也就是我们常说的"百闻不如一见"。文字描述的意义可控性又最强,一个人心情不好,如果用日记形式记录下来当时的心情,我们可以清楚了解他的内心想法,但如果他用绘画来表达自己的心情,那就具有极大的模糊性,也许能从色彩、构图上感受到他的心情,但具体是什么,只能靠猜。

视频信息融合了语言符号和非语言符号。以电影为例,旁白、台词及字幕是以语言符号为媒介,交代背景、述说情节、表达情感;镜头的远近、物品的摆放、灯光的明暗都是运用非语言符号为媒介,其语意既模糊又具体,传递的信息来自内心深处,是一种难以抑制的感觉。

2.2.3 信息的传播媒介

传播媒介也叫传媒或媒体,在英文语境中,媒介多数以复数形式"media"出现。在传播视角下,媒介是一种物质实体,是各种信息传播工具的总称,如印刷品、电影、电视、广播、计算机和计算机网络。同时,传播媒介也指从事信息采集、加工、制作和传播的个人或社会组织,它们常常被称为媒体或传媒,如传媒集团、自媒体等。因此,传播媒介是指扩大人类信息交流能力的传播中介物。传播媒介的主要作用是帮助人类突破时间或空间的障碍,把信息从信源处经由特定的渠道传播出去。

一、传播媒介的演化

语言的出现、文字的创造、印刷术的发明、电报与电话技术的发明、摄影术与电影技术的发明、广播与电视技术的发明和电脑技术的发明对人类信息传播发展具有里程碑意义。基于这些节点,学者们通常把信息传播发展分成五个不同的传播媒介阶段——口语媒介、书写媒介、印刷媒介、电子媒介和新媒介。

1. 口语媒介

大约 10 万年前,语言的产生使得人类摆脱了信息传播对具体实物对象的依赖,借助于语言这一声音符号中介将其所指代的事物对象与信息表达分离。从此,人类可进行信息传播的内容更加丰富,传播活动的距离和范围更加广阔。与此同时,语言不仅成为交流的工具,也成为促进人类思维的工具,大大促进了人类文明的发展。

2. 书写媒介

公元前 3500 年左右,文字产生。文字书写在竹木、绢帛或纸张等载体上形成信息记录。基于书写的信息传播克服了口语传播在时间和空间上的局限,扩展了信息传播的空间距离和时间距离。人类的思想、历史得以记录下来,在同时代人之间相互传播,也能传递给下一代、再下一代,代代相传。这一时期,人类的知识经验得以大量累积,并得以继承和发展。由于文字只被少数人掌握,因此,书写媒介时代促进了人类社会的分化。

3. 印刷媒介

我国在隋唐时已开始用雕版印刷宗教和教育类的文献印刷品,满足对文献批量复制的社会性需求。随后,印刷技术不断进阶、普及,中国北宋时期的毕昇发明了活字印刷,15 世纪德国的古登堡发明了金属活字印刷,印刷术在全世界被广泛应用,促成了人类历史上的第一次信息大爆炸。印刷使得信息复制变得容易,广泛地传播了长期被垄断的信息和知识。印刷媒介为科学家提供了思想交流的舞台,有力地促进了近代科学的发展。印刷媒介也开启了大众传播的时代,书籍、报纸和杂志在社会上迅速普及,专业的出版商从事信息采集、加工、制作和传播工作,在一定程度上促进了知识的普及,推动了生产力的发展。

4. 电子媒介

1844年电报技术发明,开启电子传播时代。电报发送信息利用了电能,这项技术最终发展成为广播技术。电子媒介时代以广播和电视为代表,同时还包括录音录像制品和电影。广播和电视通过无线电波或有线电缆向广大地区发送听觉符号和动态视觉符号。电视、广播使得信息传播摆脱了印刷媒介的物理实体所带来的物流束缚,进一步突破了信息传播的时空限制。同时,电子媒介的传播覆盖面广、成本低廉、降低了信息识别(识字)门槛,缩小了不同群体的信息差距。广播和电视渗透到社会生活的方方面面,直接或间接地改变着人们的思想和行为方式,并由此影响着世界历史的进程。通过广播和电视传播信息,渗透性强,影响面广,具有较高的时效性,但是信息保存性弱,选择性弱。

5. 新媒介

20世纪中后期,电脑和互联网的发展使人类进入了一个新的传播媒介时代。新媒介从技术原理上来看,首先是指以数字化形式传递信息的媒介,因此又被称为是数字媒介。新媒介是利用数字技术,通过计算机网络、无线通信网、卫星等渠道,以及电脑、手机、数字电视机等终端,向用户提供信息和服务的传播形态。新媒介具有信息容量大、时效性强、信息形态多样、参与度高和互动性强的特性,允许更大数量的信息传递和检索,让使用者对内容的创造和选择有更大的控制权。

新媒介从功能角度可以划分为四个主要类别:① 通信媒介,包括电话、电子邮件等。这些媒介在通过人际传播建立和强化关系方面比所传递的信息更为重要。② 互动操作媒介,包括计算机游戏、虚拟现实设备等。其特点在于互动性,对过程的控制是满足感的来源。③ 信息搜寻媒介,以互联网为代表的范围广泛的媒介,提供图文、视频和数据服务,如网站、搜索引擎等。④ 群体参与媒介,包括虚拟社区、社交媒介等,其主要功能在于交换信息、观念、经验以及建立和发展人际关系。

人类传播的飞跃呈加速发展状态,从动物传播到语言传播大约经历了200万年,从语言传播到书写传播大约用了9.5万年,从书写传播到印刷传播用了4000年,从印刷传播到电子传播用了1200年,从电子传播到数字传播用了102年。传播革命的加速发展,使人类的信息和知识的增长与积累成级数增加,这是促进人类文明发展的主要动力。在不同媒介发展演化的过程中,颠覆性技术成为分水岭的标志——纸是书写的分水岭,印刷机是抄写复制的分水岭,电子技术是数字媒体的分水岭,AR/VR技术则是虚拟现实与真实世界的分水岭。它完成了从自然到人工、从单一到多元、从简单到细致的发展演变,其中有淘汰也有继承,有进步也有分化,最终实现由多元共生到优势互补,从相互依存到走向一体。新的媒介孕育出新的内容应用场景,同时这些变化也会推动着内容从业者的变化。媒介融合背景,丰富的媒介形态为我们带来了无比广阔的信息空间,给我们提供了丰富的信息传播手段与互动体验。

二、传播媒介理论

加拿大著名的传播学家赫伯特·马歇尔·麦克卢汉(Herbert Marshall McLuhan,1911—1980)在其经典著作《理解媒介——论人的延伸》(Understanding Media: The

Extensions of Man)中从媒介环境的视角提出了媒介即人的延伸、媒介即讯息、冷/热媒介等媒介理论。麦克卢汉认为媒介不仅仅是信息内容的载体,媒介对信息内容有强烈的反作用,它是积极的、能动的、有重大的影响,决定着信息的清晰度和结构方式。对于同一信息内容,经由不同的媒介渠道接收,人们的感知方式、思考方式和行为方式均不同。

1. 媒介即人的延伸

"媒介即人的延伸"理论的中心概念是"感觉",媒介是人与社会和自然环境接触的中介,一切媒介都是人类感官的延伸或拓展。不同媒介延伸了人的不同部分,也延伸了不同的感觉器官:文字和印刷媒介是人的视觉能力的延伸,广播是人的听觉能力的延伸,电视则是人的视觉、听觉和触觉能力的综合延伸,互联网数字媒介是中枢神经系统的延伸。媒介带给我们对时间和空间的感知变化,对我们的思考方式和行为方式产生影响。在他看来只有整个人身都得到延伸(如通过增强现实 AR/VR),社会才会进入一个理想状态。

2. 媒介即讯息

"媒介即讯息"是麦克卢汉对传播媒介在人类社会发展中的地位和作用的一种高度概括,共有两层含义:① 在媒介效果层面,他认为媒介本身才是真正有意义的讯息;② 在媒介功能层面,其认为"一个媒介总是另一个媒介的内容"。意思是说从长远的角度看,真正有意义的讯息并不是各个时代的媒介所表达给人们的内容,而是媒介本身。人类只有在拥有了某种媒介之后,才有可能从事与之相适应的信息传播。换句话说,每个时代媒介传递的内容都是根据每个时代的传播工具而产生的,工业时代,人类通过报纸、书籍等传递图文信息,通过电视、广播等传递音视频信息。信息时代,人类通过互联网传递各种信息。如果没有互联网这个媒介,就不会出现直播互动、VR虚拟等新的传播内容。"媒介即讯息"告诉我们:当一个媒介出现时,不管它传播的内容是什么,光是这么一个媒介就足以产生有价值、有意义、有内容的变革信息,给社会带来极大的影响。也就是说,每一个时代新媒介的出现,就已经对相关信息的出现、相关媒介组织的出现、人类思维方式的变化等产生了极大的影响。

3. 热媒介与冷媒介

媒介的热与冷是相对而言的,麦克卢汉用清晰度和参与度作为评判参数来判断媒介的冷和热。一般而言,热媒介承载的信息清晰程度较高,不需要参与者投入较多的想象力;冷媒介承载的信息清晰程度较低,需要接受者参与其中,用自己的想象填补缺失的信息。

热媒介表现为高清晰度,低参与度,提供的信息充分、完善,能够高清晰度地延伸人体某个感官。冷媒介传递的信息少而模糊,在理解之际需要更多感官和思维活动的配合,受众参与其中的程度高。以字母、数字、文字、照片和地图作为媒介表达的信息清晰度很高,它们没有留下很多空白让受众去补充和完成,接受者参与度低,因此这些是热媒介。通过漫画、谈话、电影等传递的信息需要受众去猜测和想象,需要人们的高度参与去自动补充信息,这些是冷媒介。

麦克卢汉的媒介理论是有局限性的,其论证多为引用举例,论点多为双关语或文学比喻,因此也饱受争议,但这并不妨碍他的观点对信息传播领域所带来的震动与影响力。受其启发,我们在检索和利用信息资源时也要充分考虑媒介的特性和影响力,准确把握信息的效用价值,充分加以利用。

2.3 信息资源

2.3.1 信息资源的概念

"资源"一词,在汉语语义上指的是生产资料或生活资料的来源,分为自然资源和社会资源两大类。自然资源是客观存在的生产生活资料来源,如阳光、空气、水、土地、森林、草原、动物、矿藏等;社会资源指的是经人类劳动创造所产生的生产生活资料,如人力、智力(信息、知识)等资源。总之,资源指的是一切可被人类开发和利用的物质、能量和信息的总称。

随着人类语言字符体系的形成、交流媒介手段的不断进步,"信息"广为传播并成为事实上的社会资源,但人们并没有自觉地、有意识地将它视作一种资源。20世纪70年代,处于后工业社会的西方国家,信息资源的量积累发展到一个临界点,人们开始意识到信息如同其他自然与社会资源一样(金融、材料、人力等),也是一种能够被管理、能够用于提高组织的生产力、竞争力和整体效能的资源。因此,信息资源、信息资源管理等概念被提出,并伴随现代信息技术和网络技术的发展,迎来前所未有之机遇。

由于人们对信息的理解不尽一致,信息资源的概念随人们对信息的理解不同而不断定型和传播。信息资源管理(IRM,Information Resource Management)代表性人物霍顿(F. W. Horton)于1979年对单数形式和复数形式的"信息资源"进行了区分:当"资源"为单数时,信息资源仅指某类信息的内容,如包含在文本中的信息内容;当"资源"为复数时,信息资源还包括了支持系统,如设备、环境、人员、资金等。这种区分,也可以称之为信息资源的狭义概念和广义概念。从狭义上来说,信息资源是指人类社会经济活动中经过加工处理有序化并大量积累起来的有用信息的集合,如科技信息、政策法规信息、社会发展信息、市场信息、金融信息等。从广义上来说,信息资源是人类社会信息活动中积累起来的信息、信息生产者、信息技术和其他信息活动要素(如信息设备、设施、信息活动经费等)的集合。

本书所指的信息资源是狭义上的概念,是人类社会经济活动中经过加工处理有序化并大量积累起来的有用信息的集合。在企业信息管理和政府信息管理领域,信息资源则一般被认为是广义层面的含义,包含信息、信息生产者、信息技术和其他信息活动要素。

2.3.2 信息源与信息资源

信息源与信息资源是两个关系密切而又引起混淆的概念。信息源(Information Sources),指的是信息的来源。联合国教科文组织出版的《文献术语》将"信息源"定义为:个人为满足其信息需要而获得信息的来源。因此,一切产生、生产、贮存、加工、传播信息的源泉都可以看作是信息源。信息资源(Information Resource),指的是作为资源的信息,是有价值的、可利用的信息集合。

信息源不等于信息资源,信息源是蕴含信息的一切事物,信息资源则是可利用的信息的集合;信息资源可以是一种高质量高纯度的信息源,但信息源不全是信息资源。从时间序列上讲,信息源先于信息资源,但信息源在累积的过程中不断地转化为信息资源。

Source 是源,比如井;Resource 是资源,比如水。我们从井里取水,从信息源中获取信息资源,信息源更多地指向信息媒介,而信息资源更多地指向信息内容。因此,信息源与信息资源既有区别,又有联系,信息源的分布及其规律同样适用于信息资源的分布及其规律。

2.3.3 信息资源的类型

信息资源的类型可以按不同的标准(属性或视角)来划分。

按信息的可保存性,可分为正式记录的信息资源、非正式记录的信息资源。前者是可以保存的形式记录的信息资源,如各种印刷品、缩微品、声像品、机读载体的文档、资料或出版物;后者指的是没有正式记录或无法保存的信息资源,如实物、会议、电话、口头交流。

按信息资源产生的时间顺序,可分为先导信息资源、实时信息资源、滞后信息资源。先导信息资源是产生时间先于社会活动的信息资源,如天气预报、科学展望、市场预测等;实时信息资源是指在社会活动过程中产生的信息资源,如实验记录、产品、讲座、报告、直播等;滞后信息资源是指某一社会活动完成之后产生的反映这一活动的信息资源,如报刊、会议文档等。

按信息的存在形式,可分为口语信息资源、体语信息资源、实物型信息资源和记录型信息资源。口语信息资源是人类以口头方式表达的信息资源,如演讲、授课、讨论。体语信息资源是人类在特定的文化背景下以表情、手势、姿态等方式表达的信息资源。实物型信息资源一般指的是以物质实体形式存在的信息资源,如样本、模型、雕塑等。记录型信息资源是人类用文字、符号、图形、图像、声频、视频等方式记录在一定载体上的信息资源。

2.4 文献信息资源

术语在线的《图书馆·情报与文献学名词》库中,"文献"的定义是:记录有知识和信息的一切载体。据此,可以理解为:文献是以文字、符号、图形、声频、视频等形态将知识和信息记录在各种载体上形成的物质实体,即记录知识和信息的纸张、胶片、磁带、磁盘、光盘及一些网络资源等。因此,上节所述"记录型信息资源"也可称为"文献信息资源"。

2.4.1 文献信息资源的构成

文献信息资源由四个基本组成要素构成:信息内容、符号系统、实物载体和记录方式。"信息内容"是人们希望通过文献加以长期保存或广泛传播的对象,也是人们在利用文献的过程中参考、研究和学习的目标。"符号系统"是信息的携带者,将主观形态的信息物化到人工附载物上,声、图、字、像是当今社会主流的"语言"符号系统。"实物载体"是符号系统依附的寄主,是记载存储信息内容的人工附载物,如纸张、缩微胶卷、光盘、磁盘等。"记录方式"则代表将符号固化到实物载体上的方法和过程,包括人工、机械以及声、光、电、磁等各种技术手段。不同的信息内容、符号、载体和记录方式生成了各种形态的文献类型。

2.4.2 文献信息资源的类型

文献信息资源可以从内容视角、符号视角、载体视角和记录方式等不同视角进一步划分。按记录和存储信息的内容分，可分为科技信息资源、经济信息资源、政治信息资源、文化信息资源等。按符号系统分，可分为文本信息资源、图像信息资源、视频信息资源、多媒体信息资源等。本书重点介绍按载体和记录方式、按出版形式、按加工层次和按内容公开程度四种视角展开的类型划分（如图 2-3）。

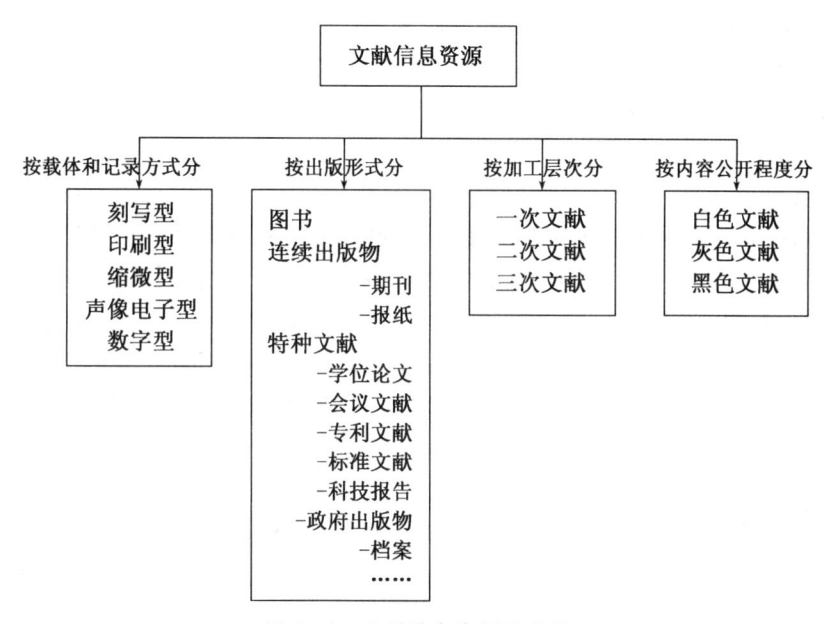

```
                        文献信息资源
    ┌──────────────┬──────────────┬──────────────┬──────────────┐
   按载体和记录方式分  按出版形式分    按加工层次分    按内容公开程度分
    ┌──────────┐  ┌──────────┐  ┌──────────┐  ┌──────────┐
    │ 刻写型    │  │ 图书      │  │ 一次文献  │  │ 白色文献  │
    │ 印刷型    │  │ 连续出版物│  │ 二次文献  │  │ 灰色文献  │
    │ 缩微型    │  │   -期刊   │  │ 三次文献  │  │ 黑色文献  │
    │ 声像电子型│  │   -报纸   │  └──────────┘  └──────────┘
    │ 数字型    │  │ 特种文献  │
    └──────────┘  │   -学位论文│
                  │   -会议文献│
                  │   -专利文献│
                  │   -标准文献│
                  │   -科技报告│
                  │   -政府出版物│
                  │   -档案   │
                  │   ……     │
                  └──────────┘
```

图 2-3 文献信息资源的分类

一、按载体和记录方式分

文献信息资源按载体材料和存储技术可分为刻写型文献、印刷型文献、缩微型文献、声像电子型文献和数字型文献。

刻写型文献信息资源包括以泥板、石块、动物骨甲、帛、木竹片、纸莎草等作为实物载体而形成的甲骨卜辞、金石简牍、帛书等。作为人类早期的历史文化记录，它在研究历史、艺术等方面具有很高价值，现一般保存在原址或者博物馆。

印刷型文献信息资源是以纸张为存贮介质，以印刷为记录手段生产出来的文献信息资源。印刷方法有雕刻木印、铅印、胶印、油印、机械印刷、数字激光照排印刷等。印刷型文献在印刷革命后成为文献的主要形式，使得书籍成为日常消费品，人类社会经历第一次信息爆炸，通过印刷记录积累下来的纸质文献剧增。

缩微型文献信息资源是以感光材料为载体、用缩微照相技术制成的文献复制品。按其外形可分为卷片型和平片型（条片、缩微平片、缩微卡片等）；按对它的穿透力可分为透明体和不透明体，前者需用透射式阅读机阅读，后者用不透明感光纸印制而成，用反射式阅读机阅读。缩微文献的主要优点是体积小、重量轻和信息储存量大。在存贮相同信息的情况下，普通缩微平片比纸质文献节省空间98%,具有成本低、保存期长,易于检索复制、放大、转换成其他形式文献的优点。因此,缩微文献已经在图书馆、档案馆得到广泛的应用,图书、报纸、研究报告、卡片目录、学位论文、地图等都有缩微件。它解决了纸本印刷文献空间占用大和珍稀文献的长久保存问题。

声像电子型文献信息资源以磁性材料、光学材料为记录载体,利用专门的机械电子装置记录与显示声音和图像的文献,又称声像资料、视听资料、音像制品和直感型文献,包括唱片、幻灯片、录音带、录像带、影片等。声像型文献信息资源能如实记录和存贮声音和图像信息,并超越时空限制反复播放,可以使信息接收者多通道地摄入信息,更有助于理解知识、加深印象并获得长久记忆。在网络还没普及的时候,所谓的电子化仅是指用户通过计算机使用信息资源,不再绝对地依赖具有物理形态的信息载体,并没有涉及广泛传播问题,因此,声像电子型文献多是离线出版物。

数字型文献信息资源是以二进制数字代码形式记录于磁带、磁盘、光盘等媒介,依赖计算机系统存取并可在通信网络上传输的文本、图像、音频、视频等文献。数字型文献的传播途径主要包括有线互联网、无线通信网和卫星网络等,具有海量存储、搜索便捷、传输快速、成本低廉、互动性强、环保低碳等特点。现如今,数字型文献实现了内容生产、管理过程、产品形态和传播渠道的全流程数字化网络化,包括电子图书、数字报纸、数字期刊、网络原创文学、网络教育出版物、网络地图、数字音乐、网络动漫、网络游戏、数据库出版物、手机出版物(彩信、彩铃、手机报纸、手机期刊、手机小说、手机游戏)等各种形态。

二、按出版形式分

文献信息资源按出版形式和编撰体例不同划分,可分为:图书、连续出版物和特种文献。

1. 图书

术语在线的《图书馆·情报与文献学名词(2019)》中对"图书"的解释是:用文字、图画或其他信息符号,手写或印刷于纸张等载体上,具有相当篇幅,用来表达思想并制成卷册的著作物。国家标准《信息与文献 术语》(GB/T 4894—2009)中对图书的定义是:通常是分页并形成一个物理单元的,以书写、印刷或电子形式出版的知识作品。图书区别于其他文献的主要特点是:非连续出版,篇幅和出版周期有较大伸缩性,内容上讲究系统性和稳定性,可重印和再版,既可由一篇作品组成也可由多篇构成。除此之外,每一种图书都被赋予唯一的国际标准书号(ISBN)。

图书种类繁多,按照所在知识的层次结构分类,图书可以分为学术研究类、知识普及类、大众生活类、娱乐类等;按照内容的表现形式分,图书可分为文字类、图画类、图文类、声音类等。另外,从图书的功能角度分,我们还可以将图书分为阅读性图书、参考工具书和检索用书。阅读性图书包括教科书、专著、文集等;参考工具书包括字词典、百科全书、手册、年鉴等;检索用书包括以图书形式刊行的目录、索引、文摘等。

2. 连续出版物

连续出版物是具有统一题名,定期或不定期以连续分册形式计划无限期出版,有卷期或年月标识的出版物。连续出版物主要包括期刊和报纸,还有一些非期刊类连续出版物,指的是出版频率一般较期刊低的连续出版物,如年刊、学会汇刊、会议录等。由于连续出版物报道及时,出版连贯,数量、种类庞大,成为现代文献的一种主要类型。

期刊(Journal,Periodical)又称杂志,是刊载不同著者、译者、编者的不同作品,有固定的名称,以统一的装帧形式,按期序号(卷号、期号)或时序号(月号、季号)定期或不定期并计划无限期地连续出版的文献。与图书相比,具有出版周期短、报道速度快、内容新颖、学科面广、数量大、种类多等特点,是科学研究、交流学术思想经常利用的文献信息资源。

报纸(Paper)是每日、每周或每隔一定的时间(通常是较短的时间)发行的,以报道新闻和刊载评论为主,有稳定的编辑部和固定的题名,按年、月、日或卷期顺序无限期连续刊行下去的连续出版物。报纸出版周期短、内容新颖、涉及面广,是重要的社会舆论工具和大众传播工具。

3. 特种文献

特种文献,狭义上指非书非刊、出版形式比较特殊的印刷型文献,如专利文献、标准文献、会议文献、学位论文、政府出版物、科技报告等;广义上泛指普通书刊之外包括非印刷型文献在内的所有类型的文献,包括产品样本、档案、手稿、乐谱、地图、视听资料等各种类型的文献资料。特种文献特色鲜明、内容广泛、数量庞大、参考价值高,是非常重要的信息资源。

专利文献:政府专利机构公布或归档的与专利有关的所有文献。包括各种类型的专利说明书、国家专利机构审理的专利申请案及诉讼案的有关文件、各国专利机构出版的专利公报以及各种专利文摘和索引等二次专利信息文献等,其中以专利说明书为主。

标准文献:由技术标准、管理标准以及在标准化过程中产生的具有标准效力的类似文件所组成的一种特定形式的技术文献体系。

会议文献:在学术会议上宣读和交流的论文、报告及其他有关资料。会议文献还分会前文献、会中文献和会后文献三类。会前文献是会议召开之前编印的文献资料,包括征文启事、会议通知书、会议日程表、预印本和会前论文摘要等;会中文献是会议进程中编制的出版物,包括开幕词、讲话或报告、讨论记录等;会后文献是会议结束后编制的出版物,包括会议录、论文汇编、会议报告集、会议辑要、会议决议和闭幕词等。

学位论文:高等学校或研究机构的学生为取得学位,在导师指导下完成的科学研究、科学试验成果的书面报告。

政府出版物:各国政府及其所属机构出版的文献资料。政府出版物具有官方性质,内容广泛,可大致分为行政性文献和科技性文献两大类。行政性文献包括政府报告、会议记录、司法资料、决议、指示以及调查统计资料等;科技性文献包括各部门的研究报告、技术政策文件和教育、科学的统计资料等。

科技报告:科技人员为了描述其从事的科研、设计、工程、试验和鉴定等活动的过程、进展和结果,按照规定的标准格式编写而成的特种文献。科技报告产生于各类科研项目的研究活动之中,翔实记载了项目研究工作的全过程,包括成功的经验和失败的教训,是科技文献信息的重要组成部分。

档案文献:各级政府机构、企事业单位和某些个人在实践工作中形成立卷归档、集中保管,有历史价值的文字、图表、声像等形态的原始文献资料,它是科技、政治、经济、历史的真实记录,是重要参考资料。从档案形成领域的公私属性角度,可分为公务档案和私人档案;从档案形成时间的早晚以及档案作用角度,可分为历史档案和现行档案;从档案内容属性角度,可分为文书档案、科技档案、人事档案、专门档案等。

三、按加工层次分

文献信息资源按生产加工层次来看,可分为一次文献、二次文献和三次文献。

一次文献又称原始文献,是人们直接记录其生产实践经验和科学研究发现而形成的文献,是文献信息资源的主要组成部分。专著、报纸、期刊、专利文献、标准文献、会议文献、科技报告等成品文献属于一次文献。一次文献数量极为庞大,在内容上是分散的、无系统的,不便于管理和传播。

二次文献是对一次文献进行加工整理后的产物。即对无序的一次文献的外部特征,如题名、作者、出处等进行著录,或将其内容压缩成简介、提要或文摘,并按照一定的学科或专业加以有序化而形成的文献形式,如目录、索引、文摘杂志(包括简介式检索刊物)等。二次文献不是一次文献本身的汇集,而是一次文献特征的汇集,通过它们可以很方便地找到一次文献,或了解一次文献的内容。

三次文献是在一、二次文献的基础上,经过分析、综合而编写出来的文献,如综述、述评、学科年度总结、专题报告、百科全书、年鉴、文献指南、书目之书目等。三次文献具有系统性、综合性、知识性和概括性的特点,它从一、二次文献中汲取重要内容提供给用户,便于用户高效率地了解某一领域的状况、动态、发展趋势和有关情况。

要在浩瀚的一次文献中查找所需信息,离不开二次和三次文献。

四、按内容公开程度分

文献信息资源按内容公开程度划分,可分为白色文献、灰色文献和黑色文献。

白色文献是一切正式出版并在社会上公开流通的文献,包括图书、报纸、期刊等。这类文献通过出版社、书店、邮局等正规的渠道公开发行,向社会所有成员公开,其蕴涵的信息大白于天下,人人均可利用。

灰色文献是不经过公开出版物流通渠道、发行量小、为一部分特定用户使用的内部情报资料,如科技报告、学位论文、未出版的会议论文、政府出版物等。这类文献出版量小、发行渠道复杂、流通范围有一定限制,不易收集。2010 年,第十二届灰色文献大会上的"布拉格提议"将灰色文献做了明确界定——灰色文献是来源于各级政府、学术界、工商业界,以印刷或电子版形式出版的、可由文献收藏机构或机构知识库保存和加工的具有收藏和保存价值的文献,这些文献受知识产权法保护,但不受商业出版控制。换言之,产生这些文献的主体不以出版作为其首要活动。

黑色文献包括两个方面,一是人们未破译和未辨识其中信息的文献,如考古发现的古老文字未经分析厘定的文献;二是处于保密状态和不愿公布其内容的文献,如未解密的政府文件、内部档案、个人日记、私人信件等。这类文献除作者及特定人员外,一般社会成员极难获得和利用。

上述有关文献信息资源的各种分类是为人们认识与使用提供便利。如果将多种分类结合起来使用,就能更好认识文献信息资源的时空变化和进阶。文献也是对历史与现实事件及其研究的记录。随着某一事件的自身发展,或者随着研究者研究的深入,记录文献的类型也会变化。

随着文献交流渠道的扩大和增加,以及科学技术特别是信息技术的迅速发展,科技文献类型之间的耦合现象也日趋明显。如,有的文献以会议论文的形式发表的同时,还可能以期刊论文或科技报告的形式发表;又如,随着多媒体技术的发展,声像型文献同时也是计算机可读的,计算机可读型文献也可以具有图文并茂的声像效果,印刷型的文献同时出版网络版。

课后思考与练习

1. 说说看"太阳从东方升起"这一条信息的信息量和信息熵分别是怎样的?
2. 结合实际案例,讲述数据、信息和知识的转化过程。
3. 文献信息资源有哪些类型?

第 3 章 信息检索

扫码可浏览
本章学习资源

学习目标

了解信息检索的基础知识,对信息检索原理、信息检索类型和信息检索系统的结构原理具有一定了解;掌握信息检索技术和方法,灵活运用分类检索语言、主题检索语言和计算机检索指令,编制检索提问式。

知识框架

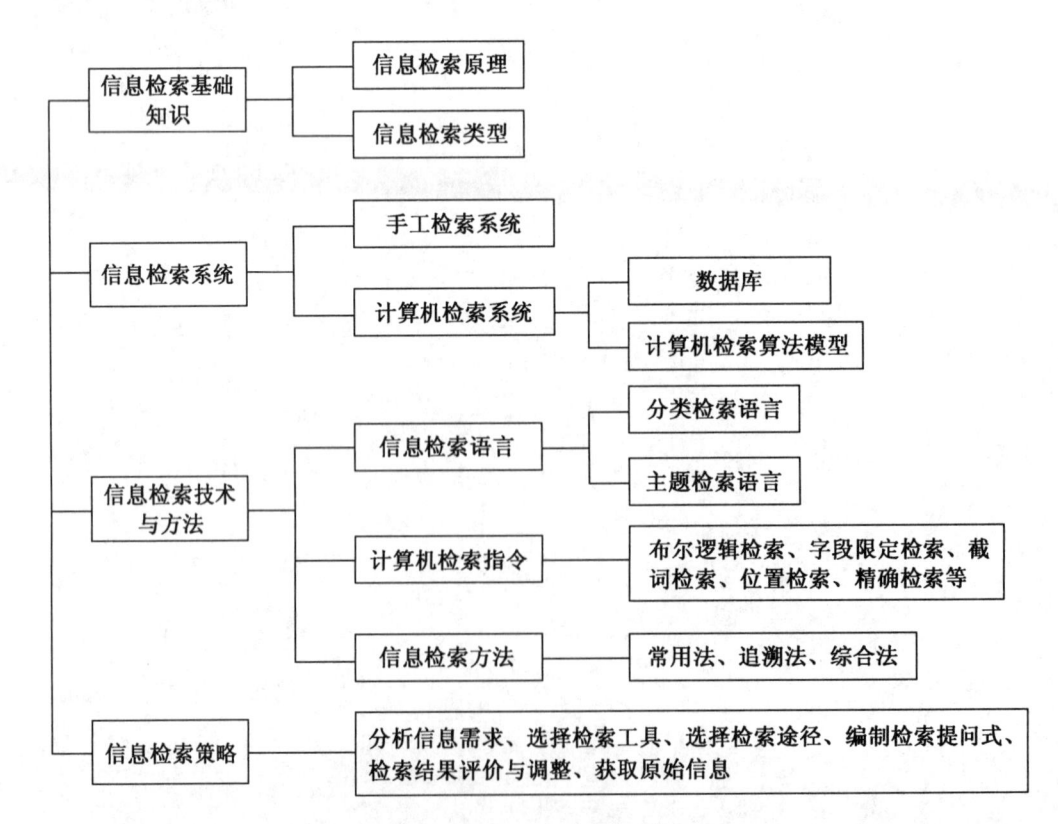

- 信息检索基础知识
  - 信息检索原理
  - 信息检索类型
- 信息检索系统
  - 手工检索系统
  - 计算机检索系统
    - 数据库
    - 计算机检索算法模型
- 信息检索技术与方法
  - 信息检索语言
    - 分类检索语言
    - 主题检索语言
  - 计算机检索指令
    - 布尔逻辑检索、字段限定检索、截词检索、位置检索、精确检索等
  - 信息检索方法
    - 常用法、追溯法、综合法
- 信息检索策略
  - 分析信息需求、选择检索工具、选择检索途径、编制检索提问式、检索结果评价与调整、获取原始信息

3.1 信息检索基础知识

信息检索(Information Retrieval),狭义的理解是利用适当的方法或手段从信息集合中查出所需信息的过程;广义的理解是"信息存储与检索",指的是信息按照一定的方式进行组织和存储,并根据用户需要查询信息的过程,包含"存"和"取"两块基本内容。其中"存"是信息工作者将筛选出的信息进行内外部特征描述、加工并有序化,形成信息资源集合的过程;"取"是用户根据信息需要,选择一定的设备或工具,采用一系列方法和策略在信息集合中展开搜寻,获取相关信息资源的过程。

3.1.1 信息检索原理

信息检索系统是为满足用户的信息需求而建立的,由存储在某种载体或设备上的有序信息集合,相应的存储、检索设备和技术以及某种服务体制共同构成的,具有信息收集存储、检索服务等功能的一种相对独立的服务实体的统称。信息检索系统有用户、检索工具(包括设备)和信息资源集合三个基本要素。

我们可以把信息检索的基本原理概括为:信息资源集合与信息需求集合之间的匹配与选择。

信息资源集合并不是简单地收集信息,而是需要对杂乱无章的原始信息进行加工处理,使之从无序到有序,并使信息的主题概念或其他属性特征化,让原来隐含的、不易识别的特征显性化,形成一些标引标识来代表信息。

用户的信息需求集合也要做类似的加工处理,分析需求的内容,提取主题概念或其他属性,形成信息检索提问。信息检索提问予以规范,形成与信息资源集合相同的标识系统来表示需求。

检索用户在分析自我信息需求的基础上将信息提问规范化,形成信息检索标识,与存贮在信息检索系统中的信息特征标引标识进行比较,若某个文档的信息标引标识与检索提问标识相匹配,系统就输出具有这些特征标识的信息文档,生成检索结果供用户选择,从而满足检索者的信息需求(如图 3-1)。

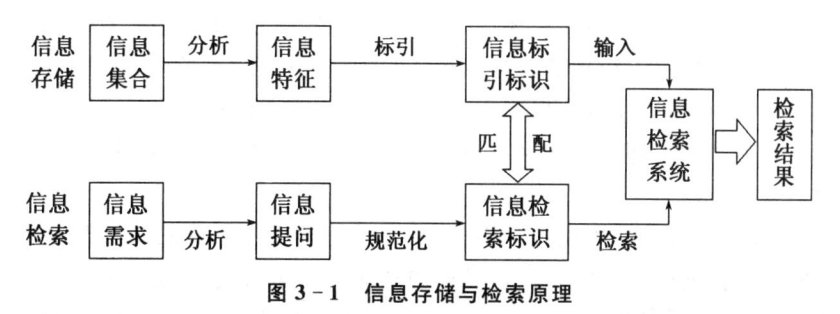

图 3-1 信息存储与检索原理

从上述信息存储与检索的基本原理来看,要使得信息检索系统将"匹配"这项工作完成好,既需要将"存"的工作做好,又需要把检索的规则设定好。

信息用户想要从信息集合中快速、高效、准确地选择和获取信息,既要学习掌握好信息检索方法与技能,也要关注信息存储技术,了解信息检索系统的体系结构,掌握信息检索的基本原理。

3.1.2 信息检索类型

一、按检索技术手段划分

按存储的载体和检索技术手段为标准划分,信息检索可以分为手工检索、机械检索和计算机检索,其实质是信息检索工具(包括设备)发展的三个阶段。

1. 手工检索

手工检索是一种传统的检索方法,即以手工翻检的方式,利用纸质检索工具(包括目录卡片、索引、文摘等),通过手翻、眼看、脑子判断来进行的检索活动。手工检索的优点是不需要特殊的设备,方法比较简单灵活,容易掌握,还可以边查边反馈,随时修改检索策略。但是手工检索费时、费力,特别是进行专题检索和回溯性检索时,需要翻检大量的检索工具反复查询,花费大量的人力和时间,而且很容易造成误检和漏检。

2. 机械检索

机械检索是手工检索向现代检索的过渡,利用机械装置来代替部分人工,提高检索效率。机械检索主要包括机电信息检索和光电信息检索两种类型。机电检索主要用于快速查找穿孔目录卡片,检索机器放置穿孔的目录卡片,用探针下压,遇到孔位相符的卡片,则穿过孔眼,选中卡片,并利用传动系统将卡片调出。光电检索主要用于缩微胶卷的快速查找,在胶卷边缘处用黑白小方块做组合标记形成主题内容编码,用光电装置进行扫描,找到相匹配的内容编码后进行调阅。机械检索虽然原理简单,但是实现了简单自动化,节约了人工,也一定程度上减少了误检和漏检。

3. 计算机检索

计算机检索是在人和计算机的共同作用下实施信息存取操作,从计算机存储的大量信息中自动查找出用户所需信息的过程。人们在计算机或计算机检索网络的终端机上,使用特定的检索指令、检索词和检索策略,从计算机检索系统的数据库中检索出需要的信息。就计算机检索而言,完整的信息检索同样包含"存"和"取"两块基本内容,"存"是指将海量信息进行数字化并存储在高度组织化的数据库系统中的过程;"取"是指根据用户的信息需要,进行快速、高效、准确的查找,并从数据库中获取相关内容资源的过程。

计算机检索是伴随着计算机和网络技术的发展而发展的,经历了脱机检索、联机检索、光盘检索和网络检索四个阶段。

脱机检索,也称脱机批处理检索,是一种采用批处理工作方式的非实时性检索方式,在计算机信息检索的初期阶段广泛采用。早期的计算机存取没有终端设备,存储介质主要是磁带,输入数据或命令用穿孔卡片或纸带。在这种情况下,用户将检索提问交给专业的检索人员,检索人员将一定数量的用户提问单一次性输入到计算机进行检索,并把检索结果整理出来,反馈给用户。

联机检索系统是由检索终端、通信网和检索中心(中央计算机或主机、数据库群、管理软件及相应的检索服务体制)构成的系统。用户利用检索终端,通过通信网络与检索中心进行人机对话,从而获取所需信息。

光盘检索是以大容量光盘存储器作为数据库存储介质的一种计算机检索方式。光盘检索曾在20世纪80、90年代得到广泛应用,具有操作方便、不受通信线路影响等特点。

网络检索是指互联网用户在网络终端,通过特定的网络搜索工具或是通过浏览的方式,查找并获取信息的行为。

随着计算机通信技术的飞速发展,计算机检索以其方便、快捷的特点成为获取信息的最主要方式之一。

二、按检索目的划分

按检索目的划分,信息检索可以分为文献检索、数值检索和事实检索。

文献检索是将文献按一定的方式组织和存储在某种载体上,并根据用户的需要,利用适当的方法或手段查找出所需特定文献的过程。

数值检索是将经过选择、整理和评价(鉴定)的数值数据存入某种载体中,并根据用户需要从数据集合中检索出能回答问题的准确数据的过程。数值检索的对象是具有数量性质且以数值形式表示的量化信息,它们或来自文献,或直接来自实验、观测和调查。

事实检索是以客观事实为检索对象,查找某一事件发生的时间、地点及过程的一种检索方法。其检索结果主要是客观事实或说明事实而提供的相关资料。完成事实型信息检索主要借助于各种指南数据库和全文数据库。

以上三种信息检索类型的主要区别在于:数值检索和事实检索是要检索出包含在文献中的信息本身,而文献检索则检索出包含所需要信息的文献即可。

三、按检索信息形态划分

按检索信息形态划分,信息检索可以分为文本检索、图像检索、音频检索、视频检索和多媒体检索。

文本检索是以文字符号为主要对象的检索,是最基本的检索类型。图像、音频和视频检索以图像、音频和视频为检索对象,但其实现技术仍基于文本检索,通过文本描述图像、音频和视频的内容特征,利用文本作为检索"标识"进行检索。

随着检索技术的发展,现如今也可以通过图像、音频的内容语义实现检索,如利用图像的颜色、形状、纹理等特征实现图像检索,提取音频流中的时域(频域)特征来实现音频检索。其基本原理都是根据相似度算法,计算用户提问与图像(音频/视频)索引数据库中记录的相似度大小,将满足阈值的记录提取出来作为结果,按照相似度降序的方式输出。

3.2 信息检索系统

信息经过选择、揭示、标识、描述、排序、存储等环节,便形成了存储在某种载体或设备上的有序信息集合,相应的存储、检索设备和技术以及某种服务体制共同构成了信息检索系统。按照检索的工具和方式,可分为手工检索系统和计算机检索系统。

3.2.1 手工检索系统

手工检索系统是利用目录卡片、工具书等传统工具获取信息的体系,如图书馆目录体系、工具书检索体系等。

一、卡片式检索工具

卡片式检索工具是记录在一种小巧、矩形的纸质材料上并按文献的外表特征和内容特征排列的检索工具。传统的图书馆馆藏图书目录、馆藏期刊目录等都可以卡片目录的方式提供检索服务。

二、书本式检索工具

书本式检索工具是印刷在纸质材料上并装订成册的检索工具,供手工检索使用,可分为单卷(或多卷)式、期刊式和附录式三种。

单卷(或多卷)式检索工具是根据一定时期、围绕一定的专题而编制的检索工具。其特点是专业性强,收录文献集中,针对特定的使用对象,常以非刊形式单独出版发行,一般只出版一册或不定期出版几册。

期刊式检索工具是计划按一定周期连续无间断出版的二次文献,包括索引、书目、目录和文摘。

附录式检索工具是以附录形式刊登在书末的有关该书的各类索引。如图书索引、机构索引、人名索引、主题索引等,通常将书中要项摘编排列以供查检书中相关内容。

3.2.2 计算机检索系统

计算机检索系统是利用计算机的有效存储和快速查找能力来进行信息的组织、存储和查找的系统。存储时,将大量的各种信息资源以一定的格式输入到系统中,加工处理成可供检索的数据库。检索时,将符合检索需求的提问式输入计算机,在选定的数据库中进行匹配运算,然后将符合检索提问的检索结果按要求的格式输出。

一、数据库

了解数据库的结构和类型,可以帮助检索者根据不同的检索要求选择合适的数据库和检索途径。

1. 数据库结构

数据库是可以共享的某些具有共同的存取方式和一定的组织方式的相关数据的集合。20世纪80年代以来推出的数据库管理系统多是关系型数据库。关系型数据库的组成部分有文档、记录、字段、数据表、索引。

文档(File):一段时间或某一主题范围内的记录集合构成数据库文档。

记录(Record):描述一篇文献的所有字段组成一条记录。

字段(Field):对文献的具体属性进行描述的结果,是比记录更小的单位,是组成记录的数据项。

数据表(Table)：简称表，由一组数据记录组成。表格中的一行称为一条记录，一列称为一个字段，每一个字段都有标识符，字段中所含的真实内容叫作数据(或称字段的属性值)。数据库中的数据被组织成一些二维表格，一个表格代表一个关系，所有对数据的操作都可归结为关系的运算。

索引(Index)：为了提高访问数据库的效率，可以对数据库使用索引。索引实际上是一种特殊类型的表，其中含有关键字段的值(由用户定义)和指向实际记录位置的指针，这些值和指针按照特定的顺序存储，从而能以较快的速度查找到所需要的数据记录。

多个字段构成一个记录，多个记录构成一个文档，多个文档共同组成计算机信息检索系统完整的数据库。计算机信息检索系统所用的数据库，其主要部分是各种主文档(或称顺排文档)和索引文档(或称倒排文档)。例如一个期刊论文数据库可按时间或主题分成不同的文档，便于检索不同时间段或不同主题的论文。文档中每篇论文是一条记录，而篇名、著者、刊名、摘要、主题词等外部和内容特征就是一个字段。

2. 数据库类型

按数据库收录的学科范围划分，可以分为专业性数据库和综合性数据库。

按数据库收录文献类型划分，可以分为图书数据库、期刊数据库、会议论文数据库、学位论文数据库、专利数据库、标准数据库、产品数据库、报刊数据库等。

按数据库收录内容特征划分，可以分为书目数据库、索引文摘数据库、全文数据库、数值数据库、事实数据库、多媒体数据等。目录数据库和索引文摘数据库是机读的目录、索引和文摘检索工具，检索结果是文献的线索而非原文；全文数据库存储的是原始文献的全文，有的是印刷版的电子版，有的则是纯电子出版物；数值数据库主要存储的是数值数据；事实数据库是存储指南、名录、大事记等参考工具书的信息的集合；多媒体数据库是存储声音、图像和文字等多种信息的集合。

二、计算机检索算法模型

计算机本身没有智能，需要依靠预先设定的规则指令实施匹配工作。这些规则被称为信息检索模型，是运用数学语言和工具对信息检索系统中的信息及其处理过程加以翻译和抽象，表述为某种数学公式，再经过演绎、推断、解释和实际校验，反过来指导信息检索实践的模型。

从数学原理角度来看，信息检索模型主要有基于集合论的布尔模型(Boolean Model)、基于代数理论的向量空间模型(Vector Space Model)和基于概率论的概率模型(Probabilistic Model)这三种基本检索模型。

1. 布尔模型

布尔模型是一种比较成熟、较为流行的经典信息检索技术，它建立在经典集合论和布尔代数知识基础上，用布尔表达式来表示用户的检索提问，通过信息标识与检索提问式的逻辑运算来检索信息。

检索实践中，同一个概念可能涉及多个同义词或相关词，用一个词来表达检索提问不能准确表达检索意愿，需要用多个检索词组合。布尔逻辑运算符就可以帮助用户将多个检索词之间的概念逻辑关系理顺，将复杂的检索过程简单化，将检索提问按词语概念的逻辑关系描述出来，从而变成计算机执行的逻辑运算。系统将进行逻辑运算后匹配出相应的资源集合反馈给用户。逻辑运算中常用的逻辑符号是"与"(AND/*)、"或"(OR/+)、"非"(NOT/-)，当三个运算符号组合出现的时候，系统会按照规定的运算优先次序进行运算。检索式更复杂的时候，还可以使用括号"()"来变更优先次序，其原理和四则混合运算类似。

布尔模型的优点是"集合"概念具有很好的直观性，布尔表达式简单高效，语意准确，很容易为用户接受。其缺点是：① 实施绝对的语词精确匹配，且基于二值决策，非此即彼，不存在部分匹配。② 检索词没有权重区别，进行二值化处理，出现的词权重为1，不出现则权重为0，检索结果无法进行重要性排序。③ 对用户的检索词提取能力和构造复杂检索式的能力要求较高。

2. 向量空间模型

向量空间模型把对文本内容的处理转化为向量空间中的向量运算，并且以空间上的相似度表达语义的相似度。其基本原理是将检索系统中信息资源文档的索引项和检索提问项都看成是一组数值向量，这些数值形成一个空间向量图，将信息检索中资源标引语词与检索标识语词"匹配"的处理过程转化为向量空间中信息资源文档索引项向量与检索提问项向量的相似度计算问题。

向量空间模型赋予每个索引项语词一个维度，索引项的权重值作为其值（有向），即向量，这样每个文档的索引项和它的权重值就构成了一个 i 维空间图。计算好文档的向量空间后，两文档之间的相似度便可以用其对应的向量之间的夹角余弦来表示。检索系统通过设置一个相关度阈值来确定检索结果集合，相似系数超过阈值的文档作为检索结果输出，并按相似度大小降序排列。

向量空间模型是一种柔性的信息检索模式，区别于布尔逻辑非此即彼的刚性模式，它不是单纯地确定一个文档是否被匹配，大多数情况是介于匹配与不匹配之间，允许部分匹配，从而扩大了检索结果。因此，可以提升查全率，并得以实现文档的相关性排序。但其缺点也很突出：① 不适合太长的文档，文档太长向量过大，会影响计算的结果；② 缺乏布尔模型的控制能力，如果"A B"是个双字查询，第一个文档频繁出现 A 但不包含 B，第二个文档包含 A 也包含 B，但出现次数少，可能第一个文档被选中的机会大过第二个；③ 模型采用精确匹配语词的方式进行计算相似度，即只匹配检索提问项语词与索引项向量空间中存在的语词，不能匹配意思相近的词，由于一词多义和一义多词的存在，该模型无法提供语义层面的检索。

3. 概率模型

概率模型基于概率论的原理，是当前信息检索领域效果最好的模型之一。概率模型将信息文档的相关性衡量问题转化为了分类问题，即将文档集合划分为相关文档子集和不相关文档子集两个类别。对于某个文档 D 来说，如果其属于相关文档子集的概率大于其属于不相关文档子集的概率，我们就可以认为这个文档与用户检索相关。

最经典的概率模型是英国伦敦城市大学的斯蒂芬·罗伯逊(Stephen Robertson)和剑桥大学的克伦·施拜克·琼斯(Karen Sparck Jones)提出的二元独立概率模型(Binary

Independence Retrieval,BIR),它基于对已有反馈结果的分析,根据贝叶斯原理为当前查询排序,逐步求精以期望获得理想的查询结果。其基本思想是:给定一个用户检索提问,则检索系统中存在着一个只包含与提问相关的文档的理想结果集合 R。如果能知道集合 R 的特征和描述,就能够找出全部相关文档,排除所有无关文档。然而,在用户提出检索要求时并不知道这个理想结果集合 R 的特征,因此,在第一次检索时就需要对 R 的特征进行估计。根据初始的估计,系统将形成一个初步的对理想结果集合的概率描述。在检索出初始文档集的基础上,用户可以对初始检索结果集合中文档相关与否进行判断,或者由系统对检索结果文档的相关性进行自动判别,根据这些反馈信息,系统便可以在后续的检索结果中不断做出优化,改进对理想结果集合的描述,从而在多次交互操作之后,使检索结果逐步接近该检索提问的理想命中结果集合 R。

概率检索模型充分考虑了"信息检索是一种具有不确定性的决策判断过程"这一特性。不同于布尔逻辑模型和向量空间模型,概率模型具有一种内在的相关反馈机制,把检索处理过程看作是一个不断逼近并最终确认匹配文档集合特征的过程。概率模型有严格的数学理论基础,采用了相关反馈原理克服不确定性推理的问题。它的缺点是参数估计的难度比较大,文件和查询的表达也比较困难。

4. 总结

布尔模型、向量空间模型和概率模型是信息检索的基础模型,为克服这些模型的缺点,提高检索性能,每个模型都形成了一些扩展模型或变异的模型(如图 3-2),这些模型广泛应用在数据库和搜索引擎中。

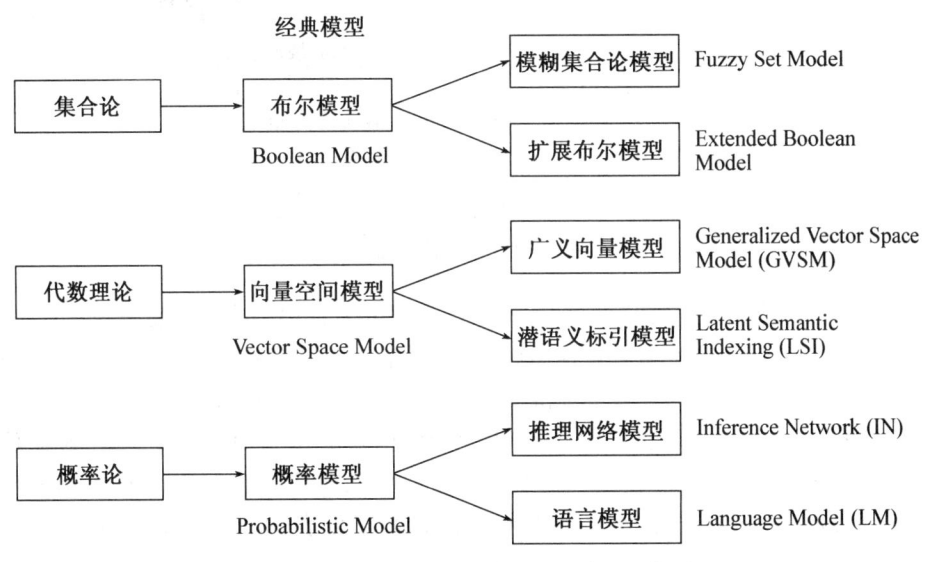

图 3-2 计算机检索经典模型及其扩展模型

3.3 信息检索技术与方法

3.3.1 信息检索语言

信息检索语言是信息存储与检索过程中用于描述信息特征和用户提问的一种专门的人工语言。实质是信息检索系统存储和检索信息时共同使用的一种约定性语言，以达到信息存储和检索的一致性，完成检索匹配。

从反映信息特征的角度来看，信息检索语言可分为描述外部特征的检索语言和描述内容特征的检索语言。信息外部特征的描述一般是将信息实体的题名、著者、出版者、出版时间和识别号等要素如实、准确地提取为标识，形成检索途径；信息内容特征的描述则是对信息文档所论述的主题、对象、核心观点等要素进行总结揭示，并采用规范的语词或符号标识，形成检索途径。描述信息内容特征的检索语言，按其结构原理，可分为分类检索语言（分类法）、主题检索语言（主题法）和代码检索语言（如图 3-3）。

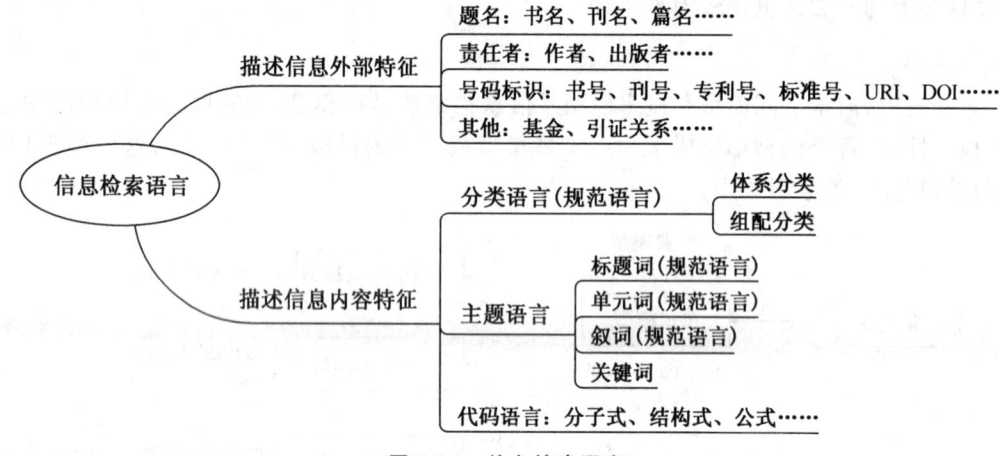

信息检索语言
- 描述信息外部特征
  - 题名：书名、刊名、篇名……
  - 责任者：作者、出版者……
  - 号码标识：书号、刊号、专利号、标准号、URI、DOI……
  - 其他：基金、引证关系……
- 描述信息内容特征
  - 分类语言（规范语言）
    - 体系分类
    - 组配分类
  - 主题语言
    - 标题词（规范语言）
    - 单元词（规范语言）
    - 叙词（规范语言）
    - 关键词
  - 代码语言：分子式、结构式、公式……

图 3-3 信息检索语言

从检索标识规范化的角度来看，信息检索语言可分为自然语言和规范语言。

自然语言是在信息描述和信息检索时直接使用人们在交流中采用的书面语言或口头语言。自然语言包括关键词、自由词和出现在文章中题名摘要、正文或参考文献中的具有实质意义的语词。自然语言检索在以"用户为中心"的网络时代比较符合人们信息检索的习惯和要求，学习门槛比较低。自然语言的检索效果主要依赖于计算机系统的自然语言处理能力，即从自然语言文本中抽取最能准确充分表达文档有价值内容词汇的能力，实现自动标引。

规范语言是一种人为规范和控制的人工语言，也称为受控语言。它从自然语言出发，根据信息描述和检索的需要，从自然语言中筛选出特定的词汇或设计一套符号将信息主题内容概念表示出来，经规范化处理后纳入检索系统中。规范语言一般处于某权威机构或检索系统的管理和控制之下。分类语言和主题语言中的标题词语言（标题法）、单元词语言（元词法)、叙词语言(叙词法)均属于规范语言。规范语言可以提供比较高效的检索途径,凡是支持规范语言的检索工具,在检索时应首选使用规范语言检索。

本书重点介绍分类检索语言和主题检索语言,这两类检索语言均是对信息内容特征的规范化标识。

一、分类检索语言

分类检索语言是将表示各种领域的类目按概念分类原理进行系统排列,并以代表类目的数字或字母符号作为信息主题标识的一类检索语言。分类检索语言可分为体系分类和组配分类两种,其中体系分类是主流。

体系分类语言主要是从知识体系或事物性质属性对信息对象进行分类和系统排列,运用概念划分和概括的方法,从总到分、逐层分面展开,形成层级式分类体系,反映其从属、派生和相关等关系的语言。"类"是具有共同属性的事物集合。一类事物除了具有共同属性外,还有不同的属性,可以再一次划分。一个概念经过一次划分后形成的一系列知识概念就是种概念,又称子位或下位类,被划分的类称为母类或上位类,即属概念;由同一上位类划分出的各个下位类互称为同位类,即并列概念。一个概念每划分一次,就产生许多类目,逐级划分,就产生许多不同等级的类目。上位类包括下位类的总合,下位类隶属于其上位类,同级类互不相容,这些类目层层隶属,构成一个严格有序的层累式结构体系。用规范化的人工符号——字母、数字和语词表示这些类目构成的分类表、类号和类名,就是分类检索语言。

使用分类语言检索的长处是能满足从学科或专业角度广泛地进行课题检索的要求,并达到较高的查全率。查准率的高低与类目的粗细多少有关——类目越细,专指度越高,查准率也越高。但类表的篇幅是有限的,类目不可能细到某一个专指的概念。因此,分类法是一种族性检索,而非特性检索。

检索不同的信息资源时,需要学习熟悉其所使用的分类语言体系类型,常用的分类语言有文献分类、专利分类、标准分类和商品分类等。文献分类是信息资源分类中最典型的分类检索语言。

1. 古代的文献分类

我国古代对文献的分类,始于汉代汉成帝时期刘向、刘歆父子奉命进行的第一次大规模文献整理工作,其重要成果之一便是编纂了我国古代第一部综合性图书分类目录《七略》。按当时的学术分类思想将群书系统分类,其中"辑略"是综述学术源流的总序,实际将学术门类分为六艺、诸子、诗赋、兵书、数术、方技6大类,下分38小类。班固在编修《汉书》时,将《七略》改编为《汉书·艺文志》,现在《七略》已失传,其主要内容在《汉书·艺文志》中保存。这次文献整理工作对后世影响巨大,历代王朝都有类似的工作,其中较有影响的有:魏晋南北朝时,魏秘书郎郑默根据当时的藏书,编纂了图书目录《中经》;西晋时,荀勖依据《中经》,改编为《中经新簿》,将分类调整为甲、乙、丙、丁四部;东晋时,李充编《晋元帝四部书目》,将乙、丙两部所收图书的内容对调;唐代修《隋书·经籍志》把类名改为经、史、子、集,一直沿用到清末;清代末年张之洞任四川学政时,为回答诸生的提问编《书目答问》,增加丛书部(见表3-1、表3-2)。

表 3-1 我国古代图书分类体系沿革简表

时代	编纂者	书名	类目
汉	班固	汉书·艺文志	六艺 诸子 诗赋 兵书 数术 方技
西晋	荀勖	中经新簿	甲 乙 丙(史书) 丁
东晋	李充	晋元帝四部书目	甲 乙(史书) 丙 丁
唐	魏徵等	隋书·经籍志	经 史 子 集 道经附 佛经附
清	纪昀等	四库全书总目提要	经 史 子 集
清	张之洞	书目答问	经 史 子 集 丛

表 3-2 《四库全书总目提要》分类体系

类目	细目
经部	易 书 诗 礼 春秋 孝经 五经总义 四书 乐 小学
史部	正史 编年 纪事本末 别史 杂史 诏令奏议 传记 史钞 载记 时令 地理 职官 政书 目录 史评
子部	儒家 兵家 法家 农家 医家 天文算法 术数 艺术 谱录 杂家 类书 小说家 释家 道家
集部	楚辞 别集 总集 诗文评 词曲

因四部分类法能较准确反映我国古代的学术体系和古籍的特点,当代编纂的《中国古籍善本书目》所采用的分类体系便是根据传统的四分法修订的,共分经、史、子、集、丛五类。现在大多数图书馆的古籍目录也采用这个体系。

2. 当代文献分类法

我国当代通用的文献分类法是《中国图书馆分类法》,国外通用的分类法有《杜威十进分类法》(DDC)、《国际十进分类法》(UDC)、《美国国会图书馆分类法》(LCC)等。

《中国图书馆分类法》(原称《中国图书馆图书分类法》)是我国新中国成立后编制出版的一部具有代表性的大型综合性分类法,是当今国内图书馆使用最广泛的分类法体系,简称《中图法》。中国图书馆分类法将知识门类分为5大部类,22个基本大类(如图3-4),其标识符号是汉语拼音字母和阿拉伯数字相结合的混合制号码。一般由一个字母(T类是两个字母)加一串数字组成,为方便阅读,每隔三位数字加一个小圆点(如图3-5)。

《杜威十进分类法》(Dewey Decimal Classification,简称 DDC)由美国著名图书馆学家麦维尔·杜威创立。杜威受美国圣路易斯市图书馆哈利斯分类法的启发,根据17世纪英国哲学家培根关于知识分类的思想,将人类知识分为记忆(历史)、想象(文艺)和理性(哲学,即科学)三大部分,并将其倒置排列,扩展为10个大类。DDC 现由美国国会图书馆负责修订工作,由联机计算机图书馆中心(OCLC)的分支机构负责其出版工作,目前的最新版本为23版,是当今世界上影响最大、用户最多的图书馆分类法,它不仅应用于组织图书馆藏书,也被广泛应用于文摘数据库和网络信息资源的组织和检索。DDC采用的标识符号是阿拉伯数字,为了便于阅读,第三位与第四位之间用小圆点隔开(如图3-6)。

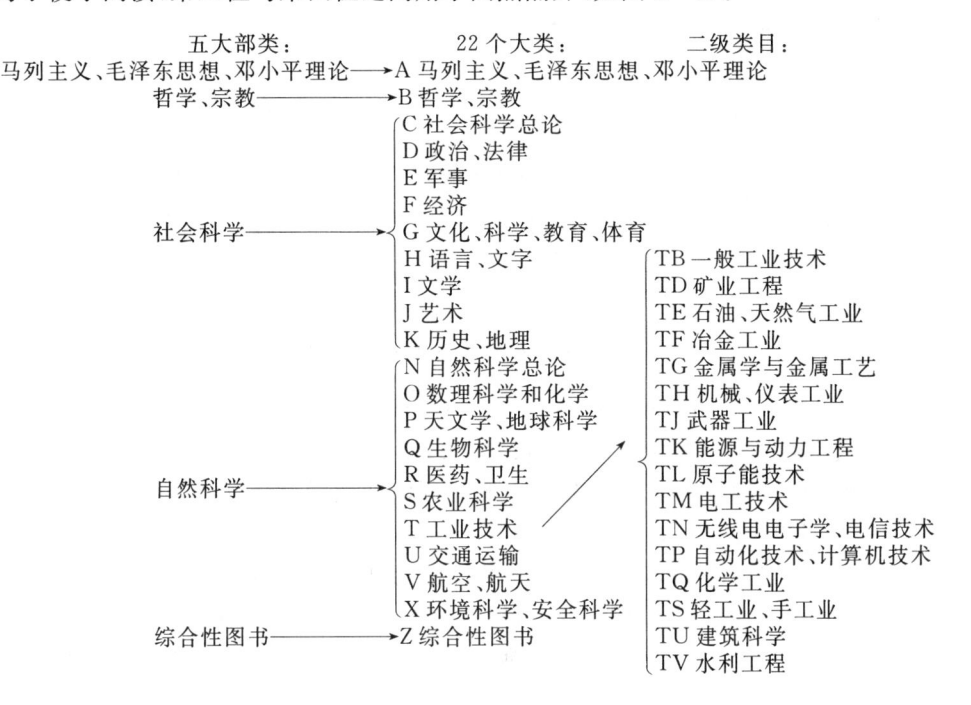

```
五大部类:                22个大类:              二级类目:
马列主义、毛泽东思想、邓小平理论──→A 马列主义、毛泽东思想、邓小平理论
哲学、宗教──────→B 哲学、宗教
                        C 社会科学总论
                        D 政治、法律
                        E 军事
                        F 经济
社会科学───────→G 文化、科学、教育、体育
                        H 语言、文字           TB 一般工业技术
                        I 文学                 TD 矿业工程
                        J 艺术                 TE 石油、天然气工业
                        K 历史、地理            TF 冶金工业
                                              TG 金属学与金属工艺
                        N 自然科学总论          TH 机械、仪表工业
                        O 数理科学和化学        TJ 武器工业
                        P 天文学、地球科学      TK 能源与动力工程
                        Q 生物科学              TL 原子能技术
自然科学───────→R 医药、卫生            TM 电工技术
                        S 农业科学              TN 无线电电子学、电信技术
                        T 工业技术              TP 自动化技术、计算机技术
                        U 交通运输              TQ 化学工业
                        V 航空、航天            TS 轻工业、手工业
                        X 环境科学、安全科学    TU 建筑科学
综合性图书──────→Z 综合性图书             TV 水利工程
```

图3-4 中图分类法基本大类

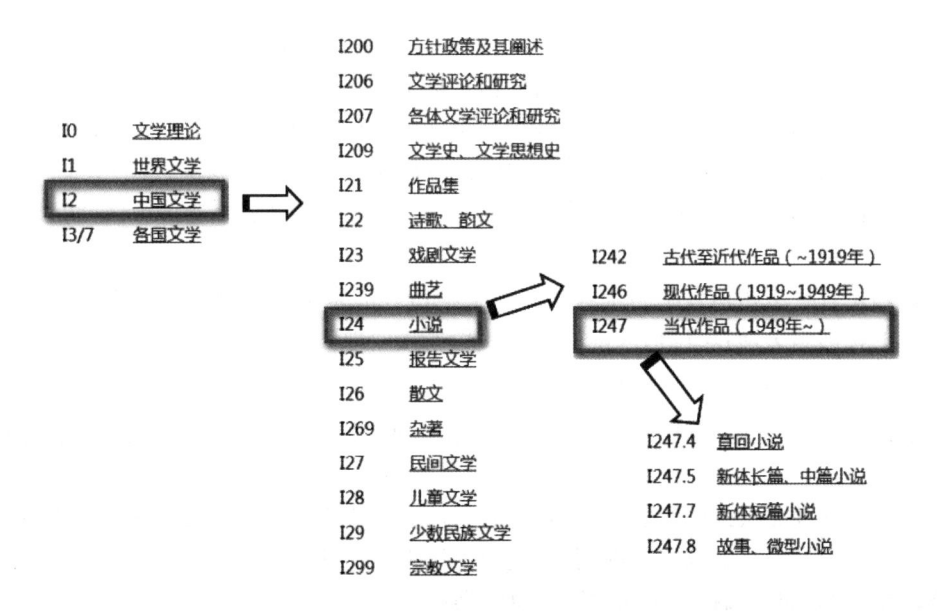

```
                      I200  方针政策及其阐述
                      I206  文学评论和研究
I0    文学理论          I207  各体文学评论和研究
I1    世界文学          I209  文学史、文学思想史
I2    中国文学   ──→   I21   作品集
I3/7  各国文学          I22   诗歌、韵文
                      I23   戏剧文学          I242  古代至近代作品(~1919年)
                      I239  曲艺              I246  现代作品(1919~1949年)
                      I24   小说      ──→   I247  当代作品(1949年~)
                      I25   报告文学
                      I26   散文                            I247.4  章回小说
                      I269  杂著                            I247.5  新体长篇、中篇小说
                      I27   民间文学                        I247.7  新体短篇小说
                      I28   儿童文学                        I247.8  故事、微型小说
                      I29   少数民族文学
                      I299  宗教文学
```

图3-5 中图分类法 I(文学)类目片段

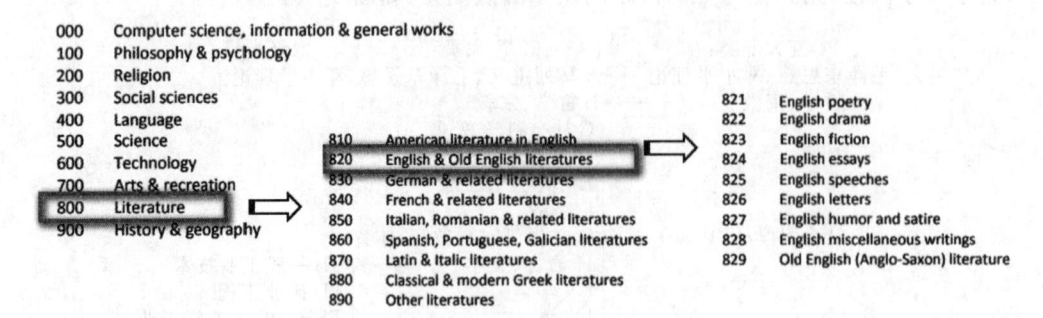

```
                                    Main Classes
      000   Computer science, information & general works
      100   Philosophy & psychology
      200   Religion
      300   Social sciences                                           821   English poetry
      400   Language                                                  822   English drama
      500   Science                    810   American literature in English   823   English fiction
      600   Technology                 820   English & Old English literatures  824   English essays
      700   Arts & recreation          830   German & related literatures     825   English speeches
      800   Literature                 840   French & related literatures     826   English letters
      900   History & geography        850   Italian, Romanian & related literatures  827   English humor and satire
                                       860   Spanish, Portuguese, Galician literatures  828   English miscellaneous writings
                                       870   Latin & Italic literatures       829   Old English (Anglo-Saxon) literature
                                       880   Classical & modern Greek literatures
                                       890   Other literatures
```

图 3-6 杜威十进分类法前三级类目片段

《国际十进分类法》(Universal Decimal Classification)又称为通用十进制分类法,简称 UDC,是国际通用的多文种综合性文献分类法。UDC 以美国《杜威十进分类法》(DDC)为基础编制而成,被广泛应用于科学论文的分类,现由国际文献联合会(FID)统一主持对它的修订工作。其类目可参见网址:http://www.udcsummary.info。

分类语言的优点是:① 可以体现学科的系统性,反映事物的从属派生关系,便于按学科体系进行族性检索;② 按分类号组织分类目录,简单方便。其缺陷在于:① 以人工语言(数码、字母代号)作为标识符号,不直观,较难记忆;② 分类体系固定,增补新类目不及时;③ 组配方式机械,较难满足多元检索的要求。

二、主题检索语言

主题检索语言是直接以表达信息主题内容的语词作为检索标识,以字顺为主要排列方式,并通过参照系统等方法揭示词间关系的信息标引和检索方法,也称主题法。它以事物和概念为中心集中相关的文献,表达主题概念直接性强,更适于揭示文献中的新事物。

按照其使用时组配的先后,可以分为先组式主题法和后组式主题法;按照其使用时是否进行控制,可以分为规范化主题法与非规范化主题法;按照主题法的造词方式,可以分为标题法、元词法、叙词法和关键词法。

主题词是各种主题语言中用来表达文献主题内容的索引词的总称。一般包括标题词、叙词等规范化的索引词,还包括关键词等未经规范化处理的索引词。

1. 标题词(Subject Heading)

所谓标题词,并非指文献"标题"中的词,而是一种检索标识,是用来标引信息资源主题的词或词组。

标题词是一种先组式的受控检索语言,采用从自然语言中选取并经过规范化处理的、直接表达文献所论及的事物或主题的词、词组或短语来标引信息资源主题,通常为比较定型的事物或理论名称,如:"飞机""不锈钢""信息论"等。

使用标题词标引文献时,标识词以及词之间的等级关系和组配方式均由词表预先制定,操作方便但灵活性不够,目前使用较广泛的标题表是《美国国会图书馆标题表》(LCSH)、《医学标题表》(MeSH)。

2. 叙词(Descriptor)

叙词是从大量文献中优选出来并经过多方面严格控制的、用以表达文献主题或检索需求的单义词或代码。叙词一般经过严格的词义控制、词形控制、等级控制和范畴控制，词义明确单一，语法形式统一，表达科学概念的能力强，组配灵活，专指性好。我国图书情报领域通常把"叙词"称为"主题词"，是受控主题语言的主流。

主题词表(Thesaurus)，也称叙词表，是一种结构化的、动态的词汇表。它收录某一学科领域内的主题词，表示概念之间的关系，如等同关系、类属关系、相关关系等，是信息检索时所使用的规范名词术语工具。国内外的主题词表数量众多，有综合性的和专业性两大类，具有代表性的有《汉语主题词表》《社会科学检索词表》《中国档案主题词表》《教育主题词表》《工程与科学主题词表》《国家航空航天局叙词表》《日本科学技术情报中心主题词表》等。

《汉语主题词表》是我国第一部大型综合性叙词表。最早由中国科学技术情报研究所和北京图书馆主持编纂，于1980年出版，分为社会科学卷、自然科学卷和附表，共10个分册，收词约10.9万条。1991年，中国科学技术情报研究所对自然科学部分进行修订与增补，出版了《汉语主题词表》(自然科学增订本)。该增订本收录自然科学和工程技术词汇约8.1万条，其中正式主题词约6.9万条，非正式主题词约1.2万条。2014年，中国科学技术信息研究所联合国内十几家图书情报机构的上百名专家，出版了《汉语主题词表》(工程技术卷)，共收录工程技术及相关领域词汇约36万条，其中正式主题词19.6万条，非正式主题词16.4万条。图3-7为《汉表》叙词款目样例，信息检索系统若使用《汉表》进行主题词标引，需要将"盐类矿床"这一规范词汇用作正式主题标识词，而"蒸发盐矿床"是和其同义的非正式主题标识词。用户在检索时，可以借助主题词表的款目列表，使用"盐类矿床"这一专业词汇进行检索，还可以从主题概念的角度，使用其上位词"非金属矿床"检索，扩展检索范围，或补充下位词、相关词、非叙词到检索词中，来提高查全率和查准率。

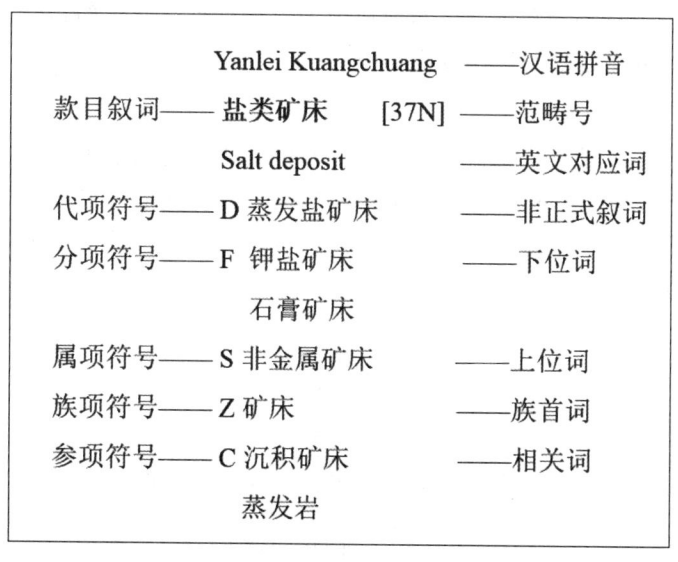

```
                Yanlei Kuangchuang      ——汉语拼音
款目叙词——  盐类矿床      [37N]     ——范畴号
                Salt deposit            ——英文对应词
代项符号——  D 蒸发盐矿床             ——非正式叙词
分项符号——  F 钾盐矿床               ——下位词
              石膏矿床
属项符号——  S 非金属矿床             ——上位词
族项符号——  Z 矿床                   ——族首词
参项符号——  C 沉积矿床               ——相关词
              蒸发岩
```

图3-7 《汉表》叙词款目样例

3. 关键词(Keyword)

关键词是出现在文献的标题、摘要以及正文中,能够表达文献主题内容,可作为检索入口的未经过规范化的自然语言词汇。关键词可以选用受控的叙词,也可以选用不受控的自由词。标引人员或用户根据需要自由选出主题词表之外的词语作为关键词,可以弥补词表收词量不足或更新不及时等缺陷。

关键词语言直接采用自然语言作检索标识,易于掌握,能及时反映最新概念。但是关键词对自然语言中大量存在的等同、同义等关系未加规范统一,在检索时用户往往不可能把表达某一概念的全部等同关系词都考虑到,因此,漏检误检的可能性比较大。

主题检索语言的优点是在表达主题内容方面具有较大的灵活性,抛弃了人为的、按等级制排列的号码系统,以易于理解的规范语言代之,并在各主题之间建立有机的参照系统,较好地满足了多元检索的要求。用户查找文献时,可以不考虑所需文献内容在体系分类等级中的位置,只要按字顺查找表达概念的主题词即可。

3.3.2 计算机检索指令

计算机检索指令,是指在计算机检索系统(光盘数据库、联机数据库、网络数据库、搜索引擎等)中采用的相关指令技术,主要包括布尔逻辑检索、字段限定检索、截词检索、位置检索、精确检索等。通过这些计算机指令,计算机检索系统便会执行一些运算,从概念相关性、位置相关性等方面对检索提问实行技术处理,从而提高检索效率。

一、布尔逻辑检索

在检索中,检索提问涉及的概念往往不止一个,而同一个概念又往往涉及多个同义词或相关词。为了正确地表达检索提问,系统中采用布尔逻辑运算符将不同的检索词组配起来,使一些具有简单概念的检索单元通过组配成为一个具有复杂概念的检索式,以表达用户的信息检索要求。常用的逻辑算符主要有以下几种:

1. 逻辑"与"

逻辑"与"(用"and"或"*"表示)是一种用于交叉概念或限定关系的组配,它可以缩小检索范围,有利于提高检索的专指性。例如,检索同时含有概念 A 和概念 B 的文献,可表示为:"A and B"或"A * B"。检索结果如图 3-8 所示,图中阴影部分即为同时包含 A 和 B 两个概念的命中文献。

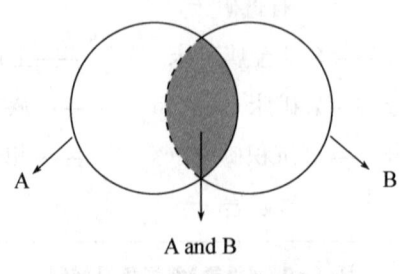

图 3-8 逻辑"与"示意图

2. 逻辑"或"

逻辑"或"(用"or"或"＋"表示)用于具有并列概念关系的组配。这种组配可以扩大检索范围,提高查全率。例如,检索含有检索项 A 或检索项 B 的文献,可表示为:"A or B"或"A＋B"。检索结果是将含有检索项 A 的文献集合与含有检索项 B 的文献集合相加,形成一个新的集合。检索结果如图 3-9 所示,图中阴影部分即为包含 A 或 B 的命中文献。图中两者共同的部分只计一次,避免了命中文献的重复出现。

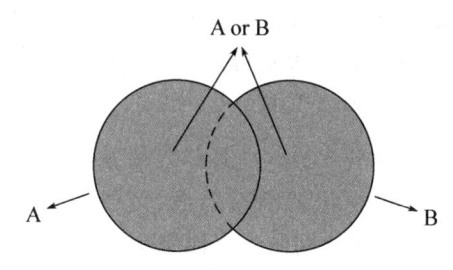

图 3-9 逻辑"或"示意图

3. 逻辑"非"

逻辑"非"(用"not"或"－"表示)用于从某一检索范围中排除不需要的概念。这种组配可以缩小检索范围。例如,在含有概念 A 的文献集合中,排除同时含有概念 B 的文献,可表示为:"A not B"或"A－B"。检索结果如图 3-10 所示,图中阴影部分即为包含 A 且排除 B 的命中文献。

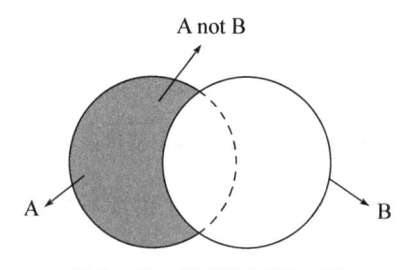

图 3-10 逻辑"非"示意图

在上述逻辑算符中,算符大小写或其他形式由具体检索系统决定,其运算优选级顺序为"not"、"and"、"or",但是可以用括号改变它们之间的运算顺序。例如"(A or D) and B",表示先执行"A or D"的检索,再与 B 进行 and 运算。

将布尔逻辑运算符组配,可构造复杂检索式:

(图书馆学 or 情报学)and 范并思,可检索包含"图书馆学"或"情报学",并同时包含"范并思"的文献信息。

(经济发展 or 可持续发展)and 转变 not 泡沫,可检索"经济发展"或"可持续发展"有关"转变"的文献信息,并且将与"泡沫"有关的文献信息去除。

二、字段限定检索

字段限定检索是一种用于限定提问检索词在数据库记录中出现的区域、控制检索结果的相关性、提高检索效果的检索方法和技术。多以字段限定方式实现，即系统只对指定的检索词出现的字段进行匹配运算，以便提高检索效率和查准率。

限制检索字段通常有两种方式：

1. 输入字段限定运算符检索

早期的联机检索系统当中，字段限制主要通过运算符的输入实现，常用的算符如：in、=、[ ]、/等。许多检索系统的专业检索仍保留字段限定的算符运算，如中国知网数据库中可以在专业检索框中输入以下检索式：TI='生态' and KY='生态文明' and AU='陈'。该检索式将检索词分别做了字段限定，表示可以检索到篇名包括"生态"并且关键词包括"生态文明"并且作者名字包含"陈"的所有文章。

2. 检索框的下拉菜单中直接选择限定字段进行检索

现在的检索系统一般都是可视化的检索界面，可以通过菜单化的选择来实施。如图3-11所示，该检索表示也将检索词分别做了字段限定，表示可以检索到篇名包括"生态"并且关键词包括"生态文明"并且作者名字包含"陈"的所有文章。

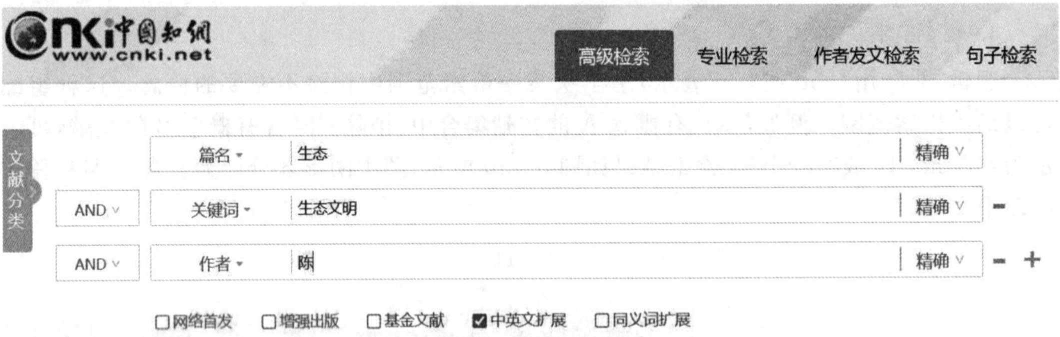

图 3-11　菜单检索中的字段限定

不同的检索系统提供的检索字段类型、名称、数量不尽相同，用户需要提前了解检索系统所提供的字段类型来调整检索。

将布尔逻辑运算符和字段限定运算符搭配使用，可使得检索式更精确。例如，(KY=图书馆学 or KY=情报学) and AU=范并思，可检索关键词中包含"图书馆学"或"情报学"，并且作者为"范并思"的文献信息。

三、截词检索

截词检索是计算机检索系统中应用非常普遍的一种技术，适用于西方字母文字（如英文、德文等）检索。西文的构词比较灵活，在词干上加上不同性质的前后缀就可以派生出许多新的词汇，而且这些词汇在意义上都比较相近，如名词的单复数，动词与动名词形式，或者同一词的英美两种不同的拼法等等。如果在检索时不考虑这些词形变化就会出现漏检的现象，但是将这些词全部罗列又相当繁琐。

所谓截词(Truncation)检索，就是指在检索词的适当位置截断，保留检索词中相同的部分或词干部分，用截词符号代替可变化的部分，从而让计算机按照词的片段与数据库里的索引词对比匹配，凡片段中含有这些词的文献均会被检出。

1. 截词算符

不同的检索系统其截词检索的通配符不尽相同。以 Web of Science 平台为例，该检索系统采用星号（*）、问号（?）和美元符号（$）作为截词算符。"*"是无限截词符，一个"*"可代表多个字符，也包括空字符，如 comput* 可检出含有 compute，computer，computing，computation 等词汇的文献。"?"和"$"是有限截词符，一个"?"代表 1 个字符，"??"表示 2 个字符，"???"表示 3 个字符，以此类推，如"wom?n"可检出含有 woman 和 women 的文献；"$"表示 0 或 1 个字符，如"colo$r"可匹配 color 和 colour。截词通配符也可以组合使用，如"organi?ation*"可匹配 organisation，organisations，organisational，organization，organizations，organizational 等。

2. 截词检索类型

截词检索通过截词通配符表示检索词的某一部分，这一部分可以是词头、词尾或词的中间部分。按照截断位置来分，截词检索有前截词检索、后截词检索、中间截词检索、前后截词检索这几种类型。其中，后截词最为常见，中间截词次之，前截词和前后截词使用最少。

前截词，截词部分为词头，也称为左截词或后方一致，如以"*ology"作为检索提问，可以检索出含有 physiology，pathology，biology 等的文献。

后截词，截词部分为词尾，也称为右截词或前方一致，如以"child*"作为检索提问，可以检索出含有 child，children，childhood 等词的文献；以"stud*"作为检索提问，可检出含有 study，studies，studied，studying 等词的文献。

中间截词，截词部分在词中部，也称为前后方一致，主要用于英式英语和美式英语的拼写差异，如用"colo*r"作为检索提问，可以将含有 color 或 colour 的文献全部检出；用"defen?e"作为检索词，可以将含有 defence 和 defense 的文献全部检出。

前后截词，截词部分在词头和词尾，保留中部相同部分，也称中间一致，如以"*computer*"作为检索提问，可检出含有 minicomputers、microcomputers 等词的文献。

截词检索对象形文字中文的用途比较有限，因为中文的截词单位只能是字，不能像字母文字那样以字母为截词单位。在中文检索系统中，常常采用菜单选项"前方一致""后方一致"分别对应截词检索的后截词和前截词。如检索式为"信息"，进行"前方一致"检索，可检得"信息""信息管理""信息技术""信息技术管理"等等。

截词检索是一种提高查全率的检索技术，它可以起到扩大检索范围、提高查全率、减少检索词的输入量、节省检索时间等作用。需要注意的是，应当避免将词截得过短，从希望出现的单词中选取尽可能多的公共字母作为词干，可提高查准率。

3. 系统自动截词

得益于自然语言技术的发展，许多外文检索系统已经具备了自动执行"截词"的功能，减轻用户层面的检索负担。如 Web of Science 平台的检索系统就自动执行词形还原（Lemmatization）、词干提取（Stemming）和拼写校正（Spelling Variations）功能。词形还原功能可以让用户无需使用通配符即可检索单词的复数和变体拼写，系统自动去掉单词的词缀，提取单词的主干部分，并自动查找该原型单词的所有变体，如用户输入单词"ate"，词形还原后的单词为"eat",系统会将 ate、eat、eats、eating 等都纳入作为检索词实施检索匹配。词干提取是去掉单词的词缀,提取单词的主干部分,通常是将-ing 或-es 等去除,从而扩大检索范围。拼写校正则主要应对英美拼写不一致问题,如用户输入检索词"defense",系统将自动把 defense 和 defence 都纳入检索词执行检索。

有了上述功能,用户便不用考虑使用截词算符去应对英语的词形变化和拼写变化问题,直接交给系统自动执行即可。如果有特殊的精确检索需求,需要配合使用其他算符或手动关闭该功能。

四、位置检索

位置检索也称为邻近检索,是指用一些特定的位置运算符来表达检索词之间邻近关系的检索技术。位置算符检索是布尔逻辑运算符"and"的延伸,适用于两个检索词在同一篇命中文献中需要指定间隔距离或出现顺序的检索表达式,表示两个或多个检索词之间的位置邻近关系,可以提高检索的效率和质量。

位置检索多用于西文检索中。不是所有的系统都支持位置检索,在支持位置检索的系统当中,也不是所有字段都能使用位置检索,不同的检索系统所使用的位置运算符也不尽相同。因此,使用位置检索需要提前学习检索系统位置运算符的用法意义。

美国 DIALOG 检索系统中位置算符的用法意义如下:

1.(W)—With

(W)表示该算符两侧的检索词相邻,且两者之间只允许有一个空格或标点符号,不允许有任何字母或词,顺序也不能颠倒。(W)也可以简写为( )。

例:"Aircraft( )design"可检索出含有 Aircraft design 的文献记录。Computer( )aided( )design 可检索出含有 Computer aided design 的文献记录。

2.(nW)—nWords

(nW)表示在此算符两侧的检索词之间最多允许间隔 n 个词(实词或虚词),且两者的相对位置不能颠倒。

例:"laser(1w)printer"可检出含有 laser printer 和 laser color printer 的文献记录。

3.(N)—Near

(N)表示该算符两侧的检索词相邻,但两者的相对位置可以颠倒。

例:"computer(N)network"可检出含有 computer network、network computer 形式的文献记录。

4.(nN)—nNear

(nN)表示此算符两侧的检索词之间允许间隔最多 n 个词,且两者的顺序可以颠倒。

例:"computer(2N)system"可检出含有 computer system,computer code system,computer aided design system,system using modern computer 等形式的文献记录。

5.(S)—Subfield

(S)表示其两侧的检索词必须是在文献记录的同一句子中,且不限定它们在该句子中的相对次序和相对位置的距离。

例:"computer( )control(s)system"可检出文摘中含有"This paper is concerned with an application of the computer control technique in a intelligent system for testing inner walls of pipes."这样一句话的文献记录。

6. (F)—Field

(F)表示其两侧的检索词必须是在文献记录的同一字段中,而它们在该字段中的相对次序和相对位置的距离不限。

例:"water( )pollution(F)control"可在同一个字段中(如篇名、文摘、叙词等)将同时含有 water pollution 和 control 的文献记录均检索出来。

Web of Science 检索系统中位置算符的用法意义如下:

(1) NEAR/x

NEAR/x 限定两侧的检索词之间相隔数量最多为 x 个单词。如果只使用 NEAR 而不使用/x,则系统将查找两个检索词彼此相隔不到 15 个单词的文献记录。

例:"salmon NEAR virus"和 salmon NEAR/15 virus 两个检索式效果相同。

(2) SAME

在"地址"检索中,使用 SAME 可将检索词限制为出现在同一地址中,需要使用括号来对地址检索词进行分组。

例:"AD=(McGill Univ SAME Quebec SAME Canada)"查找在文档"地址"字段中出现 McGill University 以及 Quebec 和 Canada 的记录。

当在其他字段(如"主题"和"标题")中使用时,如果检索词出现在同一记录中,SAME 与 AND 的作用就完全相同。例如:TS=(cat SAME mouse)与 TS=(cat AND mouse)将得到相同的结果。

五、精确检索

精确检索与模糊检索相对,是使检索词的字段字符和长度和返回结果完全一致的检索方法。精确检索算符一般用引号("")表示,将检索词用引号("")括起,计算机检索系统将检索出与引号内形式完全相同的短语。许多检索系统的检索菜单栏中也会设有"精确"和"模糊"的选项供用户选择使用。

例如,在中国知网检索平台以"计算机信息检索"为检索词,将检索字段限定为篇名实施精确检索,可获得 58 条结果,所有结果的篇名均包含完整的"计算机信息检索"(如图 3-12),计算机执行的是精准匹配;实施模糊检索时,计算机执行的是部分匹配,检索词会被拆分,顺序也可能被打乱,得到 97 条结果,按照相关性排序后,排序靠后的结果中会出现《浅议现代计算机联网信息检索的特点及展望》《信息检索计算机网络系统》等篇名的文献(如图 3-13)。相对于模糊检索,精确检索的查准率较高,但查全率会下降。

图 3-12　精确检索结果页面

图 3-13　模糊检索结果页面

六、加权检索

加权检索是为检索式中某一检索词赋予表示其重要程度的权值,通过计算被检索项中包含检索词的权值总和来确定检索结果及其排序的一种定量检索方法。加权检索的权数一般以数字(如1,2,3,…)或符号(如"＊"或"＋"代表高权数)表示。加权检索有助于提高查准率,因而特别适合于在网络检索环境下使用。

3.3.3　信息检索方法

如何检索、查找信息是一个动态且变化的过程,应根据检索课题的需要、检索系统的功能和检索结果反馈灵活确定。因此,不同的检索者、不同的检索课题、不同的检索系统,所采用的检索方法都不一样。本节介绍 3 种常用方法,供学习者参考。

一、常用法

常用法又叫工具法、直接检索法,是直接利用检索工具(系统)检索文献信息的方法,这是文献检索中最常用的一种方法,分为顺查法、倒查法和抽查法。

1. 顺查法

按照由远及近的时间顺序,利用检索系统或工具对检索课题所需的文献信息进行查找的过程。顺查法可以较全面地收集到某一课题的系统文献,有助于用户了解某一事物发展的全过程,但工作量较大,适用于较大课题的文献检索。

2. 倒查法

又称"逆搜索""逆查找",是利用检索工具由近及远、从新到旧、逆着时间顺序查找文献信息的检索方法。这种方法注重文献的时效性和关键性,重点是放在近期文献上,可以最快地获得最新资料,适用于有较强时效性要求但不太注重历史渊源的课题检索。

3. 抽查法

利用检索工具对相关文献信息最可能出现或出现最多的时间段重点查找的检索方法。这种方法多用于写专题调查报告。

二、追溯法

追溯法主要以每篇论文后所附的参考文献为基础,进行追溯查找。采用此方法应重视对综述与专著后所附参考文献的利用,因这种参考文献针对性比较强,数量也较多,以此作为起点进行追溯检索,可以查找到大量的相关文献。但这种检索方法的漏检可能性很大,它适用于在没有检索工具或检索工具不齐备的情况下使用。"引文索引"是在追溯检索实践基础上发展起来的一种新式检索工具。只要知道(或查出)一位有关文献的作者姓名,即可从引用途径进行追溯检索。

三、综合法

综合法也叫分段法、循环法、交替法。实际上它是常用法与追溯法相结合的综合检索方法或两种方法互相交替使用的检索方法。它分为两种:

1. 复合交替法

先常用法、后追溯法不断交替使用:先使用检索工具查出一批相关文献,然后利用这些文献所附的参考文献为线索追溯查找,扩大线索,从而获得更多的相关文献。先追溯法、后常用法不断交替使用:先利用已掌握的某篇文献所附的参考文献为线索,然后利用相应检索工具进行查检,扩大线索,跟踪追查,获得所需文献。

2. 间隔交替法

先利用检索工具查出一批有用文献,然后利用这些文献所附参考文献进行追溯检索,扩大检索范围。由于引用文献有个规律,即5年之内重要文献一般都会被引用。因此,可以跳过5年左右时间,再用检索工具查检一批相关文献,再次进行追溯。如此循环,间隔交替使用,直到满足课题检索要求为止。此方法适用于要求检索时间长久的课题,可以节省时间,提高效率。

3.4 信息检索策略

无论是手工检索方法还是计算机检索技术,制定检索策略的过程大体是一样的,都是一个经过仔细思考,并通过实践逐步完善查找方法的过程。它是为实现检索目标而制订的全盘计划和方案,是对整个检索过程的谋划和指导。整个检索过程通常要考虑以下四个主要步骤:分析信息需求,锁定信息源→选择检索工具,实施信息检索(确定检索途径、选择检索词、编制检索提问式)→评价检索结果,调整检索策略→掌握信息线索,获取原始信息。本节将选取其中的关键环节进行介绍。

3.4.1 分析信息需求

分析信息需求是信息检索的起点,也是最重要的环节。

人们在实践活动中为解决实际问题而唤起信息需求,信息需求的普遍特征是模糊性,具体表现为信息需求意识的模糊性和信息需求表达的模糊性。最初的信息需求分为两种,一种是潜在的信息需求,指当时尚未形成意识,存在于潜意识中而未被激活的信息需求;一种是已经意识到的信息需求,在意识到的信息需求中,一部分是表达出来的信息需求,另一部分是未表达出来的信息需求。因此,分析信息需求的第一步是梳理信息需求,尽可能将未表达出来和潜在的信息需求显性化,将表达出来的信息表述好,用较为准确的信息提问将信息需求表达出来。

分析信息需求的第二步是分析"已知"和"欲知"信息,帮助我们从繁冗复杂的需求提问中理出头绪。不管是简单明了的还是复杂冗长的信息提问,经过分析后都可以重新组合成两个部分:已知信息和欲知信息。分析信息需求要做到:分析提炼已知信息的核心要点,确定已掌握的线索;分析提炼欲知信息的核心要点,明确信息检索目标——明确所需信息所属学科领域范围,明确所需信息的内容及其内容特征,明确所需信息的类型,明确所需信息对查新、查准和查全的指标要求等等。将分析后的线索和目标合在一起,可以直观地看到已有线索和检索目标之间的距离,从而规划初步的检索策略:是不是可以直接检索?是不是存在不明确或缺少的桥梁信息,需要通过检索获得一些桥梁信息做补充?把这些问题想明白有助于制定检索策略和提高检索效率。

分析信息需求过程也是慢慢锁定信息源的过程。通过一一确定所需信息的领域、内容、形式等方面的要求,能大致确定我们所需的信息的来源在哪里。如果信息需求是获得一篇电子的医学外文期刊文献,信息源应该锁定外文学术资源数据库;如果信息需求是获得上海近三年的经济数据,信息源应该锁定专业的经济数据库或政府统计数据平台;如果信息需求是获得一本纸质教学参考书,信息源应该锁定图书馆和书店。

信息源是那些能够向我们提供所需信息的来源物,它既可以是物质世界中的实体,也可以是客观知识的记录,还可以是人及其头脑。一般而言,信息源可以分为:可及信息源、可获取信息源和基础信息源。可及信息源是指信息主体在物理上能够触及或方便接触的信息源,在物理空间上接触不便的信息源很难被信息主体利用,也就不能成为真正的信息源;可获取信息源是指信息主体不仅在物理上能够触及,同时还有能力、有机会,也有兴趣去利用的信息源;基础信息源也称惯用信息源,是指信息主体常规利用的信息资源,即具有用户身份和使用权限,且在习惯层面偏好利用的信息源。

根据于良芝教授提出的"个人信息世界"概念,尽管信息社会存在着丰富的信息和信息源,但是对于特定的信息主体而言,每个信息主体的信息世界是存在差异性的。锁定信息源,一般从基础信息源开始,扩展到可获取信息源,再扩展至可及信息源。在信息爆炸的时代,真正被信息主体利用并产生信息效用的信息产品占基础信息源的比例都很小。因此,为了能有效获取信息,每个人都要学会筛选一批优质的信息源构筑自己的基础信息源库,同时也要注重信息源的多元、科学与权威。

3.4.2 选择检索工具

信息检索工具是人们为了充分、准确、有效地利用已有的信息资源而加工编制的,用来报道、揭示、存储和查找信息资源的卡片、表册、计算机信息系统和特定出版物。传统的手工检索工具有指示线索型检索工具(二次文献)和提供具体信息的参考工具(三次文献),如目录、索引、文摘、年鉴、手册和百科全书等。现在的检索工具不仅包括传统的手工检索工具,还包括计算机网络环境下的信息检索系统(如数据库)、网上工具书、搜索引擎等各种信息检索工具和检索系统。

每个检索工具都有其特定的信息收录范围、检索途径与检索方法。检索工具的服务形式、信息涵盖范围、数据量、可使用数据量、资源类型、收录年限、语种、更新频率以及质量和权威性是我们在使用检索工具前必须了解的基础知识。

检索工具选择的基本原则有:① 收录的文献信息覆盖检索课题的主题内容,其文献类型、语种等条件尽量满足检索课题要求;② 数据质量高、更新快、内容新、使用方便;③ 就近原则、成本低、熟悉检索工具的使用。

简单区分一下,可以把信息检索工具分为指示线索型检索工具和信息资源集合工具两种。指示线索型检索工具只提供信息源的线索,不提供所需信息、事实或数据本身,它架起一座桥梁,建立用户已知信息与欲知信息之间的联系。本书的第 4 章将系统介绍指示线索型检索工具的种类与使用方法。信息资源集合工具是文献信息或事实数据的资源数据库,可以直接获得信息。本书的第 5 章至第 8 章将从检索工具的文献收录范围差异进行归类,分别介绍图书资源、学术论文资源、专题信息资源(报刊、知识产权、标准等)和新兴网络信息资源的检索工具集合。

在充分了解检索工具特征的基础上,用户可根据自己的权限、能力和偏好选择合适的检索工具进行信息检索。实施检索过程涉及检索方式、检索途径的确定、检索词的选择以及检索提问式的编制,由检索工具所提供的功能、已知线索和检索目标综合决定。其中,检索工具的选择,对具体的检索实施过程起主导作用。

手工检索工具会提供不一样的排序索引,如按字顺排序、按时间排序、按类别排序等,用户可以通过顺查、倒查、抽查、追溯或循环的方法进行信息查找。

计算机检索系统会提供浏览、菜单式检索和命令检索等检索方式,检索用户需要掌握相应的理论和技能知识。

信息检索语言以及计算机检索指令符是检索者需要掌握的预备知识,上节已经详细介绍过。在检索的实施过程中,检索途径的选择以及检索词的确定和检索提问式的编制也需要掌握相应的方法和技巧,将在本节逐一介绍。

3.4.3 选择检索途径

检索途径,即检索的角度或路径。

信息检索系统将信息的特征进行描述和标引后形成检索标识,以提供多途径的检索服务。检索途径主要包括内容特征途径和外部特征途径两类,前者主要有分类途径、主题途径、代码途径等,后者主要有题名途径、责任者途径、编号途径等。另外还有一种特殊的检索途径是关系特征途径,主要是基于参考文献的引证关系途径。

实施信息检索时,用户首先需要确定根据"已知"信息特征确定检索途径。不同信息类型的特征不一样,检索途径也会有所不同。使用"简单检索",每次只能选择一种检索途径;使用"高级检索",可以同时选择多种检索途径组配使用。

中国知网的期刊数据库、学位论文数据库和图书数据库所提供的检索途径见表3-3所示。

表3-3 中国知网常用检索途径汇总表

资源类型	检索途径
期刊	篇章信息途径:主题/篇名/关键词/摘要/小标题/全文/参考文献/基金/中图分类号/DOI 作者/机构途径:作者/第一作者/通信作者/作者单位/第一单位 期刊信息途径:期刊名称/ISSN/CN/栏目信息
学位论文	主题/题名/关键词/摘要/全文/作者/作者单位/导师/第一导师/学位授予单位/基金/目录/参考文献/中图分类号/学科专业名称/DOI
图书	主题/标题/关键词/摘要/全文/作者/单位/出版社/基金/参考文献/分类号/目录/DOI

3.4.4 编制检索提问式

检索式是指将各检索单元(其中最多的是表达主题内容的检索词)之间的逻辑关系、位置关系等,用检索系统规定的各种运算符连接起来,成为计算机可识别和执行的命令形式。检索式是检索策略的具体体现,控制着检索过程,决定着检索的效果。

编制检索提问式分两个步骤,第一步选取检索词,第二步是将检索词用检索运算符连接组配。

一、选取检索词

检索词是在检索时所用的表示提问主题的词、词组、数值或符号。检索词是表达信息需求和检索课题内容的基本单元,也是与信息资源系统进行匹配运算的基本单元,检索词选择恰当与否将直接影响检索效果。从广义的角度来看,检索词是检索时向计算机提交的检索提问,它不仅是"词",还包括不同检索途径的检索输入用语,如分类号、分子式和特殊编号等。

1. 检索词的分类

检索词分为三类:
① 表示主题概念的检索词,如:标题词、单元词、主题词和关键词。
② 表示外部特征的检索词,如:作者姓名、机构名、期刊名等。
③ 号码及特殊标识类检索词,如:分类号、DOI 号、ISBN 号、分子式等。

表示主题概念的检索词,是指那些能概括检索主题内容的相关词汇。选择合适的主题检索词是最基本的检索技巧。

2. 主题检索词的选取原则

关于主题检索词的选取,一般要求其能反映信息概念的准确性和信息内容的全面性,一般遵循以下原则:
① 主题词优先原则;
② 自由词适度原则;
③ 基本词组配原则。

3. 确定主题检索词的方法与步骤

从给定的课题名称出发,经过切分、删除、替换、补充等步骤确定检索词。

切分:将反映主题实质内容的概念进行最小单元的分割,在保持语义不变的前提下将其尽量最小化,保留固定搭配且具有特定含义的词组和科技术语,如"信息素养""云计算"等。

删除:从语句切分出来的词中删除以下内容:① 不具有检索意义的虚词(包括介词、连词、助词、副词等)及通用概念词汇;② 过分宽泛和过分具体的不必要的限定词,因为检索词过分宽泛会难以触及问题实质,太狭义具体又会挂一漏万;③ 存在蕴涵关系的可合并词。

不具检索意义的虚词有:的、与、和等。无检索意义的通用概念词汇有:研究、进展、应用、作用、利用、用途、用法、检测、制备、预测、干预、评价、评估、分析、因素、对策、策略等。

替换:对于表达不清晰或者容易造成检索误差的词予以代替。如"绿色包装"中"绿色"的含义是环保、可降解,将绿色作为检索词显然会造成检索误差,需要将其替换。

补充:将筛选出的词进行同义词(全称、简称、俗称)、近义词、相关词的补充,以避免漏检。用户可以利用数据库提供的扩展、修正和提示功能进行检索词的补充,也可以借助主题词表进行上位词、下位词和相关词的查询。对于需要较高查全率的检索课题,可以将降低检索词的专指作为出发点,补充选用检索词的上位词;对于需要较高查准率的检索课题,则要提高检索词的专指度,补充下位词作为检索词。

二、组配检索式

检索式由检索词和布尔逻辑算符、位置算符、截词算符或其他组配符组成。分析各词之间的逻辑关系,运用检索算符把各检索词组配起来,即可构成准确表达信息需求的检索式。

组配检索式的要点：

① 把专指性强的主要检索词放在最前面，并且限制在基本索引字段里，从而突出重点，缩短计算机处理时间。

② 正确使用检索算符，提前学习检索系统的检索帮助，了解检索算符的表示符号、格式要求、优先级别和运算规则。

检索式示例：

① 检索钱伟长在清华大学或上海大学时发表的文章。

检索式：AU＝钱伟长 and (AF＝清华大学 or AF＝上海大学)

② 检索钱伟长在清华大学期间发表的题名或摘要中包含"物理"的文章。

检索式：AU＝钱伟长 and AF＝清华大学 and (TI＝物理 or AB＝物理)

3.4.5 检索结果评价与调整

一、检索结果评价

检索结果的评价可以从效率和效果两方面来考虑。

检索效率用来衡量检索所付出的成本和效益比，如时间成本、经济成本和智力成本等，从用户角度而言，信奉的永远是"最省力法则"，即希望检索耗时短、响应速度快、检索简单、经济成本低。

检索效果衡量了检索结果对用户需求的满足程度，其指标包括查全率、查准率、漏检率、误检率等。其中，最主要的指标是查全率(R)和查准率(P)。

1. 查全率与查准率的含义

查全率是指检出的相关文献量与文献库中相关文献总量的比率，它反映了该系统文献库中相关文献量被检索出来的程度大小。查准率是指检出的相关文献量与检出的文献总量的比率，它反映了实际检出的全部文献中有多少是相关的。

表3-4 信息检索系统中的文献分类

文献类型	相关文献	非相关文献
检出文献	A	C
未检出文献	B	D

查全率(R)＝(检出的相关文献量/文献库内相关文献总量)×100%
         ＝A/(A+B) * 100%

查准率(P)＝(检出的相关文献量/检出文献总量)×100%
         ＝A/(A+C) * 100%

2. 查全率和查准率的关系

英国克兰菲尔德(Cranfield)航空学院图书馆长克列维尔顿(C·W·Cleverdon)所进行的著名"克兰菲尔德试验"中得出一个重要结论：查全率与查准率之间呈互逆关系。试验报告书指出，当查全率提高时，查准率就必然下降，查全率过高有可能会造成大量不相关文献；

相反,查准率太高会导致文档数目少,当查全率下降时,而查准率就会改善。按照这一结论,如果检索课题对查全率或查准率没有特别的要求,用户可采取的检索策略是在这两个指标之间寻找平衡,以获得较好的检索效果。这一结论产生了较大影响力,但同时也引起了广泛的研究与争论,不少学者通过检索实例证实了查全率与查准率之间不仅存在互逆关系,也可以存在互顺关系或其他关系,并提出了同时提高查全率和查准率的有效途径和方法。

因此,一般情况下,可以通过优化检索策略同时提高查全率和查准率,只有当两个指标达到一定程度后才会呈现出互逆关系,需要进行平衡处理。不同的检索课题对文献信息的需求不同,对查全率和查准率的要求也会不同,用户应根据课题的需要,适当调整查全率和查准率,优化检索策略,以达到最佳检索效果。

上节介绍的常用的计算机检索指令技术对查准率和查全率均有影响,表3-5是对部分检索指令的归纳。实际检索中,应该灵活使用这些指令技术,可以尝试叠加、组配,从而获得较好的检索效果。

表3-5 计算机检索指令对查准率和查全率的影响

计算机检索指令	提高查准率	提高查全率
逻辑"与""非"	√	
逻辑"或"		√
字段限定	√	
位置限定 With	√	
位置限定 Near		√
位置限定 SAME	√	
截词检索		√
精确检索	√	
模糊检索		√
加权检索	√	

二、检索结果调整

实际的检索实践中,用户对于检索结果的评价一般不会真的通过计算计量指标去衡量,而是采用一种相对主观和动态变化的评价方式,主要考虑是否找到想要的信息,是否满足了信息需求。如果不满意,得到的是非目标性结果,则需要调整检索策略。

检索调整的基本目的,就是为了提高检索结果与用户需求的一致度。如果检索结果过多或者过少甚至为零,就需要根据命中信息量的多少、命中信息的切题情况等来决定是扩大检索范围还是缩小检索范围。检索策略的调整可以从调整检索工具、调整检索途径、调整检索词、调整检索限制等方面展开。

1. 扩大检索范围的一般方法

① 选择综合性更强的检索工具,或进行跨库检索和多数据库检索;

② 增加检索途径,将主题途径与非主题途径结合起来使用;

③ 进行族性检索,使用分类号或采用一组近义词、同义词或相关词并用 OR 相连接;

④ 降低检索词的专指度,选一些上位词或相关词补充到检索式;

⑤ 减少检索词,删去某个不甚重要的检索词;

⑥ 西文检索词可进行截词检索,采用后截断、前截断、前后截断等方法扩大命中范围;

⑦ 取消限制过严的前后缀符、限制符,选择模糊匹配。

2. 缩小检索范围的一般方法

① 选择专指性更强的检索工具,进行单库检索,甚至进一步缩小数据库的资源范围,如选择期刊数据库中的核心期刊库;

② 逐步缩小检索途径的检索范围,将主题词的范围逐步缩小:全文→主题→文摘→关键词→题名;

③ 提高检索词的专指度,增加或换用下位词或子概念或专指度较强的自由词;

④ 用 AND 连接检索词,限定主题概念,用 NOT 限制检索词,剔除与提问不相关的文献;

⑤ 使用位置算符控制检索词的词间顺序与位置;

⑥ 增加检索限制,例如限定文献类型、语种、地理范围、年代范围、作者等;

⑦ 使用精确运算符"",或选择精确匹配。

3.4.6 获取原始信息

获取原始信息是信息检索的最后一步。获取原始信息的前提条件是掌握准确的线索信息,尽可能将信息的外部特征信息,如题名、作者、版次、页码、出版机构等信息掌握齐全。

在传统的纸质文献时代,"检"和"索"需要分两步走。用户通过目录或文摘索引查询到所需要信息的线索,从中获得更为明确的信息线索以及物理存储地址信息,从而找到合适的途径获取到原始纸质文档。在数字化信息环境下,我们想要获得数字文档的关键是找到下载的链接,获得下载的权限。获取原始信息的渠道和方式是多样的,一般有以下几种:

(1) 利用图书馆系统,进行借阅、馆际互借或使用原文传递服务;

(2) 利用信息资源集合数据库下载获取;

(3) 利用线索型检索工具的文献传递服务获取;

(4) 通过专业的文献传递服务系统获取;

(5) 通过开放获取平台获取;

(6) 通过人际网络或社交网络求助获取;

(7) 直接与著者联系获取。

如果所需的原始信息量比较大,则需要借助于专业的文献管理软件进行批量下载、分类管理和计量分析,建立本地的信息资源库,以便于充分利用信息资源。

课后思考与练习

1. 简述信息检索的原理。
2. 按检索技术手段划分,信息检索有哪几种类型?
3. 规范性检索语言有哪些?使用规范性检索语言的优点是什么?
4. 信息检索的主要步骤有哪些?
5. 简述缩小检索范围的一般方法。

第 4 章　线索型信息检索工具

☞ 扫码可浏览
本章学习资源

学习目标

了解什么是线索型检索工具、了解其分类与作用；了解搜索引擎的原理与分类、掌握其高级检索语法，能够熟练应用学术搜索引擎查找、获取学术信息；了解索引文摘数据库的原理和作用；熟练掌握各类索引文摘数据库的检索方法；学会运用数据库提供的各种分析统计功能分析所获得的信息。

知识框架

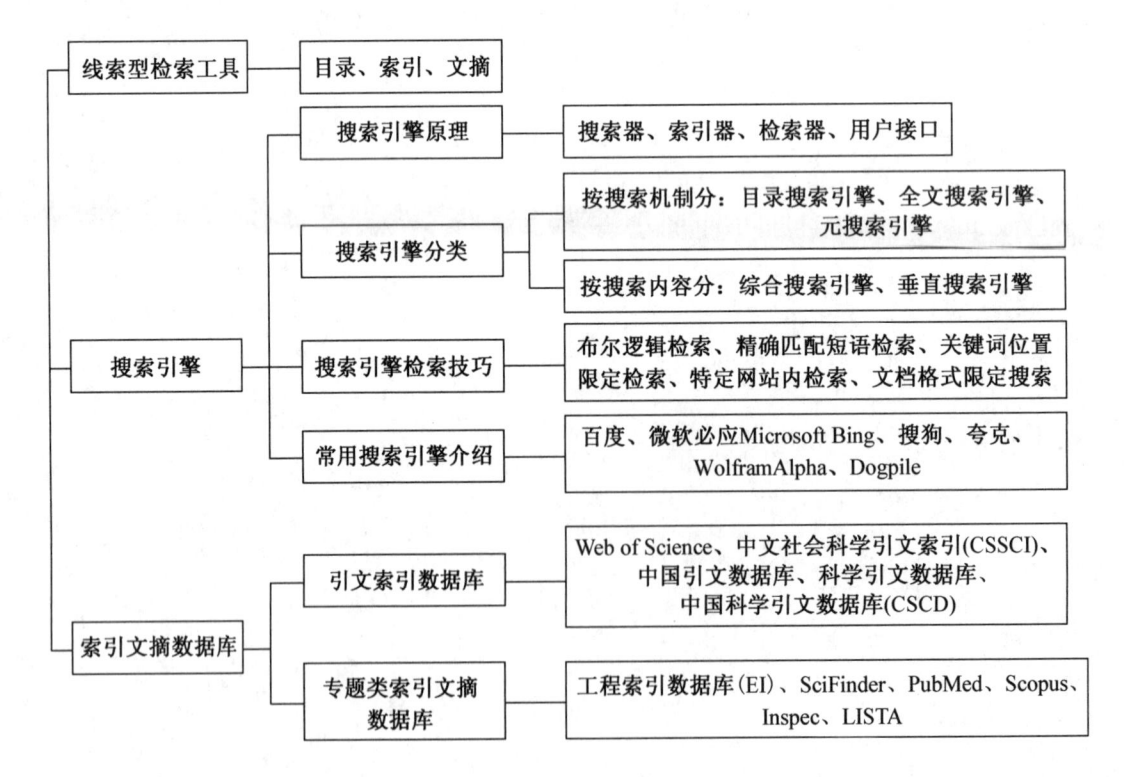

线索型检索工具		
	目录、索引、文摘	
搜索引擎	搜索引擎原理	搜索器、索引器、检索器、用户接口
	搜索引擎分类	按搜索机制分：目录搜索引擎、全文搜索引擎、元搜索引擎
		按搜索内容分：综合搜索引擎、垂直搜索引擎
	搜索引擎检索技巧	布尔逻辑检索、精确匹配短语检索、关键词位置限定检索、特定网站内检索、文档格式限定搜索
	常用搜索引擎介绍	百度、微软必应Microsoft Bing、搜狗、夸克、WolframAlpha、Dogpile
索引文摘数据库	引文索引数据库	Web of Science、中文社会科学引文索引(CSSCI)、中国引文数据库、科学引文数据库、中国科学引文数据库(CSCD)
	专题类索引文摘数据库	工程索引数据库(EI)、SciFinder、PubMed、Scopus、Inspec、LISTA

按检索功能,可将检索工具分为线索型、参考型、全文型、综合型等类型。本章介绍线索型信息检索工具的类型和使用方法。

4.1 线索型检索工具

线索型检索工具是二次文献,提供的不是有关数据、事实或资料性的信息,而是文献信息的线索和指引。线索型检索工具主要有目录、索引、文摘这三种类型。各类工具对文献信息的报道各有侧重,目录是以报道整本文献为主,系统揭示它们的名称、著者、出版者、出版时间以及收藏者、内容提要的检索工具。目录是查找图书、期刊等完整出版物线索最常用的一种检索工具。索引以揭示文献部分特征为主。索引揭示文献信息范围广泛,不仅有文献资料,还有非文献资料,并且揭示内容深入、细致,报道信息情报也及时。通过索引我们可以检索到各种所需信息资料。文摘是系统报道、积累和检索科技文献的重要工具,它浓缩了原始文献的主要内容,报道迅速,便于科研人员及时了解到最新的理论动态和研究成果。

这些二次信息产品帮助研究者快速了解当今世界的科研动向和最新研究成果,帮助人们迅速地查检到书刊文献中所需的资料,扩大检索效果,节约阅读的时间并能够快速定位文献。

4.1.1 目录

目录,广义上泛指一切记录同类事物名目及其简要特征的清单,如产品目录、昆虫目录等。此处的"目录"又称"文献目录",是为了特定目的记录、报道、认识与揭示一批相关文献的清单。通过记录文献的内容特征及外表特征,提供有关文献的情况,成为检索这部分文献的工具。因目录始于对图书文献的记录和报道,因此,很多时候被称为"书目",需要注意辨别和区分。

中国古代的目录有"略""簿""录""总目提要""综录""总录"等多种名称。西汉末年,刘向、刘歆父子撰成我国最早的分类目录《别录》和《七略》,是记载汉代官府藏书的总目录。汉代班固在《七略》的基础上编成《汉书·艺文志》,记录了汉以前图书发展概况,是我国首部史志目录。到了清代,最有影响力的是纪昀等编纂的《四库全书总目》,是我国古典目录学之集大成者。

目录在英语中的表述主要是"Bibliography",由希腊文"Bilion"(书)和"Graphein"(抄写)两个单词融合而成,含义是"图书的抄写"(the writing of books),后演变成"关于图书的描述"(writing about books)。德籍瑞士作家、博物学家格斯纳(Konrad Gesner)于1545年编制了《万国书目:拉丁文、希腊文和西伯莱文全部书籍的目录》(Bibliotheca Universalis),几乎包括当时全部已故和在世的拉丁语、希腊语、希伯来语作家的著作共15 000种,占当时欧洲出版物的20%~25%。格斯纳因此被称为西方"目录学之父"。

一、目录的类型

目录种类繁多,不同的划分标准下有不同的目录类型。

1. 按照著录文献类型分

按照著录文献类型分主要有图书目录、期刊目录、报纸目录、档案目录、视听资料目录、地图目录等各种文献类型的目录。

图书目录以图书为收录对象和范围的目录，按一定的次序（题名、著者、分类或主题等）组织排列。图书目录种类和数量最多，每个国家都会统计和报道一个国家出版的所有图书，图书出版商和贸易商为了商业需要也会编制出版书目，图书馆为了更好地提供图书信息服务会编制馆藏书目，社会上的教育机构、协会、学会等会针对特定的读者、围绕某一主题编制一些推荐书目，对图书进行推荐和导读。较著名的书目有《全国总书目》（中国）、《英国国家书目》、《美国在版书目（BIP）》等。

期刊目录以期刊为收录对象，系统记录、报道期刊创刊、编辑、出版、发行、内容概貌以及收藏情况的目录。《乌利希国际期刊指南》（Ulrich's Periodicals Directory）是一部权威的、反映世界各国期刊和报纸出版信息的综合性指南，收录 200 多个国家的 15 万种期刊、7 000 种美国报纸及 4 000 多种其他国家的报纸。期刊目录中还有一种类型是核心期刊目录。核心期刊目录是由权威评级机构编制的广泛收录各学科重点核心期刊的目录，主要用于满足图书馆对学术期刊的评估与订购需求，也可为学术期刊评价和读者选择阅读取向提供参考依据，如《北大核心期刊目录》。

2. 按照载体形式分

按照载体形式分，有书本式目录、卡片式目录、缩微目录、计算机可读目录等。

书本式目录是按照一定规则和格式，记录文献特征，并以书本的形式出版的目录。卡片式目录是将反映文献内容和形式特征的著录项目记载在卡片上，然后将卡片按一定次序排列起来所形成的目录体系。缩微目录是用照相的方法把主题书目或索引的内容缩摄在缩微平片或缩微胶卷上，用缩微阅读器阅读的目录。现如今，卡片式目录和缩微目录基本淘汰，书本式目录也用得越来越少，计算机可读目录是主流形式。

机器可读目录（MARC，Machine-Readable Catalogue）是一种以代码形式和特定格式结构记录在存储载体上，可由某种特定机器及计算机阅读、控制、处理和编辑输出的目录格式。在此基础上，机读目录形成联机公共检索目录（OPAC，Online Public Access Catalog），依托网络向用户提供书目信息检索服务。

3. 按文献流通环节分

按文献流通环节分，可分为出版发行目录和藏书目录。

出版发行目录是出版发行工作、图书贸易活动中编制和运用的书目。多数为预告性的征订目录，也有的是报道可供货、存货的目录。

藏书目录是反映文献收藏机构或个人所藏图书文献的登记书目。通常包括古代官府藏书目录、私家藏书目录、图书馆书目、联合目录等。

4. 按编制方式分

按编制方式分，西方目录学将目录分为列举目录和分析目录。

列举目录，也称列举式目录、系统目录，是将每一文献的信息及其材料按照一定的系统化规则进行编排的目录。每条记录通常包含作品的著者、题名、出版时间、相关文献等信息，可以通过著者、主题、分类等主要信息进行编排。国家书目、馆藏目录、主题目录、文献指南、资料目录与读书目录、书目之书目等均属此类。

分析目录关注对作为实体的文献进行各个方面的研究,包括历史、外形特征、文本制作方式及影响等,能帮助研究人员确定某一作者著作的产生地点、时间、质量及其形成方式、构成材料,辨别版本真伪。版本目录、历史目录和描述目录均属于分析目录的范畴。

除上述类型的目录之外,还有一类特别的目录,叫"书目之书目"(bibliography of bibliographies),是以目录这一特定文献类型为专门收录对象的目录。

二、目录的作用

1. 记录与报道

目录记录和报道了某一范围内的文献出版状况,通过文献目录,我们可以知晓某一国家、某一时期的文献总量及出版水平,从而了解其科学文化发展兴衰的概况,了解当今世界的科研动向和最新研究成果。

2. 检索与考证

目录提供了文献的主要信息,具有篇名、主题、分类、著者、收藏情况等著录项目,提供了多种检索途径,方便读者检索原始文献线索考证信息来源,辨析学术源流,考察收藏存佚。随着计算机技术的发展,目录的检索和分析功能不断增强。

3. 评价与推荐

推荐性目录或导读目录是针对特定读者,围绕某一主题,主动地、有目的地选择和推荐文献,具有评价和推荐之功效。

4.1.2 索引

索引也称通检、备检或引得,是查找图书、期刊或其他文献中的语词、概念、篇目或其他事项的检索工具。索引将文献中某些重要的有意义的信息,如书名、刊名、篇名、主题、人名、地名等分别择录出来,按字顺或其他逻辑次序排列,并指明原始出处,以供检索。

索引包括四个基本要素:索引源、索引款目、编排方法和出处指引系统,其基本功能是揭示文献的内容和指引读者查找文献。

索引与目录同为线索检索工具,在原理上有相似之处,但有差别。目录更多的是将一个物理单元文献整体作为记录和检索单元,如一册书,一种期刊,一份报纸;索引更多的是以文献中的个别事项和细粒度内容为记录和检索单元,如一册书中的人名、主题词、地名等摘录出来形成人名索引、主题词索引和地名索引,期刊中各篇文章的参考文献摘录出来形成引文索引,报纸中报道内容的时间索引、人物索引和事件索引等。因此,索引揭示文献信息的功能比目录更强大,索引揭示信息内容深入、细致,用户通过索引可以检索到各种信息资料、论文,甚至可以找到信息中所含的字、词、句等内容。

索引的类型很丰富,每种文献特征都有相应的索引,尤其是数据库型的索引,每一个字段记录一种文献特征,每一个字段都可以设为可检字段,因此可以根据文献本身的特点和用户需要,提供相应类型的索引。目前应用较普遍的类型有题名索引、责任者索引、学科分类索引、主题索引、字词索引、语句索引、引文索引、版本索引、编号索引等。每种类型的索引可以是独立的检索工具,也可以在其他检索工具中起增加检索途径的作用。

索引中最特别的一类索引是引文索引,它是一种以期刊论文、专利说明书、科技报告等类型的文献所附的参考文献的作者、题名、出处等项目按照引用与被引用的关系进行排列而编制的索引。引文索引利用文献之间的相互引证关系来检索文献。从一篇文献入手,通过查找其引用文献、被引文献、同被引文献和引文耦合文献,可以做到越查越旧,越查越新,越查越深,从而可以快速掌握该研究主题的来龙去脉,发现与其相关的研究文献,揭示新旧文献之间的关系。常用的引文索引有中国科学引文索引(CSCD)、中文社会科学引文索引(CSSCI)、科学引文索引(SCI)、社会科学引文索引(SSCI)等。

4.1.3 文摘

文摘是以提供文献内容梗概为目的,不加评论和补充解释,简明、确切地记述文献重要内容的短文。作为检索工具,文摘以简练的形式将文献的主要内容扼要地做成摘要,并按照一定著录规则与排列方式系统地排列起来,供文献检索和阅读。文摘每条记录由题录和摘要两部分组成。题录部分主要反映文献的外表特征,对文献内容只通过分类号、主题词来揭示。而摘要部分是文献内容的浓缩,反映原文的研究目的、方法、结果、结论等信息,较深入地揭示原文。

文摘和索引都是以单篇文献做细粒度记录和检索单元,文摘是在索引的基础上加上文献主要内容的摘要。在印刷时代,文摘和索引被区分开是因为文摘的篇幅较大,同单元、同大小的印本中,文摘可容纳的条目要比索引少很多。但是到了计算机网络时代,大容量存储使得人们可以忽略文摘多出来的篇幅问题,许多索引都附有内容简介,因此,索引与文摘的界限越来越模糊。

一、文摘的类型

文摘的类型可以从不同的角度来划分:按编写目的,可分为普及性文摘和学术性文摘;按其出版形式,可分为期刊式文摘、附录式文摘和卡片式文摘;按其编写方式,可分为题录式文摘、报道性文摘和指示性文摘。

1. 题录式文摘

题录式文摘只著录所摘文献的外表特征,如篇名、编著者、出处及文种等,不介绍原文内容,至多只做极少量的简单说明或注释。

2. 报道性文摘

报道性文摘是以原文为基础,浓缩信息而写出的摘要,主要用于报道文献的基本内容、观点、方法、数据及结论等等。报道性文摘必须忠实于原文、不加评论和补充解释,所以其内容详细而具体,客观而无评价,参考价值较高。

3. 指示性文摘

指示性文摘简介原文的主题范围、目的和方法,是原文标题的补充说明,旨在将原文的主题范围、目的和方法概略地指示给读者,一般不包含具体的数据、方法、设备、结论等,适用于篇幅较长、内容较散的文献,又称"解题文摘"或"简介"。

二、文摘的作用

文摘类检索工具中,文摘条目是主体按分类或主题编排,同时附有多种索引,以供从不同角度检索。文摘的作用主要表现在:

1. 报道最新科学文献

文摘所摘录的是经过筛选的某一学科或某一专业领域最新最有学术价值的文献,并将相关论题集中,因此,文摘可揭示学科专业领域的学术概况和最新进展。

2. 节省阅读时间

由于文摘是一篇高度浓缩、信息完整的文献,因此,读者花较少时间就可以真实地了解该文献的基本要点。

3. 提供原文线索

当读者通过文摘判断原文对其研究课题有参考利用价值时,即可根据该文摘注明的原文献线索来查找获取原文献。

网络环境下,线索型检索工具发展演变成数据库形式,利用起来更加方便,进一步满足了多途径检索的需要,从而把检索的功能提到了更高的水平。本章节将会介绍网络环境下常用的目录、索引、文摘数据库产品及其使用方法,分搜索引擎、引文索引数据库和专题类文摘索引数据库三小节介绍。有关图书目录检索工具的介绍和使用将在图书资源检索的章节介绍。

4.2 搜索引擎

搜索引擎(Search Engine)是根据一定的策略、运用特定的计算机程序从互联网上搜集信息,在对信息进行组织和处理后,将检索相关结果展示给用户的系统。搜索引擎伴随互联网的发展而产生和发展,是万维网环境中的信息检索工具,包括目录服务和关键词检索两种服务方式,其本质是网络信息资源的二次文献(目录、索引和文摘),它提供给用户的是网络信息资源线索(链接及其简介),采用超文本链接技术,用户通过点击链接即可浏览原文,方便获取网络上丰富的信息资源。

4.2.1 搜索引擎原理

搜索引擎的整个工作过程分别由搜索器、索引器、检索器和用户接口四个组成部分完成,通常用户所能看到的只有用户接口(功能界面和结果界面),其他三部分都是后台程序。

1. 搜索器

搜索器是一种网络自动搜索软件,通常称为蜘蛛、爬虫等。它负责发现和搜集信息,是对 Web 中的内容进行漫游来发现和搜集信息的。它每天 24 小时不停歇地运行,尽可能多和快地搜集各种类型的信息。因为互联网上的信息更新很快,所以它还要定期更新已经搜集过的旧信息,去除死链接和无效链接。搜索器搜集的信息类型多种多样,包括 HTML、XML、Newsgroup 文章、FTP 文件、多媒体信息等。由于每个搜索引擎采用的搜索信息策略不同,如搜索频率、搜索对象等,所以每个搜索引擎的搜索结果和质量都是有差异的。其实大多数搜索引擎常采用分布式和并行计算技术,以提高信息发现和更新的速度。商业搜索引擎的信息发现量可以达到每天几百万网页。

2. 索引器

索引器是分析搜索器搜集的信息,并提取索引项进行预排名计算,存入索引数据库中,也就是建立倒排文档。索引项有客观索引项和内容索引项两种。客观索引项表示客观外部属性与文档的语义内容无关,如作者名、URL、更新时间、编码、长度、链接流行度等;内容索引项是用来反映文档内容的,如关键词及其权重、短语、单字、多媒体数据的视听特征等。内容索引项可以分为单索引项和多索引项(或称短语索引项)两种。单索引项对于英文来讲是英语单词,比较容易提取,因为单词之间有天然的分隔符(空格),对于中文等连续书写的语言,必须进行词语的切分。

索引器可以使用集中式索引算法或分布式索引算法。当数据量很大时,必须实现即时索引,否则不能够跟上信息量急剧增加的速度。索引算法对索引器的性能(如大规模峰值查询时的响应速度)有很大的影响。一个搜索引擎的有效性在很大程度上取决于索引的质量。一般来说,标引的索引词越多,检索的全面性就越高,而查准率就相对较低。

3. 检索器

检索器是根据用户的查询检索索引库中文档,对将要输出的结果按照一定规则进行排序,并实现某种用户相关性反馈机制。检索器被视为搜索引擎中最复杂的部分。大多数搜索引擎提供的检索服务是一种关键词检索,即检索出包含指定的查询项的文档。

检索器常用的信息检索模型有集合理论模型、代数模型、概率模型和混合模型四种。多数搜索引擎除具备分类浏览或自由词全文检索等基本功能外,还提供一般信息检索所需的基本功能,如布尔逻辑检索、短语检索、字段限制检索、截词检索和大小写敏感检索等。

4. 用户接口

用户接口的功能是输入用户查询、显示查询结果、提供用户相关性反馈机制。用户接口方便用户使用搜索引擎,高效率、多方式地从搜索引擎中得到有效、及时的信息。

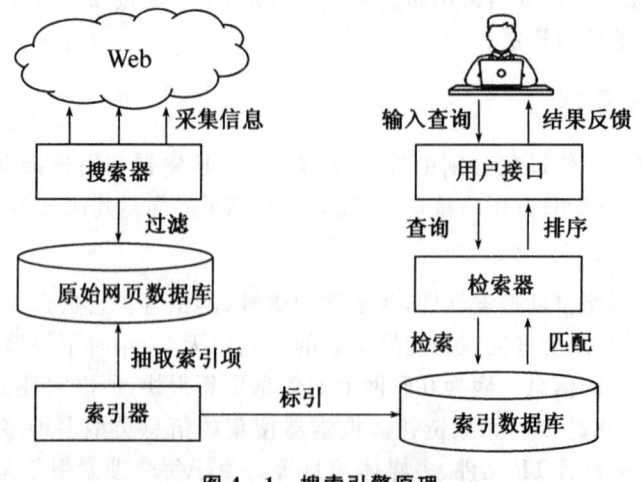

图 4-1 搜索引擎原理

用户输入接口可以分为简单接口和复杂接口两种。简单接口只提供用户输入查询串的文本框；复杂接口可以让用户对查询进行限制，如逻辑运算（与、或、非）、域名范围（如".edu"".com"）、出现位置（如标题、内容）、信息时间等。

综上，搜索引擎的工作原理是从互联网上抓取网页，建立索引数据库，在索引数据库中搜索排序，通过用户界面将检索结果予以反馈。因此，搜索引擎并不是搜索真正的互联网，它搜索的实际上是其预先整理好的网页索引数据库。

4.2.2 搜索引擎分类

一、按搜索内容分

按照搜索内容涵盖的范围分，可以将搜索引擎分为综合搜索引擎和垂直搜索引擎两种类型。

1. 综合搜索引擎

综合型搜索引擎在采集标引信息资源时不限制资源的主题范围和数据类型，又称为通用型搜索引擎。用户可利用综合搜索引擎检索任何类型的信息资源，如百度、Google 等都属于综合搜索引擎。

2. 垂直搜索引擎

垂直搜索引擎是针对某一主题范围的信息资源或某一类型信息进行采集，并用更为详细和专业的方法对信息资源进行标引描述，提供专业搜索服务的搜索引擎，也可称为专题搜索引擎，是搜索引擎的细分和延伸。它的特点是专业、精确和深入。因此，特定行业的用户更加青睐垂直搜索引擎。常见的垂直搜索类型有学术搜索、图片搜索、视频搜索等，如 Google 学术搜索、鸠摩搜索、SOKU 搜库影视综艺搜索等。

二、按搜索机制分

按照搜索机制不同，可以将搜索引擎分为目录搜索引擎、全文搜索引擎和元搜索引擎三个类别。

1. 目录搜索引擎

目录搜索引擎（Search Index/Directory），亦称为分类搜索引擎，是利用传统的信息分类方式，采用人工干预，将各个网络站点按其内容特征逐级划分为不同主题的类目，最终组成一个树状结构的系统目录。用户检索时，只要点击其树状结构的顶层，即可逐层展开，直到查到所需信息。

雅虎（Yahoo!）是最早的也是最具代表性的目录搜索引擎，其他著名的还有 Open Directory Project（DMOZ）、LookSmart 等。这种搜索引擎在信息采集、编排、HTML 编码等方面大多由人工编制和维护，以致其数据库收集的网站有限，查全率偏低，但查准率较高。因此，有人称之为"专题查询"或"分类查询"，特别适合于那些希望了解某一方面或范围内信息但又没有明确搜索目的的用户使用。

2. 全文搜索引擎

全文搜索引擎(Full Text Search Engine)提供关键词搜索服务，用户直接输入检索词来检索网络信息。谷歌(Google)、百度、必应、搜狗等主流搜索引擎均为全文搜索引擎。它们都是通过从互联网上提取的各个网站的信息(以网页文字为主)而建立的数据库中，检索与用户查询条件匹配的相关记录，然后按一定的排列顺序将结果返回给用户。

从搜索结果来源的角度，全文搜索引擎又可细分为两种，一种是拥有自己的检索程序(Indexer)，俗称"蜘蛛"(Spider)程序或"机器人"(Robot)程序，并自建网页数据库，搜索结果直接从自身的数据库中调用；另一种则是租用其他引擎的数据库，并按自定的格式排列搜索结果，如 Lycos 引擎。

3. 元搜索引擎

元搜索引擎(Meta Search Engine)是通过一个统一的用户界面帮助用户在多个搜索引擎中选择和利用合适的搜索引擎来实现检索操作的系统。它在统一的用户查询界面与信息反馈形式下，共享多个搜索引擎的资源库，为用户提供信息检索服务。著名的元搜索引擎有 InfoSpace、Dogpile、Vivisimo 等，中文元搜索引擎中具有代表性的是 360 搜索。

一个真正的元搜索引擎由三部分组成，即：检索请求提交机制、检索接口代理机制、检索结果显示机制。"请求提交"负责实现用户"个性化"的检索设置要求，包括调用哪些搜索引擎、检索时间限制、结果数量限制等。"接口代理"负责将用户的检索请求"翻译"成满足不同搜索引擎"本地化"要求的格式。"结果显示"负责所有元搜索引擎检索结果的去重、合并、输出处理等。

4.2.3 搜索引擎检索技巧

搜索引擎本质上也是一种数据库，因此，针对数据库的检索方法和技术大多适用于搜索引擎。对搜索引擎进行个性化设置、使用高级检索或检索指令能帮助用户缩小搜索的范围，提高搜索的准确性，减少用户寻找需要信息的时间。计算机检索指令中的布尔逻辑检索和精确检索在搜索引擎中都能实现。除此之外，因网络信息资源的特殊性，其限定检索和位置检索依据网络信息资源的独有特征，可以使用一些特定的命令算符，实现精准搜索。

1. 布尔逻辑检索

搜索引擎支持布尔逻辑(与、或、非)检索，逻辑算符的表达、优先级和组合规则在不同搜索引擎中会略有不同。

2. 精确匹配短语检索

双引号指令(" ")在大多数搜索引擎中都能使用，表示搜索词与结果中出现的关键词完全匹配，包括词组的位置和顺序均不会被拆分改变。

3. 关键词位置限定检索

搜索引擎默认是全文搜索，即查询的关键词可能出现在网页的任何地方，可以使用指令"intitle:"作前缀，将搜索范围限定在网页标题中；使用指令"inurl:"作前缀，将搜索范围限定在 url 链接中,实现关键词位置的限定搜索。位置限定的语法格式一般为:"intitle/inurl:查询词"。例如,检索式"intitle:搜索引擎",检索到的是网页标题中包含"搜索引擎"的信息。

4. 特定网站内检索

指令"site:"将搜索范围限定在某个站点中,实现特定网站内的搜索。

如果只想在特定的目标网站中搜索相关内容,可以使用 site 语法,其语法格式为:"查询词＋空格＋site:网址"或"site:网址＋空格＋查询词","site:"和站点名之间不要带空格。例如,检索式"搜索引擎 site:zhihu.com",表示只在知乎网站中查询有关"搜索引擎"的网页信息。

5. 文档格式限定搜索

指令"filetype:"可以实现查找特定格式的文档。其语法格式一般为:"查询词＋空格＋filetype:格式",格式可以是 doc、pdf、ppt、xls、rtf 等,谷歌几乎支持全部的文件格式,百度则支持主要的几种文档格式,如 doc、xls、ppt、pdf、rtf、vsd、wps 等。

filetype 指令查询特定格式的文档很方便,如检索式"信息检索 filetype:doc",表示查询包含关键词"信息检索"的 doc 格式文档。

4.2.4 常用搜索引擎介绍

根据网络流量分析工具 StatCounter 发布的搜索引擎市场份额占比统计数据,全球领域常用的搜索引擎有谷歌(Google)、必应(Bing)、雅虎(Yahoo!)、百度(Baidu)、DuckDuckGo、YANDEX 等,国内使用率较高的搜索引擎有百度、必应、搜狗、360 搜索(好搜)、神马等。这些搜索引擎可以搜索多类型信息,检索功能强大,本书择几款为例介绍其功能和使用方法。

一、百度

百度搜索引擎(https://www.baidu.com)是全球最大的中文搜索引擎,2000 年由李彦宏、徐勇两人创立于北京中关村。百度提供基于搜索引擎的各项服务,包括网页、视频、地图、图片、新闻、翻译等搜索服务,依托百度知道、百度百科、百度文库、百度地图、百度音乐、百度视频等"百家"资源提供专业垂直搜索频道。基于搜索引擎技术,其试图通过用户查询、地理位置以及历史行为(搜索、点击、浏览)去理解用户此刻真正的需求,演化出语音、图像、知识图谱等智能检索技术。

1. 简单搜索

百度搜索引擎主页即为简单搜索(如图 4-2),在搜索框内输入检索词并单击"百度一下"就可以搜索网页信息。用户可通过左上角的链接进入新闻搜索、hao123 网站导航、图片搜索、百度翻译、学术搜索等功能页面。

图 4-2 百度主页

2. 高级检索

百度搜索引擎的高级搜索界面(如图 4-3)提供菜单式组合检索选项,可以进行布尔逻辑检索、精确检索,限定时间、文档格式和关键词位置。高级搜索的搜索结果限定中,"包含全部关键词"、"包含任意关键词"、"不包括关键词"分别对应布尔逻辑算符"与"、"或"、"非","包含完整关键词"即精确短语检索。限定文档格式对应 filetype 指令,限定关键词位置对应 intitle 和 inurl 指令,站内搜索对应 site 指令。

图 4-3 百度高级检索

3. 百度学术搜索

百度学术(如图 4-4)是百度旗下的免费学术资源搜索平台,提供海量中英文学术资源。百度学术收录了包括知网、维普、万方、Elsevier、Springer、Wiley、NCBI 等的 120 多万个国内外学术站点,索引了超过 12 亿个学术资源页面,包括学术期刊、会议论文,学位论文、专利、图书等类型在内的 6.8 亿多篇学术文献,成为全球文献覆盖量最大的学术平台,在此基础上,构建了包含 400 多万个中国学者主页的学者库和包含 1 万多个中外文期刊主页的期刊库。站内嵌套有论文查重、学术分析、开题分析、学者主页、期刊频道和文献互助六大功能模块。

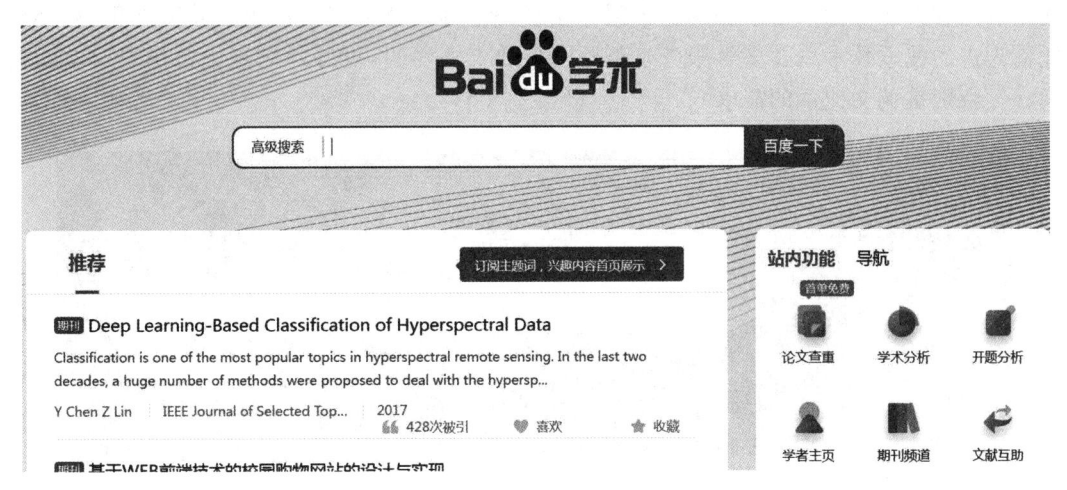

图 4-4 百度学术搜索主页

百度学术提供一框式简单检索和高级检索两种检索方式,高级检索可以对检索词进行限定和组合,检索结果以文摘列表方式呈现,以相关性排序,结果可从时间、领域、期刊级别等方面进行精炼(如图 4-5)。结果页面除了展示每篇学术文献的题录信息和摘要外,还为用户标注了该文献的来源数据库,提供该篇文献的收藏、引用格式导出和文献获取功能。

图 4-5 百度学术搜索结果页面

二、微软必应 Microsoft Bing

微软必应(https://cn.bing.com)是微软公司于 2009 年 5 月推出,用以取代 LiveSearch 的全新搜索引擎。为符合中国用户使用习惯,Bing 中文品牌名为"必应"。必应搜索集成了多个独特功能,包括每日首页美图,与 Windows 8.1 深度融合的超级搜索功能,以及崭新的搜索结果导航模式等。用户可登录微软必应主页(如图 4-6)进行一框式搜索,单击主页上方的标签,可分别进入图片、视频、地图、翻译、学术、词典等垂直搜索频道。

必应搜索区分国内版和国际版,国内版更适合中文搜索,国际版的英文搜索体验更好,搜索的内容大部分都来自于外网。中国存在着大量具有英文搜索需求的互联网用户,必应凭借先进的搜索技术以及多年服务于英语用户的丰富经验,更好地满足中国用户对全球搜索——特别是英文搜索的需求。

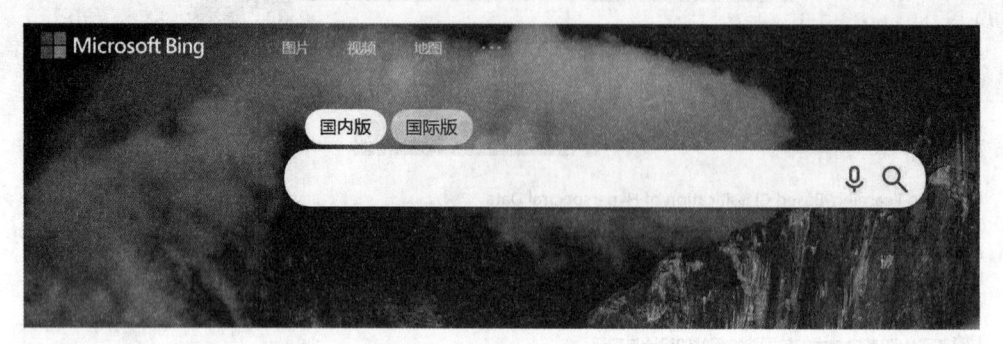

图 4-6 微软必应主页

三、搜狗

搜狗搜索引擎(http://www.sogou.com)是搜狐公司打造的第三代互动式搜索引擎,搜狗以一种人工智能的新算法,分析和理解用户可能的查询意图,给予多个主题的"搜索提示"。在用户查询和搜索引擎返回结果的人机交互过程中,引导用户更快速准确地定位自己所关注的内容,帮助用户快速地找到相关搜索结果,并可在用户搜索冲浪时,给予用户未曾意识到的主题提示。

搜狗搜索主页(如图 4-7)提供一框式综合搜索,页面上方提供多种垂直搜索链接,除了网页、图片、地图、视频、翻译等垂直搜索应用,搜狗还提供微信搜索、知乎搜索、医疗搜索、应用搜索和汉语搜索等特色搜索服务。

图 4-7 搜狗搜索主页

四、夸克智能搜索

夸克是阿里巴巴旗下的智能搜索 App,以轻、快为核心,追求极简理念,为用户的信息获取提供极速精准的搜索体验。夸克拥有 AI 引擎,其人工智能内核能够预判前置结果,给用户提供其最想要的搜索结果。此外夸克还拥有大量的快捷应用和实用工具集成,首页呈现了夸克高考、大学通、夸克网盘、夸克日报、扫描王和夸克学习等快捷应用和实用工具(如

图 4-8)。点击"更多"便可以进入实用工具的完整页面,该页面将所有工具及应用按拍照识别、学习效率、办公求职、生活日常、素材生成、本地出行、健康服务、新奇发现和休闲娱乐等进行分类排列,方便用户按需选用。

图 4-8 夸克首页与实用工具

五、WolframAlpha

WolframAlpha(https://www.wolframalpha.com)是一款独具特色的知识搜索引擎,它可以作为一个 Web 版的数学计算工具来用。它也能根据问题直接给出答案,物理化学天文地理都能搜索,用户在搜索框键入需要查询的问题后,该搜索引擎将直接向用户返回答案,而不是返回一大堆网页链接。例如,检索"shanghai",它会给出上海这个城市的人口、地理信息、历史沿革信息、上海名人等有意思的信息。

它支持关键词、图片、数据和文件等检索,可以进行各种计算,但目前的搜索范围并不大,专业性较强,且不支持中文。

六、Dogpile

Dogpile 是一款性能较好的元搜索引擎,属于 InfoSpace 公司。Dogpile 提出的口号是"Good Dog,Great Results"。Dogpile 可同时调用 Google、Yahoo! 等数十款常用的搜索引擎。该搜索引擎可以查询网页、图像、音频、网上商店、新闻、白页和本地资源,将用户的查询要求同时提交到多个搜索引擎或数据库进行搜索,然后将返回结果进行智能化处理,呈现给用户。

4.3 索引文摘数据库

互联网发展至今,纸质版的目录、索引和文摘正慢慢退出历史舞台,网络版数据库已经成为索引与文摘的主要形式。

索引与文摘型数据库一般收录特定时期的综合学科领域或某一学科分支的相同或不同出版类型的文献。由于索引与文摘型数据库的收录文献不涉及作者的著作权,数据库制作商不必和著者或文献出版者发生版权关系,可依据自己的目的采集收录文献,具有较强的连续性。

索引与文摘数据库中,有的强调收录文献的全面性,如维普公司20世纪出版的《中国科技期刊篇名数据库》以收录中国期刊全面而著名;有的强调收录文献的质量性,如 EI 公司的 Compendex 以收录具有永久保留价值的文献为宗旨。索引文摘数据库能反映某一段时间内某一学科领域的理论和方法的进展及技术与手段的应用,体现了学术上的发展和继承的特点,为读者用户了解借鉴同行的研究成果和学术创新提供帮助;有的因收录文献质量高而在学术界享有盛名,甚至成了学术评价的重要工具,所起的作用远远超出了数据库制作商当初的愿望。

4.3.1 引文索引数据库

一、引文索引的原理与作用

全世界每年发表几百万篇科技文献,每篇文献都不是孤立的,文献之间相互影响、相互联系、相互引用,构成一个巨大的文献网,为人们提供了关联度极高的文献资源空间。如果在 A 文献中提及了 B 文献,并在文后参考文献或注释中列出 B 文献的出处,指明信息的来源,提供某观点的依据,借鉴、陈述某一事实等,我们称 B 文献为 A 文献的引文,称 A 为引证文献,称 B 为被引文献。引文是学术论著的一个重要部分。

引文索引是利用文献的引用和被引用关系编制的一种索引。它在编制原理、体例结构、检索方法等方面与常规的索引不同,具有独特的性能与功用,是常规索引的一种重要补充。其编制原理是将引文本身作为检索特征,标引所有引用过某一引文的文献,从文献之间相互引证的角度,提供检索途径。检索时,索引系统可以检索到引用这篇文献的一组文献,再以检索到的这些文献为被引文献去检索,通过不断追溯、循环,可以查到一系列彼此有一定"血缘"关系的文献。

从一篇高质量的文献出发,查找它的引用文献,可以越查越深;查找它的引证文献,可以越查越新;查找它的同被引文献或共引文献,可以越查越广,由此可以追溯某一观点或某一发现的发展过程,沿着科学研究的发展道路,既能揭示某一学科的继承与发展,又能反映学科之间的交叉渗透关系。

同时,引文索引系统还能帮助我们从文献的引证与被引证的角度对文献进行定量研究,以引用频次的计量统计为基础,通过影响因子、H 指数等计量指标来估量某一期刊、某篇文献或某个作者在学术界的影响力,被广泛应用于学术评价。

二、引文索引数据库资源与检索

1. Web of Science

(1) Web of Science 资源简介

Web of Science(以下简称 WoS)是全球最负盛名的大型综合性引文索引数据库,数据库收录了 21 800 多种世界权威的、高影响力的学术期刊和 209 600 余种会议录,内容涵盖自然科学、工程技术、生物医学、社会科学、艺术与人文等领域,数据最早回溯至 1900 年。

WoS 核心合集包含期刊引文数据库、国际会议录文献引文数据库、图书引文数据库和化学信息数据库,分别是 Science Citation Index-Expanded(SCI-E,科学引文索引)、Social Sciences Citation Index(SSCI,社会科学引文索引)、Arts & Humanities Citation Index(A&HCI,艺术与人文引文索引)、Conference Proceedings Citation Index(CPCI,会议论文引文索引)、Book Citation Index(BkCI,图书引文索引)、Index Chemicus(IC,新化合物索引)、Current Chemical Reactions(CCR-Expanded,新化学反应检索)和展示重要新兴研究成果的 Emerging Sources Citation Index(ESCI)。此外,WoS 还有 MEDLINE、SciELO Citation Index、Derwent Innovations Index 和 KCI－朝鲜语期刊数据库等索引数据库。

WoS 平台(www.webofscience.com)只对有使用权限的用户开放。在 WoS 主页(如图 4-9)点击"选择数据库"右侧的下拉菜单,则可以看到所有可供检索的数据库。

图 4-9　WoS 首页

(2) Web of Science 检索

WoS 平台支持布尔逻辑检索、邻近检索、截词检索、精确检索等多种计算机检索技术,系统自带词形还原与词干提取技术,帮助用户获得更好的检索体验。平台提供文献和研究人员两种不同途径的检索,文献检索分基本检索、被引参考文献检索、化学结构检索、高级检索这几种检索方式。

① 基本检索

基本检索为数据库的默认检索界面。可供选择的字段包括主题、标题、作者、作者识别号、团体作者、编者、出版物名称、DOI、出版年和地址。"主题"表示在文献的题名、摘要和关键词字段进行检索。检索框中既可以输入单个检索词，也可以输入由多个检索词和逻辑算符构成的检索式。点击输入框下方的"添加行"按钮一次，即可增加一行检索词输入框。

通过基本检索可以检索特定的研究主题，检索某个作者发表的论文，检索某个机构发表的文献，检索特定期刊特定年代发表的文献等。

② 被引参考文献检索

被引参考文献检索可以帮助用户在只有一篇文章、一个专利号、一本书或者一篇会议论文等情况下了解该研究领域的最新进展，了解某位作者发表文献的被引用情况等信息。被引参考文献检索页面提供的检索字段包括被引作者、被引著作、被引年份、被引卷、被引期、被引页和被引标题。

被引作者：检索文献、书籍、数据研究或专利的第一被引作者的姓名。有些记录还有第二被引作者姓名。

被引著作：检索被引著作，例如被引期刊、被引会议录和被引书籍的标题（检索缩写形式的标题可以得到更多结果）。

被引年份：只能与被引作者和/或被引著作一起组合使用进行检索，输入 4 位数的年份或有限的年份范围。将年份限制在 2 年或 3 年的范围内，可以得到最优性能。

被引标题：检索完整标题、部分标题或标题中的一个或多个单独的检索词。

检索示例：检索作者陈晨 2018 年在"JOURNAL OF THE AMERICAN CHEMICAL SOCIETY"期刊发表的有关一种新型的 CoP/N 掺杂碳纳米管空心多面体混合纳米结构的研究之后该领域的最新进展（如图 4-10）。

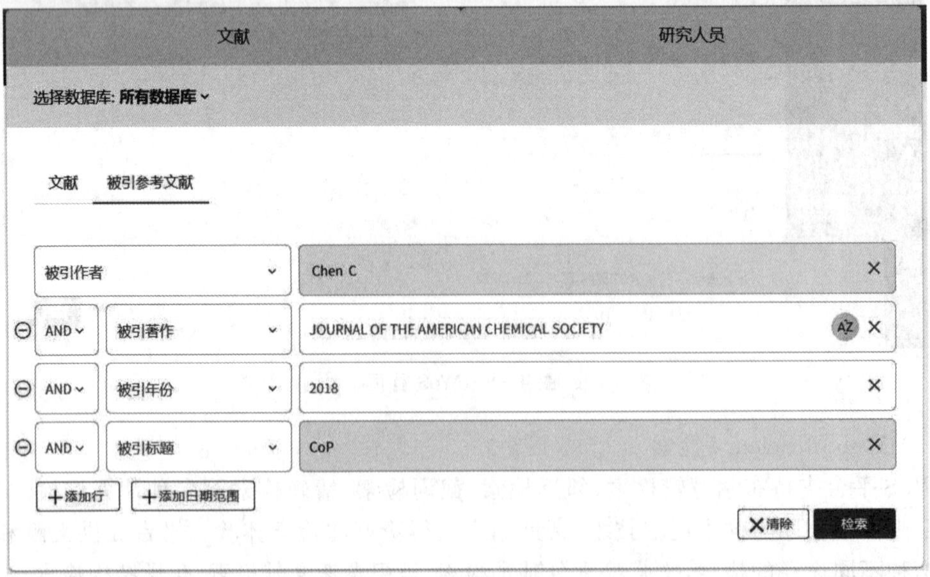

图 4-10 被引参考文献检索示例

该检索返回所有系统中符合要求的被引文献列表(如图 4-11),从检索结果列表中选择并标记匹配的文献记录,点击"查看结果",便可以查看引用陈晨这篇文章的所有施引文献,并可进一步展开文献精炼、文献分析和文献阅览等操作。

图 4-11 被引参考文献检索结果

③ 高级检索

高级检索可使用字段标识、布尔逻辑算符和邻近算符等来生成高级检索式(如图 4-12)。在高级检索页面下方可以查看检索历史,通过组配多个检索式进行复杂检索式的构造。

图 4-12 高级检索页面

④ 研究人员检索

研究人员检索即作者检索,可以通过作者姓名或者使用作者的 Web of Science Researcher ID 或 ORCID ID 查找作者记录,查看个人学术档案,通过作者影响力、出版物、引文网络、作者位置等信息全方位了解和展示学术成果及影响力。

在平台首页点击"研究人员"可来到作者检索页面(如图 14-13)。作者检索可以简单方便地确认并检索特定作者发表的文献,可将同名的不同作者所发表的文献区分开。在检索结果页面可以通过作者姓名、组织、学科类别和国家地区进一步精炼以获得更加准确的作者发文信息。

图 4-13 作者检索页面

(3) 检索结果处理与分析

① 检索结果

检索结果页面可以进行适当操作,实现优化处理(如图 4-14)。具体功能包括:

A:显示检索结果数、来源数据库和检索条件。

B:检索结果精炼。通过勾选可以快速过滤出该领域高被引论文、热点论文、综述论文等。可按出版年、文献类型、Web of Science 类别、作者、所属机构、出版物标题、出版商、基金资助机构、开放获取、社会声助、编者、团体作者、研究方向、国家地区、语种、会议名称、丛书名称和 Web of Science 索引等进行聚类统计。

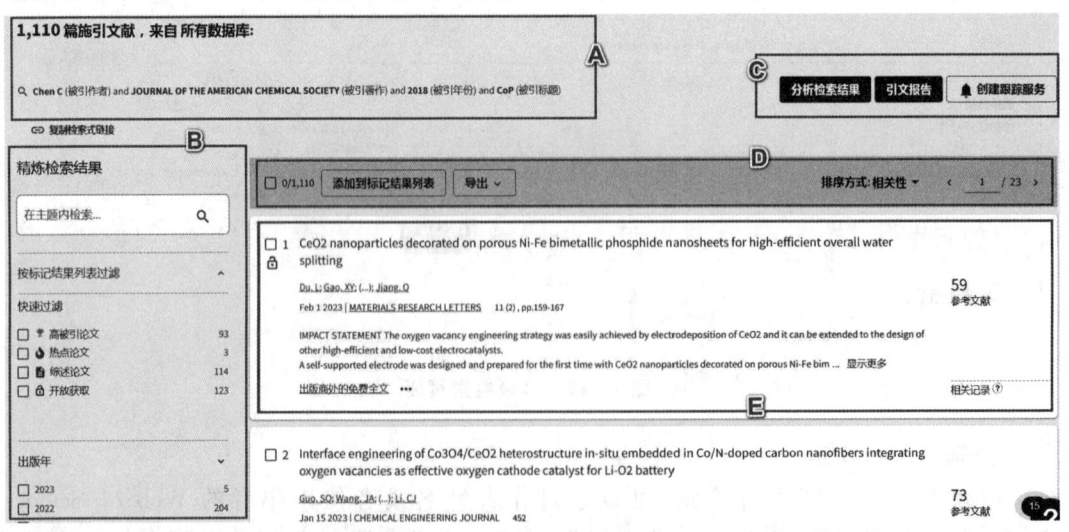

图 4-14 检索结果页面

C:查看系统生成的分析报告和引文报告。

D:检索结果的导出和排序方式设定,可以选择感兴趣的记录输出,可以按不同的格式导出题录,如 EndNote Online、EndNote Desktop、纯文本文件、RefWorks、RIS(其他参考文献软件)、Excel 等;可以选择不同排序方式,默认是按相关性排序,可供选择的排序方式有日期、被引频次、使用次数等。

E:文献结果列表包括单篇施引文献的题录信息及其参考文献链接。

② 分析功能

Web of Science 提供按出版年、文献类型、Web of Science 类别、作者、所属机构、出版物标题、出版商、基金资助机构、授权号、开放获取、社论声明、编者、团体作者、研究方向、国家地区、语种、会议名称、丛书名称和 Web of Science 索引等多种视角的数据表和可视化分析(如图 4-15)。

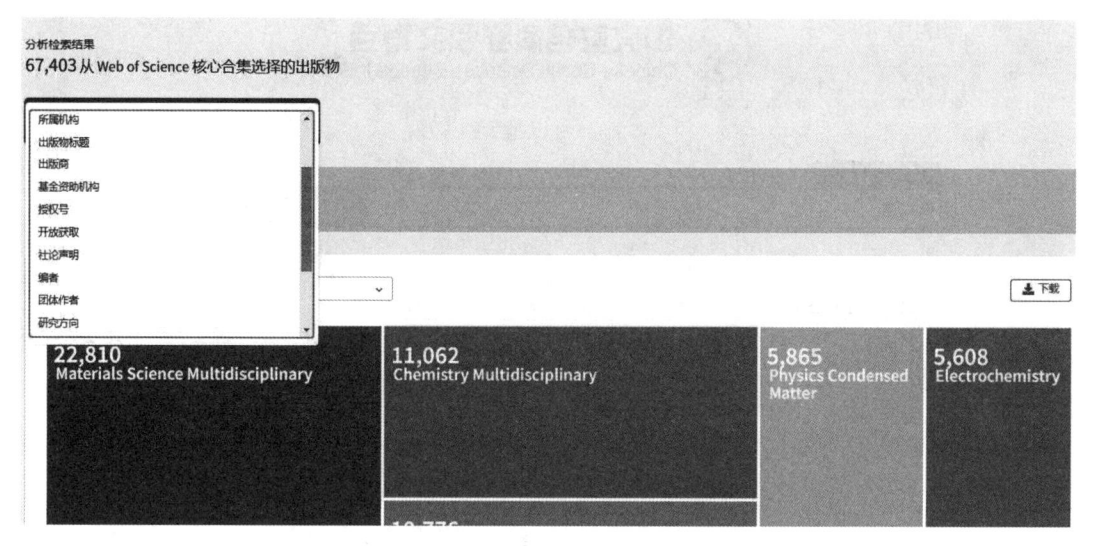

图 4-15 Web of Science 分析功能

利用 Web of Science 的分析功能将帮助用户了解更多信息:按照"Web of Science 类别"或"研究方向"进行分析可以让研究者了解某个课题的学科交叉情况或者所涉及的学科范围;按照"出版物标题"进行分析可以帮助我们了解关注该领域的研究论文都发表在哪些期刊上,以便将来找到合适的发表途径;按照"作者"进行分析让我们了解某个研究领域的主要研究人员;通过"所属机构"进行分析了解从事同一研究的其他机构还有哪些;按照"出版年"进行分析可以了解某个研究领域的进展情况。

2. 中文社会科学引文索引(CSSCI)

(1) 资源简介

中文社会科学引文索引(CSSCI,Chinese Social Science Citation Index)由南京大学中国社会科学研究评价中心开发制作,它以中文社会科学期刊登载的文献为数据源,通过来源期刊文献的各类重要数据及其相互逻辑关联的统计与分析,反映文献之间的相互影响,提供从文献引用角度检索文献的渠道,也可为文献的学术评价提供定量依据。

CSSCI 检索平台(http://cssci.nju.edu.cn)目前收录包括法学、管理学、经济学、历史学、政治学等在内的 25 大类社会科学领域的 500 多种学术期刊为来源的文献 100 余万篇,引文文献 1 000 余万篇。

CSSCI 数据库面向高校开展网上包库服务,主要提供账号和 IP 两种方式控制访问权限,其中,账号用户在网页上直接填写账号密码即可登录进入。包库用户采用 IP 地址控制访问权限,可直接点击"包库用户入口"进入。

(2) CSSCI 资源检索

2021—2022 年确定了 583 种期刊为 CSSCI 来源期刊,229 种期刊为扩展版来源期刊。查看各学科的来源期刊,可单击主页期刊导航的"来源期刊"链接,或单击页面下方的各学科链接(如图 4-16)。

图 4-16 CSSCI 来源文献检索

高级检索中的来源文献检索提供多个检索入口,包括:篇名、作者、作者所在地区、机构、刊名、关键词、中图分类号、基金细节等,其中篇名、关键词、作者、期刊名可选择精确检索,作者和作者机构可选择第一作者、第一机构,检索词之间的逻辑关系支持"与""或"。可从发文年代、年卷期、文献类型、学科类别、学位类别、基金类别等方面对检索加以限定,并可对检索结果进行二次检索(如图 4-17)。

高级检索中的被引文献检索提供的检索入口包括:被引文献作者、篇名、期刊名、出版年代、被引文献细节等。可选择被引年份,可从"被引文献类型"下拉框中选择所需文献类型(如图 4-18)。

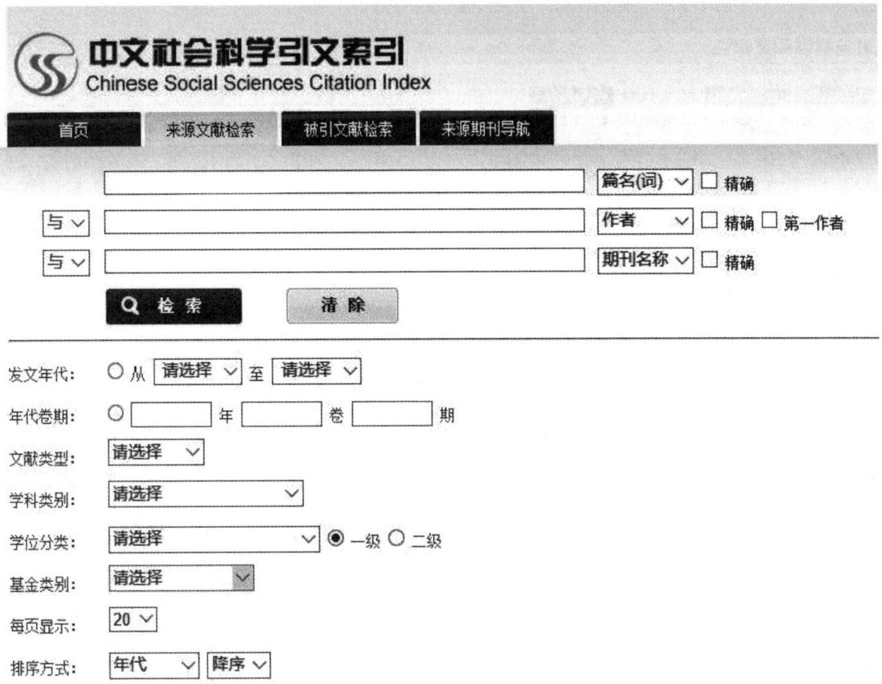

第 4 章 线索型信息检索工具

图 4-17 CSSCI 来源文献高级检索界面

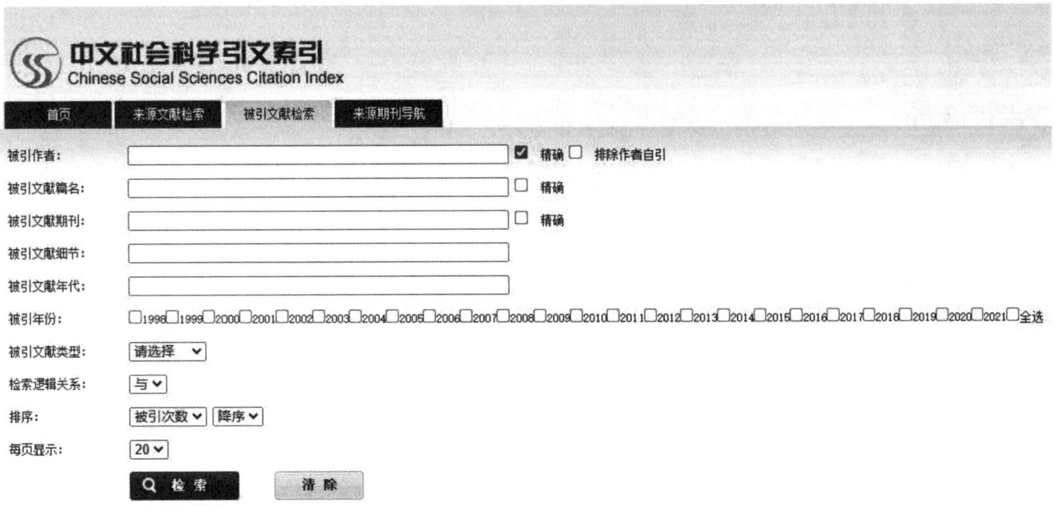

图 4-18 CSSCI 被引文献高级检索界面

检索结果默认列表显示(如图 4-19),点击检索结果中的选中记录,显示引用该文献的来源文献(如图 4-20)。对授权用户提供原文链接,点击原文图标,可跳转到收录该文的全文数据库。

图 4-19　CSSCI 被引文献检索结果列表

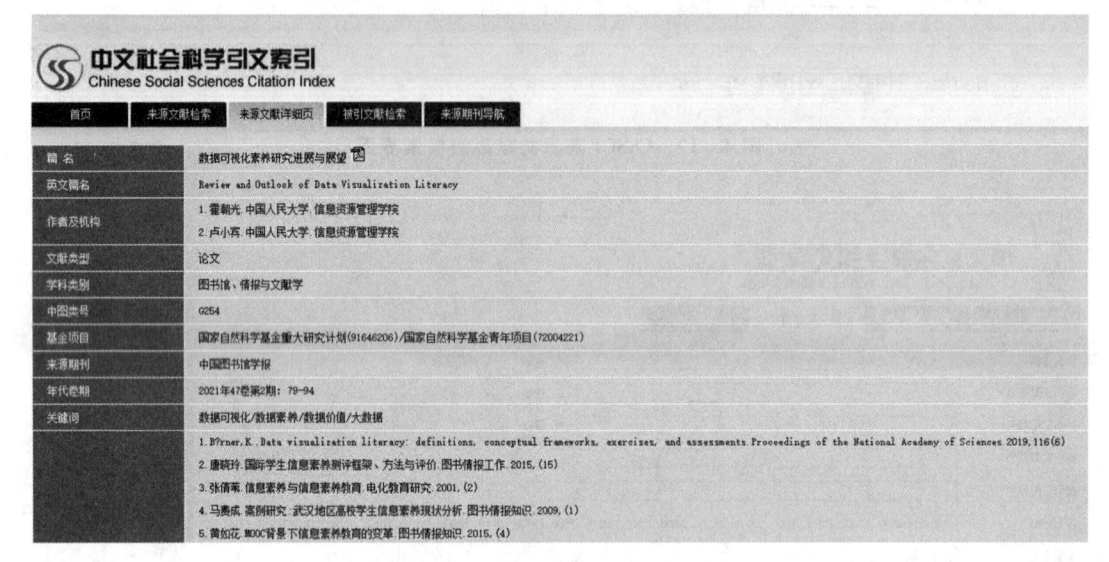

图 4-20　CSSCI 引用文献详细显示

3. 中国引文数据库

《中国引文数据库》（简称《引文库》），是依据中国知网（CNKI）收录数据库及增补部分重要期刊文献的文后参考文献和文献注释为信息对象建立的引文文献数据库。数据库提供客观、准确、完整的引文索引数据，为相关评价工作提供基础数据。针对某一对象或主题提供相关统计分析数据，通过数据分析器得到的相关比较分析数据，可以供相关研究人员和科研管理部门使用。

中国引文数据库主要功能包括来源文献检索、被引文献检索、被引作者检索、检索结果分析、作者引证报告、文献导出、数据分析器及高被引排序等模块（如图 4-21）。该库的检索与分析功能与 CNKI 平台数据库的使用方法相似，此处不再赘述。

图 4-21 中国引文数据库首页

4. 科学引文数据库

科学引文数据库(SCD,Science Citation Database),是武书连研发的我国第一个涵盖自然科学、工程与技术、农林科学、医药科学、人文科学、社会科学等全部非保密学科的大型引文数据库(如图 4-22)。SCD 还可广泛应用于多个领域。SCD 的应用领域之一就是作为中国管理科学研究院《中国大学评价》《中国大学研究生院评价》课题源期刊数据库,用于评价中国普通本科高校和以创新为主的科研机构的群体创新能力。

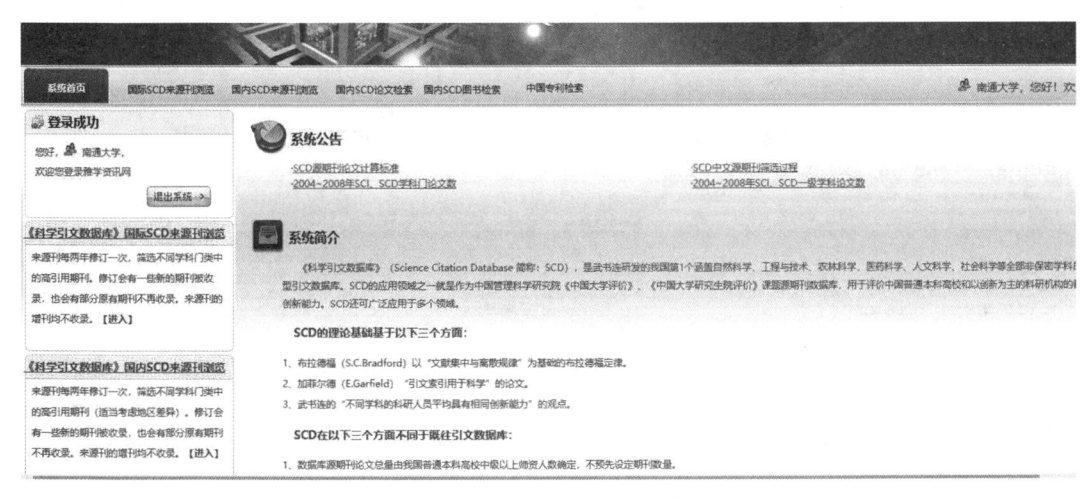

图 4-22 科学引文数据库首页

数据库包括国际 SCD 来源刊浏览、国内 SCD 来源刊浏览和国内 SCD 论文检索三个模块。

SCD 数据库源期刊论文总量由我国普通本科高校中级以上师资人数确定,不预先设定期刊数量。各学科源期刊论文数量与该学科中级以上师资人数成正比例关系,不受学科期刊百分比的限制，使不同学科的科研人员投稿命中机会均等。学科按中国国务院学位委员会颁布的研究生学科门类和一级学科目录分类，不使用中图分类法的学科分类，也不使用ISI的学科分类。SCD 源期刊共收录全国 6 186 种学术期刊，分别归属到 81 个一级学科和文科综合、理工综合、农学综合、医学综合共 85 类学科，专业期刊跨学科的，按所刊登的一级学科最多的论文的属性划归学科，将全国所有被评价的普通本科高校在这 6186 种学术期刊上以第一作者发表的论文逐篇标记。

5. 中国科学引文数据库(CSCD)

中国科学院创建的中国科学引文数据库(Chinese Science Citation Database,CSCD)在国内已有近 20 年的历史，作为国内首个引文数据库，其在国内科技文献检索及文献计量评价等方面发挥了重要的作用。该数据库收录了约 1 200 种中国出版的科学与工程核心期刊，共有近 400 万条论文记录，1 700 万条引文记录。科睿唯安与中国科学院合作，将 CSCD 嵌入到 WoS 平台中，作为其首个非英文产品，让全世界更多的科研人员了解中国的科研发展及动态。

通过中国科学文献服务系统(http://www.sciencechina.cn)可以检索 CSCD(如图 4-23)。

图 4-23 中国科学引文数据库首页

4.3.2 专题类索引文摘数据库

一、工程索引数据库(EI)

1. EI 资源简介

Engineering Village(EV)是权威的工程、应用科学相关领域文献信息检索平台，它是一个多类型数据检索平台，包括学术文献、商业出版物、发明专利、会议论文和技术报告等来源内容。其中,工程索引数据库(Engineering Index)是 EV 平台最重要的数据库。EI＝Engineering Index＝Compendex(COMPuterized ENgineering inDEX)。Compendex 收录了自 1969 年至今的 5600 多种期刊、行业杂志、会议录和技术报告的参考资料及摘要,共计 2 000 多万条文摘记录,其工程索引过刊回溯库将 1884—1968 年间的超 170 万项记录做了数字化回溯整理。Compendex 涵盖应用物理学、生物工程和生物技术、食品科技、材料科学、仪器仪表、纳米技术等领域的 190 个工程学科,大约 22％为会议文献,90％的文献语种是英文。1992 年开始收录中国科研论文。

2. Compendex 的检索

(1) 检索机制和规则

Compendex 数据库只支持英文检索,不区分大小写,忽略特殊字符,系统会自动对所有搜索词"自动取词根"。自动取词根可以扩大搜索结果,除了作者姓名和添加双引号或大括号的搜索词外,系统会对所有其他搜索词提取词根。用户需手动勾选"关闭自动取词根"选择框禁用自动取词根功能。

Compendex 支持布尔逻辑检索(NOT＞AND＞OR)、精确短语检索({ }/"")、截词检索(？/＊)和位置限定检索(NEAR)。

EI 叙词表(Thesaurus)是平台的一个重要并且独特的功能。基于 EI 叙词表的支持,系统提供"自动建议"功能,会从用户输入的第三个字符开始自动建议与用户所输入的内容相匹配的单词或短语列表,并随着用户所输入的字符数的增加而不断筛选。如果推荐的词与用户要搜索的术语相匹配,只需选择该词即可将其添加至用户的搜索当中。

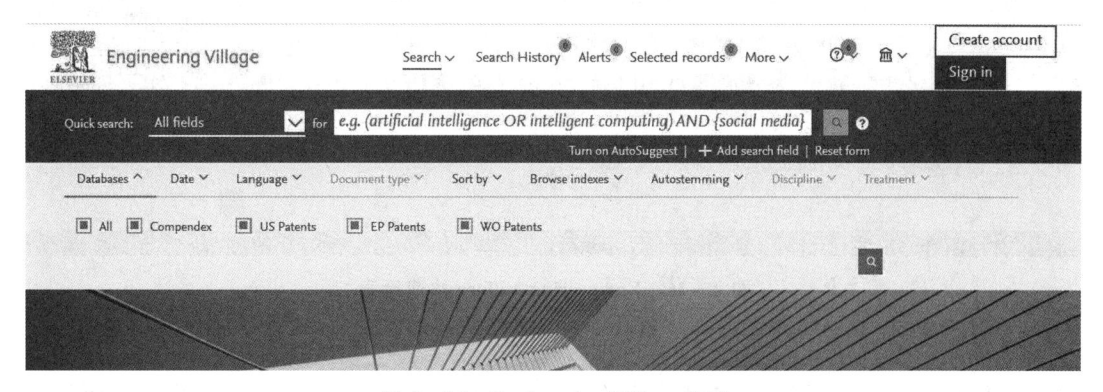

(2) 检索方式

Engineering Village 主页(如图 4-24)可以进行全平台跨库检索,也可以只勾选"Compendex",进行单库检索。

图 4-24 Engineering Village 首页

系统提供了快速检索(Quick Search)、专家检索(Expert Search)、词表检索(Thesaurus)、作者检索和机构检索等检索方式(如图 4-25)。检索字段包括所有字段、摘要、主题/标题/摘要、标题、来源国等。

图 4-25　Engineering Village 检索方式

① 快速检索

平台主页提供快速检索(如图 4-26),初始状态提供单个检索行,单击检索行下方的"Add search field"按钮可增加检索行,在检索框后提供检索项的选择,检索项之间可以"AND""OR""NOT"进行逻辑组配。检索框下方提供一些检索限定,如对时间(Date)、语言(Language)、排序方式(Sort by)等的限定。在快速检索方式中,系统默认对每个检索行的第一个检索词进行自动词根检索,如果需要关闭此功能,勾选"Autostemming Off"前的复选框即可。

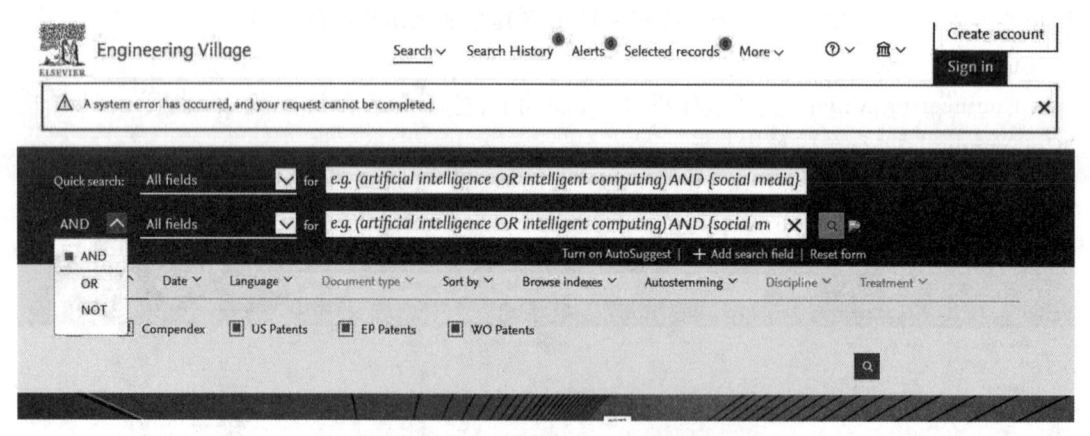

图 4-26　Engineering Village 快速检索

② 专家检索

单击"Expert Search"按钮进入专家检索页面(图 4-27)。专家检索提供更强大而灵活的功能,与快速检索相比,用户可使用复杂的布尔逻辑检索、截词检索、位置检索等构建检索表达式。检索表达式的一般格式是:检索词 wn 字段代码布尔逻辑运算符检索词 wn 字段代码。例如:(wind energy OR wind power) wn TI AND (power generation) wn AB AND English wn LA。在专家检索中,系统不自动进行词根检索。如果希望对某个检索词使用词根检索,需在检索词前加上"$"符号。

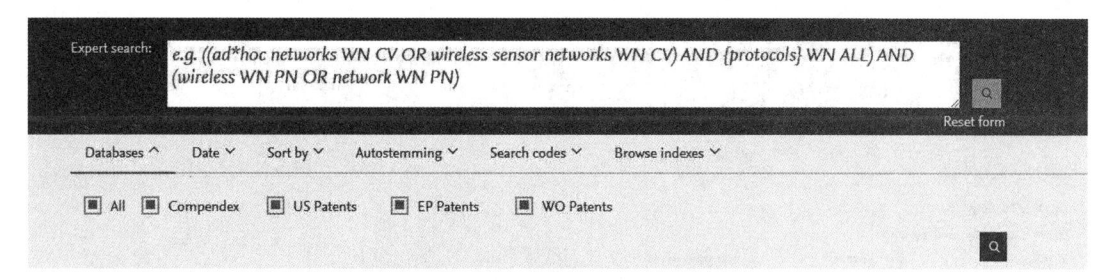

图 4-27　Engineering Village 专家检索

③ 词表检索

EI Thesaurus 收录规范化词(主题词)9 400 个和非规范词 9 000 个,建立了完善的参照体系,使用 USE、Used for、Broader Term、Narrow Term、Related Term 等注明主题词的使用范围、上位类主题词、下位类主题词、相关主题词之间的关系,便于从学科专业角度准确选择主题词。

词表检索有 3 种方式,分别是词汇检索(Vocabulary search)、正式主题词(Exact term)和浏览(Browse)。词汇检索选项可查看词表中包含所输检索词的主题词条目,输入词可以是主题词,也可以是上位词、下位词、相关词;正式主题词选项直接可查看该主题词款目,包括词义注释及非正式主题词,同时系统也提供该词的上位词、下位词、相关词等;浏览选项可按字母顺序查看包含所输词的所有词汇,相当于词典作用。

在"Vocabulary search"的检索框内输入检索词"deep learning"检索,获得 13 个 matching terms 的词条(如图 4-28),这些词条可以勾选逻辑"与"跟"或"的组配后实行检索。单击"deep learning"词条进入该主题词的详细信息页面(如图 4-29),勾选词条前的复选框,词自动添加到词表检索区右侧的"检索框(Search Box)"中进行逻辑运算检索。在"Exact term"选项的检索框内输入检索词"deep learning"检索直接查看该词词表。

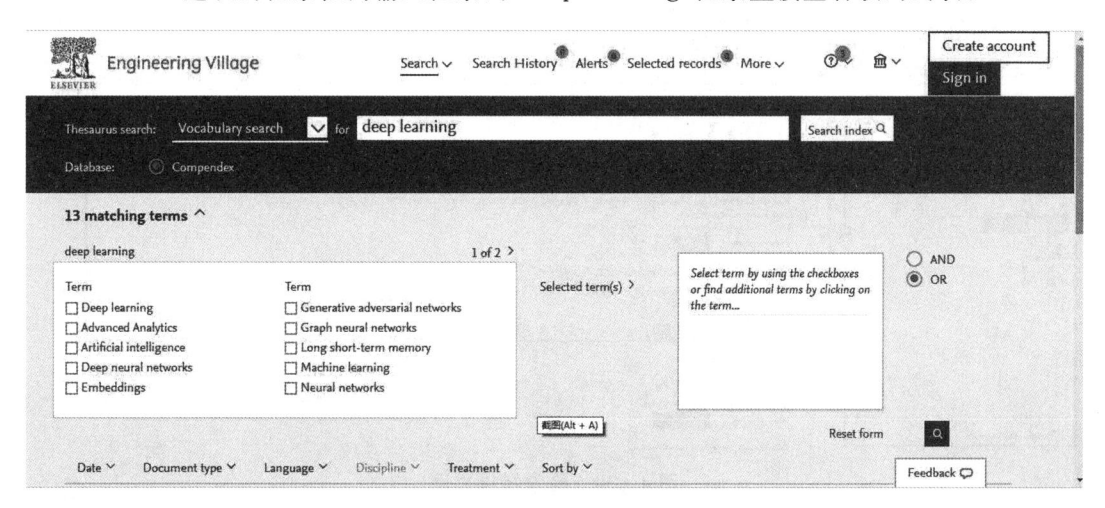

图 4-28　词汇检索页面

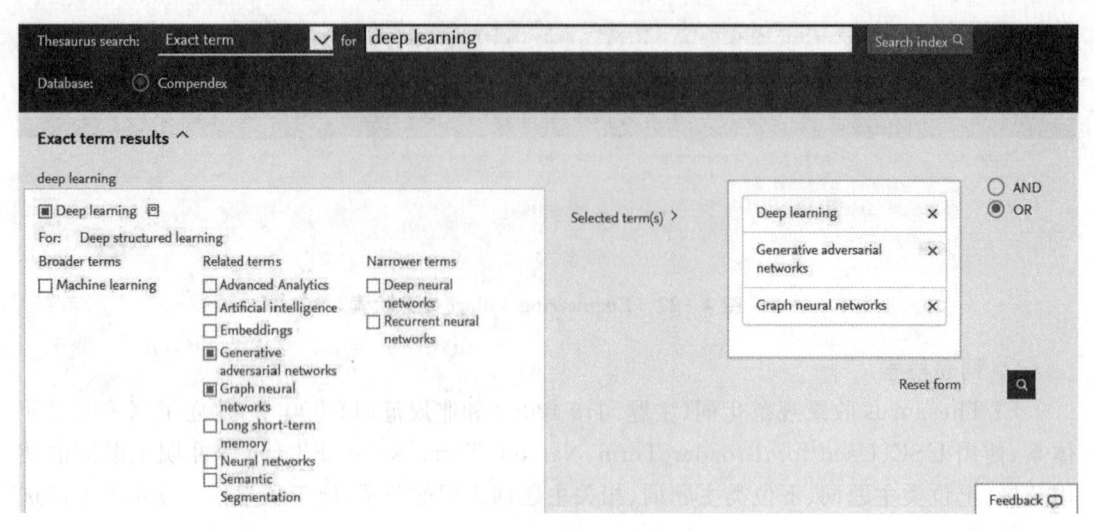

图 4-29　主题词详细信息页面

（3）检索结果与处理

检索结果页面可进行适当操作，进行优化处理（如图 4-30）。具体功能包括：

A：页面上方显示检索结果数和检索条件，单击"Save search"按钮可保存检索（针对注册用户），单击"Creat alert"按钮可设置检索提醒（针对注册用户）。

B：页面左侧的"Refine Results"是对检索结果的聚类统计，用以优化检索。系统对作者、作者单位、受控词、EI 分类号、国家、文献类型、文献语种、出版年、源标题、出版商等进行聚类，并可以通过图形显示。单击"Author"后的柱状图按钮为作者聚类的柱状图，单击下载按钮可以打开或保存表格形式的统计分析结果。选择类目，通过"Limitto"可只显示该类，通过"Exclude"可在结果中排除该分类下的文献。

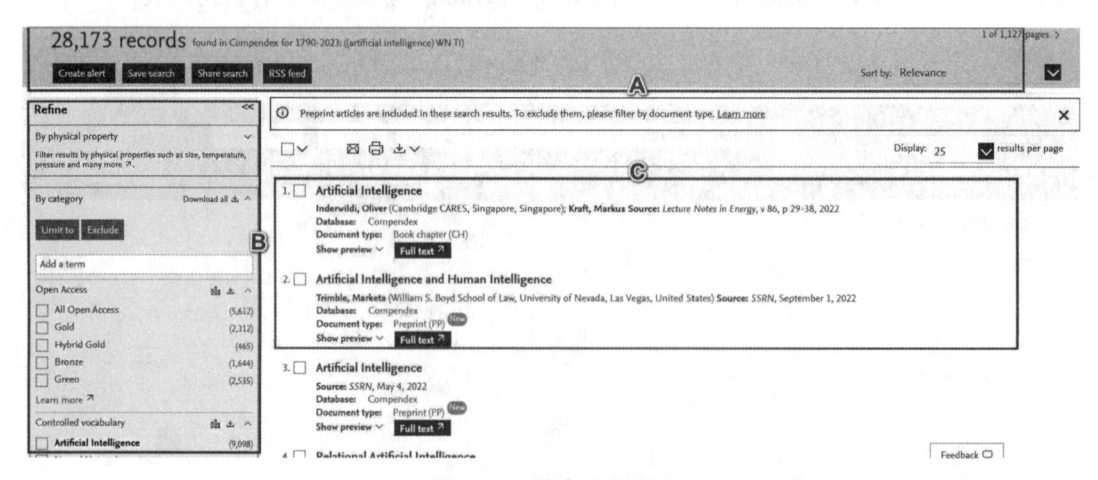

图 4-30　检索结果页面

C：页面右侧显示具体的检索结果。系统默认显示每条记录的题录信息，包括篇名、作者、文献出处，其中系统提供作者字段的超链接，单击作者姓名，可链接到该作者的发文页面。通过"Abstract"和"Detail"链接可查看文摘和文献的详细信息，通过"Show preview"可预览文内内容，通过"Full text"可链接到全文所在页面。在结果上方提供对每页显示结果数的选择，系统默认每页显示 25 条记录。勾选记录前的复选框选中记录后，通过"Email"可发送邮件，通过"Print"可打印记录，通过"Download"可下载记录，通过"Save to Folder"可保存到文件夹（针对注册用户）。右上方提供对结果排序方式的选择，可选择按"相关度"（Relevance）、"出版日期"（Date）、"作者"（Author）、"来源"（Source）、"出版商"（Publisher）进行排序。

二、SciFinder

SciFinder(https://scifinder-n.cas.org)由美国化学学会（American Chemical Society，ACS）旗下的美国化学文摘社（Chemical Abstracts Service，CAS）出品，是化学及相关学科（包括生物、医学、工程、材料、农业等）研究的重要信息来源，收录文献类型包括期刊、专利、会议论文、学位论文、图书、技术报告、评论和网络资源等，提供多种检索途径和有效的分析工具（如图 4-31）。

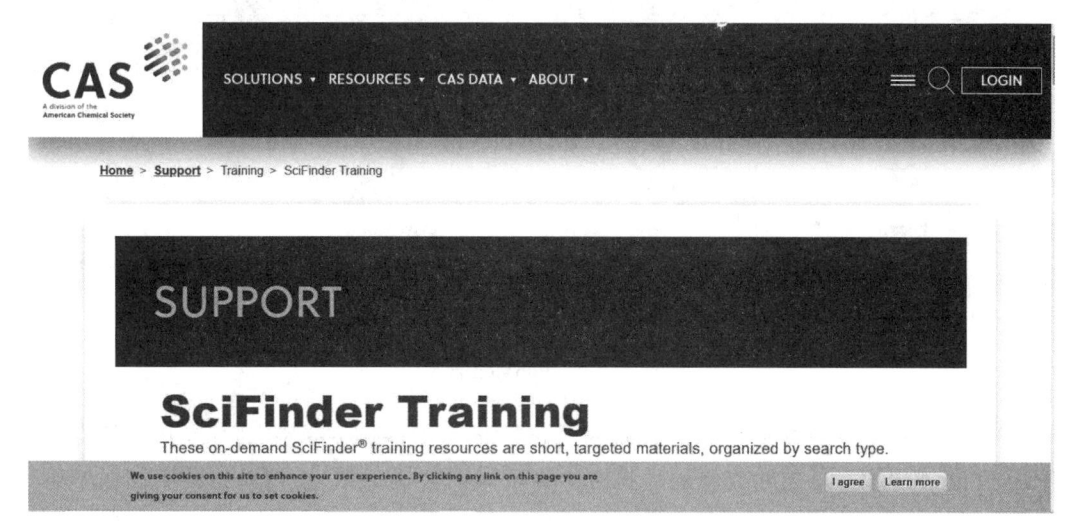

图 4-31 SciFinder 首页

通过 SciFinder 可以获得、检索以下数据库信息：CAplusSM（文献数据库）、CAS REGISTRYSM（物质信息数据库）、CASREACT®（化学反应数据库）、MARPAT®（马库什结构专利信息数据库）、CHEMLIST®（管控化学品信息数据库）、CHEMCATS®（化学品商业信息数据库）、MEDLINE®（美国国家医学图书馆数据库）。

SciFinder 有多种先进的检索方式，比如化学结构式（其中的亚结构模组对研发工作极具帮助）和化学反应式检索等。它还可以通过 Chemport 链接到全文资料库以及进行引文链接。其强大的检索和服务功能，可以让用户了解最新的科研动态，帮助用户确认最佳的资源投入和研究方向。根据统计，全球 95％以上的科学家们对 SciFinder 给予了高度评价，认为它加快了他们的研究进程，并在使用过程中得到了很多启示和创意。

三、PubMed

PubMed(https://pubmed.ncbi.nlm.nih.gov)取自 Public + Medline,是面向公众的、免费的生物医学和生命科学文献检索系统(如图 4-32),由美国国立医学图书馆(National Library of Medicine,NLM)下属的国家生物技术信息中心(National Centre for Biotechnology Information,NCBI)开发维护。

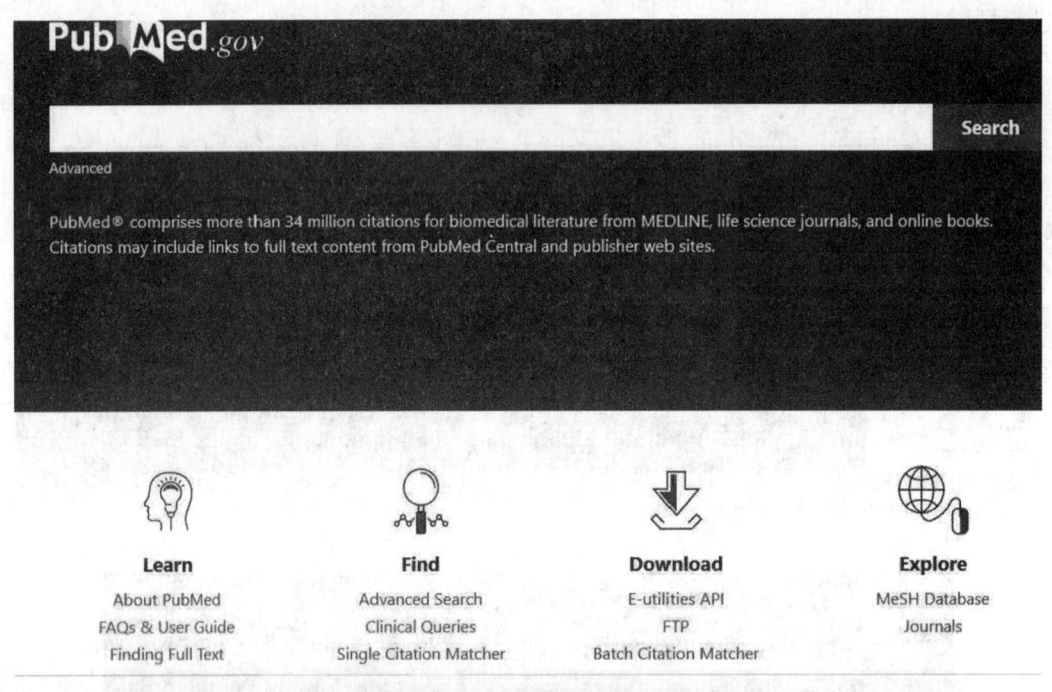

图 4-32 PubMed 首页

PubMed 的主要数据来源是 Medline。Medline 是美国国立医学图书馆开发的综合生物医学信息数据库,是国际权威的生物医学文献索引文摘数据库,内容包括美国医学索引(Index Medicus,IM)的全部内容和牙科文献索引(Index to Dental Literature)、国际护理索引(International Nursing Index)的部分内容,涉及基础医学、临床医学、环境医学、营养卫生、职业病学、卫生管理、医疗保健、微生物、药学、社会医学等领域。

除了 Medline(1966—今),PubMed 的数据来源还包括 Old-Medline(1945—1965 Medline 回溯数据)、Pre-Medline(预印本或非 Medline 收录数据)和出版商提供的数据。

迄今为止,PubMed 已经收录了超过 3400 万篇来自 Medline、生命科学期刊和在线图书的生物医学文献索引和摘要,可从出版商的网站或 PubMed Central(PMC)获得全文链接。PubMed 数据库支持布尔逻辑检索、词汇自动转换、截词检索和短语检索等多种检索方式,数据质量高,其 Medline 数据均经 MeSH(医学主题词)标引。此外,PubMed 还有临床查询、引文匹配、聚类分析等辅助功能,是查找生物医学文献信息的不二之选。

四、Scopus

Scopus(http://www.scopus.com)是爱思唯尔(Elsevier)推出的同行评议摘要引文数据库。Scopus 数据库收录来自全球 220 多个国家和地区,7 000 多家出版商的科技出版内容,覆盖自然科学与工程、社会与人文科学、健康科学和生命科学各个领域,涉及 40 多种语言。截至 2021 年 12 月,Scopus 已收录 25 800 多种活跃同行评议期刊,其中包含 5 656 种开放获取期刊;1 800 多万篇开放获取文献;超过 950 种中国大陆高质量期刊;23 万条图书记录;1 100 多万篇高质量会议论文,总数量超过 8 500 万条,最早回溯到 1788 年,数据每日更新。

Scopus 数据库具有强大的科研文献发现和领域追踪功能,支持多字段的文献基本检索、高级检索和精确检索,支持检索结果一键统计分析,生成发文、期刊、国家、机构、作者、学科、作者 7 个维度的分布和趋势,可查看文献所属研究主题及研究热度,快速发现领域前沿热点,也可以从检索结果的参考文献、施引文献和相关文献梳理研究脉络和发展走向。

五、Inspec

Inspec,全称 Information Service in Physics, Electro-Technology, Computer & Control,是由英国工程技术学会(IET, the Institution of Engineering and Technology)出版的文摘索引数据库,是理工学科最重要和使用最为频繁的数据库之一,其前身是著名的"科学文摘"(SA, Science Abstract)。

Inspec 数据库主要收录以下四大学科领域的期刊文献:物理学、电子电气工程、计算机与控制,以及机械与制造工程。就细分学科领域而言,Inspec 数据库的覆盖范围十分广泛,包含了天文学、通信与信息技术、光学技术、材料科学、海洋学、核能工程、交通运输工程、地理学、生物医学工程、生物物理学和航天航空工程等众多常见理工学科相关的科研领域。近年来,由于信息技术的应用在商业领域逐渐兴起,Inspec 还将商业信息技术纳入了到数据库的收录范围之中。目前 Inspec 已收录了超过 2 100 万条的文献(自 1969 年来截至到 2021 年 12 月),并以每周近 2 万条文献的速度增加。

用户可通过 Web of Science、Engineering Village 或 EBSCOhost 平台访问并使用 Inspec 数据库。IET 的研发团队采用人工标引的方式创建了独特的 Inspec 叙词表,对学科分类进行了 5 层细化,同时建立了化学索引、数值索引等多维度索引体系,极大地提升了收录内容的可发现性。在此基础上,IET 开发了科研分析工具 Inspec Analytics,提供全球机构分析、热门学科分析、前沿科技术语分析、引用数据分析等分析功能,可用来分析科研产出,研究热点趋势,并且可以甄别研究方向上下游以及交叉研究的发展,让科研人员能更便捷地检索到最精准最相关的文献。

六、LISTA

图书馆,信息科学与技术文摘(Library, Information Science and Technology Abstracts, LISTA)内容涵盖了图书馆分类、编目、书目学、在线信息检索、信息管理等主题。该数据库是在信息科学领域内收录信息回溯时间最长、持续时间最长的数据库,提供超过

700 份的期刊、图书、研究报告和会议录的索引,最早的记录回溯到 1960 年。用户可通过 EBSCOhost 平台访问并使用该数据库。

课后思考与练习

1. 简述线索型检索工具的分类和作用。
2. 简述搜索引擎的工作原理及其分类。
3. 使用百度学术、读秀学术、必应学术,查找同一主题的信息,试分析比较查找结果的异同。
4. 简述引文索引的作用。
5. 通过 CSSCI 检索某位老师(自拟)的发文及被引用情况。
6. 自拟课题,利用 EI 检索相关文献,熟悉 EI 词表检索。

第 5 章 图书资源检索

扫码可浏览本章学习资源

学习目标

了解图书的基本概念和特点;知晓如何检索图书的出版信息和收藏信息;掌握检索和获取电子图书的方法与技巧;了解国学与古籍类图书资源的检索与利用;学会使用参考性工具书查找相关信息。

知识框架

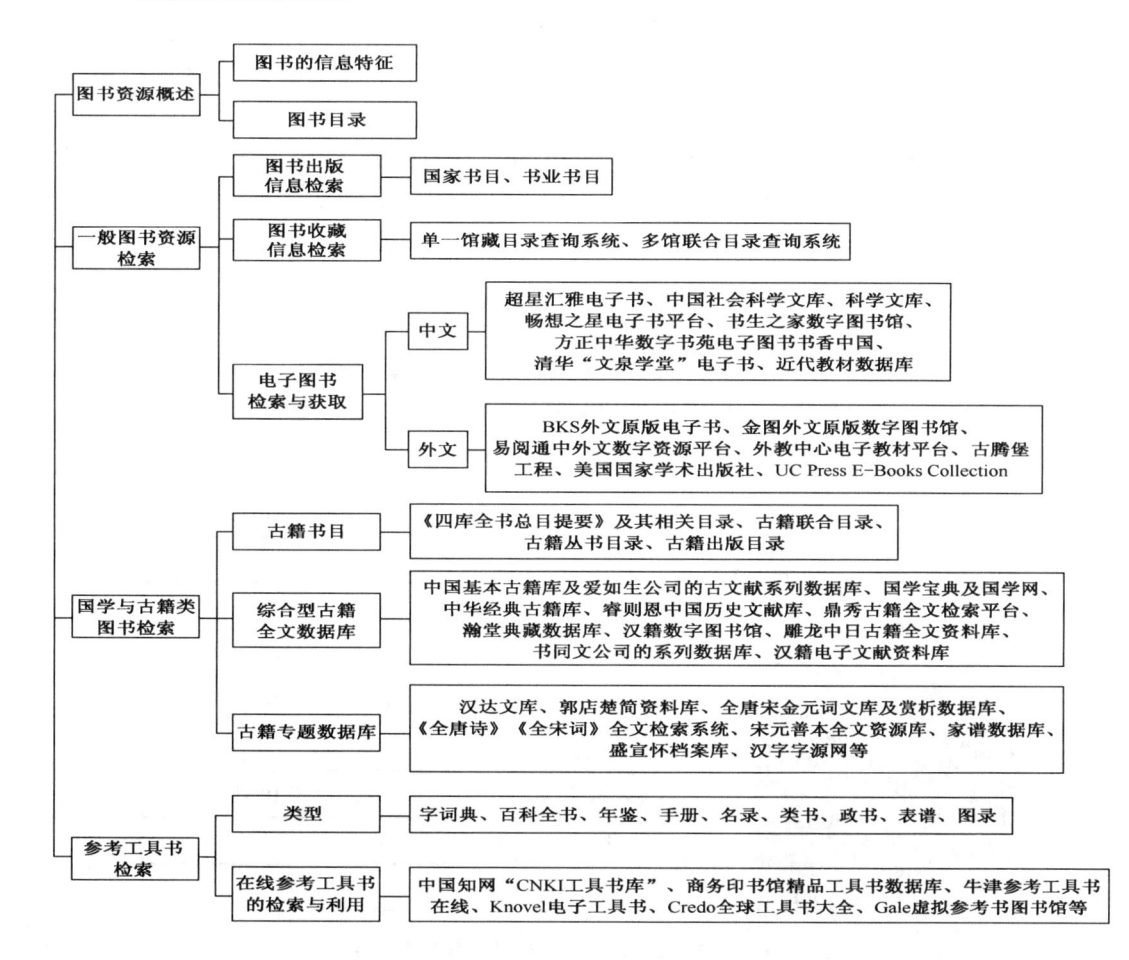

- **图书资源概述**
  - 图书的信息特征
  - 图书目录

- **一般图书资源检索**
  - 图书出版信息检索
    - 国家书目、书业书目
  - 图书收藏信息检索
    - 单一馆藏目录查询系统、多馆联合目录查询系统
  - 电子图书检索与获取
    - 中文:超星汇雅电子书、中国社会科学文库、科学文库、畅想之星电子书平台、书生之家数字图书馆、方正中华数字书苑电子图书香中国、清华"文泉学堂"电子书、近代教材数据库
    - 外文:BKS外文原版电子书、金图外文原版数字图书馆、易阅通中外文数字资源平台、外教中心电子教材平台、古腾堡工程、美国国家学术出版社、UC Press E-Books Collection

- **国学与古籍类图书检索**
  - 古籍书目
    - 《四库全书总目提要》及其相关目录、古籍联合目录、古籍丛书目录、古籍出版目录
  - 综合型古籍全文数据库
    - 中国基本古籍库及爱如生公司的古文献系列数据库、国学宝典及国学网、中华经典古籍库、睿则恩中国历史文献库、鼎秀古籍全文检索平台、瀚堂典藏数据库、汉籍数字图书馆、雕龙中日古籍全文资料库、书同文公司的系列数据库、汉籍电子文献资料库
  - 古籍专题数据库
    - 汉达文库、郭店楚简资料库、全唐宋金元词文库及赏析数据库、《全唐诗》《全宋词》全文检索系统、宋元善本全文资源库、家谱数据库、盛宣怀档案库、汉字字源网等

- **参考工具书检索**
  - 类型
    - 字词典、百科全书、年鉴、手册、名录、类书、政书、表谱、图录
  - 在线参考工具书的检索与利用
    - 中国知网"CNKI工具书库"、商务印书馆精品工具书数据库、牛津参考工具书在线、Knovel电子工具书、Credo全球工具书大全、Gale虚拟参考书图书馆等

5.1 图书资源概述

文献信息资源按出版形式和编撰体例不同划分,可分为图书、连续出版物和特种文献。在出版统计工作中,图书常常作为书籍、地图、图片等出版物的总称,因此,广义上的图书包含书籍、地图、年画、图片、画册,以及含有文字、图画内容的年历、月历、日历,以及由新闻出版总署认定的其他内容载体形式。在日常生活中,图书一般与"书籍"同义,从外观上区分,书籍有封面并装订成册,无封面且不装订成册的挂图、单幅地图、单张图画(如宣传画、年画)等不算书籍。

图书资源有多种分类方式,按语种可划分为中文图书和外文图书;按学科内容可划分为社会科学图书和自然科学图书;按撰写时间可划分为古籍、近代图书和现代图书;按用途可划分为阅读性图书和工具书;按著作方式可划分为专著、编著、译书、汇编、文集等;按版次和修订情况可划分为初版书、重版书、修订本图书等。

一部图书一般由封皮、扉页、版权页、目录、正文和辅文这几部分组成。封皮,包含封面、封里、封底里、封底、书脊和腰封,记载书名、卷、册、著者或编者、版次、出版社、统一书号、定价、条形码以及内容提要、说明和作者介绍等内容。扉页,又叫"内封或书名页",是书翻开后的第一页,印的文字与封面所列内容基本相同,但一般比封面更详尽些,用于补充书名、著作、出版者等项目。版权页可位于书扉页的背面、封三前页面或者封底上,一般包含内容简介、图书在版编目(CIP)数据、版本信息以及版权说明四部分内容,记录书名、著译者、出版者、印刷者、发行者、版次、印次、开本、印张、印数、字数、出版年月、书号和定价等信息。辅文是相对正文而言的,起到说明、补充与参考的作用,包括内容提要、冠图、序言、前言、补遗、附录、注文、参考文献、索引、后记(跋语)等。

5.1.1 图书的信息特征

国际标准书目著录(ISBD)规定了图书需要著录的主要信息特征项有:题名与责任者说明项、版本项、资料特殊细节项、出版发行项、载体形态项、丛编项、附注项、国际标准编号与获得方式项。这些著录特征项是图书资源的关键信息特征,也是图书资源检索的主要途径,来源于图书的封皮、扉页、版权页等位置(如图 5-1)。

图 5-1 图书的封面、版权页和部分著录信息特征

在我国，图书出版执行许可证制度，经国家新闻出版署认定，由图书出版法人实体出版，通过正规的图书贸易渠道流通至图书馆、图书批发零售商处，最终到达读者手中。正规出版的图书（非连续出版物）均配有国际标准书号（ISBN）作为官方认证唯一标识，在此基础上，装订成册的图书均编制图书在版编目（CIP）数据。

一、图书在版编目（CIP）数据

图书在版编目（CIP，Cataloguing in Publication）数据（如图 5-2）是指依据一定的标准，在图书出版过程中编制，并印制在图书上的书目数据，其作用是使图书本身和它的目录编目资料能同时供图书馆、情报部门、书目工作人员和图书发行部门等在进行标准化著录时使用。目前由中国版本图书馆负责具体组织和实施图书在版编目工作。

```
图书在版编目(CIP)数据

人类文字浅说/周有光著. —北京：人民文学出版社，2009
 （周有光语文丛谈）
 ISBN  978-7-02-006975-0

 Ⅰ．人…  Ⅱ．周…  Ⅲ．汉字学  Ⅳ．H02
 中国版本图书馆 CIP 数据核字(2009)第 018367 号
```

图 5-2 图书在版编目（CIP）数据

CIP 数据由四部分组成，依次为：CIP 数据标题、著录数据、检索数据、其他注记，各部分之间空一行。第一部分是图书在版编目标题，即标明"图书在版编目（CIP）数据"的标准黑体字样。第二部分是著录数据，包括书名与著作责任者项、版本项、出版项、丛书项、附注项、标准书号项。第三部分是检索数据，包括书名检索点、作者检索点、主题词、分类号，各类检索点用罗马数字加下圆点排序，书名、作者检索点采用简略著录法，即仅著录书名、作者姓名的首字，其后用"…"表示。第四部分是其他注记，内容依据在版编目工作需要而定。

CIP 数据核字号由 10 位阿拉伯数字组成（2000 年以前是 9 位数字），包括两部分：前 4 位数字为该数据被核准的年份，后 6 位数字为该数据被核准的流水记录号。CIP 数据核字号是该图书所申请的 CIP 对应数据，一部书一个核字号，并对应一个标准书号，可以根据核字号在新闻出版署的数据库中查询书号及图书的备案信息。

二、中国标准书号

新中国建立后，文化部颁发并实施《全国图书统一编号方案（1956）》，规定使用"全国统一书号"作为图书出版物的标识。该方案实施 30 余年，在图书出版发行管理中发挥了十分重要的作用。全国统一书号由图书分类号、出版社号和序号三部份组成，如：人民美术出版社出版的第 10 种艺术类挂历，图书分类号为"8"，出版者号为"102"，序号为"10"，统一书号为 8102·10。

1982年中国加入ISBN系统，随后制定了国家标准《中国标准书号》(GB/T 5795—1986)，1987年1月1日实施，至1988年1月1日完全取代原用的统一书号。该标准规定图书出版物采用中国标准书号作为标识，由国际标准书号(ISBN)和图书分类/种次号两部分组成，其中国际标准书号(ISBN)是中国标准书号的主体，可以独立使用。2002年，修订后的《中国标准书号》(GB/T 5795—2002)删除图书分类/种次号部分，中国标准书号等同采用国际标准书号(ISBN)结构。至此，中国完全与国际接轨，使用ISBN作为中国图书出版物标识，中国标准书号是国际标准书号系统的组成部分。

国际标准书号(ISBN, International Standard Book Number)，是国际出版业和图书贸易通用的标识编码系统，一个ISBN唯一标识一部专题出版物。根据ISBN可获知图书的语种区、出版社、流水号等信息，出版社可以通过ISBN清晰地辨认所有非连续性出版物。ISBN的使用，有助于出版业对图书出版、发行、经销、统计等的管理，便于出版物的国际交流；同时也有利于图书馆等图书收藏单位对图书的采购、征集、编目及流通。图书的ISBN一般可以在图书的版权页和封底找到。

2005年之前，ISBN由10位数字组成，分四个部分：组区号(国家、地区、语言的代号)、出版者号、书序号和检验码。2004年，国际ISBN中心出版了《13位国际标准书号指南》，增加图书类商品标识前缀码"978"三位数字，形成符合EAN-UCC标准化系统的13位国际商品编码。过渡期间内(2005—2007年)，出版社完成10位ISBN到13位ISBN的升级。2007年1月1日起，全世界所有ISBN代理机构只发布13位的ISBN。在此背景下，我国颁布修订后的国家标准《中国标准书号》(GB/T 5795—2006)，与国际同轨升级"ISBN-10"至"ISBN-13"，2007年1月1日起实施。

"ISBN-13"号码组成顺序为：EAN.UCC前缀、组区号、出版者号、出版序号、校验码，数字间用半字线隔开。(如图5-3)

图5-3 ISBN-13示例

EAN.UCC前缀：由三位数字组成，是国际物品编码协会分配的产品标识编码。图书的编码为978和979，我国目前使用978，等978系列号码用尽后开始启用979。

组区号：代表一个语言或地理区域，国家或集团的代码，由国际标准书号中心分配。取值范围为：0-7，80-94，950-995，9960-9989，99900-99999，共199个，按出版量越大，组号越短的原则分配。国际ISBN中心分配我国大陆为7，香港地区为962，台湾地区为957。

出版者号：由各国家或地区的国际标准书号分配中心，分给各个出版社。

出版序号：一部图书一个号码，由出版社自行分配。在我国，出版者号和出版序号一共为8位数字。

校验号：一位数字，从 0 到 9。采用模数 10 的加权算法对前 12 位数字计算后得出。

5.1.2 图书目录

图书目录，简称"书目"，是以图书为收录对象和范围的目录。书目是一种揭示与报道图书文献的工具，通常以一个完整的出版或收藏单位（如文献的种或册）为基本的著录对象，著录项目包括书名、作者、出版者、出版年、价格、页码、内容等，按一定的次序（题名、著者、分类或主题等）组织排列。

书目是出版社与读者之间有关图书出版信息传递和反馈的有效工具，也是出版者、作者、读者选购和评论图书、加强联系、相互沟通的有效途径。书目类型多样，小者列出几本书，大者包罗万象，简单者只列出一批图书的书名，详细者编辑出各书的内容提要、作者介绍等。按其所报道图书的出版时间分，有回溯书目、新书目、预告书目等；按其编制目的和社会功能来分，常见的书目有国家书目、馆藏书目、书业（商）书目、专题书目等。

检索图书资源，离不开书目。一般而言，利用书目了解图书信息的渠道包括：① 利用现行的国家书目和书商书目，了解已出版或最新出版的图书；② 利用媒体上的新书报道或新书讯、征订广告，了解最新出版动态；③ 通过专科索引和文摘了解有关图书；④ 利用书评和提要目录选择优秀图书；⑤ 利用百科条目、权威论著中的"参考书目"、"阅读书目"和引文注释等获得有关图书信息；⑥ 利用征订目录或销售目录购买所需书刊；⑦ 利用馆藏目录获得馆藏信息及其排架号，获得图书；……

5.2 一般图书资源检索

图书资源检索是运用各种载体形态的信息检索工具，按照一定的方法、步骤，利用各种检索途径，根据各类图书的内外部信息特征，如书名、作者、出版社、ISBN、语种、关键词、摘要、分类等，查找所需图书相关信息和全文的过程。

按照检索与获取到的图书载体形态，可分为纸质图书检索和电子图书检索。

纸质图书可以在检索图书出版信息和收藏信息的基础上获取，有购买和借阅两种获取途径。购买在版图书可通过正规的在线上书店或线下书店购买，老旧图书则可以去一些旧书或二手书市场淘宝。借阅图书一般通过图书馆系统实现，检索确定图书收藏单位后，向其提交借阅、复印等请求，获取图书资源。

电子图书的检索与获取，包括两个步骤：① 通过搜索引擎、数字图书馆或数字阅读平台获取电子图书的线索信息和全文信息；② 安装阅读软件、获得阅读权限。

5.2.1 图书出版信息检索

查询图书出版信息，主要利用国家书目和书业书目，在此基础上可利用一些专题书目、新书报道、书评、阅读推荐书目等，了解出版动态。

一、国家书目

国家书目是全面、系统地揭示与报道一个国家在一个时期内出版的所有文献的总目，具有较好的权威性和系统性。

　　国家书目的编制和管理,通常由统一的中心来担任,如由国家图书馆或专门建立的国家书目机构负责,这些机构配置有足够的资金、设备和人力,其工作着眼于全国范围的整个书目事业,实行书目著录和组织标准化。世界上编制国家书目的体制大体有三种:① 以呈缴本为基础编制国家书目;② 依靠国家版权法的版权登记编制国家书目;③ 根据书商、出版商赠送的图书或根据馆藏来编制国家书目。由于政治、地域等原因,国家书目在收录内容和范围方面不尽一致,可按领土原则、语言原则或两者兼顾的混合原则编制,许多国家书目不仅包括本国境内某个时期出版发行的图书,还包括其他国家出版的与这个国家有关的图书资料。

　　新中国成立后,国家十分重视出版物的统计、登记工作,由中国版本图书馆(时称文化部出版事业管理局图书馆)和国家图书馆(时称北京图书馆)负责全面接收国内出版物的样本缴送。因此,我国的国家书目主要是指由中国版本图书馆负责的《全国总书目》(年累积本)、《全国新书目》(月刊)和国家图书馆负责的《中国国家书目》(月速报本和年累积本)。

　　1.《全国总书目》和《全国新书目》

　　《全国总书目》是年鉴性质的综合性、系列性图书目录,收录自1949年以来全国当年出版并只限国内发行的各种文字的初版和改版图书。解放初期,由新华书店总店编刊室负责编纂,主要收录新华书店发行和经销的图书,同时选录部分私营书店图书。其印刷本由中华书局出版,为适应网络化时代新形势,2001—2003年卷随印刷本配送光盘版,自2004年起取消印刷版,提供经过技术改进后的单机版光盘信息检索系统。该书目数据检索光盘,收录当年图书书目数据十多万余条,每条书目数据包含书名、著者、出版者、关键词、主题词、分类号、ISBN号、内容提要等,可为用户查找已出版图书,也可为图书馆、出版社及文献收藏单位的图书分类、编目、建立书目数据库提供服务。

　　《全国新书目》创刊于1951年,由国家新闻出版署主管、中国版本图书馆主办,是我国公开发行的大型书目信息刊物。《全国新书目》杂志包含两部分内容:一是新书的基本信息和书评、书摘,可以帮读者快速获取一部书的精华信息;二是刊登有全国出版单位最新图书在版编目(CIP)数据,可以帮读者查找相关书籍的作者、出版社、定价等信息。杂志设有版本收藏、特别报道、深度对话、资讯、专题、编辑手记、书人书话、精选书单、作者解读等栏目,内容覆盖广泛,重点推荐当下新书,全面展示出版行业现状及文化成就,每期发布图书在版编目数据5 000条以上,是国内最全的书目信息渠道。互联网用户可以注册登录全国新书目网站(https://cnpub.com.cn)进行书目数据的检索。

　　负责编撰《全国总书目》和《全国新书目》的中国版本图书馆是我国主管出版物征集、典藏、管理的机构,负责版本文化资源的整理、发掘、抢救和保护工作,并承担出版物书号发放、条码制作、在版编目审核、版本征集催缴等管理职能。2018年,中国版本图书馆转隶中央宣传部,副牌更名为"国家版本数据中心",是我国唯一的国家级出版物数据生产服务机构,具有版本管理的完整数据链,面向政府部门、图书馆、出版发行机构、科研机构、数据服务商、社会公众等多方用户提供全方位多样化的数据服务。依托《全国总书目》和《全国新书目》的数据资源,"国家版本数据中心"建设了行业权威、业界独有的五大核心数据库群:书号实名申领数据(ISBN数据)、图书在版编目数据(CIP数据)、馆藏出版物样本数据(馆藏数据)、出社年检数据和网络文学作品标识数据。

通过国家新闻出版署网站进入"国家版本数据中心"查询图书出版信息的方法如下：

第一步　进入国家新闻出版署网站主页(https://www.nppa.gov.cn)。

第二步　单击页面任务导航栏里"办事服务"下的"从业机构和产品查询"。

第三步　在进入到"从业机构和产品查询"的页面后,找到"出版物信息查询"这一选项,单击即可。

第四步　单击"出版物信息查询"(也可以直接在网页地址栏输入网址 https://pdc.capub.cn),进入"国家版本数据中心"(如图5-4),搜索栏左侧可选择检索范围,如：图书、音像电子、连环画。如果是查询图书 CIP 数据,直接选择"图书",之后在搜索栏填入 CIP 数据核字号,或 ISBN、书名、作者、出版社等任意关键词。

第五步　在搜索栏填入关键词,单击搜索,即可出现要查询的图书。

经过以上查询,进入到图书信息页面,里面会显示出要查询的图书的全部信息,例如,CIP 数据核字号、ISBN、正书名、丛书名、出版单位、出版地、作者、印次、分册名、副书名及说明文字、定价、开本或尺寸、中图法分类、内容摘要等。

图5-4　国家版本数据中心首页

2.《中国国家书目》

《中国国家书目》以国家图书馆馆藏为基础,以国家呈缴本制度为保障,采取"领土—语言"原则,目前的收录范围是汉语普通图书、连续出版物、地图、乐谱、技术标准、非书资料、少数民族文字图书、盲文读物,以及中国出版的外国语言图书等。1985年起,《中国国家书目》先以手工方式编印年累积本,自1990年开始以计算机为手段编制每月两期的速报本,向国内外提供卡片、书本、磁盘、磁带、光盘等多种形式的书目检索工具。2012年,国家图书馆着手建设中国国家书目门户,通过互联网进行发布。

用户可以通过中国国家书目门户(http://cnbs.nlc.cn)查询图书信息。

二、书业书目

书业书目是指出版发行部门或书商为图书推广、征订与销售而编制的书目。由于书业市场竞争的驱动,书业书目的综合服务水平日益提高,不仅书目内容全面详尽,且出版周期短、更新快、及时性强。

1.《新华书目报》

《新华书目报》创刊于1964年,是中国出版集团主管、新华书店总店主办的中央级专业图书出版信息类报纸,是全国唯一一份出版行业信息工具报,它收录的图书品种丰富、介绍详细,以新书为主,具有书目征订的作用,属于预告书目,可以用来查找即将出版的新书信息。2000年以来,《新华书目报》在原有工具报的基础上,结合细分市场,逐步衍生出《图书馆专刊》《新华书店协会专刊》《教材导刊》三份特色专版报道。2010年1月1日起改为周报。《新华书目报》旗下包括《社科新书目》《科技新书目》和《图书馆报》三大子报,其主要内容都是新出版的图书介绍。以《新华书目报》为主,辅以各地主办的书目报,如《上海新书目》《江苏新书目》等,我们便可以全面了解各个地区的图书出版情况。

2. 境外图书书目

在国内获取境外图书出版信息可利用《中国进口图书文献目录》和《国外科技新书评介》。中国图书进出口(集团)总公司图书文献事业部出版的《中国进口图书文献目录》每月出版1期,分为6个分册:社政法军分册、经济管理分册、文教史地分册、自然科学与高新技术分册、生医农类分册和港台中文分册。《国外科技新书评介》(月刊)于1986年创刊,是中国科学院图书馆出版发行的介绍推荐国外最新科技类图书的刊物,也是我国目前唯一评介国外科技新书的报道性刊物,已成为国内外科技界、图书情报界联系与合作的纽带之一,它不仅有助于科技界的学术交流,而且有助于图书情报部门的藏书建设,同时也是一种很好的二次文献。

中国图书进出口(集团)有限公司的中图海外图书采选系统(https://www.cnpbook.com)也是了解境外图书出版信息的重要渠道,该系统由中国图书进出口(集团)总公司开发,是一个集资源、营销、服务与技术为一体的创新型电子商务平台,是国内最大的海外出版信息资源库,主要内容包括:海外书目数据库建设、书目信息发布、专家选书、采访管理、客户中心、协调采购、共享编目等。

除此以外,可直接查阅国外的国家书目和在版商业书目获得境外图书出版信息,如《美国在版书目》(BIP)、《美国在版图书主题指南》(Subject Guide to Books in Print)、《英国在版书目》(BBIP)、《英国国家书目》(BNB)等。

3. 出版社(商)目录

出版社(商)会定期发布本机构的全品种书目、累积书目、新书书目、主题书目、年度评选书目等。关注国内外各领域的知名出版社的相关书目,可以帮助读者及时、准确地了解出版动态,发现好书。

英美知名的图书出版商有兰登书屋、西蒙与舒斯特公司、麦克米兰出版公司、英国培生集团、哈伯·柯林斯出版集团、企鹅出版集团等。我国的出版社和图书公司中,文史社科古籍类的知名出版社有中华书局、商务印书馆、三联书店、中国社会科学文献出版社、上海古籍出版社、广西师范大学出版社等;文学类知名出版社有人民文学出版社、作家出版社、新经典文化、译林出版社、新星出版社等;经济管理类知名出版社有中信出版社、机械工业出版社、人民邮电出版社等；科技科普生活类知名出版社有科学出版社、机械工业出版社、清华大学出版社、电子工业出版社等。

中华书局的官网（http://www.zhbc.com.cn）设有"图书总目"导航，可通过书名、ISBN、作者等途径检索图书信息，也可以在其下载专区下载中华书局全品种书目、年度书目、主题订货书目等。读者还可通过分类导航、热门图书推荐等方式找到自己想要的图书，对于每部图书，除了介绍图书的书名、作者、书号、定价等基本信息外，还附有图书的内容简介、目录、丛书介绍、相关图片及视频内容信息，提供图书购买链接。

商务印书馆的官网（https://www.cp.com.cn）可查询下载《商务印书馆全品种书目》《商务印书馆版权书目》《人文社科好书评选书目》《汉译世界文学名著丛书书目》等高质量图书目录。中国大百科全书出版社（http://www.ecph.com.cn）的"产品中心"栏目，可下载近几年中国大百科全书出版社书目。科学出版社网站（http://www.sciencep.com）提供快速书目查询、书目浏览、每日新书浏览等功能。高等教育出版社网站首页（http://www.hep.edu.cn）提供各教材目录下载、教师培训用书目录下载。

4．网上书店目录

网上书店是为互联网用户提供找书、购书、读书服务的商业平台，同时也是了解图书出版动态的便捷窗口。通过网上书店的内置搜索功能，可以获得图文并茂的图书信息，甚至可以获得部分章节免费试读的权限，了解更加全面、具体。除了天猫、京东等综合电商旗下的图书频道外，不少专注于图书品类的垂直电商网上书店也值得关注：

（1）新华书店网上商城（https://www.xhsd.com）通过互联网链接全国新华书店12 000家实体门店、全国出版机构和各地大中型图书馆，整合全国新华书店优势渠道资源，以实体书店作为网上商城发展的基础，以网上商城延伸实体书店的发展空间，推动线上线下融合互通。读者可以在网上商城搜索浏览相关图书，该网站的书目数据规范、详细、准确，还可在商品详情页面查看相应图书的编辑推荐、内容推荐、目录和章节试读内容。

（2）博库网（http://www.bookuu.com）由博库网络有限公司独立运营的文化知识平台，是浙江省新华书店集团有限公司投资设立的全资下属子公司，2006年其网上书店正式运行，有在线翻阅频道。

（3）中图网（http://www.bookschina.com）由北京英典电子商务有限责任公司于1998年创建，有中文图书、外文原版书，可按分类、书名、作者、出版社、出版日期检索图书。

（4）当当网上书店（http://book.dangdang.com）由北京当当网信息技术有限公司创建，于1999年11月正式开通，是我国第一家中文网上书店。目前，当当网图书主要有3种方式获得阅读权限：其一，提供纸本图书的选购，即用户可以在当当网平台下单、购买所需印刷本图书；其二，平台推出了"当当云阅读"（http://e.dangdang.com），支持用户下载当当阅读器，用户开通当当云阅读租阅卡功能，实现云阅读功能；其三，用户可以抢购"电子书"，获得电子书阅读权限。

（5）文轩网（http://www.winxuan.com）是四川文轩在线电子商务有限公司旗下传统出版物的电子商务平台。文轩在线是新华文轩出版传媒股份有限公司的控股子公司。新华文轩是我国第一家按照上市公司标准组建的股份制出版发行企业。文轩网常备图书80余万种，包括小说、文学、经济、管理、少儿等十余种图书类别。

(6) China-pub 网上书店(http://www.china-pub.com)又名互动出版网,隶属于北京奥维博世图书发行有限公司。该网站的高级检索界面支持图书类别设置,提供书名、著译者、出版社、ISBN、新书、二手书、教材、试读章节、定价、售价、折扣区间、出版日期、检索结果排序方式等限定。

5.2.2 图书收藏信息检索

查询图书收藏信息,主要指的是图书馆藏书信息的查询。早期通过图书馆目录卡片查询,后采用"联机公共目录查询系统"(OPAC,Online Public Access Catalogue)。目前,图书馆建立的 OPAC 有两种:单一馆藏目录查询系统和多馆联合目录查询系统。通过查询馆藏书目,读者可以提前了解图书在图书馆的收藏情况。检索馆藏目录,应首先考虑本校或本地图书馆,若本地缺藏,则考虑收藏丰富的大型图书馆或利用多馆联合目录查询系统确定图书收藏单位后,通过馆际互借或文献传递服务系统获得图书资源。

一、单一馆藏目录查询系统

单一馆藏目录查询系统,仅限于查找某一个具体图书馆馆藏的书目信息。目前,国内外绝大多数图书馆都向公众免费提供馆藏书目查询系统,查询入口一般会放在图书馆官方网站。国内大部分图书馆还会在微信公众号、移动图书馆 APP 中提供馆藏书目信息的查询入口。馆藏书目的查询入口,不同的图书馆,具体名称可能存在差异,具体名称可能是:馆藏目录、书目查询、馆藏查询等。因各图书馆的图书集成管理系统不同,OPAC 检索界面和功能设置也略有差异,但操作方法大同小异。本书以国家图书馆和美国国会图书馆为例,介绍馆藏目录查询系统的功能和使用方法。

1. 中国国家图书馆馆藏目录查询

中国国家图书馆(以下简称"国图")首页(http://www.nlc.cn)的检索框默认检索范围"文津搜索","文津搜索"是国图的资源发现系统,整合了国家图书馆自建数据和部分已购买了服务的各类数字资源,其中也包括馆藏图书的书目数据。读者也可以切换为"馆藏目录"后进行检索,或单击页面右侧的"馆藏目录检索"(如图 5-5),进入其联机公共目录查询系统(OPAC)界面进行书目检索,系统提供基本检索、多字段检索、多库检索、组合检索、通用命令语言检索、分类浏览等多种查询方式。

如想要查询《瓦尔登湖》(亨利·戴维·梭罗著)在中国国家图书馆的馆藏信息,可以直接在 OPAC 的基本检索框中输入"瓦尔登湖"作为检索词,字段限定为"正题名",可获得 329 条馆藏图书信息记录(如图 5-6)。检索记录可按年份、著者、题名、相关度排序。显示格式有简洁视图、详细格式、题名著者等多种选择。检索结果界面提供主题词、分类、年份、作者等统计,可供优化检索结果。

若一次检索返回条目太多,可单击"整合集合"按钮下的"二次检索",进行二次检索,或通过高级检索选项切换至多字段检索、多库检索、组合检索、通用命令语言检索界面,对字段、数据库以及语言、年份、资料类型等进行限定,进行复杂检索。

第 5 章 图书资源检索　　109

图 5-5　中国国家图书馆首页

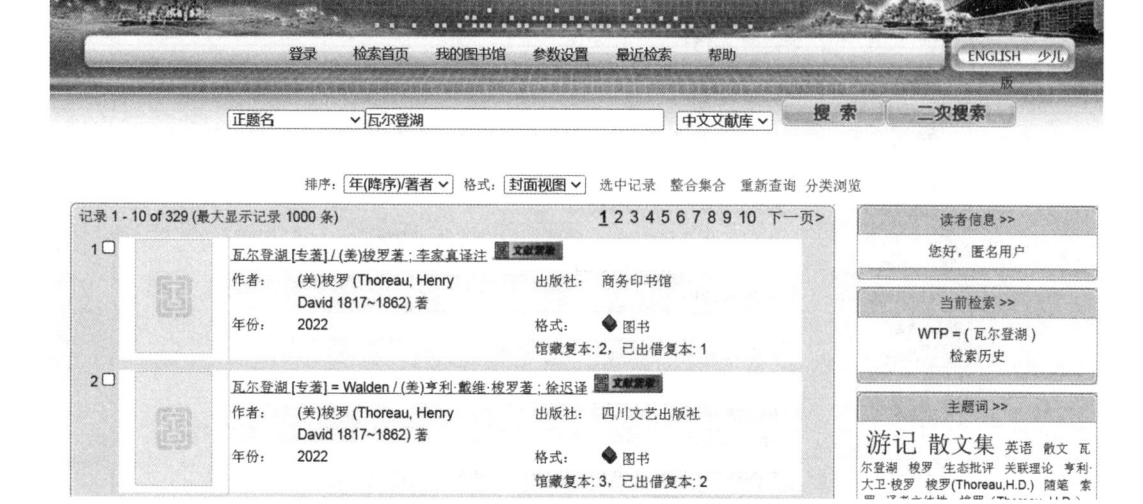

图 5-6　国图 OPAC 基本检索结果列表界面

如想要查询人民文学出版社的《瓦尔登湖》,可使用"多字段检索",将出版者限定为"人民文学出版社",并将语言限定为"中文",资料类型限定为"图书"(如图 5-7),可获得十多条馆藏图书信息,大大缩短了浏览和筛选时间。

通用命令语言检索适用于比较复杂的检索要求,在输入检索式时要注意参照使用提示,输入正确的字段代码:WRD—任意字段,WTI—题名字段,WAU—作者字段,WSU—主题

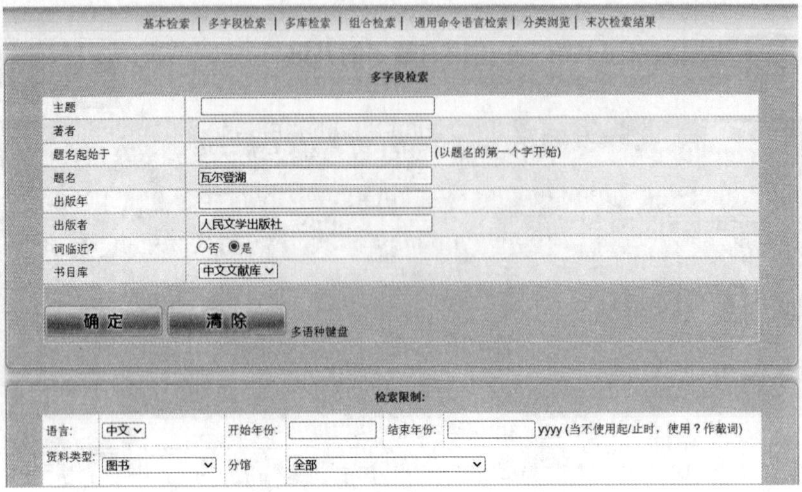

图 5-7 国图 OPAC 多字段检索界面

字段，WPU—出版者字段，WYR—出版年字段。

检索结果列表界面单击某条记录的序号或题名，即打开某一条记录，出现图书主要信息和文献索取链接。图书主要信息的显示格式包括标准格式、卡片格式、引文格式、字段名格式和 MARC 格式，其中，标准格式(如图 5-8)下，可以查看图书的题名与责任、出版项、载体形态项、语言、内容提要、主题、中图分类号、著者、附加款目和馆藏信息等。单击任一馆藏链接点即可查阅详细的馆藏信息。

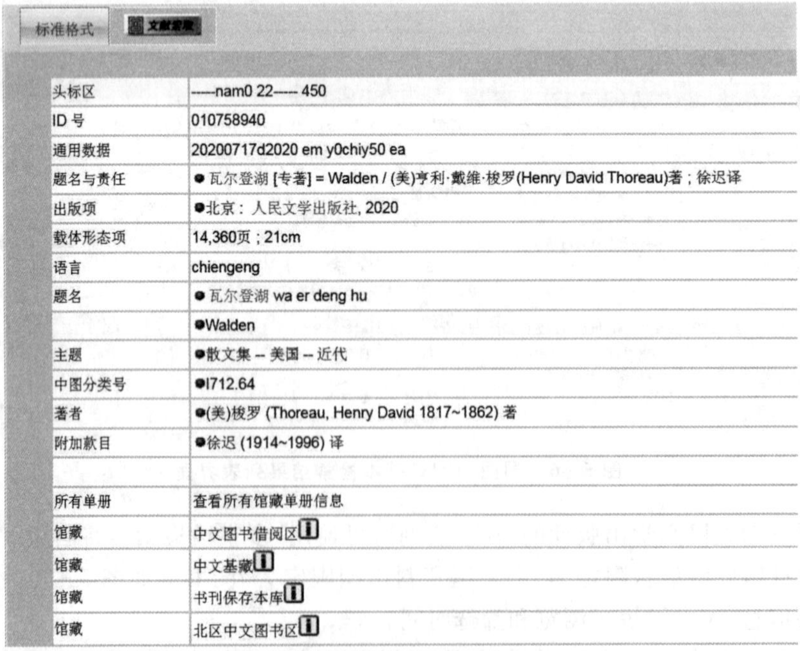
标准格式 文献索取

头标区	-----nam0 22----- 450
ID 号	010758940
通用数据	20200717d2020 em y0chiy50 ea
题名与责任	● 瓦尔登湖 [专著] = Walden / (美)亨利·戴维·梭罗(Henry David Thoreau)著；徐迟译
出版项	●北京：人民文学出版社, 2020
载体形态项	14,360页；21cm
语言	chiengeng
题名	● 瓦尔登湖 wa er deng hu
	●Walden
主题	●散文集 -- 美国 -- 近代
中图分类号	●I712.64
著者	●(美)梭罗 (Thoreau, Henry David 1817~1862) 著
附加款目	●徐迟 (1914~1996) 译
所有单册	查看所有馆藏单册信息
馆藏	中文图书借阅区
馆藏	中文基藏
馆藏	书刊保存本库
馆藏	北区中文图书区

图 5-8 国图 OPAC 标准格式馆藏信息界面

2. 美国国会图书馆馆藏目录查询

美国国会图书馆(Library of Congress)的馆藏目录查询系统提供一站式查询服务。如想要查询《瓦尔登湖》在美国国会图书馆的馆藏信息,可在图书馆网站首页(https://www.loc.gov)选择馆藏查询入口"Library Catalog",在搜索框中输入《瓦尔登湖》的英文名称"Walden"实现快速检索。由于该图书版本较多,可以在"SEARCH OPTIONS"中选择"Advanced Search",补充作者、出版者信息,或添加 Type of Material、Language 等限制条件(如图 5-9),然后单击"Search"按钮查看图书的索书号、馆藏地等信息(如图 5-10)。

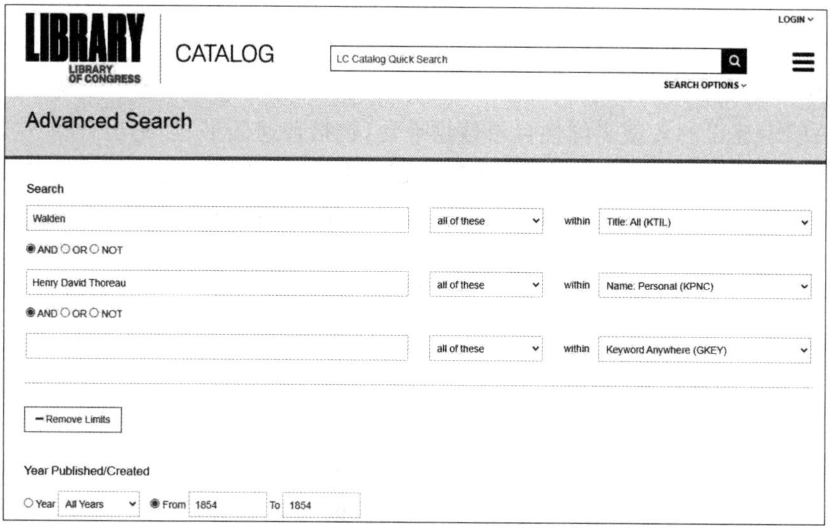

图 5-9 美国国会图书馆检索界面

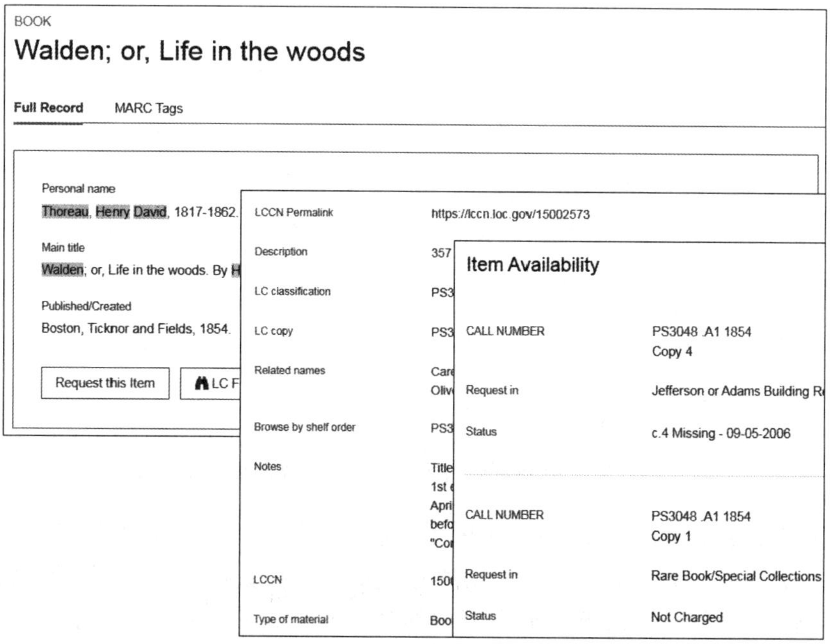

图 5-10 美国国会图书馆馆藏信息界面

二、多馆联合目录查询系统

联合目录反映了文献资源在某区域范围内各图书馆中的收藏情况,目的是为馆际互借、资源共享提供书目工具。

通过联合目录查询系统,读者可以获得图书的题名、馆藏地、借阅情况等信息,通过馆际互借和文献传递等服务获取图书资源。联合目录有世界级联合目录,如全球图书馆联合目录(WorldCat);全国性联合目录,如CALIS联合目录;地区联合目录,如长三角(高校图书馆联盟)联合目录。本书择部分予以介绍。

1. CALIS联合目录公共检索系统

CALIS联合目录公共检索系统((http://opac.calis.edu.cn))是中国高等教育文献保障系统(CALIS)建设的大型全国性目录数据平台,包括普通图书、连续出版物、中文古籍、地图、乐谱、电子资源和视频资源。联合书目数据库收录书目数据已超过800万条,可查询1 200多家成员单位的馆藏信息,书目内容囊括教育部普通高校全部71个二级学科、226个三级学科(占全部249个三级学科的90%以上),数据标准和检索标准与国际标准兼容。

该系统有三种检索方式:简单检索、高级检索、古籍四部类目浏览。简单检索默认为"全面检索",可选择题名、责任者、主题、分类号、ISBN等检索项。高级检索提供多种检索条件、匹配方式和限制性条件,提供所有的检索点。系统提供了题名、责任者、主题、ISBN等17个检索字段,可进行三个检索条件的复合检索,各检索条件之间的组配关系包括"与""或""非",并可对资料类型、语言和出版时间等加以限定。古籍四部类目浏览依据中文古籍《四部类目表》的类目浏览古籍书目数据,对需要借阅的记录单击"馆藏信息",查看有无馆藏,如有馆藏,可直接到本地系统借阅馆藏,如无馆藏,可在馆藏页面单击"发送 E-mail",请求馆际互借。

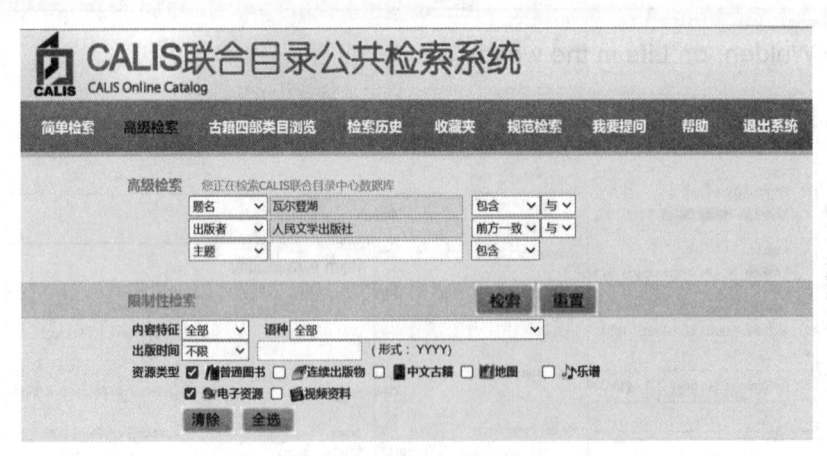

图 5-11 CALIS联合目录公共检索系统高级检索界面

如在其高级检索界面(如图5-11)查询人民文学出版社的《瓦尔登湖》图书资源信息,可得到相关检索结果列表(如图5-12)。页面左侧提供按数据库、责任者、资源类型、丛编题名、统一题名、学科分类、出版日期、语种等统计数据和精炼优化功能。用户可以保存检索式并通过"检索历史"按钮,查看已保存的检索表达式和检索结果数。单击某条记录的题名链接,即该记录的详细题录信息(如图 5-13)。点击记录列表中"馆藏"字段的"Y",或详细题录信息页面中的"馆藏信息"链接,即可查看该图书的收藏图书馆列表和获得方式(如图 5-14)。

图 5-12 CALIS 联合目录公共检索系统检索结果列表

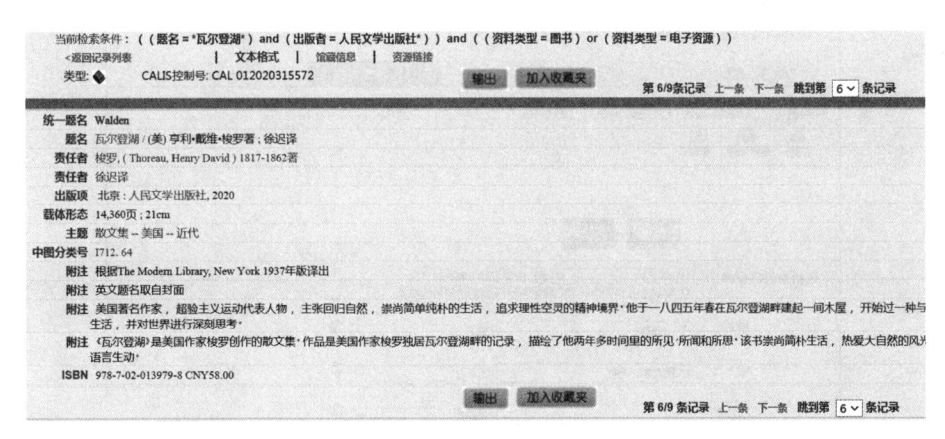

图 5-13 CALIS 联合目录公共检索系统详细题录信息

图 5-14 CALIS 联合目录公共检索系统馆藏信息列表

2. 全球图书馆联合目录(OCLC FirstSearch WorldCat)

　　WorldCat 由联机计算机图书馆中心(Online Computer Library Center，OCLC)开发维护。WorldCat 是全世界最具综合性的图书馆馆藏信息数据库，来自全球近两万家成员图书馆通过 WorldCat 一同贡献、增强和共享书目数据。WorldCat 从 1971 年建库至今，共收录 480 多种语言近 28 亿条馆藏记录、4.7 亿条独一无二的书目记录，每个记录均附有馆藏信息，基本反映了从公元前 1 000 多年至今世界范围内的图书馆所拥有的图书和其他资料，代表了四千年来人类知识的结晶。

　　WorldCat 是 OCLC 开发的 FirstSearch 基本数据库之一，系统提供基本检索、高级检索和专家检索三种检索方式，可实现检索字段和限制条件的组合。如使用高级检索查询人民文学出版社的《瓦尔登湖》图书资源信息(如图 5-15)，可得到相关检索结果列表，选择合适的记录条目便可以查看详细的书目信息和馆藏信息(如图 5-16)。

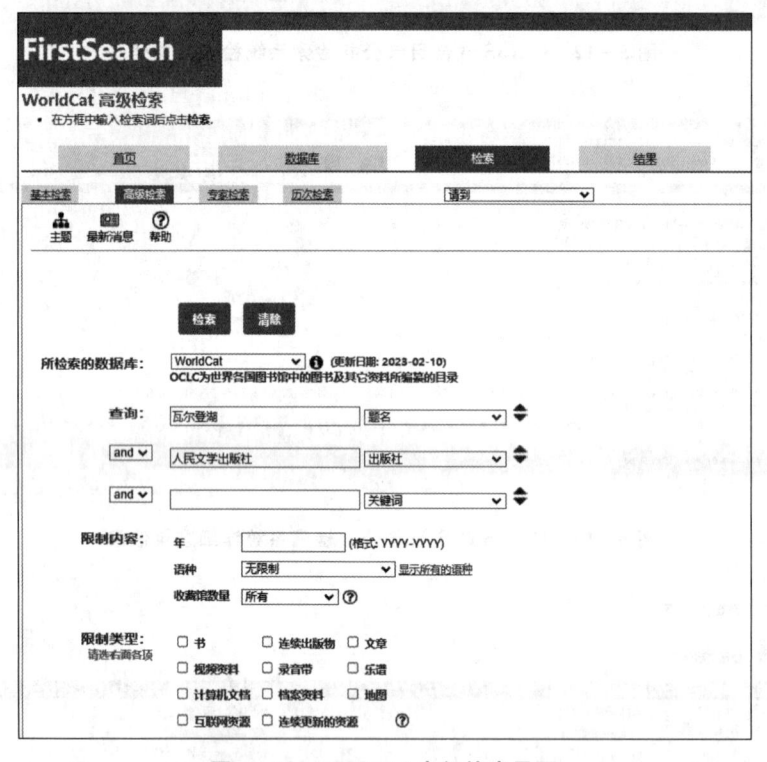

图 5-15　WorldCat 高级检索界面

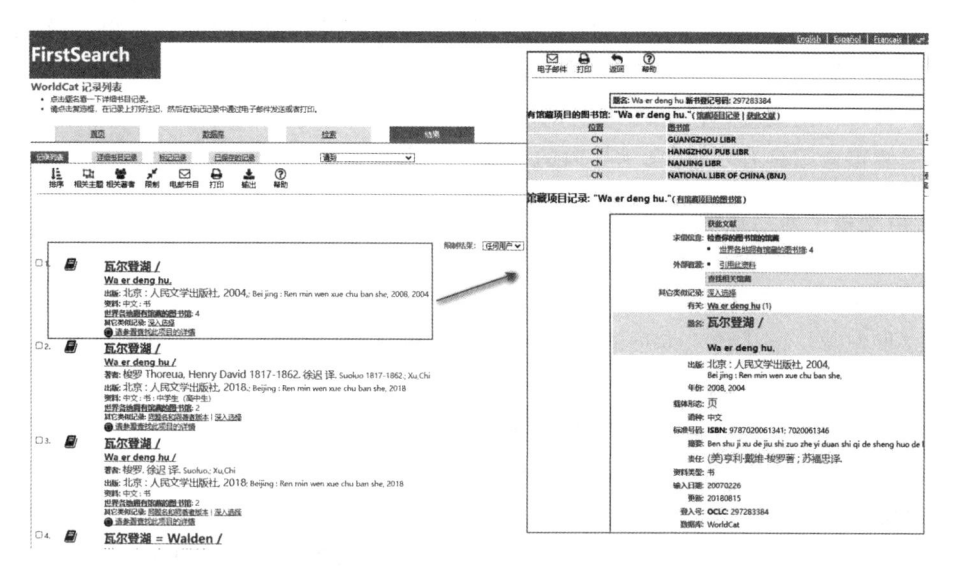

图 5-16　WorldCat 记录列表与详细馆藏信息页面

5.2.3　电子图书检索与获取

电子图书,也叫电子书、数字图书,是以数字形式制作、出版、存取和使用的图书。一般以磁光电载体或半导体为存储载体,并借助一定的阅读软件和设备读取。读屏时代,电子图书轻便海量的良好移动式体验受到广大年轻读者的喜爱,电子图书产业规模不断壮大,发展前景广阔。

电子图书所面向的数字阅读主要涉及三个要素——内容、终端和付费模式。电子图书的内容指的是供人们阅读的信息内容,一种是由传统出版物演变而来的电子出版物;另一种是原创网络作品,指作者以互联网为发表平台和传播媒介,在网上创作发表,供网民付费或免费阅读的文本作品。终端是电子图书的阅读载体,分硬件终端和软件终端,分别是指阅读设备和阅读软件,电子书一般不提供源文件,只提供在其本身开发的软硬件中阅读,有一些电子书被集成在特定硬件终端中,要购买相应的阅读设备才能阅读;有一些电子书则可以在电脑终端或手机移动终端上阅读,需要安装特定阅读软件。电子图书受知识产权保护,其作者和出版制作商理应获得报酬,其付费模式有:广告盈利模式、包年包月订阅模式、捆绑套餐模式、单本单章分销模式、打赏模式和版权增值模式等。

现有市场场景下,电子图书的商业运营模式主要有以下两种:

(1) B2B 图书馆馆配模式。电子图书运营商开发制作阅读器、电子书数据库(数字图书馆)等产品,由图书馆统一购买产品、资源和服务,读者从图书馆渠道免费获取阅读。超星、方正阿帕比、书生之家等企业已在该市场深耕多年,畅想之星、京东图书等企业也开始涉足。这些企业与出版社和作者合作,整合制作大型电子图书阅读平台,为图书馆数字资源建设中的电子图书做馆配服务。此类电子书平台的特点是版权清晰、资源全面、学科导向。

(2) B2C 个人阅读模式。电子图书运营商开发制作阅读器、阅读平台,直接面向读者销售。此模式下,一类企业以出售电子书阅读器/设备为主导,捆绑销售电子书,如亚马逊 Kindle、科大讯飞智能本、掌阅 IReader 智能阅读本、文石 BOOX、小米多看电纸书墨水屏、汉王手写电纸本等；另一类是建设阅读平台或社区，以出售电子书阅读权限为主导，如微信读书、京东读书、当当云阅读、百度阅读、起点读书、七猫小说等。此类电子书平台主要是满足人们的日常休闲阅读，有较多的文学作品。

本书侧重介绍具有学科、学术导向的专业电子书数据库。

一、中文电子图书数据库

1. 超星汇雅电子书

北京世纪超星信息技术发展有限责任公司是较早开发建设中文在线数字图书馆的企业，目前开发的超星数字图书馆系列产品包括超星汇雅电子书、读秀学术搜索、百链云图书馆、超星发现系统、超星移动图书馆、超星学习通等。

超星汇雅电子书（http://www.sslibrary.com）收录百万电子图书全文，图书涵盖各学科领域，为高校、科研机构的教学和工作提供了大量重要的参考资料。超星公司旗下读秀学术搜索、超星学习通等产品中所涉及的图书搜索或电子图书阅读模块均是基于超星汇雅电子书数据库，如在读秀中搜索到的图书，点击"本馆电子全文"即可链接到超星汇雅电子图书全文。

超星汇雅电子书数据库一般由图书馆购买，图书馆用户可在指定的网络IP范围内直接被识别登录。用户也可以使用超星学习通或移动图书馆账号密码登录，若用户绑定的单位为开通汇雅电子书的单位，用户可在单位IP段外直接访问电子书。

该库提供普通检索、高级检索、分类检索三种图书检索方式。

普通检索在首页，在搜索框直接输入检索词，可进行书名检索，在二级页面可切换检索类别，将检索词限定到书名、作者、目录或全文中检索，点击搜索即可在海量的图书数据资源中查找图书；高级检索在二级页面，点击"高级检索"，检索字段有书名、作者、主题词、中图分类号，实现较为精准的定位；分类检索则是需要点击分类名，系统跳转列表，逐级对图书进行浏览。如在首页直接检索"瓦尔登湖"，系统显示相关图书列表（如图5-17）。该库图书资源提供图书资源在线阅读，支持部分图书使用超星阅读器下载阅读。

图5-17 超星汇雅电子书检索结果列表

2. 中国社会科学文库(https://www.sklib.cn)

该库是中国社会科学出版社自主研发的哲学社会科学学术领域的专题电子书知识库(如图5-18),整合了中国社会科学出版社最新学术出版成果,包括中国社会科学院学部委员文集、学者文选、剑桥史系列、中国社会科学博士文库、博士后文库以及哲学社会科学各类著作、文丛、论丛、文集、发展报告、教材等内容,其中包含国家社科基金重点成果、后期资助项目、教育部人文社会科学重点成果、中国社会科学院创新工程项目成果2 000余种著作。目前收录2万余种电子图书、90万余条条目、180万余幅图表,内容覆盖马克思主义理论、哲学宗教、历史考古、文学艺术、人口社会、民族边疆、政治法律、经济管理、新闻传播等哲学社会科学重点学科。

该库中电子书全部按照章节实现了知识单元的条目化加工,从学科、主题、知识、关键词等维度进行了扩展标引,其内容可根据用户需求,按照不同分类、不同主题进行内容重组,进一步细分为马克思主义学术资源库、历史考古学术资源库、党政学术资源库、哲学宗教学术资源库、中社智库等10个子库。文库支持智能化知识检索,包括全文检索、高级检索、专业检索,资源类型按图书、条目、论文、图表、图片、观点、报告等方式检索,结果按中图分类、学科分类等多维度筛选。

图5-18 中国社会科学文库主页

3. 科学文库(https://book.sciencereading.cn)

该库是国内首创以自主知识产权高端科技学术专著为主要内容的全学科在线阅读平台(如图 5-19),收录科学出版社出版的电子图书和丛书,以 2000—2016 年度书为主体,最早回溯至 1951 年。收录内容几乎囊括科学出版社 60 余年来所有获奖作品、知名专家著作、重点丛书、各学科必备经典专著和教材等。内容涉及 15 个学科,覆盖自然科学、工程与技术科学、人文与社会科学、医药科学、农业科学五大门类的所有一级学科,按中图法和学科领域进行双重分类。总品种数为 56 700 余种,每年更新约 3 000 种,包括专著、教材、图集、报告、工具书、科普等,提供原版高清 PDF 格式,准确无误地保留专业文字、图形、符号、公式等。

该库支持关键字段检索和全文检索,高级检索可以将检索词限定至书名、作者、ISBN、简介、丛书、附注中实现更为精确的检索,可对检索结果根据学科、图书类型、出版时间进行二次筛选。全文权限经由 IP 控制,无并发用户数量限制,并已接入教育网联邦认证与资源共享基础设施(CARSI),方便高校用户校外访问。

图 5-19 科学文库检索界面

4. 畅想之星电子书平台(https://www.cxstar.com)

该平台由北京畅想之星信息技术有限公司研发，目前已经入驻的出版社文化公司达到 200 余家，电子书数量 10 万余种，品种涵盖中图分类法各个类别，以人文科学为主，自然科学为辅。读者可以在平台上通过分类导航浏览电子书的内容，也可以检索电子书（如图 5-20）。如果图书馆没有购买该平台的电子书，则读者只能试读和下载电子书的部分内容。读者可以推荐图书馆采购，一旦图书被图书馆购买，则可以阅读和下载图书的全文。电子书的在线试读和阅读不需要安装阅读器即可直接打开，读者也可安装 PC 端或移动客户端阅读器实现电子书的下载和离线阅读。所有的文件格式为文本格式，可实现全文检索，文字清晰，可实现多级放大或者缩小。

图 5-20　畅想之星电子书平台主页

5. 书生之家数字图书馆(http://www.shusheng.cn/ebook)

书生之家数字图书馆是由北京书生科技有限公司采用全息数字技术开发的综合性数字图书馆，于 2000 年 5 月正式开通。是一个基于互联网的中文书报刊开架交易平台，入网出版社有 500 多家，电子图书百万余册，大部分是全息电子图书，基本都是 2000 年之后的新书，涵盖了书生之家数字图书馆分类的 31 个类别或中图法的 22 个大类，图书内容涉及各学科领域，较侧重教材、教参与考试类、文学艺术类、经济金融与工商管理类图书。它收录的图书信息完整，采用中图法四级目录导航，可进行全文检索、分类检索、单项检索和组合检索，集成了图书、期刊、报纸、论文等，从载体上说囊括了印刷版、光盘版、网络版等各种载体的资源。下设中华图书网、中华期刊网、中华报纸网、中华资讯网等子网。资源内容分为书(篇)目、提要、全文三个层次。此外，书生之家高级检索系统还可实现在其他数字图书馆系统中检索自己所需要的资源，查询结果以超链接形式提供。

6. 方正中华数字书苑电子图书(http://www.apabi.com)

中华数字书苑是北京方正阿帕比技术有限公司推出的专业优质的中文数字内容整合服务平台。中华数字书苑的电子图书前身为方正 Apabi 电子书，包括电子图书库，以及教参全文数据库、企鹅外文电子书库等5种特色资源库,其特点是有很好的版权保护技术,所有图书均提供了原版原式的阅读方式,保留读者阅读纸书的习惯。中华数字书苑以数据库方式收录了建国以来大部分的图书全文资源、全国各级各类报纸及工具书、图片及微软资源库等特色资源产品。旨在为读者提供在线阅读、全文检索、离线借阅、移动阅读、下载、打印等数字内容和知识服务。平台支持PC端在线阅读、移动阅读、下载借阅等多种阅读方式,基于CEBX版式技术,版式、流式自由切换,使手机屏阅读和PC屏阅读一样舒适。单击每本图书信息下面的"在线阅读"链接或详细书目信息页面的"在线阅读"链接可进入网页阅读模式。中华数字书苑的图书全文采用CEB格式,阅读需要下载并安装专用阅读器——阿帕比阅读器(Apabi Reader)。

7. 清华"文泉学堂"电子书(https://lib-tsinghua.wqxuetang.com)

该库由清华大学出版社提供,以清华大学出版社联合多家大学出版社近10年的正版电子书资源为基础,聚合多媒体附件和特色课程内容资源,内嵌教师服务功能,专为高校师生定制专业知识内容资源。支持关键词检索、中图法分类号检索、精准检索和条件筛选等(例如书名、作者、书号、出版日期、中图分类、简介等),图书阅读页支持全文检索。已购买该资源的IP用户,可在进入图书详细页后,点击"附件"下载或在线使用该书配套的媒体资源(无需登录),此外,只需认证或注册,即可下载丰富的教材教参配套课件,同时,可申请教材纸质样书。

8. 近代教材数据库(http://jc.reasonlib.com)

该库是国内唯一一家专业提供我国近代教科书、参考书等教学专用书籍的数据库,收录了我国从晚清至民国时期的各类教育的全部教科书及教学参考书籍,是深入研究我国近代教育历史及发展的重要文献资源。数据库分为学前教育、初等教育、中等教育、高等教育、师范教育、职业教育等十二大类,优先收录学术价值高、保存完整及具有标志性和重要历史意义的教材。书刊检索字段包括书名、编者、关键词、国别/朝代、年代、公元纪年、出版地、出版者、出版机构、版本、内容简介等。

二、外文电子图书数据库

英美著名的学术出版商,如爱思唯尔(Elsevier)、施普林格•自然(Springer Nature)、约翰威利(Wiley)、泰勒弗朗西斯(Taylor & Francis)、爱墨瑞得(Emerald)、牛津出版社、剑桥出版社等,均在其资源数据平台上集成了电子图书资源,本书第6章将集中介绍这些外文学术数据库的资源和使用方法,此处不再展开详细介绍。一些专注于外文原版电子书资源的数据平台有:

1. BKS外文原版电子书(http://www.cnbooksearch.com)

BKS数据库(如图5-21)是由北京易联博图公司与美国BOOKSEARCH公司携手合作,联合国外300多家出版社,打造的外文原版电子图书平台。BKS数据库现提供超过40多万种高质量外文电子图书,其中70%是2000年以后出版的,平均每年更新量达30 000多种。数据库中电子图书内容所涉及知识面十分广泛,覆盖学科包括医学、地理、法律、历史、科技、科学、军事、教育、美术、农业、图书馆学、政治、语言、哲学、心理学等等,为广大高校师生开拓视野、提高外文阅读能力、进行专业学习提供了最新的、最专业的、最全面的外文素材。

登录 BKS 外文电子书平台后可使用单项检索、组合检索或全文检索等方式检索图书资源。电子图书可在线阅读或下载离线阅读，在线阅读需要安装 BKS 在线阅读插件（建议使用 IE 浏览器），下载离线阅读需要安装 BKS Reader 阅读器。

图 5-21　BKS 外文原版电子书平台主页

2. 金图外文原版数字图书馆(http://www.kingbook.com.cn)

金图国际外文数字图书馆是由北京金图创联国际科技有限公司（以下简称金图公司）联合美国出版在线、麦克索斯两家国外数据商引进的原版外文电子图书服务平台，90%以上为 2002 年以后出版的新书，内容涉及医学、生命科学、军事、计算机科学、经济、社会与行为科学、哲学、心理学、农业、教育、图书馆学等多学科。该数据库可按书名、作者、出版社、关键字、内容简介进行检索,提供完善的后台管理服务,并为用户提供使用情况。数据库采用 IP 地址控制方式限定用户范围,无并发用户数量限制。该数据库目前具有网络版和镜像版,电子图书均为 KDF 格式,阅读需要先安装金图外文原版数字图书馆提供的 KDF 阅读器 (KDF Reader)。

3. 易阅通中外文数字资源平台(https://www.cnpereading.com)

易阅通(CNPeReading)是中国图书进出口(集团)有限公司自主研发的数字资源交易与服务平台。以"一个平台、海量资源、全球服务"为定位,提供中外文数字资源一站式服务。平台广泛汇聚了海内外出版机构的高品质数字资源,目前资源数量已经超过 200 万,覆盖人文社科及自然科学全学科,涵盖 83 个语种,外文出版物中英语内容近 70%,阿拉伯语出版物占 12%,德语、法语出版物各占 6% 和 4%。其中,原创文学电子书首批聚合近 6 000 种。平台全网内容均采用国际认可的 DRM 版权保护技术,保障上线内容全部正版授权,并对订户付费内容提供永久使用权。

4. 外教中心电子教材平台(https://www.itextbook.cn)

2013 年开始,清华大学外国教材中心牵头,全国 12 家外国教材中心联合采购外教中心共享版教材,并主要在中国教育图书进出口公司的爱教材平台上提供使用。目前已有一万余种国外知名出版社的优秀电子教材,包括:培生电子教材、Ovid 电子教材、LWW 电子教材、Wiley 电子教材、BEP 电子教材、CRC 出版社教材、剑桥精选教材、Cengage 精选教材、McGraw-Hill 经典教材、Sage 电子教材等。由于电子教材应用的特殊性,对检索系统要求较高,该平台不仅能实现元数据检索,分面检索等基础检索功能,还能支持英文的全文检索,可以快速对图书全文内容进行查找定位,深度揭示教材价值。目前平台支持的检索方式有:关键字检索(支持书名、作者、出版社、ISBN 的组配检索)、二次检索(针对检索结果的二次检索,支持全面检索和字段精确检索)、全文检索(支持中英文全文检索,可对单词、词组检索,结果直接定位到页,并高亮关键词)、分面检索(支持分类、出版社、作者、出版年分面,并统计分面结果数量)、书内检索(对书内全文进行检索,并高亮关键词)。平台支持实时在线阅读和离线阅读器下载阅读,在线无需下载或安装任何插件。

5. 古腾堡工程(https://www.gutenberg.org)

古腾堡工程(Project Gutenberg,PG)启动于 1971 年,致力于文化作品的数字化和归档,是最早的数字图书馆。古腾堡工程中的大部分书籍都是公有领域书籍的原本,古腾堡工程确保这些原本自由流通、格式开放,有利于长期保存,并可在各种计算机上阅读。古腾堡工程中收录的作品主要是英文作品,但也有相当数量的德语、法语、意大利语、西班牙语、荷兰语、芬兰语以及中文等不同语言的著作。网站可检索获得超 6 万册免费电子书,可从免费的 EPUB 书籍、Kindle 电子书等中选择,并下载或在线阅读(如图 5-22)。

图 5-22 古腾堡工程主页

6. 美国国家学术出版社(https://nap.nationalacademies.org)

美国国家学术出版社(National Academies Press,NAP)是美国国家科学院下属的学术出版机构,主要出版美国国家科学院、国家工程院、医学研究所和国家研究委员会的报告。目前通过其主站点可以免费在线浏览 5 300 多种电子图书,按照图书内容不同将图书分为农业、行为和社会科学、传记和自传、生物学和生命科学、计算机和信息技术、冲突和安全问题、地球科学、教育、能源和节能、工程和技术、环境和环境研究、食品和营养、健康和医疗、工业和劳动、数学、化学和物理、科学技术政策、航空航天、交通运输等主题,每个主题下又细分为若干小专题。其电子图书采用 PDF 文档格式保持图书的原貌,并提供网上免费浏览,还可进行全文检索、打印。自 1994 年以来,它一直提供免费的在线内容,所有 PDF 图书对发展中国家免费,65%的内容对所有国家用户免费。访问不需要账号和口令,也不需要下载电子图书专用阅读软件。

7. UC Press E-Books Collection(https://publishing.cdlib.org/ucpressebooks)

UC Press E-Books Collection,1982—2004 是加州大学出版社和加利福尼亚数字图书馆(CDL,California Digital Library)的联合项目,其中包含近 2 000 本加州大学出版社出版的学术著作,内容覆盖科学、历史、音乐、宗教和小说等诸多领域。项目特别提供其中的 700多种电子图书免费在线浏览(以"public"标识)。电子图书采用 XML 和 Java 架构,无需下载电子图书专用阅读软件,可直接链接到脚注和引文。可以按主题、题名和作者分类浏览,也可以输入检索词,在书名或全文中检索,还可用打印方式预览全书,并进行打印。

5.3 国学与古籍类图书检索

古籍指产生于古代的文献,本书中所说的我国的古籍主要指 1911 年以前(含 1911 年)在中国书写或印刷的书籍。据统计,流传至今的古籍约有 10 万多种。古籍的内容丰富,版本多样,载体有甲骨、竹木、布帛、纸张等,制作方式有手写本、刻本、活字本、影印本等。随着信息技术的发展,古籍数字化成为古籍保护和传播的重要手段,电子版古籍使广大用户可以方便地利用收藏在不同地方的各种版本。

国学指中国传统学问,也称汉学,如域外中国学,也称域外汉学。域外汉学文献不仅仅是汉语文献,也包括多语种文献,不仅包括域外收藏的中文文献,也包括域外出版的中国学文献。

5.3.1 古籍书目

检索现存古籍,可以利用各种古籍目录。

一、《四库全书总目提要》及其相关目录

《四库全书》是清代乾隆年间(1772—1787)编纂的我国古代规模最大的一部丛书,分为经、史、子、集四部,收书3 400余种,7万余卷。1772年(清乾隆三十七年)下诏在全国征集图书,1773年成立四库馆。编纂《四库全书》所依据的底本主要有皇宫的内府藏书、清政府的官修书、全国各地征集来的书、从《永乐大典》中辑录出来的佚书。纂修官们对每一书的各种版本进行校勘,然后写出内容提要,对其中被认为有价值、较珍贵的书全文抄录收入《四库全书》,这些书称为"著录书",共3 400种。其中被认为价值不高,或内容对清政府不利的书,没有抄录全文,只保留书目提要,称为"存目书",共6 700余种。

《四库全书总目提要》简称《四库总目》,(清)永瑢、纪昀等编纂。在编修《四库全书》时,纂修官要给每种书撰写提要,提要内容包括作者简介、版本来源、学术源流、内容校勘、品评得失等(如图5-23)。著录书的提要较详,存目书的提要较简。总目共200卷,按经史子集

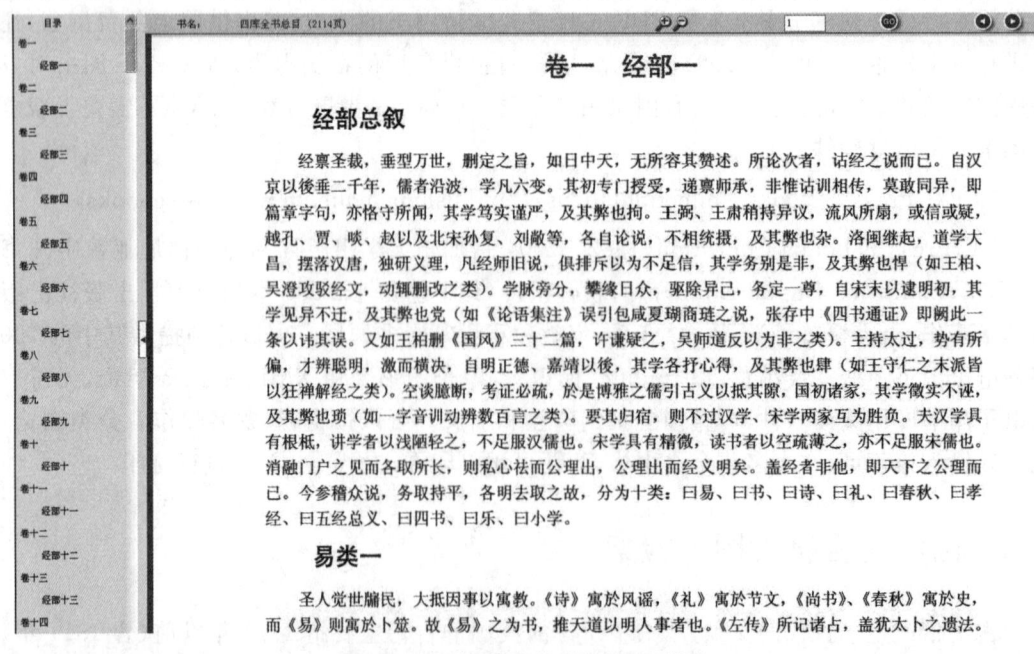

图5-23 《四库全书总目提要》样页

四部排列，每部有总序，部下分类，每类有小序，类下再分属，属后有按语，每书有提要。著录书和存目书皆收入总目，共有提要万余篇。《四库总目》编完后，由于篇幅很大，翻检不便，又将其缩编为20卷的《四库全书简明目录》，简目不收存目书，且简化了各书的提要。

中华书局1965年影印本《四库全书总目提要》附书名和著者索引，有三个重要附录：《四库撤毁书提要》是乾隆五十二年从《四库全书》中撤毁的书籍的提要；《四库未收书提要》是清代阮元编纂的《四库全书》没有收录的书籍的提要；《四库全书总目校记》是中华书局整理出版《四库全书总目提要》时所写的校勘记。中华书局版《四库总目》多次重印。

台湾商务印书馆出版了昌彼得等编纂的《四库全书索引丛刊》。

为《四库简目》补不同版本的书目主要有：《增订四库全书简明目录标注》清邵懿辰撰，近代邵章续录，邵友诚整理，中华书局1959年版，上海古籍出版社1979年新1版。《藏园订补郘亭知见传本书目》清莫友芝撰，近代傅增湘订补，现代傅熹年整理，中华书局1993年版。此目著录图书4 000余种，超出《四库全书》范围。

为《四库全书总目提要》补缺纠谬的著作主要有：《四库提要辩证》余嘉锡著，中华书局1980年新1版，系统考辨了《四库全书总目提要》中的错误。《四库全书总目提要补正》胡玉晋撰，王欣夫辑，中华书局1964年版，汇编了前人著作中关于纠正《四库全书总目提要》中相关错误的文章。《四库全书总目辨误》杨武泉著，上海古籍出版社2001年版，整理收集了《四库全书总目》中的著录疏误680余则。

《续修四库全书》由上海古籍出版社于1995—2000年出版，收录了《四库全书》以外的现存中国古籍，补辑乾隆以前有价值的而《四库全书》未收的著述，以及系统辑集乾隆以后至民国元年(1912)前各类有代表性的著作，共收书5千余种，并附经、史、子、集各部书名、著者总目索引。上海古籍出版社2014—2016年出版了为《续修四库全书》编纂的《续修四库全书总目提要》。

《续修四库全书总目提要(稿本)》是中国科学院图书馆整理，齐鲁书社1996年出版影印本。该书是对我国学者在1931—1945年间为续修《四库总目》所撰写的古籍提要加以整理、编纂而成的一部大型书目。全书共收提要稿32 960篇，所收古籍主要包括：清乾隆以前出现而《四库总目》未收的；《四库总目》虽然收录但窜改、删削过甚或版本不佳的古籍；乾隆以后的著作和辑佚书；乾隆以后新发现的古籍和外国人用汉文撰写的书籍。其中对禁毁书、佛道藏中的主要典籍、词曲、小说、方志、敦煌遗书、外国人的汉文著作给予了特别关注。齐鲁书社版附三个索引：① 分类索引，分经、史、子、集、丛书、方志六类；② 书名笔画索引；③ 作者笔画索引。以上3万多篇稿件中的1万多篇曾印成油印件。1972年台湾商务印书馆出版的《续修四库全书总目提要》，就是根据油印稿整理出版的。1993年中华书局出版了中科院图书馆标点整理过的《续修四库全书总目提要·经部》。2010年国家图书馆出版社出版了由复旦大学主持整理点校的《续修四库全书总目提要·丛书部》。

二、古籍联合目录

(1)《中国古籍善本书目》顾廷龙主编，上海古籍出版社1986—1998年出版。该书目的收录范围是"具有历史文物性、学术资料性、艺术代表性而又流传较少的古籍"。中国古籍善本书目编辑委员会从1975年开始，在全国开展了古籍善本书普查、编目工作，历时10多年，开始陆续出版。该书目共收录全国782个藏书单位的善本古籍约6万种,13万部,分经、史、子、集、丛五大部类。

(2)《中国古籍总目》阳海清主编,中华书局2009年出版。收录古代至民国初的历代汉文书籍,由国家图书馆、北京大学图书馆、上海图书馆、南京图书馆、天津图书馆、湖北省图书馆、复旦大学图书馆、中国科学院图书馆、辽宁省图书馆、山东省图书馆、浙江省图书馆先后参与编纂。总目汇聚各家馆藏记录,在传统四部分类法的基础上,以经、史、子、集、丛书五部,分类著录各书的书名、卷数、编纂者时代、撰著方式、出版者、出版时地、版本类型及批校题跋等信息,同时标注各书的主要收藏机构。

(3)中国古籍保护网(http://www.nlc.cn/pcab)

2007年,国务院发布《关于进一步加强古籍保护工作的意见》(国办发2007[6]号),明确提出要"制定古籍数字化标准,规范古籍数字化工作,建立古籍数字资源库"。国家古籍保护中心积极推动古籍保护的法律法规、古籍整理的规范制定,推动"中华古籍数字资源库"的建设,相继开展了国家图书馆藏善本缩微胶片数字化、全国古籍普查、《国家珍贵古籍名录》古籍数字化、多家单位合作共建古籍数字资源等工作,建设了中国古籍保护网(如图5-24)。

图5-24 中国古籍保护网主页

中国古籍保护网发布的古籍数字资源主要有:
① 全国古籍普查登记基本数据库

2007年,国家启动了新一轮古籍普查工作,普查登记是"中华古籍保护计划"的首要任务,是全面了解全国古籍存藏情况,建立古籍总台账,开展全国古籍保护的基础性工作。这次对全国古籍保护工作提出了新的标准,要求全国各收藏单位按照文化部制定的《古籍普查规范(WH/T 21—2006)》进行普查,建立古籍普查数据库。该数据库所公布的古籍普查数据,是全国各古籍收藏单位通过目验原书,按照统一的古籍著录规则完成,实现了全国古籍的统一检索。至2020年11月,累计发布264家单位古籍普查数据825 362条7 973 050册。随着古籍普查登记工作的不断推进,将陆续发布更新数据。该数据库发布内容主要包括普查编号、索书号、题名、著者、版本、册数、存缺卷、收藏单位等古籍普查登记内容。系统支持简单检索和高级检索,可检字段有:题名著者、版本、单位、普查编号、索书号、批校题跋、名录编号、分类、装帧形式、所属丛书、子目、附注等,支持繁简共检。用户可在检索结果中按照单位进行导航,从而对其在全国的收藏分布情况一目了然(如图5-25)。

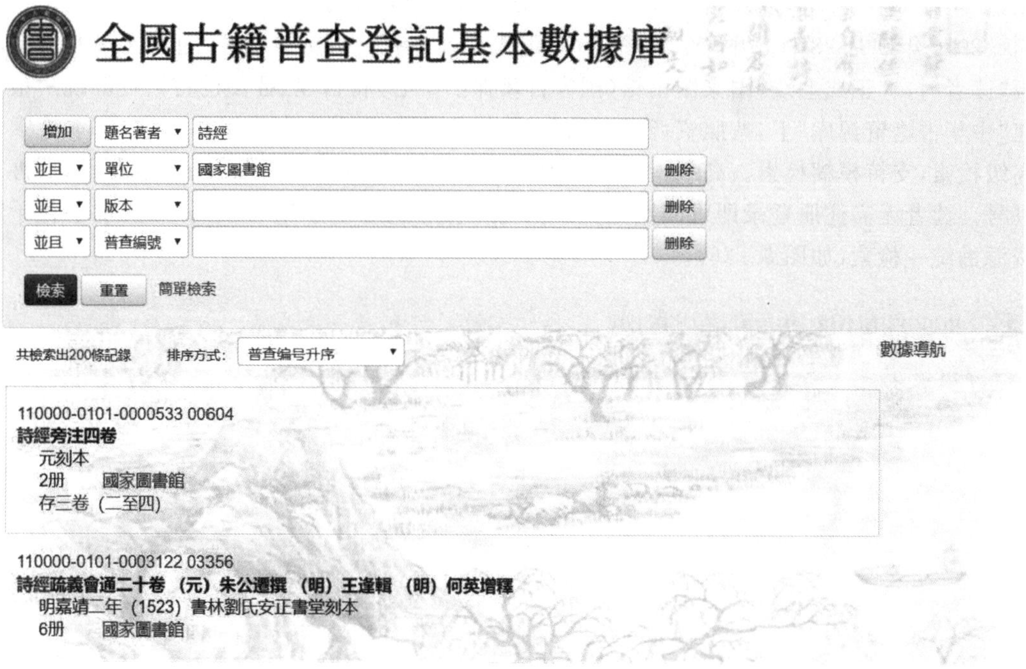

图5-25 全国古籍普查登记基本数据库高级检索界面

② 国家珍贵古籍名录数据库

在古籍普查的同时按《古籍定级标准(WH/T 20—2006)》对古籍分级,该标准将古籍分为善本和普本,善本又分三级九等。在普查的基础上编纂《国家珍贵古籍名录》,对浩瀚古籍中具有特别重要文献价值、文物价值、艺术价值的古籍予以重点保护。中国古籍保护网上分批公布《国家珍贵古籍名录》,至2021年3月2日,已公布六批,全国487家机构/个人收藏的13 026部古籍入选。其中,汉文文献11 855部(含甲骨4条共11家单位,简帛187种,敦煌遗书405件,碑帖拓本207件,古地图149件,汉文古籍10 903部),少数民族文字古籍1 133部,其他文字古籍38部。在《国家珍贵古籍名录》评审过程中,一些珍贵古籍的新品种、新版本、新价值被陆续发现。

该数据库发布的内容主要包括名录批次、名录编号、名录内容、文献类型、文种、收藏单位、索书号、册/件数等信息。若有入选名录的古籍在互联网上发布了全文影像，该数据库会附上相应链接以便访问（现已标明国家图书馆465部古籍在"中华古籍资源库"中的全文影像链接）。名录数据库支持用户按照名录编号、名录内容、名录批次、名录公布时间、文献类型、文种、分类、省份、收藏单位、索书号、题名著者、版本、批校题跋、版本年代、版本类型、是否有全文影像等字段进行检索，支持用户自行选择是否开启繁简共检功能。检索结果默认按名录编号排序。

③ 中华古籍资源库

这是国家图书馆（国家古籍保护中心）建设的综合性古籍特藏数字资源发布共享平台，是"中华古籍保护计划"的重要成果。该平台遵循边建设、边服务原则，目前在线发布资源包括国家图书馆藏善本和普通古籍、甲骨、敦煌文献、碑帖拓片、西夏文献、赵城金藏、地方志、家谱、年画、老照片等，以及馆外和海外征集资源，总量约10万部（件）。

2016年9月28日，"中华古籍资源库"正式开通运行，2020年4月，随着国家图书馆新版"读者门户"正式上线，国家图书馆（国家古籍保护中心）将自建、征集的古籍资源统一整合在"中华古籍资源库"下，按照资源类别细化分类，实现了单库检索和多库检索，基本检索和高级检索，支持模糊检索。高级检索的可检字段有标题、责任者、出版者、出版发行项、善本书号。读者无需注册登录即可阅览全文影像，除"敦煌遗珍""中华寻根网"外实现了各子库资源的统一检索（如图5-26）。

图5-26　中华古籍资源库高级检索界面

④ 中华古籍善本国际联合书目

该系统是由中文善本书国际联合目录项目发展而来的新数据库。中文善本书国际联合目录项目由美国研究图书馆组织（RLG, Research Libraries Group）建立。1991年，首批正式参加该项目的图书馆包括普林斯顿大学图书馆、哥伦比亚大学图书馆、中国科学院图书馆及北京大学图书馆。普林斯顿大学东亚系为项目提供了办公场所,并在后来接管了项目的行政管理。最终,约有 30 余家图书馆参加了中文善本书国际联合目录项目。中国的图书馆除了以上提及的中国科学院图书馆、北京大学图书馆,还增加了天津图书馆、辽宁省图书馆、湖北省图书馆、复旦大学图书馆及中国人民大学图书馆。在北美,除了美国国会图书馆以外,所有主要的有中文古籍善本收藏的图书馆都参加了这一项目。中文善本书国际联合目录数据库著录了北美图书馆的几乎全部藏书以及中国图书馆的部分藏书,数据达到 2 万多条。

(4) 学苑汲古(高校古文献资源库 http://rbsc.calis.edu.cn)

这是一个汇集高校古文献资源的数字图书馆,目前包括 31 所国内外参建馆所藏古文献资源的书目记录,还配有部分相应的书影或全文图像。该资源库中的古文献类型暂时只有各馆馆藏善本古籍和普通古籍,今后还要增加金石拓片、舆图等多种古文献资源。各馆向读者提供一定范围的文献传递服务。该资源库为中国高等教育文献保障系统(CALIS)的特色库项目之一。

该系统用户分为社会用户和 CALIS 成员馆用户两类。社会用户为匿名用户,无需登录,可直接进行各项检索,并查看古文献书目记录的简单和详细显示结果,以及所有书影的中精度图像。CALIS 成员馆用户在享受社会用户的权利之外,还可使用用户反馈、我的收藏、文献传递等各项功能。使用这些操作前,需要进行统一认证的登录。在主页右上方点击"登录"按钮,填写用户在各成员馆本馆的账号、密码。

该系统有简单检索、高级检索、二次检索、索引(书名、作者)、浏览等功能,系统规定使用中文繁体字或汉语拼音进行检索,汉语拼音检索仅限于题名、责任者、主题词三种检索途径(如图 5-27)。

图 5-27 学苑汲古高级检索界面

古籍普查工作还在继续，各种联合目录的建设也还在进行中。因此，各收藏单位的馆藏目录也要注意使用，尤其是古代文献收藏丰富的单位。了解博物馆系统收藏的古籍，可以查询各大博物馆的收藏目录，如：中国国家博物馆藏品检索(http://www.chnmuseum.cn/zp/zpml)。

三、古籍丛书目录

我国古代丛书数量庞大，丛书的源头可以追溯到先秦两汉，至宋代成形，明清大发展。丛书中包含的图书很丰富，有些书没有单行本只有丛书本，因此，检索古籍，丛书目录是重要信息源。重要的丛书目录如：

(1)《中国丛书综录》上海图书馆编，中华书局上海编译所1959—1962年出版。上海古籍出版社1986年版，2007年再版。这是一部大型古代丛书联合目录，收古代丛书2797种。全书共三册：第一册为《总目分类目录》，包括汇编和类编两部分，附丛书书名索引和全国主要图书馆收藏情况表；第二册为《子目分类目录》，采用四部分类法分类，每条款目著录书名、著者和所属丛书；第三册为《索引》，分《子目书名索引》和《子目著者索引》两种。三册均按四角号码法排序。

为《中国丛书综录》做增补的主要有：《中国丛书综录补正》阳海清编撰，蒋孝达校订，江苏广陵古籍刻印社1984年出版。《中国丛书综录续编》施廷镛编撰，北京图书馆出版社2003年出版。

(2)《中国古代著名丛书提要》潘树广、黄镇伟、涂小马主编，广西师范大学出版社2015年出版，收录中国现存的综合性丛书。全国高校和大型公共图书馆的40多位学者参与编纂工作，每种书都核对了原书，纠正了《中国丛书综录》《中国古籍善本书目·丛部》在书名、编纂者、版本、子目著录、丛书分类等方面的若干失误，补充了前人书目中未收录的珍稀文献。

(3)《丛书集成初编目录》，《丛书集成初编》是商务印书馆1935—1937年出版的一部古籍丛书，收录从宋代到清代较为重要的丛书100种，含子目4 000余种，商务印书馆原计划出版4 000册，因日军侵华，商务印书馆被炸，只出版了3 467册。当时，商务印书馆编有《丛书集成初编目录》，有所收丛书的提要和所收子目。1960年上海古籍书店修订重印《丛书集成初编》，附书名索引。1983年中华书局又修订重印此目录。1985年中华书局重印《丛书集成初编》，并将当时未及出版的533册补出，共4 000册全部出齐。

上海古籍书店1994年出版《丛书集成续编》，收录明、清、民国时期丛书100部，共有子目3 200余种。台湾新文丰出版公司20世纪80年代也出版过《丛书集成续编》，收录清代和民国时期的丛书100多种。

常用的主要古籍丛书有：

《四部丛刊初编、续编、三编》张元济编辑，商务印书馆1919—1936年影印出版，上海书店1984—1989年重印。这是一部著名的古籍善本丛书，共收书504种，按经史子集四部分类编排，以精选的古籍善本为底本影印，并以其他版本校对，各书附校勘记于其后，因而版本价值很高，深得学术界好评。有书同文公司的电子版。国学宝典、基本古籍库、龙语瀚堂等多种古籍全文数据选用四部丛刊本为底本。

《四部备要》中华书局1920—1936年出版，共收书336种，选书偏重于实用，以较有代表性的校注本为底本，活字排印。中华书局1989年影印再版。

四、古籍出版目录

了解 1949 年以后出版的古籍可以查：

《古籍目录(1949.10—1976.12)》中国出版局版本图书馆编，中华书局 1980 年版。

《古籍整理图书目录(1949—1991)》国务院古籍整理出版规划小组办公室编，中华书局 1992 年版。

了解出版动态可以查《古籍整理出版情况简报》，这是全国古籍整理出版规划领导小组办公室编印的内部发行的月刊，其“每月新书要目”栏按月刊登全国专业古籍出版社和其他出版社最新出版的古籍图书。

5.3.2　综合型古籍全文数据库

阅读古籍内容，可以利用古籍全文数据库。按收录范围，古籍全文数据库可以分为综合型和专题型。综合型古籍数据库，大多附有供阅读或整理古籍的辅助工具。有的数据库收录多种类型文献，其中有近现代文献，也包括古文献。收书较多的大型古籍数据库多为商业性的收费数据库。

一、中国基本古籍库及爱如生公司的古文献系列数据库

中国基本古籍库由北京大学中国基本古籍库光盘工程工作委员会策划，北京爱如生公司(http://www.er07.com)制作，黄山书社 2001—2006 年出版，有局域网版和在线版。该数据库收先秦至民国的历代典籍 1 万余种，每种提供一个通行版本的全文信息和一至两个重要版本的原文图像，有两个版本图像的书约占总数的 1/4，选用宋、元、明、清及民国各级善本 12 500 种，总计约 17 亿字，影像 1 千万页。基本古籍库的检索方式有分类、条目、全文、高级等检索方式。

基本古籍库的分类方式结合了我国传统的古籍分类法和当代的图书分类法，分为哲科、史地、艺文、综合四个子库，下设 20 个大类、100 个细目，可按类选择相关古籍（如图 5－28）。

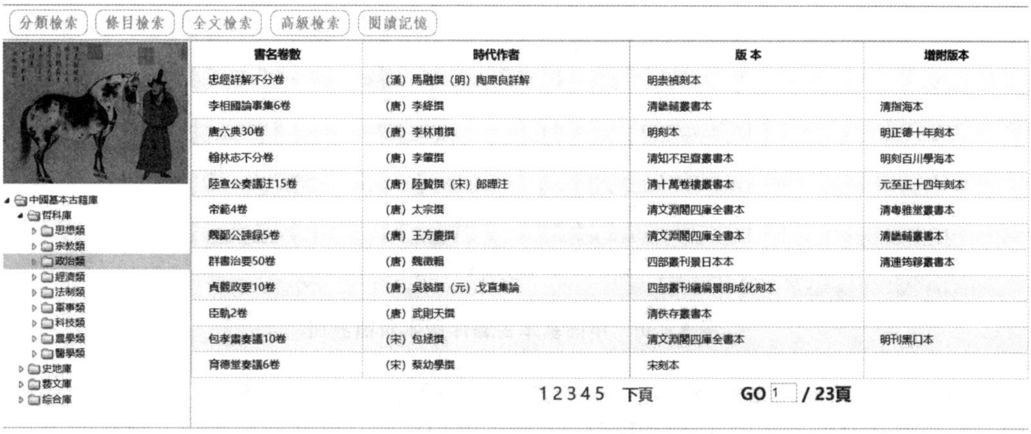

書名卷數	時代作者	版本	增附版本
忠經詳解不分卷	(漢) 馬融撰 (明) 陶原良詳解	明崇禎刻本	
李相國論事集6卷	(唐) 李絳撰	清畿輔叢書本	清指海本
唐六典30卷	(唐) 李林甫撰	明刻本	明正德十年刻本
翰林志不分卷	(唐) 李肇撰	清知不足齋叢書本	明刻百川學海本
陸宣公奏議注15卷	(唐) 陸贄撰 (宋) 郎曄注	清十萬卷樓叢書本	元至正十四年刻本
帝範4卷	(唐) 太宗撰	清文淵閣四庫全書本	清粵雅堂叢書本
魏鄭公諫録5卷	(唐) 王方慶撰	清文淵閣四庫全書本	清畿輔叢書本
群書治要50卷	(唐) 魏徵輯	四部叢刊景日本本	清連筠簃叢書本
貞觀政要10卷	(唐) 吳兢撰 (元) 戈直集論	四部叢刊續編景明成化刻本	
臣軌2卷	(唐) 武則天撰	清佚存叢書本	
包孝肅奏議10卷	(宋) 包拯撰	清文淵閣四庫全書本	明刊黑口本
育德堂奏議6卷	(宋) 蔡幼學撰	宋刻本	

图 5－28　中国基本古籍库分类检索界面

条目检索有书名、时代、作者、版本、篇目等可检字段,并可限定相应的时代。全文检索可在全库中搜索输入的任意字符串。高级检索支持布尔逻辑检索,可选择关联选项进行综合检索,可在检索结果中进行二次检索(如图5-29)。

图5-29 中国基本古籍库高级检索界面

对检索结果可以翻阅文本版,也可与图像版相互参校,如有两个版本的图像,可以同时显示(如图5-30)。左图右文逐页对照,眉批、夹注、图表、标记无障碍录入并在原位置非嵌入式显示。

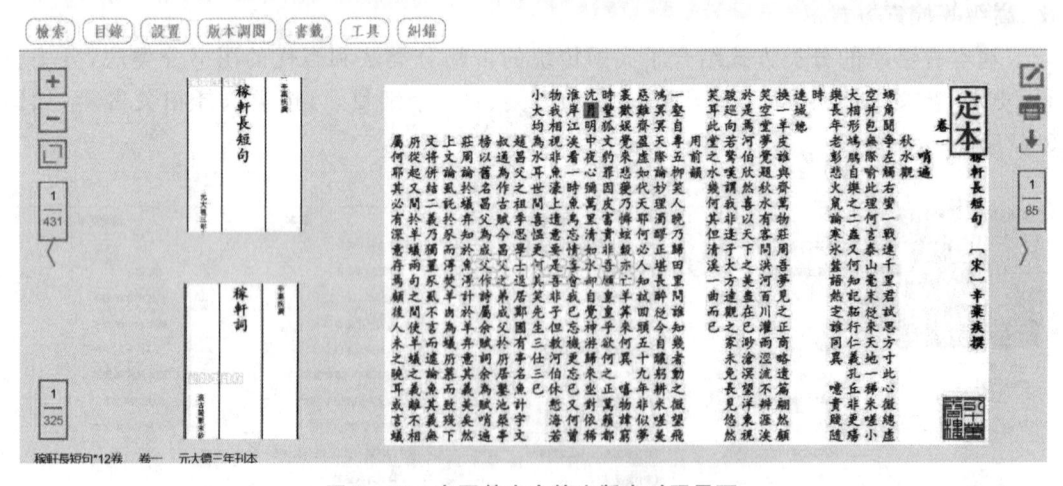

图5-30 中国基本古籍库版本对照界面

爱如生公司还有一系列数字化古籍产品,如:中国方志库、中国谱牒库、国学要籍等系列数据库,增订丛书集成初编、增订四部备要等古籍丛书系列,以及古籍提要便览等工具。其四库系列数据库共收录历代典籍 9 000 种,采用宋、元、明、清、民国及外国各级善本,计宋本 33 个、元本 34 个、明本 2712 个、清本 2 699 个、文渊阁四库本 3 458 个、民国本 52 个、外国本(和刻本、高丽本)12 个。该系列数据库广搜博采,汇辑清修四库采录书、存目书、军机处奏明毁弃书、未见未收书,按清修四库时处理方式,编为四个既互相联系又各自独立的子库:① 四库著录书,收录清修四库时选入《四库全书》之典籍 3 460 种;② 四库存目书,收录清修四库时列为存目之典籍 4 752 种;③ 四库奏毁书,收录清修四库时军机处奏明毁弃之典籍 619 种;④ 四库未收书,收录清修四库时未见未收之典籍 173 种。

二、国学宝典及国学网(http://www.guoxue.com)

国学网(如图 5-31)创办于 2000 年,是以弘扬中国传统文化为基本任务的大型学术型公益网站,现由北京国学时代文化传播股份有限公司运营,该公司主要从事古籍数字化研究、网络文献检索开发和网站建设,是中国最大的专业古籍电子文献数据公司之一。国学网有国学宝典、国学出品、国学资讯、国学投稿、国学人物、国学书苑、古籍备览、国学入门、国学专题、海外汉学等栏目,其中古籍备览栏目的古籍可以免费阅读。

图 5-31 国学网主页

国学宝典是国学网最主要的资源,有多种版本类型:单机版 1999 年推出 V1.0,现已升级至 V9.0;局域网版 2003 年推出;互联网版 2005 年推出(www.gxbd.com),2022 年 2 月 2.0 版上线;平板电脑版(金典版)2019 年推出;手机 APP 版 2020 年推出。该数据库目前已收录历代典籍 1 万余种,包括部分域外汉文典籍,基本涵盖了文史研究领域所有重要的文献资料,且目前仍以每年 1~2 亿字的速度扩充数据库内容。

国学宝典兼顾传统四库和现代学科两种分类体系,分为经部、史部、子部、集部、丛书五个大类及其下五十个子类,收录先秦至民国两千多年的传世原典 1 万余种,总字数逾 22 亿字,超 22 万卷,涉及哲学、历史、政治、军事、经济、天文、地理、科技、艺术、宗教、文学等各个领域,基本涵盖了历代重要的文献资料,且附有解题,介绍作者、内容、版本等相关信息(如图 5-32)。阅读完整段落需注册成为会员。

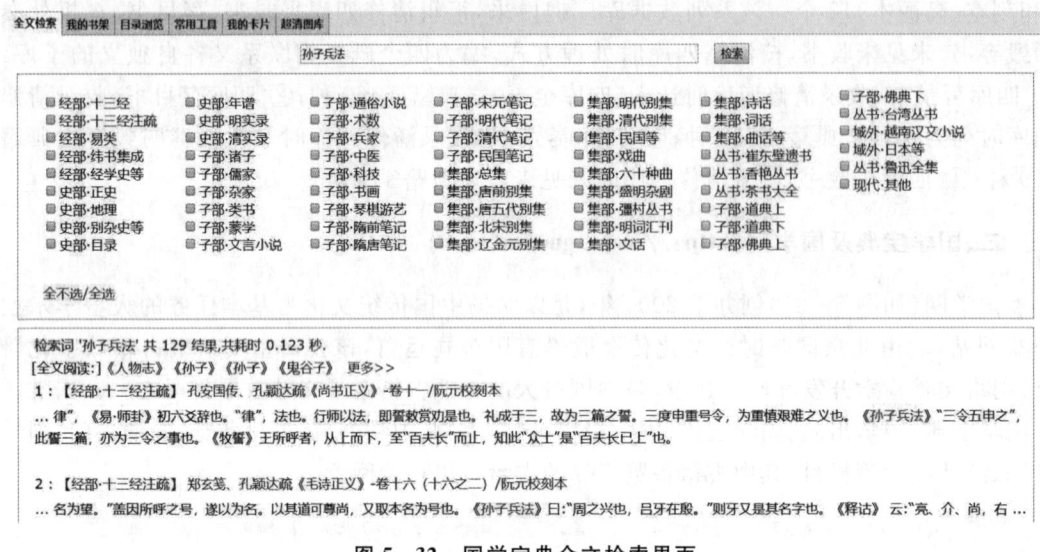

图 5-32 国学宝典全文检索界面

国学宝典的超清图库收录部分古籍和部分文物的图片,可直接查看(如图 5-33)。

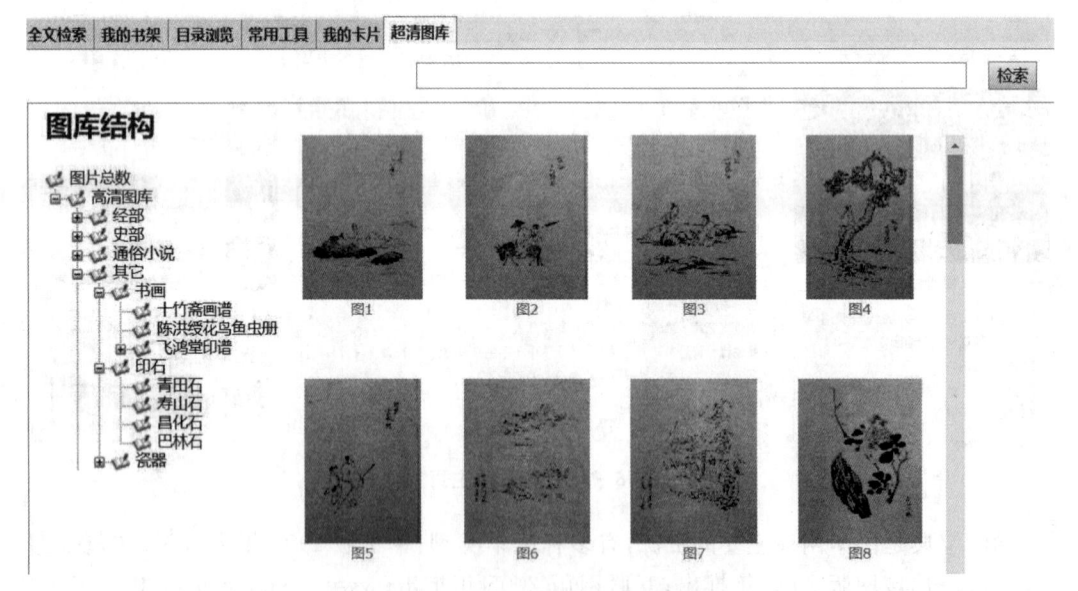

图 5-33 国学宝典超清图库

国学宝典附国学字典、人名词典、书名词典、古今纪年换算工具、八卦·六十四卦表等辅助工具。

三、中华经典古籍库(http://publish.ancientbooks.cn)

中华经典古籍库是中华书局的重点产品,是古籍整理发布平台的子库,其资源全部来源于线下出版的纸书,以中华书局整理本古籍图书为核心,同时涵盖多家专业出版社的古籍整理成果,并通过数字化加工的方式最终进行线上发布。2014 年中华经典古籍库推出镜像版,每年增加一辑整理本古籍,至 2022 年 7 月已完成 9 辑,包含 5 039 种古籍(如图 5-34)。另有微信版,可供手机使用。

图 5-34 中华经典古库主页

中华经典古籍库的高级检索有文章名、文章内容、书名、作者、整理者、出版社、丛编、图书简介、正文、注文、专名词、书名词等可检字段,支持布尔逻辑检索,支持关联字检索,以及同义词关联检索(如图 5-35)。

图 5-35 中华经典古籍库高级检索界面

全文阅读界面的显示用黑色代表原文,红色代表注,紫色代表疏,蓝色代表校。人名地名等专名词加下划实线,如:黑水、玄趾;书名加波浪线,如:山海经。对文中选中的内容,注册用户还可以使用复制、引用、笔记、检索、联机词典、修订等个性化阅读服务功能(如图5-36)。

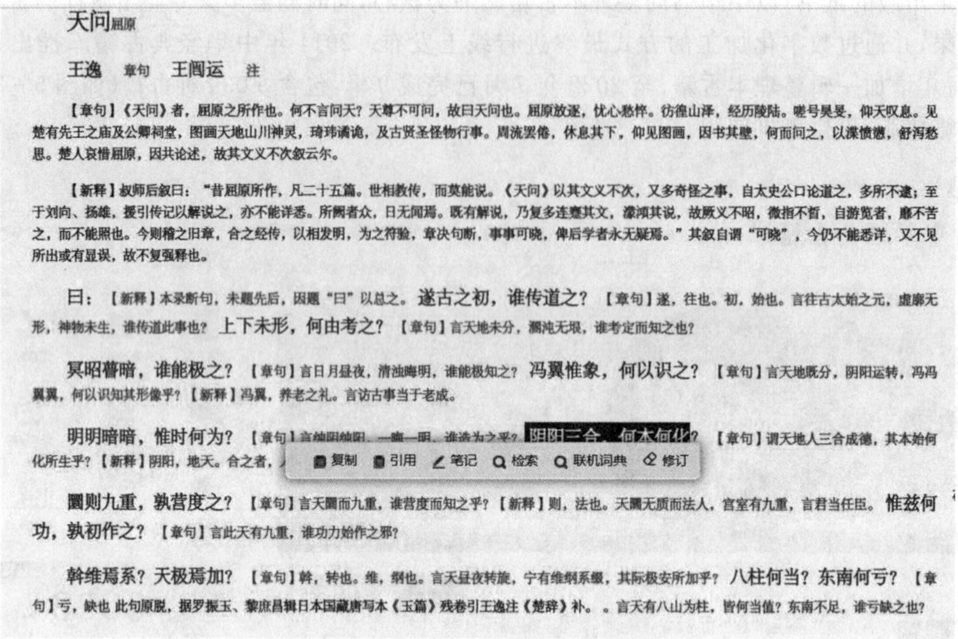

天问屈原

王逸 章句 王闿运 注

【章句】《天问》者，屈原之所作也。何不言问天？天尊不可问，故曰天问也。屈原放逐，忧心愁悴。彷徨山泽，经历陵陆。嗟号昊旻，仰天叹息。见楚有先王之庙及公卿祠堂，图画天地山川神灵，琦玮谲诡，及古贤圣怪物行事。周流罢倦，休息其下，仰见图画，因书其壁，何而问之，以渫愤懑，舒泻愁思。楚人哀惜屈原，因共论述，故其文义不次叙云尔。

【新释】叔师后叙曰："昔屈原所作，凡二十五篇。世相教传，而莫能说。《天问》以其文义不次，又多奇怪之事，自太史公口论道之，多所不逮；至于刘向、扬雄，援引传记以解说之，亦不能详悉。所阙者众，日无闻焉。既有解说，乃复多连蹇其文，濛澒其说，故厥义不昭，微指不晳，自游览者，靡不苦之，而不能照也。今则稽之旧章，合之经传，以相发明，为之符验，章决句断，事事可晓，俾后学者永无疑焉。"其叙自谓"可晓"，今仍不能悉详，又不见所出或有显误，故不复强释也。

曰：【新释】本录断句，未题先后，因题"曰"以总之。遂古之初，谁传道之？【章句】遂，往也。初，始也。言往古太始之元，虚廓无形，神物未生，谁传道此事也？上下未形，何由考之？【章句】言天地未分，溷沌无垠，谁考定而知之也？

冥昭瞢暗，谁能极之？【章句】言日月昼夜，清浊晦明，谁能极知之？冯翼惟象，何以识之？【章句】言天地既分，阴阳运转，冯冯翼翼，何以识知其形像乎？【新释】冯翼，养老之礼。言访古事当于老成。

明明暗暗，惟时何为？【章句】言纯阴纯阳，一晦一明，谁造为之乎？阴阳三合，何本何化？【章句】谓天地人三合成德，其本始何化所生乎？【新释】阴阳，地天。合之者，

圜则九重，孰营度之？【章句】言天圜而九重，谁营度而知之乎？【新释】则，法也。天圜无质而法人，宫室有九重，言君当任臣。惟兹何功，孰初作之？【章句】言此天有九重，谁功力始作之邪？

斡维焉系？天极焉加？【章句】斡，转也。维，纲也。言天昼夜转旋，宁有维纲系缀，其际极安所加乎？八柱何当？东南何亏？【章句】亏，缺也 此句原脱，据罗振玉、黎庶昌辑日本国藏唐写本《玉篇》残卷引王逸注《楚辞》补。。言天有八山为柱，皆何当值？东南不足，谁亏缺之也？

图 5-36 中华经典古籍库全文阅读界面

对正在阅读的内容，可以进行文内检索，检索结果高亮显示。

中华书局下属古联（北京）数字传媒科技有限公司建设的籍合网（http://www.ancientbooks.cn）是关于古籍数字化与古籍整理的门户网站。籍合网集中整合了多种古籍数字化产品，数据库类型及主题多样，包括古籍文献、学术研究、文化艺术和专题成果等。已推出中华文史学术论著库、中华古籍书目数据库、中华善本古籍数据库、中华文史工具书数据库等，还有中华石刻数据库、海外中医古籍数据库、历代进士登科数据库、中华木版年画数据库、中华书法数据库、籍合文库、晚清民国文献平台、西南联大专题数据库等。同时，籍合网统一为各个产品提供用户管理和在线选购服务。

籍合网还推出了在线的古籍整理和发布平台。平台通过任务众包的形式，组织在线的古籍整理工作，提供标点、注释、校勘、翻译等在线编辑模块，提高了古籍整理与编辑效率。平台提供在线工具和下载工具，在线工具包括纪年换算和联机字典，下载工具包括输入法和字库。此外，古籍整理者还可以方便地利用籍合网已有的数字资源。平台整理成果将与"中华经典古籍库"的全部资源一并通过"古籍整理发布平台"对外发布。

籍合网及时更新有关古籍相关的专业资讯，用户还可在线提问。同时，籍合网还为其他出版机构发布的数据库产品提供代理服务，目前已代理产品有"中国经典水利史料库"和"本草风物志·中草药主题数据库"。

四、睿则恩中国历史文献库（http://www.reasonlib.com）

上海睿则恩信息技术有限公司出版的睿则恩中国历史文献数据库包含国内外古籍、报纸、图书、图像、影音等与中国传统文化相关的古代及近代文献资料，已有域外汉籍、四库全

编、近代报刊、民国图书、古地图、美术作品、电影作品、音乐作品、域外藏方志、近代教材、精品画报、红色文献等数据库。

四库全编数据库以清修《四库全书》为基础，汇辑四库全书、续修四库全书、四库全书存目丛书、四库全书存目丛书补编、四库未收书辑刊、四库禁毁书丛刊等全部四库系列文献，已收书1 500余种（含不同版本）。其中的《四库全书》《四库提要》做了全文数字处理，可进行全文检索。该数据库的分类检索按四部分类法编排，分类检索界面选择部、类，并可选择国别/朝代、出版地（如图5-37）。高级检索界面的可检字段有：标题、著者、朝代/国别、关键词、附注信息、内容简介、出版地、版本、丛书、创建者/机构等，在记录详细显示界面，还有版本类型、收藏机构等多个信息。作者检索界面的可检字段有：姓名、籍贯/出生地、朝代/国别、生年、卒年、人物简介等。

图 5-37 四库全编数据库分类检索界面

五、鼎秀古籍全文检索平台（http://www.ding-xiu.com）

鼎秀古籍全文检索平台由北京翰海博雅科技有限公司开发，广泛收录中国大陆及港澳台地区公共机构、私人藏家、研究机构及博物馆所藏历代古籍资源，特色古籍采录海外所藏中国古籍，尤以日本、韩国数量最多。收录从先秦至民国撰写并经写抄、刻印、排印、影印的历朝历代汉文古籍。版本包含稿抄本、刻本、石印本、铅印本、活字本等。著录规则分类标准在沿用"经、史、子、集"传统分类的基础上增设丛书部。在使用上可以直接IE阅读，图文同步对照，整库全文检索等。该数据库收录古籍文献近3万种、约50万卷，包括地方文献志、四库全书、永乐大典、敦煌文献、道家文综等具有收藏价值的古籍文献资源。

检索鼎秀古籍全文数据库的内容，可选择分类检索、快速检索、高级检索等方式，高级检索的可检字段有题名、作者、朝代、版本、全文、注文、分类等（如图5-38）。

图 5-38　鼎秀古籍全文检索平台主页

阅读界面可以实现原图显示、文本显示、图文并排显示等不同显示方法，同时实现古籍原版图像和现代文字的逐字逐行对照。支持文字编辑、复制、粘贴，书签、读书笔记等功能（如图 5-39），对每一种书的内容可实现文内检索（如图 5-40）。

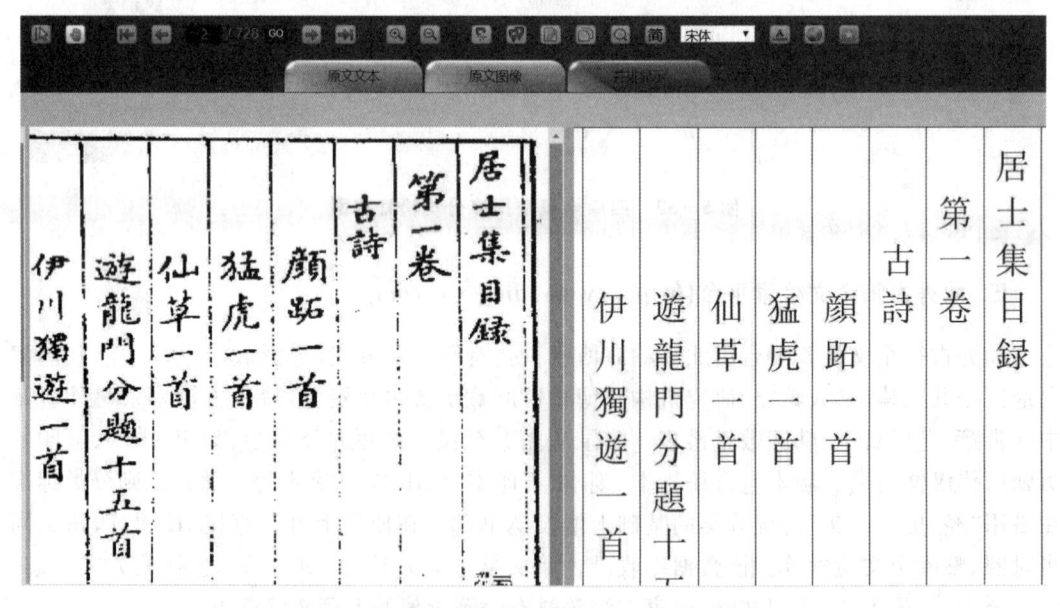

图 5-39　鼎秀古籍全文检索平台全文阅读界面

第 5 章 图书资源检索　　139

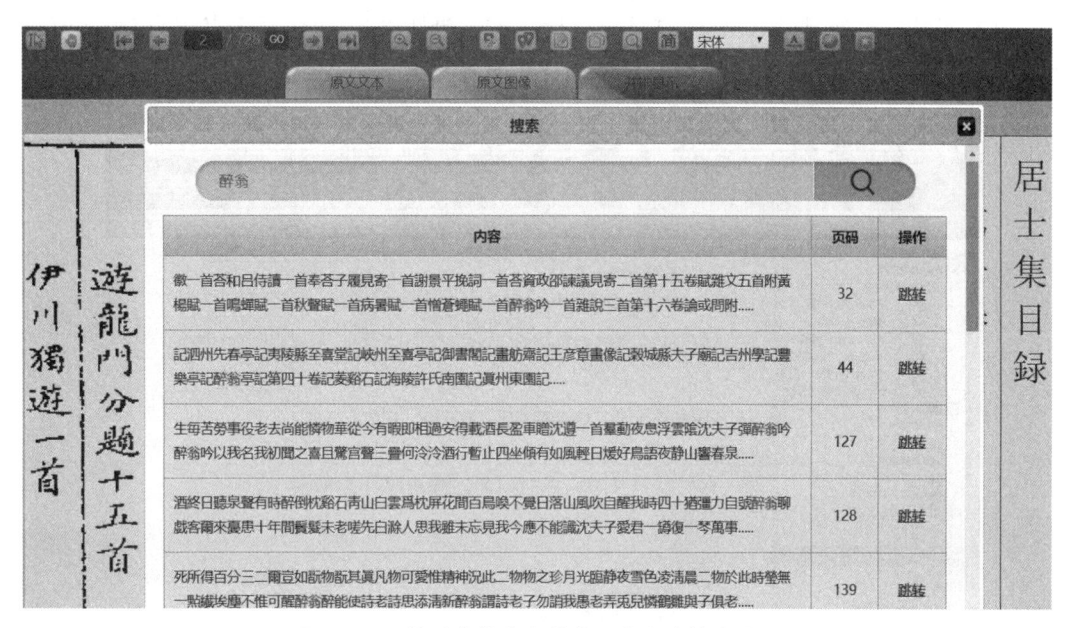

图 5－40　鼎秀古籍全文检索平台文内检索界面

六、瀚堂典藏数据库(http://www.hytung.cn)

瀚堂典藏数据库由北京时代瀚堂科技有限公司和北京龙戴特信息技术有限公司联合开发。以小学工具类数据和出土文献类数据为核心，出土文献类数据为基础，包括儒、释、道的各类传世文献。"出土文献库"含甲骨文、金文、简帛、印章、钱币和石刻等分库(如图 5－41)。

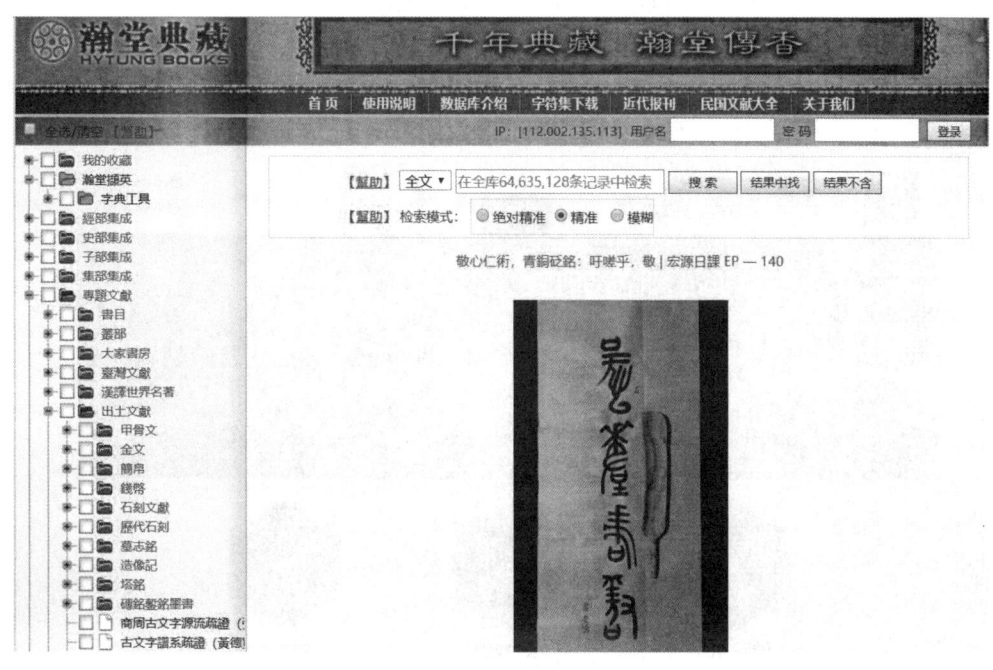

图 5－41　瀚堂典藏数据库主页

可检字段有出处、标题、全文、书目等。标题不仅包括篇名,也包括字书字头、辞书词条、出土文献编号等信息(如图 5-42)。点击图像可查看原文。

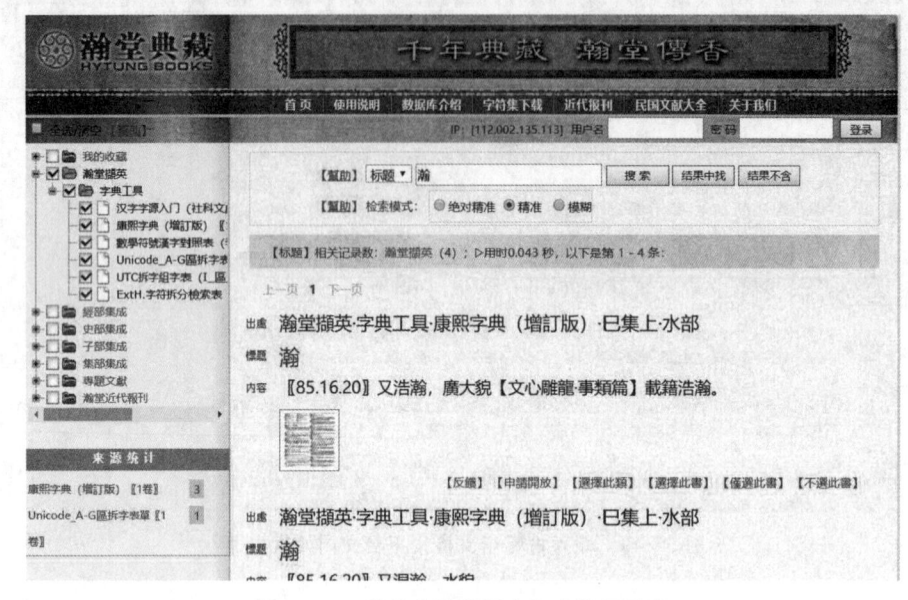

图 5-42 瀚堂典藏数据库检索结果界面

七、汉籍数字图书馆(http://www.hanjilibrary.cn/about.html)

汉籍数字图书馆是陕西师范大学出版总社开发制作的大型汉字古籍数据库,于 2010 年正式出版发行,2016 年 9 月汉籍数字图书馆 V2.0(简称"汉籍"2.0 版)上线。

"汉籍"2.0 版由传世文献库和八大专题分库(专库包括甲骨文献库、金文文献库、石刻文献库、敦煌文献库、明清档案库、书画文献库、舆图文献库、中医药文献库)组成。现已推出传世文献库、敦煌文献库和中医药文献库(如图 5-43)。

图 5-43 汉籍数字图书馆主页

"汉籍"2.0版由目录库和图版库组成。目录库总计约3 260万字,收录文献20多万种。图版库收录文献原件8.7万多种,占总目录数的40%,印本11万多个,480余万卷(册件),约6 400万页。采用PDF文件格式原版原式呈现。收录的文献按照"经、史、子、集、丛"五部分类,还按文献的历史年代和名称音序分列,可以通过快速模糊查询和高级精准查询找到所需的资源。

八、雕龙中日古籍全文资料库(http://tk.cepiec.com.cn/ancientc/ancientkm)

雕龙中日古籍全文资料库是一个包括宗教、历史、地理、文学、哲学等文科类文献的综合性数据库。由中日双方的古籍专家研究确定方案,日本凯希多媒体公司研制,昆山数字化软件技术开发有限公司加工制作。

该数据库最大的特点是收集了"日本古典书籍库",例如"倭名类聚抄""新撰字镜""六国史"等资料,并且收集了大量的日藏汉籍。该库收录的子库包括:四库全书、四库存目书、四库未收书、四库禁毁书、续修四库全书、四部丛刊、续四部丛刊、正统道藏、道藏辑要、清代史料、敦煌史料、永乐大典、古今图书集成、中国地方志、中国地方志续集、清代朱卷、中国民间文学等(如图5-44),全库含书3万多种,近80亿字,且数据每年尚在增加中。该库可对所有子库进行跨库检索,也可限制在单个子库检索;支持字段(书名、作者、全文、分库、附注)限定检索、全文检索、逻辑检索、二次检索等;支持繁简体、异体字通检;提供原版图像与文字的对照阅读,阅览界面可缩放;提供文字和图像的下载。

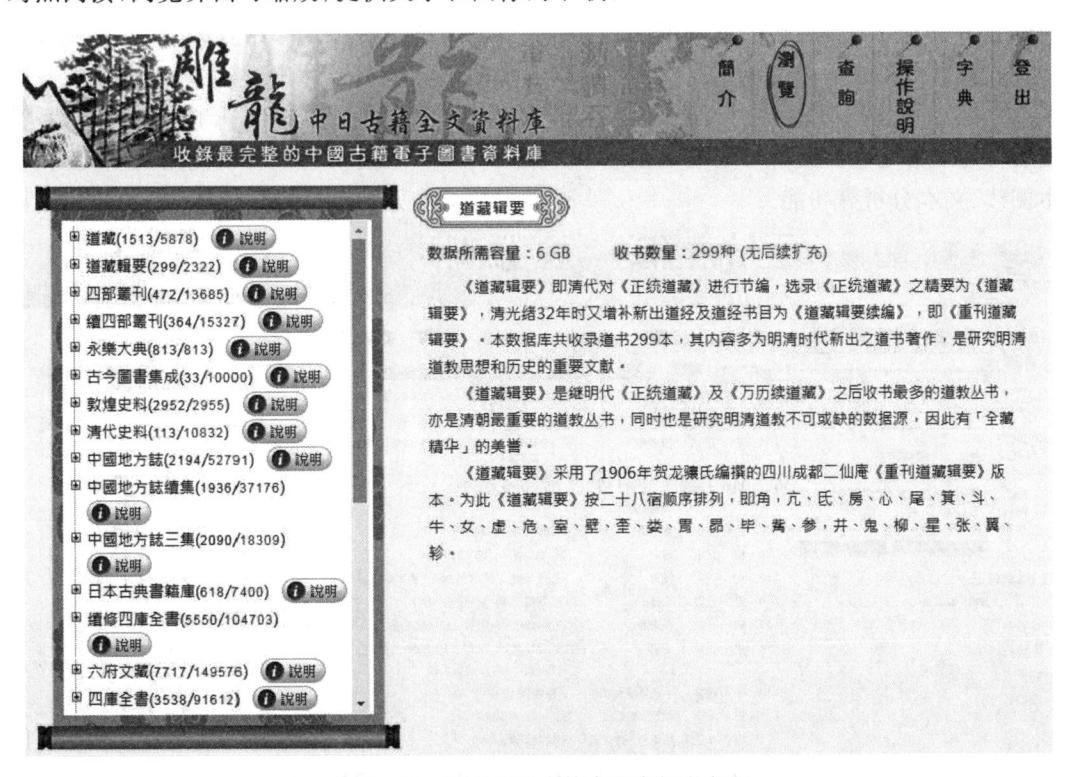

图5-44 雕龙中日古籍全文资料库主页

九、书同文公司的系列数据库

北京书同文公司(http://www.unihan.com.cn)是一家从事中文信息数字化技术研发的高科技企业,上海人民出版社和香港迪志联合出版的文源阁本《四库全书》电子版的数字化即由该公司完成。书同文生产的数字化古籍产品主要有丛书经典(收四部丛刊、四部丛刊增补版等)、中医本草、地理方志、明清史料、朝政通志、明清编年史、民国文献、金石书画、康熙字典等,早期多采用光盘为载体,2009年推出网络版,附有中西历转换、干支纪年转换、古代名人、官职、古代地名等工具。

十、汉籍电子文献资料库(http://hanchi.ihp.sinica.edu.tw)

汉籍电子文献资料库由中国台湾省研究院从1984年开始建设,收录二十五史、十三经、小说戏曲、上古汉语语料、台湾文献、佛经、道藏等文献,以史部文献为主,经、子、集为辅。涉及宗教、医药、文学与文集、政书、类书与史料汇编等,已收录历代典籍1424种,79723万字,内容几乎涵括了所有重要的典籍。其中部分资源免费开放,用户可以浏览全文;部分资源只能检索,授权用户方可阅读全文。

检索模式有书目浏览、基本检索、进阶检索、专业检索、全库浏览等,提供书名、内文、注释、任意词等检索字段。针对古籍特点,系统提供了异体字和同义词检索功能。勾选"异体字"选项,对同一字的不同写法扩大搜索;勾选"同义词"选项,对检索词的同义词扩大搜索。

在图书部类分类清单中可以用"+""-"任意开合浏览各书的章节,并对检索范围加以限定。检索结果显示部类、书名、作者、笔数(命中的章节笔数)、命中(检索词出现次数)(如图5-45)。可根据要求,显示书目清单、章节清单、命中段落。点选任一书全文阅读,系统便会开启该书之卷目段落与全文显示结果(如图5-46)。授权用户可以使用文本比对、文本阅读、文本分析等功能。

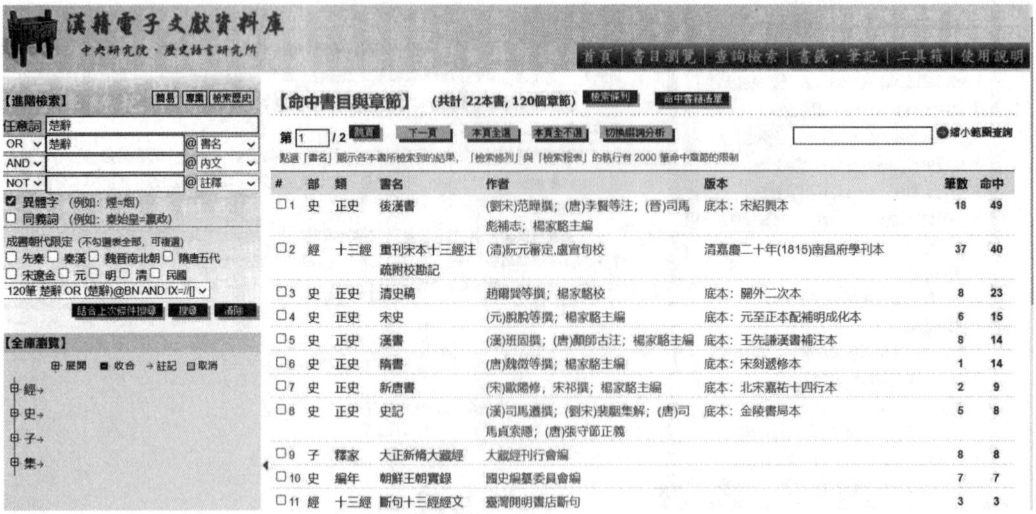

图5-45 汉籍电子文献资料库进阶检索界面

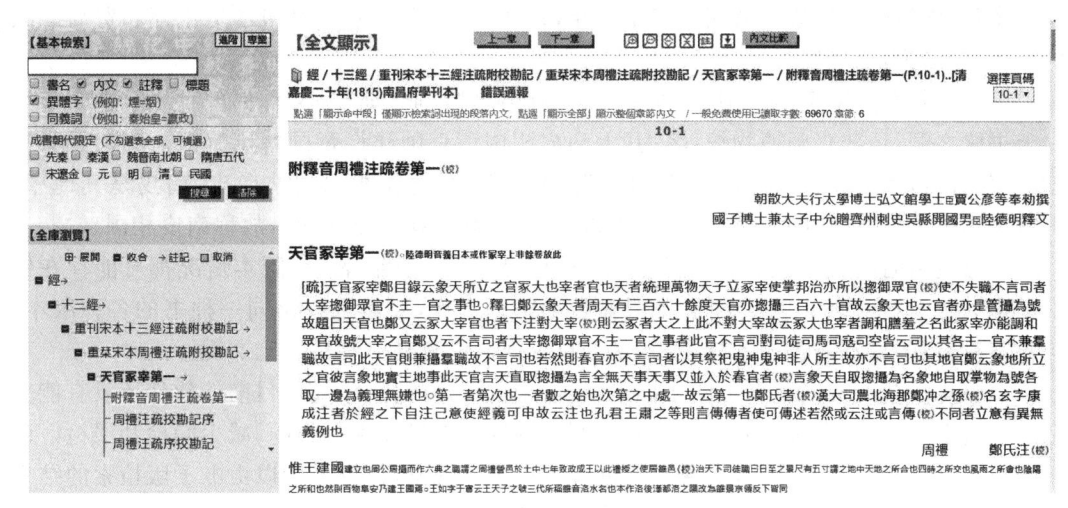

图 5-46　汉籍电子文献资料库全文显示界面

5.3.3　古籍专题数据库

学术研究机构和图书情报机构制作的古籍专题数据库有多种，这些数据库反映其收藏的专业文献、特种文献，以及部分文献的全文。常用古籍丛书、总集的电子版在网上也可以找到，如《二十五史》《诗经》《全唐诗》《全宋词》等，可利用 CALIS 及各高校图书馆的特色数据库和网络导航。

一、特色古籍资源库

（1）中国香港中文大学中国古籍研究中心（http://www.chant.org）的"汉达文库"包括甲骨文、金文、竹简帛书、先秦两汉、魏晋南北朝、类书、互见文献、引录经典等子库，是研究古文字的重要参考资源。

（2）中国香港中文大学的郭店楚简资料库（http://bamboo.lib.cuhk.edu.hk）。

（3）南京师范大学文学院和网络中心联合开发的"全唐宋金元词文库及赏析数据库"，包括唐宋金元词文库及赏析两部分内容，其中收集了唐圭璋教授编《全宋词》21 085 首，《全金元词》7 316 首，曾昭岷、曹济平等新编《全唐五代词》2 849 首，共计 31 250 首词文。可全文检索，并有古代绘画、词曲吟诵、演唱等多媒体资源。

（4）北京大学文学院的《全唐诗》《全宋词》全文检索系统。

（5）上海图书馆的"宋元善本全文资源库""家谱数据库""盛宣怀档案库"等。

（6）理查德·西尔斯的汉字字源网（https://hanziyuan.net）可以检索汉字字形的演变源流。

二、古籍检索注意事项

同一著作的不同版本题名可能不同，题名中常包含时代、地望、官衔、尊称、版本形式等内容，如：唐代诗人贾岛的诗集，明末毛氏汲古阁刻本题名为《长江集》，明嘉靖二十九年（1550）蒋孝刻中唐十二家诗集本题名《唐贾浪仙长江集》，清康熙席启寓琴川书屋刻唐人百家诗本为《贾浪仙长江集》,清康熙三十八年(1699)红兰室刻朱墨套印本是孟郊和贾岛二人的合集,题名为《寒瘦集》。

同一人物会有多个别名别称,如字号,斋堂室名,官职、地望(又称郡望)。如1905年张謇上书张之洞,请建京师博物馆,名为《上南皮相国请京师建设帝国博览馆议》。张之洞,字孝达,号香涛,因任总督,称帅,时人称之为"香帅"。张之洞祖籍河北南皮,南皮是其地望。因官至军机大臣,体仁阁大学士,相当于古代的宰相(清朝不设宰相),故称南皮相国。

古籍流传时间长,版本复杂,有些书目的记录有误,书名、著者、版本情况都可能存在错讹。不同版本在内容上会有不同,如果做校勘整理工作,要尽量找出同一种书的各种版本,核对篇目多寡,篇章是否有删减,字句是否有讹误。注意充分利用出土文献。

数字化古籍的最大优点是便于检索,但由于古汉语的异体字多,目前的软件还没有能完全解决这个问题,检索时要充分考虑到通假字、联绵词、异体字等问题,减少漏检和误检。由于全文检索是根据文本文件,而文本文件不可避免出现校对错误,所以由电子版检索的结果最好与图像版对校,能找到其他版本互校则更佳。

5.4 参考工具书检索

工具书是广泛收集某一范围的知识或资料,按特定体例或方式编排,旨在提供资料或资料线索而非供系统性阅读的图书。

工具书的体例构成一般包括:前言、凡例(排检方法、著录规则、注意事项等)、各种目次或索引、正文、附录、参考文献。工具书的编排方式有按字序、类序、时序、地序等方式,使用者可以按字序(汉字形序、汉字音序、外文字顺)、类序(学科分类、事物性质分类)、时序(时间顺序)、地序(地理位置顺序)等方式查检到相关信息。

根据工具书的基本性质和使用功能,可以划分为检索工具书和参考工具书。美国工具书专家盖茨称其为控制-检索型工具书(Information: control and access)和资料型工具书(Sources of information)。检索工具书指的是以书本形式存在的目录、索引和文摘检索工具,提供文献的线索,属于二次文献;参考工具书则包括字典、词(辞)典、百科全书、年鉴、手册、名录、类书、政书、表谱、图录等,提供具体的答案,属于三次文献。

目录、索引和文摘检索工具的使用已在第4章中介绍,本节重点介绍参考工具书的检索与利用。

5.4.1 参考工具书的类型

了解参考工具书的类型和特点,对于及时获取所需的参考资料是很有意义的。根据内容、体例和作用,参考工具书大体上可分为如下几类:

1. 字词典

字典、词典和百科全书统称"辞书",是以条目(词目、字头、词头、条头单元)为收录和释义单元提供知识信息,按照一定方式编排和查检的工具书。

字典,汇集汉字,以条目为单元说明其形、音、义及用法或其他属性,如《康熙字典》《新华字典》《汉语大字典》等。词典,亦作"辞典",汇集词语,对其作出说明或提供有关信息。词典有多种类型:按性质,有语文词典、专科词典及综合性词典等;按语种,有单语词典和双语或多语词典;按规模,有大型词典、中型词典、小型词典及微型(袖珍)词典等;按作用,有规范词典和描写词典等;按收录词语时段,有通代词典和断代词典。

查古代汉语字词,常用的有《古汉语常用字字典》《古代汉语词典》《辞源》等,也可以查考《康熙字典》《说文解字》等早期字典。查现代汉语字词,常用的有《新华字典》《现代汉语词典》《辞海》等。英语词典的主流出版品牌有韦氏(Merriam-Webster)、牛津(Oxford)、剑桥(Cambridge)、朗文(Longman)、柯林斯(Collins),它们各自有较多版本的词典类型,可根据需要选择。

2. 百科全书

百科全书以条目为单元,汇集各种门类或某一(某些)门类知识做较完备的阐述,具有查考和教育双重作用。汉语"百科全书"译自英语 encyclopaedia,源于希腊文 Enkyklopaideia,en 表示"在",kyklios 表示"圆圈"或"范围"(circle),paideia 表示"知识"或"教育"(learning),合起来的意思是"要学的全部知识都在这一范围里"。中文"百科全书"一词,现知是 19 世纪末从日本传入中国的。"百科",言知识之广;"全书",言内容之博。百科全书的主要作用是供人们随时查检需要的知识和事实资料,还具有扩大读者知识视野和帮助人们系统求知的教育作用,常被誉为"没有围墙的大学"。它收集专门术语、重要名词、分列条目,加以详细的叙述和说明,提供定义、原理、方法、历史及现状、统计、书目等方面的资料,是一种重要的知识密集型工具书,被誉为"工具书之王"。因为百科全书能够从不同程度回答"何物"(What)、"何人"(Who)、"何时"(When)、"何地"(Where)、"为何"(Why)及"如何"(How)等问题,所以可以作为事实检索的起点。

百科全书起源于人类对已有知识的全面概括和分类整理。古希腊学者亚里士多德曾编写过全面讲述当时已有学问的各科讲义,被西方奉为"百科全书之父"。近现代百科全书的奠基作是法国学者 D·狄德罗为首的法国百科全书派编撰的《百科全书,或科学、艺术和手工艺分类字典》。百科全书种类繁多,有汇集各学科知识的综合性百科全书,如《中国大百科全书》《不列颠百科全书》等;也有仅汇集一门或数门知识的专科性百科全书,如《哲学百科全书》《科学与技术百科全书》等;还有汇集与某一地域相关的各种知识的地域百科全书,如《北京百科全书》《莫斯科百科全书》等。

中国大型综合性百科全书的代表是《中国大百科全书》。第一版于 1980—1993 年按学科分卷出版,共 74 卷,含总索引 1 卷,约 7.8 万个条目,内容包括哲学、社会科学、文学艺术、文化教育、自然科学、工程技术等领域各门学科的基本知识,各学科卷内的条目按汉语拼音字母排检法编排。2009 年出版第二版,不按学科分卷出版,全部条目按汉语拼音字母排检法编排,共 32 卷,含索引 2 卷,约 6 万个条目。2011 年国务院批准同意编纂《中国大百科全书》第三版,要求通过建立数字化编纂平台,编纂发布和出版网络版、纸质版,以实现百科全书编纂和出版在网络时代与时俱进。纸网互动是第三版的特色:网络版涵盖 13 大学科门类、94 个一级执行学科,共 50 万个条目;纸质版按学科(知识门类)分类分卷整合编纂,不列卷次,每卷只标出学科名称,总设计规模 80 卷,现已出版心理学、矿冶工程、戏曲学、核技术、情报学等学科卷,可采用链接方式与网络版共同阅读。

西方综合性百科全书最著名的是《美国百科全书》(Encyclopedia Americana,EA)、《不列颠百科全书》(Encyclopædia Britannica,EB)和《科利尔百科全书》(Collier's Encyclopedia,EC),英语世界俗称 ABC 百科全书,又称世界三大百科全书。其他著名的综合性百科全书有法国《拉鲁斯百科全书》、德国的《布罗克豪斯百科全书》和《苏联大百科全书》等。其中,《不列颠百科全书》(又称《大英百科全书》,以下简称"EB")最具权威。

EB 于 1768—1771 年创始于苏格兰爱丁堡,初版共 3 卷。后不断修订出版。EB 第 9 版(1875—89),包含了众多著名学者撰写的学术文章,被称为"学者的百科全书"。EB 第 11 版(1910—11)在保留其学术性的基础上将长篇论文划分为更短小的文章,提高了可阅读性,被视为是经典版。EB 的第 12 和 13 版均以三卷补充卷的形式出版,它们必须与第 11 版一起使用。1920 年,EB 的出版权和商标被卖给了美国喜尔斯百货商店,营运重心从英国转移到了美国。EB 第 14 版(1929)邀集近 140 个国家和地区的 4 000 多位学者专家参与撰述百科全书,大量收入欧洲以外地区的资料,并多次修订,将 EB 从"国家地域性的百科全书"跃升为"世界性的百科全书",确立了其在百科全书界的权威地位。1941 年喜尔斯百货商店将百科全书的版权赠送给了芝加哥大学,现由总部设在美国芝加哥的不列颠百科全书公司负责运营。EB 第 15 版(1974)共 30 卷,1985 年增至 32 卷,分为 4 个部分:(1)《百科类目》1 卷,亦称《知识纲要和百科指南》,是全书知识的分类纲目;(2)《百科简编》12 卷,亦称《便览和索引》,共有小条目 8 万余条,既可作为独立的简明百科词典使用,又可作为全书的条目索引;(3)《百科详编》17 卷,亦称《知识深义》,共有大条目 670 余条,系统介绍各学科知识、重要人物等;(4)《索引》2 卷。后每年增补和修改部分条目。

1994 年,EB 推出网络版,是互联网上的第一部百科全书。2012 年,已有 244 年历史的《不列颠百科全书》纸质版停印,全面转入网络化。

3. 年鉴

年鉴是按年度系统汇集一年内重要事件、学科进展及各项统计资料,提供详尽事实、数据和统计数字,反映近期政治、经济发展动向及科学文化进步的年度出版物。年鉴的编纂始于欧洲,英文称 Almanac、Annual、Yearbook。

年鉴内容广泛,知识信息密集,编排形式简明,便于读者查阅和检索,其功能类似于百科全书,只是所收记录仅限于一年之内的最新资料。年鉴的主要作用是:检索一年中的大事要闻,了解各学科、部门的发展动态,查询有关学科的新知识新成果,查询统计数字和资料等。由于年鉴出版及时,资料来源可靠,可以弥补百科全书不能及时修订的缺陷,因此世界著名百科全书出版机构都同时编有自己的年鉴,如《不列颠百科年鉴》《科利尔年鉴》等。

年鉴一般由概况、专题论述、大事记、统计资料及附录几部分组成,其中,专题论述是年鉴的主体,分门别类地记述具体事件和进展动态。在编写内容方式上,年鉴有记叙型和统计型两大类,前者以文字叙述为主,后者以统计数据为主,统计年鉴占有相当比例。年鉴可以提供如下几方面的信息:统计数据资料,便览性资料,事实性、背景性材料,时事动态信息,综述、回溯、预测性资料,非文字资料(如照片等),重要的文献以及文献线索。

常见的年鉴有《欧罗巴世界年鉴》(The Europa World Year Book)、《世界大事年鉴》(The Annual Register:A Record of World Events)、《中国统计年鉴》、《中国人口年鉴》、《中国经济年鉴》、《中国教育年鉴》等。

4. 手册

手册是汇集某一方面经常需要查考的文献资料或专业知识，以供读者随时翻检的工具书。它通常是简明扼要地概述某一专业或某一方面的基本知识，以及一些基本公式、图表、数据、规章、条例等，实用性较强。常以叙述和列表或图解方式来表述内容，并针对某一专业学科或专门内容，收集相关的事实、数据、公式、符号、术语以及操作规程等专门化的具体资料。手册和年鉴一样都属于信息密集、叙述简明、编排合理、检索方便的便捷工具书。

手册的别称很多，有指南、便览、大全、必备、须知、入门等。英文中，常用 Handbook 和 Manual 表示，前者侧重"何物"（what）一类的信息，如数据、事实等，后者偏重"如何做"（how-to）之类的问题。

它有日常生活用的手册和专业性的手册，前者如《生活科学手册》，后者如《中学语文教师手册》。

5. 名录

名录是根据一定范围和标准，收录专名资料，并按一定顺序编排的工具书。人们可以从名录中查找关于人物生平、机构组织和某一行政区划沿革等信息，可分为人名录、地名录、行业名录等。名录在一些情况下类似专门词典、指南与目录的作用，因此很多人名录、地名录也称为人名词典和地名词典，一些机构名录和产品名录也常被称为机构团体指南和产品目录。

早期国内外会出版一些专门的名录图书，供人们查询，如《中国人名大词典》《当代中国社会科学名家》《英国历史名人录》《美国法律名人录》《美国大专院校教员名录》《中国政府机构名录》《美国社团大全》《世界大学名录》等。现如今，我们可通过互联网实现各类名录的快速检索，可通过搜索引擎、政府网站公共服务系统、机构官方网站、专业的人物、机构查询工具和数据库等途径查询相关信息。

6. 类书

类书是中国古代独具范式的典籍，是辑录古籍中资料，按类目或韵部编排，以供查检、征引、校勘或辑佚古典文献的工具书。

类书将经史子集的优秀著作、历史事实、名物制度、诗赋文章、成语典故、骈词俪句等汇集起来，成为征引有关古代政治、经济、文化等方面的史料以及寻检诗文骈句、成语典故的重要来源，是百科式的资料汇编。综合性类书涉及的门类广泛，举凡天文地理、鸟兽虫鱼、衣食住行、名物制度等等都在收集之列，如《古今图书集成》汇集各专题方面的资料，包含天文、地理、人物、时令、宫室、器用、身体、衣服、人事、仪制、珍宝、文史、鸟兽、草木、食货、乐律、家范、氏族等百科知识；专科性类书只搜集汇编某一门类的资料，如《太平广记》，它专收小说，把古代小说按内容分类收录。

类书虽被称为中国古代的"百科全书"，但与现代百科全书相比，其编纂方式、编排方式、内容和检索系统不尽相同：类书重在资料性，是原始资料的汇集；类书一般按照原始资料之间的内部联系分类编排，亦有按易于检索的字顺编排；类书的编撰目的主要是为了保存古代文化，是对前人文献的分类辑存；类书编纂完成以后一般很少进行补充或修订。

从魏晋六朝直至明清近世,类书的编纂绵延不断。按其编撰者分,可分为官修类书和私辑类书两条主线。我国古代类书之祖,当首推曹魏时期的官修《皇览》。唐代具有代表性的官修类书如《艺文类聚》《文馆词林》《初学记》等,私辑的有虞世南撰《北堂书抄》和白居易撰《白孔六帖》。北宋官修类书有《太平御览》《册府元龟》等;私辑类书有章如愚撰《山堂考索》、王应麟撰《玉海》等。明清两代最具代表性的类书有《永乐大典》和《古今图书集成》。

7. 政书

政书是中国古代记述有关典章制度的史书。它分类辑录、编排典章制度,是各个朝代政治、经济、军事、文化制度的资料汇编,所以一般也把它作为工具书使用。其主要作用在于:查古代典章制度的名词术语,查历代典章制度沿革,辑录亡佚的古籍奏章。

政书可分为通史式政书和断代式政书,记述历代典章制度的通史式政书,如《通典》《通志》《文献通考》等;记述某代典章制度的断代式政书,如《唐会要》《元典章》《明会典》等。

政书最具代表性的是"十通",它系统完整地记录了中国历代典章制度沿革,是《通典》《通志》《文献通考》《续通典》《续通志》《续文献通考》《清朝通典》《清朝通志》《清朝文献通考》《清朝续文献通考》这十部政书的总称。

8. 表谱

表谱是以表格、谱系、编年等形式反映历史人物、事件、年代的工具书,是年表、历表、表册等的总称。表谱在我国有悠久的历史。早在周朝就有史官记载帝王年代和事迹的"牒记",这是我国年表的雏形,"谱"的名称也始于周朝。表谱简明扼要,提纲挈领,以简驭繁,将纷繁复杂的历史人物、事件、年代用简明的表格、谱系等形式表现出来,具有精要、便览、易查等特点。

表谱包括年表、历表和其他历史表谱:

年表可分为三类:① 历史纪元年表:用以查考历史年代和历史纪元,如《中国历史纪年表》。② 大事年表:除反映纪元外,还记载历史事件的发生和演变过程。供检查历代大事之用,如《中外历史年表》。③ 专类年表:将有关一种学科或专题的事件按年为纲加以例举,如董作宾等编纂的《甲骨年表》等。

历表是一种把不同历法的历日按一定的次序汇编在一起,以相互对照的表格,提供查找和换算不同历法的年、月、日的工具书。著名的历表有陈垣编著的《中西回史日历》《二十史溯闰表》,方诗铭、方小芬编著的《中国史历日和中西历日对照表》等。

其他历史表谱主要有:① 人物生卒年表:用来查找历史人物在世的时间,如《历代人物年里碑传综表》。② 职官年表:以政府机构中重要的官制职称为目,按照时代或逐年记载任免这个官职的人物姓名;或系统记述历代职官的名称、职掌和演变,如《历代官表》。③ 地理沿革表:着重反映一个国家的行政区划情况和历史沿革,如《历代地理沿革表》《历代疆域表》等。④ 年谱:以谱主为中心,以年月为经纬,比较全面细致地列出谱主一生的事迹,是研究历史人物生平、学术的重要参考资料,如《中国历代年谱总录》。⑤ 讳谱:专门汇录历代帝王的避讳情况,如《历代帝王庙谥年讳谱》《历代讳字谱》等。⑥ 家谱:或称族谱,主要记载某一家族世系和重要人物事迹。⑦ 综合性历史表谱,如《廿一史四谱》等。

9. 图录

图录是按照一定的学科或专题辑录有关的图像资料的工具书,包括地图、历史图谱、文物图录、人物图录、科技图谱、艺术图谱等,其特点是以图形记录或重现原始材料的概貌,供人们学习和研究之参考。

地图是反映描绘地球表面事物、现象的图集,如《中华人民共和国地图集》《中华人民共和国自然地图集》《中国历史地图集》《泰晤士世界地图集》等。

在文史哲学方面主要有文物图录和历史图录两大类,是一种以图形揭示历史人、物、事的工具书,如《考古图》《宣和博古图》《中国版刻图录》《中国近代史参考图录》《中国古代历史图谱》等。

5.4.2 在线参考工具书的检索与利用

随着网络技术的发展,工具书实现了数字化集成整合,不仅保留了工具书的知识性、检索性、概括性、科学性、权威性和内容特色,而且突破了工具书在检索方面的局限性,配置了全文检索系统。此外,有的数据库通过超文本技术,建立知识之间的链接和相关条目之间的跳转阅读,使读者能够方便地获取分散在不同工具书里的、具有相关性的知识信息。

一、工具书集成数据库

1. 中国知网"CNKI工具书库"(http://gongjushu.cnki.net)

该库是持续更新的百科知识库,是高度集成、方便快捷的工具书检索系统(如图5-47),该库集成知名出版社的7 000余册工具书,类型包括语文词典、双语词典、专科辞典、百科全书、图录、表谱、传记、语录、手册等,内容涵盖哲学、文学艺术、社会科学、文化教育、自然科学、工程技术、医学等各个领域。

图 5-47 CNKI 工具书库主页

工具书总库页面可直接检索集成的所有工具书,设有部首、笔画和拼音作为输入辅助,帮助检索字词。

工具书总库页面上方的链接可切换至语文馆、专业馆、百科馆、独立子产品等几个分库检索界面,"语文馆"包含汉语词典、英语词典、小语种词典、少数民族语言词典和鉴赏辞典,专注于查语词。"专业馆"按知网10大学科专辑分类,可分学科查询各类工具书。"百科馆"专注于查百科全书和百科资料。"独立子产品"包含汉语大词典&康熙字典(知网版)、商务印书馆精品工具书数据库、植物志、CNKI中小学工具书库和建设工程造价预算与规范数据库等。

CNKI工具书库,不但保留了纸本工具书的科学性、权威性和内容特色,而且配置全文检索系统,突破传统工具书在检索方面的局限性,同时通过超文本技术建立了知识之间的链接和相关条目之间的跳转阅读,使读者在一个平台上能够非常方便地获取分散在不同工具书里的、具有相关性的知识信息。除此之外,该库每一个条目后面还链接相关的学术期刊文献、博硕士学位论文、会议论文、报纸、年鉴、专利、知识元等,帮助读者了解最新进展,发现新知,开阔视野。

2. 商务印书馆精品工具书数据库(http://icidian.com.cn/cpnet)

《商务印书馆精品工具书数据库》(如图5-48)是商务印书馆有限公司研制出版、同方知网(北京)技术有限公司完成技术开发的在线工具书查考与知识学习数字平台,遴选了商务印书馆100余种现代精品中外文工具书,涵盖汉、英、俄、德、法等21个语种。一期产品已收入《新华字典》《现代汉语词典》《新华词典》《中国艺术百科辞典》等29种精品汉语工具书,涵盖字典、词典、成语词典、语典、专科词典,集字、词、成语、俗语、谚语、歇后语、惯用语、名言及专科词语等多类型词汇于一体,融汇语言、文字、文化、百科等知识,共收词目约35万条,约6 000万字。其中,约6.5万个基本词目配有播音员真人发音朗读,2 500个常用字配有笔顺动态 flash 演示。具有初级检索、高级检索、通配符检索、片语检索等多种检索方式,提供"词目""释文""书名""索引"等检索入口,可选择在全库中检索,或在单本书内检索,还特别提供选书检索的功能。

图5-48 商务印书馆精品工具书数据库

3. 牛津参考工具书在线（http://www.oxfordreference.com）

牛津参考工具书在线（Oxford Reference Online）（如图 5-49）涵盖牛津大学出版社出版的各种字词典和不同学科参考书，将这些参考资源整合在同一个资料库中，可快速检索多种双语字典的释义、170 多万条由顶级学者和专家撰写的事实记录和定义、1 万 6 千多幅插图（包括彩色照片、地图以及各种表格）和 3 万 6 千多篇自传。同时，该库的数据资源实现了交叉检索，提供多个学科领域内的交互参照，可透过纪年表连结至数千个重大历史事件。

图 5-49 牛津参考工具书在线主页

4. Knovel 电子工具书(http://www.knovel.com)

Knovel(如图 5-50)是适用于工程技术领域研究的信息平台,集成了来自 120 多个出版机构的参考工具类图书,具有强大的检索和分析功能,数据库将原始出版物中的数据和图表进行深度加工与整合,是工程技术研究人员快速了解定义、查找数据和关注研究进展的交互式参考工具。

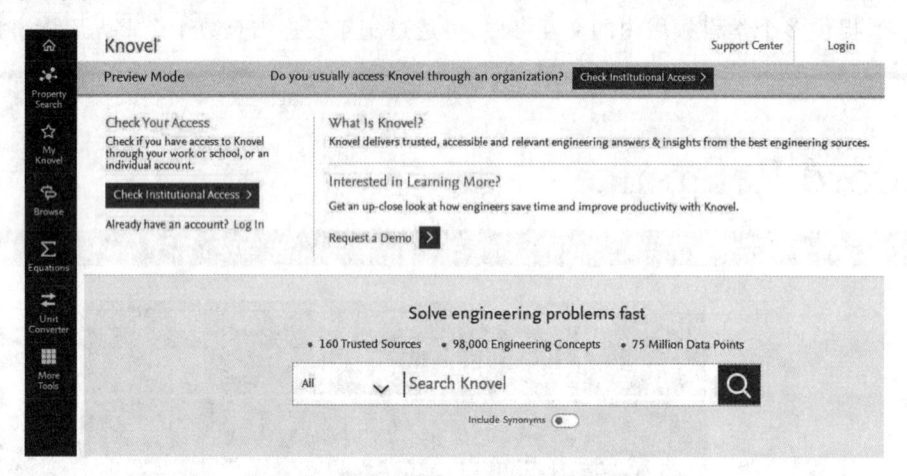

图 5-50 Knovel 电子工具书在线主页

5. Credo 全球工具书大全(http://search.credoreference.com)

Credo 全球工具书大全由英国 Credo Reference Limited 出版社(原名 Xrefer)提供,资源包括全球 80 多家著名出版社的 670 多种实用工具书,共计 334 多万个条目、1 亿个链接、6 万多张图片和 20 多万条音频文件。它通过限定检索、X 参照、思维导图、超链接实现相关词条之间的联结与切换,挖掘词条关系,扩展用户思路。

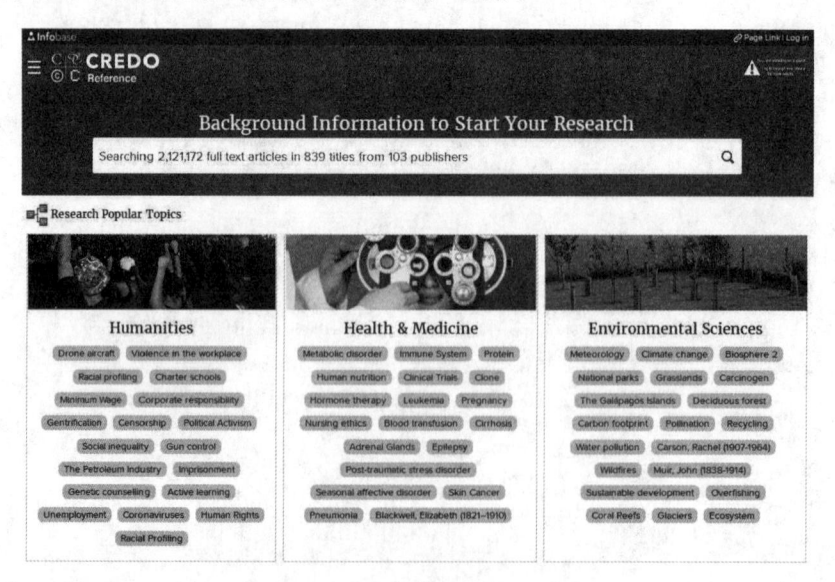

图 5-51 Credo 工具书在线主页

第 5 章 图书资源检索

6. Gale 虚拟参考书图书馆(https://link.gale.com/apps)

Gale 虚拟参考书图书馆(Gale Virtual Reference Library)是全球最大的虚拟参考工具书数据库,内容覆盖理、工、农、医、人文等共 17 个学科,收录 Elsevier、Springer、John Wiley、SAGE 等著名出版社出版的 2 400 多种参考工具书,提供超过 277 万篇文章,每篇文章提供 HTML 和 PDF 格式,并提供全球通用的引用信息。

二、字词典

1.《辞海》(https://www.cihai.com.cn)

《辞海》是以字带词,兼有字典、语文词典和百科词典功能的大型综合性辞典。1936—1937 年出版第一版,1958 年启动第一次修订,从 1979 年版开始每十年修订一次,于 2020 年 8 月出版第七版,总字数 2 350 万字,总条目近 13 万条,图片 18 000 余幅;新增条目 11 000 余条,75%以上的原有词条都有程度不同的修订或更新。

图 5-52 辞海网络版首页与词条页面

《辞海》在选词上,以解决人们在学习工作中"质难问疑"的需要为主。在释文内容上,以介绍基本知识为主,并注意材料观点的统一。释义一般均列举书证,并注明出处。每个条目一般先注音,后释义。单字下带出以该单字作为词头的一系列词语。《辞海》的检索途径比较完备,从第六版起按汉语拼音音序编排,书后附有部首索引、笔画索引、四角号码索引和词目外文索引等多种辅助索引。

《辞海》网络版于2021年5月正式上线,是一款在电脑、手机等设备上随时随地可以查阅,融合了音视频、图像和三维立体模型的有声、有色、有形的立体"辞书",也是我国第一部走向互联网的大型综合性辞典。使用《辞海》网络版可访问 https://www.cihai.com.cn/,或前往应用市场下载"辞海"APP,注册购买使用,在"辞海"微信公众号菜单栏中点击"微信辞海",可访问辞海微信版。已购买《辞海》(第七版)纸质版的用户可扫描第八卷书后版权页上二维码,激活账号可获得5年《辞海》网络版使用权限;已购买《辞海》缩印本的用户可扫描封底后环衬处二维码,激活账号可获得2年《辞海》网络版使用权限。

2022年9月,《辞海》网络版2.0发布,进一步增补词条,新增词条10 000多条,包括百科条目2 500余条,语词条目7 500余条,并同步完成配音。

2.《辞源》(http://ciyuan.cp.com.cn)

《辞源》是一部大型综合性词典。1915年由商务印书馆出版,初以甲乙丙丁戊五种版式出版。1958年修订改为古汉语辞典。2015年出版第三版(有网络版和优盘版),计收单字字头14 210个,多字词目92 646条。全书使用繁体字,释义用浅近文言,引书证重在溯源,正文条目采用康熙字典214部部首排检法编排。

《辞源》(第三版)网络版是商务印书馆第一款古代汉语工具书的数据库产品。在内容建设上,制作了专用的加工标准,并对纸质图书的内容(字头、归部、笔顺、注音、反切、声类、韵部、义项、书证、专有名词等字段)进行了深度结构化标引。该产品的功能主要包括以下几个方面:条目检索(字头检索、词条检索)、检索历史条目记录维护(导出检索记录、删除检索记录)、辞源笔记(信息备注、笔记分类检索、笔记修改与删除)、正文浏览区(条目定位、自动引文、二次检索、打印检索结果、PDF溯源、前后词条、图文聚类浏览、辞典版式设置、书证聚类)、用户辅助(辞源体例、四角号码检字法介绍、辞源附录、使用帮助、繁简转换等)。

3. 汉典(http://www.zdic.net)

汉典始建于2004年,是一个有着巨大容量的字、词、词组、成语及其他中文语言文字形式的免费在线辞典。该网站具有一定的开放性,允许使用者参与讨论和增加字词的注释,这一点使得汉典具有现代网络词典的特点。该网站提供直接汉字检索、五笔编码检索、仓颉编码检索、四角号码检索、笔顺编码检索、Unicode编码检索等多种检索方式。另外,汉典支持IE右键搜索汉字,用户只需下载注册表文件,双击导入注册表,在IE的右键菜单中添加"Zdic.net查字典"的选项即可。查询时,先选中某个汉字,然后单击鼠标右键,选择"Zdic.net查字典"就可以直接跳转到汉典网站查看该字的解释。除了能够查检常用字词、成语的读音、释义和用法,汉典还有在线发声、《康熙字典》和《说文解字》注释及字源字形展示等延伸功能。

4. 海词(http://dict.cn)

海词是国内专业的在线词典技术与内容服务提供商,致力于在线学习词典及数字辞书出版服务。海词与外教社、外研社、商务印书馆、科技出版社、牛津词典等达成战略合作,打造"品牌词典数字化服务中心"。

海词词典为用户提供覆盖小学、初中、高中和大学的词汇学习详解内容,覆盖英、韩、日等 20 多个语种,粤语、沪语等特色方言以及 80 多个行业专业词汇的在线查词及学习服务。海词具有模糊查词、云端服务、划词取词、悬浮查询、个性化私人学习定制等功能。有道词典、百度词典、腾讯、搜狗等在线词典的内容与技术服务均来自海词。

5. 术语在线(http://www.termonline.cn/index.htm)

由全国科学技术名词审定委员会主办的知识服务平台。支持中文英文科技名词术语的检索,覆盖了 1988 年至今的基础科学、工程与技术科学、军事科学、人文社会科学等各个领域的 100 余个学科,提供科技语检索、术语纠错、术语收藏、术语征集等功能,支持命中术语所属子数据库链接,汇集了全国名词委员会权威发布的审定公布名词数据库、海峡两岸名词数据库和审定预公布数据库累计 45 万余条规范术语。

6. 牛津英语词典(https://www.oed.com)

牛津英语词典(Oxford English Dictionary,简称 OED)是被广泛认可的,最权威和最全面的英语语言记录,它追踪描述了词语的演进和使用情况。OED Online 提供了完整版牛津英语词典的最新内容,提供逾 600 000 条词语释义,通过 300 多万条引文展示词语在整个英语历史中的使用情况;用户可利用 Historical Thesaurus of the Oxford English Dictionary 探究主题、含义和思想;涵盖英式英语、美式英语及全球范围内所有其他种类的英语,以及包括正式用语和俚语在内的各种用法。

7. 韦氏词典(https://www.merriam-webster.com)

韦氏词典是美国历史悠久的词典品牌,词典对很多美式英语用法收录比较全面。韦氏词典的网站提供 Dictionary 和 Thesaurus 两个标签切换:Dictionary 对应词典功能,提供单词的释义、例句、词源及演变历史,附有标准语音;Thesaurus 对应单词的同义词、反义词和相关词查询。该网址提供韦氏品牌其他词典入口,如 Unabridged Dictionary、Collegiate Dictionary、Kid's Dictionary、Law Dictionary 、Medical Dictionary。

三、百科全书

1.《中国大百科全书》

中国大百科全书数据库(https://h.bkzx.cn)(如图 5-53)完整收录《中国大百科全书》第一、二版数据,提供多种检索手段,可以在 PC 端与移动端使用。数据库学科体系搭建完善,其内容包含 14 万条目、2 亿文字量、100 万个知识点以及其他权威数据。

《中国大百科全书》第三版网络版(https://www.zgbk.com)总条目 50 万条,总计约 5 亿字(三版编纂工作尚在进行中,上线发布部分内容)。在第一、二 版的基础上,第三版增加了学科设置和条目数量,包括了国家颁布的全部学科门类、一级学科和多个知识领域,进行多媒体配置,运用文本、图片、音频、视频和交互产品,体现科学性、知识性、文献性、艺术性和可读性,努力实现准确和权威。

第三版网络版分为专业、专题、大众三个板块。专业板块框架以科学分类为基础,按学科分工编撰;专题板块以各种特定专题为中心,以多作者、多视角、多条目汇集的形式编撰;大众板块以人们关注的经济、政治、文化、教育、文艺、体育现象及日常生活知识为主编撰。

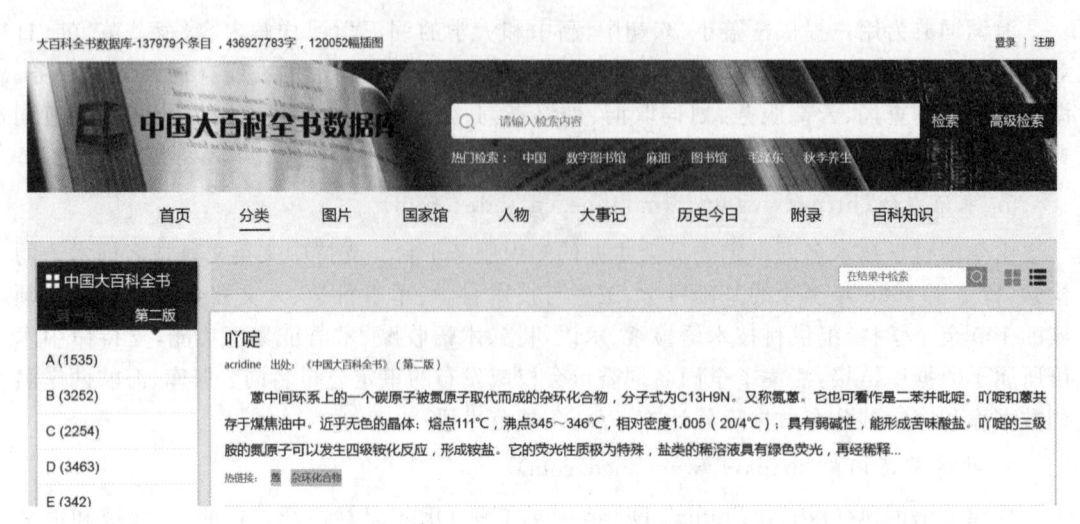

图 5-53 中国大百科全书数据库首页

图 5-54 《中国大百科全书》第三版网络版首页

  首页(如图 5-54)最上端设有"专业板块""专题板块""大众板块"三个检索入口。专业板块按学科门类及学科呈现,专题版和大众版按主题大类呈现。主页上的检索框中可输入关键词点击搜索,也可以通过"你可能还关心的领域"直接进入有关学科领域页面,在检索框输入关键词搜索。点击进入"高级搜索"页面可分别按条目标题、关键词(释文、作者、学科分类)以精准匹配和模糊匹配两种方式进行搜索,也可选择"并含、或含、不含"三种逻辑关系进行组合搜索。搜索结果列表中,专题板块条目之前冠以黄色图标,大众板块条目之前冠以蓝色图标。

  2.《不列颠百科全书》网络版(https://www.britannica.com)

  《不列颠百科全书》网络版(Encyclopedia Britannica Online,简称 EB Online)于 1994 年正式开通,是第一部互联网上的百科全书。EB Online 的收录资料由诺贝尔奖得主、历史学家、博物馆馆长、教授及其他著名的专家撰写,具有事实准确性、精深的洞察力和独到的见解,提供高品质、全面、快速、方便查找的信息,可检索词条达到 133 000 多条,并收录了 90 000 多幅图例、9 000 多段内容丰富的多媒体动画音像、24 000 多册电子书和原始文献。

  除 Encyclopedia Britannica(《不列颠百科全书》完整版)外,EB Online 还包括 Merriam-Webster's Collegiate Dictionary and Thesaurus(韦氏大词典及英语同义词字典)、Britannica Book of the Year(《不列颠百科全书》精选年度参考书)、World Atlas(交互式世

界地图全集,收录超过 215 个国家,同时链接地图、国旗及各国统计资料),Related Website(相关参考网络资源,提供 20 万个以上经过百科全书编者评审的优质网站链接),Britannica Spotlights(不列颠百科独家收录的特殊主题深度介绍),Timelines(大事纪年表,主题涵盖建筑、科技、生态、艺术等),还有 150 种经过筛选的在线杂志和期刊。

EB Online 界面友好,简单易用,同时具有浏览和检索功能。其中浏览功能包括:按字母顺序浏览、主题浏览、世界地图浏览、年鉴浏览和时间(大事纪年表)浏览、世界数据浏览、经典名著及名人格言浏览等多种途径。检索功能可根据不同需求,选择检索 EB 完整版、简明版、EB 精选网站、影像资料和《韦氏词典》等不同层次和类型的文献。EB 还对检索结果进行简单分类,把从不列颠百科完整版、不列颠百科简明版、EB 精选优质网站、其他资源、影像资料等不同来源得到的检索结果分别显示。

EB Online 的在线发行分为两个渠道:一个是 Britannica.com 公众网络版,由广告和订阅费支持;另一个学术网络版(https://academic.eb.cnpeak.com)是专门为高校和研究机构设计的在线综合研究平台,许多学校和图书馆都有购买。

3. 百度百科(https://baike.baidu.com)

百度百科是由百度公司推出的一个内容开放的网络百科全书平台,几乎涵盖了所有已知的知识领域。百度百科旨在创造一个涵盖各领域知识的中文信息收集平台,强调用户的参与和奉献精神,充分调动互联网用户的力量,汇聚上亿用户的头脑智慧,积极进行交流和分享。

同类型的互联网在线百科有维基百科、搜狗百科、360 百科等,这些百科由公众参与编辑,并未经过专业评审,其条目质量参差不齐。

4. 专业性百科全书

专业性百科全书是针对某专业领域,提供全面而成熟的知识与资料,现有的在线专业性百科种类繁多,如:MBA 智库百科(https://wiki.mbalib.com)可以查询经济与管理类百科知识;百科名医(https://www.baikemy.com)是中国医科名词百科网站,可以按照常见科室查询病症和药物知识。

三、年鉴

1. 中国年鉴网络出版总库(https://nianjian.cnki.net)

该库是中国知网旗下的动态年鉴资源全文数据库,内容覆盖基本国情、地理历史、政治军事外交、法律、经济、科学技术、教育、文化体育事业、医疗卫生、社会生活、人物、统计资料、文件标准与法律法规等各个领域。收录来自中国中央、地方、行业和企业等各类年鉴的全文文献。

2. 中国国家统计局统计年鉴(http://www.stats.gov.cn/tjsj/ndsj)

该网站收录了全国和各省、自治区、直辖市 1999 年至今的经济、社会各方面的统计数据,以及多个重要历史年份的全国主要统计数据,全面反映了我国经济和社会发展情况,正文内容包括综合、人口、国民经济核算、就业和工资、价格、人民生活、财政、资源和环境、能源等。

3. 中国社会科学年鉴数据库(https://www.eyearbook.cn)

该库是国内唯一的哲学社会科学学科年鉴数据库,整合了中国社会科学院15个研究所及部分重点高校的优质年鉴成果资源,计划收录50种(400余卷)学科年鉴,覆盖哲学社会科学绝大多数一级学科和部分重点二级学科。该库集中展示了改革开放以来哲学社会科学各学科的发展信息,是研究学术史与梳理学科发展的重要工具书。该库将年鉴词条按照学科综述、推荐论文、推荐图书、重点课题、重要会议、重要人物、大事记等模型,全部进行了分类拆分和标引,便于用户实现文献检索、机构人物索引、学术热点分析等知识服务功能。

4. 中国年鉴网(http://www.yearbook.cn)

该网站是由中国版协年鉴研究会网络中心主办并负责全面运营,全国各年鉴编纂单位共同参与建设的面向全国年鉴界和社会公众,为我国各年鉴提供宣传和服务,为我国各级政府及社会各界提供研究、决策支持及其他年鉴信息服务的信息资源网站。

四、手册

1. 彼得森研究生指南(http://www.petersons.com)

该指南是介绍北美1 500所院校、300个学科、28 000个研究专业的数据库。每年更新一次,内容包括学校名称、通信地址、教师及研究人员名录、所授学位级别、研究重点、主要研究设施、奖学金发放及其他有关信息。

2. 牛津手册在线数据库(http://www.oxfordhandbooks.com)

该库囊括了18个学科领域的杰出资源,包括考古学、商业与管理、古典研究、犯罪学与刑事司法、经济学与金融学、历史、法律、语言学、文学、音乐、哲学、政治学、心理学、宗教、地球科学、神经科学、物理学、社会学。收录了各学科领域顶尖级学者对某一领域或主题经过深入研究后撰写的拥有最新观点的评论文章,并对未来发展方向的讨论提出独到的见解。

3. 默沙东诊疗手册(https://www.msdmanuals.cn)

默沙东诊疗手册于1899年首次出版,是一个涵盖了医学所有领域成千上万主题的广泛医学信息来源,其在线网站分医学专业人士版、大众版和兽医手册,作为免费的公众服务提供给医疗专业人士和社会大众。

五、名录

网络环境下,在线形式的名录,一种是升级为内容丰富的数据库系统,用户可以用关键词搜索查询;一种是数据文件,可以下载后查看、分析。

1. 中国·国家地名信息库(https://dmfw.mca.gov.cn)

2014年至2018年,国家启动实施并完成第二次全国地名普查工作,共计采集地名1 320多万条,修测标绘地名图2.4万多幅,新设更新地名标志68万多块,清理整治"大、洋、怪、重"等不规范地名7.9万多条,普遍建立了各级区划地名数据库,形成了比较完整的地名普查档案,编纂出版了一系列标准地名图、录、典、志等工具书和地名文化图书。由民政部建设开通国家地名信息库,拟分期分批将全国地名普查成果提供社会使用。该库支持年版数据查询、同名同音地名统计等多项功能,实现了地名、界线、区划信息"一张图"融合,手机、电脑"跨终端"查询。

2. 全国政务服务总门户-机构名录查询(http://www.gov.cn/fuwu/index.htm)

中华人民共和国中央人民政府门户网站(简称"中国政府网")是国务院和国务院各部门,以及各省、自治区、直辖市人民政府在国际互联网上发布政府信息和提供在线服务的综合平台。

中国政府网(www.gov.cn)首页上方的"便民服务"导航可进入全国政务服务总门户,提供教育、婚育、住房、户籍、交通运输等多个主题类目下的相关信息查询,可以查到的名录信息包括全国高等学校名录、公共就业和人才服务机构名录、全国知识产权公共服务机构名录、全国"菜篮子"供应商名录、全国重点文物保护单位名录等。

3. 物种2000中国节点网站-中国生物物种名录(http://sp2000.org.cn)

物种2000中国节点是国际物种2000项目的一个地区节点,2006年2月7日由国际物种2000秘书处提议成立,于2006年10月20日正式启动。中国科学院生物多样性委员会(BC-CAS)负责建设和管理物种2000中国节点。物种2000中国节点的主要任务是,按照物种2000标准数据格式,对在中国分布的所有生物物种的分类学信息进行整理和核对,建立和维护中国生物物种名录,为全世界使用者提供免费服务。2022年5月,《中国生物物种名录》2022版正式在线发布,该名录可在线浏览、检索、统计分析,注册申请后可以下载数据包。

4. 中国科学院植物科学数据中心-中国植物物种名录(https://www.plantplus.cn/cn)

中国科学院植物科学数据中心由中国科学院植物研究所牵头建设,于2020年9月获批,2021年通过中科院数据中心认证。该中心围绕植物物种、植被生态和迁地保育等领域,建立植物数据汇聚、质量控制、挖掘分析、共享服务为一体的综合平台。

中国植物物种名录(2022版)于2022年5月开放,数据文件分别以.mdb、rar(.mdb)、.xlsx格式提供完整数据下载。

六、类书、政书

类书与政书的在线资源可在国学和古籍数据库中检索获得,本书5.3节已有介绍,此处不再赘述。

七、表谱

1. 中国家谱知识服务平台(https://jiapu.library.sh.cn)

上海图书馆的中国家谱知识服务平台可以按姓氏和时空浏览各姓氏,也可以用关键词检索家谱,查看各个姓氏的简介、先祖名人、家谱信息和相关馆藏信息。

2. 中国历代纪年表(http://www.guoxue.com/history/histable.htm)

国学网的"中国历代纪年表"工具列出了自先秦至清历代帝王纪年表,查询方法简单,点击主页上的朝代名称即可显示该朝代的纪年表。

3. 中华经典古籍库-纪年换算（http://publish.ancientbooks.cn/docShuju/platformSublibIndex.jspx？libId=5）

中华经典古籍库中的纪年换算工具提供搜索框检索功能，检索公元年，可将公元年与干支、朝代、政权、帝号、帝名、年号等一一对应。

八、图录

1. 标准地图服务系统（http://bzdt.ch.mnr.gov.cn）

该系统平台由国家自然资源部地图技术审查中心承办，旨在为广大需要地图的用户提供最准确标准的地图。可以免费下载全国各种类型的地图，以及各个省份的高清地图，支持jpg、esp两种格式（栅格、矢量），不同尺寸（8开、16开、32开、64开），不同比例尺。此外，该系统还支持自制地图，提供简单的工具，可制作统计地图，或者根据需要选取地图要素，编辑要素的颜色，增加点、线、面标记与文字，制作出个性化地图，输出地图图片，该功能需要用户注册后方可使用，且公开使用前需要送自然资源主管部门审核。

2. 中国历史地理信息系统（http://yugong.fudan.edu.cn）

中国历史地理信息系统（CHGIS）是复旦大学历史地理研究中心与美国哈佛大学等合作建设的地理信息系统。CHGIS可以检索和查询中国基础历史地理信息。用户下载CHGIS数据后，可按中国历史上任何时间检索行政单位和聚落，并创建特定时间和特定地区的电子地图，也可以加入用户自己数据作空间分析和专题制图，或按自己的兴趣建立特定的统计模型。

CHGIS Datasets V4目前主要包含四部分数据：

（1）Time Series 时间序列数据：中国历史行政区划连续变化数据，数据时间范围从秦始王统一六国，到清朝末年。

（2）1820年层数据：清朝嘉庆二十五年（1820年）的主体数据是根据《中国历史地图集》第八册的地图直接数字化。包括省、府级界线，省、府、县级治所，村镇，河流，湖泊河流，海岸线。

（3）1911年层数据：清朝宣统三年（1911年）数据是描述当时的基础地理状况。包括省、府级界线，省、府、县级治所，村镇。

（4）DEM数字地形图：为CHGIS其他矢量数据配套的地形背景。其中包括太湖流域分层设色地形图。

3. 中国动物主题数据库（http://www.zoology.csdb.cn）

该库是国家基础学科公共科学数据中心的组成部分，由中国科学院动物研究所联合昆明动物所、成都水生所、上海昆虫博物馆及武汉水生所共同建设。收录了各种动物的分类、生境、图片、分布等信息数据，包括脊椎动物代码数据库、动物物种编目数据库、动物名称数据库、濒危和保护动物数据库、中国昆虫新种数据库、动物研究专家数据库、中国动物志数据库、中国动物图谱数据库、中国隐翅虫名录数据库、中国灵长类物种及文献数据库、中国两栖爬行动物数据库、云南蝴蝶分布名录、云南森林昆虫分布名录等多个动物主题库。

其中，中国动物图谱数据库收集了已经出版的《中国动物图谱》共27卷册的内容，包括鸟、兽、鱼等动物类群的数据，内容包括对各物种的形态特征描述、分布地描述及线描特征图等信息。

4. 中国植物图像库(http://ppbc.iplant.cn)

该库正式成立于 2008 年,是中国科学院植物研究所在植物标本馆设立的专职植物图片管理机构。图库采用最新分类系统,已经收录各类植物图片 521 科 5 946 属 47 790 种 10 601 219 幅。

课后思考与练习

1. 图书有哪些类型？它的基本信息特征有哪些？
2. 书目作为人们获取图书信息的来源与途径之一,它有哪些特征？其作用主要表现在哪些方面？
3. 什么是联合目录？国内有哪些著名的联合目录检索系统？
4. 挑选一本专业经典书籍,利用学校图书馆的 OPAC 系统,查找该书在本地的馆藏信息,若本地图书馆没有收藏此书,可通过哪些途径获取此书？
5. 什么是工具书？它有哪些类型？
6. 利用中国年鉴资源全文数据库,检索"纺织工业发展"方面的年鉴,并写出具体检索过程。
7. 检索一种与自己家乡有关的古籍,查该书的现存最早版本、最新版本。
8. 检索描写自己家乡的古诗词,试举两例,写出时代、作者、诗词题名、出处。

第 6 章　学术论文资源检索

☞ 扫码可浏览
本章学习资源

学习目标

了解学术论文的类型和出版特点,掌握各类学术信息资源数据库的资源构成、检索方法和文献管理技能;了解学术论文开放存取的概念、特征及主要出版类型。

知识框架

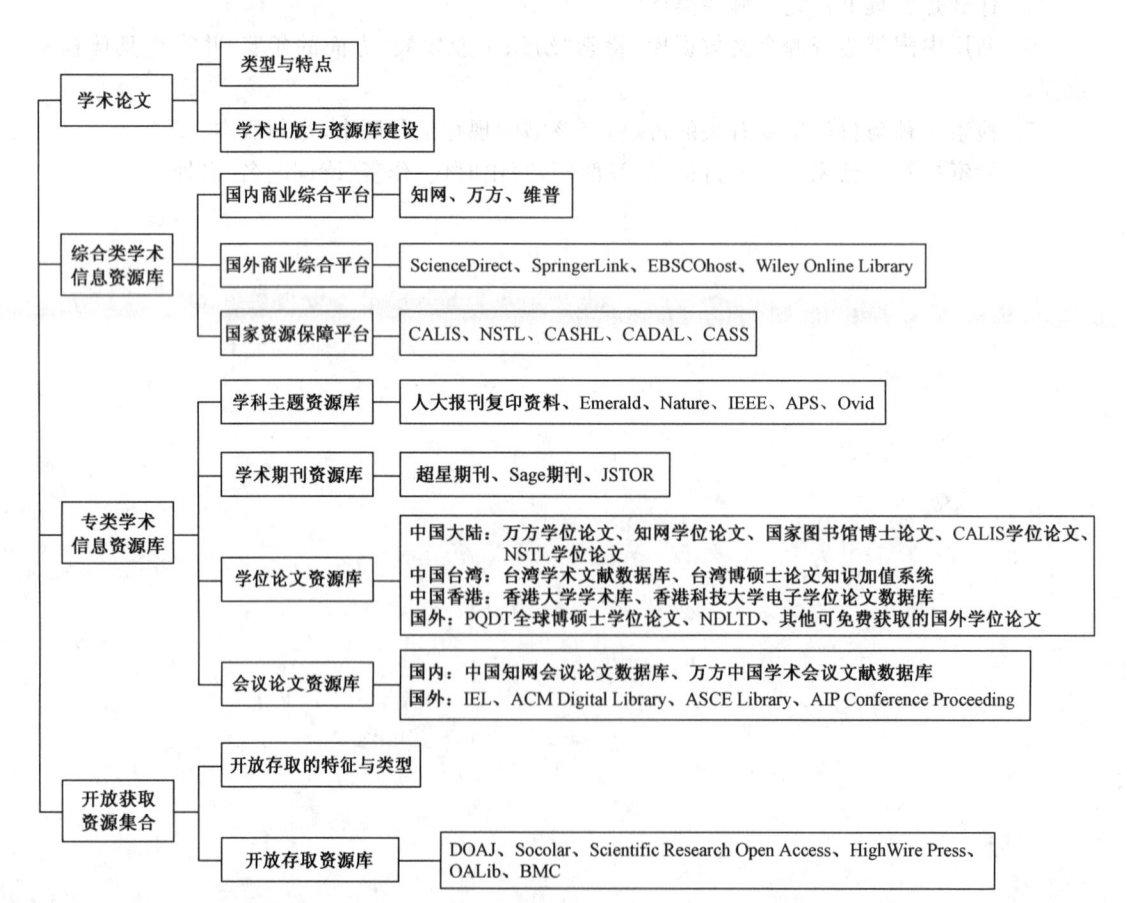

- 学术论文
  - 类型与特点
  - 学术出版与资源库建设
- 综合类学术信息资源库
  - 国内商业综合平台：知网、万方、维普
  - 国外商业综合平台：ScienceDirect、SpringerLink、EBSCOhost、Wiley Online Library
  - 国家资源保障平台：CALIS、NSTL、CASHL、CADAL、CASS
- 专类学术信息资源库
  - 学科主题资源库：人大报刊复印资料、Emerald、Nature、IEEE、APS、Ovid
  - 学术期刊资源库：超星期刊、Sage期刊、JSTOR
  - 学位论文资源库：
    - 中国大陆：万方学位论文、知网学位论文、国家图书馆博士论文、CALIS学位论文、NSTL学位论文
    - 中国台湾：台湾学术文献数据库、台湾硕博士论文知识加值系统
    - 中国香港：香港大学学术库、香港科技大学电子学位论文数据库
    - 国外：PQDT全球博硕士学位论文、NDLTD、其他可免费获取的国外学位论文
  - 会议论文资源库：
    - 国内：中国知网会议论文数据库、万方中国学术会议文献数据库
    - 国外：IEL、ACM Digital Library、ASCE Library、AIP Conference Proceeding
- 开放获取资源集合
  - 开放存取的特征与类型
  - 开放存取资源库：DOAJ、Socolar、Scientific Research Open Access、HighWire Press、OALib、BMC

6.1 学术论文概述

在信息链中,"知识"是在信息这一原材料的基础上形成的见解、认识,是信息接收者通过对信息的提炼和推理而获得的正确结论,是人通过信息对自然界、人类社会以及思维方式与运动规律的认识与掌握,是人的大脑通过思维重新组合的、系统化的信息集合。知识具有较高的价值性,是推动人类进步的重要推手。有那么一部分人,专门从事知识的生产,被称为知识分子、学者或科研工作者。当一位学者有了新的知识发现,会将知识发现固化为知识记录,通过合适的渠道向世人公布自己的发现,以此来确立自己对该知识的发现权,形成属于自己的学术成果。

学术成果是科研工作者的知识产品,展现了原始的、具有创造性的、独一无二的科学探索成果,可能是科学上的新发现或创新改进,以及技术上的新发现或创新改进,其类型主要包括学术图书(著作)、学位论文、期刊论文、会议论文、专利、软件/算法、数据集等。

6.1.1 学术论文的类型与特点

学术论文是对某个科学领域中的学术问题进行研究后,记录科学研究的过程、方法及结果,用于进行学术交流、讨论或出版发表,或用作其他用途的书面材料。按研究的内容,可将学术论文分为理论研究论文和应用研究论文。理论研究,重在对各学科的基本概念和基本原理的研究;应用研究,侧重于如何将各学科的知识转化为专业技术和生产技术,直接服务于社会。按写作目的,可将学术论文分为交流性论文和考核性论文。交流性论文,目的在于专业工作者进行学术探讨,发表各家之言,以显示各门学科发展的新态势;考核性论文,目的在于检验学术水平,是有关专业人员升迁晋级的重要依据。学术论文具有非常高的价值,是十分重要的信息资源,主要有期刊论文、会议论文和学位论文三种类型。

一、期刊论文

世界上第一本学术期刊《哲学学报》创办于 1665 年,迄今已有 350 多年历史。在那个现代科学启蒙的时代,《哲学学报》代替书信开始在学术交流中发挥重要作用,开启了近代学术交流和同行评审的时代。早期的学术期刊是综合性刊物,但随着学术信息交流的深入,某些科学刊物因刊载了某学科领域的大量论文而成为该领域的核心期刊,由此形成以学科分化为主导的专业学术期刊阵列。一些综合性高校主办或协学会主办的学术期刊采用综合性学报的方式运营,但也会区分社科版、自然科学版和医学版,有一定的学科偏好。现如今,学术期刊成为发表学术研究成果、传播学术信息的重要媒介,在学术研究过程的上游与下游之间对研究主体起联接作用。期刊论文与大部分的学术著作相比,出版周期短、更新快,能体现最前沿的科学动态,是体量最庞大、最为主流的学术论文,是学术资源中最有价值的部分。

二、会议论文

会议论文就是在学术会上公开宣读发表的文章,正式的学术交流会议通常都会出版自己的论文集,会议上宣读的文章都会收录进去,形成正式的学术论文成果。会议论文的含金量从会议主办单位、承办单位、合作期刊、合作出版社等要素中体现。通常情况下,由国外的电气与电子工程师协会(Institute of Electrical and Electronics Engineers,简称 IEEE)、国际会计师联合会(International Federation of Accountants,简称 IFAC),国内的中国计算机学会、中国自动化学会等顶级协学会发起举办的会议和著名高校、研究机构举办的国际会议具有较高的水平和含金量,这些会议一般会与知名的出版机构合作,将会议论文集合出版,形成会议论文资源。会议集的会议论文著录有作者、论文题名、会议名称、会议时间等信息,一般会标注有"conference"或"proceeding"等字样。

国际上一些著名的学术出版社如德国斯普林格出版社(Springer)、美国机械工程学会出版社(ASME)、美国土木工程学会出版社(ASCE)、美国电子电气工程计算机学会出版社(IEEE:CS)、美国电子电气工程出版社(IEEE)、英国工程技术出版社(IET)等出版的会议论文集会被 SCI 数据库和 EI 数据库收录,供广大科研人员检索、阅读和利用,实现其更广泛意义上的学术价值。

会议论文的突出特点是:① 审稿周期短、具有强时效性;② 会议参与人多,传播力度大,便于成果交流。在计算机领域,相关的技术和应用更新非常快,期刊几个月的审稿周期赶不上新兴技术的变化速度,学术会议便提供了一个高效和快速的学术交流渠道,使得该领域的会议论文具有较高的认可度。会议最大的功能是宣传与交流,一般而言,学者的首选是发表期刊论文,会议论文的含金量要低于期刊论文。

三、学位论文

学位论文是高等院校和科研院所的本科生、研究生为获得学位资格而撰写的研究报告或科学论文,分为学士论文、硕士论文和博士论文三个层次。除去学术论文的本质要求以外,学位论文还具备以下一些特征:① 学位论文要反映出求学阶段的学习成果,代表的是作者的学位水平和学术素养,只能是个人撰写,不能与他人合作;② 学位论文需要导师审核、专家答辩;③ 学位论文有一定的字数要求,篇幅比较长。一般来说,学士学位论文 1 万字左右,硕士学位论文 3 至 5 万字左右,博士学位论文 8 至 12 万字左右,在分析和论述方面更加系统、细致。

学位论文在英语中有两种表达——Thesis 和 Dissertation,在英国教育体制的国家,硕士论文是 Master Dissertation,博士论文是 PhD Thesis;在美国教育体制下,硕士论文是 Master Thesis,博士论文是 PhD Dissertation。

学位论文一般不在刊物上公开发表或出版,主要收藏或存储于规定的收藏单位,但硕士毕业论文和博士毕业论文具有较高的学术价值,学术出版机构会将高校的硕博士论文集结成信息资源库,公开发行。

6.1.2 学术出版与资源库建设

一、国内学术出版与资源库

1. 商业学术资源集成数据库

我国的学术期刊出版社大多是高校、科研院所的附属机构,大多不具备市场主体资格和身份,依靠行政拨款,没有发行收入压力,技术力量薄弱。20 世纪 90 年代初,在纸质资源电子化浪潮中,我国出现了三家从事将期刊论文进行扫描上网形成数据库的公司——知网、万方和维普。知网是中国核工业集团资本控股有限公司控股的同方股份有限公司旗下的学术平台,以"中国知识基础设施工程(Chinese National Knowledge Infrastructure,简称 CNKI)"为定位;万方公司隶属于中国科技信息研究所;维普由科技部西南信息中心主办,它们肩负着建设国家信息资源的使命,怀揣数字化的梦想,将中国的学术期刊论文搬上了互联网。

现如今,这三家公司以绝对的优势垄断了国内商业学术信息资源,建设成中国知网 CNKI、万方数据知识服务平台和维普智立方知识资源服务平台。这几大资源平台整合了期刊论文、学位论文和会议论文等多种学术成果,包含图书、报纸、标准、专利、年鉴、学术辑刊、法律法规、政府文件、科技报告、政府采购等多种文献类型。但从文献数量上看,期刊论文、硕博学位论文和会议论文仍然是这几家综合学术资源平台最主要的文献来源,它们从学术期刊出版社、学协会和高校获取学术论文,集合加工后形成海量资源库,再售卖给高校图书馆和科研机构(见表 6-1)。

表 6-1 三大商业综合学术平台资源比较

资源平台	中国知网 CNKI	万方数据知识服务平台	维普智立方知识资源服务平台
简介	由清华同方光盘股份有限公司、光盘国家工程研究中心和中国学术期刊(光盘版)电子杂志社共同研制出版	中国科技信息研究所属下的北京万方数据股份有限公司创办	由科技部西南信息中心主办、重庆维普资讯有限公司制作
资源类型	期刊论文、学位论文、会议论文、报纸、年鉴、专利、标准、成果、图书、学术辑刊、法律法规、政府文件、企业标准、科技报告、政府采购	期刊论文、学位论文、会议论文、科技报告、专利、标准、科技成果、法规、地方志、视频	期刊论文、学位论文、会议论文、专利、标准、科技成果、专著、产品样本、科技报告、政策法规
学术期刊数据库	中文学术期刊 8 500 余种;核心期刊 1 970 余种 收录年限:1994—现在;1915—1993 回溯精品期刊 3 581 种 文献总量:6 000 余万篇	学术期刊 8 000 余种,核心期刊 3 300 余种(北京大学、中国科学技术信息研究所、中国科学院文献情报中心、南京大学、中国社会科学院历年收录) 收录年限:1998—现在 文献总量:15 000 余万篇	科技期刊总量 15 000 余种,现刊 9 000 余种;核心期刊 1 983 种(北大核心 2017 版) 收录年限:1989—现在,部分期刊回溯至创刊年 文献总量:7 000 余万篇
博硕士论文数据库	收录始于 1984 年,博士学位论文 40 余万篇,硕士学位论文 490 余万篇	收录始于 1980 年,总计 600 万余篇	收录总计约 780 万余篇
会议论文数据库	收录 1999 年以来,我国重要学术会议以及在国内召开的国际会议文献,部分重点会议文献回溯至 1953 年 目前收录国内会议、国际会议论文集 4.1 万余本,累计文献总量 360 余万篇	中文会议收录始于 1982 年,主要来源于国内重要学术会议,外文会议主要来源于 NSTL 外文文献数据库 收录学术会议论文共计 1 500 万篇	收录中文会议论文 200 万余篇

注:表格中数据的检索日期为 2023 年 3 月

根据国家新闻出版广电总局的统计数据,2020年全国共出版期刊10 192种,而知网收录的中文学术期刊有8 500多种,万方的期刊数为8 000余种,维普的现刊种类多达9 456种,基本上涵盖了我国出版期刊的80%及以上。超星集团于近年开发了超星期刊数据库,目前收录期刊总量7 000余种,其中核心期刊1 200余种,与上述三家资源平台尚存在一些差距。

2. 国家文献资源保障体系

国家文献资源保障体系由国家统一部署、出资,采取成员联盟协同的方式,按照"统一采购、规范加工、联合上网、资源共享"的机制,整合高校图书馆、科技情报服务机构和学术研究机构的各类信息资源及其相关服务,协同采集、收藏和开发各学科领域的学术文献资源,面向全国提供公益的、普惠的学术文献信息服务。

国家文献资源保障体系以高等教育文献保障系统(CALIS)、国家科技图书文献中心(NSTL)、中国高校人文社会科学文献中心(CASHL)、大学数字图书馆国际合作计划(CADAL)和国家哲学社会科学文献中心(CASS)为代表。

CALIS项目启动最早,体系最为庞大,它是国家高等教育文献保障项目,是教育部面向所有高校图书馆建设的公共服务基础平台;CASHL项目作为教育部"繁荣发展哲学社会科学计划"的一部分,以"国家人文社会科学信息资源平台"为建设目标,承担了哲学社会科学文献保障的重任;CADAL则是教育部"十五"期间"211工程"公共服务体系建设的组成部分,致力于国内外研究型大学核心馆藏的数字化工作,以古籍、民国时期的数字资源见长。CALIS、CASHL和CADAL合称"教育部3C",一起共同构筑中国高等教育数字化图书馆的框架。

NSTL由科技部统帅,以构建数字时代的国家科技文献资源战略保障服务体系为宗旨,建设开发理、工、农、医各学科领域的科技文献资源。为提升国家保障科技文献资源的利用效率,秉承创新协调、绿色发展、开放共享的发展理念,NSTL与CALIS之间也开展了资源共享和服务合作。

CASS是由中共中央宣传部部署、中国社会科学院牵头建设的国家哲学社会科学文献保障公益工程,于2016年年底上线。

二、国外学术出版与资源库

外文学术资源数据库和中文数字资源提供机制不一样,较多大型的学术出版商自行进行学术出版和资源库建设。全世界大概有28 000种左右的英文科学技术医学(STM)期刊,由大概5 000到10 000家机构(出版商,学会或研究院所)出版。著名的综合学术出版集团,如爱思唯尔、施普林格、约翰威立等;大学出版社,如牛津出版社、哈佛大学出版社等;著名协会出版,如:电气与电子工程师协会、美国化学协会、美国物理联合会等。前四大权威学术出版商(Elsevier、Springer Nature、Wiley和Taylor&Francis)控制了全球50%的出版,接下来规模比较大的几家包括Sage、Wolters Kluwer、Oxford University Press、Cambridge University Press等。这些学术出版商在学科优势上各有所长,没有形成绝对的垄断。

此外,国外也有专门的文献服务公司。EBSCO是一家具有60多年历史的大型文献服务专业公司,提供期刊、文献定购及出版等服务,开发了近100多个在线文献数据库,涉及自然科学、社会科学、人文和艺术等多种学术领域。EBSCO公司的数据库与文献资源,是中国高等教育文献保障系统(CALIS)一贯的集团采购对象,其丰富的数据库资源包括:学术期刊集成全文数据库(Academic Search Premier)、商业资源电子文献全文数据库(Business Source Premier)、教育资源文摘数据库(ERIC)、医学文摘数据库(MEDLINE)、报纸资源数据库(Newspaper Source)等。

1. Elsevier

Elsevier,译名爱思唯尔,是一家专业从事科学、技术和医学信息产品及出版服务的世界一流出版集团,总部设立在荷兰阿姆斯特丹。爱思唯尔出版2 700余种期刊,包括《柳叶刀》《细胞》等顶级学术期刊,43 000多种电子书籍以及诸多经典参考书,如《格雷氏解剖学》。现如今,每年共有600 000多篇同行评议论文发表在爱思唯尔公司出版的期刊上,其总量大约占全球学术论文出版总量的18%。爱思唯尔旗下的学术资源产品包括ScienceDirect(同行评议文献平台)、Scopus(摘要和引文数据库)、Mendeley(文献管理工具)、SciVal(科研和绩效分析工具)、Knovel(工程设计数据库)和ClinicalKey(临床精钥)等。

2. Springer Nature

2015年,施普林格科学商业传媒公司(Springer Science+Business Media)与麦克米伦科学教育公司(Macmillan Science and Education)合并,新公司命名为"施普林格·自然"(Springer Nature),总部设在德国柏林,缔造了人类历史上规模最大,实力最强的学术出版集团。施普林格·自然集团目前拥有超过2 900种期刊和250 000种图书,每年出版6 500余种科技图书和2 000余种科技期刊,涉及医学、心理学、生物医学、生物、数学、物理、经济学、法律等多种学科。旗下最主要产品有 SpringerLink、Nature portfolio、BMC 和 ScientificAmerican。

SpringerLink是科学、技术和医学(STM)以及人文与社会科学(SSH)在线数据库,包括期刊、图书、参考工具书与实验室指南。Nature portfolio可访问自然科研的相关内容,包括《自然》、自然期刊、自然综述期刊,每年新增35 000篇文章。BMC(BioMed Central)致力于开放研究,出版了超过290种高质量同行评审的生物学、临床医学和健康领域期刊。《科学美国人》(Scientific American)创刊于1845年,是美国连续出版时间最长的期刊,是广大读者获取科学技术信息和政策的重要权威来源。

3. Wiley

Wiley译作威立,1807年创立于美国,是世界第三大学术期刊出版商。Wiley作为全球领先的学协会出版商,与超过850家学协会合作,出版1 600多种期刊,其中1 200多种Wiley期刊被JCR收录,这些期刊代表了各领域的尖端研究。Wiley出版的期刊很多,覆盖面也很广,包括生命科学、物理、化学等方面,其中,病理学、过敏免疫和风湿方面相对较强。Wiley的主要学术资源产品包括 Wiley Online Library、Wiley Digital Archives、Cochrane Library等。

Wiley Online Library在线资源收集了1 600多种期刊、超过250种参考作品以及22 000多本在线书籍,包括生命科学、健康科学、理工科学、社会科学和人文科学等方面具影响力的论文和研究。

Wiley 数字馆藏（Wiley Digital Archives）是 Wiley 与世界学会领导者、图书馆以及档案馆进行的可持续合作项目，旨在将独特和罕见的资料数字化，以帮助了解当代研究背后的故事。通过将这些珍贵的资料转化为可发现的数字资源，研究人员可以轻松访问并获取，从而更好地理解，更加细微地解读已发表的作品。

Cochrane Library 是全球领先的循证医学数据库，该数据库以医护人员为对象，提供高质量的系统评价。Cochrane Library 包含三个高质量数据库：Cochrane 系统评价数据库（Cochrane Database of Systematic Review，CDSR）、Cochrane 临床对照试验中心注册数据库（Cochrane Central Register of Controlled Trials，CENTRAL）和 Cochrane 临床解答（Cochrane Clinical Answers，CCA）。

4. Taylor & Francis

Taylor & Francis 出版集团是全球领先的学术出版集团，总部设在英国。出版集团拥有 220 多年的历史，业务包括学术期刊、图书、电子书、教科书和参考书。每年出版期刊 2 600 余种，新书 7 000 余册，累计图书出版量近 20 万册。旗下包括 Routledge、CRC Press、Taylor & Francis 等品牌，覆盖人文、社会科学、行为科学、自然科学、科学技术以及医学领域。

Routledge 拥有 150 多年出版历史，出版人文及社会科学领域的图书，图书作者名单中包含一系列伟大的科学家、社会学家、哲学家、经济学家、文学家，如罗素、爱因斯坦、玻姆、维特根斯坦、卡尔·荣格等，这些作者在其所处时代都是学术科研的标志性人物。Routledge 目前出版超过 11 万种电子书。

CRC Press 是全球声誉卓著的科学、技术以及医学领域参考书、教科书和在线读物的出版商，每年出版约 1 100 册新书，涵盖理、工、农、医等全部自然科学领域，以及管理和经济等学科。出版社于 1913 年出版了《CRC 化学物理手册》第一版。

Taylor & Francis 以出版科技书籍与参考书著称，在人类工程学、地理信息系统、建筑、土木工程、物理和生物技术等领域尤为突出。Taylor & Francis 出版集团主要有三个出版平台——Taylor & Francis Online、Taylor & Francis eBooks 和 CRCnetBASE。

三、学术出版之殇与开放获取运动

1. 学术出版之殇

学术期刊出版的经济学较为特殊，出现了和一般出版不一样的怪相。首先，作者向出版社投稿不是为了获得稿酬，而是为了发布自己的研究发现，在确立发现权的同时也由此获得一定的学术声望，这与他的学术晋升、毕业或基金申请等方面挂钩。作者渴望获得认可，渴望获得发表机会，需求大于供给，出版社处于供需关系的供方，可以要求作者除了需要有较高的论文质量外还需要为出版进行一定程度的付费（如版面费、彩照附加费等），并在发表同时签署协议将版权转让给出版社。其次，作者的学术文章需要有独到的见解和独特的发现，需要经过同行评议（Peer-review）审稿后获得发表，且对他们的新发现的原始描述只能发表一次。因此，期刊论文的出版天然具有唯一性，出版社获得了独占性和垄断性，形成了垄断和寡头经营模式。学术期刊出版后需要付费才能阅读，科研院所、机构或个人需要购买期刊或期刊论文信息资源集合的阅读权,为他们自己产出的知识付费。

2017年,英国《卫报》梳理了这"一本万利"商业模式的前世今生。文章称,"纵观人类历史,很难找到像学术出版一样匪夷所思的行业:无数科研人员为之免费供稿、审稿,却还要花钱看论文;来自政府资助的科研经费没有让科研人员成为高收入群体,却给出版商带来胜过苹果、谷歌的收益率;订阅费用压得预算喘不过气,高校却不敢不买"。

在此背景下,不堪重负的高校、科研机构和学者们开始抗争,以爱思唯尔为代表的学术出版巨霸遭到联名抵制——康奈尔大学在2004年停订了大约200种爱思唯尔期刊,决定不再打包购买该公司的产品;著名数学家威廉·提摩西·高尔斯(William Timothy Gowers)发起针对爱思唯尔的"学术之春"抵制运动,1万多名科学家在网站上签名发誓,不在爱思唯尔旗下的期刊发表论文,不做审稿人,或者不担任编辑。在国内,除了与国外出版集团斗争外,中国知网的行径也同样引发学术界的愤懑,引发口诛笔伐,《人民日报》《半月谈》等媒体纷纷就此发声;中科院甚至直接因知网涨价而发布停购声明。多年来,经图书馆界、科研界、学术界诸多人员努力,通过联合组团采购、加大谈判筹码、联合抵制等方式,部分问题得到了一定程度的解决,但核心关键问题并未解决。

2. 开放获取运动

学术出版与资源库的垄断导致学术信息交流与获取障碍日益严重,开放获取(Open Access,OA)是国际学术界、出版界、图书情报界利用互联网自由传播、免费利用学术信息和科研成果的行动。

《布达佩斯开放获取计划》(BOAI,2001)对OA的完整描述是:对某文献的开放获取即意味着它在互联网公共领域里可以被免费获取,并允许任何用户阅读、下载、复制、传递、打印、搜索、超链接,也允许用户为之建立索引,用作软件的输入数据或其他任何合法用途。用户在使用该文献时不受财力、法律或技术的限制,而只需在获取时保持文献的完整性,对其复制和传递的唯一限制,或者说版权的唯一作用应是使作者有权控制其作品的完整性以及作品被正确接受和引用。

开放获取具有三层含义:① 一种全新的文献出版模式,基于数字化网络化环境,把科学论文或学术文献放到互联网上,由作者付费出版,用户可以免费获得,且不必考虑版权或注册的限制;② 一种全新的学术信息交流与共享模式,基于"自由、开放、共享"的理念,依托网络技术使学术成果可以在全球实现无障碍传播,除免费使用外,学术信息更易获得,用户可以在任何地点和不受经济状况的影响,平等获取并使用科学成果;③ 一种全新的文献资源建设与服务理念和模式。OA强调文献获取观念和获取能力,欲通过共享方式在更大的范围内获取更多的资源。

6.2 综合类学术信息资源库

6.2.1 国内商业综合学术资源平台

一、中国知网 CNKI

1. 概述

中国知网,即"中国知识基础设施工程"(Chinese National Knowledge Infrastructure,简称 CNKI),是一个大型综合性知识整合平台,包含学术期刊、博硕士论文、会议论文、报纸等学术与专业资料;覆盖理工、社会科学、电子信息技术、农业、医学等广泛学科范围。数据库目前已经容纳了包括 CNKI 系列数据库和来自国内外的加盟数据库 2 600 多个,全文和各类知识信息数据超过了 5 000 万条,是目前中国资源收录最全、文献信息量最大的动态资源体系和中国最先进的知识服务平台和数字化学习平台。

《学术期刊库》是中国知网的核心数据库,可进行中、外文期刊整合检索。内容覆盖十大专辑:基础科学、工程科技Ⅰ、工程科技Ⅱ、农业科技、医药卫生科技、哲学与人文科学、社会科学Ⅰ、社会科学Ⅱ、信息科技、经济与管理科学。其中,中文学术期刊 8 580 余种,含北大核心期刊 1 970 余种,网络首发期刊 2 320 余种,最早回溯至 1915 年,共计 5 960 余万篇全文文献;外文学术期刊包括来自 80 个国家及地区 900 余家出版社的期刊 7.5 万余种,覆盖 JCR 期刊的 96%,Scopus 期刊的 90%,最早回溯至 19 世纪,共计 1.2 余亿篇外文题录,可链接全文。

2. 检索方式

(1) 一框式检索

中国知网的首页是集合多种文献资源的总库一框式检索界面(如图 6-1),检索范围包括学术期刊、学位论文、会议、报纸、年鉴、专利、标准、成果、图书、学术辑刊、特色期刊等。用户可以点击数据库标签进行切换,实现单库检索。

图 6-1 中国知网首页总库界面

总库一框式检索的默认字段是"主题"字段,表示在中国知网标引出来的主题字段中进行检索,该字段内容包含一篇文章的所有主题特征,同时在检索过程中嵌入了专业词典、主题词表、中英对照词典、停用词表等工具,并采用关键词截断算法,将低相关或微相关文献进行截断。下拉选择检索项,可选取其他检索项做限定字段,包括:主题、篇关摘、关键词、篇名、全文、作者、第一作者、通信作者、作者单位、基金、摘要、小标题、参考文献、分类号、文献来源、DOI。

(2) 高级检索

在总库首页、单库首页或一框式检索结果页点击"高级检索"可进入高级检索页(如图6-2)。

图 6-2 学术期刊库个性化首页

高级检索支持多字段逻辑组合,并可通过选择精确或模糊的匹配方式、检索控制(出版模式、基金文献、时间范围、检索扩展、来源类别)等方法完成较复杂的检索,得到符合需求的检索结果。多字段组合检索的运算优先级,按从上到下的顺序依次进行。

高级检索页点击标签可切换至高级检索、专业检索、作者发文检索、句子检索(如图6-3)。

图 6-3 中国知网学术期刊库高级检索

(3) 专业检索

专业检索用于图书情报专业人员查新、信息分析等工作,使用运算符和检索词构造检索式进行检索。

专业检索中可供检索的字段有主题(SU)、题名(TI)、关键词(KY)、摘要(AB)、全文(FT)、作者(AU)、第一责任人(FI)、通信作者(RP)、机构(AF)、文献来源(JN)、被引文献(RF)、更新时间(RT)、期刊年(YE)、基金(FU)、中图分类号(CLC)、ISSN(SN)、统一刊号(CN)、ISBN(IB)、被引频次(CF)等。专业检索的一般流程是先确定检索字段构造一般检索式,再借助字段间关系运算符和检索值限定运算符构造复杂检索式。专业检索表达式的一般式:〈字段代码〉〈匹配运算符〉〈检索值〉。

例如,SU='北京'*'奥运'and FT='环境保护',可以检索到主题包括"北京"及"奥运"并且全文中包括"环境保护"的文献。

(4) 作者发文检索

作者发文检索可以从作者、第一作者、通信作者、作者单位途径进行相关文献的查找。通过增加或删除作者单位项检索条件,可以检索同一个作者在不同单位的全部发文情况。

(5) 句子检索

句子检索一般用于检索不清楚文章类型或文章主题,但却知道文献正文中所包含的某一句话或者某一个词组的情况,由于句子中包含了大量的事实信息,句子检索可以为用户提供有关事实的问题答案。句子检索是通过输入的两个检索词,在全文范围内查找同时包含这两个词的句子,找到有关事实的问题答案。句子检索不支持空检,同句、同段检索时必须输入两个检索词。"同一句"指的是包含 1 个断句标点(句号、问号、感叹号或省略号),"同一段"指的是 20 句之内。

例如:检索同一句包含"信息链"和"知识"的文献(如图 6-4)。

图 6-4 句子检索

检索结果如图 6-5 所示,句子 1、句子 2 为查找到的句子原文,"句子来自"为这两个句子出自的文献题名。

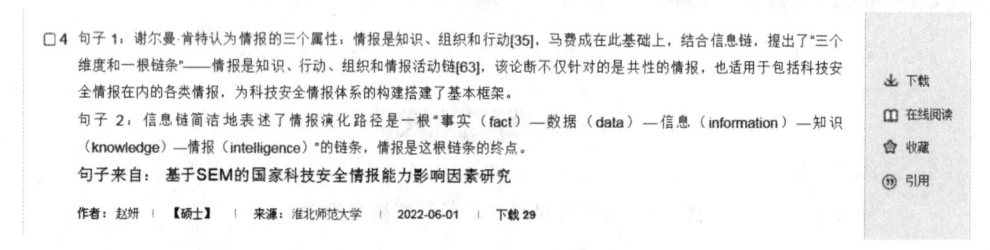

图 6-5 句子检索结果页面

3. 检索结果

(1) 检索结果——文献列表

检索结果列表可进行适当操作,实现优化处理(如图 6-6)。具体功能包括:

A:资源类型筛选,点击文献类型标签实现中外文和不同文献类型的筛选。

B:分组筛选和可视化,检索结果可以在页面左侧的功能区实现分组浏览和筛选,按学科、发表年度、科研基金、研究层次、作者和机构等不同角度查看检索结果。通过多个条件的组合筛选,可以快速、精准地从检索结果中筛选出所需的优质文献。

第 6 章　学术论文资源检索　　173

C：排序，根据需要选择按相关度、发表时间、被引、下载量和综合排序。

D：显示模式切换，显示模式有浏览模式、详情模式和列表模式，每页显示条目数量有 10、20 和 50 可选。

E：结果中检索，实现二次检索。

图 6-6　CNKI 检索结果列表

（2）检索结果——单篇文献

单篇文献的结果页面提供了文献信息提要、下载阅读和其他一些延伸功能（如图 6-7）。

A：题录摘要信息。

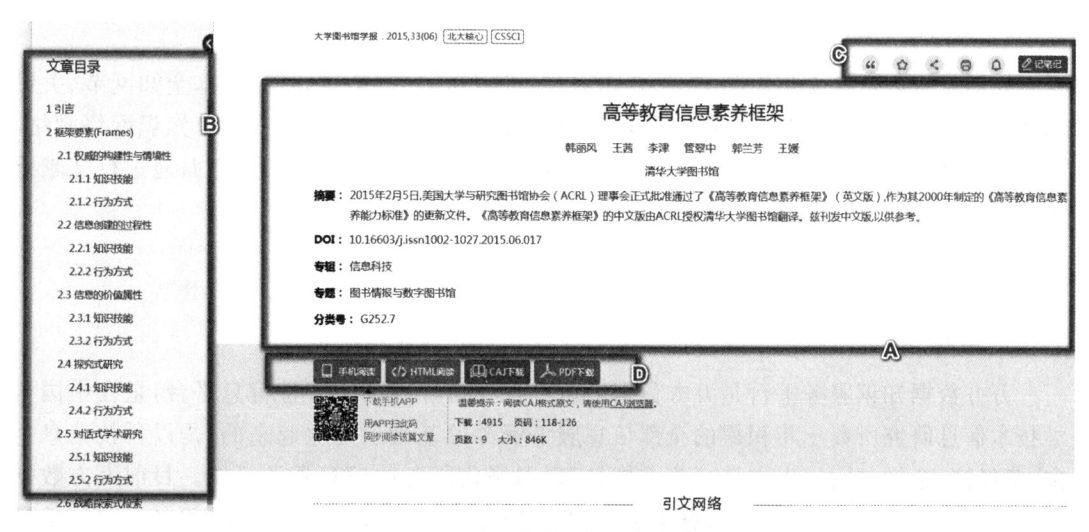

图 6-7　CNKI 检索结果单篇文献页面

B：文献目录。

C：从左到右分别对应引用、关注、收藏、分享、打印和引文跟踪等功能。

D：阅读与下载功能区，下载全球学术快报并扫描文献的二维码，可以在移动端打开文献，登录后可在线阅读 HTML 全文；下载到本地使用 CAJViewer 阅读器查看文献；下载 PDF 格式的文献到本地阅读。

4. 文献管理与分析

点击已选文献数字可进入文献管理中心（如图 6-8）。在文献管理中心可对选定的文献进行相关处理，包括：导出题录、生成检索报告、可视化计量分析和在线阅读等功能（如图 6-9）。

图 6-8　CNKI 文献管理中心入口

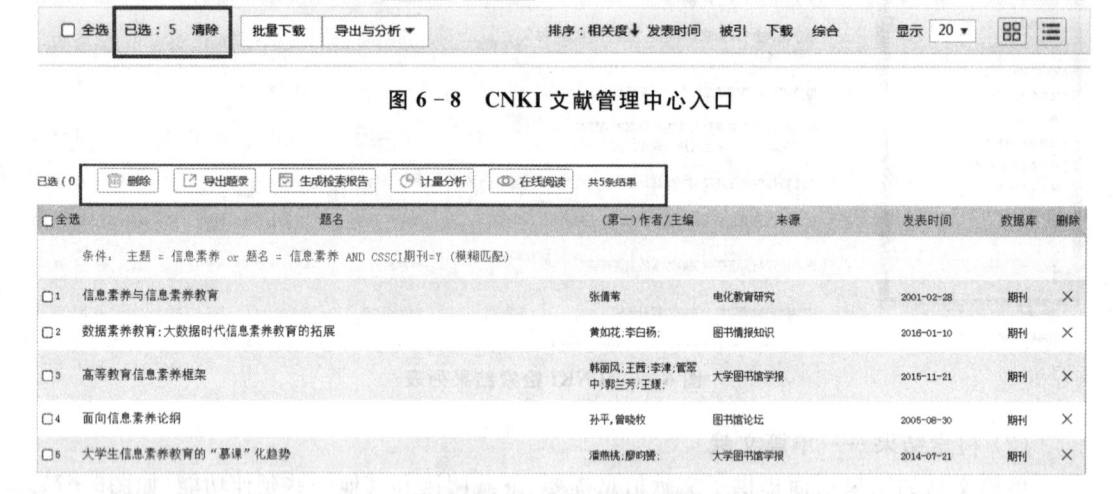

图 6-9　CNKI 文献管理中心

5. 知网节

知网节主要包括文献知网节、作者知网节、机构知网节、学科知网节、基金知网节、关键词知网节、出版物知网节。知网节链接所有重要的相关文献，读者可以沿着知识网络脉络，从引证文献网络、作者网络、作者机构网络等各个途径和角度更为准确、全面地进行文献检索，有助于读者学习和发现新知识，帮助其实现知识获取、知识发现。

二、万方数据知识服务平台

1. 概述

万方数据知识服务平台是万方数据股份有限公司开发的综合性信息平台，是在中国科学技术信息研究所数十年积累的全部信息服务资源的基础上建立起来的，是以科技信息为主、集经济、金融、社会、人文信息为一体，实现网络化服务的信息资源系统。目前万方数据资源系统分为三个部分：科技信息子系统、商务信息子系统和数字化期刊子系统。科技信息子系统为广大科技工作者提供全方位的科技信息，分为：科技文献、名人与机构、中外标准、科技动态、政策法规、成果专利6个栏目,各栏目中包含大量相关数据库资源。商务信息子系统为企业用户提供工商资讯、经贸信息、成果专利、商贸活动、咨询服务等栏目。数字化期刊子系统收集了上百个类目的数千种核心期刊论文。万方数据在汇集和整合原有数据的基础上,推出了万方数据知识服务平台,更加强调文献资源的品质和数量、检索技术的智能化以及增值服务。目前,万方数据知识服务平台收录范围包括期刊、会议、学位论文、标准、专利和名录等,内容覆盖社会科学和自然科学等领域,主要有《数字化期刊全文数据库》《中国学位论文全文数据库》《中国学术会议论文全文数据库》《中外专利数据库》《中外标准数据库》《中国法律法规数据库》《中国科技成果数据库》《中国地方志数据库》等。万方数据知识服务平台可以分库检索,也可以选择搜索全部文献,跨库检索期刊、学位论文、会议文献、专利、科技报告、标准、法规、地方志、视频等所有类型的文献(如图6-10)。

图6-10 万方主页

2. 检索方式

万方的《中国学术期刊数据库》收录开始于1998年,包含8 000余种期刊,其中包含北京大学、中国科学技术信息研究所、中国科学院文献情报中心、南京大学、中国社会科学院历年收录的核心期刊3 300余种,年增300万篇,每天更新,涵盖自然科学、工程技术、医药卫生、农业科学、哲学政法、社会科学、科教文艺等各个学科。以该库为例介绍该平台的检索功能。

(1) 基本检索

万方数据的基本检索也是一框式检索,不直接显示字段的选项,点击检索框时会出现字段选项,包括题名、作者、作者单位、关键词、摘要、刊名、基金及中图分类号,检索时可以选择"搜论文"或"搜期刊"。用户也可以直接输入检索词,默认字段为上述所有字段,即出现在题录中的任意字段均为命中记录(如图6-11)。

(2) 高级检索

高级检索提供丰富的组合查询功能,可组合检索项,依次输入检索条件,然后选择"与、或、非",进行快速准确的组合查询。高级检索中可选择的字段有作者、论文标题、作者单位、来源、关键词、摘要、发表日期等。该界面提供智能检索项,可进行中英文扩展和主题词扩展,中英文扩展基于中英文主题词典和机器翻译技术,可以扩展英文检索词;主题词扩展基于系统的主题词表,扩展相关的同义词、下位词等。高级检索页点击标签可切换至专业检索和作者发文检索(如图6-12)。

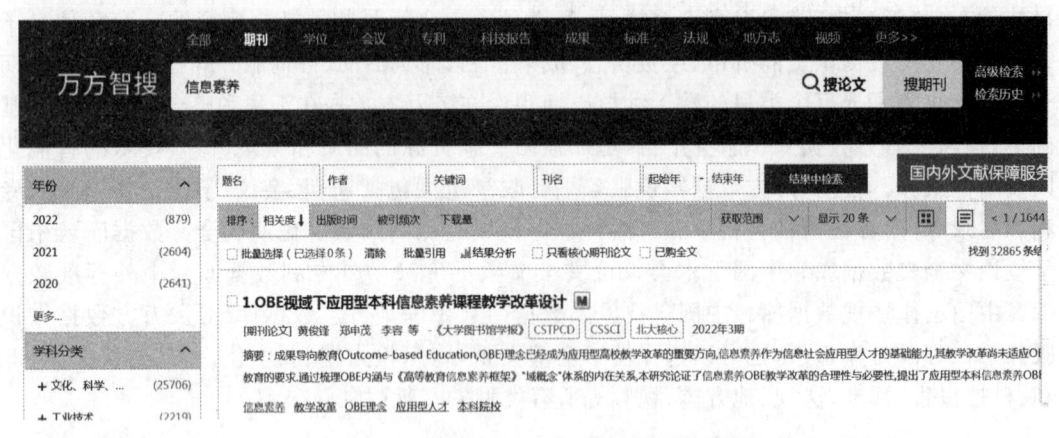

图 6-11　万方中国学术期刊数据库基本检索

图 6-12　万方中国学术期刊数据库高级检索

3. 检索结果

(1) 检索结果——文献列表

检索结果显示界面左边是结果分类分组情况,右边是二次检索选项和检索结果等模块(如图 6-13)。

A:文献列表,默认为文摘方式,显示详细题录信息和阅读方式,可直接在线阅读、下载 PDF 全文和导出引文题录。

B:结果分类分组情况,可以按照年份、学科分类、核心期刊、语种、来源数据库、刊名、出版状态、作者、机构进行分组浏览。

C:检索结果排序,有相关度排序、出版时间排序、被引频次排序和下载量排序 4 种方式。

D:结果中检索,实现二次检索。

E:获取范围、每页显示条目和结果显示方式设置区,文献获取范围分有全文、免费全文、原文传递和国外出版物 4 种,每页显示条目数量有 20、30 和 50 可选,结果显示方式有文摘列表和题名列表 2 种模式。

第 6 章 学术论文资源检索

图 6-13 万方检索结果列表页面

(2) 检索结果——单篇文献

单篇文献的检索结果页面提供了文献详细信息提要、下载阅读、文献网络等一些延伸功能(如图 6-14)。

图 6-14 万方检索结果单篇文献页面

万方的数据库同样包含结果分析功能,用户可以对检索结果进行分析,包括检索结果的年代分析、作者情况、发文机构、学科分布、登载期刊、基金、关键词等,便于用户了解该领域的高产作者、重要的研究机构和主要发表该领域论文的刊物等。

三、维普智立方知识资源服务平台

1. 概述

维普智立方知识资源服务平台，整合了期刊、学位论文、会议论文、专利、标准等十种类型文献，收录文献总量达 2 亿条，其中中文期刊 5 700 万条、中文会议论文 219 万条、中文专利 980 万条、中文学位论文 315 万条、中文专著 153 万条、中文成果 83 万条、中文标准 20 万条、中文法规 70 万条、产品样本 349 万条、科技报告 350 万条、外文文献 7 367 万条，十种文献年增长 1 000 万条。基于大数据的知识挖掘、数据分析、文献计量、对象模型等技术为用户提供检索、分面聚类、引文追踪、知识关联图谱、对象对比、研究趋势分析等服务。

2. 检索方式

（1）基本检索

平台首页的检索框默认执行全部文献的基本检索方式，输入检索词，点击"检索"按钮进入检索结果页，查看检索结果信息（如图 6-15）。检索框不提供字段选项，而是在"任意字段"中进行检索，包括题名、刊名、关键词、作者名、机构名、基金名等字段。

图 6-15 维普智立方知识资源服务平台首页基本检索框

（2）高级检索

高级检索提供向导式和检索式两种检索方式，运用逻辑组配关系，辅以时间、文献类型和学科条件限制。

例如，检索 2012—2022 年间清华大学发表的标题或关键词包含"信息素养"的期刊文章，可以在高级检索-向导式检索页面做以下设置：在字段"M＝题名或关键词"字段文本框内输入"信息素养"，在"S＝机构"类型的文本框内，输入"清华大学"，时间限定"2012—2022"，文献类型限定"期刊文章"（如图 6-16）。

检索式检索以在检索框中直接输入字段标识和逻辑运算符来发起检索。检索运算符 AND、OR、NOT 必须大写，两边需空一格，如：(K＝图书馆学 OR K＝情报学)AND A＝范并思。

（3）对象检索

对象检索用于查找特定人物的，输入姓名、主题和机构等描述条件，找到相关人物。如查找人物"王伟光"，机构限定为"中国社会科学院"的人物对象，则可以在高级检索-对象检索页面做以下设置：在"人物"字段的文本框内，输入"王伟光"，在"机构"字段的文本框内，输入"中国社会科学院"（如图 6-17），可以得到中国社科院王伟光教授的学术成果信息和所有题录列表。

图 6-16 维普智立方知识资源服务平台高级检索

图 6-17 维普智立方知识资源服务平台对象检索

3. 检索结果

（1）检索结果——文献列表

检索结果列表可进行适当操作，实现优化处理（如图 6-18）。具体功能包括：

A：文献列表，默认为文摘列表方式，显示详细题录信息和阅读方式，可直接在线阅读和下载 PDF 全文。

B：检索结果聚类，提供基于检索结果的文献类型、所属学科、相关主题、相关机构、发文作者等方面的聚类功能。

C：结果中检索，实现二次检索。

D：检索条件显示和结果分析按钮。

E：导出题录、排序和结果显示方式设置区，检索结果排序有相关度排序、被引量排序和时效性排序，结果显示方式有文摘列表和标题列表两种模式（如图 6-18）。

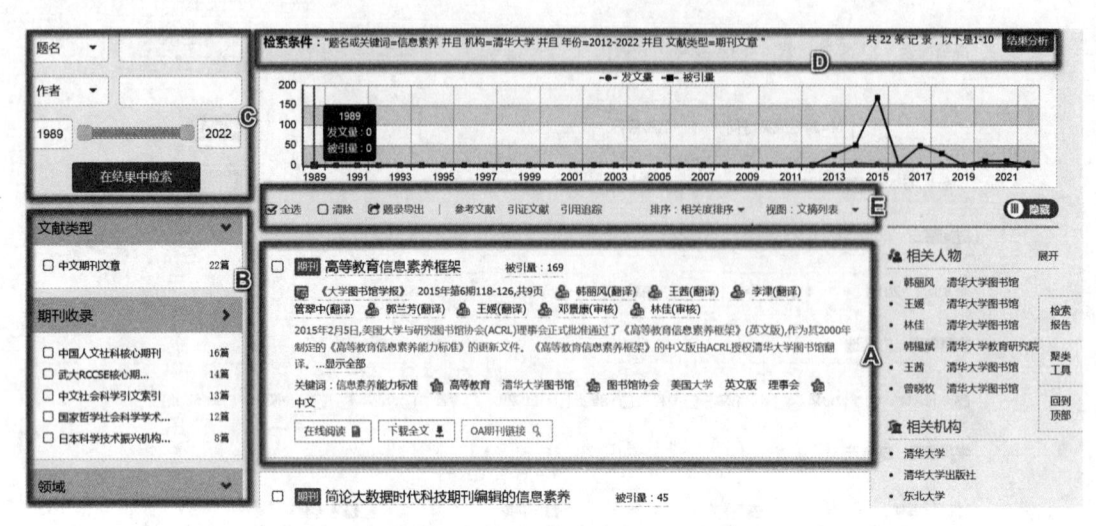

图 6-18 维普智立方知识资源服务平台检索结果列表

(2) 检索结果——单篇文献

单篇文献的结果页面提供了文献详细信息提要、下载阅读、文献网络等一些延伸功能（如图 6-19）。

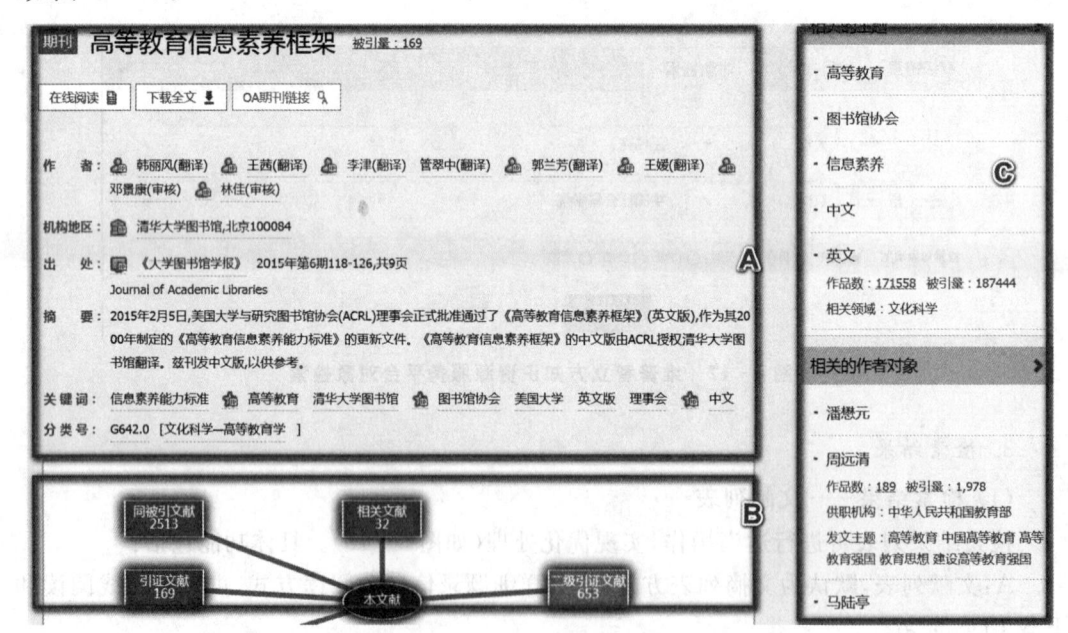

图 6-19 维普智立方知识资源服务平台单篇文献页面

维普智立方知识资源服务平台的特色功能有聚类组配、引用追踪、知识梳理、计量报告、对象比较、对象趋势分析和对象导航等。

6.2.2 国外商业综合学术资源平台

一、ScienceDirect

1. 概述

ScienceDirect 数据库是荷兰爱思唯尔(Elsevier)公司的核心产品,大部分期刊被 SCI、SSCI、EI 收录。ScienceDirect 数据库自 1999 年开始向用户提供电子出版物全文在线服务,包括 Elsevier 出版集团所属的 2 500 多种同行评议期刊和 11 000 多本图书,并涉及众多学科:计算机科学、工程技术、能源科学、环境科学、材料科学、数学、物理、化学、天文学、医学、生命科学、商业及经济管理、社会科学等。

2. 检索方式

(1) 浏览

通过数据库首页上方的"Journals & Books"链接可进行期刊和图书的浏览。系统提供两种浏览方式,按学科分类浏览和按书名的首字母顺序浏览。直接单击学科分类名称或首字母即可进入浏览的结果页面,选中某一类学科后显示的该分类下的图书和期刊,结果会显示书名/刊名、出版年、出版物类型、获取类型等信息。

(2) 快速检索

ScienceDirect 数据库首页提供快速检索框,方便用户快速地进行检索。快速检索提供关键词(Keywords)、作者(Author name)、刊名/书名(Journal/book title)、卷(Volume)、期(Issue)、页(Page)等检索项,用户根据需求选择检索项后输入检索词即可(如图 6-20)。

图 6-20 ScienceDirect 快速检索

(3) 高级检索

单击"Advanced search"检索框,用户进入高级检索界面,高级检索的限定字段中,"Find articles with these terms"表示在文档的所有字段中检索,"In this journal or book title"表示在期刊名或书名字段中检索,系统会根据用户输入的部分检索词给出完整题名提示,方便检索。其他字段包括出版年、作者、作者单位、卷期页等(如图 6-21)。

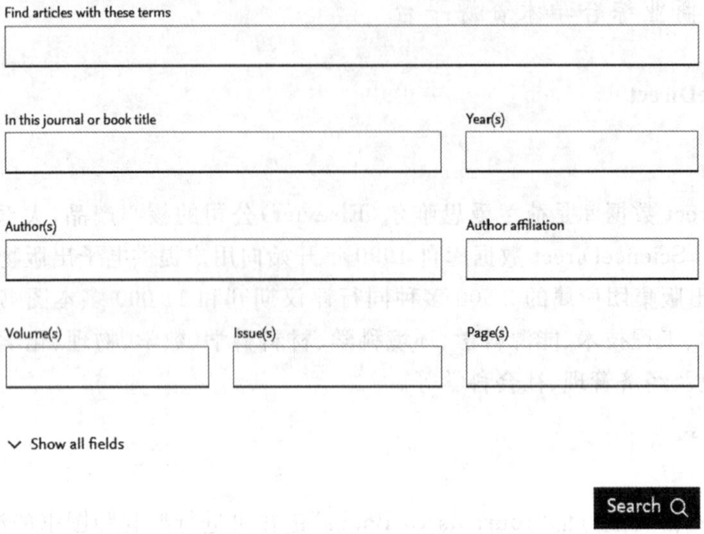

图 6-21 ScienceDirect 高级检索

(4) 检索算符

ScienceDirect 数据库支持布尔逻辑检索、截词检索、位置检索、短语检索等检索方式。系统支持的布尔运算符包括 AND、OR、NOT 和连字符（或减号），布尔运算符必须全部用大写字母输入，连字符（或减号）被理解为 NOT 运算符，优先级为 NOT、AND、OR，嵌套子句时可以使用括号。

3. 检索结果

(1) 检索结果——文献列表

检索结果页面显示每条记录的题录信息，并提供分组精炼、排序等功能（如图 6-22）。

A：显示检索结果数，并提供检索式追踪设置标签。

B：可以将检索结果按资源类型、年代等进行分组精炼。

C：批量下载选中文献，批量导出（Export）题录。题录导出方式有两种，一是直接导出（Direct export），二是导出文件（Export file）。直接导出可将选中记录直接导入文献管理软件中；导出文件可选择导出格式和导出内容，系统提供"RIS""Bib Tex""Text"等 3 种格式供选择；导出内容可选择只导出引文，或同时导出引文和摘要。

D：文献列表，显示资源类型、获取权限，题录信息的下方具有一些快捷标签，包括下载 PDF 全文、查看文摘信息、查看文中片段、查看文中图表和导出本文题录。点击文献题名可进入单篇文献的详细页面。

E：排序方式设定，提供按相关度（Relevance）和按时间（Date）两种排序方式。

F：系统推荐的相关主题聚合页面，提供的信息包括定义、研究回顾和拓展知识等。

第 6 章 学术论文资源检索

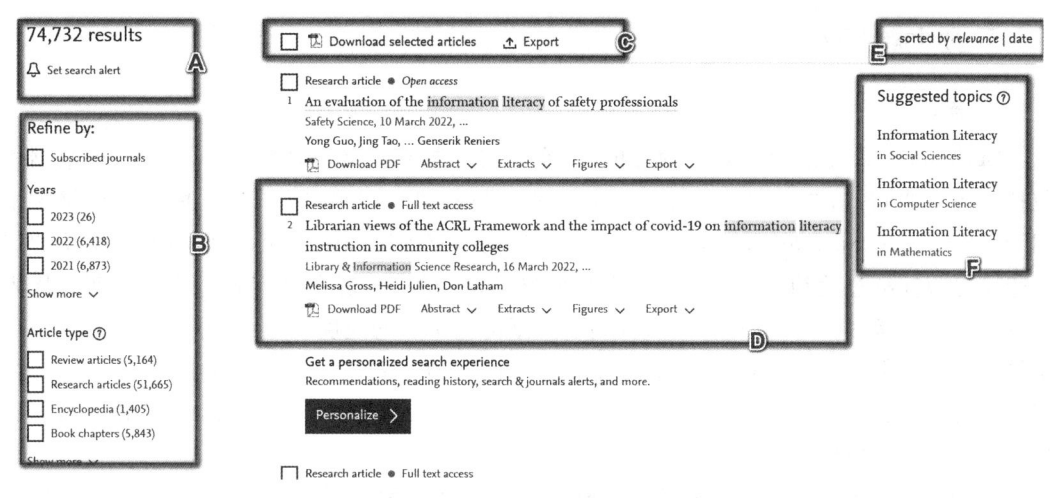

图 6-22 ScienceDirect 检索结果列表

（2）检索结果——单篇文献

单击文章题名进入文章详细信息页面（如图 6-23），数据库平台提供增强型的数字内容，可以在此页面浏览全文，并深入定位到文章的每一个模块。

A：该篇文档各个模块的链接标签。

B：PDF 全文下载标签。

C：详细题录部分。

D：文献具体内容，包括提要、文摘、关键词、全文、参考文献和作者介绍。

E：系统智能推荐文章。

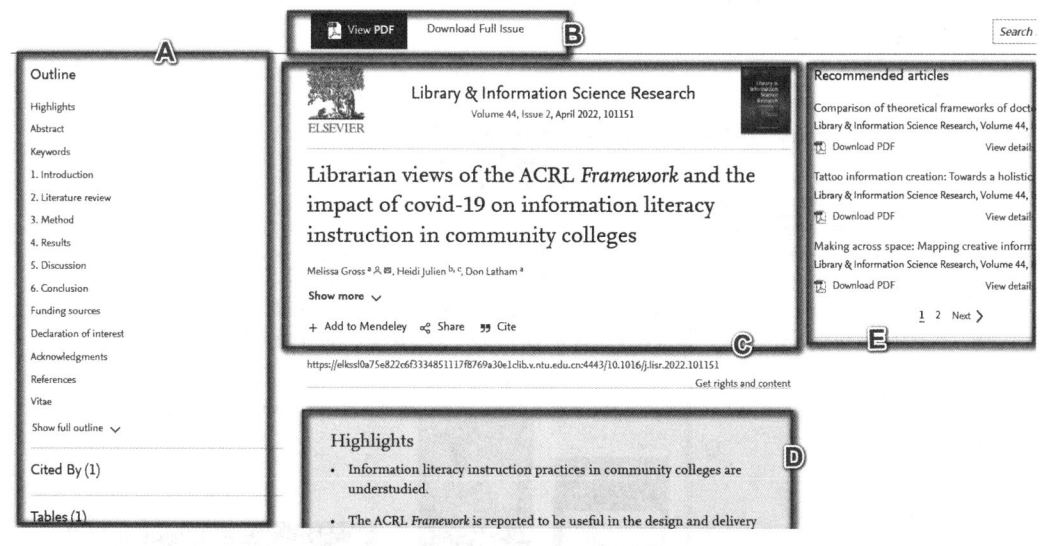

图 6-23 ScienceDirect 检索结果单篇文献详细页面

二、SpringerLink

1. 概述

SpringerLink 是居全球领先地位的、高质量的科学技术和医学类全文数据库,该数据库包括了各类期刊、丛书、图书、参考工具书以及回溯文档。1996 年,该数据库开始提供学术期刊与电子图书 SpringerLink,通过纯数字模式的专家评审编辑程序,从以卷期为单位的传统印刷出版标准过渡到以单篇文章为单位的网络出版标准,现在已有超过 200 种期刊优先以电子方式出版(OnlineFirst),大大提高了文献网上出版的速度和效率,并保持了文献的高质量要求。该数据库的学科覆盖有:生命科学、化学、地球科学、计算机科学、数学、医学、物理与天文学、工程学、环境科学、经济学和法律等,其中大部分期刊被 SCI、SSCI 和 EI 收录,是科研人员的重要信息源。

SpringerLink 服务系统实现了与重要的二次文献检索数据库的全文链接,目前已经与 SCI、EI 建立了从二次文献直接到 SpringerLink 全文的链接。

2. 检索方式

(1) 浏览和快速检索

SpringerLink 数据库首页提供多种快速浏览和资源检索的入口(如图 6-24)。

A:简单检索,所有资源的跨库检索。

B:高级检索和检索帮助按钮。

C:按字顺浏览图书、期刊,视频专区,图书馆员专区。

D:按学科浏览所有资源。

E:单类型资源库检索入口,分别点击"journals""books""series""protocols""reference works"和"proceedings"即可进入。

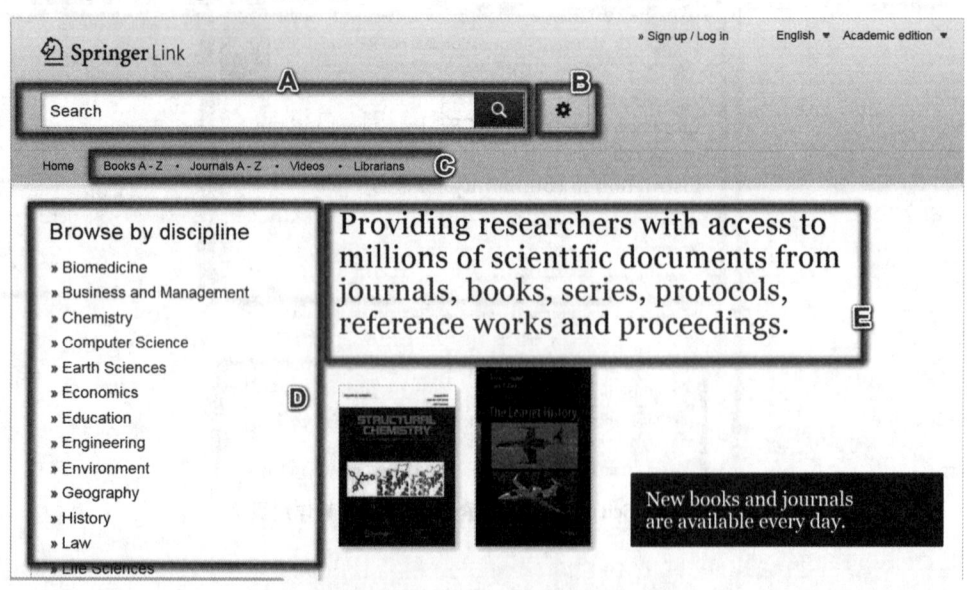

图 6-24 SpringerLink 简单检索

（2）高级检索

高级检索提供向导式检索条件输入框，用户可根据检索需要在对应的检索框内输入检索词，可通过限定时间范围缩小检索范围（如图 6-25）。

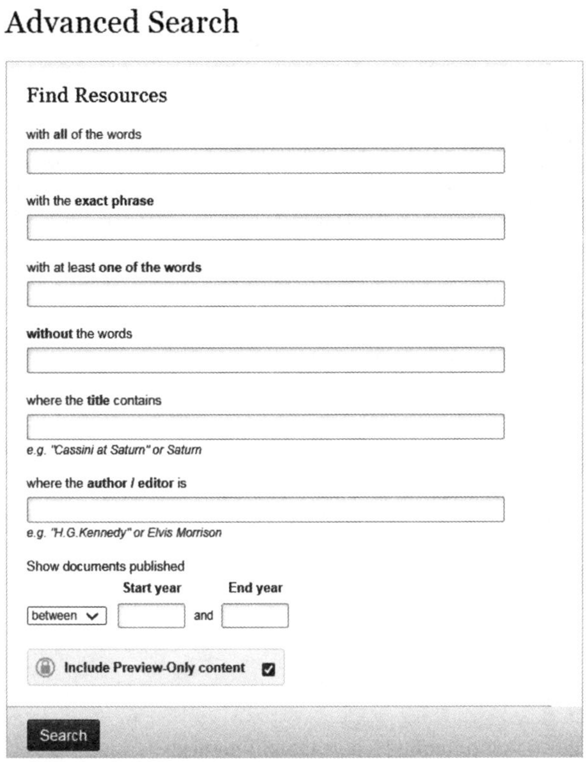

图 6-25　SpringerLink 高级检索

（3）检索算符

数据库支持布尔逻辑检索、截词检索、词根检索、短语检索及位置检索。布尔逻辑运算与、或、非的表示方法："AND"或者"&"代表布尔逻辑与，"OR"或者"｜"代表布尔逻辑或，"NOT"代表布尔逻辑非，在一个表达式中，布尔逻辑运算的优先级顺序为：NOT、OR、AND，可使用括号改变优先级。

截词算符"*"代表多个字母，"?"只能代表一个字母。但当在检索框内输入检索词时，系统会自动进行词根检索，能同时检索到以所输入词的词根为基础的派生词，例如输入检索词"swimming"，则系统会同时检索"swimmer""swim""swam"等。

短语检索算符为（""），是英文半角状态下的双引号，此时系统仍然会对检索词进行自动词根检索。

位置检索算符有两种："NEAR"和"ONEAR"，"NEAR"表示两个检索词之间最多可以插入 10 个词，词序可变；"NEAR/n(n<10)"，表示两个检索词之间最多可以插入 n 个词，词序可变；"ONEAR"表示两个检索词紧挨着，词序不可颠倒。

3. 检索结果

(1) 检索结果——文献列表

检索结果的文献列表提供排序、分组聚类等功能(如图6-26)。

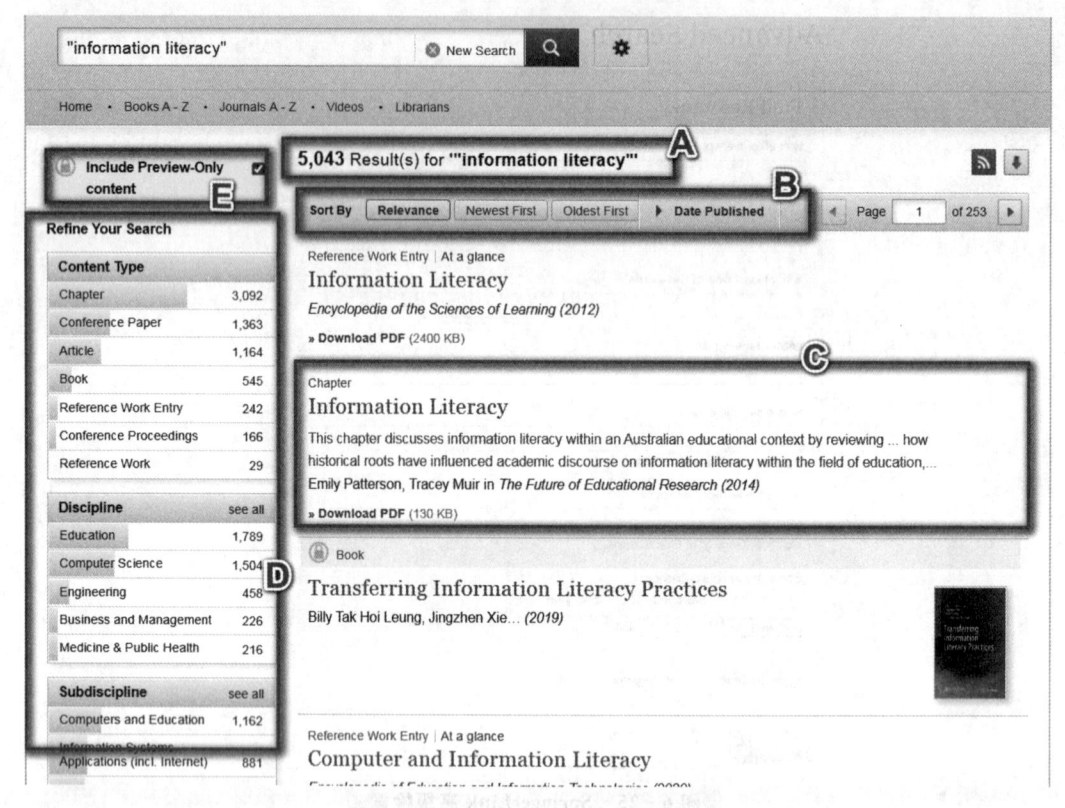

图6-26 SpringerLink 检索结果列表

A：显示检索结果数量和检索条件。

B：排序方式，按相关度和时间顺序。

C：每条具体的检索结果记录，系统提供以下信息：文献类型、文献标题、内容描述、作者、出版信息和阅读获取方式。

D：检索结果按文献资源类型、学科等分组。

E：默认勾选"Include Preview-Only content"复选框，显示所有检索结果。若只想看到权限范围内的检索结果，可手动取消。

(2) 检索结果——单篇文献

单击文献题名链接进入该篇文献的详细页面，可查看文献题录信息并在线浏览全文。除此之外，平台提供引用著录导出、PDF全文下载和具体文献内容的分区浏览链接，定位到具体的内容版块、图标和参考文献(如图6-27)。

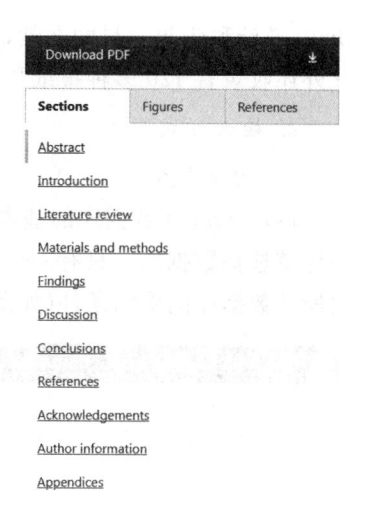

图 6-27　SpringerLink 检索结果单篇文献详细页面

三、EBSCOhost

1. 概述

EBSCOhost 是美国 EBSCO 公司自主研发的一个检索系统，是目前世界上最大的多学科学术期刊数据库和综合性商业资源全文数据库。EBSCO 系列数据库拥有 100 多个在线文献数据库，涉及自然科学、社会科学、人文和艺术等多种学术领域。学术期刊文摘及全文数据库（简称 ASP）和商业资源集成全文数据库（简称 BSP）是其最重要的两个数据库。目前国内可以使用的数据库主要有：

①《学术期刊文摘及全文数据库》（Academic Search Premier，简称 ASP），是综合性数据库，覆盖学科领域包括：社会科学、人文科学、教育学、语言学、艺术、文学、医学、种族研究、工程学、物理学、化学、计算机科学等。它提供了近 4 700 种出版物全文，其中包括 3 600 多种同行评审期刊的全文。

②《商业资源集成全文数据库》（Business Source Premier 简称 BSP），是行业中使用最多的商业研究数据库。它提供 4 400 多种期刊的索引和摘要，其中 3 600 多种为全文期刊，包括 1 100 多种同行评审期刊的全文。有 350 种期刊回溯到 1965 以前或期刊创刊年。Business Source Premier 和同等数据库相比，优势在于它对所有商业学科（包括市场营销、管理、MIS、POM、会计、金融和经济）都进行了全文收录。

③《报纸资源数据库》（Newspaper Source），收录了 40 多种美国全国性报纸和国际报纸的完整全文和 300 多种美国地区性报纸全文。

④《教育资源信息中心》（Educational Resource Information Center，简称 ERIC），收录了 2 500 多篇文摘和附加信息参考文献以及 1 200 多种教育或与教育相关的期刊引文和摘要。

⑤《一带一路资源中心》（The Belt and Road Initiative Reference Source），收录了一带一路沿线的 65 个国家和地区关于贸易、商业、经营、投资、文学、艺术、人文研究、地理、军事、

历史、政治科学等学科的文献,具体涵盖5 300多种特色全文期刊,数据可回溯至1975年,此外还收录有120多种报纸与电讯新闻全文内容以及500多种报告和会议录。

2. 检索方式

(1) 基本检索

EBSCOhost数据库的基本检索也是一框式检索,默认检索所有数据库、所有字段,可点击标签选择数据库。只有一个检索词输入框,默认对全文进行检索。点击"检索选项"显示出所选数据库的限制条件(如图6-28)。

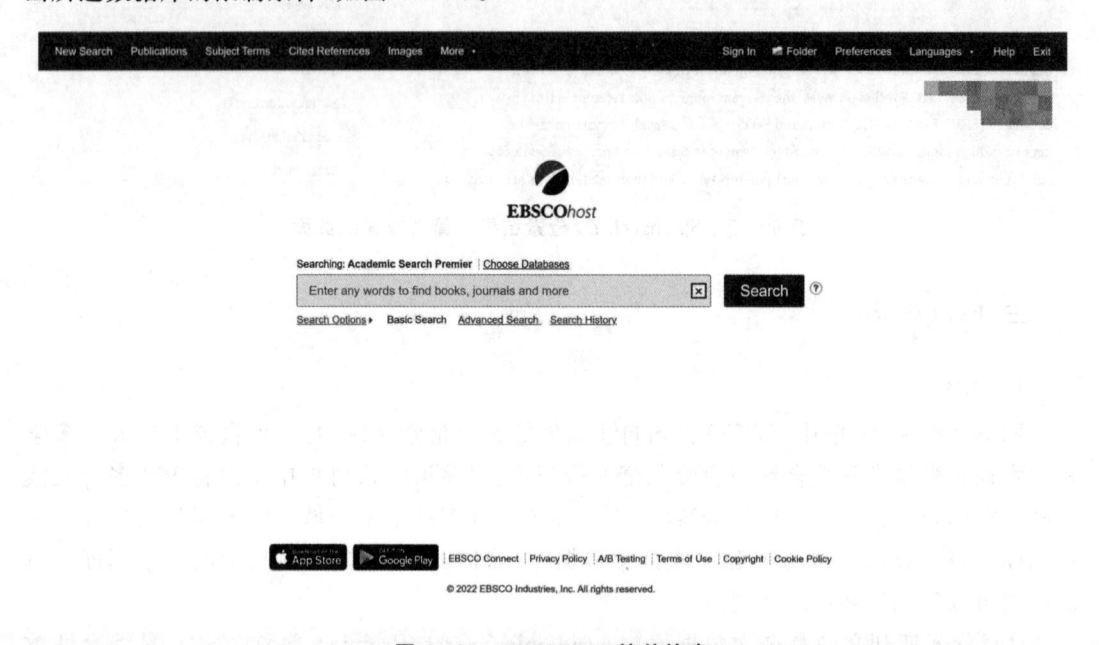

图6-28 EBSCOhost简单检索

(2) 高级检索

高级检索可选择多个字段组配检索,如选择多个数据库,可检字段为这些数据库的共有字段,字段代码主要有:TX(All Text 全文)、AU(Author 作者)、TI(Title 题名)、SU(Subject Terms 主题词)、SO(Source 来源)、AB(Abstract 摘要)、IS(ISSN 国际标准刊号)等。如选择单个数据库,显示该库的所有可检字段,如检索词或者字段超过3个,可以添加检索行。限制条件与基本检索相同。

高级检索还提供一些扩展的检索选项,通过选择不同搜索样式和限定来精确化检索要求(如图6-29)。

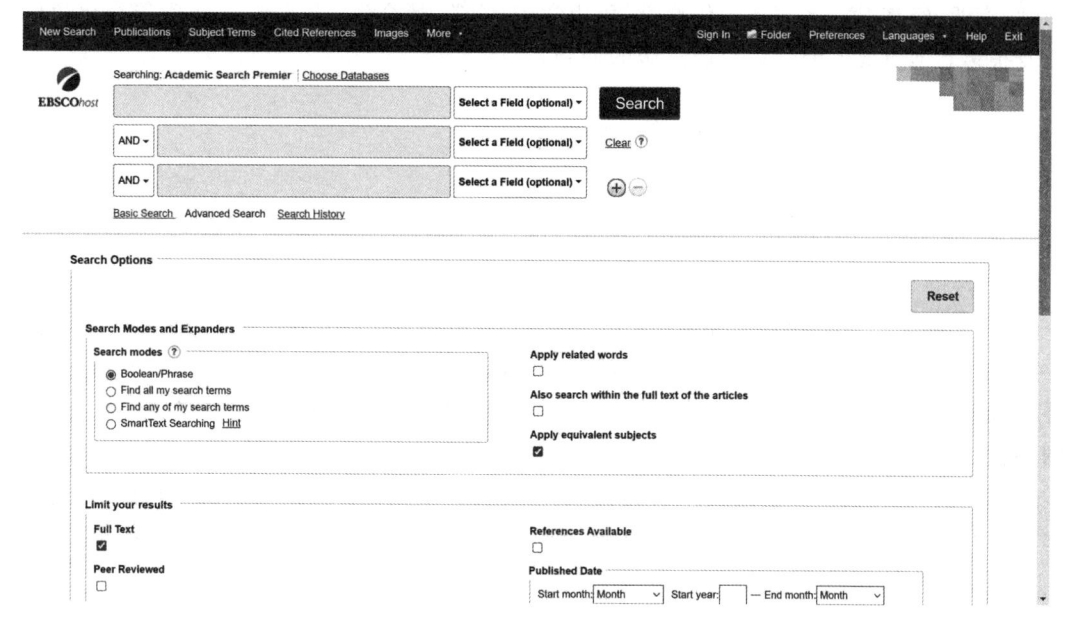

图 6-29　EBSCOhost 高级检索

（3）检索算符

数据库支持布尔逻辑检索、截词检索和位置检索。布尔逻辑检索适用于关键词检索和高级检索，算符是"and""or""not"。截词检索只支持后截词和中间截词检索，截词算符为"＊"和"？"。位置检索有两种算符，"N"表示两词相邻，顺序可以颠倒，"W"表示两词相邻，但是顺序不能改变。N 和 W 都可以用数字表示两词中间相隔的词的数量，如："information W2 management"的检索结果可以包括 information management，information technologies and management 等。

3．检索结果

检索结果列表显示每一个记录的篇名、作者、刊名、卷期、页数等题录信息，并用图标显示是否有全文、图像或多媒体文件，全文有 PDF 格式与 HTML 格式。打开文献篇名后，将显示完整的详细记录，包括文章篇名、刊名、作者、出版者、出版地、出版日期、卷期、页数、国际标准刊号、主题词、文摘、全文、附注、参考文献、收录数据库及数据库识别号等。检索结果可以按系统提示的主题词、出版物类型、时间、全文、参考文献、同行评价等加以精炼优化，也可以选择按时间、来源、作者、相关性等方式排序。

四、Wiley Online Library

Wiley Online Library 是一个综合资源平台，包括期刊和其他学术参考文献，收录 1 600 多种经同行评审的学术期刊，22 000 多种电子图书，250 多种在线参考工具书，580 多种在线参考书，19 种生物学、生命科学和生物医学的实验室指南（Current Protocols），17 种化学、光谱和循证医学数据库（Cochrane Library）。Wiley 的期刊学科范围广，包括化学、高分子与材料科学、物理学、工程学、农业、兽医学、食品科学、医学、护理学、口腔医学、生命科学、心理学、商业、经济、语言学、新闻传播学、历史学、政治学、社会学、艺术类、人类学等全部学科，以及很多其他重要的跨学科领域出版的期刊。

6.2.3 国家文献保障学术资源平台

一、中国高等教育文献保障系统（CALIS）

1. 概述

"中国高等教育文献保障系统"（China Academic Library & Information System，简称CALIS）是教育部"九五"、"十五"和"三期""211工程"中投资建设的面向所有高校图书馆的公共服务基础设施，通过构建基于互联网的"共建共享"云服务平台——中国高等教育数字图书馆、制定图书馆协同工作的相关技术标准和协作工作流程、培训图书馆专业馆员、为各成员馆提供各类应用系统等，支撑着高校成员馆间的"文献、数据、设备、软件、知识、人员"等多层次共享，已成为高校图书馆基础业务一日不可或缺的公共服务基础平台，并担负着促进高校图书馆整体发展的重任。

CALIS由设在北京大学的CALIS管理中心负责运行管理。CALIS的骨干服务体系，由4大全国中心（文理中心—北京大学、工程中心—清华大学、农学中心—中国农业大学、医学中心—北京大学医学部）、7大地区中心（东北—吉林大学、华东北—南京大学、华东南—上海交通大学、华中—武汉大学、华南—中山大学、西南—四川大学、西北—西安交通大学）、除港澳台之外的31个省级（省、自治区、直辖市）中心和500多个服务馆组成。这些骨干馆的各类文献资源、人力资源和服务能力被整合起来支撑着面向全国所有高校的共享服务。

2. 资源与服务

（1）联机合作编目

提供联机套录编目、原始编目、加载馆藏和检索下载书目记录等服务，用户可通过CALIS联合目录公共检索系统（http://opac.calis.edu.cn）查询馆藏目录。

（2）资源发现

e读学术搜索（http://www.yidu.edu.cn）旨在全面发现全国高校丰富的纸本和电子资源，通过一站式服务链路从海量资源中快速发现与获取有用的信息，为读者提供全新的馆际资源共享服务体验。

外文期刊网（http://ccc.calis.edu.cn），简称CCC，是面向全国高校广大师生的外文期刊综合服务平台，为用户提供一站式期刊论文检索及获取全文服务。

学苑汲古（http://rbsc.calis.edu.cn:8086）高校古文献资源库是一个汇集高校古文献资源的数字图书馆。它是高校古文献资源的公共检索与服务平台，并面向全国高校用户提供古文献资源的检索与获取服务。

学位论文中心服务系统（http://etd.calis.edu.cn）收集了国内高校学位论文、高校从2002年开始联合采购的PQDT学位论文数据以及NDLTD学位论文数据，涉及文、理、工、农、医等多个领域，是学术研究中十分重要的信息资源。

高校教学参考资源库（http://cr.calis.edu.cn）为高校师生提供对全国高校教参电子全

文书、国内课程信息、国外课程信息等特色资源的多种分类检索,实现了全国高校教学参考信息资源的共建共享。

（3）馆际互借与文献传递服务

e 得(http://yide.calis.edu.cn)为读者提供了一站式的全文文献获取门户,它集成了电子全文下载、文献传递、馆际借书、单篇订购(PPV)、电子书租借等多种全文获取服务,结合专业馆员提供的代查代检服务,帮助读者在全国乃至全世界查找并索取中外文图书、期刊、学位论文、会议论文、专利标准等各类电子或纸本资源。

3. 检索与使用

以 CALIS 外文期刊网为例,介绍系统的使用。CALIS 外文期刊网提供查找文章、期刊浏览、数据库导航、图书馆馆藏、代查代检等服务,网站首页如图 6-30 所示。

图 6-30　CCC 首页

（1）查找文章

查找文章有篇目快速检索和篇目高级检索两种方式。

篇目快速检索提供一个检索输入框,可检索字段有"篇名""刊名""作者""ISSN""全面",匹配方式支持包含、完全匹配、前方一致,同时可以对文章的出版时间进行限制,也可以对检索结果页的显示进行设置,检索界面如图 6-31 所示。

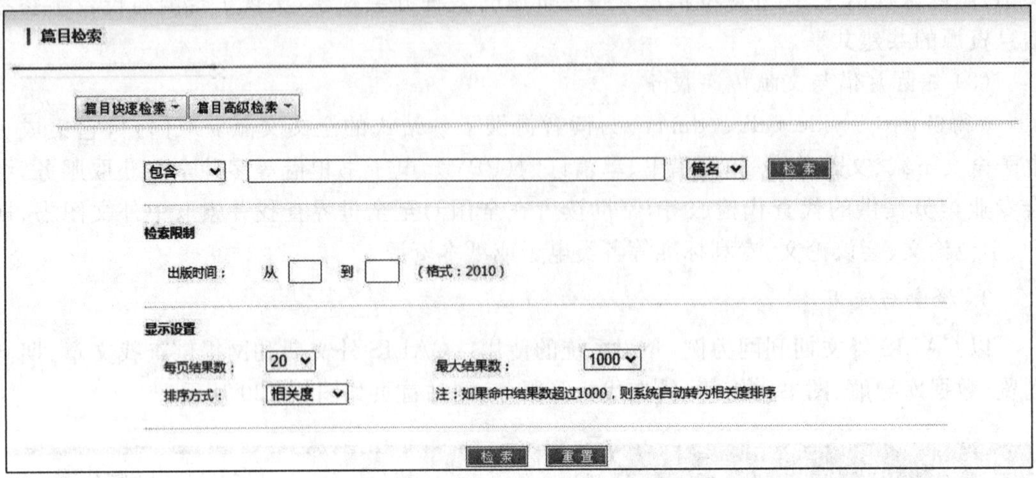

图 6-31　CCC 篇目快速检索

篇目高级检索(如图 6-32)提供四个检索输入框,检索框之间支持"AND""OR" "NOT"布尔逻辑运算,可检索字段、匹配方式,结果页显示设置与快速检索无异。在检索限制中,除了提供文章出版时间的限制外,还提供了收录限定。

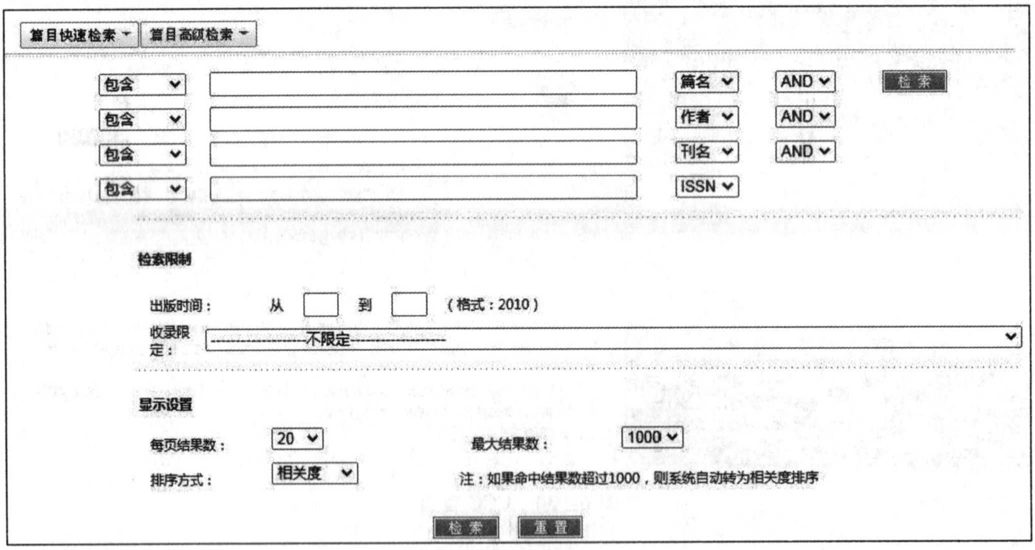

图 6-32　CCC 篇目高级检索

在检索结果中可以进行二次检索,也可以按出版年、刊名、著者、文献库收录浏览检索结果。每条篇目记录后都有文献传递和收藏情况链接图标,点击"文献传递"图标可以发送文献传递申请获取全文,点击"收藏情况"图标可以查看收录该文的全文数据库和文摘数据库在全国高校的收藏情况。有的篇目记录下方提供了全文链接,点击链接可以直接在线浏览、下载全文(如图 6-33)。

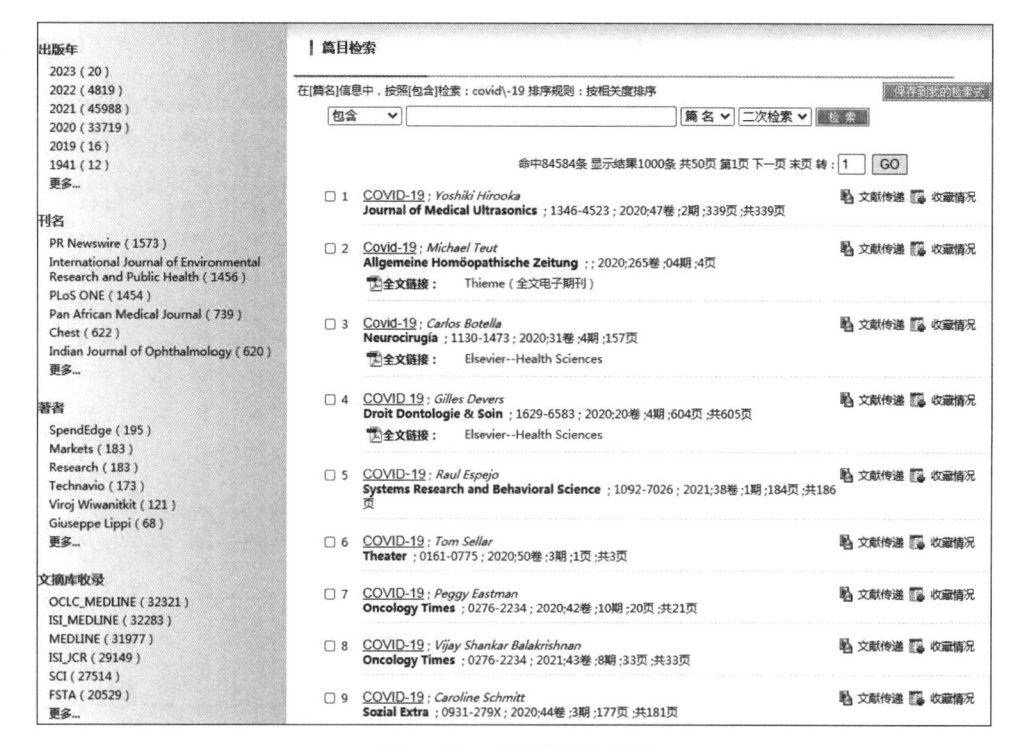

图 6-33　CCC 检索结果页

(2) 期刊浏览

CCC 将所有的期刊按文摘库、字母和学科进行了统计，用户可以点击分类浏览，也可以在页面检索框中按刊名、ISSN、刊名缩写、刊名首字母缩写检索期刊。找到合适的期刊后点击期刊名到期刊详情页，可以按卷期浏览收录文章情况。

(3) 数据库导航

数据库导航罗列出 CALIS 购买的数据库资源，并按起始字母和数据库类型进行了归类，目前 CCC 系统共收录 197 个数据库，其中全文库 167 个，文摘库 30 个。每个数据库后给出相应的期刊种数、目次刊覆盖率和数据库类型。点击某一数据库名称或期刊数量可以查看数据库信息和数据库下的期刊列表，这些数据库下的期刊浏览与检索功能和上述期刊浏览中的功能一致（如图 6-34）。

(4) 图书馆馆藏

CCC 图书馆馆藏分别列出全部注册成员图书馆（2 190 个）、文献传递馆（51 个）、全国中心（4 个）、地区中心（7 个）、CALIS 省中心（29 个）、数字图书馆基地（21 个），并给出各图书馆的主页链接、所在城市、期刊种数和图书馆类型说明，点击图书馆名称可以访问对应图书馆主页。系统按地域对全部图书馆进行划分，用户可以使用地域导航定位要查看的图书馆信息（如图 6-35）。

(5) 代查代检

如果用户在 CCC 上没有检索到所需要的期刊文章，可以通过代查代检栏目填写需要文献的相关信息后发送文献传递请求，由图书馆馆际互借员代为查找。

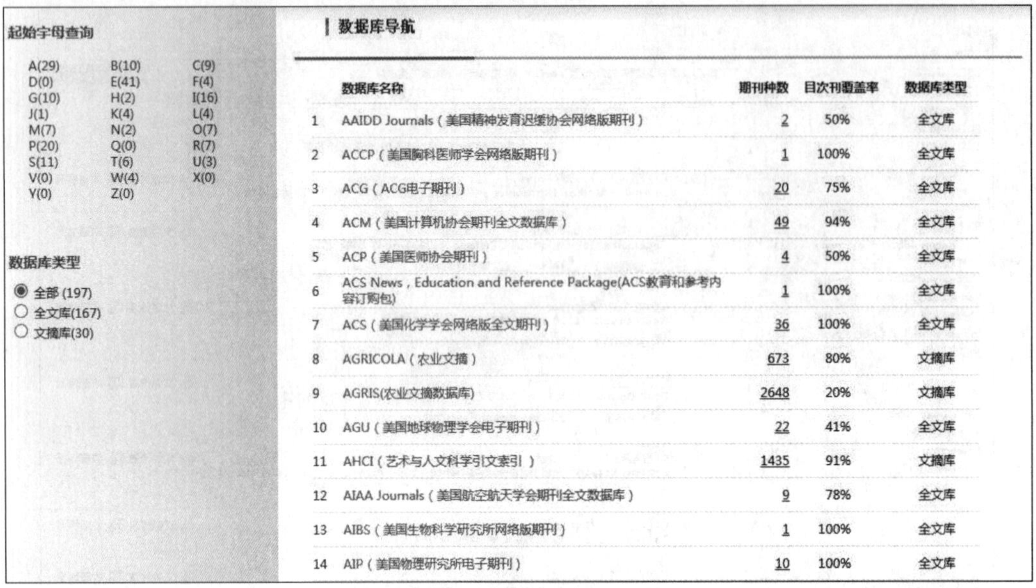

图 6-34 CCC 数据库导航

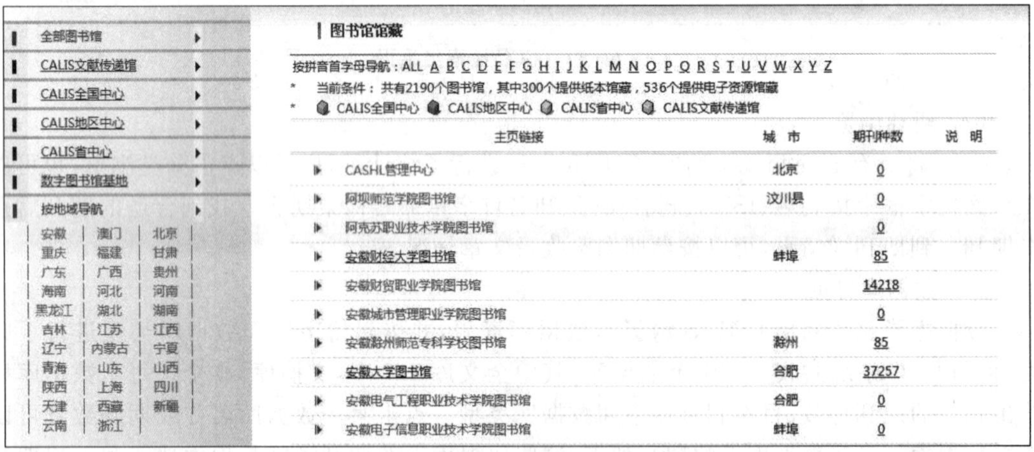

图 6-35 CCC 图书馆馆藏

二、国家科技图书文献中心(NSTL)

1. 概述

国家科技图书文献中心(National Science and Technology Library,NSTL)是科技部联合财政部等六部门,经国务院领导批准成立的科技文献信息资源服务机构,由中国科学院文献情报中心、中国科学技术信息研究所、机械工业信息研究院、冶金工业信息标准研究院、中国化工信息中心、中国农业科学院农业信息研究所、中国医学科学院医学信息研究所、中国标准化研究院标准馆和中国计量科学研究院文献馆 9 个文献信息机构组成。中心以构建数字时代的国家科技文献资源战略保障服务体系为宗旨,以网络服务系统为核心,依托地方和行业科技信息机构,合作建立了辐射全国的科技文献信息服务体系。已建设44个服务站,覆盖全国29个省市自治区,为全国用户更加充分地利用中心的科技文献信息资源创造了便利条件,提升了地方科技文献信息的保障能力和服务水平,推动了全国范围的科技文献信息共建共享。

2. 资源与服务

NSTL(https://www.nstl.gov.cn)拥有丰富的科技文献信息资源,数据库既包括目次、文摘、引文等二次文献数据库,也包括网络版全文期刊、专著与工具书,学科以理、工、农、医专业领域为主,同时兼顾经济学、管理学和图书情报科学,印本与网络资源互补,文献类型涵盖期刊、会议、学位论文、报告、专利、文集、图书、标准和计量规程。

目前,NSTL是我国收集外文印本科技文献资源最多的科技文献信息机构,大部分以文摘的方式订购、收集文献信息资源,或者以其他方式在NSTL网络服务系统上加以报道,供用户通过检索或浏览的方式获取文献线索,进而获取文献全文加以利用。NSTL网络版全文文献资源包括NSTL订购、面向中国大陆学术界用户开放的国外网络版期刊,NSTL与中国科学院及CALIS等单位联合购买、面向中国大陆部分学术机构用户开放的国外网络版期刊和中文电子图书,网上开放获取期刊,NSTL拟订购网络版期刊的试用以及NSTL研究报告等。

NSTL的特色资源包括:

(1) 外文回溯数据库　回溯资源包括:Springer回溯数据库、Nature回溯数据库、OUP(牛津大学出版社)回溯数据库、IOP(英国物理学会)回溯数据库、Turpion回溯数据库等,目前共有1122种期刊,分20个大类,文章总数300多万篇。

(2) 外文现刊数据库　国外网络版期刊,分为单独购买与联合采购两部分。由NSTL单独购买部分,面向中国大陆学术界用户开放。用户为了科研、教学和学习目的,可少量下载和临时保存这些网络版期刊文章的书目、文摘或全文数据。由NSTL与中国科学院及CALIS等单位联合购买部分,面向国内部分机构开放。

(3) 开放获取资源　互联网免费获取的开放资源集合,供全国用户获取使用。

(4) 外文科技图书　提供科技图书、科技报告、工具书等资源的书名、简介、目录以及部分专著内容评介。

NSTL的特色服务项目包括:

(1) 国际科技引文服务　国际科技引文服务是NSTL自建的以科学引证关系为基础的外文文献数据服务系统。系统集成了NSTL外文期刊文献数据库(来自17 000多种外文期刊)和优选的理、工、农、医各学科领域的部分优秀西文期刊(来自3 000多种西文期刊)的引文数据,并揭示和计算了文献之间的相关关系和关系强度,是科研人员检索发现世界上重要的科技文献以及了解世界科学研究与发展脉络的强大工具。

(2) 元数据标准服务　元数据登记系统对元数据规范、元素集、元素及属性进行发布、登记、管理和检索,支持开放环境中元数据规范的发现、识别、调用以及在此基础上的元数据映射、挖掘和复用。

(3) 预印本　NSTL建设的预印本中心面向国内广大科技工作者提供预印本文献全文

的下载、修改、检索、浏览等服务。

（4）代查代借服务　代查代借服务是针对注册用户提供各类型文献全文的委托复制服务，每篇文献按 NSTL 收费标准收取复制费和服务费，用户如需使用此服务需先填写"代查代借请求申请表"。NSTL 与 CALIS 合作于 2012 年 3 月正式开通"NSTL 文献传递服务（高校版）"，高校读者可通过本校的 CALIS 馆际互借系统检索 NSTL 文献资源，享受 CALIS 项目经费提供的费用补贴。

3. 检索与使用

NSTL 的检索方式有两种：基本检索和高级检索。无论哪种检索方式，都需要先选择文献类型然后再进行检索。系统默认勾选期刊、会议和学位论文三种类型。

（1）基本检索

NSTL 默认的检索界面是基本检索，检索内容可以是单个词、词组、布尔逻辑表达式等，基本检索默认检索字段为全部字段。

（2）高级检索

高级检索包括高级检索与专业检索两种方式（如图 6-36）。高级检索可以是单个检索词，也可以通过布尔逻辑运算符"AND""OR""NOT"对多个检索词进行组配。在筛选条件中可以对语种、馆藏、文献时间、查询范围、获取方式进行限制细化检索。专业检索适合专业人员使用，其需要按字段和逻辑运算符构造检索表达式。

图 6-36　NSTL 高级检索

（3）检索结果

在检索结果页，可以限定文献类型、资源分类、出处、出版年、语种、主题词、中图分类等字段细化检索结果。检索到所需文献后，在文献详情页点击购物车图标加入申请单（如图 6-37），到申请单中心选择所需文献、填写邮件信息后提交申请就可以进行原文请求（如图 6-38）。文献传递费按照 NSTL 下方帮助栏目下"注册与付费"中的"收费标准"来执行。

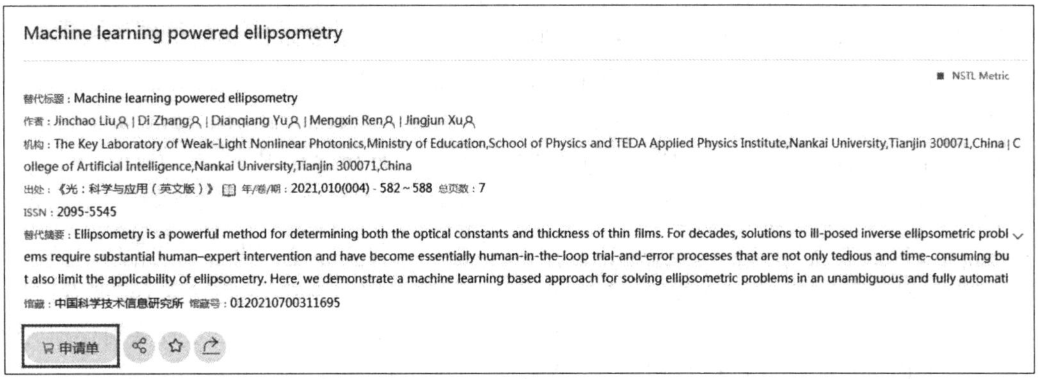

图 6-37　NSTL 文献详情页

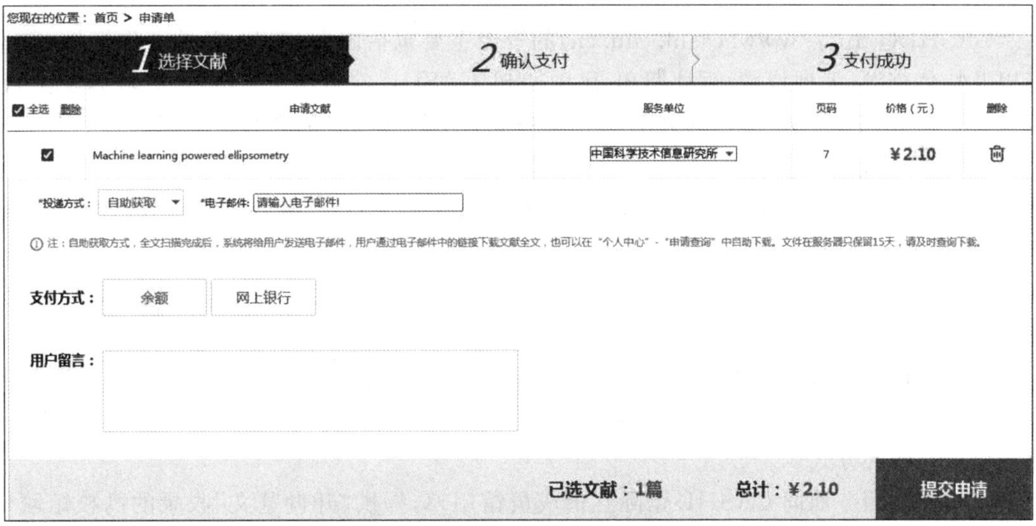

图 6-38　NSTL 原文请求页

三、中国高校人文社会科学文献中心(CASHL)

1. 概述

中国高校人文社会科学文献中心(China Academic Social Sciences and Humanities Library,CASHL),又名"开世览文",是为我国哲学社会科学教学科研提供外文文献及相关信息服务的文献保障平台。

1982 年"高校文科图书引进专款项目"(简称"文专项目")正式启动。在"文专项目"专款支持下,中国高校外文文献长期匮乏的状况有所改善,文专项目启动后的受益院校即高达 142 所。为进一步避免经费过于分散和文献保障能力不强,1990 年 10 月,国家教委(即今"教育部"前身)在部分高校分步骤建立了 16 个"国家教委文科文献信息中心"。1995 年,在此基础上,又决定在北京大学、复旦大学、武汉大学、吉林大学设立"国家教委高校文科图书文献中心书库",后又增加四川联合大学(今四川大学),形成结构合理的全国高校文科图书保障体系。2004年3月15日,CASHL项目作为教育部"繁荣发展哲学社会科学计划"的一部分。负责项目组织协调的CASHL管理中心设在北京大学,复旦大学图书馆参与管理。

CASHL以"国家人文社会科学信息资源平台"为建设目标,通过组织国内具有学科、资源和服务优势的高等学校图书馆,有计划、有系统地整体引进国外人文社会科学图书、期刊和电子资源。CASHL在服务建设上本着"共建、共知、共享"的原则,由CASHL中心馆和高校文科图书引进专款项目院校以集中式平台和分布式服务相结合的方式共同合作,建设集中式的CASHL网络服务体系,揭示报道CASHL收藏的印本期刊、电子资源、文专图书、大型特藏及其他非CASHL馆藏的人文社科学术资源,面向全国高校、哲学社会科学研究机构和工作者提供综合性文献信息服务。CASHL目前已拥有近900家成员单位,个人注册用户逾15.4万多个。

2. 资源与服务

CASHL(http://www.cashl.edu.cn)的资源主要包括图书、期刊、开放获取资源、数据库以及特色资源(大型特藏、哲社期刊、民国期刊、CASHL前瞻性课题报告、区域国别文献、高校古文献资源等)。目前,CASHL可供服务的人文社科核心期刊和重要期刊达到6.2万余种、印本图书达345万余种、电子资源数据库达16种。除此之外,CASHL还提供"高校人文社科外文期刊目次库"和"高校人文社科外文图书联合目录"等数据库,提供数据库检索和浏览服务。

用户可通过检索"CASHL资源发现系统",查找所需要的文献,CASHL提供文献传递、图书借阅和代查代检三种文献提供服务。

文献传递是一种非返还式的文献提供服务(收费),为用户复印、传递"开世览文"收录的高校外文期刊论文、图书部分章节、缩微资料等文献,传递方式主要有Email、网上文献传递系统(FTP)两种方式。

图书借阅服务面向CASHL馆际互借成员馆用户,提供"开世览文"收录的高校馆藏外文图书、上海图书馆馆藏外文图书的馆际借阅服务,用户通过检索"CASHL资源发现系统",查到所需要的图书,直接向收藏馆提交馆际互借申请借阅图书。借阅方式有平信挂号邮寄和特快专递等。

代查代检服务为用户提供了一种资源间接获取的服务方式。若用户在"CASHL资源发现系统"平台上检索到一篇文献无收藏馆时,可以选择通过CASHL17家中心馆任意一家图书馆在国内或者国外代为查找。用户也可以手工填写文献申请信息,直接"提交申请",由CASHL全国中心北京大学图书馆代为查找所需文献。

3. 检索与使用

CASHL首页(如图6-39)的检索框可进行基本检索,搜索范围默认为"全部",提供图书、文章和期刊全部检索。若选定检索类型为"文章",可通过文章名、作者名、刊名、ISSN等检索词进行检索。

第 6 章 学术论文资源检索

图 6-39 CASHL 首页

检索结果页(如图 6-40)可以通过检索过滤器实施二次检索。高级检索方式与基本检索中的二次检索方式类似。

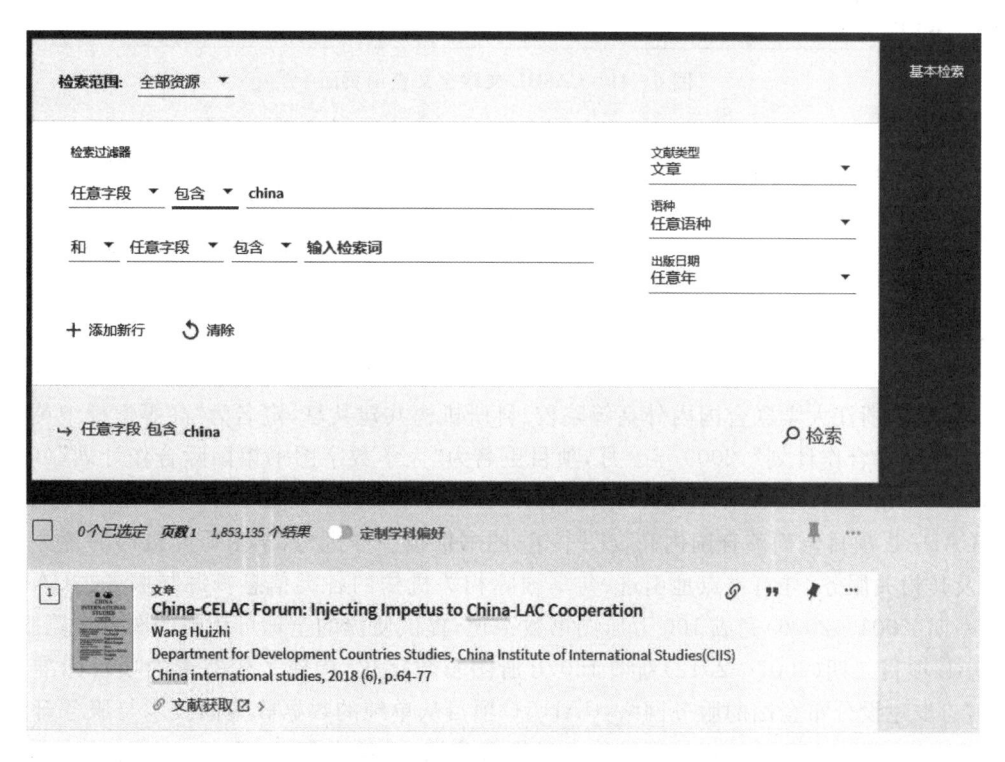

图 6-40 CASHL 检索结果页

找到所需文献后,点击记录下方的文献获取链接,到 CASHL 各中心馆查找全文页面(如图 6-41)。如果图书馆名称为红色则表示该馆有全文,鼠标放置图书馆名称上即可查看该馆订购的全文数据库列表及文献获取服务。数据库列表中有些数据库需要登录访问,有些通过点击就可以直接定位到收录全文期刊的当期目录,找到该文章可以在线阅读或下载。如果所有中心馆都没查到全文,则可以选择任意一个中心馆提交代查代检申请。

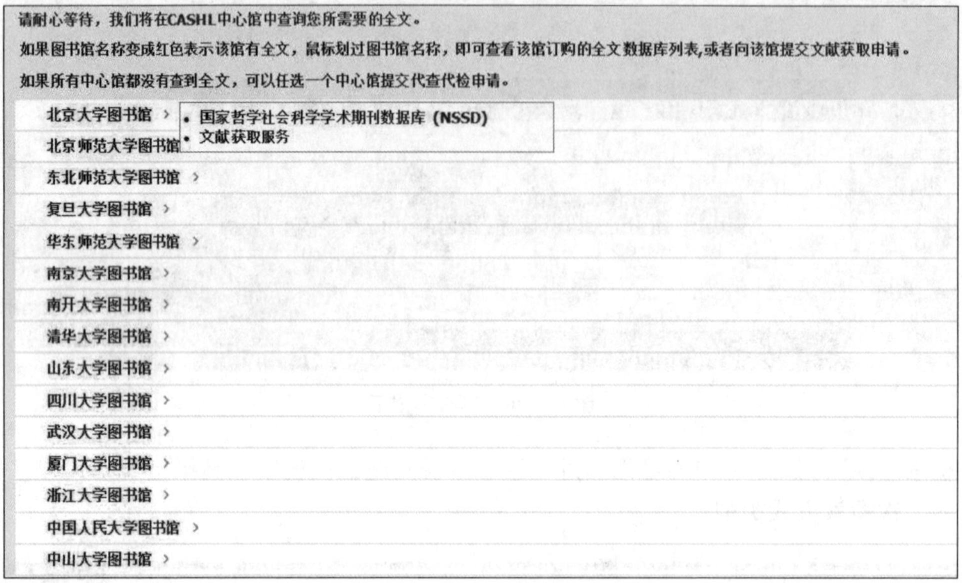

图 6-41 CASHL 文章全文查询页面

四、大学数字图书馆国际合作计划(CADAL)

1. 概述

2000 年 12 月,中美两国计算机科学家倡导建设百万册数字图书馆项目,进而发展成为全球数字图书馆项目,得到了中国教育部、美国国家科学基金会和印度科学院的重视与支持。2002 年 9 月,项目中方被中国教育部列为"十五"期间"211 工程"公共服务体系建设的组成部分,由浙江大学联合国内外高等院校、科研机构共建共享,定名为"高等学校中英文图书数字化国际合作计划",2009 年 8 月,项目更名为"大学数字图书馆国际合作计划"(China Academic Digital Associative Library,简称 CADAL)。

CADAL 项目全面整合国内高校图书馆、图书情报服务机构、学术研究机构的各类信息资源及其相关服务,并有重点地引进、共享国际相关机构的各类信息资源与服务。CADAL 项目一期(2001—2006)完成 100 万册图书数字化,提供便捷的全球可访问的图书浏览服务。CADAL 项目二期(2007—2012)新增 150 万册图书数字化,构建了较完善的项目标准规范体系,初步建设分布全国的服务网络,CADAL 项目从单纯的数据收集向技术与服务升级发展转变。2013 年以后,CADAL 项目进入运维保障期,继续在资源、服务、技术、对外交流合作等方面推进工作。经过长期发展,CADAL 形成了丰富且具有特色的数字资源体系,建立了比较完善的层级服务体系。

2. 资源与服务

CADAL 数字图书馆(https://cadal.edu.cn/index/home)提供一站式的个性化知识服务,资源涵盖理、工、农、医、人文、社科等多个学科,中文资源有古籍、民国书刊、现代图书、外文图书、中文报纸、随书光盘、学位论文、图形图像、音视频、地方志、生活资料、侨批、满铁资料等各类型数字资源,英文资源有美国大学图书馆核心馆藏、技术报告等进入公共领域的图书资料。同时,CADAL 还提供民国文献大全、中国书法系统、中国文学编年史等多种特色数据库。

截至 2022 年 12 月,CADAL 入库总量 2 888 088 册(件),在线量 2 720 420 册(件),资源包括图书、期刊、报纸、学位论文、多媒体资源和特藏资源(满铁、侨批、地方志、生活资料等)。

CADAL 成员图书馆所在高校的师生在校园网内可免费阅读 CADAL 所有资源。首次使用 CADAL 资源,需进行注册,登录后可进行个性化阅读,享受个性化服务。本着"共建共享、方便用户"的服务理念,CADAL 推出了"使用 edu 域名邮箱注册即可校外访问资源"服务,成员馆用户只要绑定所在单位对应的 edu 域名邮箱,即可摆脱 IP 限制,无需本校 VPN 在校外也能稳定访问 CADAL 资源。

3. 检索与使用

(1) 资源检索与浏览

CADAL 首页(如图 6-42)提供简单检索,可以先限定检索字段为全部、名称、作者、馆藏单位或出版时间,再输入检索词检索。如果对检索结果不满意可以在检索结果页进行二次检索或重新检索。首页上方点击"资源"下的"导航"栏目进入资源浏览分类导航页面,在页面左侧可以按照资源类型、出版时间、标签筛选文献资源。

图 6-42 CADAL 首页

(2) CADAL 数字阅读与借阅服务

用户如果检索或浏览到感兴趣的资源,点击资源右侧的"阅读"可以在线试读文献前 10 页内容,超出试读范围后可以点击借阅此书。为保护图书版权,CADAL 实行图书借阅模式,支持图书在线浏览,不提供全文下载。对于 CADAL 的共享单位,可以借阅古籍、外文、民国以及特藏资源,一般借阅后有 7 天阅读时长(如图 6-43)。阅读的同时还可以实现查看目录、添加书签、新增/隐藏标注、切换翻页模式、缩放等操作,阅读过程中遇到问题可以点击"错误提交"与管理员联系。

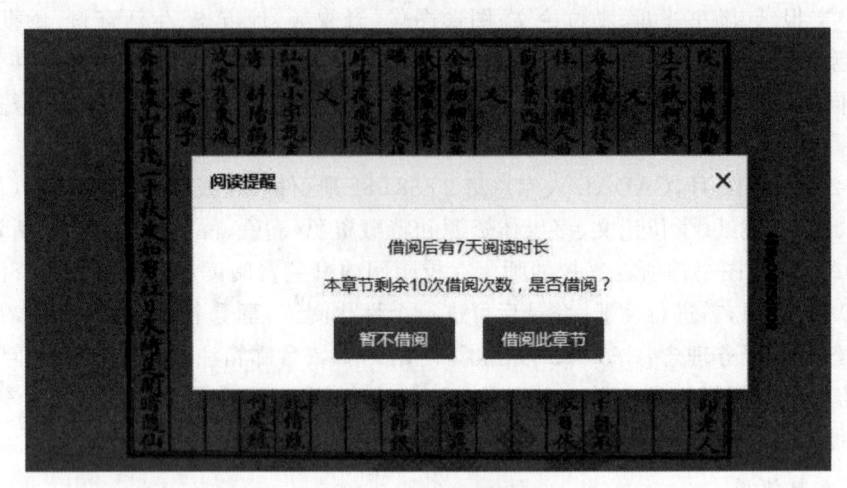

图 6-43　CADAL 借阅服务

(4) 个性化服务

在个人空间提供了一些个性化服务比如系统推荐、个人动态、书单、资源捐赠、订单等，在个人动态中可以看到借阅记录，记录右侧提供归还和续借操作。

五、国家哲学社会科学文献中心(CASS)

1. 概述

国家哲学社会科学文献中心(National Center for Philosophy and Social Sciences Documentation,简称CASS)是由中共中央宣传部部署、中国社会科学院牵头建设的国家哲学社会科学文献保障公益工程。2016 年 12 月 30 日，CASS 官方网站正式上线。

国家哲学社会科学文献中心主要开设有资讯、资源、专题、服务四个栏目，资源包括中文、外文学术期刊、外文图书、古籍等四类。截至 2022 年，CASS 数据总量达到 2 400 万条，中文期刊 2 257 种，论文超过 1 270 万篇；外文开放获取期刊 13 200 种，论文 980 万篇；古籍 19 500 多册，图片 150 多万张。

除 CASS 官网(https://www.ncpssd.org)外，CASS 还提供手机 APP、平板电脑 APP、微信小程序和机构用户镜像版等多种渠道的系统服务。CASS 是面向全社会，公益的资源服务平台，用户只需要按照要求填写注册申请，成为注册用户，登录后便可以使用文献检索、资源订阅、在线阅读、全文下载等功能。

2. 检索与使用

CASS 平台提供多种信息查询方式，用户可以通过关键词检索或分类导航浏览的方式查找所需要的文献资源(如图 6-44)。

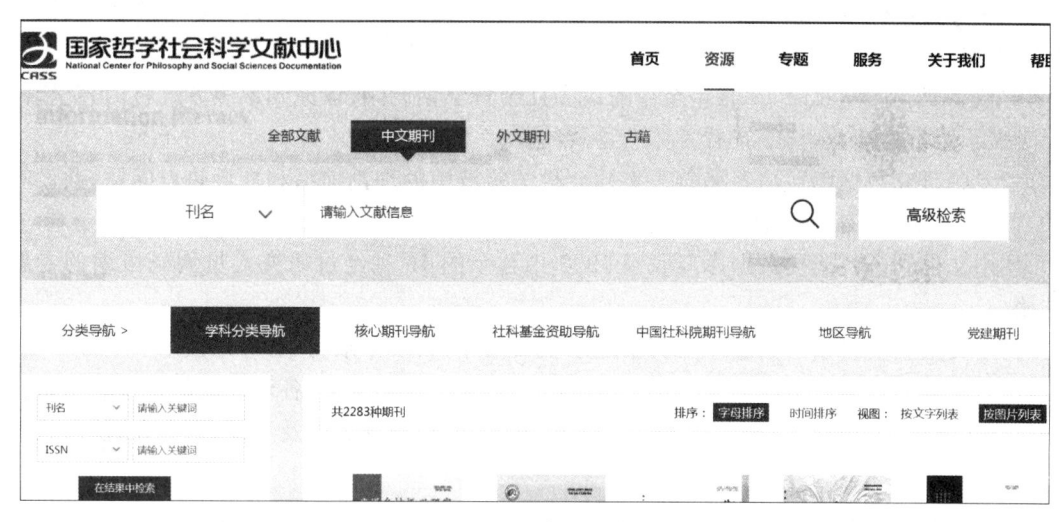

图 6-44　CASS 资源检索与浏览

6.3　专类学术信息资源库

综合类学术资源数据库所包含的资源覆盖面广,分析功能强大,可实现一站式信息检索,满足大多数人的文献检索需求。专类学术信息资源库则专注于某一个学科领域或某一种文献类型,常常由具有一定规模和能力的学协会或学术出版社自主开发,适合于专题学术追踪与发现,是进行学术研究不可或缺的组成部分。本节将择取部分有代表性的专类数据库予以简单介绍,分学科专题资源库、学术期刊资源库、学位论文资源库和会议论文资源库四个板块。

6.3.1　学科专题资源库

一、人大复印报刊资料库

1. 概述

中国人民大学书报资料中心成立于 1958 年,是当代中国最早从事人文社会科学学术研究文献搜集、整理、编辑、出版的学术信息资料提供机构和服务机构,核心业务是学术期刊和专业期刊出版。现正式出版发行 148 种期刊,包括复印报刊资料、人文社科文摘、报刊资料索引和原发期刊四大系列。其中,复印报刊资料系列,遵循"精选千家报刊,荟萃中华学术"的理念和编辑方针,从国内公开出版的 6 000 多种专业特色报刊中精选出优秀社科研究成果,涵盖面广,信息量大,分类科学,筛选严谨,结构合理完备,成为评价人文社会科学期刊学术影响和人文社会科学研究成果水平的重要参考依据。复印报刊资料的转载量(率),被学术界和期刊界视为人文社科领域中客观公正、影响广泛的学术评价标准之一。

人大复印报刊资料库,是人大数媒科技(北京)有限公司以人民大学书报资料中心的复印报刊资料系列数据库为基础,形成的人文科学、社会科学资料库,产品包括:

"全文数据库":收录1995年至今的人文社会科学领域的各个学科"复印报刊资料"系列纸质期刊。

"数字期刊库":收录1995年至今的诸多社会科学期刊,且以原刊原版方式将内容呈现,同时展示年份与期数,便于查看具体刊物及内容。

"专题研究数据库":内容涵盖人文社会科学领域中的理论前沿和社会热点问题,共设有29个专题,每个专题下设有若干子库。

"中文报刊资料摘要数据库":收录1993年至今的16种经过研究人员调研浓缩的专题文摘。

"中文报刊资料索引数据库":属于题录型数据库,收录年限为1978年至今。

"目录索引数据库":收录年限1978年至今的"复印报刊资料"各刊的全部目录。每条数据包含多项信息,包括:专题代号、类目、篇名、著者、原载报刊名称及刊期,选印在"复印报刊资料"上的刊期和页次等。

2. 检索与使用

(1) 资源检索

平台为用户提供一框式检索、高级检索和导航式检索三种检索方式。

首页(如图6-45)的一框式检索可将检索词限定在主题词、标题、作者、作者简介、原文出处、全文、关键词和副标题中检索。在高级检索页面,用户可以用"并且""或者""除非"三种逻辑连接词组合多个检索条件进行检索,并且可以选择"精确"或"模糊"检索,还可以在左侧学科导航选择学科进行条件限制。

图6-45 人大复印报刊资料首页

在检索结果页,用户可对结果进行二次筛选、排序。对于没有阅读、下载权限的用户,需要登录后对论文进行购买,购买后可阅读全文。机构用户无需操作购买步骤,可直接阅读全文。在阅读的过程中,用户可对文本进行复制粘贴、选择字体大小、打印论文、下载论文(Word或PDF格式)。同时,用户还可收藏论文、关注作者。

（2）转载查询

"转载查询"支持作者/期刊社/研究机构快速查询本人/机构历年被"人大复印"系列期刊转载的论文，可以导出结果、打包成册。个人可以为自己的单篇文章申请转载证明。现可直接在线生成附有人大书报资料中心盖章的电子版转载证明，并可通过小程序查验真伪。

（3）选题分析

"选题分析"提供关键词选题分析功能。用户输入关键词，系统将用户的选题关键词从选题预判、合作参考、文献推荐三个方面进行分析，帮助用户提升学术创新洞察能力。

二、Emerald

1. 概述

Emerald(https://www.emerald.com/insight)于 1967 年由世界著名百强商学院之一的布拉德福商学院的学者建立，主要出版管理学、图书馆学、工程学等专业领域的期刊。Emerald 尤其注重管理学的学科发展，目前出版的期刊包括 2000 年以来 280 多种同行专家评审的管理学术期刊，涵盖管理学一级学科下面的各个领域。其中属于管理学范畴的图书馆信息管理学期刊就有 30 多种，Emerald 也因此成为出版该学科评审期刊最多、最著名的出版社，是全球图书馆人员紧密联系的重要平台和渠道。在工程学领域，Emerald 出版 26 种高品质同行评审期刊，这些期刊大多数被 SCI 或 EI 收录，涵盖先进自动化、工程计算、电子制造与封装、材料科学与工程等学科领域。

2. Emerald 浏览与检索

（1）浏览检索

如果想查看一本期刊、电子书或案例集的内容，可以点击首页"Browse our content"。Emerald 对图书和期刊(Books & Journals)分别按书刊名首字母和学科归类，用户可以在分类中选择，或者在检索框中输入书名或刊名检索。Emerald 提供图书和期刊的全文浏览及下载功能。

（2）基本检索

Emerald 首页的检索方式即基本检索，在检索框中可以输入标题、作者、关键词、ISBN、DOI 等字段进行检索。

（3）高级检索

高级检索默认提供一组检索框，用户可以根据需要点击"Add Row"添加，每个输入框后都可以限定检索词出现的字段，如标题、摘要、贡献者、DOI 等，检索词之间支持 AND、OR、NOT 的布尔逻辑运算，页面还提供资源类型、出版时间、访问类型的限定选项。

（4）检索结果

系统按访问类型、出版日期、资源类型等列出检索结果的统计数据，可以点击优化检索结果。如果用户想要导出检索结果的题录信息可以选中要导出的记录，然后点击结果列表上方的"Citations:download RIS"以 RIS 格式导出。检索结果中每条记录标题左上方标有篇目类型，对于电子书，除了提供 HTML 和 PDF 的在线浏览或下载格式，还提供了主流电子书的 EPUB 下载格式。期刊文献在提供 HTML 和 PDF 在线浏览或下载链接的同时还显示文献被下载的次数。

三、Nature

1. 概述

英国著名杂志 Nature(https://www.nature.com)是世界上最早的国际性科技期刊,自 1869 年创刊以来,始终如一地报道和评论全球科技领域里最新的研究成果和最重要的突破,已成为当今自然科学界国际影响最大的重要期刊之一。Nature 平台不仅提供 Nature 期刊的电子全文,还包括了其他众多姊妹期刊,例如 Nature 系列研究期刊、领先的多学科开放获取期刊 Nature Communications 以及 Scientific Reports 等一些开放获取期刊。收文内容涵盖了自然科学各个研究领域,尤其在生物学、医学、物理学等领域卓有成就。

2. Nature 浏览与检索

Nature 平台提供期刊浏览和篇目检索功能,篇目检索包括简单检索和高级检索两种方式。

(1) 期刊浏览

进入 Nature 主页,点击"View all Journals",Nature 收录的所有期刊按刊名首字母分类,用户可以按刊名逐卷逐期浏览。

(2) 简单检索

简单检索是 Nature 的默认检索方式,只提供一个检索输入框,用户可以按主题、关键词或作者检索文章,输入一个或多个检索词,无需考虑词序和大小写,词与词之间默认的逻辑关系是 AND,检索范围默认是"All journals",也可以在下拉框选择"This journal"(Nature),点击"Search"进行检索。执行检索后,可以在检索结果页面通过限制出版期刊(Journal)、文献类型(Article Type)、学科(Subject)、出版时间(Date)等把检索结果限制在一定范围内,从而达到快速查准的目的。

(3) 高级检索

高级检索有多个检索条件输入框,可以输入一个检索条件进行简单检索或输入多个检索条件实现多个检索字段的组合检索。可检索字段有术语、作者、标题等,而且可以通过限制期刊名称、卷、出版日期、文章编号等优化检索结果。执行检索后同样可以在检索结果页面再次限制检索条件进行二次检索。

(4) 结果处理

检索后结果页显示检索结果的数量和篇名列表,每条记录左侧显示文献的类型、发表时间、发表期刊、卷、页码等信息。点击篇名后,可以浏览该篇目的详细内容,包括作者、文摘、全文内容等信息,可以点击"Download PDF"下载 PDF 格式全文。

四、IEEE/IET Electronic Library Online (IEL)

1. 概述

IEEE/IET Electronic Library Online (IEL)(https://ieeexplore.ieee.org)是美国电气和电子工程师协会(Institute of Electrical and Electronics Engineers,IEEE)旗下最完整、最

有价值的在线数字资源,通过智能检索平台为用户提供文献信息。其权威内容覆盖了电子电气、航空航天、计算机、通信工程、生物医学工程、机器人自动化、半导体、纳米技术、电力等多种技术领域。

截至目前,IEL提供了世界上引用率最高的电气工程、计算机科学和电子学出版物的500多万篇全文文档,内容来自300多种期刊,400多万会议论文,12 000多项技术标准,6 000多本书,数百个教育课程等。IEL更新速度很快,一般每月增加25 000篇最新文献,而且IEEE每年会将新的出版物加到IEL中去,因此,IEL的价值每年都在稳步增加。

2. IEL浏览

进入IEL主页,用户可点击"Browser"选择不同的文献类型(Books、Conferences、Courses、Journals&Magazines、Standards等)进行浏览。以期刊浏览为例,用户选择"Journals&Magazines"后有三种浏览方式:按标题、按主题、虚拟期刊。

(1) 按标题:所有期刊均依照字母顺序排列,用户想要寻找某一期刊时可以直接点击期刊首字母,或者在检索框输入期刊关键词检索。

(2) 按主题:IEL将所有期刊划分为16个主题,包括航天,生物工程,通信、网络和广播技术,电路、设备和系统,计算和处理等,用户可按需选择某一主题浏览相关期刊。

(3) 虚拟期刊:主要是指以前发表的IEEE特定科学和技术科学论文的集合。

按标题和按主题两种浏览方式提供按文献类型、出版年、出版商等细化检索功能,找到所需期刊后点击期刊名进入期刊详情页,可以浏览期刊的所有文章列表,每篇文章都可以在线阅读或下载。

3. IEL检索

IEL提供基本检索、高级检索和热门检索三种检索方式。

(1) 基本检索

进入系统首页后即是基本检索页面,可以选择文献类型限定检索范围,在检索框中输入检索词进行检索,系统默认在所有字段中进行检索。检索后如果对检索结果不满意,可以在检索结果页的"Search within results"检索框中输入检索词或检索式后进行二次检索,缩检以得到更满意的检索结果。

(2) 高级检索

高级检索包含高级检索、命令检索和引文检索三种方式。

高级检索可以根据需要自行确定输入框数量,每个输入框后可通过下拉菜单限定检索词出现的字段,如"All Metadata""Full Text & Metadata""Full Text Only""Document Title""Authors""Abstract""DOI"等,两组检索词之间可选择下拉式布尔逻辑算符"AND""OR""NOT"进行组配,检索框下方还提供出版年份的进一步限定选项。

命令检索适用于专业人员使用逻辑运算符和关键词构造检索式进行检索。

引文检索可以通过文献标识号、刊名、出版的卷、期、年、起始页码、著者姓名、文献名、文献序号等条件查询特定文献。

(3) 热门检索

点击热门检索会显示位列前12的热门检索词横向条形图(也可以点击"Show All"显示

全部），点击条目可以进入相关文档列表页。

（4）检索结果

检索结果自动按照文献内容、出版年、作者、作者单位、出版物、主题、会议举办地等进行统计，并显示在页面左侧，供用户精炼检索。检索结果默认按相关性排序，用户可以根据需要对检索结果进行重新排序。检索结果列表会给出每个篇目的标题、作者、文献来源、出版年、文献类型、出版商以及摘要和全文链接。

五、APS

1. 概述

APS(https://journals.aps.org)是美国物理学会全文电子期刊数据库。The American Physical Society（APS）成立于 1899 年，其宗旨为"增进物理学知识的发展与传播"。APS 出版的物理评论系列期刊：Physical Review、Physical Review Letters、Reviews of Modern Physics，分别是各专业领域最受尊重、被引用次数最多的科技期刊之一，在全球物理学界及相关学科领域的研究者中具有极高的声望。APS 提供其出版物全部回溯文献网络数据，可以通过 APS 的期刊平台访问到 APS 所有期刊的全文。

2. APS 的浏览与检索

APS 平台提供浏览与检索两种查找功能。浏览查找可选择按期刊、按作者、按集合等多种浏览方式，如点击"Journals"，平台显示所有期刊名，点击期刊名进入期刊页面，可以逐卷逐期浏览文章；检索查找有简单一框式检索与高级检索两种方式。

APS 的检索结果按概念、学科、文章类型、期刊、出版日期等进行统计，可以根据需要优化检索结果。检索结果列表列出每个篇目的标题、作者、来源、发表时间、摘要，右侧给出被引用的次数以及 PDF、HTML 两种格式在线浏览全文的链接。

六、Ovid

1. 概述

Ovid Technologies(https://ovidsp.ovid.com)是世界最大的医学数据库公司，数据库平台通过资源间的链接为用户提供了一个综合信息检索方案，实现了数据库、电子期刊、参考书及其他资源在统一平台上的异库检索与浏览，这也使它成为全球最受欢迎的医学信息平台。

目前，Ovid 全文期刊库共收录了多个出版商（如知名的 Lippincott，Williams & Wilkins、BIOSIS Previews）和医学协会提供的 3 000 余种生物医学期刊。进入平台后，需要选择数据库进入主界面。数据库列表中显示的是用户所在机构订购的数据库，可以根据需要选择单库检索，也可以同时选择多个数据库进行多库检索。全文期刊库"Journals@Ovid Full Text"包含 Ovid 全部全文期刊的文献题录和文摘信息，可供用户免费检索使用，但仅限本机构订购的文献可获得全文，这里以 Ovid 全文期刊库为例介绍 Ovid 的浏览与检索使用。

2. Ovid 期刊浏览

在 Ovid 首界面栏目中点击"Journals"即可进入期刊浏览界面。期刊浏览界面包括期刊检索框、期刊浏览导航栏和期刊列表。期刊检索框可直接输入期刊名称检索,期刊导航栏提供按访问权限、期刊名称、学科主题以及个人收藏 4 种期刊浏览方式。

3. Ovid 检索

Ovid 的检索方式主要包括基本检索(Basic Search)、引文检索(Find Citation)、字段检索(Search Fields)、高级检索(Advanced Search)以及多字段检索(Multi-Field Search),同时还提供了主题词检索工具(Search Tools)。

(1) 基本检索

基本检索是 Ovid 默认的检索方式,提供自然语言检索功能,即用户使用这种检索方式时可以用自然语言键入任意文字,系统自动分析检索文字,确定相关检索词,对这些检索词的各种词形加以搜集并在所选数据库中检索。在检索框下方可以勾选包含多媒体资源和相关主题词,也可以勾选限制条件,如是否每日更新、是否有全文、是否有摘要等,限制条件可以根据需要点击"Edit limits"自行添加或设置。

(2) 引文检索

引文检索适用于已知文献的某项特征,如篇名、著者姓名、刊名、卷期页、出版年、出版商、文献标识符等,利用这些特征来检索特定文献。

(3) 字段检索

系统为用户提供 28 个限定检索词字段,包括所有字段、文摘、作者、文献标题、DOI、机构、卷、出版年等。使用这种检索方式时,在检索框输入检索词后选择要限定的字段,单选、多选均可。选择多个字段时,检索词出现在任一字段即为命中记录。

(4) 高级检索

高级检索提供关键词、作者、标题、期刊字段的检索,输入检索词可以使用"*"或"$"进行截词检索。

(5) 多字段检索

多字段检索默认提供三个检索输入框,用户可根据需要新增输入框,每个输入框后都有限定字段,检索词之间可用"AND""OR""NOT"进行逻辑匹配。

(6) 结果处理

执行检索后,在结果列表的左侧设有过滤器,Ovid 按照相关度、出版日期、期刊、出版类型、文献来源等对检索结果进行统计,可以点击优化检索结果。检索列表的上方给出了输出检索结果的多种方式,如直接打印、发送 E-mail、以 Word 格式导出或者将检索结果保存在 Ovid 个人项目中等。

浏览文献全文有 HTML 和 PDF 两种格式:点击标题或"Ovid full Text"可显示 HTML 格式的全文,但 HTML 格式的全文在保存时只能保存文本,文献中所包含的图标要单独保存。点击文献标题下方的"Article as PDF"显示 PDF 全文,可以在全文页面点击下载保存。

6.3.2 学术期刊资源库

一、超星期刊

1. 概述

超星期刊是由北京超星信息技术发展有限责任公司开发的综合学术期刊数据库,现收录中外文期刊8.8万种,其中全文收录中文期刊6 800多种(包括北大核心期刊超过1 300种,独有期刊920多种),实现了与上亿条外文期刊元数据的联合检索,内容涉及理学、工学、农学、社科、文化、教育、哲学、医学、经管等各学科领域。超星期刊采用了流媒体数据处理技术,实现了流式媒体的全文直接阅读,便于多终端阅读,无并发、使用次数、时间、空间等的限制,支持社区化阅读和分享,提升了阅读浏览的兼容性和用户的体验感。

2. 浏览与检索

(1)浏览

超星期刊提供期刊导航和分类导航两种浏览方式。点击首页下方的"期刊导航"或"分类导航"即可进入相应页面。期刊导航用于浏览期刊,可从学科、重要期刊、主办单位、出版周期和出版地这5个角度分类浏览;分类导航用于浏览文章,系统以中图法为分类标准,可按学科分类逐级浏览相关的期刊论文。

(2)检索

超星期刊数据库提供简单检索、高级检索和专业检索三种检索方式。

数据库首页(如图6-46)提供一框式简单检索,用户可以直接在检索窗口上方选择主题、标题、刊名、作者、机构、关键词、摘要、栏目、基金、正文等检索途径,输入关键词进行检索。

图6-46 超星期刊首页

点击首页下方的"高级检索",可进入高级检索和专业检索窗口。高级检索提供了更多的字段选项组合,包括主题、标题、刊名、作者、机构、关键词、摘要、栏目、基金、正文等。同时,可以限定来源类别、年份、每页显示条数、语种等检索条件。专业检索,用户需输入完整的专业检索式,检索框下方提供了详细的字段说明和检索规则的说明。

二、Sage 期刊

1. 概述

Sage 于 1965 年创立于美国，是世界领先的独立学术出版公司。Sage 期刊内容涵盖人文社科、理工科技和医药等领域，涉及的主要学科有：新闻与传播学、法学和刑法学、社会学、国际关系和政治学、经济管理、观光旅游学、音乐教育、语言文学、教育学、心理学、材料科学、城市规划学、工程学、环境科学、生命科学等。Sage 英文全文期刊数据库现有 909 种期刊，100% 为同行评审期刊，具有很高的品质和学术价值。

2. 浏览与检索

Sage 提供期刊浏览与篇目检索功能，其中，期刊浏览有按期刊名和按学科两种方式，篇目检索有基本检索和高级检索两种方式。

(1) 期刊浏览

系统将收录的期刊按刊名首字母排列，并将所有期刊划分到健康科学、人文社会科学、材料科学与工程、生命与生物医学以及探索学科 5 大类，大类下再划分主题。用户可以根据需要按照字母或者学科/主题方式浏览感兴趣的期刊。

(2) 基本检索

检索者可以在首页输入框中输入关键词、作者、标题和文献标识符等字段执行基本检索，也可以在各期刊首页点击红色检索图标执行基本检索。输入检索词时检索框下方给出包含检索词的字段提示。

(3) 高级检索

高级检索具体又分为高级检索和引文检索两种。高级检索可以输入多个检索词，也可以对各检索词指定如标题、作者、关键词、摘要等字段，检索页面提供期刊、出版时间、访问类型的限定选项；引文检索可以根据期刊名、出版年、卷、期或页码检索特定文献。

(4) 检索结果

执行检索后返回相关文章列表和相关期刊列表。用户可以选择合适的记录，点击"Download selected citations"下载引文记录，也可以登录 Sage Journals 账户点击"Save Search"以保存检索条件并接收与检索条件匹配的新内容提醒。检索结果按照文献类型、出版日期、主题等进行统计，可点击精化检索结果。每条篇目列出标题、作者、期刊、卷、期、页、发表时间、摘要，下方还给出 HTML、PDF 格式在线浏览全文、补充材料以及权限链接。

三、JSTOR

JSTOR 全名为 Journal Storage，始于美仑基金会的数字典藏计划，是一个对过期期刊进行数字化的非营利性机构，于 1995 年 8 月成立。该机构有鉴于期刊订费高涨及过期期刊对于图书馆所造成经费及存放空间等问题，有计划地建立核心学术性过期期刊的数字化存档，以节省空间，同时提供资料检索的功能，有效提高使用的便利性。JSTOR 学术期刊全文资料库(https://www.jstor.org)所提供的期刊绝大部分都从 1 卷 1 期开始，回溯年代最早至 1665 年。库中的"最新期刊"多为三至五年前的期刊，这与一般定义的最新出版的期刊不同,两者之间有一段固定的时间间隔,称为推迟间隔(Moving Wall)。

目前,来自 57 个国家的近 1 200 家出版社参与 JSTOR 项目,收录期刊超过 2 400 种,以政治学、经济学、哲学、历史等人文社会学科主题为中心,兼有一般科学性主题。

6.3.3 学位论文资源库

学位论文是高等院校和科研院所的本科生、研究生为获得学位资格而撰写的研究报告或科学论文。学位论文一般分为学士论文、硕士论文和博士论文三个层次。依据研究方法,可将学位论文分为描述型、实验型、理论型和设计型四类;按照研究领域不同,学位论文又可分为人文社会科学学术论文、自然科学与工程技术学术论文两类。学位论文有学术性、科学性、创造性、专业性和规范性等特点,具有长期使用和参考的价值。

学位论文在文献类型上属于灰色文献,一般不公开发表或出版,主要收藏或储存于培养机构(高校、科研机构)的图书馆、档案馆以及国家指定的学位论文收藏单位,分散零碎,比较难获取。学位论文中,硕博士学位论文具有较高的学术价值,是学术研究中不可或缺的文献资源。

我国的学位论文实行呈缴制,《中华人民共和国学位条例暂行实施办法》规定:已通过的硕士学位和博士学位论文应当交存学位授予单位图书馆一份;已通过的博士学位论文,还应当交存国家图书馆和有关的专业图书馆各一份。中国国家图书馆是国务院学位办指定的全国唯一负责全面收藏和整理我国博士学位论文的专门机构,也是人事部专家司确定的唯一负责全面入藏博士后研究报告的专门机构,还收藏部分院校的硕士学位论文、台湾地区博士学位论文和部分海外华人华侨学位论文。中国科学技术信息研究所是国务院学位办指定的自然科学领域硕、博学位论文收藏机构;中国社会科学院图书馆(文献信息中心)是国务院学位办确定的人文社会科学硕、博学位论文收藏机构。

检索和获取学位论文,用户可至学位论文收藏单位的学位论文数据检索系统检索获取,也可通过学术出版商开发的硕博论文数据库获取。

一、中国大陆学位论文信息资源库

1. 万方学位论文数据库(https://c.wanfangdata.com.cn/thesis)

中国学位论文数据库(China Dissertations Database)是中国科学技术信息研究所委托万方数据集团开发建设的,是万方数据知识服务平台的重要组成部分。该数据库重点收录了 1980 年以来国内各高校和科研院所等学位授予单位的硕博论文,内容涵盖基础科学、理学、工业技术、人文科学、社会科学、医药卫生、农业科学、交通运输、航空航天和环境科学等各学科领域,论文年增量 30 余万篇,是我国收录数量较多的学位论文全文数据库之一。

万方学位论文数据库提供分类浏览、简单检索、高级检索等功能(如图 6-47)。

第 6 章 学术论文资源检索 213

图 6-47 万方学位论文数据库首界面

(1) 浏览

浏览服务通过学科、专业、授予单位三种分类导航方式提供,用户可根据自己的需求,选择学科专业目录,通过逐级点击缩小范围来浏览相关文献,同时也可在学科专业分类选择基础上,通过二次检索等方式继续缩小范围查找相关论文。授予单位导航是将学位论文按照授予单位所属省或直辖市分类,选择某一地区后系统自动显示该地区的学校,点击学校名称则可查看该校的学位论文。

(2) 简单检索

登录中国学位论文全文数据库,系统默认的检索方式为简单检索,用户只需在检索框中输入检索词就可以执行检索。用户在单击检索框输入检索词之前,可以先选择题名、作者、学位授予单位、关键词、摘要、专业、导师、中图分类号等检索字段。

(3) 高级检索

高级检索又包含高级检索、专业检索和作者发文检索三种检索方式。

用户单击万方学位论文数据库首页中的"高级检索"链接即可进入高级检索界面。高级检索功能提供主题、题名、关键词、作者、作者单位等检索字段以供用户根据已知条件进行检索,并支持布尔逻辑"与""或""非"运算,以实现多字段的组配。

学位论文的专业检索与期刊论文专业检索类似,需要用户根据检索语法编制检索式进行检索,一般适用于专业人士。

作者发文检索是一种可以通过输入作者姓名和作者单位等字段来精确查找相关作者的学术成果的检索方式。系统默认精确匹配,用户可以自行选择精确匹配还是模糊匹配。

(4) 检索结果

执行检索后系统将检索结果按学位授予时间、学科分类、授予学位、学位授予单位、语种、来源数据库、导师进行统计。如果对检索结果不满意,可以选择这些统计字段缩小检索范围,也可以在列表上方执行二次检索。检索列表中每一篇目给出题名、作者、单位、学位授予年限、关键词以及被下载次数。对于提供全文的篇目用户可以在线阅读或直接下载 PDF

格式全文,不提供全文的可以选择原文传递服务,前提是所在单位购买了学位增强服务。

2. 中国知网博硕学位论文数据库(https://www.cnki.net)

中国知网博硕学位论文数据库(China Doctoral/Master Dissertations,CDMD)是由中国博士学位论文全文数据库(China Doctoral Dissertations Full-text Database,CDFD)与中国优秀硕士学位论文全文数据库(China Master's Theses Full-text Database,CMFD)组合而成,是目前国内资源完备、质量上乘、连续动态更新的中国博硕士学位论文全文数据库。数据库收录了 510 家博士培养单位的博士学位论文 45 万余篇,788 家硕士培养单位的硕士学位论文 488 万余篇,最早回溯至 1984 年,覆盖基础科学、工程技术、农业、医学、哲学、人文、社会科学等各个领域。

用户可以通过知网主页上的文献检索栏中的学位论文链接访问 CNKI 学位论文数据库主页(如图 6-48)。

图 6-48 中国知网博硕学位论文数据库主页

中国知网博硕士学位论文数据库既可以将 CDFD 与 CMFD 合并检索,又可以根据读者需要对二者进行拆分,单独对某一个数据库进行检索操作。但无论合并还是拆分,中国知网所提供的功能是相同的,主要提供学位授予单位导航(地域导航、学科专业导航)、一框式检索、高级检索、专业检索、科研基金检索、句子检索等功能,这些不同检索方式的使用与前文万方学位论文数据库以及知网期刊检索大同小异,此处不再重复说明。检索到所需的学位论文后,用户可以点击论文题目进入论文详情页,根据个人需求选择分页下载、分章下载、整本下载及在线阅读等功能。对于一般的期刊论文,CNKI 系统提供了 PDF 与 CAJ 两种下载格式,但学位论文数据库中系统只提供 CAJ 格式的论文,因此,用户想要下载阅读相关的学位论文,需安装 CAJ 阅读器。

3. 国家图书馆博士论文数据库(http://www.nlc.cn)

国家图书馆学位论文收藏中心是国务院学位委员会指定的唯一负责全面收藏和整理我

国学位论文的专门机构,也是人事部专家司确定的唯一负责全面入藏博士后研究报告的专门机构。国家图书馆博士论文数据资源库遵循边建设边服务的原则,目前已收录博士学位论文数据28万余条。系统提供简单检索和高级检索功能,可从标题、论文作者、学位授予单位、出版时间等字段进行检索。每篇论文提供的信息有题名、出版时间、导师、学位授予单位、论文作者、馆藏信息、中英文摘要、目录等。

4. CALIS学位论文数据库(http://etd.calis.edu.cn)

CALIS学位论文中心服务系统面向全国高校师生提供中外学位论文检索和获取服务。截至2018年9月,系统收录的学位论文数据量逾547万条,其中包括了中文数据约324万条,外文数据约223万条。

系统只支持题名、作者、文摘、关键词的简单检索,以有偿的文献传递形式提供学位论文全文。

5. NSTL学位论文数据库(http://www.nstl.gov.cn)

国家科技图书文献中心(National Science and Technology Library,NSTL)学位论文数据库主要收录了1984年至今我国高等院校、研究生院及研究院所发布的硕士、博士和博士后的论文。学科范围涉及自然科学各专业领域,并兼顾社会科学和人文科学。NSTL外文学位论文收录了美国ProQuest公司博硕士论文资料库中2001年以来的众多优秀博硕士论文。

二、中国台湾地区学位论文信息资源库

1. 台湾学术文献数据库(http://www.airitilibrary.cn)

台湾学术文献数据库由华艺数位股份有限公司(台湾)出版发行,收录2004年以来台湾顶尖校系与重点院校的学位论文,包括公立大学、私立大学、技职院校和海外合作院校的硕博士论文,是台湾地区收录学位论文最全的数据库。据官网显示,截至2022年3月30日,数据库共收录期刊文章662 708篇,博硕士论文168 278篇。

数据库提供按主题和按学位授予单位两种浏览方式,其中主题涵盖了人文学、基础与应用科学、医药卫生、生物农学、工程学和社会科学。系统的资源检索方式主要有简单检索和高级检索两种,支持简繁体中文检索和PDF全文下载。简单检索提供一个检索输入框,输入框可以检索所有字段;高级检索可以根据需要确定检索字段数量,每个检索框都可将检索字段限制在题名、作者、导师、关键词、摘要、学位授予单位等字段,各检索框之间支持"AND""OR""NOT"的逻辑运算,检索时可以结合语言、出版地区、年代、是否有全文等条件缩小检索范围。检索结果集合中每条篇目记录列出文献标题、著者、时间、关键词、预览摘要和全文下载链接。

数据库提供大多数学位论文的全文下载服务。

2. 台湾博硕士论文知识加值系统(https://ndltd.ncl.edu.tw)

台湾博硕士论文知识加值系统是向公众免费开放的学位论文线上服务系统,是台湾地区规模最大的博硕士论文资料库。目前系统共收录已授权全文的学位论文613 127篇,书目与摘要1 297 472篇,涵盖台湾各大高校和各个专业。

系统提供简易查询、进阶查询和指令查询三种论文查询方式。简易查询利用单一检索字段在论文名称、作者、指导老师、口试委员、关键词、摘要、参考文献等字段进行检索；进阶查询提供多个检索字段，字段检索范围也在简易查询的基础上增加了院校名称、系所、论文出版年、论文目次、毕业年度、学科、学类7个字段，可结合毕业年度、学位类别、语言、学门等缩小查询范围；指令查询需要借助检索语法构造检索式查询，适合专业人员使用。

执行检索后，系统提供对检索结果的输出管理、结果分类和聚类分析以及主题知识地图绘制。有些检索篇目虽然提供电子全文，但由于未到网络公开日期，暂时无法下载全文。

系统还提供了智慧型选题功能，用户可借此功能分析检索结果与其他同质性论文之间的相关度，以及相关主题历年研究重点与热门程度，作为调整个人论文题目的参考。

三、中国香港地区学位论文信息资源库

1. 香港大学学术库（https://hub.hku.hk）

香港大学学术库收藏了香港大学1941年至今的博硕士学位论文，涉及人文科学、艺术、社会科学、教育、医学、自然科学等学科领域，其中部分有全文，绝大部分论文为英文，有的同时有中英文，少数论文只有中文。数据库提供浏览与检索服务，用户可使用题名、作者、主题、摘要等字段检索，通过学位、系、学位级别、出版时间进行限制检索，也可以按题名、学位、学科、获奖、指导老师等分类浏览（如图6-49）。

图6-49 香港大学学术库学位论文页面

2. 香港科技大学电子学位论文数据库（http://lbezone.ust.hk/rse/electronic-theses）

香港科技大学电子学位论文数据库提供该校1993年以来博硕士论文，这些论文大部分可面向全球用户免费提供。数据库提供浏览与检索功能（如图6-50）。用户可以按照出版年、语言、地理区域、作者、关键词、学位、系、指导老师等分类浏览论文，也可以通过基本检索或高级检索查找论文，以作者、学科、标题为字段进行检索，检索结果同样可以从出版年、语言、作者、关键词、学位、系、指导老师这些角度进行限定。

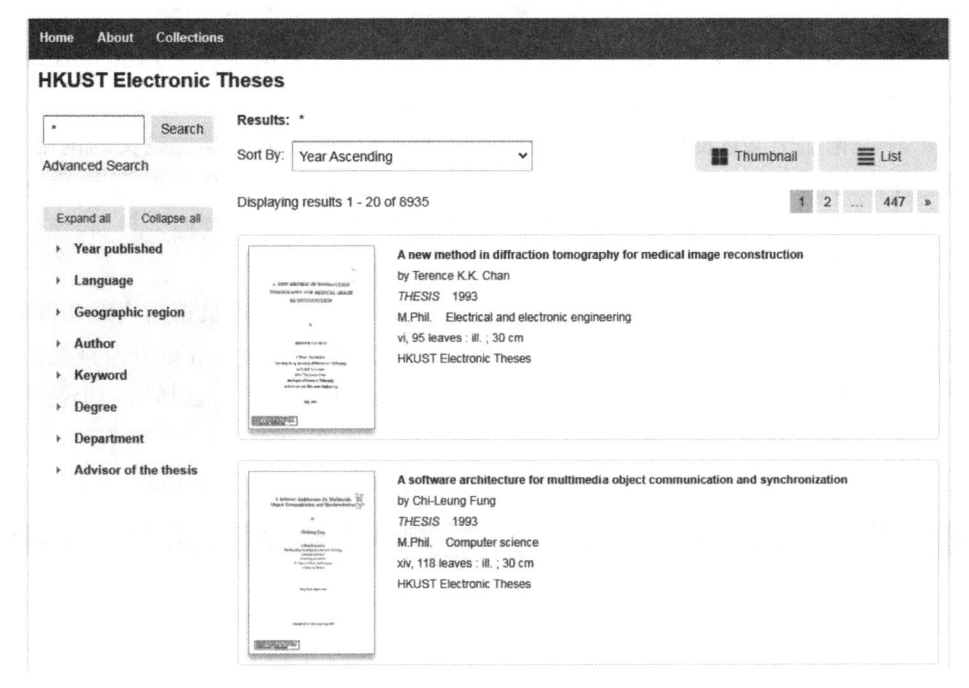

图 6‑50 香港科技大学电子学位论文数据库浏览与检索页

四、国外学位论文信息资源库

1. PQDT 全球博硕士学位论文全文数据库(https://www.proquest.com)

全球版博硕士论文全文数据库(ProQuest Dissertations and Theses Global,简称 PQDT Global)是美国 ProQuest 公司出版的博硕士论文数据库,主要收录了 1637 年以来来自全球 100 多个国家 3 000 余所大学的学位论文全文或学位论文文摘索引记录,是目前世界上最大和使用最广泛的学位论文数据库。数据库现已收录硕士论文数量超过 77.6 万篇,博士论文数量超过 440 万篇,其中提供论文全文的达到 286 万篇,文摘索引记录 525 万篇,覆盖科学、工程技术、农学、生物学、医学、心理学、哲学、人文、社会科学等各个领域。

PQDT Global 提供基本检索与高级检索两种检索方式(如图 6‑51)。基本检索是默认的检索方式,提供一框式检索,系统将在所有字段查找该词;高级检索提供多个检索词的组合检索,每个检索词可以限制检索字段,检索词之间支持布尔逻辑运算符"AND""OR" "NOT"。

图 6‑51 PQDT Global 主页

为了满足国内高校和研究机构对国外博硕士论文的需求，CALIS 文理中心组织中科公司从 2002 年起联合国内各高等院校、学术研究单位及公共图书馆建立了 ProQuest 学位论文中国集团联盟，以优惠的价格、便捷的手段共同采购国外优秀博硕士论文，建立了 ProQuest 学位论文全文数据库(https://www.pqdtcn.com)，实现了学位论文的网络共享。联盟的运作模式是：凡参加联盟的成员馆每年联合购买一定数量的 ProQuest 学位论文全文，提供网络共享，各成员馆均可共享整个集团订购的全部学位论文资源。目前，该检索平台可以共享访问的全文论文已超过 99 万篇。

ProQuest 学位论文全文数据库通过建立镜像站点的形式接受成员馆用户的访问，该数据库在国内建立了 3 个镜像站点：CALIS 镜像站，上海交通大学镜像站和中国科技信息研究所镜像站。数据库系统通过 IP 地址控制访问权限，成员馆的用户可选择任一个镜像站下载全文。

该数据库提供基本检索、高级检索、分类导航三种检索方式(如图 6-52)。

图 6-52 ProQuest 学位论文数据库主页

(1) 基本检索

进入 PQDT 主页即见基本检索界面。可选择精确检索、仅博士论文检索、可荐购论文检索以及机构有全文的论文进行检索。检索时在检索框中输入检索词或检索式，点击"检索"按钮即提交检索。如果检索结果太多，可在检索结果页中限定全文文献类型、发表年度、学科、学校/机构、语言等进行二次检索。

(2) 高级检索

高级检索方式可检索字段有 9 个，包括：标题、摘要、作者、导师、学校/机构、学科、ISBN、FullText 以及论文编号，检索时可结合出版年度、稿件类型、论文全文类型限定检索条件。

(3) 分类导航

分类导航分为按主题分类和按学校分类两类，二者都按照名称的首字母进行归类，点击类目名称即可查阅该类目的全部学位论文目录信息。

(4) 检索结果

执行检索后显示结果列表,列表中每条文献记录旁都有文献权限标识图标,分别表示"本单位有全文""中国集团有全文""待订购"和"暂时无法提供"(如图6-53)。如果显示本单位有全文,则可点击记录下方的"查看详情"和"查看PDF",或点击论文标题阅读摘引信息,在摘引信息页面可以在线阅读全文或者下载PDF格式的论文全文。"中国集团有全文"和"待订购"的文献可以查看摘引信息,若想要获取全文,可以点击"向图书馆荐购"链接推荐本单位图书馆采购。"暂时无法提供"的学位论文由于没有全文获取权限,只能查看摘引信息。

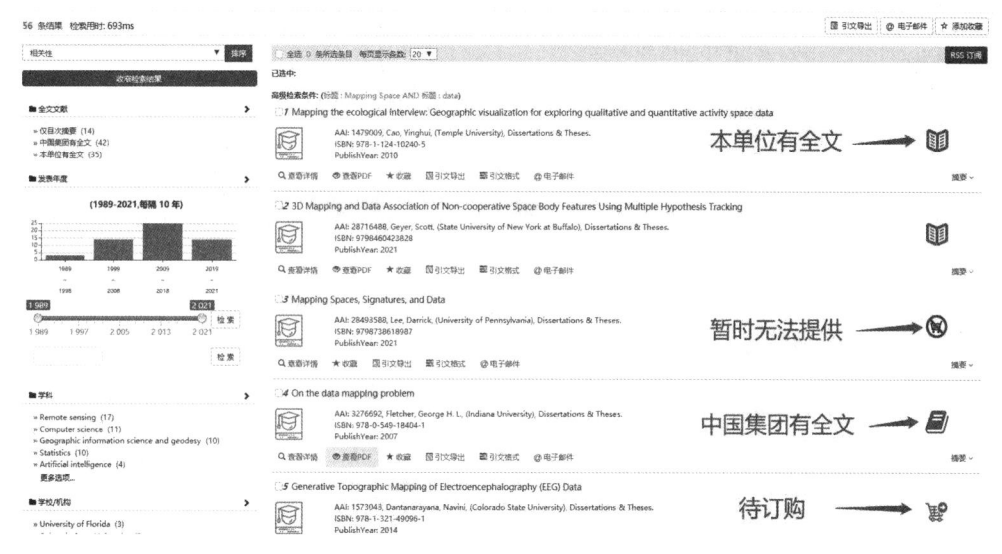

图 6-53 ProQuest 学位论文数据库检索结果页

2. NDLTD(https://ndltd.org)

网络化的博硕士学位论文数字图书馆(Networked Digital Library of Theses and Dissertations,NDLTD)是由美国国家自然科学基金委支持的"电子学位论文(Electronic Theses and Dissertations,ETD)"基础上发展起来的一个网上学位论文共建共享开放联盟项目,目的是创建一个支持全球范围内电子论文的创作、标引、储存、传播及检索的数字图书馆,任何人都可以通过网络免费检索浏览NDLTD中收录的学位论文,以此促进研究生教育的发展。NDLTD数据库可以查询所有联盟成员机构的电子版博硕士论文,可免费获得题录和详细摘要,部分学位论文可免费获得全文(根据作者的要求,NDLTD文摘数据库链接到的部分全文分为无限制下载、有限制下载、不能下载3种方式)。此外,来自许多国家或地区的大学学位论文也可以从网上免费获得。

NDLTD提供基本检索和高级检索两种检索方式,可以通过题名、作者、摘要、主题等字段检索。

执行检索后可在检索结果页再次输入检索词或限制文献来源、出版年份、语言等字段优化检索。篇目标题下方有"has links"链接标识的表明可以获得全文。

3. 其他可免费获取的国外学位论文数据库

除了 NDLTD,还有来自许多国家或地区的学位论文可从网上免费获得,表 6-2 列出了其中一些知名站点。

表 6-2 免费获取国外学位论文知名站点

站点名称	网址	简介
EBCSO	https://biblioboard.com/opendissertations	美国博士论文档案数据库,收录了来自全球 320 多所大学的超过 140 万篇电子论文,部分有全文。
Texas Digital Library	https://tdl-ir.tdl.org	德克萨斯数字图书馆,可查询美国德克萨斯州多所大学的学位论文,有全文。
EThOS	https://ethos.bl.uk/Home.do	125 家英国高等教育机构参与的英国学位论文开放获取平台,可免费获取大部分全文。
MIT Theses	http://dspace.mit.edu/handle/1721.1/7582	提供麻省理工学院自 19 世纪中叶以来的部分学位论文 2 万余篇,以及 2004 年以来所有博硕士学位论文,部分有全文
Trove	https://trove.nla.gov.au/help/searching	澳大利亚国家图书馆学位论文,部分有全文。
ETH zurich	https://www.research-collection.ethz.ch/handle/20.500.11850/15/discover	瑞士苏黎世联邦理工学院学位论文库,可查询 1999 年以来的一些瑞士学位论文,有全文。

6.3.3 会议论文资源库

会议文献是产生于会议过程中的各种资料和基于会议资料的各类出版物的总称。按发表时间可将其分为会前文献、会中文献和会后文献。会议文献作为一种重要的学术资源,有许多优点,如论点新颖,能反映某学科或某专业的最新水平和发展动向;学术性、专业性强,有非常明确的主题,具有极强的专业针对性;具有及时性,会议论文比期刊的发表更快;具有连续性,大多数重要的学术会议是连续性的,因而会议文献也呈现连续性。目前,全球每年召开国际性科技会议上万个,发表会议论文几十万篇。但传统会议论文通常以印刷形式出版,周期长且获取不易,互联网则为会议文献的发布和传递提供了非常便利的条件。以下介绍常用的几种会议论文全文检索数据库。

一、国内会议文献数据库

1. 中国知网会议论文数据库(https://cnki.net)

中国知网会议论文数据库由《中国重要会议论文全文数据库》和《国际会议论文全文数据库》两个子库构成,重点收录 1999 年以来中国科协系统及国家二级以上的学会、协会,高校、科研院所,政府机关举办的重要会议以及在国内召开的国际会议上发表的文献,部分重点会议文献回溯至 1953 年。其中,《中国重要会议论文全文数据库》汇集了国内外 10 390 余家重要会议主办单位产出的学术会议文献,基本囊括了我国各学科重要会议论文,是我国最完备的重要会议论文全文数据库,也是我国第一个连续出版重要会议论文的全文数据库。《国际会议论文全文数据库》汇集了国内外千余家重要会议主办单位产出的会议文献,多数为自然科学领域,是目前国内唯一实现国际会议文献整合出版的大型数据库。目前,中国知网会议论文数据库已收录国内会议、国际会议论文集 4 万本,累计文献总量 360 余万篇。

论文检索可以在 CNKI 总检索平台检索,也可以直接访问会议论文库地址(https://kns.cnki.net/kns8? dbcode=CFLP)进行检索。数据库提供了基本检索、高级检索及会议导航 3 种检索模式,高级检索又包含高级检索、专业检索、作者发文检索、句子检索。基本检索、高级检索的可检索字段有:主题、篇关摘、关键词、篇名、全文、作者、第一作者、单位、会议名称、主办单位、基金、摘要、小标题、论文集名称、参考文献、中图分类号、DOI。会议导航提供按会议集、会议、主办单位 3 种浏览检索方式(如图 6-54)。导航页上方可以按论文集名称、会议名称、主办单位、网络出版投稿人进行出版来源检索。会议论文的具体检索过程和下载方法与 CNKI 平台上其他数据库的检索大同小异,此处不再重复介绍。

图 6-54　CNKI 会议导航

2. 万方中国学术会议文献数据库(https://www.wanfangdata.com.cn/index.html)

中国学术会议文献数据库中的会议资源包括中文会议和外文会议,中文会议收录始于 1982 年,年收集约 2 000 个重要学术会议,年增 20 万篇论文,每月更新。外文会议主要来源于 NSTL 外文文献数据库,收录了 1985 年以来世界各主要学协会、出版机构出版的学术会议论文共计 900 万篇全文(部分文献有少量回溯),每月更新,每年增加论文约 20 余万篇。

数据库提供简单检索和高级检索两种检索方式。简单检索的可检索字段包括:题名、作者、作者单位、关键词、摘要、会议名称、主办单位,可以选择搜论文或者搜会议(如图 6-55)。高级检索又分为高级检索、专业检索和作者发文检索,其中,高级检索的可检索字段可以是全部、主题、题名或关键词、题名、作者、作者单位、关键词、摘要、中图分类号、DOI、第一作者、会议名称、会议-主办单位。用户也可通过学科分类、会议名称首字母、单位类型、主办地、会议级别等分类浏览具体会议下的论文集(如图 6-56)。论文的具体检索与下载过程同万方其他资源数据库。

图 6-55　万方中国学术会议文献数据库基本检索

图 6-56　万方中国学术会议文献数据库分类浏览

二、国外会议文献数据库

1. IEEE/IET Electronic Library(IEL)

IEEE/IET Electronic Library(IEL)会议论文库主要收录美国电气电子工程师学会(Institute of Electrical and Electronics Engineers,IEEE)和英国工程技术学会(Institution of Engineering and Technology,IET)出版的会议录全文,以及德国电气工程师协会的英文会议论文全文。

检索会议论文可以通过首页的基本检索方式,先选定"Conferences",再输入关键词或题名进行检索,也可以使用数据库的高级检索功能先在所有资源中进行检索,在检索结果页再选定"Conferences"进行过滤。

2. ACM Digital Library (https://dl.acm.org)

ACM(Association for Computing Machinery)是全球历史最悠久和最大的计算机教

育、科研机构,致力于出版最具权威和前瞻性的文献,如专业期刊、会议录和新闻快报等,收录了美国计算机协会(Association for Computing Machinery)的各种专业期刊、会议录及快报等文献。在过去几年里,ACM全文数据库增加了1950年代至今的所有出版物的全文内容,以及Special Interest Group的相关出版物,包括快报和会议录。目前,ACM收录了近300个会议,4 000多卷会议录。

使用ACM检索会议论文可以通过ACM提供的所有资源的基本检索和高级检索方式,也可以在导航栏点击"Proceedings"进入ACM Proceedings页面进行检索。ACM Proceedings提供会议文献检索、会议集浏览与检索、会议举办时间和举办地浏览与检索、ICPS会议检索功能(如图6-57)。输入检索字段执行文献检索后,在结果列表的左侧设有过滤器,按照People、Publications、Conferences、Reproducibility Badges、Publication Date等对检索结果进行了统计,用户根据已知条件点击优化检索结果。结果列表中每条篇目都给出了文献的类型、标题、日期、作者、所属会议、部分摘要、引用量与下载量等。对于会议论文,如果文献类型下方有"PUBLIC ACCESS"字样,表明是开放获取资源,可以点击篇目右下角PDF图标在线浏览与下载,否则需要获取到权限后才能浏览或下载全文。

图6-57 ACM Proceedings界面

3. ASCE Library(https://ascelibrary.org)

美国土木工程师学会(The American Society of Civil Engineers,ASCE)是历史最久的国家专业工程师学会,也是全球土木工程领域的领导者。ASCE Library是世界上最大的土木工程全文文献资料库,目前已收录超过145 000篇专业技术论文(150万页内容),每年新增约7 000余篇。ASCE于2004年推出在线会议录(ASCE Online Proceedings),收录ASCE召开的或与其他知名学会合办的国际会议的文献。会议录注重实际应用,为土木工程从业者和研究者提供全面而深入的新兴技术与前沿技术研究信息。

登录ASCE平台(如图6-58),主页提供会议集浏览和会议论文的检索功能。会议集浏览可以点击导航栏"BOOKS"下的"PROCEEDINGS",或者点击检索框下面文献分类中的"PROCEEDINGS""MORE PROCEEDINGS"浏览。ASCE数据库将会议录按名称首字母、主题、所属ASCE图书系列进行了分类统计,用户可以点击类别缩小浏览范围。浏览找到某一会议录后点击会议录名称进入该会议录页面,页面列出会议录摘要、内容(论文标题)、编者、会议信息等。点击论文标题进入文章详情页,页面给出论文摘要、作者及会议信息,点击"DOWNLOAD"即可下载论文。

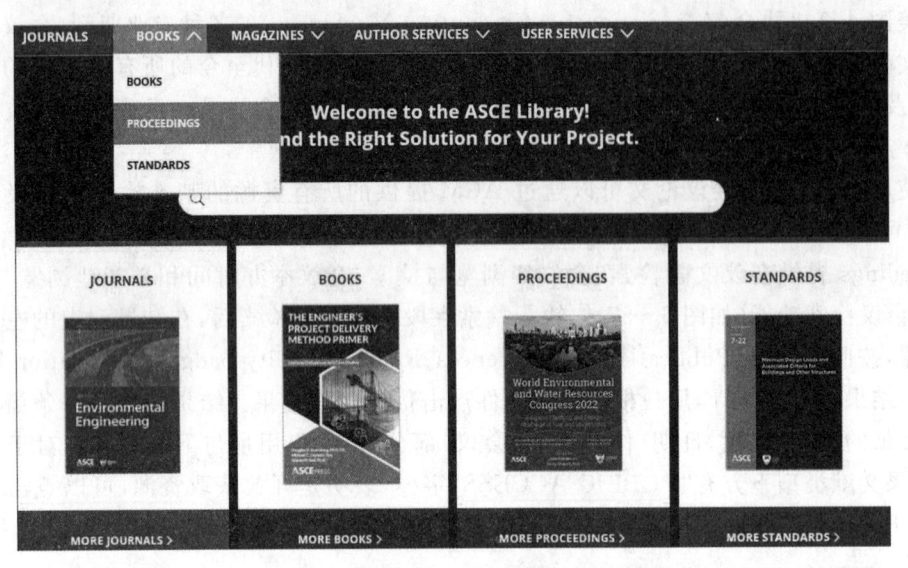

图 6-58　ASCE 主页

论文检索有快速检索和高级检索两种方式。快速检索可在全文、标题/副标题、摘要、作者、ISSN、ISBN、DOI 中查找匹配字段;高级检索的检索字段有:所有(同快速检索)、标题、作者,在检索的同时可以限定主题、出处、出版日期等。无论哪种检索方式都是在所有资源中进行检索,检索结果页都对检索结果的文献类型进行了分类统计,可以点击"Chapters/Proceedings Papers"筛选会议论文。

4. AIP Conference Proceedings(https://www.scitation.org)

美国物理联合会(American Institute of Physics,AIP)成立于 1931 年,是一个由 10 个成员学会组成的联盟,也是世界上居于领导地位的物理期刊出版社之一,主要出版研究性期刊、杂志、光盘、会议论文集及名录。AIP 及其合作出版学会的期刊已成为物理学相关文献的核心,出版的文献量占据了全球物理学界研究文献四分之一左右。

AIP 的出版物以 Scitation 为访问平台,该平台已成为物理科学领域最具影响力的新闻、评论、分析和研究的聚集地。在平台主页上方菜单中点击"Conference Proceedings"进入会议录页面。AIP 会议录收录了在物理专业会议上发表的最新研究成果,目前已出版会议论文 2 400 多卷,最早回溯到 1970 年第 1 卷,每年出版约 100 个专业会议的回溯数据。

在 AIP 会议录主页可以浏览和检索文献。点击导航栏"BROWSE"进入会议录的卷浏览页面,点击卷题即显示该卷会议录对应的会议、编者、刊发时间等信息以及收录的文献列表,列表的每一篇目给出访问权限、出版日期、标题、作者信息以及摘要显示、文章下载等的相关链接,对于开放资源,点击 PDF 图标可在线浏览和下载论文。

AIP 提供 3 种文献检索模式:快速检索、高级检索、引文检索。快速检索的检索字段有:所有、出版商/协会。选择"所有"将会在 Scitation 平台所有出版物中对全文、标题/副标题、作者、关键字、摘要、ISSN、ISBN、DOI 等检索字段进行匹配;选择"出版商/协会"则检索该出版商/协会下的所有出版物。高级检索有 4 个检索字段:所有(同快速检索)、标题、作者、关键词，检索的同时可对话题、出处、出版日期进行限制。引文检索则用于利用已知出版物、卷、页的信息来检索特定文献。检索会议论文时，我们可以在高级检索中输入检索词后，将来源限定为"AIP Conference Proceedings"进行检索；若使用快速检索，输入关键词后在需检索结果页分类统计中选择出版物下的"AIP Conference Proceedings"，从而筛选出会议论文；使用引文检索来检索会议论文时只能定位到会议论文的卷列表，无法定位到具体论文页。

6.4 开放获取资源集合

在互联网上，文献的数量不计其数，可供人们检索的各类文献数据库也让人眼花缭乱。其中，大部分有使用价值的常用学术论文（如期刊论文、会议论文、学位论文）数据库是限权的，或付费才能使用的，但也有一部分有使用价值的常用文献数据库可免费获取。开放存取（Open Access，简称 OA）是网络上提供免费资源最常见的方式之一。按照《布达佩斯开放获取计划》(Budapest Open Access Initiative，BOAI)中的定义，开放存取是指通过公共网络可以免费获取所需要的文献，允许任何用户阅读、下载、复制、发布、打印和查找，或者提供对这些论文文本的链接、对它们进行索引，将它们作为素材纳入软件，以及其他任何法律许可的应用。以上这些对于文献的操作没有任何财务、法律或者技术方面的障碍，除非是互联网自身造成数据获取的障碍。有关复制和分发方面的唯一约束以及版权所起的唯一作用，就是应该确保作者有权控制其作品的完整性及作品被准确接受和引用。

6.4.1 开放存取的特征与类型

开放存取是不同于传统学术传播的一种全新机制，其核心特征是在尊重作者权益的前提下，利用互联网为用户免费提供学术信息和研究成果的全文服务。开放存取是基于互联网的学术传播机制，互联网是开放存取赖以生存的媒介形态，互联网的发展导致了学术传播成本的下降，从而为学术信息的开放存取提供了可能。开放存取出版（Open Access Publishing，OAP）具有以下基本特征：一是作者和版权人允许用户免费获取、拷贝或传播其数字化信息，其前提是尊重其版权；二是完整的论著存储在至少一个稳定、可靠的网络服务器中，以确保免费阅读、传播不受约束以及长期的数据库式储存。开放存取的出版形式如下：

1. OA 期刊（Open Access Journal，OAJ）

OA 期刊即基于 OA 出版模式的期刊，既可能是新创办的电子版期刊，也可能是由已有的传统期刊转变而来的。与传统期刊一样，开放存取期刊对提交的论文实行严格的同行评审，从而确保期刊论文的质量。OA 期刊与传统期刊的不同之处在于：开放存取期刊上发表的文章对读者是免费的，而对作者来说，需要为发表文章的所有成本付费，版权归作者所有；传统期刊论文的发表成本由出版商承担，只有订阅了才能阅读原文，论文版权归出版社所有。为解决资源的运行费用问题，OA 倡导者提出了多种成本弥补途径，包括争取相关机构的赞助、广告收入和为用户提供增值服务收入等，但最主要的是作者付费模式，即作者从项目或课题中抽取部分经费用于出版研究成果，因为作者付费模式具有合理性，并可以保证开放存取出版的可持续发展。

2. 开放存档(Open repositories and archives)

20世纪90年代初,为了解决传统期刊出版模式滞后于学术研究发展的问题,在物理学、计算机科学、天文学等学科领域,研究人员采用预印本(Preprint)进行学科领域的同行交流,一些学术组织把这些用于共享的学术信息存放于服务器中供用户免费访问和使用。这些服务器就是早期的OA仓储,OA仓储有时也被称为OA文档库(Open Access Archives)。预印本是指科研工作者的研究成果还未在正式出版物上发表,而出于和同行交流目的,自愿先在学术会议上或通过互联网发布的科研论文、科技报告等文章。与刊物发表的文章以及网页发布的文章相比,预印本具有交流速度快、利于学术争鸣、可靠性高的特点。目前有些OA仓储不仅存放预印本,而且也提供后印本(Postprint),后印本是相对于预印本的一种电子文献类型,指已经在期刊或其他公开出版物上发表的研究成果。

3. 开放获取搜索引擎(OA Search Engine)

为解决OA期刊和OA仓储的分散性,开放获取搜索引擎也相继出现,如Google Scholar、Intute、OAInster等。

此外,在网络环境下,研究人员为了快速有效地与同行交流最新的研究成果,也利用了一些其他有别于传统学术期刊的交流途径,比如个人网站、学术论坛、博客、文件共享网络等。由于具有经济而实用的优势,OA期刊和OA仓储日益被学术界认同并得到相当广泛的应用,成为目前实现开放存取出版的主要途径。

6.4.2 开放获取资源库

1. DOAJ(http://www.doaj.org)

DOAJ(Directory of Open Access Journal)是由瑞典隆德大学图书馆(Lund University Libraries)创建和维护的开放获取期刊列表,该列表收录的均为学术性、研究性期刊,具有免费、全文、高质量的特点。其质量保障在于所收录的期刊实行同行评审,或者有编辑做质量控制,因此对学术研究有很高的参考价值。

2. Socolar(http://www.socolar.com)

Socolar平台由中国教育图书进出口公司开发,是一个基于开放获取期刊和开放获取机构仓储的导航、免费文章检索和全文链接服务的系统平台。Socolar学术资源覆盖全部学科,根据中图分类法,其中医药卫生、工业技术、经济、文化、科学、教育、体育和社会科学几个大类占全部内容的60%以上。生物科学、数理科学、政治法律及哲学宗教期刊数量也非常可观。其中,开放获取文章数量达到1 500万以上,付费文章数量达到5 442万,内容广泛被SCI、SSCI、SCIE、AHCI、EI、PubMed、DOAJ收录,文章语种包括中文、英语、西班牙语、德语、葡萄牙语、法语等四十种语言。

3. Scientific Research Open Access(https://www.scirp.org)

美国科研出版社作为OA的先行者之一,目前总共有180多种期刊及配套的电子版本,内容涵盖物理、化学、医学、生物、数学、通信、计算机、电子、能源、工程等领域,已出版文章超过10 000篇,多个期刊已被CAS,EBSCO,CAB Abstracts,ProQuest,Index Copernicus,

Library of Congress、Gale、CSP 等数据库全文或摘要收录。

4. HighWire Press(http://highwire.stanford.edu)

HighWire Press 是斯坦福大学著名的学术出版商,目前已成为全球最大的三个能够联机提供免费学术论文全文的出版商之一,由美国斯坦福大学图书馆于 1995 年创立。最初仅出版著名的周刊 *Journal of Biological Chemistry*。该网站的内容涉及生命科学、医学、物理学、社会科学方面的期刊及一些非期刊性质的网络出版物,其中生命科学及医学科学的免费全文数量最大且增长速度最快。

5. OALib(http://www.oalib.com)

OALib 是 Open Access Library 的简称,即开放存取图书馆,致力于为学术研究者提供全面、及时、优质的免费阅读科技论文,同时也作为一个开源论文的发布平台,为更多的优质论文提供第一时间发布的机会。论文涵盖数学、物理、化学、人文、工程、生物、材料、医学和人文科学等领域。同时,OALib 也在不断努力增加论文数量,让更多的免注册、免费用的 OA 文章可以加入 OALib。

6. BioMed Central(http://www.biomedcentral.com)

BioMed Central(简称 BMC)是生物医学领域的、世界上最大的 Open Access 出版商。收录的期刊范围涵盖了生物学和医学的所有主要领域,通过同行评审和公众评审来把握期刊的质量。同时,将大多数期刊发表的研究文章都即时在 PubMed Central 存档并进入 PubMed 的书目数据库,方便读者检索与浏览全文。

课后思考与练习

1. 从资源类型、期刊资源覆盖面和检索功能等角度比较知网、万方和维普三个平台。

2. 在知网的学术期刊数据库中检索主题为"信息素养"的学术论文,按被引次数倒序排列,选择排名前 10 的结果,导出详细题录。

3. 使用万方数据的作者发文检索功能或维普数据库的对象检索功能,查找某位老师的学术成果。

4. 通过浏览的方式,在 ScienceDirect 数据库中找到 *Cell* 期刊的最新一期,下载一篇文章的全文文档。

5. 在知网硕士学位论文数据库中检索本校上一年度出版的硕士学位论文情况。

6. 在 IEEE/IET Electronic Library(IEL)的会议论文库中检索标题含有"information security"的论文,并将最受欢迎的文章下载下来。

7. 小华想要检索 Ross Cory Alexander 在 2009 年度发表的题为"Political Literacy as Information Literacy"的论文,但她在学校购买的几个英文数据库中都没有检索到。请你结合本章所学,帮她找一找。

第 7 章　专题信息资源检索

☞ 扫码可浏览
本章学习资源

学习目标

了解本章节介绍的多种信息资源特点；了解专利的种类，以及 IPC 分类方法；掌握专利文献和标准文献的获取办法；能够利用科技报告、法律信息资源和统计资料丰富论证、拓宽视野。

知识框架

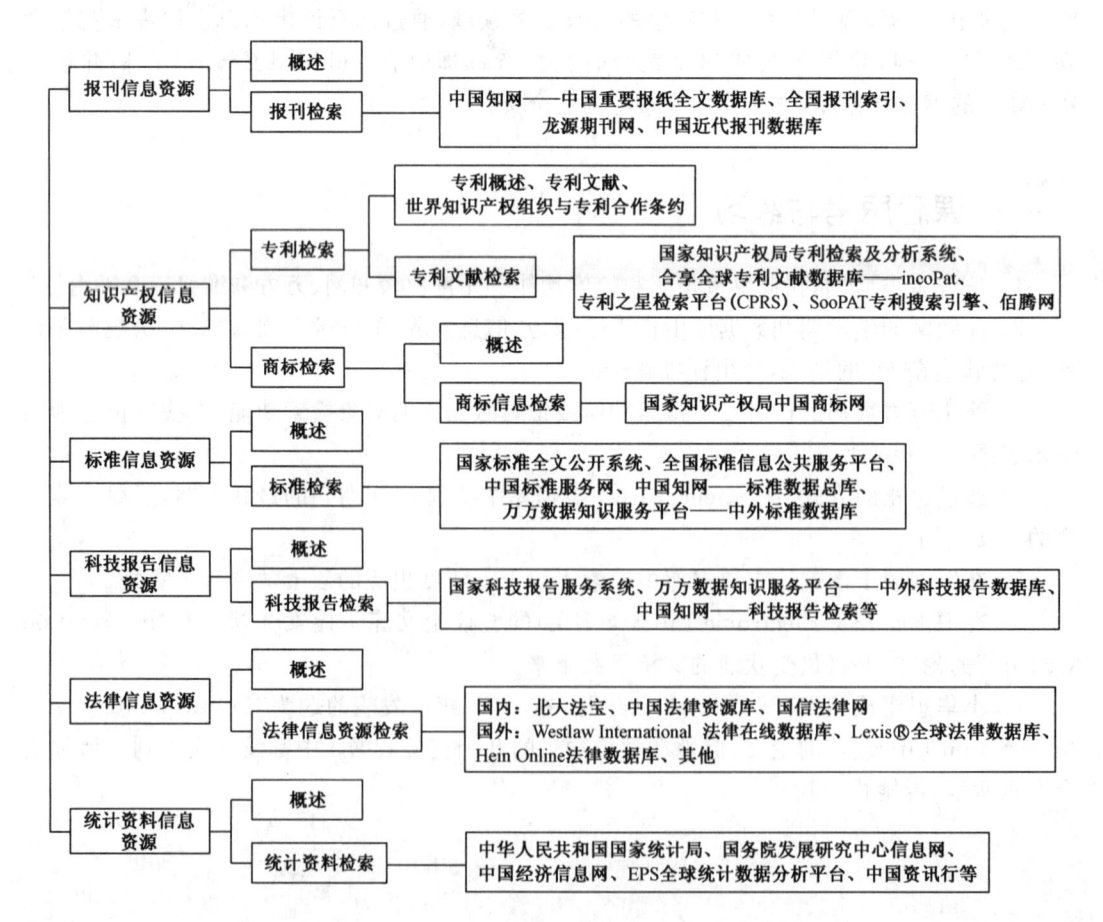

- 报刊信息资源
  - 概述
  - 报刊检索
    - 中国知网——中国重要报纸全文数据库、全国报刊索引、龙源期刊网、中国近代报刊数据库

- 知识产权信息资源
  - 专利检索
    - 专利概述、专利文献、世界知识产权组织与专利合作条约
    - 专利文献检索
      - 国家知识产权局专利检索及分析系统、合享全球专利文献数据库——incoPat、专利之星检索平台（CPRS）、SooPAT 专利搜索引擎、佰腾网
  - 商标检索
    - 概述
    - 商标信息检索
      - 国家知识产权局中国商标网

- 标准信息资源
  - 概述
  - 标准检索
    - 国家标准全文公开系统、全国标准信息公共服务平台、中国标准服务网、中国知网——标准数据总库、万方数据知识服务平台——中外标准数据库

- 科技报告信息资源
  - 概述
  - 科技报告检索
    - 国家科技报告服务系统、万方数据知识服务平台——中外科技报告数据库、中国知网——科技报告检索等

- 法律信息资源
  - 概述
  - 法律信息资源检索
    - 国内：北大法宝、中国法律资源库、国信法律网
    - 国外：Westlaw International 法律在线数据库、Lexis® 全球法律数据库、Hein Online 法律数据库、其他

- 统计资料信息资源
  - 概述
  - 统计资料检索
    - 中华人民共和国国家统计局、国务院发展研究中心信息网、中国经济信息网、EPS 全球统计数据分析平台、中国资讯行等

第7章 专题信息资源检索

本书在前面的章节分别介绍了图书资源和学术论文资源,是在学术学习情境下所需的主流信息资源。一些其他出版形式的信息资源,如报纸、杂志、知识产权文献、标准文献、科技报告、法律信息、统计资料等,也是非常重要的信息资源,本章将逐一予以介绍。

7.1 报刊信息资源

7.1.1 概述

报刊,是报纸和期刊的总称,属于连续性出版物,报道及时,出版连贯,数量、种类庞大。初期的报纸和期刊是混同的,有新闻,也有各种杂文和文学作品,简单地装订成册。对于这个时期的报纸和杂志,通常笼统地称"报刊"。后来,在形式上,报纸的版面越来越大,为三到五英尺,对折;而期刊经装订、加封面,成了书的形式。此后,期刊和报纸在人们的观念中才具体地分开。

一、报纸

报纸(newspaper)是每日、每周或每隔一定的时间(通常是较短的时间)发行的,以报道新闻和刊载评论为主,有稳定的编辑部和固定的题名,按年、月、日或卷期顺序,无限期连续刊行下去的连续出版物。报纸出版周期短、内容新颖、涉及面广,是重要的社会舆论工具和大众传播工具,其主要职能是报道时事,传播观点,并附带些许娱乐职能。按出版频率分,有日报、周报、双周报等;按出版时间分,有日报、晚报、晨报、早报;按媒介形态分,有印刷报章、网上版报章、电子报等;按发行地域分,有全国性报纸、省级报纸、市级报纸和县区级报纸等;按侧重内容分,有教育报、军事报、学生报、学术报、财经报、农业报、旅游报等。

二、期刊(杂志)

期刊,也称杂志,是指有固定名称、每期版式基本相同、定期或不定期的连续出版物。它的内容一般是围绕某一主题、某一学科或某一研究对象,由多位作者的多篇文章编辑而成,用卷、期或年、月顺序编号出版。期刊主要是从英文"magazine""periodical""journal"三个词翻译过来,它们都属于广义的连续出版物(serials)。

三、报刊出版

报刊出版由国家新闻出版总署统一管理,统一分配国际标准连续出版物号(ISSN)和国内统一连续出版物号(CN)作为正规出版的标志。据国家出版总署的官方数据,2020年全国共出版报纸1 810种,平均期印数15 692.99万份,每种平均期印数8.67万份,总印数289.14亿份;2020年全国共出版期刊10 192种,平均期印数11 133万册,每种平均期印数1.12万册,总印数达20.35亿册。

此外,由于我国报纸、杂志都是由中国邮政系统接办发行的,所以它们在邮政系统里被给予邮发代号,其格式非常简单,由两部分组成,前一部分为1~2位数的出版地所属的省

(直辖市、自治区)代码,后一部分为1～3位数的分配序号,其中省份代码单数表示报纸,双数表示杂志,比如,80-522。

7.1.2 报刊检索

前面的章节中,学术期刊作为学术信息资源的重要组成部分已经做了介绍。本节介绍报纸和非学术期刊资源集合及其检索。报纸和非学术期刊在内容上更加丰富,包括时事报道、时事评论、诗歌、散文、小说等文学作品、绘画作品、摄影作品、知识普及等等;在功能上更加生活化、娱乐化;从受众群体上来看,更加宽泛,不光包含了从婴幼儿到老年人的全年龄段针对性内容,也有面向各行业爱好者或者从业者的行业内报道与评论。

随着数字媒体的兴起,许多传统报刊在发行纸质版本的同时,也发售电子版,并提供APP,以适应读者不同的阅读习惯,还有不少信息机构专门开发了报刊类的数据库,方便广大用户检索利用。

一、全国报刊索引

《全国报刊索引》(https://www.cnbksy.com)创立于1955年,现在是一个集印刷版与网络服务平台为一体的综合性知识服务体系,资源包括5万余种报刊,共计5 000余万篇文献,由上海图书馆主管主办。

《全国报刊索引》的资源包括晚清期刊全文数据库(1833—1911)、民国时期期刊全文数据库(1911—1949)、字林洋行中英文报纸全文数据库(1850—1951)、中国近代中文报纸全文数据库(1893—1949)、现刊索引数据库(1980至今),是目前收录中文报刊文献时间跨度最长的数据库。

数据库的检索方式有普通检索、高级检索、专业检索、文献导航、图片检索等。

普通检索直接在主页就可以进行,除了数据库的选择,没有其他限定条件。检索结果可以通过结果侧边栏的诸多"聚类"项目进行精炼(如图7-1)。

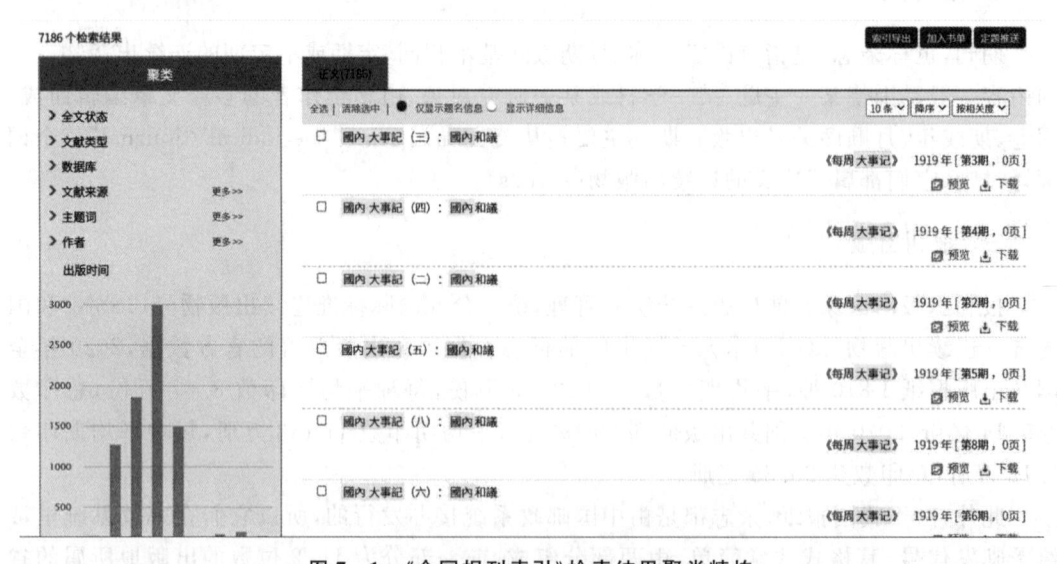

图7-1 《全国报刊索引》检索结果聚类精炼

第 7 章　专题信息资源检索

高级检索可同时对多个字段进行限定,也可选择数据库进行定库检索,还可以进行时间范围的划定。高级检索支持字段间的布尔逻辑检索,布尔逻辑算符通过下拉列表内的"与""或""非"表达。

较之高级检索,专业检索字段选择变成了字段代码输入,布尔逻辑运算符从汉字变为了"NOT""AND""OR",其余没有太大差别。字段代码与检索式输入参见图 7-2。

图 7-2　《全国报刊索引》专业检索

文献导航,是按照报刊名称或者会议论文集名称来进行导航的,分为近代期刊、现代期刊、会议论文。每一个类别下可按照拼音首字母进行导航,亦可通过"刊名""创刊年""主办单位""出版地""论文集名称"等字段直接检索。在现代期刊栏目,还设有学科分类导航以供筛选。

检索结果可以导出索引信息,也可以加入自己的专题库。有全文信息的资源,则可以直接"下载",获得 PDF 文本,进而查阅详细内容(如图 7-3)。

图 7-3　《全国报刊索引》全文信息下载

二、中国近代报刊数据库

《中国近代报刊数据库》是上海睿泽恩信息技术有限公司研发的《睿泽恩历史文献库》(http://www.reasonlib.com)的报刊部分数据库。数据库内容包括近代报刊,其中包括《申报》《新华日报》《大公报》等。

数据库提供简单检索和高级检索两种检索方法,前者为单字段检索,后者为多字段检索,且提供较多可选字段。检索结果有两种,一种是报刊目录索引,一种是报纸原文,都可以直接查阅(如图7-4)。

图7-4 《中国近代报刊数据库》报纸阅读

三、中国知网——中国重要报纸全文数据库

中国重要报纸全文数据库收录范围为2000年至今,主要包括中国国内重要报纸刊载的学术性、资料性文献,是连续动态更新的数据库。其文献来源于国内公开发行的500余种各级重要党报、行业报及综合类报纸。

中国重要报纸全文数据库为报纸检索提供了12个检索字段,包括主题、关键词、题名、小标题、全文、作者、第一作者、作者单位、报纸名称、国内统一刊号、中图分类号、DOI。其高级检索,可以对前述的多个字段进行同时限定,通过选择文献类型框定检索的专业方向,还可以选择文献的时间范围,让检索更加便捷精准(如图7-5)。

图 7-5 中国知网《中国重要报纸全文数据库》高级检索

四、龙源期刊网

龙源期刊网(http://www.qikan.com.cn)创建于1998年,是一个人文大众期刊数字发行平台。全文在线的综合性人文大众类期刊品种达4 200多种,内容涵盖时政、党建、管理、财经、文学、艺术、哲学、历史、社会、科普、军事、教育、家庭、体育、休闲、健康、时尚、职场等领域。对于图书馆、学校、企事业单位,龙源提供人文大众精品阅览室定制服务。

龙源期刊网的检索方式有分类导航、基本检索、高级检索三种。电子期刊的分类导航按照内容领域来分类,报纸则按照出版地的地域范围进行划分,用户按需选择浏览即可。基本检索就是一个单字段检索框,期刊有"刊名""标题""全文"三个字段可供选择,报纸只有报纸名称一个字段。高级检索是电子期刊的独有检索方式,提供"期刊名称""年份""文章标题""文章片段"等字段以及字段间的布尔逻辑连接。

期刊和报纸的阅读方式也不一样,期刊提供原貌阅读和文本阅读,报纸只有文本阅读。原貌阅读是直接按照纸质期刊的排版来进行逐页阅读,而文本阅读则指按照页码或者版面顺序,逐篇进行图文阅读。

7.2 知识产权信息资源

世界知识产权组织对知识产权的解释:知识产权(intellectual property)是基于智力的创造性活动所产生的权利。2021年1月1日实施的民法典中第一百二十三条规定:"民事主体依法享有知识产权。知识产权是权利人依法就下列客体享有的专有的权利:(一)作品;(二)发明、实用新型、外观设计;(三)商标;(四)地理标志;(五)商业秘密;(六)集成电路布图设计;(七)植物新品种;(八)法律规定的其他客体。"前三个客体对应的权利,就是最主要的三种知识产权,依次是:著作权、专利权和商标权,其中专利权与商标权也被统称为工业产权,皆由国家知识产权局管辖。

7.2.1 专利检索

一、专利概述

为了激励人们的创新热情、保障科技进步并且促进经济发展,保护人类发明创造的专利制度诞生了。专利制度的具体体现就是专利法,依托于专利法,保护专利权。

专利权有三大特点:一是专有性,也称独占性,专利权人对发明创造享有独占性的生产、经营、制造、使用、销售的权利;二是地域性,是指一个国家或地区依照本国或本地区的专利法授予专利权,对其专利权承担保护的义务;三是时间性,是指专利权人对其发明创造所拥有的法律赋予的专有权只在法律规定的时间内有效。对专利的保护期限,是按照各国的专利法具体内容来定的,各国都有所不同。我国专利法规定,发明专利的专利权期限为二十年,实用新型专利和外观设计专利的专利权期限为十年。

1. 我国的专利制度

我国现代的专利制度建设,始于改革开放之后。

1979年1月,国务院批准成立中国专利局,1980年5月,成立了中华人民共和国专利局。1984年3月12日,颁布了《中华人民共和国专利法》,并于第二年4月正式实施。随着我国工业技术水平的不断提高,产权意识的逐渐觉醒,我国全国人大常委会先后于1992年、2000年、2008年、2020年对专利法进行了四次修正。

目前我国已经成为专利大国,为统筹推进知识产权强国建设,全面提升知识产权创造、运用、保护、管理和服务水平,充分发挥知识产权制度在社会主义现代化建设中的重要作用,2021年9月,中共中央、国务院印发了《知识产权强国建设纲要(2021—2035年)》,这也是我国知识产权制度日趋完善、进步的机会。

2. 专利的种类

根据《中华人民共和国专利法》的规定,我国专利分为三种:一是发明专利,是指对产品、方法或者其改进所提出的新的技术方案;二是实用新型专利,是指对产品的形状、构造或者其结合所提出的适于实用的新的技术方案;三是外观设计专利,是指对产品的整体或者局部的形状、图案或者其结合,以及色彩与形状、图案的结合所做出的富有美感并适于工业应用的新设计。

3. 授予专利的条件

根据《中华人民共和国专利法》的规定,授予专利权的发明和实用新型,应当具备新颖性、创造性和实用性:

新颖性,是指申请专利的发明必须是前所未有的。我国专利法规定:"新颖性,是指该发明或者实用新型不属于现有技术;也没有任何单位或者个人就同样的发明或者实用新型在申请日以前向国务院专利行政部门提出过申请,并记载在申请日以后公布的专利申请文件或者公告的专利文件中。"

创造性,也称非显而易见性。我国专利法规定:"创造性,是指与现有技术相比,该发明具有突出的实质性特点和显著的进步,该实用新型具有实质性特点和进步。"

实用性,要求发明或实用新型必须具有多次再现的可能性,简单概括就是可实施性、再现性和有益性。我国专利法规定:"实用性,是指该发明或者实用新型能够制造或者使用,并且能够产生积极效果。"

专利法还规定,对下列各项,不授予专利权:(一)科学发现;(二)智力活动的规则和方法;(三)疾病的诊断和治疗方法;(四)动物和植物品种;(五)原子核变换方法以及用原子核变换方法获得的物质;(六)对平面印刷品的图案、色彩或者二者的结合做出的主要起标识作用的设计。

二、专利文献

随着专利制度的不断发展和完善,在整个专利相关事务的处理过程中,诞生了大量的文献资料,这些文献资料由碎片化的状态,发展成为现在系统化的专门文献类型,这就是专利文献。

专利文献可以是泛指一切与专利制度有关的文件,包括专利申请文件、专利局公报、专利分类工具、专利文摘、专利法律法规及专利诉讼文件等。但在通常情况下,提及专利文献,主要特指专利说明书。专利说明书是专利的主体,蕴含大量科技信息,是科研人员重点关注的文献,所以也是专利检索的主要对象。

1. 专利说明书

专利说明书是申请人在申请专利之初,就需要提交给审核部门的具体的技术说明书,是用以描述发明创造内容和限定专利保护范围的一种官方文件或其出版物。

专利说明书由扉页、权利要求书、说明书三个部分组成,有些说明书还可能包括附图部分。扉页记录有该件专利的基本信息,包括:专利创造名称、专利申请的时间、申请的号码、申请人或专利权人、发明人、发明摘要及附图、分类号、文献编号等文献特征内容,相当于专利的文摘信息。权利要求书是专利申请人要求法律保护的范围,是明确法律对哪些技术要点进行保护的依据。说明书及附图要求能够阐明发明技术及产生背景,完整清晰地描述发明创造的技术内容,并能结合实例对技术方案如何发挥作用进行说明。

2. 专利文献的特点

专利文献作为独特于科技论文之外的一类重要学术资源,它具有以下几个特点:

(1) 出版数量大

专利文献伴随着专利制度的发展,积累了大量的专利文献,虽然由于保护期限的限制,很多专利都过期了,但是新授权专利层出不穷,依然让全球的有效专利保持着一个巨大的数字。仅2022年1月份,就增加了32万件发明专利。根据最新的《世界五大知识产权局统计报告(IP5 SR)》显示,截至2018年底,全球共有1390万件有效专利。

(2) 学科领域广

除之前提到了法律规定不授予专利权的几个方面以外,专利文献几乎涵盖了所有的技术领域,小到针头线脑,大到航天深潜,日常用的手机,新闻里的创举,凡是脑力活动的创新,最后都能以专利文献的形式存在。

(3) 技术内容新

由于授予专利的新颖性条件的限制,所以几乎所有的发明创造都会以专利文献的形式首次公开,甚至有一大半的发明创造仅见于专利文献,所以专利文献往往可以传达最新的科技信息。

(4) 著录分类同

专利文献一般具有统一的文体结构和著录项目,而且各个机构使用的分类法也是一致的,这让各国专利文献的互通变得简单快捷,为专利文献的数字化创造了极为便利的条件。

3. 专利文献的作用

专利文献包含了两方面的信息,一是技术信息,二是法律信息。科研人员可以通过对技术信息的学习,收获新知识,掌握新技术,进而启发新方向,发现新问题,攻克新难点。专利分析人员可以通过掌握法律信息,对专利权人权利完成保护,开展了解对手经营策略、掌握市场趋向、支持贸易决策等一系列商业活动。

4. 专利文献的类型

按照专利文献的用途属性可以分为:一次专利文献,是指各国专利局和国际专利组织出版的各种形式的专利说明书。二次专利文献,是指由专利局出版发行的法律性出版物,是对一次专利文献内容上的概括和补充,包括专利公报、专利索引、专利文摘、专利题录等出版物。三次专利文献,是指专利分类资料、诉讼类专利文献。

5. 我国专利文献编号方法

专利编号分为专利申请号和专利文献号。

(1) 专利申请号

专利申请号,是指国家知识产权局受理一件专利申请时给予该专利申请的一个标识号码。其制定要满足唯一性和科学性两个原则,因此,在专利申请号中包含了表示受理专利申请的公元年号、表示专利申请种类的种类号和表示专利申请相对顺序的流水号。专利申请号用12位阿拉伯数字表示,包括申请年号、申请种类号和申请流水号三个部分(如图7-6)。

2020年第1030133件发明专利申请

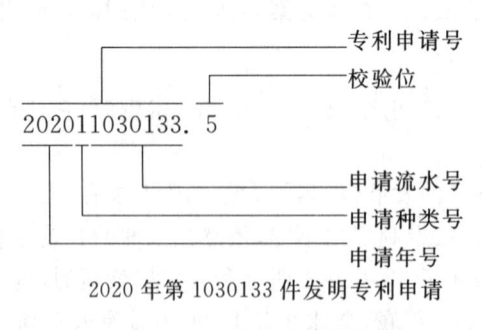

图7-6 专利申请号图示

申请年号采用公元纪年,比如2020,表示公元2020年。

申请种类号用1位数字表示,所使用数字的含义规定如下:

1 表示发明专利申请;

2 表示实用新型专利申请;

3 表示外观设计专利申请;

8 表示进入中国国家阶段的 PCT 发明专利申请;

9 表示进入中国国家阶段的 PCT 实用新型专利申请。

申请流水号用 7 位连续数字表示,一般按照升序使用,每年 1 月 1 日起,新发放的专利申请号中的申请流水号都是从 0000001 重新开始编排。专利申请号要与校验位联合使用,校验位位于专利申请号之后,在专利申请号与校验位之间使用一个下标单字节实心圆点符号作为间隔符。也可以将中国国家代码 CN 与专利申请号联合使用,以表明该专利申请是由中国国家知识产权局受理。

(2) 专利文献号

专利文献号,是指国家知识产权局按照法定程序,在专利申请公布和专利授权公告时给予的文献标识号码。其制定要满足唯一性和实用性两个原则,因此,专利文献号采用了简明实用的编号规则,专利文献号用 9 位阿拉伯数字表示,包括申请种类号和文献流水号两个部分。

申请种类号用 1 位阿拉伯数字表示。所使用的数字含义规定如下:1 表示发明专利申请;2 表示实用新型专利申请;3 表示外观设计专利申请。流水号用 8 位连续阿拉伯数字表示,按照发明专利申请第一次公布,或实用新型、外观设计申请第一次公告各自不同的编号序列顺序递增。一件专利申请形成的专利文献只能获得一个专利文献号,该专利申请在后续公布或公告时被赋予的专利文献号与首次获得的专利文献号相同,不再另行编号。因此,该专利申请公布或公告而产生的专利文献种类由相应的专利文献种类标识代码确定。

为了完整、准确地标识不同种类的专利文献,应将中国国家代码 CN、专利文献号、专利文献种类标识代码联合使用。排列顺序应为:国家代码 CN、专利文献号、专利文献种类标识代码(如图 7-7)。

```
         ┌──────────── 国家代码
         │    ┌─────── 专利文献号
         │    │       ┌─ 专利文献种类标识代码
        CN 1 11359890 B
           │  │        └── 文献流水号
           └──────────── 申请种类号
```

中国的发明专利授权公告

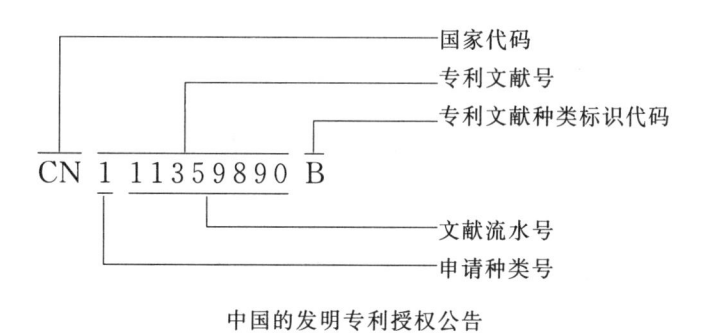

图 7-7 专利文献号图示

(3) 专利文献种类标识代码

国家知识产权局按照相关法律法规对发明、实用新型、外观设计专利申请在法定程序中予以公布或公告,由此产生各个种类的专利文献。为了标识不同种类的专利文献,规定了专利文献种类标识代码。专利文献种类标识代码是以一个大写英文字母,或者一个大写英文字母与一位阿拉伯数字的组合表示,单纯数字不能作为专利文献种类标识代码使用。大写英文字母表示相应专利文献的公布或公告(表 7-1),阿拉伯数字用来区别公布或公告阶段中不同的专利文献种类。

表 7-1 专利文献种类标识代码中字母的含义

专利文献种类标识代码	字母的含义
A	发明专利申请公布
B	发明专利授权公告
C	发明专利权部分无效宣告的公告
U	实用新型专利授权公告
Y	实用新型专利权部分无效宣告的公告
S	外观设计专利授权公告或专利权部分无效宣告的公告

6. 专利文献的分类体系

我国的专利文献分类使用的是国际专利分类表(International Patent Classification,简称 IPC),也是全球都在使用的专利分类表,这为专利文献的高效流通创造了良好的条件。

国际专利分类表,前身为《发明的国际(欧洲)分类表》,1968 年 9 月 1 日出版生效。自生效之后,历经 8 次修订补充,2006 年 1 月起,使用第 8 版。IPC 采用功能和应用相结合,以功能为主的分类原则,由高至低依次设置:部,分部,大类,小类,大组,小组。

(1) 部

IPC 共分 8 个部:

A 人类生活必需　　　B 作业;运输
C 化学;冶金　　　　D 纺织;造纸
E 固定建筑物　　　　F 机械工程;照明;加热;武器;爆破
G 物理　　　　　　　H 电学

各个部内设分部,但是分部不设类号。

(2) 大类

大类是分类表的第二等级,由大类类名表明具体包括的内容,大类类号则由部类号加 2 位数字组成。

(3) 小类

小类是分类表的第三等级,由小类类名尽可能确切地表明小类具体包括的内容,小类类号则由大类类号加 1 位大写字母组成。

(4) 组

既可以是大组,也可以是小组。大组是分类表的第四等级,小组则是比大组等级更低的等级。大组类名在其小类范围内具体到某一技术主题领域,大组类号由小类类号加上 1～3 位数字、"/"和"00"组成;小组类名具体到大组范围内的某一技术主题领域,小组类号则由大组类号加至少 2 位数字(除 00 以外)组成。另外,为了指明该小组的等级位置,在小组类名前还需要加上一个或几个小圆点,圆点越多,等级越低。比如:

B22D7/00 铸锭(熔融金属的运送设备入 B22D35/00)

B22D7/06 ·锭模或其制造

B22D7/08 ··可分锭模

这三个 IPC 分类号分别细致到了大组,一点小组,二点小组,同时也是向下包含的关系。国际专利分类号的完整书写形式如:"Int. Cl.^{8} B22D7/08",其中"Int. Cl.^{8}"表示国际专利分类表第 8 版。

联合专利分类(Cooperative Patent Classification,简称 CPC)体系,是欧洲专利局(EPO)和美国专利商标局(USPTO)两局联合开发并共同拥有的专利分类体系。CPC 分类体系源自 IPC,但在一些条目上进一步细分,删除部分小类,又新增一些小类。

我国知识产权局自 2014 年开始,陆续在 116 个技术领域进行 CPC 试点分类,于 2016 年 1 月 1 日开始,对所有中国发明专利新申请同时开展 IPC 和 CPC 分类。

除了 IPC 和 CPC 外,还有《国际外观设计分类》用作外观设计专利文献的分类和管理。国际外观设计分类,亦称洛迦诺分类,是 1968 年 10 月 8 日《保护工业产权巴黎公约》全体成员国在瑞士洛迦诺召开外交会议,通过《建立工业品外观设计国际分类洛迦诺协定》而建立的外观设计分类。第 13 版《洛迦诺分类》于 2020 年 6 月公布,于 2021 年 1 月 1 日正式实施,同时废止前一版本。

洛迦诺分类包括以下内容:

① 大类和小类表

包括 32 个大类和 230 余项小类。依字母编序的外观设计产品项列表,并标示出其所属大类和小类,比如 32 个大类就是从 01 到 32 依次编码。

② 注释

分类号、分类名和注释的格式与内容,如图 7-8 所示。

01 类　食品

　　　　注:(a) 包括人类食品、动物食品和食疗食品。
　　　　　(b) 不包括包装(09 类)。
01-01　　烘制食品、饼干、点心、意大利面制品及其他谷类食品,巧克力,糖果类,冰冻食品
01-02　　水果、蔬菜和水果蔬菜制品
01-03　　奶酪、黄油及其代用品、其他奶制品
01-04　　肉制品(包括猪肉制品)、鱼肉制品
01-05　　豆腐和豆腐制品
01-06　　动物食品
01-99　　其他杂项

图 7-8　洛迦诺分类大类表和小类表示例

7. 专利文献的著录项目

专利文献适用范围广,数量大,领域宽,所以想要便捷地存储、检索、获取专利文献,就必须规范专利文献著录项目。为了和国际接轨,在规范专利文献著录项目的同时,参照世界知识产权组织标准,用到了 INID 代码。INID 是国际认可的专利文献(著录项目)数据识别代码,即 Internationally Agreed Numbers for the Identification of (bibliographic)Data 的缩略语。

INID 代码的使用非常简便,在印刷及数据显示格式中,以阿拉伯数字表示,加上圆括号,直接标在相应的著录项目之前即可(如图 7-9)。

(19) 中华人民共和国国家知识产权局

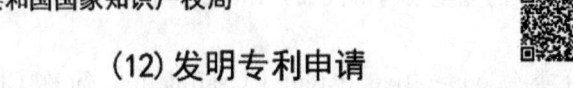

(12) 发明专利申请

(10) 申请公布号 CN 112740583 A
(43) 申请公布日 2021.04.30

(21) 申请号 202080004532.6

(22) 申请日 2020.12.25

(85) PCT国际申请进入国家阶段日
    2021.02.09

(86) PCT国际申请的申请数据
    PCT/CN2020/139663 2020.12.25

(71) 申请人 华为技术有限公司
    地址 518129 广东省深圳市龙岗区坂田华
        为总部办公楼

(72) 发明人 鲍鹏鑫 王学寰

(74) 专利代理机构 北京同立钧成知识产权代理
    有限公司 11205
    代理人 朱颖 刘芳

(51) Int.Cl.
    H04L 1/00 (2006.01)

权利要求书4页 说明书38页 附图28页

(54) 发明名称
    数据处理方法、装置和系统

(57) 摘要
本申请实施例提供一种数据处理方法、装置和系统,包括:第一芯片获取数据传输速率的目标值和/或调整值;第一芯片根据目标值和/或调整值,确定数据调整方式,和/或,配置传感器参数,这样,传感器按照配置的参数输出的数据,和/或,输出的数据通过数据调整方式据进行调整,可以保证数据在传输系统受到干扰的情况下依然可以正常进行传输,进而提高系统的稳定性和可靠性。

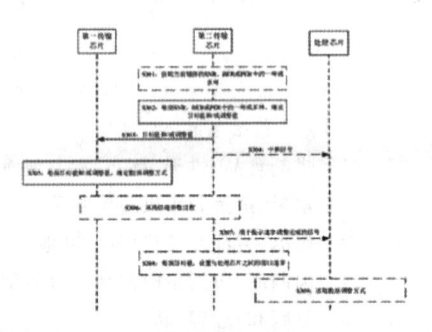

图 7-9 专利文献著录项目名称及 INID 代码示范

发明、实用新型专利文献著录项目名称及相应 INID 代码,见表 7-2。

表 7-2 发明、实用新型专利文献著录项目名称及相应 INID 代码

INID 代码	专利文献著录项目名称	INID 代码	专利文献著录项目名称
(10)	专利文献标识	(22)	申请日
(12)	专利文献名称	(30)	优先权数据
(15)	专利文献更正数据	(43)	申请公布日
(19)	公布或公告专利文献的国家机构名称	(45)	授权公告日
(21)	申请号	(48)	更正文献出版日

(续表)

INID 代码	专利文献著录项目名称	INID 代码	专利文献著录项目名称
(51)	国际专利分类	(72)	发明人
(54)	发明或实用新型名称	(73)	专利权人
(56)	对比文件	(74)	专利代理机构及代理人
(57)	摘要	(83)	生物保藏信息
(62)	分案原申请数据	(85)	PCT 国际申请进入国家阶段日
(66)	本国优先权数据	(86)	PCT 国际申请的申请数据
(71)	申请人	(87)	PCT 国际申请的公布数据

8. 同族专利

专利文献是专利制度的产物，各个地区的专利制度都有所差异，所以专利具有特殊的地域性限制，意味着同样的专利申请在不同专利审核制度中会出现多组有着类似家族关系的专利文献，被称为同族专利。

由至少一个共同优先权联系的一组专利文献，称之为专利族；在同一专利族中每件专利文献都被称作专利族成员，同一专利族中每件专利互为同族专利。由其他成员共享优先权的最早申请的专利文献被称为基本专利（如图 7-10）。

专利族 ｛ 中国　申请号：CN201310061175.9　公开号：CN103280763A　申请日：2013.02.27 ←基本专利 ｝ 互为同族专利
　　　　欧洲　申请号：EP13876671　　　　　公开号：EP2964751A1　　申请日：2013.12.03
　　　　美国　申请号：US14771105　　　　　公开号：US2016006236A1　申请日：2013.12.03
　　　　WIPO　申请号：WOCN13088423　　　公开号：WO2014131298A1　申请日：2013.12.03

图 7-10 同族专利示例

三、世界知识产权组织与专利合作条约

世界知识产权组织（World Intellectual Property Organization，简称 WIPO），正式成立于 1970 年，是联合国组织系统下的 16 个专门机构之一，总部设在日内瓦。它是一个致力于帮助确保知识产权创造者和持有人的权利在全世界范围内受到保护，从而使发明人和作家的创造力得到承认和奖赏的国际间政府组织。目前有 193 个成员国。

WIPO 中国办事处（WOC）于 2014 年 7 月在北京开设，目前支持的服务内容有：专利合作条约（PCT）专利国际注册、马德里体系商标国际注册、海牙体系外观设计国际注册以及知识产权替代性争议解决和仲裁。

专利合作条约（Patent Cooperation Treaty，简称 PCT），1970 年 6 月 19 日签订于华盛顿，1979 年 9 月 28 日进行修正，于 1984 年 2 月 3 日与 2001 年 10 月 3 日进行了两次修订。至 2019 年 10 月，PCT 成员国为 153 个。此条约旨在让参加的国家组成联盟，并对保护发明的申请的提出、检索和审查进行合作，提供特殊的技术服务。在任何缔约国，保护发明的申请都可以按照此条约作为国际申请提出，所以可以认为 PCT 体系是专利申请体系，它与传统的专利申请体系相比,有很大的不同。

在传统的专利体系中,国家申请提出后 12 个月内,按照巴黎公约规定,向其他不同国家提出的申请可以要求优先权,由于各个国家有不同的本国专利法,就会产生如下问题:多种形式要求、多种语言、多次的检索、多次的公开、申请的多次审查、12 个月所要求的翻译费和国家费等等。

PCT 体系中,国家申请提出后 12 个月内按照 PCT 规定提交国际申请,要求巴黎公约的优先权,在完成国际阶段程序后,在 30 个月进入国家阶段,此期间只有一种形式要求,通过国际检索、国际公布、国际初审,而国际申请可按需要进入国家阶段,可在 30 个月缴纳所要求的翻译费和国家费,而且只有在申请人希望继续时才缴纳。两者基本流程如图 7 - 11 所示,PCT 专利申请体系更加省时省工省费。

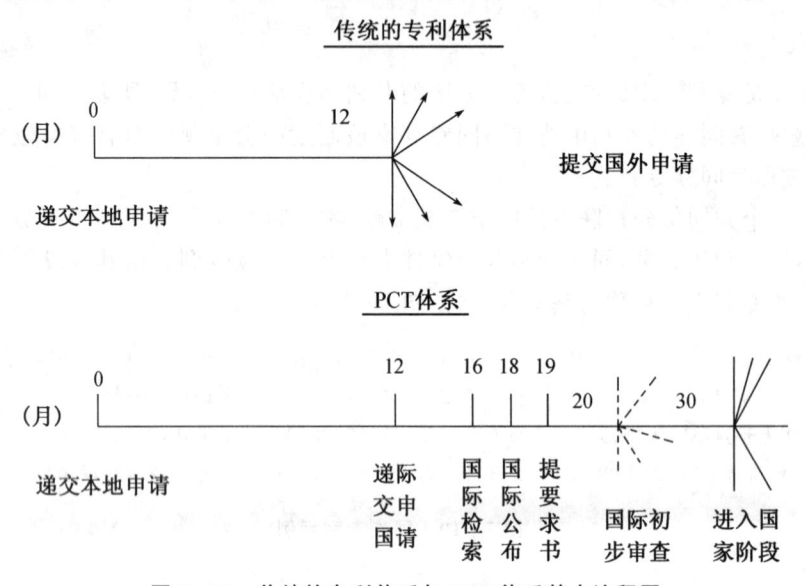

图 7 - 11 传统的专利体系与 PCT 体系基本流程图

四、专利文献检索

专利文献包含多种信息,使用领域也十分广泛,检索专利文献,通常应用在技术攻关、科研立项、技术引进、产品出口、战略制定等方面,涉及技术、法律、商业等多个领域。

专利文献的检索一般分为以下几个步骤:

第一步 需要分析信息需求,明确获取专利信息的最终目的,确定检索类型,比如技术主题检索、技术方案检索、同族专利检索、法律状态检索、专利引文检索、专利相关人检索;

第二步 解析检索对象,从更加专业的角度了解检索对象,方便下一步检索要素的确认;

第三步 确定检索要素,从检索对象的各种分类号、上下位技术词汇、同义近义词词汇、已知的机构、已知的申请人信息、已知的发明人信息等要素中选择合适的检索要素;

第四步 选择检索系统,权衡数据库的数据范围、检索成本、各数据库特点等因素,选择

合适的专利检索系统;

第五步 组织检索提问,利用布尔逻辑运算符、通配符、位置算符、字段限定检索等检索方法将检索要素组织成符合用户检索要求的检索表达式;

第六步 执行检索并评估结果。

专利数据库有很多,比如中国知网的专利库、万方数据知识服务平台的中外专利数据库等,这些都是综合平台的专利库,检索方法和其他文献类似,使用简单。除此之外,还有一些专门进行专利检索和专利分析的数据库,对专利文献的分类、检索、分析也更加专业。

1. 国家知识产权局专利检索及分析系统(http://pss-system.cnipa.gov.cn)

由国家知识产权局主办的专利检索及分析系统,属于官方的专利检索与分析平台。系统共收集了105个国家、地区和组织的专利数据,同时还收录了引文、同族、法律状态等数据信息。该系统数据量大,仅中国专利信息就有3 000余万件。系统提供常规检索、高级检索、命令行检索、导航检索等多种检索方式。

常规检索为可限定数据范围的单字段检索:检索要素(标题、摘要、权利要求、分类号的符合字段)、申请号、公开号、申请人、发明人、发明名称等可选字段。支持布尔逻辑运算符"and""or""not"。

高级检索界面分为三个区域:一是检索选择区,可确定专利类型以及国家和地区范围;二是检索项目录入区,可通过右上角的"配置"按钮重新配置系统提供的检索字段,并在所需的字段栏目填入选好的检索词;三是检索式编辑区,通过左下角的"生成检索式",直接将填写在检索项目录入区的检索内容转换成专业检索式;对于自动生成的检索式,还可选用编辑区中的各种算符对检索式进行优化,从而达到更好的检索效果。

以检索国家电网的与"供电或配电的电路装置或系统"有关的中国发明专利为例,"国家电网"是申请(专利权)人,通过IPC分类可知"供电或配电的电路装置或系统"的分类号为"H02J",选择中国发明专利,录入申请(专利权)人、IPC两个字段对应的检索词,即可完成检索(如图7-12)。

在检索结果列表中,可以根据申请日、公开日、授权日进行进一步筛选,侧边的"检索结果统计"不光可以进行结果筛选,也可以进行对应字段的数量统计,通过每一条记录之前的复选框,可以把选择的专利文献添加到分析库或者下载库,对多篇文献进行批量操作(如图7-13)。

点击所需文献,即可查看该专利的著录项目、全文文本、附图、全文图像、法律状态、同族等详细信息,以及下载专利说明书的全文图像,也可以在此界面,进行单篇文献的分析库添加(如图7-14)。

命令行检索,是直接在命令编辑区完成检索表达式的书写,算符和检索字段在该界面都有相应的解释说明,直接选用即可。完成检索命令的撰写之后,点击回车,即可显示结果数,同时打开新的检索结果列表(如图7-15)。

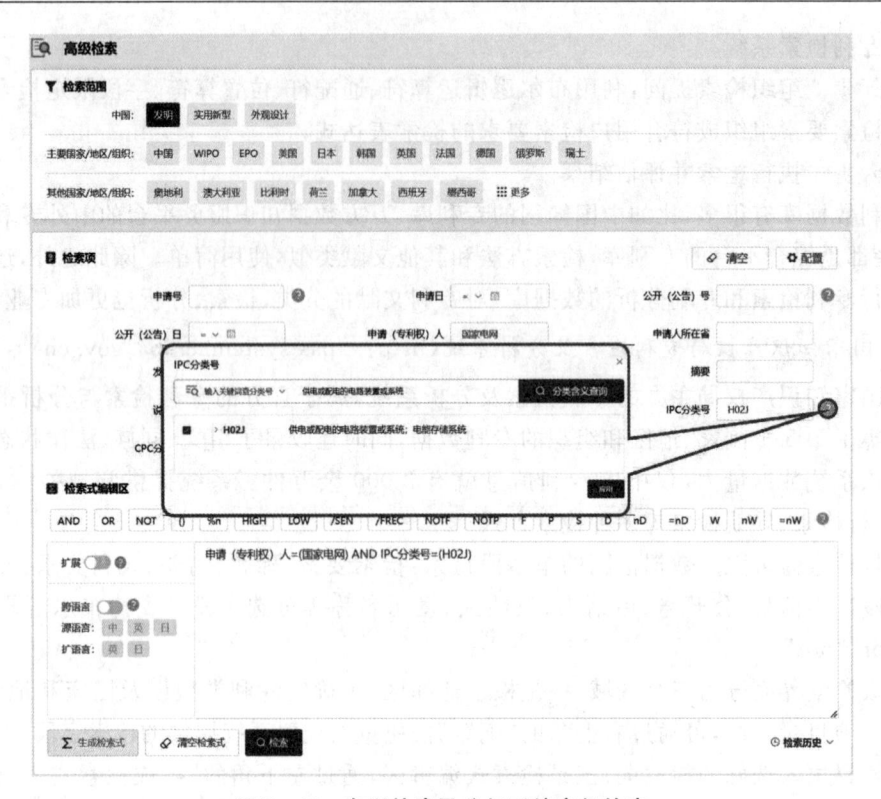

图 7-12　专利检索及分析系统高级检索

图 7-13　专利检索及分析系统检索结果页面

第7章　专题信息资源检索　　245

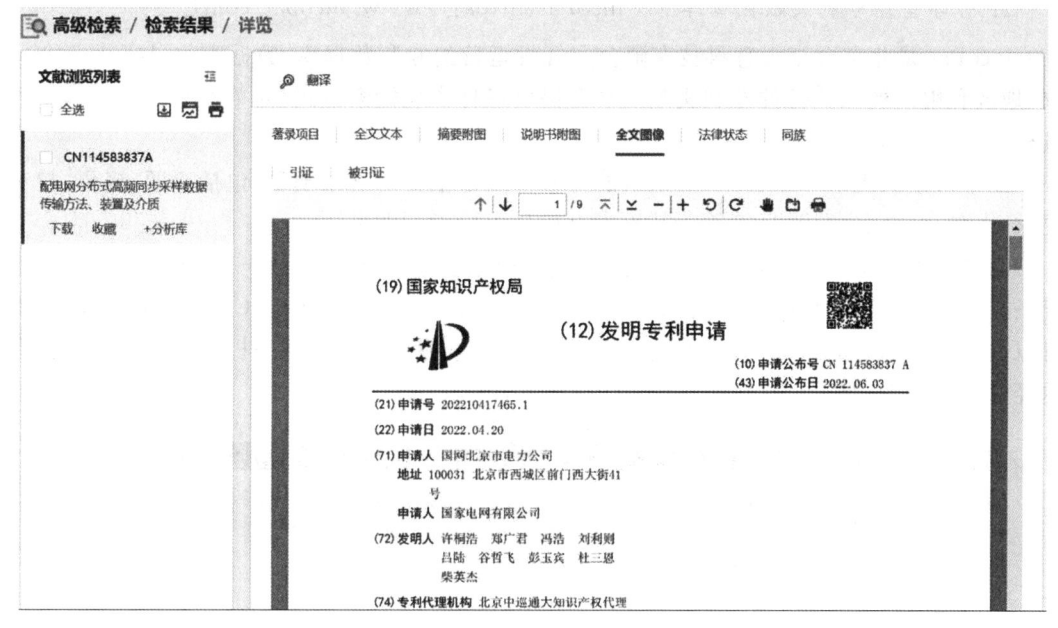

图7-14　专利检索及分析系统检索结果详览

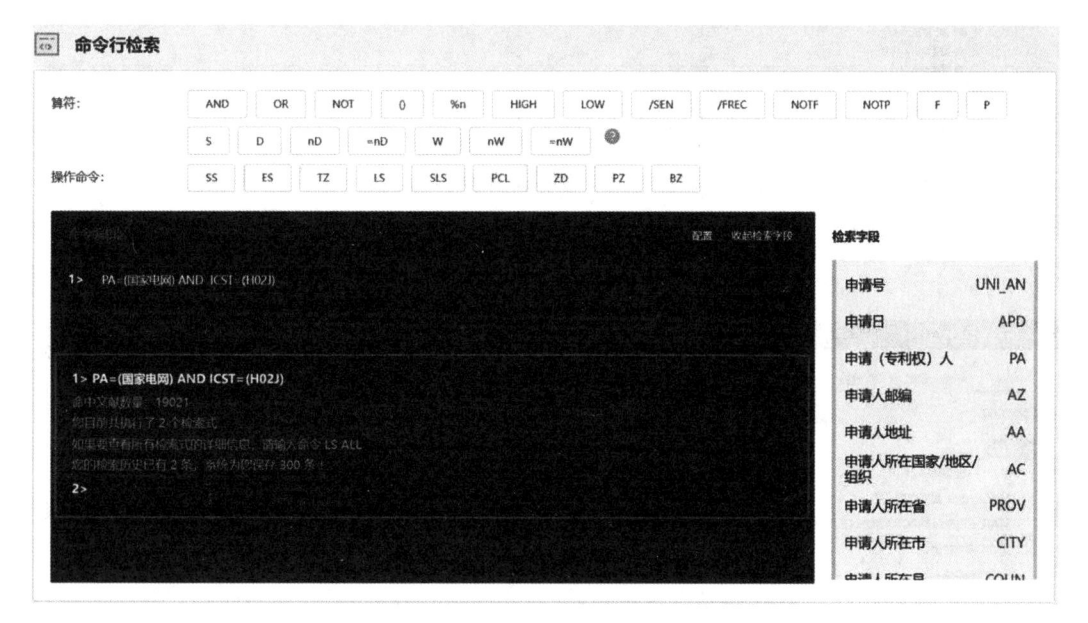

图7-15　专利检索及分析系统命令行检索

导航检索分为 IPC 导航、CPC 导航以及国民经济分类导航。IPC、CPC 在前文有所介绍，在此不做赘述，国民经济分类导航是依照 GB/T 4754—2017《国民经济行业分类》来进行分类导航的。该标准广泛适用于在统计、计划、财政、税收、工商等国家宏观管理中对经济活动的分类，并用于信息处理和信息交换。

2. 合享全球专利文献数据库——incoPat(https://www.incopat.com)

incoPat 是北京合享智慧科技有限公司开发运营的专利数据库,数据库收录了 157 个国家、地区和组织的 1.6 亿件专利文献。平台提供三种常规检索方式:简单检索、高级检索、语义检索。

简单检索只提供一个检索框,默认的检索范围是主要的著录项目,包括标题、摘要、权利要求、人名、企业名、分类号等等。其检索直接录入检索词即可。

高级检索是多框检索,可以根据自己检索条件的个数,利用框后"+"或者"—"来进行检索条目的增减。每个检索框后面都有对应项目的查询工具,比如 IPC、CPC、申请人等等,都可以找出更加准确的检索词;还有同族检索字段,为掌握同族专利状态提供更加便捷的检索途径(如图 7-16、图 7-17)。

图 7-16 incoPat 高级检索

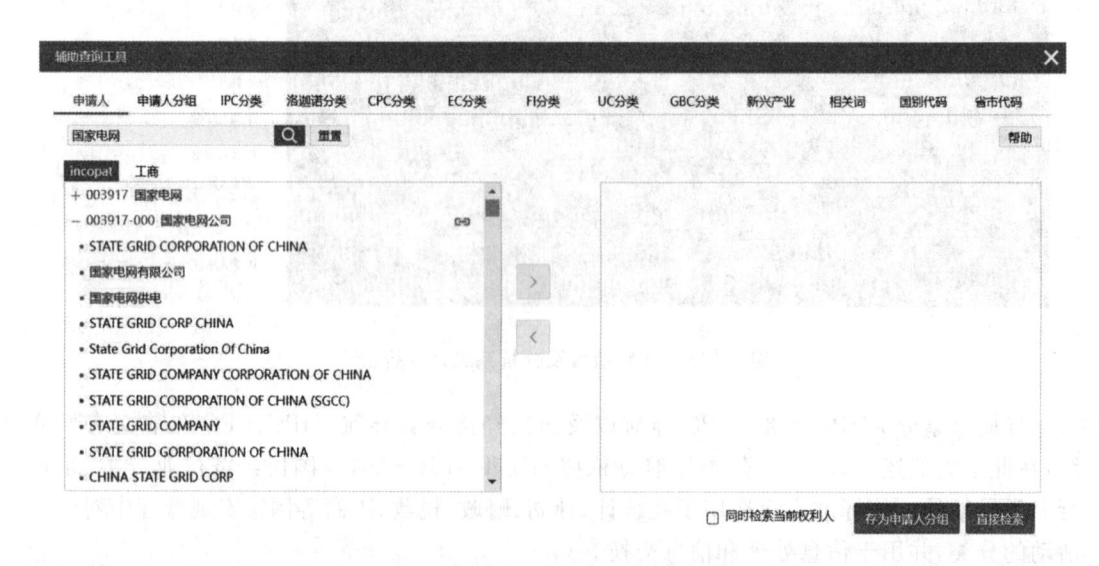

图 7-17 incoPat 高级检索的检索词查询工具

第 7 章　专题信息资源检索

在高级检索下方,设有指令检索区域,可以通过手动输入结构复杂的检索式,也可修改由高级检索自动生成的检索式。指令检索的算符包括布尔逻辑算符、位置算符、截词符等,字段代码就在指令检索下方,按需选用即可(如图 7-18)。

图 7-18　incoPat 的高级检索的指令输入区

检索结果列表结构较为复杂(如图 7-19),从上往下,依次为:

检索式显示区,此次检索的检索式,方便用户记录存档。

结果显示方式设置区,可以按照日期、相关度、引用引证次数、同族专利个数、权利要求个数、专利文献编号、转让次数等多种依据设置结果排序方式。可以选择预览是否带图,也可以选择高亮依据,让检索重点更加醒目,还可以选择同族专利合并,方便依次浏览同族专利。

图 7-19　incoPat 检索结果列表

从左往右,依次是:

二次检索区,也可称为筛选过滤区,可以通过二次检索按钮,打开二次多字段检索框;也可以通过二次检索按钮下方的字段项目列表,复选对应条目来进行结果的筛选或过滤。

检索结果列表区,显示具体的检索结果,每一条结果前都有复选框,按需选择,可进行下一步操作。

批量文献处理区,通过前一步的选择,可在这一区域对所选文献进行著录项目保存、PDF 下载、引证检索、同族检索、文献对比等处理。

点击检索结果列表内的目标文献,打开文献详览窗口,获取详细的著录信息、法律信息、同族专利信息、PDF 全文等(如图 7-20)。

图 7-20　incoPat 检索结果单篇详览

语义检索提供两个主要输入框,一个是公开(公告)号输入框,另一个是技术信息输入框,此外还搭配了日期和 IPC 的限制字段。在技术信息输入框中可以输入词句、段落、篇章等文字信息,系统会自行进行语义分析,匹配出相关的检索结果。

3. 专利之星检索平台(CPRS)(https://www.patentstar.com.cn)

专利之星检索平台(CPRS)是由中国知识产权局专利信息中心主办,基于国内首个自主知识产权检索系统 CPRS 的检索引擎开发,囊括了全球 105 个主要国家/地区/组织的超 1 亿件专利数据,是一个多功能综合性专利检索服务平台。

专利之星提供五种检索方法:智能检索,表格检索,专家检索,号单检索,分类检索。

智能检索就是一框式检索,不提供任何字段限制,仅能做"中国专利/世界专利"的检索范围选择。表格检索是多字段检索,字段内可用布尔逻辑算符进行多检索词逻辑组配,布尔逻辑算符用" * "" + "" - "表示。键入检索条件后,点击"检索"或者选择"生成检索式",在检索式录入框内进行检索式修改之后,再进行检索(如图 7-21)。

图 7-21 专利之星检索平台(CPRS)表格检索

专家检索为检索式检索,检索式书写格式为:(第一检索词/对应字段代码)布尔逻辑运算符(第二检索词/对应字段代码),一定要按照格式书写,否则系统将报错。每一次的专家检索历史都会被罗列出来,方便用户多次尝试调整,以达到最佳的检索效果(如图7-22)。

图 7-22 专利之星检索平台(CPRS)专家检索

号单检索只进行编号检索,中国专利号单检索的对象是申请号,世界专利号单检索的对象是公开号。不管是申请号还是公开号,都要求具有完整的标准格式,且每个编号在输入时,独立成行。系统单次最大可以进行 3000 件的专利检索。分类检索有三种,IPC 查询、外观分类查询、国民经济分类查询。

不论选择哪一种检索方法,最后都能得到具体的检索结果,检索结果界面结构简单,最顶上是检索框,可以重新检索或者二次检索;最左侧是筛选条件列表;中间是具体的专利文献预览;文献列表前部是复选框,上方是题录批量导出和结果统计分析按钮(如图 7-23)。

图 7-23 专利之星检索平台(CPRS)检索结果

4. SooPAT 专利搜索引擎(http://www.soopat.com)

SooPAT 是一个专门检索专利的搜索引擎,界面简单,但功能齐全,对专利的索引也十分全面。不光提供中国专利检索,也提供包含 110 个国家和地区内的 1.4 亿条专利信息的中文检索。检索方式除了单字段简单检索外,还有多字段高级检索、IPC 分类搜索等。此外还有专利分类查询、专利引用检索以及专利族检索等这些为专利工作人员提供的检索功能(如图 7-24)。

图 7-24 SooPAT 专利搜索引擎

5. 佰腾网(https://www.baiten.cn)

佰腾网是一个综合性的专利服务平台,最基本的专利服务就是专利检索,包括国内和国外的大量专利信息检索。检索界面主要分为四个区域,位于页面最左侧的数据范围选择区、页面上方的检索方式选择区、页面下方的检索条件录入区、页面中间的检索表达式预览区(如图7-25)。

图 7-25 佰腾网高级检索界面

佰腾网的专利检索结果界面如图7-26所示。可以通过左侧的各项著录项目对检索结果进行二次筛选,也可以通过页面上端的功能选项,选择合适的显示方式,按需求导出对应的著录项目信息,进行专利文献批量下载,或者完成检索结果的统计分析。

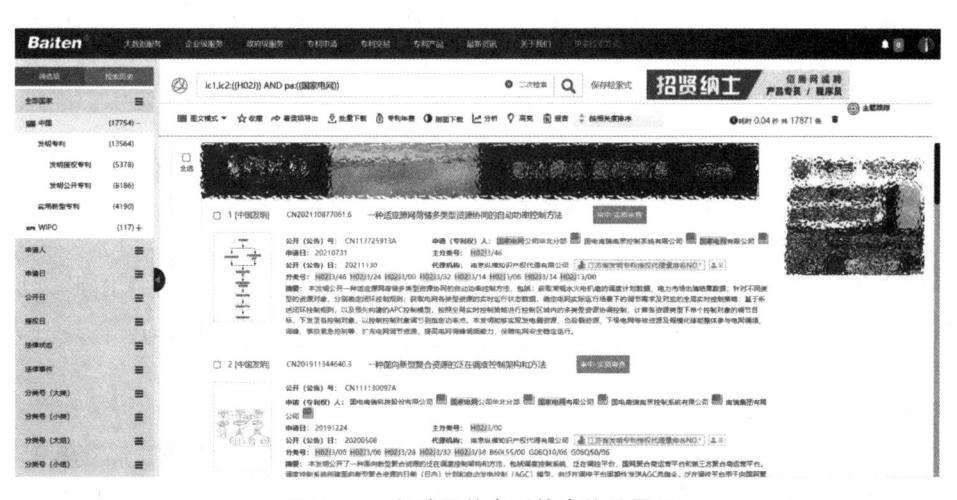

图 7-26 佰腾网的专利检索结果界面

7.2.2 商标检索

一、商标概述

商标是一种完全由人类所创造的符号,伴随商品交易活动的发展出现,是商品经济的产物。随着经济市场的蓬勃发展,混乱的商品符号也需要得到有效的管理,为了保护商业符号专用权,促使生产、经营者保证商品和服务质量,维护商业符号信誉,保障消费者和生产、经营者的利益,进而促进经济的发展,商标法诞生了,将商品和符号联系起来,完成了商标的定义。

世界贸易组织《与贸易有关的知识产权协定》称:"商标是指任何能够将一个企业的商品或服务区别于另一个企业的商品或服务的符号或符号的组合。"商标本身蕴含两个层面的含义,一是它本身的标记信息,二是商标所代表的商品和服务信息。

1. 商标的类型

我国商标法规定,经商标局核准注册的商标为注册商标,包括商品商标、服务商标、集体商标、证明商标。

① 商品商标:经营者为将自己的商品与他人的商品区分开而使用的标志,也是我们日常生活中最为常见的一种商标。

② 服务商标:经营者为将自己提供的服务与他人提供的服务区分开而使用的标志。

③ 集体商标:是指以团体、协会或者其他组织名义注册,供该组织成员在商事活动中使用,以表明使用者在该组织中的成员资格的标志。

④ 证明商标:是指由对某种商品或者服务具有监督能力的组织所控制,而由该组织以外的单位或者个人使用于其商品或者服务,用以证明该商品或者服务的原产地、原料、制造方法、质量或者其他特定品质的标志。

2. 商标的注册

我国商标法规定:任何能够将自然人、法人或者其他组织的商品与他人的商品区别开的标志,包括文字、图形、字母、数字、三维标志、颜色组合和声音等以及上述要素的组合,均可以作为商标申请注册。

同时也规定,下列标志不得作为商标注册:① 仅有本商品的通用名称、图形、型号的;② 仅直接表示商品的质量、主要原料、功能、用途、重量、数量及其他特点的;③ 其他缺乏显著特征的。

另外,我国还规定下列标志不得作为商标使用:

① 同中华人民共和国的国家名称、国旗、国徽、国歌、军旗、军徽、军歌、勋章等相同或者近似的,以及同中央国家机关的名称、标志、所在地特定地点的名称或者标志性建筑物的名称、图形相同的;② 同外国的国家名称、国旗、国徽、军旗等相同或者近似的,但经该国政府同意的除外;③ 同政府间国际组织的名称、旗帜、徽记等相同或者近似的,但经该组织同意或者不易误导公众的除外;④ 与表明实施控制、予以保证的官方标志、检验印记相同或者近似的,但经授权的除外;⑤ 同"红十字""红新月"的名称、标志相同或者近似的;⑥ 带有民族

歧视性的；⑦ 带有欺骗性，容易使公众对商品的质量等特点或者产地产生误认的；⑧ 有害于社会主义道德风尚或者有其他不良影响的。

商标国际注册可以直接去国外注册，也可根据《商标国际注册马德里协定》或《商标国际注册马德里协定有关议定书》的规定，在马德里联盟成员国间所进行的商标注册，称为马德里商标国际注册。相对于单独去国外注册，马德里商标国际注册具有覆盖范围广、手续方便快捷、费用相对低廉的优点。

3. 商标的分类法

商标本身具有涉及领域广、构成要素复杂的特点，为了更好地管理商标信息，更加快捷简便地检索商标，就要用到文献管理的一般方法，也就是分类法。

商标注册用商品和服务国际分类特别联盟，也叫尼斯联盟，1957 年，通过《尼斯协定》建立了用于商标和服务商标注册的商品和服务分类，也叫作尼斯分类。截至 2017 年，商标国际分类共包括 45 类，其中商品 34 类，服务项目 11 类，共包含一万多个商品和服务项目。

针对商标的图形属性，应《巴黎公约》一些成员国的要求，世界知识产权组织的前身——保护知识产权联合国与国际协调委员会 1967 年成立专家委员会一起开始起草商标图形要素国际分类，并于 1973 年 6 月 12 日在维也纳召开了一个外交大会，在会上签订了一项协定，在这个协定中首次引入图形要素分类的概念，所以图形要素国际分类也经常被称为维也纳分类。我国目前使用的是第二版商标图形要素国际分类，其基本结构如下例所示：

5 　植物
 5.1 　树，灌木
 5.3 　叶，针叶，带叶或针叶的树枝
 5.5 　花，果树花　　注：包括花徽
  5.5.1 　玫瑰花，*月季
  5.5.2 　百合花
  5.5.3 　郁金香，木兰花，*玉兰花，*木棉花，*蓓蕾
  5.5.4 　雏菊，*菊花
……

二、商标信息的检索

中国商标网的商标查询系统，版权归国家知识产权局所有。针对商标检索提供四种检索方式：

1. 商标近似查询

按照图形、文字等商标组成要素分别提供近似检索功能，可检索字段有国际分类，类似群、商品名称或者图形编号。每一个检索字段后面都有"查询"按钮，可以打开尼斯分类和维也纳分类表，进行目标分类项目的选择（如图 7-27）。

图 7-27　中国商标网商标近似查询

2. 商标综合查询

可以按照商标号、商标、申请人名称等方式，查询某一商标的有关信息（如图 7-28）。对于检索到的结果，可以查看商标详情和商标流程两类信息。

图 7-28　中国商标网的商标综合查询

3. 商标状态查询

通过商标申请号或者注册号查询有关商标在业务流程中的状态。

4. 商标公告查询

根据公告期号,查询商标公告。由于每一期公告包含几万或者几十万条商标信息,所以公告内提供详细的字段限定检索(如图 7-29)。

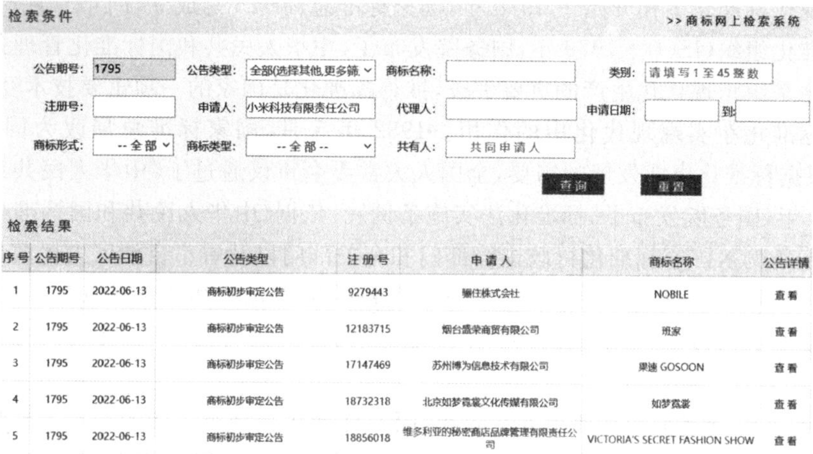

图 7-29 中国商标网的商标公告查询

7.3 标准信息资源

7.3.1 概述

随着社会的发展,生产水平的提高以及全球化的加深,目前所有的生产生活都是各部门有机结合发挥作用的过程,小到商品的生产流水线上各个工序的配合,大到国家政策的制定和修订,都需要多环节多步骤的配合,这就需要各方面都遵循一定的准则,才能更好地完成配合和衔接。因此,需要通过标准化来保证各方面的一致和协调。

一、标准化以及标准

标准化是指在经济、技术、科学及管理等社会实践中,对重复性事物和概念通过制定、实施标准,达到统一,以获得最佳秩序和社会效益的过程。

标准化是一项制定条款的活动,所制定的条款应具备的特点是共同使用和重复使用,条款的内容是现实问题或潜在问题,制定条款的目的是在一定范围内获得最佳秩序。这些条款将构成规范性文件,也就是说标准化的结果是形成条款,一组相关的条款就会形成规范性文件。如果这些规范性文件符合制定标准的程序,经过公认机构发布,就成为标准,所以标准是标准化活动的结果之一。

在 2020 年发布的国家标准(GB/T 1.1—2020)中将标准定义为:"通过标准化活动,按照规定的程序经协商一致制定,为各种活动或其结果提供规则、指南或特性,供共同使用和重复使用的文件。"换言之,标准是对重复性事物和概念所作的统一规定。它以科学、技术和实践经验的综合成果为基础,经有关方面协商一致,由主管机构批准,以特定形式发布,作为共同遵守的准则和依据。

二、我国标准制度的发展

我国现代标准化工作开始于1978年,国家标准总局于5月成立,同年9月,我国重新加入国际标准化组织(ISO)。1979年,国务院发布了《中华人民共和国标准化管理条例》,明确提出标准化是组织现代化生产的重要手段,推行标准化是国家的一项重要技术经济政策,要充分发挥标准化在实现现代化中的作用。1982年5月,国家标准总局改为国家标准局。1988年,根据标准化事业发展的需要,全国人大常委会审议通过了《中华人民共和国标准化法》。1990年,国务院发布了《标准化法实施条例》。依据《中华人民共和国标准化法》和《标准化法实施条例》,国家标准化行政主管部门和有关部门以及省市自治区人民政府制定了相应的标准化规章、地方法规,至此形成了较为完备的标准化法律体系。2017年11月4日,全国人大常委会通过了《中华人民共和国标准化法》修正案,新《中华人民共和国标准化法》自2018年1月1日起施行。

2018年3月,国务院机构改革方案公布,国家标准化管理委员会的职责划入新成立的国家市场监督管理总局。国家市场监督管理总局对外保留国家标准化管理委员会牌子。以国家标准化管理委员会名义,下达国家标准计划,批准发布国家标准,审议并发布标准化政策、管理制度、规划、公告等重要文件;开展强制性国家标准对外通报;协调、指导和监督行业、地方、团体、企业标准工作;代表国家参加国际标准化组织、国际电工委员会和其他国际或区域性标准化组织;承担有关国际合作协议签署工作;承担国务院标准化协调机制日常工作。

2021年10月10日,中共中央、国务院印发了《国家标准化发展纲要》,其中强调:"标准是经济活动和社会发展的技术支撑,是国家基础性制度的重要方面。标准化在推进国家治理体系和治理能力现代化中发挥着基础性、引领性作用。新时代推动高质量发展、全面建设社会主义现代化国家,迫切需要进一步加强标准化工作。"《纲要》描绘了新时期标准化发展的宏伟蓝图,指明了标准化事业发展方向,对我国标准化事业发展具有里程碑意义。

三、标准的种类

1. 按照标准使用范围分类标准

国际标准:指国际标准化组织(ISO)、国际电工委员会(IEC)和国际电信联盟(ITU)制定的标准,以及国际标准化组织确认并公布的其他国际组织制定的标准。比如:联合国教科文组织(UNESCO)、国际信息与文献联合会(FID)等。

区域标准:由区域标准化组织或区域标准组织通过并公开发布的标准。比如亚洲标准咨询委员会(ASAC)、非洲地区标准化组织(ARSO)、欧洲标准委员会(CEN)等等。

国家标准:由国家标准机构批准颁布的标准,比如中国国家标准(GB)。我国国家标准由国家市场监督管理总局和国家标准化管理委员会联合发布。

行业标准:是对没有国家标准而又需要在全国某个行业范围内统一的技术要求,是由行业主管机构和行业标准化机构所制定的标准,由国务院有关部委发布。

地方标准:是指当没有国家标准和行业标准而又需要在省、自治区、直辖市范围内统一要求时,由省、自治区、直辖市人民政府标准化行政主管部门批准发布的标准。

团体标准:是依法成立的社会团体为满足市场和创新需要,协调相关市场主体共同制定的标准,由各个社会团体发布。比如中国锻压协会(CCMI)、中国航空运输协会(CATAGS)等。

企业标准:是对企业范围内需要协调、统一的技术要求、管理要求和工作要求所制定的标准;是企业组织生产、经营活动的依据,由各企业发布。

2. 按照标准化对象以及标准内容功能分类标准

产品标准:规定产品需要满足的要求以保证其适用性的标准。

过程标准:规定过程需要满足的要求以保证其适用性的标准。

服务标准:规定服务需要满足的要求以保证其适用性的标准。

术语标准:界定特定领域或学科中使用的概念的指称及其定义的标准。

符号标准:界定特定领域或学科中使用的符号的表现形式及其含义或名称的标准。

分类标准:基于诸如来源、构成、性能或用途等相似特性对产品、过程或服务进行有规律的划分、排列或者确立分类体系的标准。

试验标准:在适合指定目的的精密度范围内和给定环境下,全面描述试验活动以及得出结论的方式的标准。

规范标准:为产品、过程或服务规定需要满足的要求并且描述用于判定该要求是否得到满足的证实方法的标准。

规程标准:为活动的过程规定明确的程序并且描述用于判定该程序是否得到履行的追溯/证实方法的标准。

指南标准:以适当的背景知识提供某主题的普遍性、原则性、方向性的指导,或者同时给出相关建议或信息的标准。

3. 按照标准性质分类规范性文件

强制性标准:是指必须要执行的标准。强制性国家标准,由国务院批准发布或者授权批准发布。

推荐性标准:又称为非强制性标准或自愿性标准。包括推荐性国家标准、行业标准、企业标准等。这类标准,一般不具有强制性,但若经由各方商定同意纳入商品经济合同中,就成为各方必须共同遵守的技术依据,具有法律上的约束性。

指导性技术文件:是为仍处于技术发展过程中(如变化快的技术领域)的标准化工作提供指南或信息,供科研、设计、生产、使用和管理等有关人员参考使用而制定的标准文件。

4. 按照国家标准化文件与对应 ISO/IEC 标准化文件的一致性程度分类标准

需要明确,国家鼓励积极采用国际标准,采用国际标准是指把国际标准和国外先进标准的技术内容,通过分析,不同程度地纳入我国标准并贯彻执行。采用国际标准的产品,技术水平相当于国外先进水平或国际一般水平。

等同采用:表示国家标准化文件较之对应 ISO/IEC 标准化文件,文本结构相同,技术内容相同,按最小限度进行编辑性改动。

修改采用:表示国家标准化文件较之对应 ISO/IEC 标准化文件,或者进行了结构调整,并清楚说明了这些调整;或者存在技术差异,并且清楚说明了这些差异及其产生的原因。

非等效:指与相应国际标准在技术内容和文本结构上不同,它们之间的差异没有被清楚地标明。非等效还包括在我国标准中只保留了少量或不重要的国际标准条款的情况。

其中,等同、修改属于采用 ISO/IEC 标准化文件。采用了国际标准化文件的标准,在封面都会注明采用的国际标准化文件信息,并且采用一致性程度的代码,其中"等同采用"代码 IDT、"修改采用"代码 MOD、"非等效"代码 NEQ。等同采用国际标准的我国标准采用双编号的表示方法,示例:GB 4706.18—2014/IEC 60335-2-29:2010,就是一项对国际电工委员会标准等同采用的国家标准。

四、标准文献编号方法

目前全世界标准编号方法大致为两种:

第一种编号方法是在标准代号之后接着编写标准顺序号码和发布的年号。标准经过修订后,该标准的原编号不变,仅变更修订年份。比如我国国家标准 GB 15359—2021,就是代替了 GB 15359—1994 的新标准。第二种编号方法是在标准代号之后加分类号码,然后再写顺序号码和年份。比如美国 ASA LI 509—1929。

我国国家规范化文件代号有三种:GB,强制性国家标准;GB/T,推荐性国家标准;GB/Z,指导性技术文件。编号格式为"标准代号 顺序号—四位发布年号",比如:GB/T 41210—2021 学位论文内容索引编制规则。

根据国家质量技术监督局发布的《中华人民共和国国家标准和行业标准代号》规定,以及之后陆续增补的行业,我国强制性行业标准代号总共有 71 个,在其后加上"/T",就是对应行业的推荐性行业标准,比如:RB/T 是认证认可行业标准代码。编号格式为"标准代号 顺序号—发布年号",比如,CY/T 247—2021 线装书籍要求,是一项新闻出版行业推荐性标准。具体行业标准代号参见表 7-3。

表 7-3 中华人民共和国行业标准名称及其代号

序号	行业标准名称	代码	序号	行业标准名称	代码	序号	行业标准名称	代码
1	安全生产	AQ	10	电影	DY	19	航空	HB
2	包装	BB	11	地质矿产	DZ	20	化工	HG
3	船舶	CB	12	核工业	EJ	21	环境保护	HJ
4	测绘	CH	13	纺织	FZ	22	海关	HS
5	城镇建设	CJ	14	公共安全	GA	23	海洋	HY
6	新闻出版	CY	15	国家物资储备	GC	24	机械	JB
7	档案	DA	16	供销合作	GH	25	建材	JC
8	地震	DB	17	国密	GM	26	建筑工程	JG
9	电力	DL	18	广播电影电视	GY	27	金融	JR

(续表)

序号	行业标准名称	代码	序号	行业标准名称	代码	序号	行业标准名称	代码
28	交通	JT	43	认证认可	RB	58	兵工民品	WJ
29	教育	JY	44	国内贸易	SB	59	外经贸	WM
30	旅游	LB	45	水产	SC	60	卫生	WS
31	劳动和劳动安全	LD	46	司法	SF	61	文物保护	WW
32	粮食	LS	47	石油化工	SH	62	稀土	XB
33	林业	LY	48	电子	SJ	63	消防救援	XF
34	民用航空	MH	49	水利	SL	64	黑色冶金	YB
35	煤炭	MT	50	出入境检验检疫	SN	65	烟草	YC
36	民政	MZ	51	税务	SW	66	通信	YD
37	能源	NB	52	石油天然气	SY	67	减灾救灾与综合性应急管理	YJ
38	农业	NY	53	铁路运输	TB			
39	轻工	QB	54	土地管理	TD	68	有色金属	YS
40	汽车	QC	55	体育	TY	69	医药	YY
41	航天	QJ	56	物资管理	WB	70	邮政	YZ
42	气象	QX	57	文化	WH	71	中医药	ZY

强制性地方标准的代号是汉语拼音字母"DB"加上省、自治区、直辖市行政区划代码前两位数,加上"/T"则组成推荐性地方标准代号。编号格式为"标准代号 顺序号—发布年号"。比如,DB32/T 4273—2022计算机辅助人工处方审核标准化工作规范,是一项江苏省推荐性标准。具体省、自治区、直辖市代码参见表7-4。

表7-4 中华人民共和国省、自治区、直辖市代码

名称	代码	名称	代码	名称	代码
北京市	110000	安徽省	340000	贵州省	520000
天津市	120000	福建省	350000	云南省	530000
河北省	130000	江西省	360000	西藏自治区	540000
山西省	140000	山东省	370000	陕西省	610000
内蒙古自治区	150000	河南省	410000	甘肃省	620000
辽宁省	210000	湖北省	420000	青海省	630000
吉林省	220000	湖南省	430000	宁夏回族自治区	640000
黑龙江省	230000	广东省	440000	新疆维吾尔自治区	650000
上海市	310000	广西壮族自治区	450000		
江苏省	320000	海南省	460000	台湾省	710000
浙江省	330000	四川省	510000		

企业标准代号为"Q/企业代号",编号方法为"Q/企业代号 顺序号—发布年号"。比如,Q/DKBA 2711—2021 华为数据中心存储阵列,是一项华为技术有限公司的企业标准。

五、标准文献的分类方法

标准文献具有很强的专业技术针对性,所以对于标准文献的管理,也适合采用分类法来进行管理。目前我国的标准化文件使用两种分类体系:国际标准分类法(International Classification for Standards,简称 ICS),中国标准文献分类法(Chinese Classification for Standards,简称 CCS)。

国际标准分类法是由国际标准化组织(ISO)编制、维护和管理的国际性标准文献专用分类法。ICS 是一种数字等级制分类,根据标准化活动和标准文献的特点,类目设置以专业划分为主,适当结合学科分类。原则上由三级构成。一级类按标准化所涉及的专业领域划分,共设 40 个大类,392 个二级类,其中 144 个进一步划分了 909 个三级类。一级类和三级类采用双位数表示,二级类采用三位数表示,各级类目之间以圆点相隔。比如 33 电信、音频和视频工程、33.050 电信终端设备、33.050.10 电话设备。

中国标准文献分类法是由原国家质量技术监督局组织编制的专用于标准文献的分类法。该分类将全部专业划分为 24 个大类,1606 个小类。一级类目用大写拉丁字母表示,二级类目用双位数表示。我国的标准化文件要求同时标注两种分类号,一般标注在标准文件的左上角,ICS 分类号在上,CCS 分类号在下。

六、国际标准化组织与国际标准

国际标准化组织(International Organization for Standardization,缩写 ISO)是世界上最大的国际标准化机构,成立于 1947 年 2 月 23 日,总部设在瑞士日内瓦,拥有 167 个成员,是世界上最大、最权威的综合性国际标准化机构。ISO 是联合国经济和社会理事会的综合性咨询机构,是 WTO 技术贸易壁垒委员会(WTO/TBT 委员会)的观察员,与联合国粮食及农业组织、联合国教科文组织、国际劳工组织、国际民航组织等国际组织保持密切联系。

ISO 的主要任务是协调世界范围内的标准化工作,制定、发布、推广国际标准,它具有 807 个相关的技术委员会和小组委员会来负责标准的制定,其制定的 24315 项国际标准在全球经济贸易活动中发挥着重要技术规制作用。

7.3.2 标准文献检索

一、中国知网——标准数据总库

标准数据总库包括国家标准全文、行业标准全文以及国内外标准题录数据库,共计 60 余万项。其中国家标准全文数据库收录了由中国标准出版社出版的,国家标准化管理委员会发布的所有国家标准;国内外标准题录数据库收录了中国以及世界上先进国家、标准化组织制定与发布的标准题录数据,共计 54 余万项。检索方法和该平台其他文献检索方法一致,提供标准名称、标准号、关键词、起草人、起草单位、发布单位、出版单位、中国标准分类号、国际标准分类号等字段以供检索(如图 7-30)。

第 7 章 专题信息资源检索   261

图 7-30 中国知网——标准数据库高级检索

二、万方数据知识服务平台——中外标准数据库

收录了所有中国国家标准（GB）、中国行业标准（HB）以及中外标准题录摘要数据，共计 200 余万条记录，其中中国国家标准全文数据内容来源于中国质检出版社，中国行业标准全文数据收录了机械、建材、地震、通信标准以及由中国质检出版社授权的部分行业标准。检索方法和该平台其他文献检索方法一致，除题名、关键词等常规字段外，还提供了标准编号、发布单位、中国标准分类号、国际标准分类号等检索字段（如图 7-31）。

图 7-31 万方数据知识服务平台——中外标准数据库高级检索

三、国家标准全文公开系统

国家标准全文公开系统(http://openstd.samr.gov.cn/)公开了国家市场监督管理总局、国家标准委员会2017年1月1日前已批准发布的所有强制性国家标准、推荐性国家标准(非采标)、指导性技术文件,食品安全、环境保护、工程建设方面的国家标准除外。

该平台的强制性标准,非采标提供全文下载,采标只可在线阅读。在推荐性国家标准和指导性技术文件中,非采标提供全文在线阅读,采标只提供题录信息。平台提供普通检索、标准分类检索、高级检索,通过主页右侧标签进行切换。

普通检索只有一个检索框,输入标准名称或者标准号进行检索。标准分类采用国际标准分类方法,逐级选择即可查看目标分类下的所有标准。高级检索是前两种检索方式的结合,既可以输入关键词,也可以同时设置ICS分类检索范围(如图7-32)。

图7-32 国家标准全文公开系统高级检索

检索到目标标准后,可以进入标准详览查看标准的著录项目,选择查看内容的方式,若有全文文本的标准,则可以直接下载全文(如图7-33)。

食品安全、环境保护、工程建设方面的国家标准,通过相关部委的标准公布渠道,一样可以获得。食品安全国家标准,可以通过国家食品安全风险评估中心(https://sppt.cfsa.net.cn:8086/db)获取。环境保护国家标准和行业标准,可以通过中华人民共和国生态环境部(https://www.mee.gov.cn/)内的"首页→业务工作→法规标准→标准"路径获取。工程建设国家标准和行业标准,可以通过中华人民共和国住房与城乡建设部(https://www.mohurd.gov.cn/)内的"首页→公开→法定主动公开内容→标准规范"路径获取。

图7-33 国家标准全文公开系统标准详情

四、全国标准信息公共服务平台

全国标准信息公共服务平台(http://std.samr.gov.cn/)由国家市场监督管理总局国家标准技术审评中心主办,国家市场监督管理总局和国家标准化管理委员会主管。该平台集成了国家标准目录查询系统、行业标准信息服务平台、地方标准信息服务平台、全国团体标准信息服务平台,还提供了企业标准、国际标准、国外标准查询购买的平台链接。

国家标准目录查询系统,提供两种检索方式,一是标准号或标准名称的单字段检索,配合ICS分类;二是高级检索,额外提供标准属性、主管部门、采用国际标准等特殊字段,让检索到的结果更加准确(如图7-34)。

行业标准信息服务平台和地方标准信息服务平台功能相似,都只提供一个单字段检索框,可以输入备案号、标准名称或者标准号来进行检索。行业标准信息服务平台通过"部委""行业领域""备案时间"三个限定条件来控制检索范围;地方标准信息服务平台则通过"省市区"和"备案时间"两个条件来控制检索范围。

全国团体标准信息平台提供社会团体和团体标准两类检索,字段构成简单,针对团体的字段有团体名称和团体代号,针对团体标准的字段有标准名称、标准编号、团体名称和团体编号,同时搭配国民经济行业分类和国际标准分类来控制检索范围(如图7-35)。

图 7-34　国家标准目录查询系统高级检索

图 7-35　全国团体标准信息平台高级检索

企业标准信息公共服务平台只有一个标准相关的信息检索框,配合"标准类型""标准状态""地区"等选择性条件控制检索范围,检索到的标准都可以获取全文信息。

五、中国标准服务网

中国标准服务网(https://www.cssn.net.cn),创建于 1998 年,是中国标准化研究院主办的国家级标准信息服务网站,由中国标准化研究院标准信息研究所负责运营。中国标准服务网已经获得国内外众多机构的正版授权,在中国境内销售包括国家标准、行业标准、ISO、IEC、ASTM、韩国等近 1000 个种类覆盖全球 100 多个国家的标准,可售标准约 200 万份。

中国标准服务网的检索可以按照标准的使用范围分类进行检索,可以检索国家标准、行业标准、地方标准、团体标准等国内标准,ISO 标准、IEC 标准等国际标准,美国、韩国等其他国家的国家标准。

7.4 科技报告信息资源

7.4.1 概述

一、科技报告及发展

科技报告是科技人员为了描述其从事的科研、设计、工程、试验和鉴定等活动的过程、进展和结果,按照规定的标准格式编写而成的特种文献。科技报告产生自各类科研项目的研究活动之中,翔实记载了项目研究工作的全过程,是科技文献信息的重要组成部分。科技报告内容翔实专深,能如实、完整、及时地描述科研的基本原理、方法、技术、工艺和过程等,科技管理部门和科研工作者依据科技报告中的描述能够评价科研结果的真实性和合理性。

简单来说,科技报告就是进行科研活动的组织或个人描述其从事的研究、设计、工程、试验和鉴定等活动的进展或结果,或描述一个科学或技术问题的现状和发展的文献。

二、科技报告的特点

科技报告与其他科技文献相比,主要具有以下几个特点:

(1)针对性强。科技报告都有具体的研究方向,并且是特定科研项目系统性的描述,其技术含量和使用价值远高于其他文献。

(2)时效性强。科技报告具有较强的新颖性和前沿性,能及时反映科研过程进展和技术进步成果,代表项目研究的最新状况和水平。

(3)内容全面。科技报告一般为全方位记录科研活动的开展、科研问题的解决、科研成果的公布以及原始数据资料的收录,所以具有较高的情报价值。

(4)管理严格。科技报告有不同的密级划分和使用范围限制,以保证科技报告的安全利用,保护相关知识产权。

三、科技报告的种类

科技报告涉及了科研活动的方方面面,比如,科学技术研究过程和方法、结果或进展、试验结果、某项科学技术问题的现状和发展、考察过程、成果记录、阶段总结和记录等,而且不同类型的项目在不同阶段会产生不同类型的科技报告。

2013年10月11日,科技部印发《国家科技计划科技报告管理办法》,将国家科技计划科技报告类型划分为两大类:一类是项目(课题)年度报告、中期报告及验收(结题)报告;一类是项目(课题)研究活动细节及基础数据的报告,如实验(试验)报告、调研报告、工程报告、测试报告、评估报告等蕴含科研活动细节及基础数据的报告。

中国科学技术信息研究所在《国家科技计划科技报告管理办法》基础上将科技报告划分为4类进行管理:(1)专题技术报告,包括试验/实验报告、研究报告、分析报告、工程报告、生产报告、运行报告等。(2)技术进展报告,包括阶段报告、中期报告、年度报告等。(3)最终技术报告,包括结题验收报告、最终研究报告、最终技术报告等。(4)组织管理报告(最终合同完成情况报告),包括时间节点报告、评价报告等。

四、科技报告的保密等级

根据《科技报告保密等级代码与标识》GB/T 30534—2014规定,我国科技报告的保密等级分为四级:

(1)公开级,指可在国内外发行和交换的科技报告,包括国家公开的科技计划项目产生的科技报告,或项目承担单位认为可以公开的科技报告。

(2)限制级,指由于科技报告内容涉及技术诀窍或敏感信息,在一定时期内限制其交流和使用范围的科技报告。限制级科技报告采取文摘公开,全文技术报告延迟公开的方式。限制使用期限一般不超过5年,5年内交流和使用需经承担单位授权。

(3)秘密级,指技术内容涉及一般国家秘密的科技报告。秘密级科技报告的保密期限一般不超过10年,期限届满即自行解密。

(4)机密级,指技术内容涉及重要国家秘密的科技报告。机密级科技报告的保密期限一般不超过20年。

特殊情况下,根据实际工作需要,原定密机关、单位或其上级机关可确定某类科技报告保密期限短于或长于一般保密期限。具体科技报告保密等级代码参见表7-5。

表7-5 科技报告保密等级代码表

数字代码	汉语拼音代码	汉字代码	名称
01	GK	公开	公开级
02	XZ	限制	限制级
03	MM	秘密	秘密级
04	JM	机密	机密级

五、科技报告的编号

在网络环境下,数字化的科技报告已经成为主流,越来越多的机构收集自己内部的科技报告并形成系统性资源,需要通过对单件科技报告分配 ISRN(国际标准科技报告号)或卷号等识别符,对成系列的科技报告分配 ISSN(国际标准连续出版物编号)进行管理和共享。目前,我国已经开始实施科技报告制度,因此,我国需要制定既保证之前文献编号的延续性,又符合国际通用规则的国家科技报告编号体系。

中国科技报告号(CRN),是指采用字母、数字混合字符组成的用以标识中国科技报告的完整的、格式化的一组代码,由基层编号和部门编号共同构成。基层编号由科技报告的创建者标识和记录号以及附加记录号之后的后缀三个标识功能区域构成,其中的"创建者标识",一般使用科学技术计划项目承担单位代码表示。如果同一个项目拥有多个执行单位或承担单位时,则使用科学技术项目的主要依托单位代码表示。"记录号"则由科技项目编号和基于该项目所创建的每件报告的顺序号组成。参见图7-36。

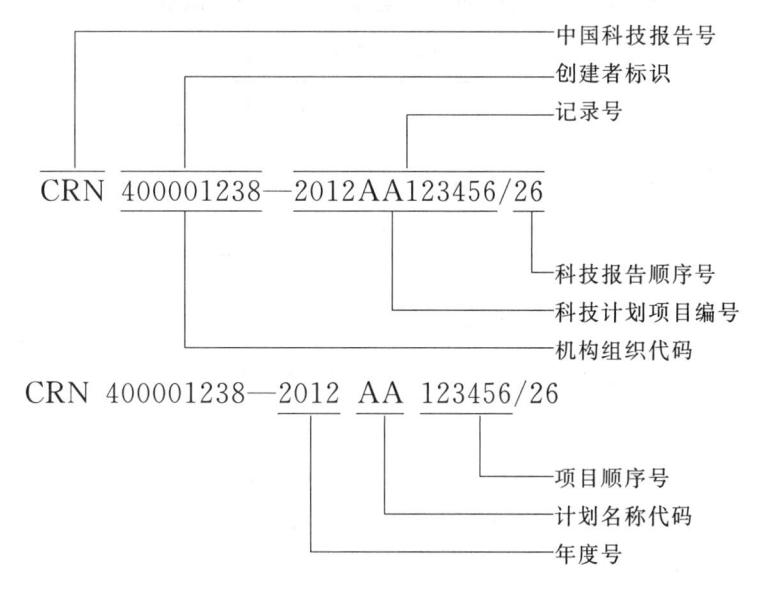

```
                              ┌── 中国科技报告号
                      ┌────── 创建者标识
                   ┌── 记录号
   CRN 400001238─2012AA123456/26
                                    └── 科技报告顺序号
                                └── 科技计划项目编号
                      └── 机构组织代码

   CRN 400001238─2012 AA 123456/26
                                    └── 项目顺序号
                          └── 计划名称代码
                     └── 年度号
```

由中国科学院化学所创建的,2012年度计划名称代码为 AA 的国家高技术
研究发展计划第 123456 号项目的第 26 号科技报告号。

图 7-36　中国科技报告号的基层编号结构

部门编号由科技报告所属部门代码和年代以及顺序号组成的部门编号共同构成。比如,491-2009-000003,表示中国科学院 2009 年度顺序号为第 3 号的部门科技报告编号。

六、美国科技报告

美国商务部国家技术情报服务局(NTIS),是美国商务部所属官方出版与发行机构,美国政府最大的综合性情报中心。在漫长的科技发展过程中,各个科研单位都产生了大量的科研成果,产生政府科技报告的来源单位也逐渐形成了四大主要系统,也就是我国图书情报界常说的"美国政府四大科技报告"。

1. AD 报告

AD 报告是美国国防部系统唯一经过系统搜集、编目、内部通报和内部交流使用的国防科技报告。它内容丰富、数量庞大，几乎包括了与国防有关的各个学科领域，在科研领域具有很大利用价值，是目前军队院校和国防科研部门使用价值最大和使用频率最高的大宗科技文献。

2. NASA 报告

NASA 报告是美国国家航空航天局（NASA）的各科研单位、合作单位、资助单位在航空航天科研活动中产生的科技报告。NASA 报告主要报道空气动力学、发动机及飞行器结构材料、试验设备、飞行器的制导及测量仪器等，是航空航天科研工作方面的参考文献。同时，由于航空本身是一门综合性的科学，它与机械、化工、冶金、电子、气象、天体物理、生物都有密切的联系，因此，它实际上也是一种综合性的科技报告。NASA 报告采用"NASA -报告种类代码-顺序号"的编号方法，具体的报告类型与对应的代码如表 7-6 所示：

表 7-6　NASA 报告种类及对应代码

类型代码	报告种类	类型代码	报告种类
SP	NASA 特殊出版物	TM	NASA 技术备忘录
CR	NASA 合作单位报告	TP	NASA 技术论文
CP	NASA 会议出版物	TT	NASA 技术译文
EP	NASA 科教出版物	NP	NASA 图示出版物
RP	NASA 参考出版物		

NASA 报告的密级分为：公开发行、内部使用、保密报告。

3. DE 报告

DE 报告，原称 DOE 报告，是美国能源部及其所属实验室、能源技术中心、情报中心、合作单位（包括公司、企业、研究所、大学和学术团体机构等）所发表的科技文献以及与美国能源部订有协议的外国机构发表的文献。自 1981 年开始，DE 报告的编号方式都采用"DE -年号-顺序号"的形式。

4. PB 报告

PB 报告，最初是由美国商务部出版局出版的，来自二战战败国的战时科技资料以及政府本身解密的科技研究资料。随着时间的推移，转变为出版美国本身发表的技术资料。由于后来军事系统解密的 AD 报告大量出版并单独编号，PB 报告转向民用。目前，其内容主要涉及物理、化学和数学等基础理论，以及工艺材料、生产技术和材料科学等尖端科学技术等。1980 年后，PB 报告采用比较统一的编号方式，从原来的"PB -顺序号"的形式，转变为"PB -年号-流水号"的格式。

7.4.2 科技报告检索

一、国家科技报告服务系统

从2013年4月开始,科技部在国家科技计划中启动了科技报告试点,国家科技投入形成的科技报告将通过"国家科技报告服务系统"对广大科研人员和社会公众实行开放共享。国家科技报告服务系统(https://www.nstrs.cn)于2013年11月1日开始运营,并逐步完善发展,数据量从最初的1000件增长到目前的35万件。

系统开通了针对社会公众、专业人员和管理人员三类用户的服务。向社会公众无偿提供科技报告摘要浏览服务,社会公众不需要注册,即可通过检索科技报告摘要和基本信息,了解国家科技投入所产出科技报告的基本情况。向专业人员提供在线全文浏览服务,专业人员需要实名注册,通过身份认证即可检索并在线浏览科技报告全文,不能下载保存全文。向各级科研管理人员提供面向科研管理的统计分析服务,管理人员通过科研管理部门批准注册,免费享有批准范围内的检索、查询、浏览、全文推送以及相应统计分析等服务。

系统提供三种检索途径:简单检索,高级检索,报告导航。简单检索,直接输入检索词进行检索即可。高级检索为多字段检索,提供报告名称、报告编号、作者、作者单位、关键词、摘要、计划名称、立项年度、项目/课题编号等字段,字段之间可选用布尔逻辑运算符来组配(如图7-37)。

图7-37 国家科技报告服务系统的高级检索

报告导航(如图7-38),分别按部门、学科、地域、类型对公开科技报告进行导航。系统收录了来自科技部的九个项目计划以及国家自然科学基金委员会管理的七种科研项目的各种报告,涉及多种专业技术领域,都进行了细致的分类。

图 7-38 国家科技报告服务系统的报告导航

二、万方数据知识服务平台——中外科技报告数据库

万方数据知识服务平台的中外科技报告数据库包括中文科技报告和外文科技报告。中文科技报告收录始于 1966 年，源于中华人民共和国科学技术部，共计 10 万余份，只能查看题录和摘要，如果需要阅读全文，则需要跳转到国家科技报告服务系统，利用专业人员账号进行在线阅读。外文科技报告收录始于 1958 年，涵盖美国政府四大科技报告（AD、DE、NASA、PB），共计 110 万余份，仅能查看题录和摘要信息。

三、中国知网——科技报告检索

中国知网的科技报告，只有外文科技报告，其中包括 AD 报告、DE 报告、NASA 报告、PB 报告以及其他报告，共计 380 万件科技报告。提供报告的题录和摘要信息，以及直通美国国家科技报告图书馆（National Technical Reports Library）的全文链接。

7.5 法律信息资源

7.5.1 概述

法律信息资源是所有类型的法律文献以及相关信息的统称，包括记录由立法机关制定的、由国家政权保证执行的行为规则的一切信息类型。法律文献信息是一个重要的信息类型，是政府出版物的重要组成部分。法律文献信息的类型、内容、渊源、效力等繁杂多样，各种法律、法规、司法案例、裁判文书等在实际生活中经常会因需求被查找，从而引用或参考。法律文献信息可以通过政府文件、民间汇编、期刊、报纸、网站等不同渠道获取。通过正确的途径，在合适的载体上检索适用的法律文献信息是生活工作的重要需求。

一、法律文献信息的概念

一切有关法和法学文化知识的信息我们都称之为法律文献信息。法律文献信息从立法、司法、执法的理论与实践中产生,同时法律文献信息又指导着法律实践和法律研究活动。法律文献既是人类社会文明的结晶,同时又是人类共同创造的精神财富。法律文献信息和历史条件息息相关,并在一定程度上反映人类社会的进步程度。因此,在法律文献信息的鉴别、利用、吸收和继承上,我们要认同法律文献信息由于历史和社会发展的必然联系而决定的共性与继承性,同时也要认识到法律文献信息由于历史及社会条件的差异而产生的区别和特殊性。

二、法律文献信息的特点

法律文献信息除了具有一般信息共性外,也具有自身的特性:

(1) 规范性。规范性是它的首要特性,法律法规、司法解释等法规文件均由国家机关颁布,所以具有一定的格式规范和严格的内容规范,同时法律法规又是公民和法人的行为规范,法律为人们的行为提供模式、标准、样式和方向。

(2) 时效性。法律法规及其他规范性文件具有极强的时效性,一方面它们有严格的生效时间,同时也可被新法律法规替代或因旧法废止而失效。

(3) 地域性。法律文献信息具有极强的地域性特征。国际法,不同的国家法,某些国家的地方法各有不同的适用范围。

(4) 需求的广泛性。整个社会的正常运转及每个社会成员的生活中,都离不开法律的明示、预防和矫正作用,国家、机构和个人都是法律信息的需求者。

三、法律文献信息的类型

(1) 法律法规按层级可以分为宪法法律、行政法规、部委规章、地方法规、行业规范等;按地域可以分为国际法、地区法、国家法等;按学科可以分为行政法、刑法、民法、经济法、社会法、军事法等;按法律效力可以分为有效法、失效法等。

(2) 法律文献按出版类型可分为法律图书、法律期刊、法律报纸、政府法律出版物、法律档案、法律会议文献、法律学位论文等。

(3) 法律电子出版物是电子出版物的重要组成部分,法律信息在大数据时代最直接的检索即为数据库检索,常规的法律问题90%都可以通过法律检索系统而获得答案。1959年,美国匹兹堡大学卫生法律中心就建立了一个法律全文检索系统。之后不久,在美国俄亥俄州律师协会也建立了名为OBAN的法律条文与案例检索系统。在国内,法律电子出版物也是较早出现的电子出版物,如北京大学与中天软件技术开发公司1986年开发的《中国法律之星》。

7.5.2 法律文献检索

一、国内法律法规检索

检索我国的法律信息,可以通过政府机构网站,如司法部所属的法律法规数据库、中国法院所属的法律文库、中国裁判文书网、中国执行信息公开网等平台。通过政府官方的法律信息查询平台检索法律信息,权威性强,是民众日常检索的首选。此外,由信息机构和政府机构合力共建的法律数据库检索功能强大、资源覆盖面广,更适合于学习和科研之用。本书挑选一些常用的法律信息数据库予以介绍。

1. 北大法宝(http://www.pkulaw.cn)

北大法宝是1985年由北大英华公司和北京大学法制信息中心共同开发和维护的法律数据库产品。该系统分为"法律法规""司法案例""法学期刊""律所实务""专题参考""英文译本""法宝视频""检察文书""行政处罚""类案检索""法宝书城""法律思维导图""法考系统"十三大检索系统,全面涵盖法律信息的各种类型(如图7-39)。

图 7-39 北大法宝主页

2. 中国法律资源库(http://data.lawyee.net/)

中国法律资源库是国内数据量庞大、内容丰富齐全、功能实用性强的中国法律资源检索系统,涵盖司法案例、法律法规、合同范本、法律文书、法学论著、法律题库等12个大库(如图7-40)。

司法案例库包括法院案例、检查案例、商事仲裁案例、劳动仲裁案例、香港案例、澳门案例、台湾案例、外国案例、国际案例、古代案例、近代案例等。

法规数据库群包括中央法规、地方法规、政策文件、立法资料、法规解读、行业规定、香港法规、澳门法规、台湾法规、外国法规、国际条约、近代法规、古代法规等。

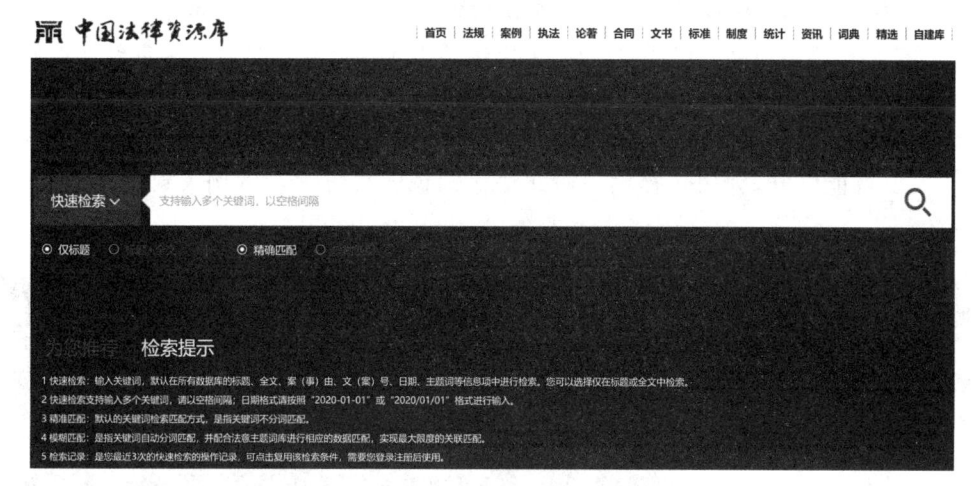

图 7-40 中国法律资源库

3. 国信法律网(http://www.ceilaw.com.cn/)

国信法律网由国家信息中心法规信息处主办,有新法规联机查询、国家法律法规数据库、法律理论专刊、人民法院报特辑、律师事务所名录等模块,提供浏览检索和标题词检索(如图 7-41)。以新法规联机查询为例,如果选择标题词检索,可以输入两个以上的词,中间用"％"号间隔开。选择浏览检索则点击目录期号,按期查看。该系统提供收费服务,会员可下载全文。

图 7-41 国信法律网

4. 法信——中国法律应用数字网络服务平台（https://www.faxin.cn/）

"法信"平台是由最高人民法院立项、人民法院出版集团建设运营的国家级法律知识服务和案例大数据融合平台。"法信"平台汇集系统、全面的法律、裁判规则、类案检索和法律文献版权资源，通过法律知识导航体系——"法信大纲"和类案检索、同案智推、智能问答大数据及人工智能引擎，为用户提供一站式法律知识解决方案和案例大数据智推服务（如图7-42）。

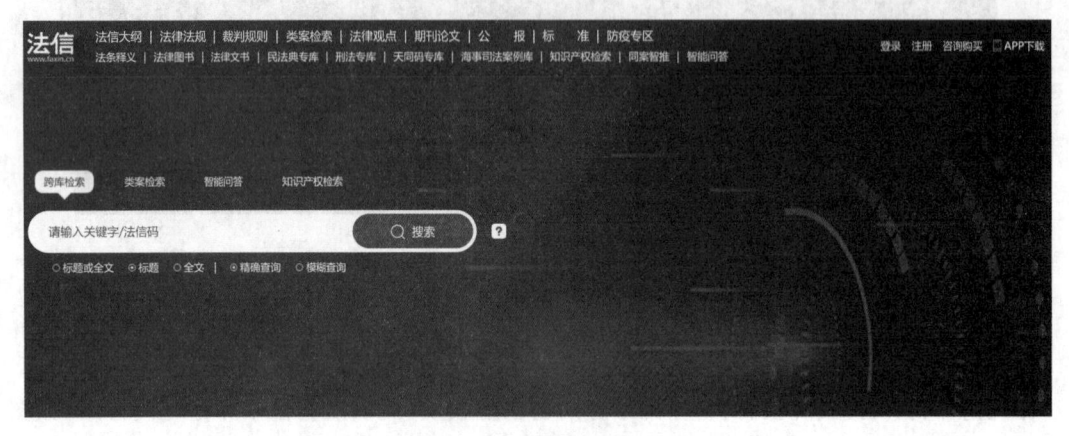

图7-42 法信平台首页

5. 中国法治网（https://www.zgfzw.com/）

中国法治网是一个综合性的法律门户网站，有时事新闻、热点追踪、法制宣传、法治论坛、扫黑除恶、廉政反腐、医药与法、保健药理、食品安全、法律大典等栏目（如图7-43）。

图7-43 中国法治网

二、国外法律法规检索

查询国外的法律法规,也可以从司法部门网站和商业数据两个途径展开搜索。

1. Westlaw International 法律在线数据库(http://west.thomson.com/westlaw)

(1) 简介

Westlaw 是汤姆森法律法规集团的一个法律专业信息平台,1975 年开发建设,目前提供约 32 000 个即时检索数据源,其中包含判例法、法律报告、法律法规、法律期刊、法院文档、法律专著以及法律格式文书范本,覆盖几乎所有的法律学科。

(2) 判例部分

汤姆森法律法规集团作为诸多国家法律报告官方授权出版者,收录了美国联邦和州判例(1658 年至今)、英国(1865 年至今)、欧盟(1952 年至今)、澳大利亚(1903 年至今)、香港地区(1905 年至今)和加拿大(1825 年至今)的所有判例。除此之外,还提供其他形式的判例报告,包含国际法院、国际刑事法院(包含前南法院和前卢旺达法院)、世贸组织等判例报告。

(3) 法学期刊

收录了 1 200 余种法学期刊,覆盖了当今 80% 以上的英文核心期刊。汤姆森法律法规集团在自己出版诸多法律期刊的基础上,还刊载大量知名的国际法律期刊,如 *Harvard Law Review*(1949 年至今)、*Yale Law Journal*、*Columbia Law Review*、*Criminal Law Review*、*Hong Kong Law Journal* 等超过 1500 种法律专业全文期刊,帮助法律研究者获取更多学界最新动态。从 2006 年起,该集团同 ALM(American Lawyer Media)合作,独家获取其出版的包括 *New York Law Journal* 在内的美国实务界权威期刊,了解司法界最新变化。

(4) 法律法规

除了出版大量的法律法规,还收录了各国的法律条文,其中主要包括英国成文法(1267 年至今)、美国联邦和州法(1789 年至今)、欧盟法规(1952 年至今)、香港地区(1997 年至今)和加拿大的法律法规,除此之外提供环境立法等专门立法。

(5) 相关新闻方面

除了提供法律信息之外,还提供包括 *New York Times*、*Financial Times*、*Economist* 在内的新闻报道以及新闻频道的报告底稿。

2. Lexis®全球法律数据库(http://www.lexisnexis.com/us/lnacademic/)

美国 LexisNexis 公司创始于 1973 年,其数据库内容涉及新闻、法律、政府出版物、商业信息及社会信息等,其中法规法律方面的数据库是 LexisNexis 的特色信息源,在法律业界具有很高知名度。LexisNexis 是面向大学法学院、律师、法律专业人员设计的数据库产品,主要内容包括:美国联邦和各州的判例法,收录近 300 年美国联邦和各州的判例法案例;美国联邦以及各州的立法和法律法规,包括著名的 USCS 美国联邦立法信息服务;英美立法和政治制度材料;全球包括 28 个国家的法律信息,涵盖立法和判例;多个国际组织的条约和相关判例;约 850 种全球法律期刊、杂志和报告,可以回溯到 1980 年;法律专业书籍;法律综述资料;美国法律考试相关资料;法律新闻等。

3. HeinOnline 法律数据库(http://www.heinonline.org)

HeinOnline 法律数据库是美国著名的法律全文数据库,涵盖全球最具权威性的近1 300种法律研究期刊,同时还包含 675 卷国际法领域权威巨著,100 000 多个案例,1 000 多部精品法学学术专著和美国联邦政府报告全文等。该数据库从创刊开始收录期刊,大多数资源已更新到前一年,是许多学术期刊回溯查询的重要资源,曾获得国际法律图书馆协会(IALL)、美国法律图书馆协会(AALL)等颁发的奖项。

HeinOnline 法律数据库主要内容有:法学期刊库、欧洲少数民族事务中心文库、美国联邦纪事文库、美国联邦法典文库、英文报告文库、法学精品文库、美国联邦立法史文库、条约/协定文库、美国司法部意见书文库、国际法数据库、美国总统事务文库、美国法令全书文库、美国最高法院文库、菲利普杰塞普图书馆菲利普杰塞普文库、世界审判文库。

4. 其他

著名的国外法律数据库还有:

① Luris。美国著名的三大法律信息检索系统之一,侧重卫生法和与商品有关的法律、法规是其特点。美国拥有 100 名律师以上规模的事务所基本都是该系统的长期订户,它可帮助用户打官司。

② Eurolex。伦敦欧洲法律中心制作的法律数据库。其信息全部都是英文的,内容有欧洲司法法庭、欧洲共同体委员会和欧洲人权法庭的判决,欧洲共同体的官方公报(立法丛书)和欧洲专利局的官方公报,欧洲理事会成员国之间所订立的公约、协定的全文,还有欧洲各国家法院有关商业案件的判决全文和其他主题范围案件的判决概要。

③ Dialog。洛克希德公司的数据库,也是历史最久的数据库之一。其学科门类齐全、文献种类广泛。其中有《国会情报服务》《法律渊源索引》《联邦索引》(包括《国会记录》和《联邦注册》)《公共事务情报服务》《社会科学院检索》《刑事审判期刊索引》等等。

④ Juris 法律检索系统。它是 JURIS 公司的数据库,目前该系统共有 30 个子库,150 万条信息,其中判例占数据库的 71%,法律、法规占 12%,资料占 17%。此系统可查询到德国几乎所有州的高等法院及州法院的重要判例。判例中已去掉真实姓名、地点和当事人有关的内容,主要介绍案件的情况并作出说明。该系统可以查询到各州法院的最近判决及全德国 500 多种报纸和 200 多种法律杂志的主要目录和部分法学文章,还可以查到各种法律、法规条款。其信息来源于司法部、各州高等法院及州法院和公开出版机构提供的判例、法规、资料。

7.6 统计资料信息资源

7.6.1 概述

统计资料是统计工作的成果,是统计方法与理论所处理的对象。统计资料又称统计信息或数值信息,通常是指社会现象或自然现象的某一研究总体在特定的时间、空间条件下,依据总体内个体的特征(属性和数量),由点数、计量而获得的数据资料。统计资料具有时间、空间和数据三个要素,缺一不可。

一、统计资料分类

(1) 按计量方法不同,可分为计量资料、计数资料和等级资料。

计量资料是通过度量衡的方法,测量每个观察单位的某项研究指标量的大小,得到一系列数据,如质量与长度。计量资料的数值特征是连续性数据,其特点是有度量衡单位,可通过测量得到。计数资料是将全体观测单位按照某种性质或特征分组,然后再分别清点各组观察单位的个数。计数资料的数值特征是离散数值,没有度量衡单位,通过枚举或计数得来。等级资料是介于计数与计量资料之间的一种资料,通过半定量方法测量得到。等级资料每一个观察单位没有确切值,各组之间有性质上的差别或程度上的不同。

(2) 按数据获取方式,可分为原始资料和次级资料。

调查者直接从资料来源处观察、点数、计量、实验或登记而取得的尚待加工整理的统计资料,称为原始资料。已经加工整理、由个体过渡到了总体的、能在一定程度上说明总体现象数量特征的现成资料,称为次级资料(间接资料、第二手资料),此类资料通常取自政府机构、各种年鉴、各类公开资料。

(3) 按时间属性不同,可分为静态资料和动态资料。

表示现象在特定时间、空间相对静止状态的资料,称为静态资料或横截面资料,如某年城镇居民生活费支出的分类别的资料,某商场某月各柜组的购、销、存数据等。表示现象在特定时期内演变过程的资料,称为动态资料或时序资料,它是静态资料依时间顺序排列而成的、长期登记的结果。如某市历年城镇居民生活费收支资料,某商场历年购、销、存统计数据等。

(4) 按所涵盖的范围不同,分为全面资料和抽样资料。

全面资料是对研究总体内所有个体进行调查而获得的资料,如普查资料、全面统计报表资料。抽样资料是对研究总体内部的个体进行抽查而获得的资料,如工业产品质量抽样检验资料,农产品产量抽样调查资料等。

二、统计资料特征

统计资料或统计信息具有如下几个显著的特征:

(1) 客观性。统计资料必须是观察、调查、实验或登记而得到的具体存在的事实,不是凭空捏造的数据。

(2) 总体性。统计资料是对社会现象或自然现象总体的数量表现的描述,而不是表现个体的数量特征的。

(3) 数量性。统计资料一般都是数量化的信息,它能够表明一定时间、空间条件下,所研究的总体的数量表现,包括数量多少、数量关系和数量界限。

(4) 扩展性。任何统计资料或统计信息都可以从时间上、空间上、结构上和关联上等方面进行扩展,使统计信息不断充实。

三、统计资料信息形态

统计资料的印刷出版物有统计公报、统计年鉴和统计手册等,如国家统计局出版的《中国统计年鉴》《中华人民共和国国民经济和社会发展统计公报》《金砖国家联合统计手册》等。在数字化时代,统计资料以数据库形式发布,用户可以进行数据表检索,并实现可视化分析等功能。

7.6.2 统计资料检索

统计资料作为重要的信息参考来源历来备受重视,随着网络技术的发展,我们可以通过网络方便地查找到相关的统计数据信息并进行管理和分析。国内外的统计资料数据库非常多,因权限和篇幅的关系,本书只介绍部分产品,供学习参考。

一、中华人民共和国国家统计局(http://www.stats.gov.cn)

1. 简介

中华人民共和国国家统计局的官方网站中国统计资料信息网,是国家统计局对外发布信息和服务社会公众的唯一网络窗口。通过先进的网络技术,该网站汇集了海量的全国各级政府各个年度国民经济和社会发展的统计信息,建立了以统计公报为主,同时以统计年鉴、阶段发展数据、统计分析、经济新闻、主要统计指标排行等为辅助的多元化统计信息资料库。通过此数据库,用户可以检索国家统计局、地方统计局发布的综合性及专题统计数据,各类统计数字的分析,统计知识、统计指标的解释,以及相关政策法规和统计出版物等多种信息。

2. 检索方式

通过统计局首页的数据查询链接可进入国家数据查询页面(如图 7 - 44),可直接输入检索词进行预检,也可以根据网站导航进行浏览检索,直接找到所需的数据页面。

图 7 - 44 国家数据查询页面

图 7-45 是年度数据的人口相关数据,以简单的数据表方式显示,可以在此基础上进行数据管理,实现数据维度的设定、结果显示、结果处理、转置表格、数据筛选、高亮显示、条件样式、表格样式转化、图表分析等功能。

图 7-45 国家数据年度数据页面

二、国务院发展研究中心信息网(http://www.drcnet.com.cn)

1. 简介

国务院发展研究中心信息网(简称"国研网")由国务院发展研究中心主管、国务院发展研究中心信息中心主办、北京国研网信息有限公司承办,创建于 1998 年 3 月,是中国著名的专业性经济信息服务平台。国研网以国务院发展研究中心丰富的信息资源和强大的专家阵容为依托,与海内外众多著名的经济研究机构和经济资讯提供商紧密合作,全面汇集、整合国内外经济金融领域的经济信息和研究成果,为中国各级政府部门、研究机构和企业的管理决策、理论研究、微观操作提供有价值的参考。国研网有综合版、教育版、党政版以针对不同用户群(如图 7-46)。

图 7-46 国研网综合版界面

国研网的数据库由文献数据库、统计数据库、特色数据库、专家库、个性化服务等数据库集群组成，每个数据库群分别包含若干子库。

国研网的统计数据库由宏观经济数据库、区域经济数据库、重点行业数据库、世界经济数据库四大系列组成。统计数据库的四大系列中又包含若干二级数据库、三级数据库（如图7-47）。

图 7-47 国研网统计数据库

2. 检索方式

系统默认在整个统计数据库群中检索，在检索结果中分库列出命中记录。如需检索其中一个数据库，从"数据检索"右侧的下拉框中选择需检索的数据库，输入检索条件，对该库进行检索，或者点击该数据库题名，进入该库检索。选择二级库，选择其中的数据种类，进入检索参数设置界面。再选择参数栏的下拉框中的国家(地区)、时间、指标等参数,点击显示数据按钮,显示结果(如图 7-48)。

对检索结果列表可以用"转换行列"功能自己选择纵横坐标。检索结果可以保存,导出为 Excel 表格,可以显示为图形。

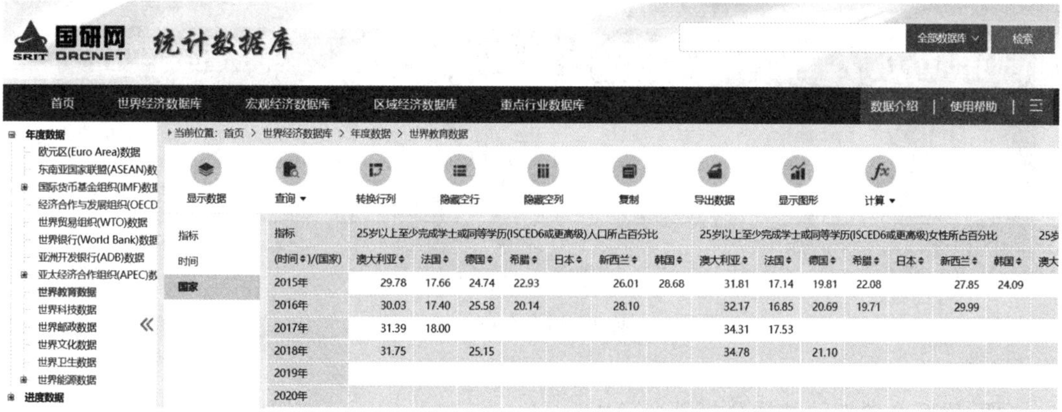

图 7-48 国研网统计数据检索结果列表

三、中国经济信息网(http://www.cei.cn)

中国经济信息网(简称"中经网")即由国家信息中心联合部委信息中心和省区市信息中心共同建设,于 1996 年 12 月 3 日正式开通,是专业性以提供经济信息为主要业务的全国性信息服务网络。中经网应用大数据、人工智能等信息技术,强化数据服务和深入研究的能力,主要为政府部门、金融机构、高等院校、企业集团、研究机构及海内外投资者提供宏观经济、行业经济、区域经济、法律法规等方面的动态信息、统计数据、研究报告和监测分析平台,帮助其准确了解经济发展动向、市场变化趋势、政策导向和投资环境,为其经济管理和投资决策提供强有力的信息支持,是描述和研究中国经济的权威网站之一。

中经网分为综合频道、宏观频道、金融频道、行业频道、区域频道、国际频道等模块。其中综合频道包括总编时评、中经指数、中经评论、世经评论、财经报道、国内大事、国际大事、最新数据、统计公报、近期政策、发展规划等栏目,通过分类浏览或全文检索查询信息。

中经数据是中经网推出的一款将经济社会各领域的统计数据整合为一体的强大数据资源门户网站,内容包括经济统计库、产业数据库、世界经济库、"一带一路"库、重点区域数据库、专题数据库、微观数据库七大数据库群,用户可以根据不同主题快速进入所需数据库。同时,该数据库以统计知识、行政区划平台等模块作为辅助,帮助用户更好地理解指标口径范围与计算方法,为提升科研工作质量提供强有力的支撑(如图 7-49)。

图 7-49 中经数据

四、EPS 全球统计数据分析平台（https://www.epsnet.com.cn/）

EPS（Express Professional Superior）数据平台是集丰富的数值型数据资源和强大的经济计量系统为一体的数据服务平台，平台拥有九个研究系列，包含 93 个数据库，15 亿多条时间序列，数据总量超 80 亿条，并集成了数据处理、建模分析、可视化展现等强大系统功能，可为高等院校、科研院所、金融机构、政府部门、企事业单位的教学、科研、投资与决策提供强有力的数据支持，如图 7-50 所示。

图 7-50 EPS 数据平台首页

重要的数据资源有：世界能源数据库（World Energy Database）、世界教育数据库（World Education Database）、中国工业经济数据库（China Industry Economy Database）、中

国工业企业数据库（China Industry Business Performance Database）、中国工业行业数据库（China Industry Database）、中国工业产品产量数据库（China Industry Product Output Database）、中国教育数据库（China Education Database）、中国科技数据库（China Science and Technology Database）、中国农产品成本收益数据库（China Agricultural Products Cost-benefit Database）、中国旅游数据库（China Tourism Database）等。

课后思考与练习

1. 如果需要查阅《申报》的具体内容，可以选用什么数据库进行文献检索？
2. 专利文献常用于检索的著录项目有哪些？
3. 选择一个专利数据库，利用 IPC 分类号，确认自己专业领域内发明专利最多的专利权人。
4. 自己所从事的专业行业标准的行业代码是什么，并找出一份行业标准。
5. 选择一个统计数据库，查找并制作我国近 5 年的人口出生趋势数据图表。

第 8 章　新兴网络信息资源检索

扫码可浏览
本章学习资源

学习目标

从在线课程、社交媒体、网络存储及专类网络信息资源等四个方面了解新兴网络信息资源的概念、特点以及在学习生活中的应用；了解相关新兴网络信息资源检索工具的发展背景和功能特点；结合所给案例，掌握工具的使用方法，熟练使用检索工具获取新兴网络信息资源。

知识框架

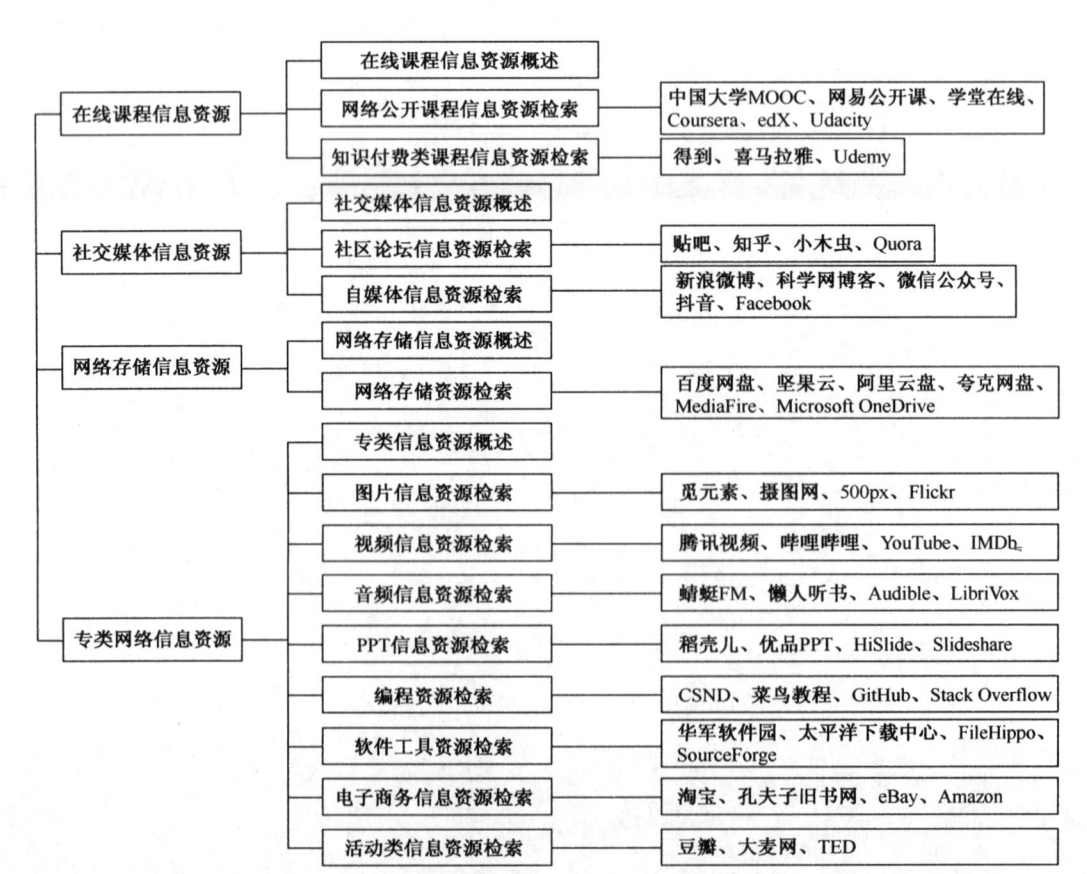

- 在线课程信息资源
  - 在线课程信息资源概述
  - 网络公开课程信息资源检索 —— 中国大学MOOC、网易公开课、学堂在线、Coursera、edX、Udacity
  - 知识付费类课程信息资源检索 —— 得到、喜马拉雅、Udemy

- 社交媒体信息资源
  - 社交媒体信息资源概述
  - 社区论坛信息资源检索 —— 贴吧、知乎、小木虫、Quora
  - 自媒体信息资源检索 —— 新浪微博、科学网博客、微信公众号、抖音、Facebook

- 网络存储信息资源
  - 网络存储信息资源概述
  - 网络存储资源检索 —— 百度网盘、坚果云、阿里云盘、夸克网盘、MediaFire、Microsoft OneDrive

- 专类网络信息资源
  - 专类信息资源概述
  - 图片信息资源检索 —— 觅元素、摄图网、500px、Flickr
  - 视频信息资源检索 —— 腾讯视频、哔哩哔哩、YouTube、IMDb
  - 音频信息资源检索 —— 蜻蜓FM、懒人听书、Audible、LibriVox
  - PPT信息资源检索 —— 稻壳儿、优品PPT、HiSlide、Slideshare
  - 编程资源检索 —— CSND、菜鸟教程、GitHub、Stack Overflow
  - 软件工具资源检索 —— 华军软件园、太平洋下载中心、FileHippo、SourceForge
  - 电子商务信息资源检索 —— 淘宝、孔夫子旧书网、eBay、Amazon
  - 活动类信息资源检索 —— 豆瓣、大麦网、TED

伴随着网络与信息技术的迅猛发展,在线教育、社交媒体、网络存储、电子商务等众多互联网应用层出不穷,极大地改变了人类的学习、工作及生活方式。在这些新兴互联网应用日积月累的运行过程中,也产生出大量的网络信息资源,如何有效地对这类资源进行检索与利用成为近年来各方关注的焦点。与传统文献信息资源检索不同的是,新兴网络信息资源往往隶属于不同机构的信息源,平台架构功能、检索机制方法难以统一,这也导致用户学习成本的提升;此外,新兴网络信息资源的利用也往往容易被用户忽视。在本章中,将结合案例从在线课程、社交媒体、网络存储及专类网络信息资源等四个方面对相关新兴互联网应用及检索与利用方法进行深入介绍。

8.1 在线课程信息资源

8.1.1 在线课程信息资源概述

在线课程信息资源是在线教育这一网络应用模式的产物。在线教育,顾名思义,是以网络为介质的教学方式,通过网络,学员与教师即使相隔万里也可以开展教学活动;此外,借助网络课件,学员还可以随时随地进行学习,真正打破了时间和空间的限制。因此,在线课程信息资源使学习者处于一种新型的学习形态之中,其获取资源的方式不再局限于传统的书本和课堂。例如,微课与翻转课堂的形式,可以使学习者有效地利用碎片化时间,从而提高学习效率;再如,慕课和网络视频公开课的形式,可以有助于学习者足不出户就能获得各类知识。

在线课程的发展事实上是伴随着高等教育资源公平化的思想而产生的,迈入 21 世纪,许多国家知名学府、教育及商业机构纷纷开始设立网络公开课,在全世界范围内影响甚广。我国也非常重视在线教育课程资源对于积极构建学习型社会的价值,近年来一直在推动教育网络化以及各类精品课程的建设。此外,知识付费的理念开始被用户所接受,相关市场也逐渐成形并得到快速发展。知识付费是伴随移动互联网发展的大背景,出现的一种通过分享知识信息来获取收益的传播模式。当前的知识付费并非一个独立、全新的行业,更像是媒体、出版、教育三者的交叉领域。

8.1.2 网络公开课程信息资源检索

一、中国大学 MOOC(https://www.icourse163.org)

1. 中国大学 MOOC 简介

"中国大学 MOOC"是由网易与高等教育出版社携手推出的在线教育平台,于 2014 年正式上线,承接教育部国家精品开放课程任务,向大众提供中国知名高校的 MOOC 课程。2019 年 12 月 16 日,教育部公布首批教育移动互联网应用程序(教育 APP)备案名单,"中国大学 MOOC"应用获得通过。截至 2022 年 5 月,中国大学 MOOC 平台共开设课程 14856 门,总招生人数超过 5040 万。

中国大学 MOOC 主要业务包含"大学 MOOC""学校云(SPOC)"和"慕课堂"等三部分

内容。"大学 MOOC"收录来自 985、211 等多所名校的顶尖课程,例如北京大学、浙江大学、复旦大学、西安交通大学、中山大学、同济大学、武汉大学、中国科技大学、中央财经大学、哈尔滨工业大学等。从基础科学到文学艺术、哲学历史到工程技术、经管法学到农林医药,其涵盖学科甚广,且课程完全免费,任何用户都可以足不出户体验到名校名师所授课程;"学校云(SPOC)"是网易联手高教社推出的云端在线教育平台,协助学校、机构、企业建立自己的在线课堂,提供从技术方案、课程内容、教学管理到大数据支持的一站式解决方案。慕课堂由微信端小程序和电脑端教学后台构成,它支持高校同时开展线上课程与线上线下混合式课程的建设。慕课堂能帮助教师开展例如签到、点名、练习、讨论等课堂教学活动,帮助教师快速汇总和分析学生线下课堂与线上课程的详细学习数据。

中国大学 MOOC 的课程有三种组织模式:"随堂模式""自学模式"和"直播模式"。"随堂模式"有固定的课程时间安排,课程规律更新,学习者需在相应时限内观看视频并完成作业和考试,最终获得课程证书。"自学模式"可以在非开课时限内观看课程视频、阅读课程资料,也可以参加测验,但是不能获得相应分数与课程证书。"直播模式"为模拟课堂情境,有固定的上课时间,学习者可以实时在线互动,参与讨论,直播课程结束后可以回看。中国大学 MOOC 的课程除提供课内学习参考资料之外,还提供丰富多样的课外拓展资料,供学习者进一步借鉴与参考。"中国大学 MOOC"平台课程一般由课件、测验与作业、讨论区、考试、评分标准和公告六大部分构成,前三部分是其主要功能。"课件"包含了模块化的微视频和阅读文档,并可在视频播放过程中穿插提问,以强化学习者的在线课堂参与感;"测验与作业"旨在检验和巩固学生知识的掌握程度,教师可通过设置每周单元测验评估学习效果,及时发现问题并调整教学安排;"讨论区"分为教师答疑区、课堂交流区和综合讨论区,学生参与讨论的情况也可纳入课程最终测评考核。

2. 检索方法

中国大学 MOOC 首页(如图 8-1),用户在检索文本框中输入课程名称、学校名称、教师名称等进行检索,检索词之间可进行逻辑组配,另外还可以使用检索词的拼音首字母缩写进行模糊查找。

图 8-1 中国大学 MOOC 主页

中国大学 MOOC 还可按照课程、学校两种分类目录进行检索,课程分类的一级目录是"大学""升学择业""终身学习",并包含了二级目录(如图 8-2),例如,"大学"之下包括国家精品、理学工学农学、外语、经济管理、计算机、音乐与艺术等十一个子栏目。

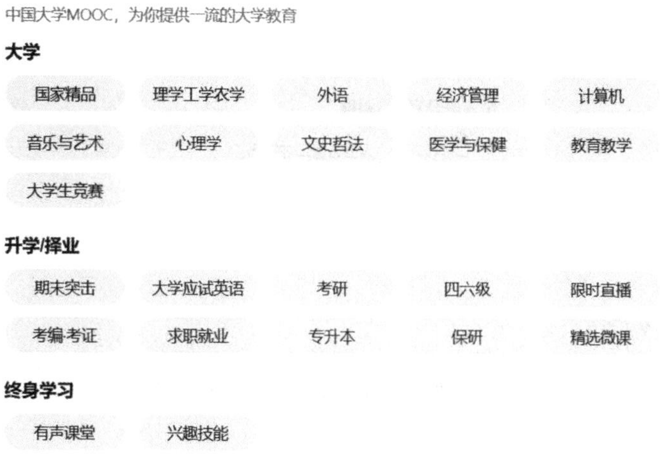

图 8-2　中国大学 MOOC 课程分类目录

二、网易公开课(https://open.163.com)

1. 网易公开课简介

网易于 2010 年 11 月 1 日正式推出"全球名校视频公开课项目",首批有 1 200 集课程上线,其中有 200 多集配有中文字幕,用户可以在线免费观看来自哈佛大学、耶鲁大学、牛津大学、麻省理工学院等世界级名校的公开课课程,涵盖文学、数学、哲学、语言、心理学等多个课程。

网易公开课主页设有七个板块,分别为 TED、国际名校公开课、中国大学视频公开课、可汗学院、精品课程、赏课以及直播,其资源不仅包括了国外著名的 Coursera、TED、可汗学院等教育组织的课程资源,还汇集了清华、北大、哈佛、耶鲁等世界名校共上千门课程资源,覆盖科学、经济、人文、哲学等 22 个领域。

2. 检索方法

用户注册登录网站后,可通过输入课程关键字或学校关键字精确地查询到相关课程;网站会记录用户的搜索历史,并在搜索框的下拉列表中实时显示。通过点击下方的"课程简介"按钮可以获取该课程的简介信息,包括课程分类、来源学校、讲师姓名及内容介绍等。

此外,网易公开课也支持分类检索。用户可以在"推荐"栏目浏览热门课程或者点击左上角的课程分类功能来选择自己感兴趣的课程类型,通过"全部课程"按钮可切换浏览所有课程(如图 8-3)。

图 8-3　网易公开课全部课程分类检索

三、学堂在线(https://www.xuetangx.com)

1. 学堂在线简介

学堂在线是清华大学于 2013 年 10 月发起并建立的慕课平台,也是教育部在线教育研究中心的研究交流和成果应用平台。学堂在线含有清华大学、北京大学、复旦大学、中国科技大学,以及麻省理工学院、斯坦福大学、加州大学伯克利分校等国内外一流大学超过 3000 门优质课程,覆盖哲学、经济学、工学、理学、历史、计算机、艺术设计等 15 个学科分类。

2014 年 7 月 14 日,学堂在线推出了学堂云,为合作机构提供定制化的教育云平台服务,2016 年推出新型教学工具——雨课堂;2020 年 4 月 20 日,学堂在线国际版正式发布;截至 2021 年,学堂在线平台包含 122 所院校课程资源,来源渠道丰富,资源组织形式多样、共享性强,其中经济管理、理学、工学、艺术学、计算机课程占总课程数量的三分之二。学堂在线的课程类型包括:微学位、直播课、高校认证、清华继续教育学分课、训练营。"微学位"由学堂在线与各高校携手打造,是基于优质在线课程的线上辅修联合培养,相较于传统的线下辅修专业,此种辅修联合培养结合了高校与学堂在线各自的平台与学科优势。"直播课"基于雨课堂,主要为线上授课形式,并且用户可以根据自己的需求观看直播回顾或预约直播。"高校认证"是学堂在线同清华大学等国内外知名院校合作,学习者可通过学习线上课程,在线完成作业并通过考试后获得院校颁发的认证证书。"清华继续教育学分课"依托学堂在线开展直播,根据学习者自身学习情况提供相应能力提升的个性化辅导,拓展学习者的知识视野,提升自主学习能力;学习者可以与教师进行互动交流,教师还提供集中回答相关课程疑问的机会;所有学习者参加统一的课程考试,经过考试考核可获得由清华大学终身教育处颁发的继续教育学分课成绩单。"训练营"选取各类型学习者需求重点,面向各行业人群,通过汇集名师,配备辅导团队,以专业知识和实战经验为学习者提供优质的教学服务体验。

第 8 章 新兴网络信息资源检索

2. 检索方法

学堂在线首页(如图 8-4)提供了一个检索文本框,在检索文本框中输入课程关键字或学校关键字可以较为精确地查询课程,关键词可以根据检索需求进行组配,也可将关键词限定在某一个检索项中进行检索。

图 8-4 学堂在线主页

此外,还可按照上课状态、学科分类、课程类型、学校等分类选项进行检索(如图 8-5),例如按学校分类检索目录获取清华大学在线课程的结果。

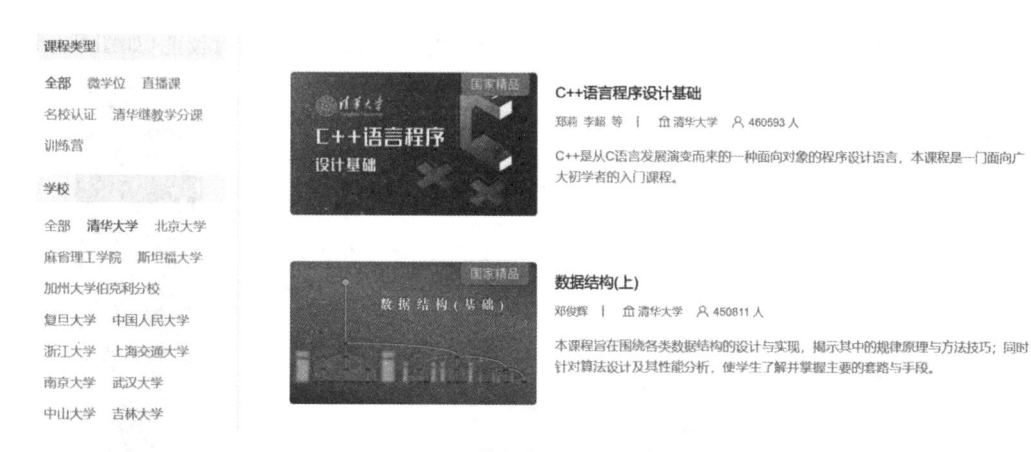

图 8-5 学堂在线分类检索页面

四、Coursera(https://www.coursera.org)

1. Coursera 简介

Coursera 由美国斯坦福大学两名计算机科学专业教授创办,旨在同世界顶尖大学合作,提供在线免费的网络公开课程,Coursera 的首批合作院校包括斯坦福大学、密歇根大学、普林斯顿大学、宾夕法尼亚大学等美国名校,2013 年 10 月进驻中国,北京大学、南京大学、上海交通大学、复旦大学等高校加入。截至 2021 年已经与 30 多个国家的 200 多所高校、公司、博物馆、教育机构等建立合作,其中,美国本土的高校和公司开发的课程最多。

Coursera 的课程安排比较灵活,学习者可以根据自己的时间调整学习进度。学位和学分课程则需要按照规定的时间申请和上课,所有要求与在校学习一致,需要完成所有计分作业或实践项目来完成课程,客观题练习和编程作业由系统自动评分,课后主观题练习则采用同伴互评(peer assessments)进行评价;相关课程资源中视频、字幕和阅读材料可以下载,但不能直接分享。Coursera 在线学习平台支持的语言众多,除英语之外,以俄语、西班牙语、法语、德语、汉语居多,此外还支持荷兰语、希腊语、波兰语、波斯语等,主要是采用课程开发者使用的语言,例如中国大陆高校设置的课程就以汉语为主;还有些课程采用同步字幕翻译的形式,比如 Coursera 与网易公开课合作,后者提供托管和翻译服务。

2. 检索方法

在 Coursera 主界面上方 Search 检索框中输入检索词或词组,然后点击检索按钮即可获得相应检索结果。Coursera 还支持分类检索。点击主页上的"探索"按钮可以发现,网站主要包含"目标"和"学科"两种分类目录。"目标"中主要以学习目标意图为依据,分为"免费课程""获得学位""获得证书""开拓职业生涯"等模块;"学科"下包含数据科学、商务、计算机科学、健康、艺术与人文等 9 个分类,每个"学科"下均有"学位"及"证书计划",方便用户快速定位所需学习的课程。点击"浏览所有学科",可以查看每个学科下的主题与技能(如图 8-6)。

图 8-6 Coursera 学科分类目录页面

五、edX(https://www.edx.org)

1. edX 简介

edX 是由麻省理工学院和哈佛大学创建的大规模开放在线课堂平台,源于 2012 年 5 月两校联合发布的一个网络在线教学计划,该计划基于麻省理工的 MITx 计划和哈佛大学的网络在线教学计划,主要目的是配合校内教学,提高教学质量和推广网络在线教育。edX 在 2015 年陆续推出了高中板块、职业培训板块、备战考试板块、大一学分板块、微硕士板块等多个板块,大大满足了各类学习者的不同需求。为了更好地服务于中国学习者,edX 相继开通了各大中文社交平台,并专门为中国学习者开设了学习小组,提供了更多外文课程的中文字幕,满足国内学生的学习需求。

edX 的选课卡片上会设有绿色、黄色和黑色的封带。黄色封带课程是可以被一些美国社区类大学承认学分的课;绿色封带课程则是一般的能提供证书的课程,可以为求职、升学等加分;黑色封带的"X 系列项目"是必须付费的课程,一个系列项目有四个课程组成,修完才能拿到证明,每个项目是专为某个领域的深度学习设计的,课程拥有良好口碑,拿到这样的证书能够证明学习者在某个领域投入了大量时间学习并且已经掌握了相当的知识和技能。

2. 检索方法

用户在 edX 主页可按照学科主题进行分类检索,还可以通过学科、合作方、项目、等级、语言、可用性、学习类型等条件进行限定筛选,方便快捷地找到想要学习的课程。学科按照不同的主题进行了分类,如建筑、艺术、化学、生物等,每个类别下的课程数量也进行了标识(如图 8-7)。

图 8-7 edX 学科分类检索页面

六、Udacity(https://www.udacity.com/)

1. Udacity 简介

Udacity(优达学城)是 2012 年由斯坦福大学教授 Sebastian Thrun 推出的关于计算机领域

课程的 MOOC 平台。2014 年 1 月，Udacity 与美国佐治亚理工学院、AT&T 公司合作推出计算机科学在线硕士学位；2016 年 4 月，Udacity 正式登录中国。Udacity 与 Google、Facebook、Amazon 等全球顶尖技术公司联合开发了一系列的专业认证项目，为前沿技术领域培育了数万名专业人才，也与百度、腾讯等国内前沿技术企业合作开发了一系列课程项目。

Udacity 的教育内容包含人工智能、数据科学、自动驾驶、自然语言处理、计算机视觉、AI 量化投资、区块链、云计算等，每门课程均包含多个单元和知识块以及配套的练习和训练，用户的学习实践也能及时获得反馈。学习者注册 Udacity 课程并通过考核后可以免费获得网站提供的结课证书。同时，Udacity 启动了免费就业匹配计划，即 Udacity 会根据公司的招聘情况和学习者的考试成绩把学习者的简历发给与其合作的公司。

2. 检索方法

Udacity 课程目录页面（如图 8-8），在搜索框中可输入检索词，还可按照相关条件进行限定筛选，如课程主题、学科领域、难度等级、开课时间、价格等。

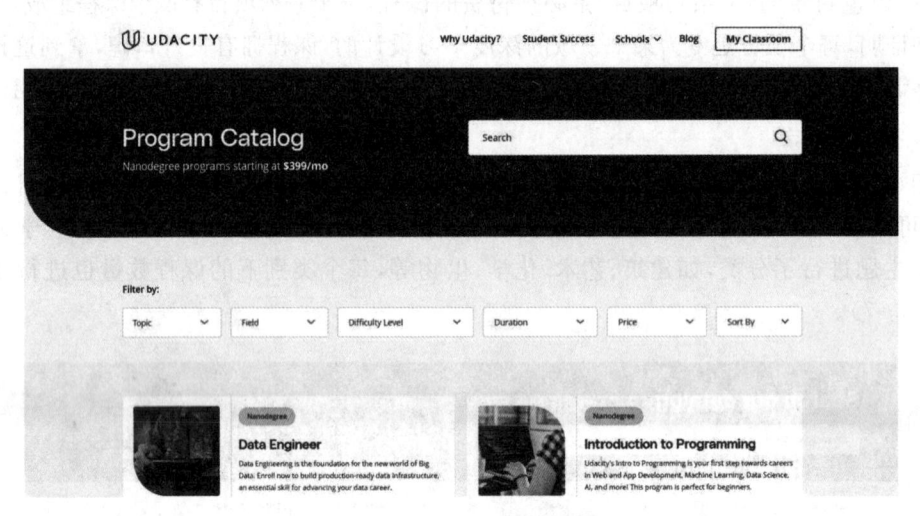

图 8-8　Udacity 课程目录页面

8.1.3　知识付费类课程信息资源检索

知识付费主要指知识的接收者为所阅览知识付出资金，知识付费让知识的获得者间接向知识的传播者与筛选者给予报酬，而不只是让参与知识传播链条的人通过流量或广告等其他方式获得收益。早在 2016 年，知识付费就开始闯入人们的视线，该年也被称为"知识付费元年"。《中国知识付费行业发展白皮书 2017》对知识付费的定义是"内容创造者将书籍、理论知识、信息资讯等知识与自身认识积累融合，并对其进行系统化和结构后梳理转化成标准化的付费产品，借助知识付费平台所搭建的付费机制与业务模式传递给用户，以满足用户自身认知提升、阶层归属、丰富谈资等需求的创新产业形态"。

知识付费课程涵盖个人技能成长、人文哲社、自然科学等在内的各类优选内容，帮助有自我提升需求的用户，根据自身兴趣与偏好获取到相应知识的同时使认知盈余的知识生产者在加工制作课程中实现内容变现。知识付费课程主要有定位于"准精英"群体、时间碎片化、内容细分化等特点,各大平台的课程内容丰富,能够满足不同群体用户的需求。知识付费课程的形式一般有三类,一是图文专栏,如知乎、今日头条等就有不少图文专栏课程,微信公众号的知识付费文章也可算作此类;二是音频课程,如得到、喜马拉雅等付费音频课程;三是视频课程,主要以录播的视频课程为主,另外也包括部分直播的视频课程。

一、得到(https://www.dedao.cn)

1. 得到简介

得到是天津文化传播有限公司推出的知识服务平台,于2015年12月上线,由罗辑思维团队出品,提倡碎片化学习方式,让用户短时间内获得有效的知识,最初主要推送知识新闻,提供电子书、音频书等服务。2016年,平台开启内容付费模式;2017年,得到APP在苹果App Store中国大陆图书类畅销榜中位居第1名;2020年6月,长江商学院中文/金融MBA、华东师范大学开放教育学院均宣布认可知识服务平台得到APP上的学习证明——"得到学分"。

目前,得到平台主要提供订阅专栏、精品课程、线下活动、电子书、得到高研院等内容。在运营方式方面,得到开创了PGC(专业生产内容)订阅付费模式的新方向,过去知识变现通常是依靠广告创收或是更直接地卖书,而得到则独立完成了从内容生产、传播到分发的整个流程,这一途径使得知识变现更为有效且收益可观。在知识产品方面,早期"罗辑思维"产品的发展奠定了"得到"的用户基础,"得到"产品定位为具有认知焦虑的中产阶级,推出了符合用户碎片化阅读习惯的知识产品,其核心优势在于其产品的高质量、体系化。

2. 检索方法

得到主页顶部可以在检索框中直接输入检索词进行检索(如图8-9),检索词可以是课程、电子书、有声书等等。

图8-9 得到基本检索

此外,在得到主页上可按照主题进行课程或电子书的分类查找,如心理学、自然科学、金融学、历史、哲学等(如图8-10),在一级分类下还包括二级分类,如心理学包括情绪管理、焦虑、心理疗愈、行为心理学、社会心理学、心理学与生活等主题。

图8-10 得到分类检索

二、喜马拉雅(https://www.ximalaya.com)

1. 喜马拉雅简介

喜马拉雅是上海证大喜马拉雅网络科技有限公司于2013年3月上线的中国在线音频分享平台,采用PGC(专业生产内容)、PUGC(专业用户生产内容)及UGC(用户生产内容)模式进行运营。其音频内容涵盖泛知识领域的金融、文化、历史类专辑,泛娱乐领域的小说和娱乐类专辑,适合少儿的教育内容以及适合中老年的经典内容;内容上既有音频播客的形式,也有音频直播的形式。其主要业务涵盖有声内容、教育、直播、智能硬件、新零售、创作者生态等。平台不仅提供了音频播放、下载、查找等服务,也提供了个性化的推荐服务。此外,用户还可以申请成为主播上传音频文件。用户可以在喜马拉雅中收听有声书、新闻音频、在线广播、直播以及其他用户上传的音频文件。大部分音频内容都是免费的,但也不乏收费内容。喜马拉雅以"随时随地,听我想听"为产品理念,强调注重用户体验。

2. 检索方法

在喜马拉雅首页上部的检索文本框中,用户可以输入关键词来查找相关专辑、声音或主播,多个关键词之间可以根据需求进行布尔逻辑组配。

此外,喜马拉雅主页中设置了"分类""频道""排行榜"三个板块。在"分类"板块中,喜马拉雅将其内容分为有声小说、娱乐、知识、生活和特色等五个一级主题分类频道,其下还设有二级主题分类,用户可以通过分类浏览选择自己感兴趣的内容(如图8-11)。

图 8-11　喜马拉雅分类目录页面

三、Udemy(https://www.udemy.com)

1. Udemy 简介

Udemy 是一家开放式在线教育网站(MOOC),由 Eren Bali、Gagan Biyani 和 Oktay Caglar 等人于 2010 年 5 月创办。"Udemy"是由"you"加上"academy"合成的,意思是"你的大学"。与其他在线教育平台不同的是,Udemy 不仅开放各种课程,更开放了教学的机会。在 Udemy 的在线学习平台上,用户可以随时在平台上学习任何课程,也可以建立自己的课程,将自己擅长的专业与知识介绍给全世界,课程费用由老师自主决定,通常在 20 美元到 100 美元之间。付费模式是单次收费,购买课程后可终身使用。Udemy 的课程除学术型知识外,还包括摄影、运动、开发、商务等技能型知识,涵盖范围十分广泛。Udemy 不仅为个人学习需求提供服务,也面向企业提供服务,为企业群体提供所需课程和企业培训定制课程服务。

2. 检索方法

Udemy 基本检索界面如图 8-12 所示,在主页顶部的文本框里输入关键词或词组可获得相应结果。

图 8-12　Udemy 基本检索页面

此外，Udemy将课程资源分成开发、商务、财务会计、IT与软件、工作效率、个人发展、设计等十三个一级大类，每一大类下还包含若干二级分类，用户可以通过知识导航来浏览和获取课程信息。

8.2 社交媒体信息资源

8.2.1 社交媒体信息资源概述

社交媒体（Social Media）是人们彼此之间用来分享意见、见解、经验和观点的工具和平台，现阶段主要包括社交网站、微博、微信、博客、论坛、播客等等。社交媒体在互联网的沃土上蓬勃发展，爆发出令人眩目的能量，其传播的信息已成为人们浏览互联网的重要内容，不仅制造了人们社交生活中争相讨论的一个又一个热门话题，更进而吸引传统媒体争相跟进。近二十年以来，在线社交媒体已经成为人们日常通过互联网获取信息、传播信息的主要行为模式。社交媒体呈现出用户规模大、社交场景丰富、用户黏性强、精准度高的核心特征，也因此孕育出海量的、碎片化的、多类型的信息资源，有效地检索、挖掘及利用这些信息资源，也可为我们的学习、工作及生活带来极大的便利。

在本书中，要探讨的社交媒体信息资源包括社区论坛信息资源以及自媒体信息资源。社区论坛是一个网络板块，指不同的人围绕同一主题引发的讨论，是一种交互性强，内容丰富而及时的互联网电子信息服务系统，典型的论坛社区包括天涯社区、百度贴吧、知乎等平台。自媒体是移动互联网时代的产物，它颠覆了传统媒体的传播模式，以个性化、交互性强为特点快速发展，是普通大众通过网络等途径向外发布他们本身的事实和新闻的传播方式，初始化阶段以BBS为代表，雏形阶段以博客、个人网站、微博为代表，发展至今还包括微信公众号、新闻客户端等等。

8.2.2 社区论坛信息资源检索

一、贴吧（https://tieba.baidu.com）

1. 贴吧简介

贴吧即百度贴吧，是百度旗下独立品牌，于2003年11月启用，其创意来自百度首席执行官李彦宏：结合搜索引擎建立一个在线的交流平台，让那些对同一个话题感兴趣的人们聚集在一起，方便展开交流并互相帮助。贴吧的组建依靠搜索引擎关键词，不论是大众话题还是小众话题，都能精准地聚集大批同好网友，展示自我风采，结交知音，搭建别具特色的"兴趣主题"互动平台。贴吧目录涵盖社会、地区、生活、教育、娱乐明星、游戏、体育、企业等方方面面，是全球领先的中文交流平台，它为人们提供一个表达和交流思想的自由网络空间，并以此汇集志同道合的网友。

对于需要获得某个主题信息的用户而言，有时候搜索引擎难以高质量地满足需求，但是通过贴吧可以使人们从机器的搜索过渡到人工的信息整合中。在贴吧里，拥有不同资源的人们可实现信息的快速分享，而且信息需求与供给关系更明确，这样获得的信息针对性也往往更强。因此,贴吧也成为搜索引擎的一个有益补充。

2. 检索方法

在贴吧主页最上方的检索框中可进行基本检索,用户可以输入贴吧名或帖子名进行检索。此外,贴吧讨论区按其内容分为娱乐明星、体育、小说、生活家、闲趣、游戏、动漫宅、地区等十三个一级类目(如图 8‑13),一级类目之下有细分的二级类目,在二级类目中包含若干具体主题的贴吧。进入主题贴吧后,在贴吧名称后均标注出关注人数以及帖子数量。

图 8‑13　贴吧分类页面

二、知乎(https://www.zhihu.com)

1. 知乎简介

知乎于 2011 年 1 月正式上线运营,作为知识分享平台,主要为用户提供问答、专栏、电子书等多种形式的信息服务,搭建其分享彼此的知识、经验和见解的桥梁。知乎以问答社区为核心基础,2016 年先后上线"值乎"(付费问答)、"知乎 Live"、"知乎书店"等;2017 年 5 月份推出"知识市场"入口,同年 9 月份"知乎私家课"上线;2018 年上半年,从相对分散的"知识市场",升级为"知乎大学";2019 年 3 月推出全新会员服务体系"盐选会员"。"盐选会员"是对 2018 年"知乎大学"推出的"读书会会员"和"超级会员"在全平台内容上和用户服务上的全新升级。知乎的成立开创了国内网络问答社区的先河,并逐渐发展成人们获取知识的新阵地,知乎首页如图 8‑14 所示。

知乎的核心内容来自问答框架,基于话题,以问题为中心,所有回答必须围绕问题本身,知乎根据用户的回答采取"赞同‑反对"机制让用户发起评判,知乎用户可以通过赞同、感谢、

图 8-14 知乎主页

收藏、评论、关注、私信、打赏、分享、反对等方式参与互动,再根据评判后的评分情况把认同度更高的回答放在更靠前的位置推荐给其他用户;此外每个回答下都显示着所获得的点赞数量,以此可让用户对该答案的质量有直观的判断。针对社区中的不良内容,知乎通过"系统判定辅助+人工审核"的方式进行核查处理,采用名为"瓦力"的 AI 反垃圾系统以及"反讽"语义分析算法对相关内容进行实时筛查,也可对无效回答、失实内容、垃圾广告导流等行为进行识别与处理。

2. 检索方法

在知乎主页面上方检索框内输入需要检索的主题,点击检索按钮后会按综合、用户、话题、视频、学术、专栏、盐选内容、电子书、圈子进行分类结果列表显示,此外还可对检索结果按类型、排序以及发布时间进行进一步的筛选。

三、小木虫(http://muchong.com/bbs)

1. 小木虫简介

小木虫,也称为"学术科研互动社区",是中国最有影响力的学术科研社区之一。小木虫创建于 2001 年,会员主要来自国内各大院校、科研院所的教职员工、博硕士研究生以及企业研发人员。这里具有较高的人气、良好的交流氛围及广阔的交流空间,已成为聚集众多科研工作者的学术资源、经验交流平台。内容涵盖化学化工、生物医药、物理、材料、地理、食品、理工、信息、经管等学科,除此之外还有基金申请、专利标准、留学出国、考研考博、论文投稿、学术求助等实用内容。

2. 检索方法

在小木虫主页的顶部检索框，可以输入关键词搜索帖子或用户。此外，还可以通过小木虫的板块导航（如图 8-15），进入特定的论坛板块后再进行检索。

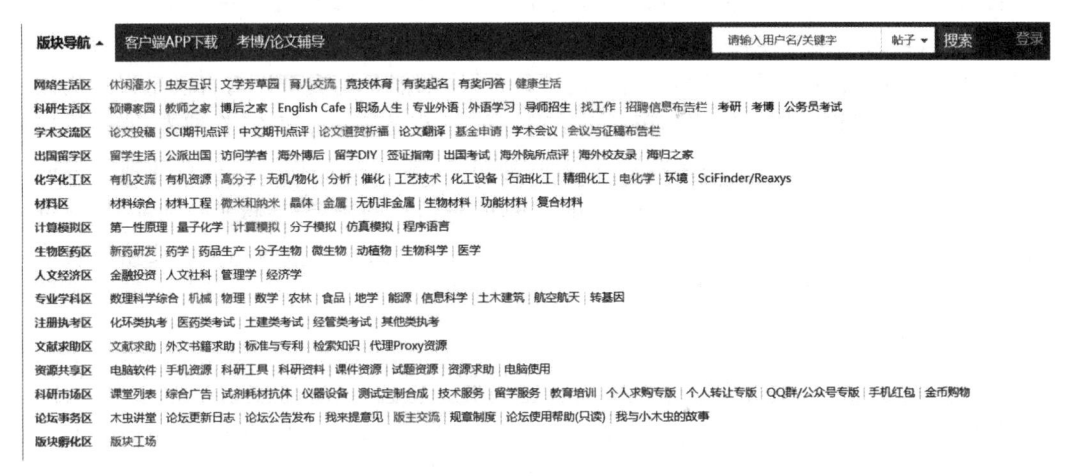

图 8-15 小木虫板块导航

四、Quora(https://www.quora.com)

Quora 是美国版在线问答网站，网站隶属于美国公司 Quora Inc，公司总部位于著名的美国加利福尼亚州"硅谷"山景城。2009 年创立的 Quora 是目前国外较为盛行的网络问答社区，支持多种语言，汇聚了大量知识性的问题和答案。该平台通过问与答的方式将信息联系在一起，并使用户通过共同感兴趣的话题产生交集，使之成为了用户知识交流和相互学习的网络平台。Quora 集合许多问题和答案，也容许用户协同编辑问题和答案。Quora 创建目标是"挖掘出网络上未有的维基知识，并赋予其强烈的社交媒体属性"。Quora 通过算法技术，尽可能促进社区成员实名发言，而且带有更新功能，分享者可以随时修正和补充自己的答案。用户可以通过 Twitter 或 Facebook 等社交网站，邀请好友来 Quora 提问和回答。

8.2.3 自媒体信息资源检索

一、新浪微博(https://weibo.com)

1. 新浪微博简介

微博是基于用户关系网络的信息分享、传播以及获取平台。用户通过 WEB、WAP 以及各种客户端组建个人社区，以 140 字以内的文字或图形、影像更新信息，并实现即时分享，微博的出现改变了用户获取信息和分享信息的方式。国外的微博类应用在飞速发展的时候，国内的一些创业者们也开始尝试着创办了些微博类的社交媒体，如饭否、滔滔、嘀咕等。

新浪微博诞生于 2009 年,这一年也被称为中国微博元年,2014 年 3 月,新浪微博更名为"微博";2016 年 11 月,新浪微博取消发布内容的 140 字限制;目前新浪微博已成为中国互联网上发展最为迅速的社交应用平台之一。新浪微博凭借简洁有力的产品形态改变了人们信息沟通的方式,至今国内仍未出现能够替代新浪微博的同类产品。

　　新浪微博的主要功能包括发布、转发、关注、评论、搜索及私信等。在发布功能里,用户可以像博客、聊天工具一样轻松发布内容;转发功能则是用户可以把自己喜欢的内容一键转发到自己的微博,转发时还可以加上自己的评论;关注功能是用户可以对自己感兴趣的用户进行关注,成为其粉丝;评论功能是用户可以对任何一条微博进行评论;在搜索功能里,用户可以在两个♯号之间,插入某一话题进行标注,通过点击标注后的内容,可自动搜索微博上所有的包含该话题的相关微博,并可以展开讨论,实现信息的聚合;通过私信功能,用户可以给新浪微博上任意一个开放私信权限的用户发送私信,实现用户间的私密性交流。新浪微博热搜也成为目前互联网舆情事件的一个重要观测窗口。

　　2. 检索方法

　　在新浪微博首页检索文本框中可输入关键词展开检索,系统将搜索结果分为综合、实时、用户、文章、视频、图片、话题等几类,此外在页面右侧还能显示相关用户、相关兴趣主页等。新浪微博还提供了高级检索功能,可限定检索的类型如热门、原创、关注人、认证用户、媒体、观点等;可以对微博内容进行限定,如是否包含图片、视频、音乐、短链接等;还可以选择发微博的时间区间(如图 8-16)。

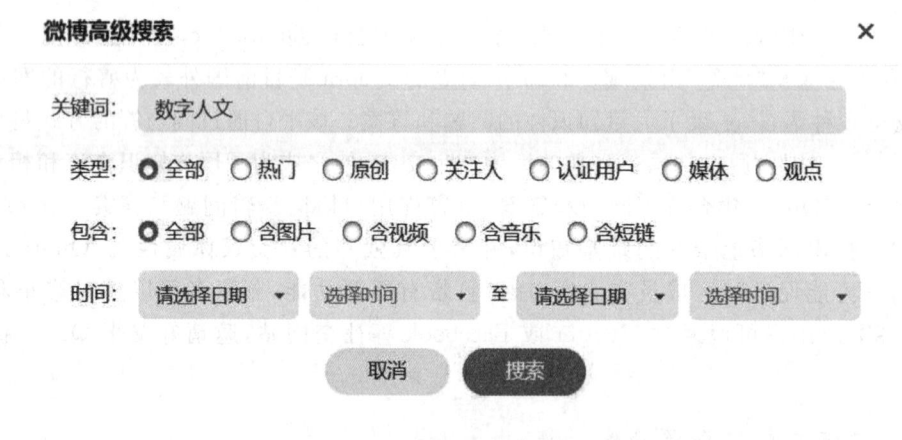

图 8-16　新浪微博高级检索

　　新浪微博按照微博内容的主题与传播度,分为热门微博、热门榜单、话题榜、热搜榜等四部门内容。在热门微博下,可按照不同主题进行分类浏览检索(如图 8-17);热门榜单里又分为小时榜、昨日榜、前日榜、周榜、女榜、男榜等;在话题榜中则会显示在特定时间内热度最高的微博话题;热搜榜里可浏览用户搜索量大、话题讨论度高的检索词,大约每 10 分钟更新一次,按照搜索量进行排序。

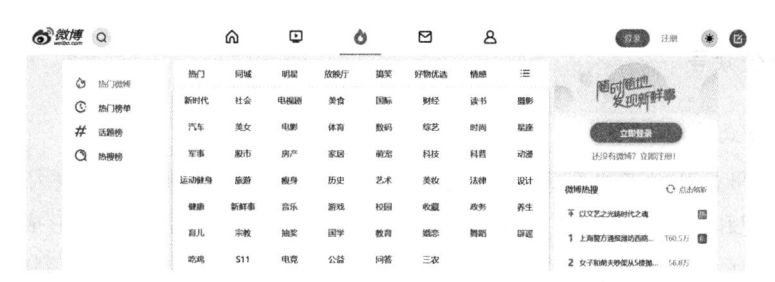

图 8-17　新浪微博主题分类目录

二、科学网博客（https://blog.sciencenet.cn）

1. 科学网博客简介

科学网以"构建全球华人科学社区"为核心使命，于 2007 年 1 月正式上线运行，由中国科学报社运营。作为全球最大的中文科学社区，科学网致力于全方位服务华人科学与高等教育界，以网络社区为基础构建起面向全球华人科学家的网络新媒体，促进科技创新和学术交流。科学网博客是科学网重要的一个功能模块，承担了社群功能、学术交流功能以及学术信息传播功能等多重功能。近年来以科学网博客为代表的实名学术博客发展十分迅速。与其他博客网站相比，科学网博客的学术氛围浓厚，很多知名学者都在此开设了博客，许多博文具有较高的学术价值。科学网博客为学者们展示研究成果、加强与同行间的联系提供了便利的非正式交流渠道，也加强了公众与学术群体的沟通与联系。

2. 检索方法

科学网博客使用了百度的全文搜索引擎，用户可直接在主页顶部的检索框里输入检索词进行站内搜索。此外，科学网博客还提供了分类检索功能，用户可以根据网站划分的学科领域板块来分类浏览感兴趣的博客（如图 8-18）。一级学科领域包括生命科学、医学科学、化学科学、工程材料、信息科学、数理科学、管理综合等，其下还包括详细的二级学科分类目录。

图 8-18　科学网博客学科领域分类目录

三、微信公众号

1. 微信公众号简介

微信公众号是开发者或商家在微信公众平台上申请的应用账号，该账号与 QQ 账号互通，平台上实现和特定群体的文字、图片、语音、视频的全方位沟通、互动，形成了一种主流的线上线下微信互动营销方式，最大程度上满足了新媒体时代个性与共性兼容的传播需求，成为网络社交领域中与用户沟通最富有成效的渠道之一，也成为许多品牌传播的首选，此外微信公众号也成为人们浏览新闻信息、日常生活资讯的重要平台。

腾讯公司于 2012 年 8 月推出微信公众平台，曾命名为"官号平台"和"媒体平台"，用户可在微信公众平台上申请相应的应用账户，其账户类型包括服务号、订阅号以及小程序。服务号主要为企业和组织提供更强大的业务服务与用户管理能力，主要偏向服务类交互（功能类似 12315、114、银行，提供绑定信息，有交互功能），适用对象为媒体、企业、政府或其他组织，一个月内可以发送四条群发消息。订阅号主要为媒体和个人提供一种新的信息传播方式，主要功能是给用户传达信息（功能类似报纸杂志，提供新闻信息或娱乐趣事），适用对象为个人、媒体、企业、政府或其他组织，主要是面向个人用户，每天可以发送一条群发消息。小程序是一种不需要下载安装即可使用的应用，用户通过微信客户端扫一扫或搜一下即可打开应用；企业、政府、媒体、其他组织或个人的开发者，均可申请注册小程序。

2. 检索方法

（1）基本检索

在微信各类平台的客户端上，通过搜索框可以进入"搜一搜"（如图 8-19），输入关键词可在全部、视频、文章、公众号、小程序、百科、直播、读书、表情、新闻、微信指数、朋友圈等不同类别下，获得相应检索结果。

图 8-19 微信搜一搜界面

（2）搜狗微信搜索

除微信客户端外，用户还可利用搜狗微信搜索来查找相关公众号内容。搜狗微信搜索是搜狗在 2014 年 6 月 9 日推出的一款针对微信公众平台而专门设立的搜索引擎。在浏览器地址栏输入 https://weixin.sogou.com，进入搜狗微信搜索的主页。搜狗微信搜索提供搜文章和搜公众号两个功能（如图 8 - 20）。

图 8 - 20　搜狗微信搜索界面

四、抖音(https://www.douyin.com)

1. 抖音简介

抖音，是由北京字节跳动科技有限公司孵化的一款音乐创意短视频社交软件。该软件于 2016 年 9 月 20 日上线，是一个面向全年龄的短视频社区平台，用户可以通过这款软件选择歌曲，拍摄音乐作品形成自己的作品。2017 年 5 月火爆，半年多时间里，日均视频播放量已过亿，日活跃用户数量也达到数百万。抖音 APP 能在短时间内迅速"火"起来，主要依赖其自身的优势以及相关传播方式、算法机制等。抖音支持各个行业的优质内容供给者（政府、媒体、群媒体、个人、企业及其他组织）免费申请入驻，为其提供各类内容；而这些内容供给者也可以通过抖音媒体的影响力，提升自己在行业领域的知名度。抖音有移动客户端 APP，也有网页版，网页版首页如图 8 - 21 所示，包含编辑精选、抖音热榜、知识、生活、猜你喜欢等类型短视频。

2. 检索方法

进入抖音网页版，在其顶部的检索框可以输入关键词进行模糊检索（并非完全字面匹配），系统将搜索结果分为综合、视频、用户、直播四个类别。抖音还将视频内容分为八大板块,包括:娱乐、知识、二次元、游戏、美食、体育、时尚、音乐,用户可以根据自己感兴趣的主题进行分类检索浏览。

图 8-21 抖音网页版首页

五、Facebook(https://www.facebook.com)

Facebook,中文名为"脸书",是一个联系朋友的社交工具,在 2004 年 2 月 4 日由马克·扎克伯格(Mark Zuckerberg)与他的哈佛大学室友们所创立。网站的名字 Facebook 来自传统的纸质"点名册",通常美国的大学和预科学校把这种印有学校社区所有成员的"点名册"发放给新来的学生和教职员工,帮助大家认识学校的其他成员。

Facebook 用户可以建立个人主页,添加其他用户作为好友并分享信息,包括自动更新及及时通知对方,同时可以加入不同群组,大家可以通过它和朋友、同事、同学以及周围的人保持互动交流,分享无限上传的图片,发布链接和视频,更可以增进对朋友的感情。此外用户也可以加入有相同兴趣的组群,这些组群依据工作地点、学校或其他特性分类。此外,Facebook 还开设了一套为商家服务的功能,通过它的人际网络链接和用户基数能达到电子商务推广效能,有利于商业用户更好地利用平台去做品牌和发展产品。

截至 2020 年第一季度,Facebook 已有超过 26 亿个活跃用户,其中约有 9% 的不实用户。2021 年 10 月,马克·扎克伯格宣布将其公司名称更改为 Meta,将重点转移到构建"元宇宙"上,目标是要建立一个数字虚拟新世界。元宇宙是能够为用户提供随时随地临场感体验的互联网络,能够通过 VR、AR、PC、移动设备及游戏主机等各种不同的平台访问,或将是移动互联网的下一阶段形态。

8.3 网络存储信息资源

8.3.1 网络存储信息资源概述

网络存储信息资源是虚拟信息资源,是以数字化形式存储,以多媒体形式表达,存储于网络计算机磁介质、光介质以及各类通信介质上的并通过计算机网络通信方式进行传递的信息内容的集合；又或者可以认为网络信息资源是以数字化的形式存贮于网络节点中的、借助网络进行传播和利用的信息产品和信息系统的集合体。

网络存储信息资源通常以网盘应用的形式为用户提供服务。网盘,又称网络硬盘、网络U盘,是一种基于网络的在线存储服务。网盘向用户提供文件的存储、共享、访问、备份等文档管理功能。用户可以通过因特网管理、编辑网盘里的文件。网盘的实质是网盘服务提供商将其服务器的硬件资源分配给注册用户使用,免费网盘通常只用于存储较小的文件;而收费网盘则具有速度快、安全性能好、容量高、允许大文件存储等优点,适合有较高要求的用户。

在网络存储信息资源的分享过程中,还容易出现资源侵权的行为,比如稀缺资源的买卖、盗版影视及音乐资源的非法传播等等,一般可通过健全法律体系、加大执法力度、建立网盘版权保护运营新机制、加强网盘使用者版权保护意识、建立规范的网盘版权交易平台等措施来加强版权保护。

8.3.2 网络存储资源检索

一、百度网盘(https://pan.baidu.com)

百度网盘是百度公司推出的一款商业网盘产品,其最大的特色在于它的社交功能。使用百度网盘,用户可以将通信录、视频、文档等多种类型的资源与好友共享,甚至分享到朋友圈。百度网盘为用户提供了云相册、云通信录、文件自动分类等云服务,同时提供了多份数据备份和容错机制,通过多份备份保证存放在百度网盘里的用户数据不会因为系统掉电、受到攻击等不可控突发因素造成数据损坏或丢失。

二、坚果云(https://www.jianguoyun.com)

坚果云是一款企业网盘产品,为用户提供文件共享、同步、备份服务。坚果云自2012年3月正式开放注册以来,已累计了数百万个人用户及上万家付费企业用户,其中包括中石油、中海油、阿里巴巴、腾讯、中科院、清华大学等大型企业客户,同时也是微软、IBM、中国电信的合作伙伴,成为目前国内企业级市场占有率最高的企业网盘产品。相比于其他网盘,坚果云的特色功能在于:自动同步、智能增量同步、闪电下载、文件自动锁定、动态身份验证、军方级别加密、文件收集、知识地图等等。坚果云对注册用户不设置总存储容量上限,限制每月上传流量1GB,若开通付费会员则不对上传流量进行限制,总容量为初始30GB和每月增加1GB的存储空间。坚果云提供了全平台支持、文件自动同步、文件共享、历史版本管理和全平台文件搜索等众多功能。

三、阿里云盘(https://www.aliyundrive.com)

阿里云盘是阿里巴巴全球技术团队打造的一款个人网盘,有下载不限速、不打扰、够安全、易于分享等特点,是一款为PC端用户提供云端存储、数据备份及智能相册等服务的网盘产品。2021年3月22日,阿里云盘正式启动公测,其主要功能包括:大容量存储空间、5G

速度上传下载、企业级数据安全防护、在线预览能力、智能备份相册、AI分类、轻松找图、分享能力等。相较于百度网盘以及其他同类型的网盘应用,阿里云盘具有更加简约、无广告投放、上手简单方便等特点。

四、夸克网盘(https://pan.quark.cn)

夸克网盘是夸克推出的云服务产品,支持极速上传下载、文件分享、多端同步资源等功能。夸克网盘具有可以自动识别网页的视频资源,并提供快速保存至网盘的特有功能,并且夸克网盘还提供视频加速功能,可以更为流畅地观看视频。此外,夸克网盘还提供了PDF转换、文件扫描等实用小工具。

针对国内网盘信息资源的检索,一般使用网盘搜索引擎,常用的网盘搜索引擎有:超能搜(https://www.chaonengsou.com)、资源精灵(https://jinglingyunpan.com)、盘搜搜(https://www.pansoso.com)、云铺子(http://www.yunpz.net)、学搜搜(https://www.xuesousou.com)等,在使用过程中需注意各类信息资源的版权问题。

五、MediaFire(https://www.mediafire.com)

MediaFire是一家老牌的美国云存储网盘服务提供商,提供专业的文件和图像托管服务。该网站于2005年3月21日由雪兰在美国得克萨斯州创建,被PC Magazine评为2008年全球顶级网站之一,同时被CNET、Lifehacker、PC World、USA Today和TechCrunch等知名网站评为最便捷的网络存储服务提供商。MediaFire支持多种语言,包括简体中文。

MediaFire的特色功能包括免费网盘、无限带宽、无限上传/下载次数、不限速度、无需注册即可上传文件、不限上传文件类型、无存储时间限制、上传图片支持外链等。

六、Microsoft OneDrive(https://onedrive.live.com)

Microsoft OneDrive是美国微软公司推出的网络硬盘及云端服务。用户可以上传各类文件到网络服务器上,并且通过网络浏览器来浏览那些文件。OneDrive最初是以Windows Live Folders为名推出,且仅开放给美国的少数测试者进行测试。2007年8月1日,该服务开始对大众开放,2007年8月9日,Windows Live Folders被改名为Windows Live SkyDrive,并且在英国和印度开放测试。2008年12月3日,Windows Live SkyDrive服务向中国大陆地区用户开放。由于与BSkyB存在商标争议,微软在2014年1月宣布SkyDrive产品更名为OneDrive。

Microsoft OneDrive可以配合Office产品使用,通过OneDrive最新版本的Word、Excel、Office将得以协同工作。Microsoft 365服务的订阅用户可获得1TB储存空间,免费用户则有5GB储存空间,此外用户可选择付款扩展容量。OneDrive现在支持100GB的文件。另外,微软也提供以Silverlight和HTML5为基础的文件上传功能,用户只要透过"拖拉"的方式便能将文件上传。但如没有安装Silverlight或浏览器不支持HTML5时,每次只能上传5个文件。

8.4 专类网络信息资源

8.4.1 专类网络信息资源概述

在本节中，将探讨专类网络信息资源检索。专类网络信息资源是指以某一特定类型或特定领域应用所产生的网络信息资源，如多媒体素材类信息资源、编程类信息资源、软件工具类信息资源、电子商务类信息资源、活动类信息资源等等。

多媒体素材类信息资源主要是指文本、图形、图像、动画、视频、音频等多种素材资源。多媒体素材信息资源的检索、存储与利用是在这个多媒体技术盛行的时代所必需的技能，大量多媒体素材的积累可以帮助我们在生活、工作和学习中更加游刃有余，尤其是教育及自媒体工作者。学习编程已经逐渐成为一种面向大众的实用性的技能，编程类信息资源主要就是围绕编程学习、程序开发等方面所涉及的资源，通过检索与利用这类资源可更好地掌握计算思维与编程方法。软件工具是指为支持计算机软件的开发、维护、模拟、移植或管理而研制的程序系统，软件工具类信息资源即包括各类软件工具的下载信息、安装使用方法等等，善于检索这类资源有助于提升我们的工作学习效率。电子商务是利用计算机技术、网络技术和远程通信技术，实现电子化、数字化、网络化及商务化的整个商务过程。如今，我国电子商务市场的发展已经日趋完善和成熟，本教材定义的电子商务类信息资源主要是以电商交易平台发布的各类信息资源为主要来源，如何在海量电子商务类信息资源中找到自己所需要的商品并辨别真伪也是当下用户理应具备的基本技能。活动类信息资源主要是指相关机构或中介平台发布的有关话剧、音乐会、体育赛事、演讲、展览、集市等活动的相关信息资源，如海报、活动详情、用户评论等。活动主要分为公益类与商业类，需符合相关法律法规，用户参与方式也包括线上及线下等。

8.4.2 图片信息资源检索

一、觅元素(http://www.51yuansu.com)

1. 觅元素简介

觅元素是一家专注做高清PNG免抠设计元素及背景免费下载的设计素材网站，提供位图、透明背景素材、高清PNG、图片素材、漂浮元素、装饰元素、标签元素、字体元素、图标元素等免抠设计元素的免费下载。觅元素不仅为用户提供高质量的PNG设计元素，还致力于降低用户获取设计素材的成本，让用户在省时、省力的同时还可以降低素材获取成本。觅元素网站也提供付费会员下载，VIP会员可以下载网站任意素材。

2. 检索方法

在网页浏览器地址栏中输入网址，进入觅元素网站的主页。在主页中部的检索框中输入需要检索的图片主题，点击"搜元素"或者"搜背景"。在元素搜索的结果页面中，可以在漂浮元素、装饰元素、节日元素、字体元素、标签元素、背景元素、图标元素、动植物元素等主题分类进行筛选浏览,还可按照综合排序、最多下载、最新上传、最多收藏等方式进行排序,此外支持的文件格式还包括PSD、AI、CDR、EPS等(如图8-22)。

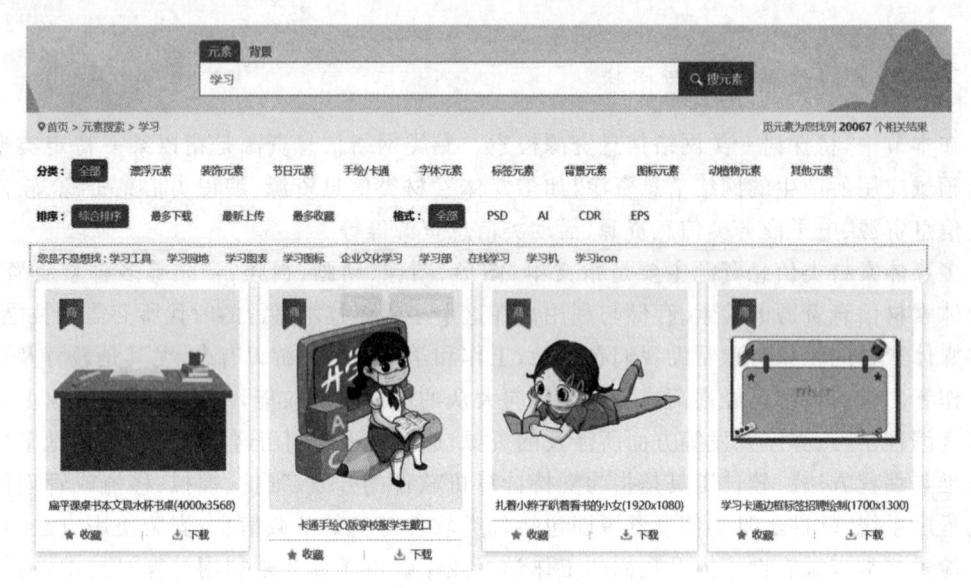

图8-22 觅元素检索结果页面

二、摄图网(https://699pic.com)

1. 摄图网简介

摄图网成立于2015年,是一家专注于正版摄影高清图片素材免费下载的图库作品网站。摄图网内容涵盖照片、视频、创意背景、设计模板、GIF动图、免抠元素、办公文档、插画、音乐等大类,为从事创意设计工作的自由职业者、新媒体运营者、企业用户等提供服务。摄图网有以下几个特点:一、拥有上百万可商用版权素材;二、提供正规的版权授权书;三、性价比高;四、简单上手,使用体验友好。

2. 检索方法

在浏览器地址栏中输入网址,进入摄图网主页,在检索框中输入所需要的检索词,点击搜索按钮,搜索结果如图8-23所示。此处,可以通过检索框左侧下拉列表来选择主题分类,包括照片、人像、实拍、视频、3D素材、设计模版、创意背景、插画、免抠元素、GIF动画、办公文档、音乐、字体、在线设计等。检索结果可以排序,也可按照竖图、人数、人种、性别、年龄、地域、精品、格式、颜色等具体类别进行细分筛选。

图 8-23　摄图网检索结果页

三、500px（https://500px.com.cn）

1. 500px 简介

500px 最初在 2003 年建立，2009 年开始进行商业化运营。参与者可以在此站分享和发现照片作品，寻找优秀的摄影人才，找到志同道合的朋友；摄影师也可以在这里出售自己的照片。2018 年 2 月，500px 被视觉中国全资收购。在 500px 中国版摄影社区创建个人主页并分享照片，在海外的 500px 摄影社区会自动生成镜像，促进全球摄影人的交流与分享。平台还会定期举办各类摄影大赛，定向创作活动是摄影师和爱好者以图会友，展示作品的绝好机会，同时还可以赢取社区精心准备的各种精美奖品。此外，摄影社区也是摄影师成为视觉中国签约摄影师的一条途径，"摄探"每天都会关注社区内热门图片以及相关摄影师。

2. 检索方法

在浏览器地址栏输入网址，进入 500px 主页。在主页顶部检索框中可输入关键词对作品、活动、摄影师或部落进行检索。部落是 500px 用户在社区内创建的亚社区，部落管理员可以管理部落成员、发布精选集、组织线上摄影大赛等。以搜索关键词"高校"为例，对于搜索结果还可以进行分类浏览（如图 8-24），包含动物、抽象、黑白、名人、城市、音乐、商业等 28 个分类主题。

图 8-24　500px 检索结果页面

四、Flickr(https://www.flickr.com)

Flickr 为雅虎旗下图片分享网站，由加拿大 Ludicorp 公司开发设计。2005 年，雅虎公司收购了 Ludicorp 公司和 Flickr。2017 年 6 月，威讯(Verizon)完成并购雅虎的手续，Flickr 随之并入威讯旗下子公司 Oath。2018 年 4 月，专业图库服务商 SmugMug 从 Oath 集团手中收购了 Flickr。

Flickr 集合了借由使用者间的关系而相互连接的数字影像，这些数字影像可依其内容彼此产生关联。图片上传者可自己定义该图片的关键字，即"标签(Tags)"，方便其他用户进行搜索，例如特定的拍摄地点或照片的主题等；而创作者也能很快了解相同标签下有哪些其他用户分享的图片，Flickr 也会挑选出最受欢迎的标签名单推送给用户。除图片服务外，Flickr 还提供联系人服务、群组服务等，是较为著名的 Web 2.0 式的网站。

8.4.3　视频信息资源检索

一、腾讯视频(https://v.qq.com)

1. 腾讯视频简介

腾讯视频于 2011 年 4 月上线，2012 年 11 月腾讯视频会员服务正式开通，2013 年 10 月 13 日腾讯视频开通微信支付功能。2017 年 1 月据 QuestMobile 公布的 2016 年度榜单显示，腾讯视频荣登在线视频 APP 价值榜第一，截至 2022 年 3 月 31 日，腾讯视频付费会员数达 1.24 亿。

腾讯视频是聚合了多类型节目的综合视频内容平台，拥有流行内容和专业的媒体运营能力，是聚合热播影视、综艺娱乐、体育赛事、新闻资讯等为一体的综合视频内容平台，并通过 PC 端、移动端及客厅产品等多种形态为用户提供高清流畅的视频娱乐体验。腾讯视频会记忆用户行为,在每次登录之后都能够根据以往行为推送相关信息,从而增强用户的点击量。在电影方面,腾讯视频加大资金投入,在实现国内院线电影新媒体版权全覆盖的同时,与派拉蒙、迪士尼、索尼、环球、华纳进行深度合作,搭建行业前沿的电影片库,为用户提供更高艺术水准和娱乐观赏性的内容。腾讯视频客户端平台的核心功能主要有:离线缓存观看视频、投屏观看、影视圈分享信息、个性化影院等等。

2. 检索方法

进入腾讯视频首页,在首页上方的搜索框中输入检索词,点击"全网搜"按钮,搜索结果将不仅仅为腾讯视频制作出品的内容,其他视频网站的相关内容也会呈现在页面中。另外,还可对第三方自媒体创作号以及用户进行搜索,搜索结果也可按特定条件进行筛选(如图8-25)。

图 8-25　腾讯视频搜索结果页面

二、哔哩哔哩(https://www.bilibili.com)

1. 哔哩哔哩简介

哔哩哔哩的官方定位是"中国年轻人聚集的文化社区",是一个以用户产生内容为主的新型视频分享类平台。该网站于 2009 年 6 月创建,简称为"B 站"。哔哩哔哩早期是一个以动画、漫画、游戏为主要内容创作与分享的视频网站,经过十年多的发展,围绕用户、创作者和内容,构建了一个源源不断产生优质内容的生态系统,B 站已经涵盖 7000 多个兴趣圈层的多元文化社区。B 站用户具有显著的年轻化特征,81.7% 的用户年龄在 24 岁以下,用户群体以学生为主,覆盖了 50% 以上的城市年轻网民。相比于其他直播平台,B 站直播受众群体更偏向于年轻人,二次元与学播等新兴互动形式尤为多见。除了直播,B 站的学习类视频种类丰富,如本科阶段的公共课、专业课、考研配套课程,以及各式各样的技能类课程等。

此外,哔哩哔哩是弹幕文化新兴代表,弹幕文化是以数字技术为支撑,通过媒介平台针对特定内容发送文字、表情等表意符号,并最终以流动的形式显示于屏幕之上的文化景观,具有交互性、即时性、指向性、娱乐性等鲜明特征。

2. 检索方法

在网页浏览器地址栏中输入 https://www.bilibili.com,进入 B 站主页面,点击主页上方的检索框会显示热搜和检索历史;输入检索词进行检索,检索结果也进行了初步分类,主要包括综合、视频、番剧、影视、直播、专栏、话题、用户等。

三、YouTube(https://www.youtube.com)

YouTube 是一个视频网站,早期公司位于美国加利福尼亚州的圣布鲁诺,注册于 2005 年 2 月 15 日,由美国华裔陈士骏等人创立,也是当前全球最大的视频搜索和分享平台,用户可以下载、观看、分享及评论视频。此网站没有官方的中文名称,较为广泛使用的俗称有油管、水管等。2006 年 11 月,Google 公司以 16.5 亿美元收购了 YouTube。大部分 YouTube 的上传者仅是个人自行上传,但也有一些媒体公司如哥伦比亚广播公司、英国广播公司以及其他团体与 YouTube 有合作伙伴计划,上传自家公司所录制的影片。YouTube 网站的视频类型主要分为短视频(shorts)、长视频(video)以及直播(live),短视频是泛娱乐型的,长视频的垂直度和专业度较高。

四、IMDb(https://www.imdb.com)

IMDb 即互联网电影资料库(Internet Movie Database,简称 IMDb),是一个关于电影演员、电影、电视节目、电视明星和电影制作的在线数据库。IMDb 创建于 1990 年 10 月,从 1998 年开始成为亚马逊公司旗下网站。IMDb 并不给予用户随时添加、删除和修改既有内容的权限,所有用户提交的信息必须要经过 IMDb 的算法和网站工作人员的审核,方可在页面上展示。IMDb 上有丰富的电影作品信息,包括视频演员、导演、剧情、影评这类的基本信息,也有更深层的内容,比如视频相关的琐事花絮、片中出现的漏洞、视频音轨、屏幕的高宽比、视频的不同版本等等。演员、导演、作者和其他工作人员都在数据库中有自己的条目,其中列出他们参与过的视频,通常还有他们的传记。IMDb 不只是电影和电子游戏等的数据库,还提供每日更新的电影电视新闻,以及为不同电影活动推出特别报道。

IMDb 的网站特色就是为电影评分,这些分数往往根据复杂的算法规则得出,不仅有专业工作人员对影片打分,也允许普通影迷给电影评分,当投票人数较多的时候,影片的得分可以比较客观地反映影片的质量。当然,由于它是一个英文网站,这也使得非英语影片受到的关注较少。

8.4.4 音频信息资源检索

一、蜻蜓 FM(https://www.qingting.fm)

1. 蜻蜓 FM 简介

蜻蜓 FM 上线于 2011 年 9 月,是国内首家网络音频应用,以"更多的世界,用听的"为口号,为用户和内容生产者共建生态平台,2013年蜻蜓FM加入了点播内容,除了收录全国3000多个广播电台、1000多家高校电台,还新增了主播电台、有声读物、各类播客等点播内容,2015年,蜻蜓FM在行业首次提出PUGC战略,大规模邀请传统电视、广播的主持人和时事军事、财经商业、人文历史等领域有专业建树的意见领袖和自媒体人入驻蜻蜓FM并制作发布音频节目。蜻蜓FM将传统电台整合到网络电台中,为用户呈现前沿丰富的广播节目和电台内容,涵盖了新闻、音乐评书、健康、教育、文化、科技、电台等三十余个大分类。

2. 检索方法

在蜻蜓FM的主页顶部检索框输入检索词,可搜索相关专辑、电台和节目。例如,用户检索"英语口语",检索结果如图8-26所示,从检索结果中除专辑、电台与节目外,还可发现相关主播。

图8-26　蜻蜓FM检索"英语口语"结果页面

此外,蜻蜓FM还支持分类浏览检索。页面左侧为分类目录,包括小说、脱口秀、相声小品、头条、情感、儿童等栏目,每个栏目下均设有相应的二级分类,例如头条分类下还包含资讯、评论、知识、人物、杂谈等。

二、懒人听书(https://www.lrts.me)

1. 懒人听书简介

懒人听书是由深圳市懒人在线科技有限公司开发运营的一款移动有声阅读应用,提供免费听书、听电台、听新闻等有声数字收听服务,用户规模上亿,是国内受欢迎的有声阅读应用。2012年上线以来,现已发展为集内容创作、内容分发、开放赋能、听友交流于一体的综合型移动音频平台。懒人听书支持多种客户端平台,产品由有声书城、听吧社区、开放平台三部分组成。

懒人听书已与中信出版社、长江文艺出版社、接力出版社等全国500多家出版社建立长期合作关系，拥有五千多位优质主播、七万多个节目，超万部的有声书籍音频作品音频时长超百万小时，每年投入数千万元资金用于采购正版书籍资源，以丰富平台资源。海量内容也满足了用户不同类别的需求。懒人听书解决了用户时间碎片化、无法集中时间阅读、传统阅读受时空等外在因素限制的短板以及传统阅读文本承载内容有限等一系列痛点问题。

2. 检索方法

在懒人听书主页顶部的检索框中输入检索词，可以匹配检索到相关书籍、节目或主播。例如，用户输入关键词"史记"，检索结果如图8-27所示，包含60本书籍、76个节目。用户可以根据需求进行浏览选择，也可以通过网页或者移动APP对相关音频内容进行下载或者分享。

图8-27 懒人听书检索"史记"结果页面

三、Audible(http://Audible.com)

1. Audible 简介

Audible是一家有声书在线出版和零售平台，拥有强大的内容资源和平台功能。自创立之初就主营有声读物，早在1997年便推出了第一款播放有声书的便携式音频播放器。2008年被亚马逊收购后，成为全球最大的有声书制造商和销售商之一。2016年，美国阅读社交平台GoodE-Reader发布调查数据显示，16.6%的被调查用户认为，最受欢迎的有声书服务来自Audible公司。自2020年全球新冠疫情暴发，导致全球学校和教育机构实行线上学习，Audible推出了一项可为儿童和青少年提供免费在线有声读物的Audible Stories。

2. 检索方法

在 Audible 主页上方的检索框中输入检索词,可获得相应检索结果,例如输入"Journey to the West"(如图 8-28),在结果列表中,每本有声书均显示了作者、播主、时长、语种等信息,用户也可在线播放样章;鼠标移到有声书封面图片上可显示内容简介以及用户评分信息。此外,还可通过页面左侧的筛选条件来缩小检索范围,如时长、语言、格式、版本等。

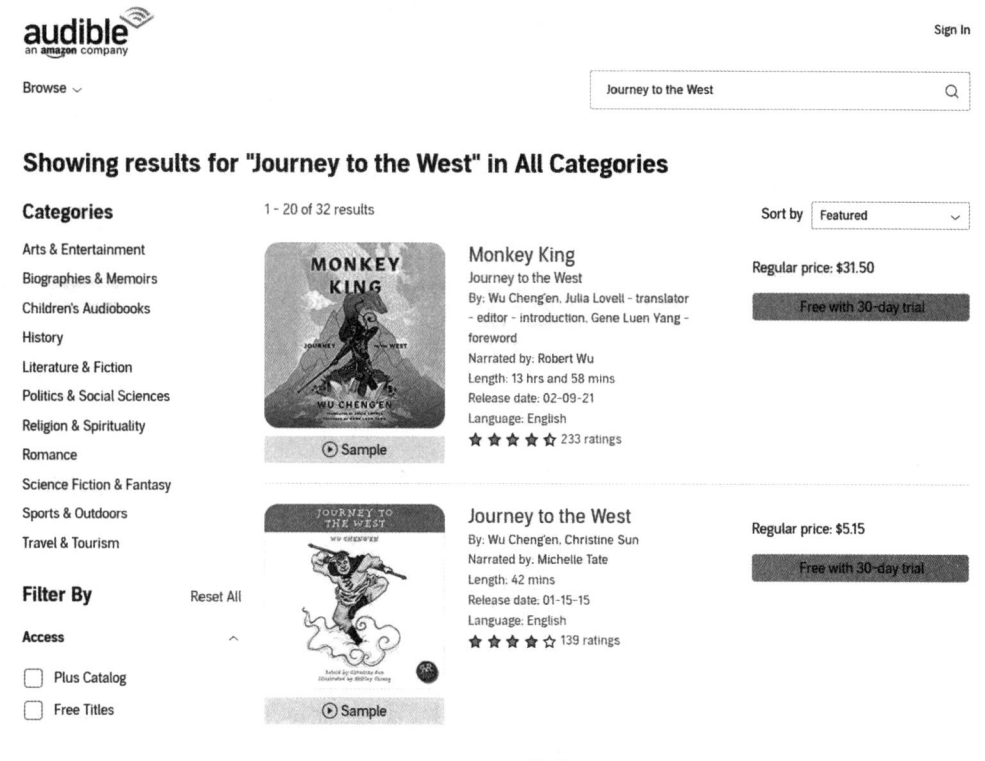

图 8-28 Audible 检索结果页面

四、LibriVox(https://librivox.org)

1. LibriVox 简介

LibriVox 是一个公共领域有声书籍的免费数字图书馆,其有声书由志愿者朗读录制且全部免费,由蒙特利尔作家 Hugh McGuire 于 2005 年 8 月创立。截至 2021 年 2 月,LibriVox 已完成有声书籍项目一万五千多个,大多数为英文读物,此外也有中文、西班牙语、法语等语种。

LibriVox 网站上分为两个板块,一个是 Read,另一个 Listen,用户可以选择阅读,也可以选择收听。每个用户都可以在网站上传自己的朗读作品,以及下载他人朗读的有声书作品。用户可以通过标题、作者、流派、主题或语种进行搜索来找到免费的有声读物。

2. 检索方法

进入 LibriVox 主页的 Listen 板块,在检索框里输入有声读物的标题、作者或朗读者等关键词，如搜索"Oliver Twist"，结果页面如图 8-29 所示，检索结果列表按名称进行排列，页面左侧还有关于这些有声读物在美国以外地区使用的版权声明。

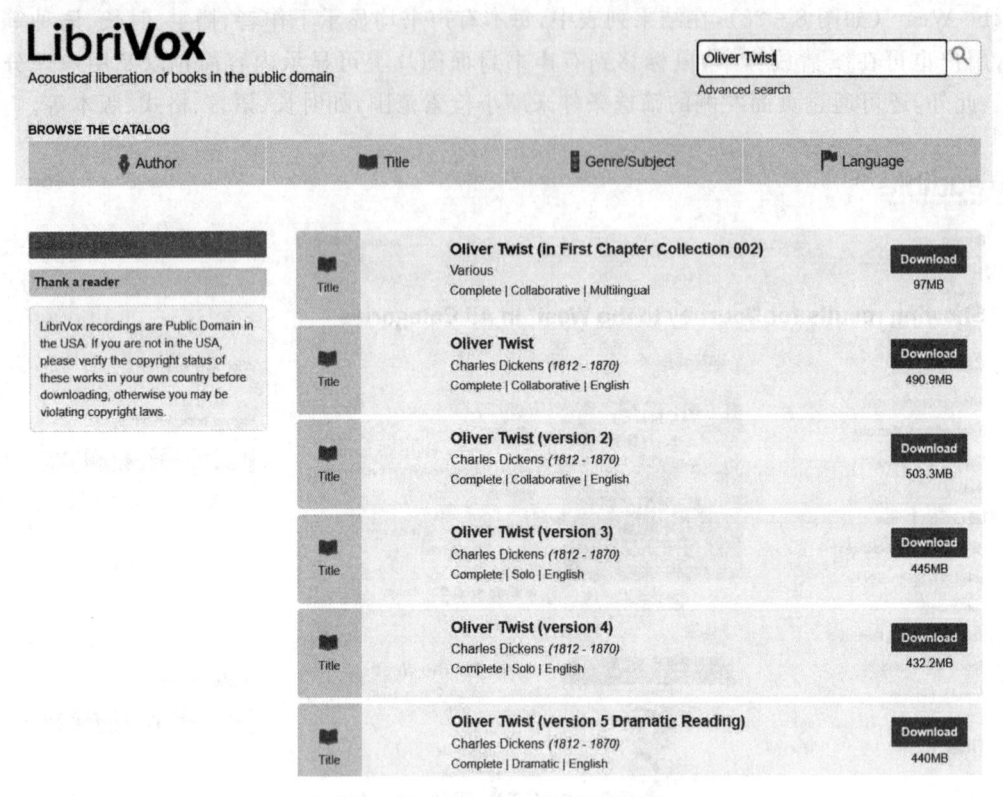

图 8-29 LibriVox 检索结果页面

LibriVox 还支持高级检索，可以根据标题、作者、读者、匹配方式、关键词、分类、状态、语言等属性条件进行关键词的输入与限定。

8.4.5 PPT 信息资源检索

一、稻壳儿（https://www.docer.com）

1. 稻壳儿简介

稻壳儿是金山办公旗下专注办公领域内容服务的平台品牌，拥有海量优质的原创 Office 素材模板及办公文库、职场课程、H5、思维导图等资源，前身是 2008 年诞生的"WPS 在线模板"，2013 年全面升级为稻壳儿（Docer 谐音，即 Doc+er）。依托于 WPS Office 办公软件，稻壳儿不断丰富、优化办公内容资源，借助用户画像和 AI 技术洞察用户需求，提供智能、精准的办公内容服务，帮助用户提升办公效率。

稻壳儿主要设有 PPT 频道、表格频道、海报文档、简历制作、职业测评、图片设计等模块，PPT 资源是其特色。此外，稻壳儿还为创作者提供了办公技能和知识变现平台，目前已有 3 000 多名签约内容创作者入驻，为稻壳儿用户不断创造多样化、个性化的优质办公内容

第 8 章　新兴网络信息资源检索　　317

资源及服务。

2. 检索方法

在稻壳儿首页检索框中输入关键词,如"毕业答辩",在下拉列表中选择"演示",点击检索按钮,检索结果如图 8-30 所示。用户还可进一步对检索结果按照类型、用途、行业、风格、比例等条件进行筛选。

图 8-30　稻壳儿检索"毕业答辩"结果页面

稻壳儿也支持分主题检索,PPT 模板的分类主题目录,主要分为热门 PPT、用途场景、热门风格、节日庆典、经典配色等主题,每个主题下还包含若干子主题。

二、优品 PPT(https://www.ypppt.com)

1. 优品 PPT 介绍

优品 PPT 是一家专注于分享高质量 PPT 资源下载的网站,主要包括 PPT 模板、PPT 背景、PPT 图表、PPT 素材、PPT 教程、节日 PPT、字体库及 PPT 课件等资源。目前,优品 PPT 为满足不同类别的用户群体在职场工作以及学习生活中的 PPT 的需求,提供了优秀 PPT 模板精品及相关的素材、教程等资源,并且所有资源完全免费,且用户体验较好。

2. 检索方法

在优品 PPT 主页上方的检索框中输入有关 PPT 模板的类型、主题、颜色等关键词,点击搜索按钮,可得到相应检索结果。例如搜索"家长会",系统还会给出搜索提示:"请输入两三个字的核心关键词,能获得更准确的搜索结果,不要带有模板、PPT、素材、课件等词",以便用户获得更符合搜索意图的结果(如图 8-31)。

图 8-31　优品 PPT 搜索"家长会"结果页面

三、HiSlide(https://hislide.io)

1. HiSlide 简介

HiSlide 是由 Anastasiia 于 2018 年 10 月在芬兰创建的一个的 PPT 模板网站,除提供 PowerPoint 模板外,还提供 Keynote 和 Google Slide 模板,模板种类涉及商业、营销、图表图示、教育等多个主题内容,有免费及付费资源。HiSlide 支持在 PPT 中嵌入视频,并且可以实现视频的自动播放。同时,HiSlide 也可为用户提供技术性的协助。

2. 检索方法

HiSlide 将 PPT 模板资源按颜色进行了区分,以红、黄、蓝三种颜色分别代表 PowerPiont 模板、Google Slide 模板和 Keynote 模板,如图 8-32 所示。

图 8-32　HiSlide 模板分类目录

四、SlideShare(https://www.slideshare.net)

SlideShare 是全球著名幻灯片分享社区,于 2006 年推出,2012 年被 LinkedIn 收购。用户可以将自己的幻灯片等文档上传至 SlideShare 存储并选择是否允许其他用户下载。SlideShare 网站提供英语、法语、德语、西班牙语等多语言支持。

SlideShare 支持上传 ppt、pps、odp 三种文件格式,上传成功以后 SlideShare 会提供给用户一个基于 Flash 的展示页面,甚至可以全屏预览,同时它还会提供给用户一段 Flash 格式的嵌入代码,方便用户将上传的 PPT 放置到自己的博客中。SlideShare 的特色在于提供了良好的社交功能,许多国外学者都会将学术研讨会上的主题演讲幻灯片上传至该平台进行交流分享。

8.4.6 编程资源检索

一、CSDN (https://www.csdn.net)

1. CSDN 简介

CSDN (Chinese Software Developer Network)创立于 1999 年,隶属北京创新乐知网络技术有限公司,是国内最大的 IT 社区和服务平台。

作为综合性知识服务平台,CSDN 旗下有多款产品,主要包括专业 IT 技术社区,如博客、论坛、资源下载中心等;有集合了各领域资深技术专家,为广大学员提供优质的在线课程及技术直播的在线学习平台"CSDN 学院";有 IT 领域 UGC 内容付费平台"GitChat";还有由全国各高校在校生代表自发加入的 IT 技术学习型组织"高校俱乐部"等。在 CSDN 平台上,可以找到大量与编程相关的文章、软件、工具、开源代码、课程等资源。此外,CSDN 还创办了中国最有影响力的技术刊物《程序员》,是定位于软件开发者、项目经理、CTO、CIO 的技术高端杂志,以前瞻性、专业性、思想性、实践性带领读者感悟开发,获得知识与灵感。

2. 检索方法

进入首页,用户可以在搜索框输入需要检索的内容,CSDN 将检索结果内容进行了分类,包括全站、博客、下载、代码、用户、课程、专栏、问答、商城等,如搜索"图数据库",对于搜索结果(如图 8-33),还可进一步通过各种条件进行限定筛选,如在博客分类下,可按照博主等级进行筛选;在下载分类下,按照文件类型进行筛选;在代码分类下,按照代码语言进行筛选;在课程分类下,按照课程主题,如移动开发、游戏开发、研发关联、数据库、设计制作、Web 全栈等进行限定;在商城分类下,按照商品的类型如电子书、视频课、工具云、广告、实体商品等进行筛选。

图8-33 CSDN检索页面

二、菜鸟教程(https://www.runoob.com)

1. 菜鸟教程简介

菜鸟教程成立于2015年,其域名为"Running Noob"的缩写,意为"奔跑吧!菜鸟"。菜鸟教程包括了HTML、CSS、JavaScript、PHP、C、Python等各种基础编程教程,也提供了大量的在线实例,帮助用户学习如何建站。菜鸟教程中所有的资源均为免费。

菜鸟教程站点主要包括菜鸟工具、菜鸟笔记、参考手册、用户笔记、测验/考试、本地书签等功能模块。例如,菜鸟工具模块为开发设计人员提供在线工具,提供在线PHP、Python、CSS、JS调试、中文简繁体转换、进制转换等工具;用户笔记模块为不同类别的计算机语言提供了经典的编写案例;测验/考试模块帮助用户通过习题测验去复习和巩固编程知识。

2. 检索方法

在浏览器地址栏中输入菜鸟教程域名进入主页,在页面右上方的检索框中输入关键词,可在各类教程中搜索相关内容,如检索"python",结果页面如图8-34所示,可查找到有关"python"关键词的所有教程文章。

图 8-34 菜鸟教程检索"python"结果页面

三、GitHub(https://github.com)

1. GitHub 简介

GitHub 是一个面向开源及私有软件项目的托管平台,因为只支持 Git 作为唯一的版本库格式进行托管,故名 GitHub。2008 年,GitHub 正式上线,2018 年被微软收购,除了 Git 代码仓库托管及基本的 Web 管理界面以外,还提供了订阅、讨论组、文本渲染、在线文件编辑器、协作图谱(报表)、代码片段分享(Gist)等功能。截至 2022 年 6 月,GitHub 报告拥有超过 8300 万开发人员和超过 2 亿个存储库(包括至少 2800 万个公共存储库)。随着越来越多的应用程序转移到了云上,GitHub 已经成为了管理软件开发以及发现已有代码的首选方法。

GitHub 主要功能包括:Git 仓库、Organization、Issue、Wiki 以及 Pull Request。Git 仓库可免费建立,即开发者将源代码存入的资料库;Organization 是组织账户,通常面向企业,相对于个人账户,其优点是可以统一管理账户和权限,但是需要支付一些费用;Issue 功能是将一个任务或问题分配给一个 Issue 进行追踪和管理的功能,每一个功能更改或修正都对应一个 Issue,讨论或修正都以这个 Issue 为中心进行;Wiki 功能是让任何人都能随时对一篇文章进行更改并保存,因此,可以多人共同完成一篇文章,并且修改的历史记录也会被保存下来;Pull Request 功能是指开发者在本地对源代码进行更改后,向 GitHub 中托管的 Git 仓库请求合并的功能。此外,GitHub 可以自动化团队的工作流程,按照用户自己的方式编译、测试、部署代码,并提供安全的开发环境。GitHub 上有着大量优秀的开源项目,因此,它也成为程序员一个重要的学习平台。

2. 检索方法

使用 GitHub 搜索各类开源项目是较为常见的应用场景,一般而言开源项目由项目名(name)、项目的简要描述(description)、项目源码、项目详细情况介绍(README.md)组成,此外项目本身的星标数(star)以及复制(fork)数量也是评判项目是否受欢迎的标准,这些都是很重要的搜索指标。例如,以项目名搜索,可以输入"in:name React stars>5000",其中 in、stars 为限定符,表示搜索名称中包含关键词"React"且星标数大于 5 000 次的项目。页面左侧可以看到在不同的主题对象中,命中的搜索数量如图 8-35 所示。除 in 之外,还有 user、org、size、repo、followers、forks、created、pushed、topics、language 等限定词可以帮助提高检索的查准率。GitHub 还支持高级检索,通过相关选项对检索内容进行组合与限定,也可获得较好的检索效果,高级检索界面如图 8-36 所示。

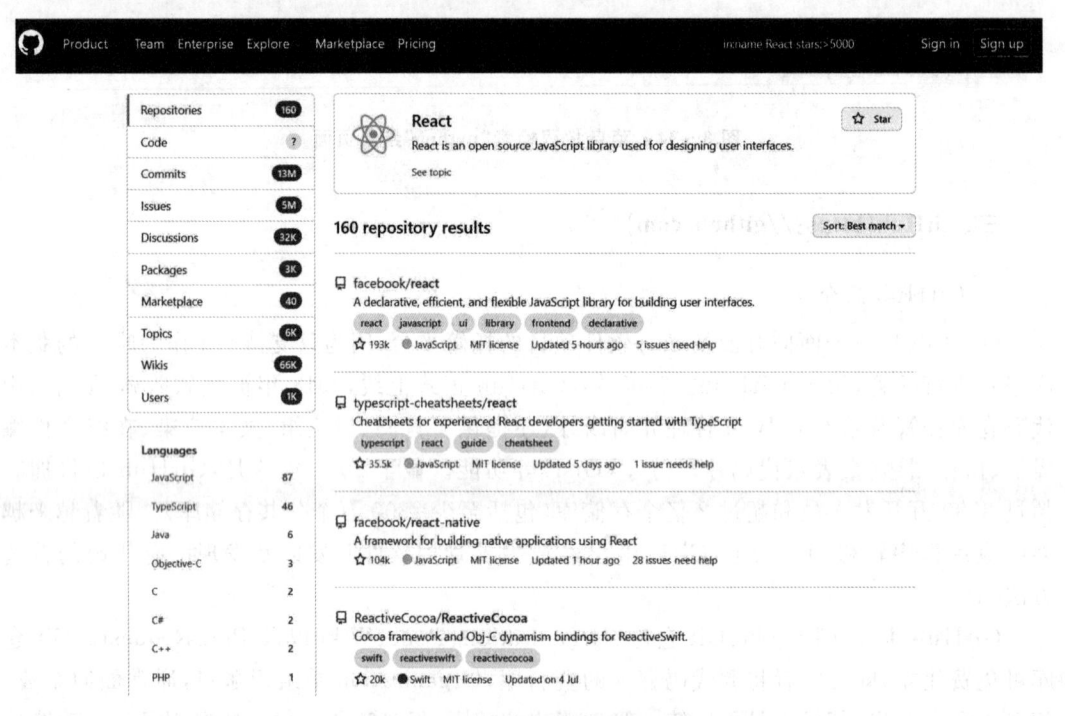

图 8-35 GitHub 搜索结果页面

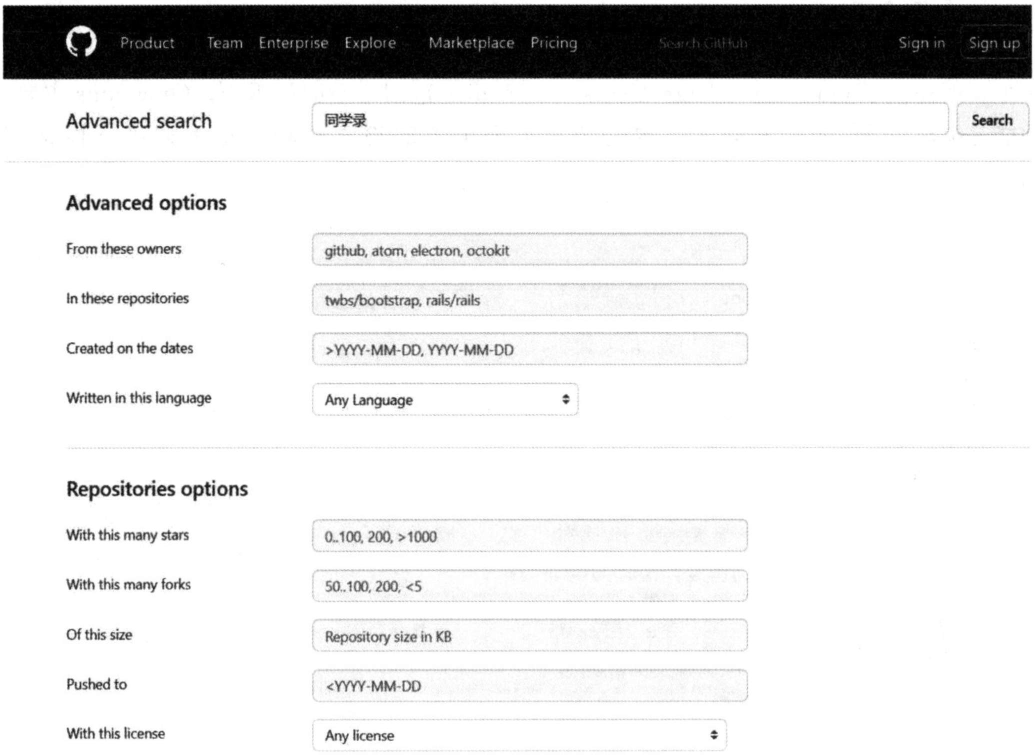

图 8-36　GitHub 高级检索界面

四、Stack Overflow（https://stackoverflow.com）

1. Stack Overflow 简介

Stack Overflow 是一个与程序相关的 IT 技术问答网站，由 Jeff Atwood 及 Joel Spolsky 在 2008 年创立，至 2020 年，Stack Overflow 有超过 1 100 万名注册用户和超过 1 000 万的平均日访问量，其中最常见的问答帖子主题涉及 JavaScript、Java、C♯、PHP、Android、Python、jQuery 和 HTML 等方面。

Stack Overflow 上蕴含了各软件项目或技术主题的大量问答记录，这些数据组织结构清晰，包含较多有价值的结构化信息，覆盖大多数常用软件项目且易于获取。网站允许注册用户提出或回答问题，还可对已有问题或答案加分、扣分或进行修改，条件是用户达到一定的"声望值"。"声望值"就是用户进行网站交互时能获取的分数，例如，用户 A 回答了一个问题，用户 B 对用户 A 的解答给予了"加分"，用户 A 就会因而获得 10 点声望值。当声望值达到某个程度，用户的权限就会增加，如声望值超过 50 点就可以评论答案，另外网站也会根据用户的贡献颁发徽章。用户创建的内容都使用知识共享协议授权。Stack Overflow 为用户提供了两种选择，一是作为个人选择社区，另一个是作为团体选择更为私密的知识共享空间。

2. 检索方法

在浏览器地址栏输入网址进入 Stack Overflow 主页,进入社区需要用户注册登录。社区主页面提供了 Questions,Tags,Users,Companies 这四个不同的界面。Questions 主要的功能是提出问题,而检索问题主要是依靠界面上方的检索框输入检索词进行检索(如图8-37)。

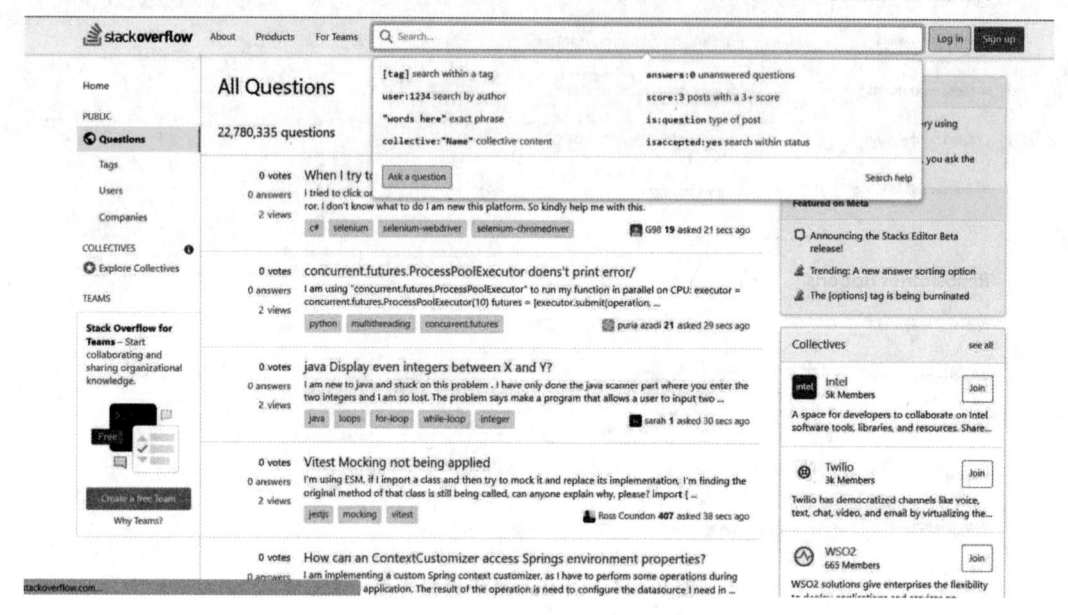

图 8-37 Stack Overflow 社区检索页面

Tags 是将用户的问题与其他类似问题进行匹配的关键字或标签。用户使用正确的标签可以让其他人更容易找到并回答用户的问题。用户可以在 Tags 界面内直接输入标签名称进行检索,也可以在主页面通过在方括号中输入检索词,对特定标签进行搜索,例如,在检索框中输入[C#],Stack Overflow 会对该标签进行注释。用户也可以通过过滤器,再一次通过检索限定条件对于检索结果进行过滤(如图8-38)。Users 可以支持通过用户名去检索相关用户,了解他发布的帖子和回答过的相关问题。在 Companies 界面用户可以关注感兴趣的公司,接收来自关注公司的电子邮件摘要。Users,Companies 也分别提供了独立的检索框供用户进行基本检索。

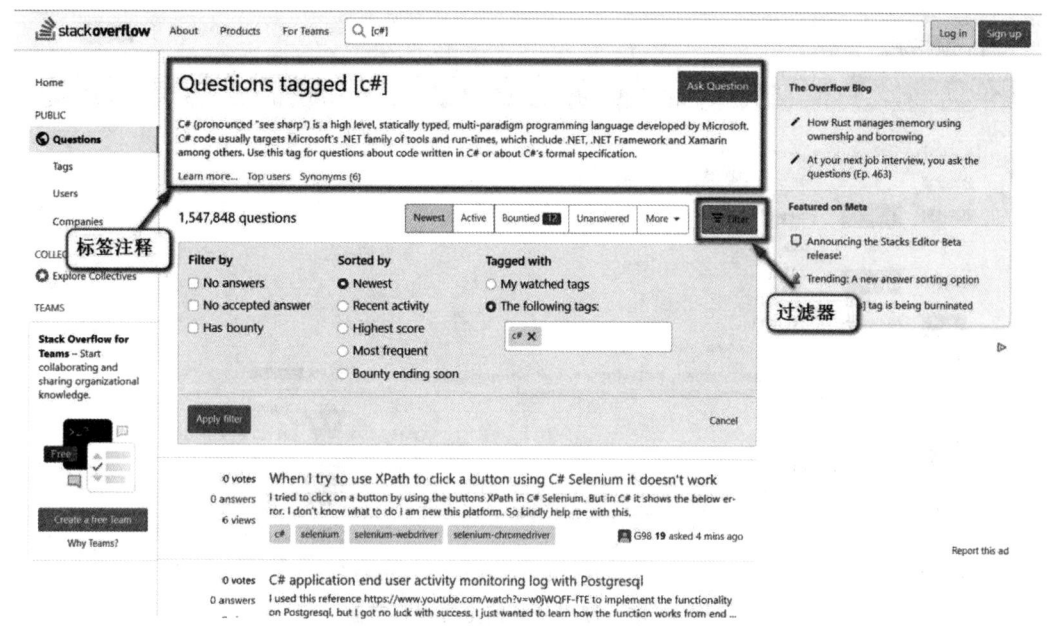

第 8 章 新兴网络信息资源检索　　325

图 8-38　Stack Overflow 标签检索

8.4.7　软件工具资源检索

一、华军软件园（https://www.onlinedown.net）

1. 华军软件园简介

华军软件园是中国起步较早，口碑良好的大型软件下载网站，是中国最具影响力的著名网站之一。华军软件园一直致力于为国内外用户提供安全、稳定、全面、高速的免费下载服务。1997 年 8 月 23 日，创始人华军在"广州网易"的服务器上传发布了"华军的个人主页"，后来逐渐发展成华军软件园。华军软件园已收录 42 000 多个软件并且软件被合理分类，加入了软件搜索，便于用户查询。该平台收录的软件支持国内外绿色免费软件本地高速下载。

2. 检索方法

用户进入华军软件园网站主页，在主页右上方的检索框中输入软件工具名称，如检索"Office"，系统提示找到与"Office"相关的信息共 100 条（如图 8-39）。检索结果分为软件、教程攻略、专题合集等 5 个类别，其中软件按照系统运行环境分为 Windows, Android, TV, iOS, iPad 等。另外，搜索结果中每款软件均会显示软件大小、更新时间、运行环境、版本以及软件基本简介等信息。

图 8-39　华军软件园搜索结果页面

华军软件园也支持分类检索，主要分为电脑软件、安卓分类软件、苹果 iOS 分类软件、软件专题分类以及办公资源分类等大类，每一大类下还有若干二级与三级目录。例如，软件专题大类下根据软件应用途径将其分为网络软件专题、媒体软件专题、图形图像软件专题、桌面软件专题等 13 个二级目录，之下还包含若干三级目录。

二、太平洋下载中心（https://dl.pconline.com.cn）

1. 太平洋下载中心简介

太平洋下载中心是太平洋电脑网旗下软件下载频道，是一个涵盖 PC 软件、手机应用、驱动和游戏的综合性权威下载平台，也是太平洋电脑网访问量最高的栏目之一。作为国内最老牌的软件下载站点，太平洋下载中心每天提供 1 000 多万人次的下载服务，其主要特点为软件工具更新及时，每天滚动更新；下载分类合理，定期针对网民需求调整和开设新分类；下载带宽充足，确保高速下载；引入国内外多家权威杀毒机构，确保下载安全等等。

2. 检索方法

太平洋下载中心采用的是太平洋电脑网的"快搜"搜索引擎。进入太平洋下载中心网站主页，在主页右上方的检索框中输入软件工具名称或类型，如检索"浏览器"，系统提示找到与"浏览器"相关的信息共 3 749 条（如图 8-40），并将结果按照系统运行环境分为软件下载、WP 下载、iOS 下载、VR 下载、电脑版、塞班下载、小程序下载、Android 下载等。另外，搜索结果中每款软件均会显示软件大小、更新时间、运行环境、下载次数以及用户评价等信息。

太平洋下载中心也支持分类检索，主要分为电脑软件、安卓分类软件、苹果 iOS 分类软件、驱动分类以及素材分类等大类，每一大类下还有若干二级与三级目录；例如，电脑软件大类下分为网络工具、应用工具、影音工具、系统工具等 18 个二级目录,之下还包含若干三级目录。

图 8-40　太平洋下载搜索结果页面

三、FileHippo(https://filehippo.com)

1. FileHippo 简介

FileHippo 是由英国科技公司 Well Known Media 于 2004 年成立的一个软件下载网站,提供自由软件及免费软件下载。它支持多种语言,包括英语、德语、西班牙语、法语、意大利语、波兰语、日语和中文等。FileHippo 主要致力于为用户提供最好和最新版本的软件,不会出现弹出式广告。FileHippo 提供了两种较为方便的方式供用户更新版本,一是通过邮件订阅,二是通过 FileHippo Update Checker。FileHippo 可以为用户保留旧版本程序,若更新后用户不喜欢新版本,也可以选择返回至旧的版本。此外,FileHippo 软件下载支持断点续传、下载管理等功能。

2. 检索方法

进入到 FileHippo 首页,在首页顶部的检索框中可输入软件名称的关键词,例如查找"时间管理"方面的软件工具,在检索框中输入"Time Management",搜索结果页面如图 8-41 所示。

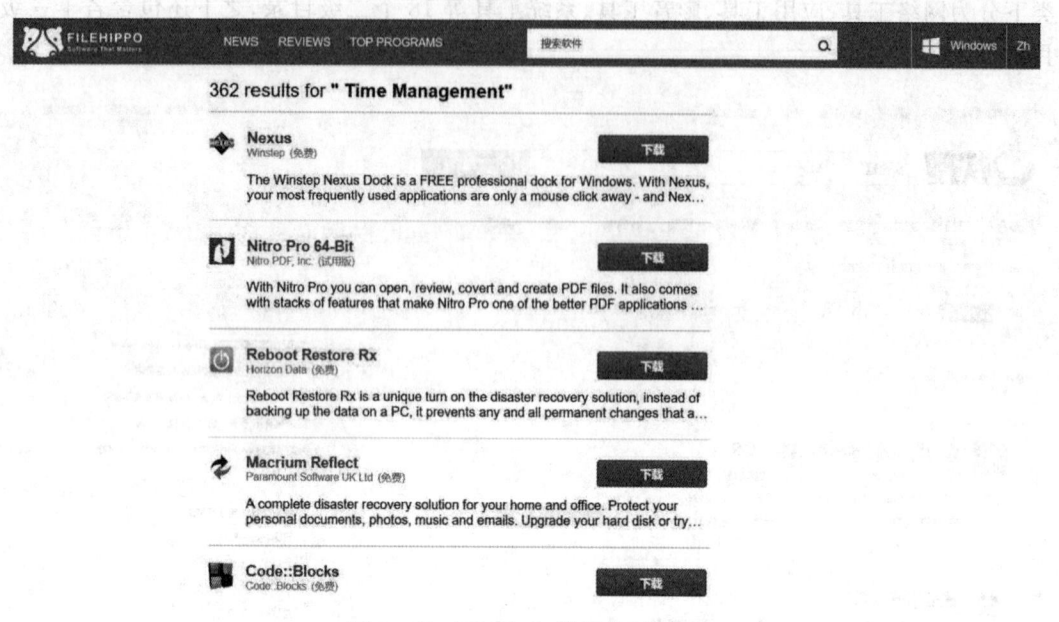

图 8-41　FileHippo 检索结果页面

FileHippo 也支持分类检索，网站按照软件类别与应用途径将内容分为 Browsers、Desktop、Games、Office & News、Learning、File Sharing 等十二个一级目录，一级目录下还分为若干二级目录，如 Learning 下还细分为 Catalogs、Dictionaries、E-readers、Languages & Translation 与 Teaching & Training 等。

四、SourceForge（https://sourceforge.net）

1. SourceForge 简介

SourceForge，又称 SF.net，是全球最大的开源软件开发平台和仓库，网站建立的宗旨就是为开源软件提供一个存储、协作和发布的平台。SourceForge 上拥有大量非常优秀的开源软件，这些软件也完全可以代替一些商业软件。SourceForge 网站主要内容分为 Open Source Software（开源软件）、Business Software（商业软件）以及 Resources（资源）等三部分，资源下还包括 Blog（博客）和 Articles（技术文章）。

2. 检索方法

用户可以在 SourceForge 网站主页顶部的检索框中输入需要的软件、商业解决方案或资源的名称。例如搜索"VR"，检索结果页面如图 8-42 所示，用户可在开源项目以及商业解决方案中进行选择；在页面左侧用户还可通过操作系统、软件分类、许可、语种、程序语言、版本、更新状态等条件进行筛选浏览。

图 8‐42　SourceForge 检索"VR"结果页面

8.4.8　电子商务信息资源检索

一、淘宝(https://www.taobao.com)

1. 淘宝简介

淘宝网由阿里巴巴集团于 2003 年 5 月 10 日投资创办,不仅是国内深受欢迎的网络零售平台,也是消费者交流社区和全球创意商品的集中地。2003 年 10 月淘宝网推出第三方支付工具"支付宝",以"担保交易模式"使消费者对淘宝网上的交易产生信任;2009 年,淘宝成为中国最大的综合卖场,也开启了一年一度的"双十一"购物节活动;2012 年 1 月 11 日,淘宝商城正式宣布更名为"天猫";2022 年 5 月,淘宝内部专门成立了元宇宙专项项目组,淘宝 APP 已经完成信息无障碍改造。随着淘宝网规模的扩大和用户数量的增加,淘宝也从单一的 C2C 网络集市变成了包括 C2C、分销、拍卖、直供、众筹、定制等多种电子商务模式在内的综合性零售商圈。

淘宝网的核心是一个由人工智能算法与海量数据共同驱动的搜索与推荐引擎,可以让每一位买家与卖家都可以得到个性化、智能化的服务,同时在此过程中也产生了庞大的各种信息资源,催生出许多新兴的行业与领域,带来了更多商机。

2. 检索方法

进入淘宝网主页,在页面上方检索框中可输入商品、天猫商城或个人店铺名称的相应关键词。例如,在"宝贝"里搜索"六级英语",结果页面如图 8‐43 所示。

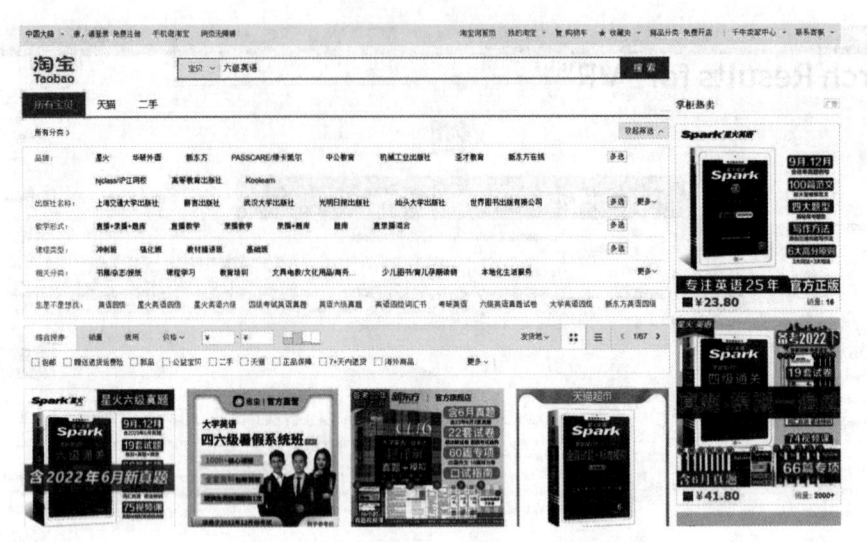

图 8-43 淘宝网检索"六级英语"结果页面

淘宝网非常注重商品的分类知识组织,在检索结果页面中,系统按照用户搜索的关键词将与之匹配的商品按照不同的逻辑方式进行呈现,例如关于"六级英语"的商品可能是图书或是线上课程,因此,系统会显示"品牌、出版社名称、教学形式、课程类型、相关分类"等选项,以及"您是不是要找"算法推荐关键词来帮助用户快速找到自己所需的商品。

此外,淘宝网也支持分类检索,在首页设有女装、男装、手机、食品、医药等24个商品主题分类,可选择不同类别进行浏览检索。例如,用户想要购买一款专业级的录音设备,可以选中商品分类中的"数码",选择附加功能为"录音功能",适用场景为"专业级",最终检索结果如图8-44所示。

图 8-44 淘宝网分类检索结果页面

二、孔夫子旧书网(https://www.kongfz.com)

1. 孔夫子简介

孔夫子旧书网创建于 2002 年,是全球最大的中文旧书网上交易平台,是传统的旧书行业结合互联网而搭建的 C2C 平台,并且连续 4 年荣登中国电子商务网站百强排行榜。网站以古旧书为最大特色,在中国古旧书网络交易市场上拥有 90% 以上的市场份额,并且拥有自主研发的图书交易系统、实时拍卖系统、网上支付系统、即时通信工具等,为图书在线交易提供全方面的保障。

孔夫子旧书网的特点为"珍本云集""书全价廉"和"不可替代"。所谓"珍本云集",是指大量的极具收藏价值的古旧珍本(明清、民国古籍善本,珍本期刊,名人墨迹,民国珍本,绝版书等)在孔网展示、交易,并且吸引了大量的学者、研究人员和藏书人长时间在线关注并参与。所谓"书全价廉",是指网站展示的图书多达 1 700 多万种,而且因为是旧书,所以价廉。这两大特色让孔网同时赢得了普通购书人和学术研究人员两大客户群的青睐,形成了远高于其他图书销售网站的用户忠诚度。所谓"不可替代性",是指在孔网销售的旧书中有20%~40%,近几百万种是其他任何渠道无法买到的,因此,孔网买书、卖书的渠道具有不可替代性。

2. 检索方法

进入孔夫子旧书网主页,在页面顶部检索框中可输入商品名称、作者、出版社、ISBN 等关键词进行商品检索;也可输入拍品名在拍卖区进行检索。如搜索"金庸",检索结果页面如图 8-45 所示,用户可在所有商品、图书条目、新书以及在线拍卖四个栏目里进行浏览。同时,孔夫子旧书网也设有高级检索功能,可进一步通过设置检索条件来帮助用户提升查全率与查准率。

图 8-45 孔夫子旧书网检索页面

孔夫子旧书网也支持分类检索,网站将其商品分为了图书、艺术与藏品、文创与周边等三个一级类目,其下还设有二级类目与三级类目,用户可以根据分类目录进行逐级检索。例如,用户想要检索有关"楚辞"的著作,可以在"图书"类目下选择"国学古籍—集部—楚辞",即可完成检索(如图8-46)。

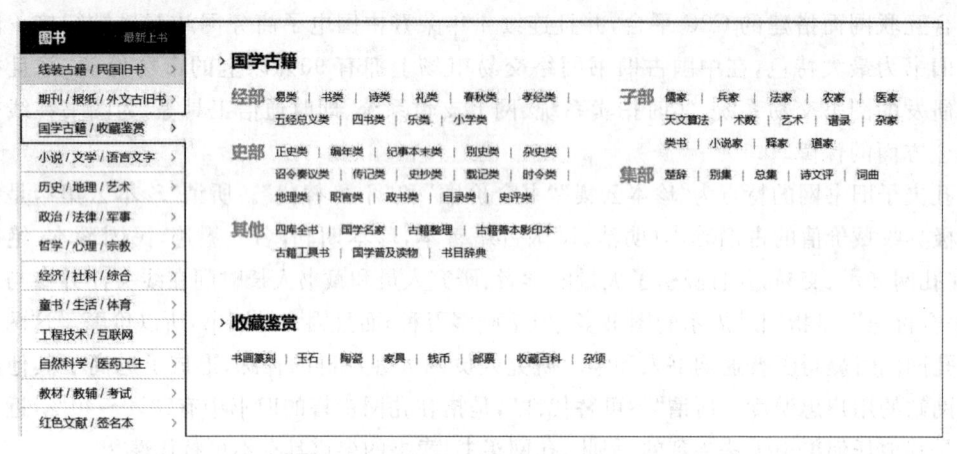

图8-46 孔夫子旧书网分类检索页面

三、eBay(https://www.ebay.com)

1. eBay简介

eBay(中文名又称电子湾、亿贝、易贝)是一个可让全球民众在网上买卖物品的线上拍卖及购物网站。eBay于1995年9月成立于美国加利福尼亚州圣荷塞,用户遍布全球各地。目前,eBay的本地站点已经覆盖澳大利亚、奥地利、比利时、加拿大、中国、法国、瑞士、英国和美国等38个国家和地区。在eBay上,每天有数以百万计的商品登录。eBay上的商品包罗万象,物品分类超过数千种。纪念卡、古董、玩偶和家用器皿等收藏品,二手车、服装、书籍、音像制品及电子产品等实用商品都可以交易。

2. 检索方法

在eBay主页顶部的检索框右侧下拉列表对商品类别进行选择,然后输入商品名称的关键词进行检索。例如,选中"相机、照片"类别,输入"照相机"进行检索,用户还可进一步通过型号、品牌、最大分辨率、类型、系列、特点、物品状况等条件进行筛选浏览。

eBay网站也支持分类检索,设有汽车用品、电子产品、收藏品与艺术品、家居园艺、衣帽服饰、玩具、体育运动、图书影音、健康美容、商业与工业用品等十四个一级类目,其下还包含若干二级与三级类目,汽车用品分类目录如图8-47所示。

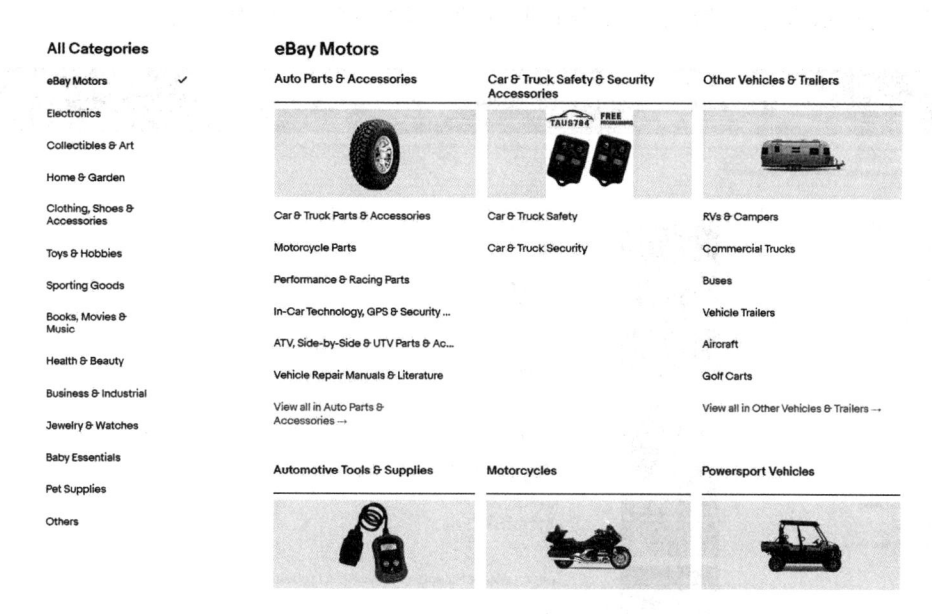

图 8-47　eBay 汽车用品分类目录

四、Amazon(https://www.amazon.com)

1. Amazon 简介

Amazon(中文名亚马逊)公司是美国最大的一家网络电子商务公司,成立于 1994 年,总部位于华盛顿州的西雅图。Amazon 最初只经营网络的书籍销售业务,后扩大到其他类型产品,主要为客户提供数百万种全新、翻新及二手商品,包括图书、影视、音乐和游戏、电子产品和电脑、家居园艺用品、玩具、婴幼儿用品、食品、服饰、鞋类和珠宝、健康和个人护理用品、体育和户外用品、玩具、汽车及工业产品等,目前已成为全球商品品种最多的网上零售商和全球第二大互联网企业。在 Amazon 平台上发售的书籍有三种类型:平装本、精装本和 Kindle 电子书。近些年来,Kindle 电子书逐渐成为 Amazon 最畅销的书籍类型。相关资料显示,2010 年 7 月起,Amazon 的电子书销量已经超过了精装书;2011 年 11 月,Amazon 电子书的销量超过了平装本。

Amazon 公司在美国、加拿大、英国、法国、德国、中国、新加坡、意大利、西班牙、巴西、日本、印度、墨西哥、澳大利亚和荷兰均开设了零售网站,而其旗下的部分商品也会通过国际航运的物流方式销售往其他国家。由于通货膨胀、燃料和劳动力成本上升、全球供应链混乱以及持续的新冠疫情等原因,Amazon 在 2022 年净亏损金额高达 38 亿美元,为 2015 年以来首次亏损。

2. 检索方法

在 Amazon 主页顶部的检索框下拉列表中可选择商品类别,在文本框中输入要检索的商品,即可完成检索。例如,要查找有关"知识管理"方面的 Kindle 电子书,在类别中选择"Kindle Store",输入"Knowledge management"进行检索。结果列表(如图 8-48)中,每一本电子书均显示作者、出版机构、出版日期、价格、折扣、网友评价等信息。

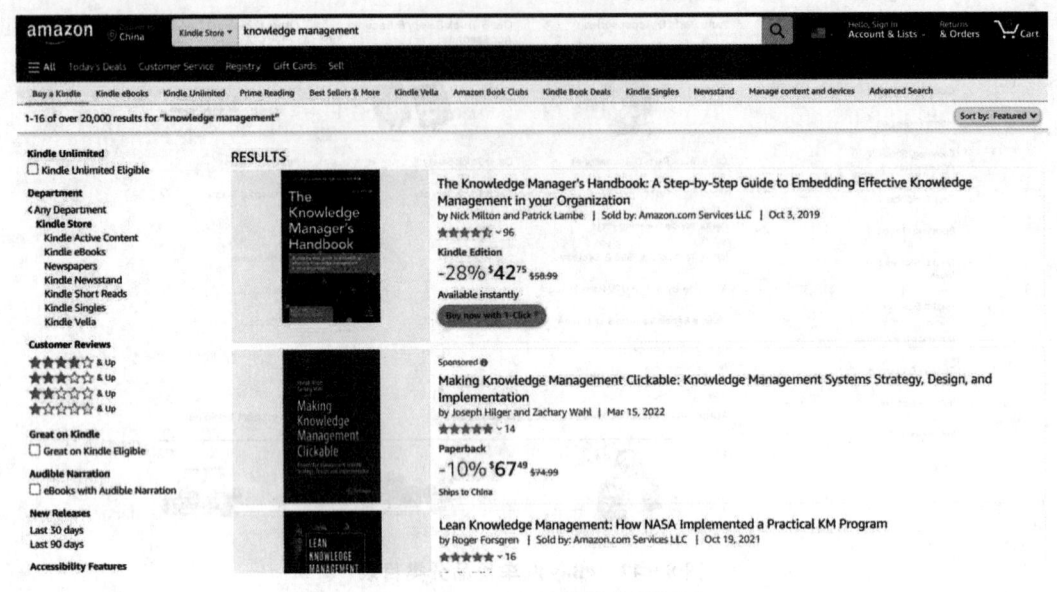

图 8-48　Amazon 检索结果页面

8.4.9　活动类信息资源检索

一、豆瓣（https://www.douban.com）

1. 豆瓣简介

豆瓣是一个集博客、交友、小组、收藏于一体的新型社区网络，创立于 2005 年 3 月。豆瓣擅长从海量用户的行为中挖掘和创造新的价值，并通过多种方式返还给用户。凭借独特的使用模式、持续的创新和对用户的尊重，豆瓣被公认为中国极具影响力的 Web2.0 网站和行业中深具良好口碑和发展潜力的创新企业。豆瓣主要的盈利模式是品牌广告、互动营销以及不断建设和增长中的围绕电子商务行业的渠道收入。

在豆瓣十几年的发展时间里，催生出许多的应用，其主要功能也逐渐扩展，目前包括豆瓣读书、豆瓣电影、豆瓣音乐、豆瓣同城、豆瓣小组、豆瓣 FM 等。其中，豆瓣同城是国内最大的线下活动信息发布平台，包括音乐/演出、话剧、展览、电影、讲座/沙龙、戏剧/曲艺、生活/聚会、体育、旅行、公益等，主要专注于一线城市，如北京、上海、广州、武汉、成都、南京、杭州等地的业余生活方式。

2. 检索方法

进入豆瓣同城，在页面右上角检索框中可输入活动类型、举办地点、舞台剧名称等关键词进行检索。例如，想要了解南京市玄武区线下活动情况，可以在豆瓣同城（南京）页面检索框中输入"玄武区"，检索结果按照活动举行情况分为"可参加"和"已结束"，用户还可浏览活动名称、举办时间、举办地点等信息（如图 8-49）。点击活动名称进入活动详情页面，用户可选择"感兴趣"或"报名参加"。

图 8-49 豆瓣同城检索页面

豆瓣同城也支持分类检索,网站按照活动主题内容分为音乐、戏剧、聚会、电影以及其他五大板块,每个板块下还包括若干二级与三级类目,如戏剧板块下设有话剧、音乐剧、舞剧、歌剧、戏曲、其他等二级类目。例如用户想要浏览北京最近一周的讲座,可在主页"其他"板块下选择"讲座",用户还可以进一步在三级类目发布会、见面会、分享会、沙龙进行选择浏览(如图 8-50)。

图 8-50 豆瓣同城"讲座"分类检索页面

二、大麦网(https://www.damai.cn)

1. 大麦网简介

大麦网是由北京红马传媒文化发展有限公司于 2004 年创立的综合类现场娱乐票务营销平台,业务覆盖演唱会、话剧、音乐剧、体育赛事等领域。2017 年 3 月被阿里巴巴集团全资收购。

大麦网承担的票务活动主要包括演唱会、话剧歌剧、体育、儿童亲子、展览休闲、音乐会、曲苑杂坛、舞蹈芭蕾、二次元、旅游展览等。

2. 检索方法

用户可以在大麦网首页的检索框中输入感兴趣的明星、演出、体育赛事进行检索。例如,用户想要观看一场芭蕾舞剧,用户可以按照城市、分类以及举办时间等条件对检索结果进行再筛选(如图 8-51)。大麦网也支持分类检索,网站设有音乐会、话剧歌剧、演唱会、曲苑杂坛、展览休闲等 9 个一级类目,其下还设有二级类目,如曲苑杂坛下包含戏曲、相声、其他等。

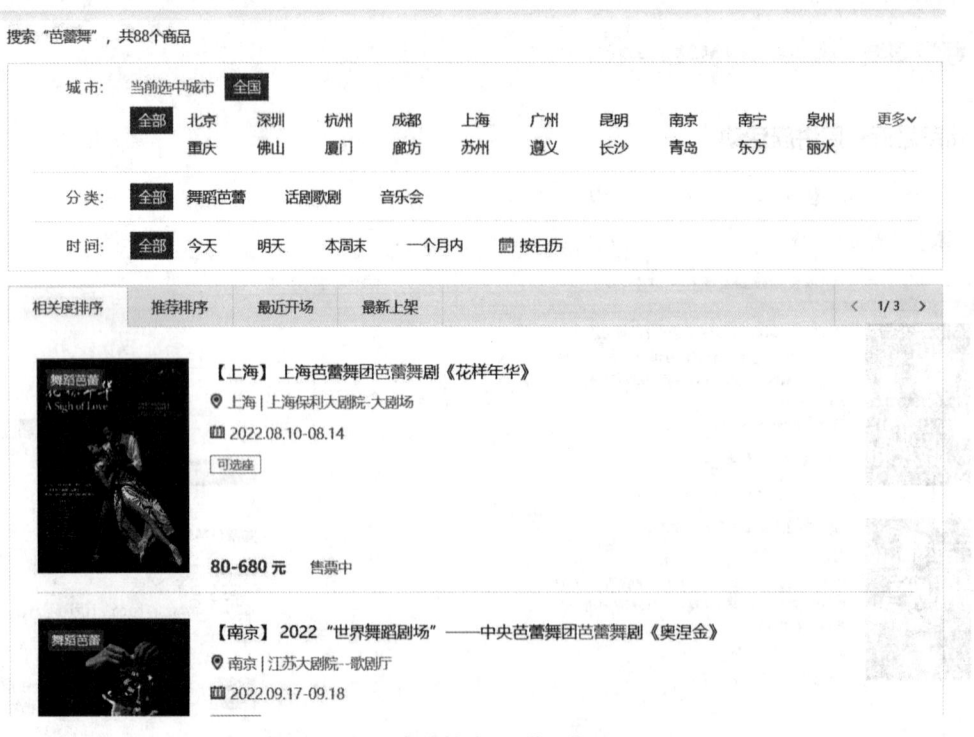

图 8-51 大麦网检索"芭蕾舞"结果页面

三、TED(https://www.ted.com)

1. TED 简介

TED(指 Technology,Entertainment,Design 的缩写,即技术、娱乐、设计)是美国的一家私有非营利机构,该机构以它组织的 TED 大会著称,这个会议的宗旨是"传播一切值得传播的创意"。TED 诞生于 1984 年,其发起人是理查德·索·乌曼。2001 年起,克里斯·安德森接管 TED,创立了种子基金会(The Sapling Foundation),并运营 TED 大会。每年 3 月,TED 大会在北美召集众多科学、设计、文学、音乐等领域的杰出人物,分享他们关于技术、社会、人的思考和探索。自 2006 年 6 月起,TED 演讲通过 TED.com 网站供用户免费在线观看,截至 2020 年底网站上共有超过 3 500 个 TED 演讲视频。网站提供演讲及演讲者的介绍以及文字记录,有些视频还提供脚注和资源列表。

TEDx 是由 TED 于 2009 年推出的一个项目,旨在鼓励各地的 TED 粉丝自发组织 TED 风格的活动。在全球任何地方,只要当地团队申请得到总部批准,便可以以 TEDx 的名义来组织活动。TEDx 活动必须是非营利性的,但组织者可以使用入场费或商业赞助来支付费用。演讲者没有报酬,也必须放弃其演讲内容的版权,TED 可以根据知识共享许可编辑和分享这些内容。

2. 检索方法

在 TED 网站主页右上角点击放大镜图标可展开检索框,输入关键词后完成检索,网站会显示在 Talks(演讲)、People(演讲者)、Playlists(专辑)、Blog posts(博客文章)、Pages(网页)、TEDx events(TEDx 活动)等类别下匹配到的结果数量。例如,检索"Semantic Web"(语义网),结果页面如图 8-52 所示。

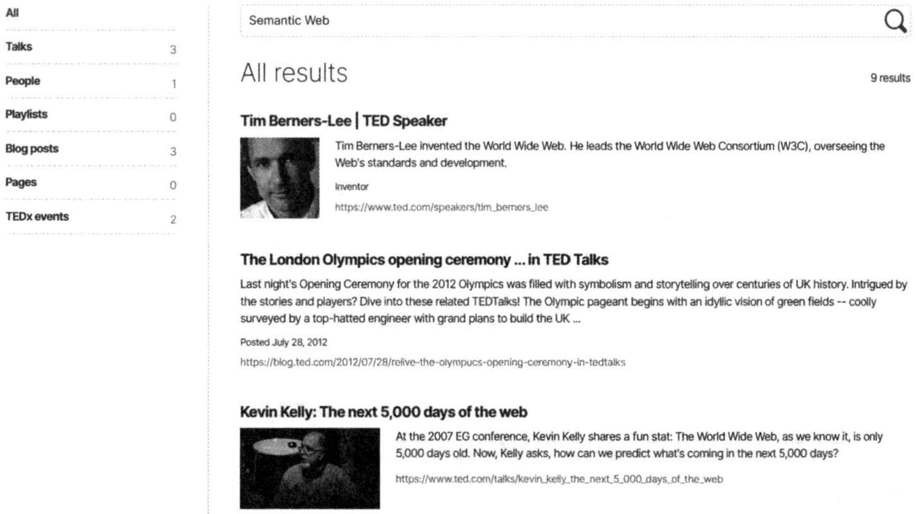

图 8-52　TED 检索"Semantic Web"结果页面

课后思考与练习

1. 在线课程信息资源的优势有哪些？
2. 知识付费课程的形式分别有哪几种？
3. 结合本章所给案例，利用小木虫社区查询一所双一流大学最新的硕士招生调剂信息。
4. 简述网络存储信息资源的含义及其存在的弊端。
5. 使用 Stack Overflow 解决"如何使用 SQL 在数据库中查找最大值"的问题。

第 9 章　个人学术信息管理与效率工具

☞ 扫码可浏览
本章学习资源

学习目标

了解学术信息搜集、整理、内化到输出的四个过程，掌握科学的方法筛选高质量的信息，用高效的策略将有用的信息转化为知识；了解并学会使用信息搜集、整理、内化、输出四大类型的工具，在掌握适合自己的学习方法之后配合高效的工具让信息从搜集到输出的过程更加流畅；了解每个学习方法的核心部分，结合自己的实际情况做出相应的调整，并且养成使用信息工具的好习惯。

知识框架

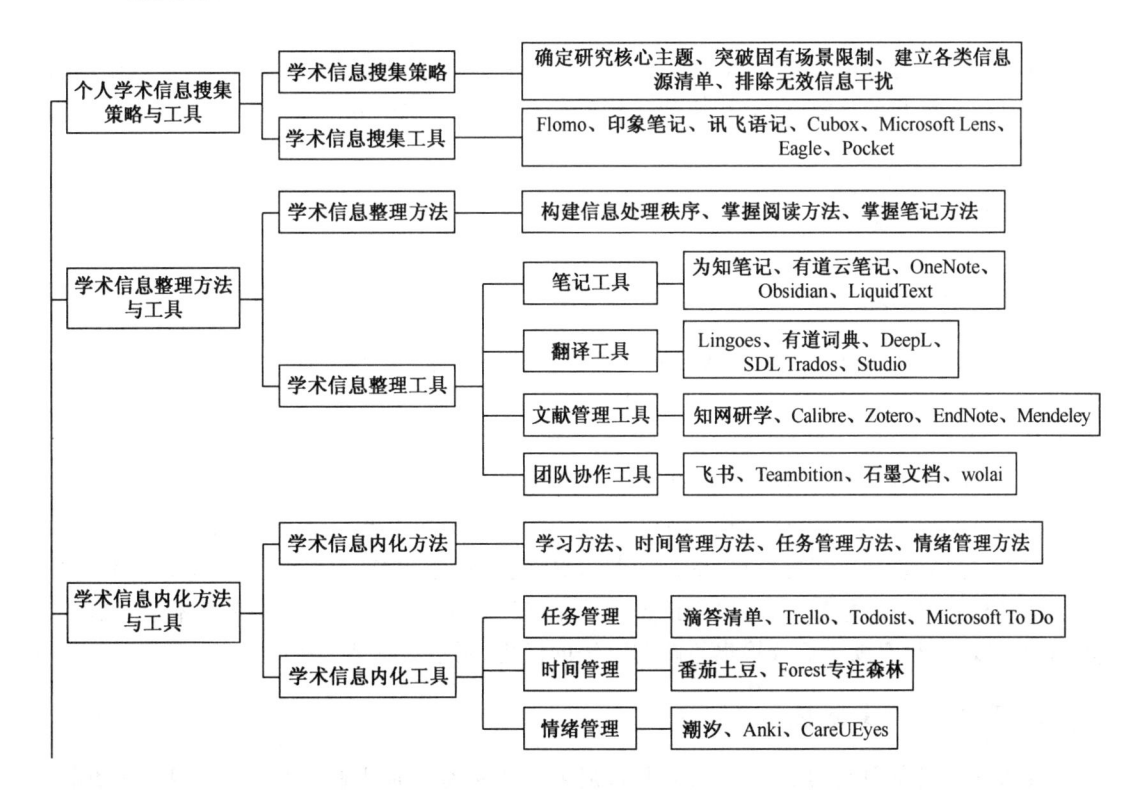

个人学术信息搜集策略与工具	学术信息搜集策略	确定研究核心主题、突破固有场景限制、建立各类信息源清单、排除无效信息干扰
	学术信息搜集工具	Flomo、印象笔记、讯飞语记、Cubox、Microsoft Lens、Eagle、Pocket
学术信息整理方法与工具	学术信息整理方法	构建信息处理秩序、掌握阅读方法、掌握笔记方法
	学术信息整理工具 — 笔记工具	为知笔记、有道云笔记、OneNote、Obsidian、LiquidText
	学术信息整理工具 — 翻译工具	Lingoes、有道词典、DeepL、SDL Trados、Studio
	学术信息整理工具 — 文献管理工具	知网研学、Calibre、Zotero、EndNote、Mendeley
	学术信息整理工具 — 团队协作工具	飞书、Teambition、石墨文档、wolai
学术信息内化方法与工具	学术信息内化方法	学习方法、时间管理方法、任务管理方法、情绪管理方法
	学术信息内化工具 — 任务管理	滴答清单、Trello、Todoist、Microsoft To Do
	学术信息内化工具 — 时间管理	番茄土豆、Forest 专注森林
	学术信息内化工具 — 情绪管理	潮汐、Anki、CareUEyes

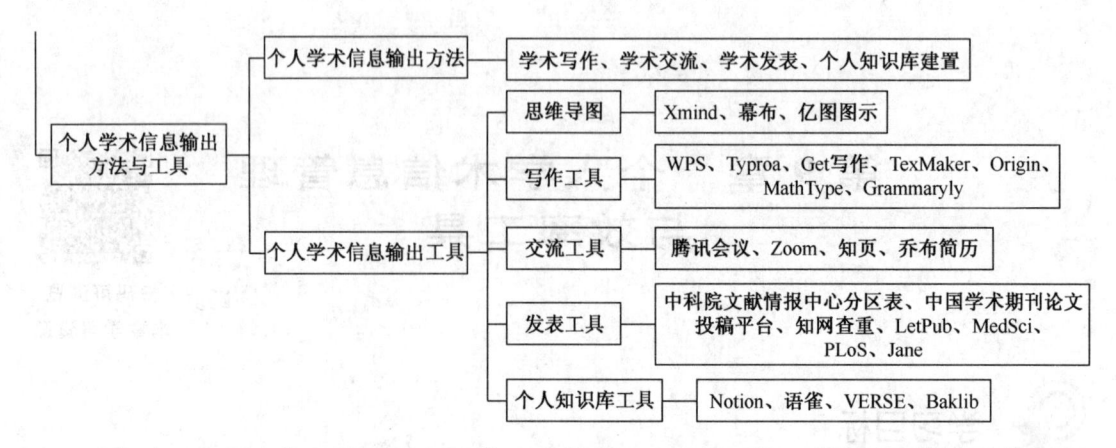

```
个人学术信息输出方法与工具
├── 个人学术信息输出方法 —— 学术写作、学术交流、学术发表、个人知识库建置
└── 个人学术信息输出工具
    ├── 思维导图 —— Xmind、幕布、亿图图示
    ├── 写作工具 —— WPS、Typroa、Get写作、TexMaker、Origin、MathType、Grammaryly
    ├── 交流工具 —— 腾讯会议、Zoom、知页、乔布简历
    ├── 发表工具 —— 中科院文献情报中心分区表、中国学术期刊论文投稿平台、知网查重、LetPub、MedSci、PLoS、Jane
    └── 个人知识库工具 —— Notion、语雀、VERSE、Baklib
```

我们身处在一个信息爆炸的时代,信息的体量越来越大,其呈现形式也越加丰富;尽管信息获取的成本越来越低,获取方式也越来越便捷,但信息过载也时常让我们感到焦虑。在学术领域亦是如此,面对浩瀚如烟、纷繁复杂的学术信息资源,我们都会有同样的疑问:如何有效收集、整理归档学术信息?哪些信息是值得思考和内化的?如何将有用的信息真正吸收,进而变成知识?采用什么样的工具可以提高学术研究的效率?针对这些共性的问题,本章基于学术研究的过程性视角,从学术信息搜集、学术信息整理、学术信息内化、学术信息输出等四个方面具体来谈一谈相关方法及常用效率工具。

9.1 个人学术信息搜集策略与工具

在学术研究过程中,一旦确立了研究主题即要开启信息搜集的工作,在这一过程中如何制定信息搜集的相关策略,辅之相应的搜集工具来迅速、准确地获取大量学术资源信息显得尤为重要。

9.1.1 学术信息搜集策略

一、确定研究核心主题

学术信息搜集策略首先需要研究者明确研究核心主题,聚焦搜集核心主题信息并有所取舍。例如,当研究者需要收集与"digital humanities"研究主题相关研究资料时,就应当在运用各种文献检索工具的同时,提醒自己所需探究的核心主题应该是"digital"与"humanities",而非其他主题。在信息爆炸的时代,如果漫无目的地去搜集信息,则有可能会沦为信息时代工厂中的"流水线操作工",成为"流量"的加工者,又或是陷入海量信息的沼泽。因此,尽早确定学术信息收集的需求与边界,明确核心主题,就能够大幅度提升用户对所需信息相关内容的敏感度,可以帮助研究者始终沿着正确的方向搜集相关学术资源信息,提高研究效率,也有助于后续检索策略与方法的优化、调整与总结。

二、突破固有场景限制

突破固有场景限制的第一要务即"打破局限",任何场景都可能变为信息可搜集的场景,而并非只有在特定场景下,才能搜集有用、有价值的信息,因此,需要打破常规认知以及改变固有思维方式。在学术信息搜集过程中,研究者应积极发挥主观能动性,即使是在面对汗牛充栋的海量信息环境,都应先制定周密详尽的信息搜集计划,把握好信息搜集的节奏,尽可能扩展更多信息搜集渠道。譬如,当研究者想搜集某学术主题信息资源时,可以暂时摒弃枯燥乏味的学术著作、论文等,而是另辟蹊径,通过阅读相关领域新闻报道、领域专家社交媒体账户的最新发文、收听播客、观看影集以及与他人闲谈交流等,获得研究的灵感启迪或是相关研究线索。因此,只要平时在生活、工作、学习中做"有心人",及时且有意识地接收、转换、处理外部所传递的各类有用信息,打破固有的场景限制,在不经意间帮助自己获取到更多有价值的学术信息。

三、建立各类信息源清单

信息源的优劣直接影响到学术信息搜集内容的质量,因此,建立优质的信息源清单是非常有必要的。在对于信息源的筛选上,研究者应拓展思路,保持互联网思维以及不断学习的心态,多尝试新的平台工具,不断迭代更新,打造出高质量的信息源清单,进而在学术研究时才可以做到事半功倍。例如,以下信息的聚合平台均可以作为研究者收集学术信息的来源:① Newsletter;② 社交媒体;③ 付费社区;④ 课程平台;⑤ 问答平台;⑥ 社群论坛;⑦ 播客;⑧ 视频平台;⑨ 内容推荐。

例如,当大学生准备参加学科类竞赛,开始着手准备相关资料时,不妨就可以从上述平台挑选一些网站建立信息源清单。如可以浏览、关注相关赛事主办方的"微博""抖音"以及"今日头条"等社交媒体账号获取最新赛事新闻资讯;或是通过"知乎"里的一些高质量帖子了解竞赛规则、选手的比赛经验等;又或是通过"B站"掌握竞赛所需研究方法或相关工具的使用等等,通过各类信息源广泛收集竞赛相关的各种"情报",帮助参赛选手消除"信息不对称",从而取得更好的成绩。另外,在学术信息源清单构建过程中,由于不会有效地精简与筛选信息源,也容易浪费大量的时间与精力,却没有获得真正有价值的内容。例如,关注了多位直播主、购买了大量相关知识付费课程、下载了海量的文献资料等,这种行为实际上也是掉入了"沉没成本谬误"陷阱,即在当前某件事情中投入了大量成本,即使知道这件事已经注定没有好结果,但依旧一厢情愿地对其继续追加投入,这也是为何有些人会强迫自己花时间浏览完价值较低的信息,当然这样是不明智的。最好的方法就是"但凡是沉没成本,任它沉没就好",要学会及时止损,专注去完成有价值的事情。

四、排除无效信息干扰

若要高效地搜集学术信息,还需要提升专注力,尽量避免无效信息的干扰。试想一下这样一个场景:当一个学生为撰写毕业论文努力查找文献资料时,他的社交软件弹出消息通知框,随即他打开动态并点了个赞;又或是某个微信群里转发了一篇娱乐八卦新闻,他又忍不住打开看了五分钟;稍后某视频网站又推送了订阅的剧集更新提醒,他点击打开后又情不自禁被吸引从头到尾看完了视频。就这样一天的时间就被切割成若干碎片,这位同学很难再专注于资料的查找或是进入论文写作的状态中,也就造成了实际学习效率的低下。因此,当研究者在进行学术信息搜集过程中,最需要警惕的就是不相干以及无效信息的干扰,而解决的办法也非常简单,即在特定时间内,主动关闭无效信息的推送开关,如社交媒体应用、新闻资讯等等,避免在学术信息搜集过程中被频繁打断,保持高度的专注力,这样才可以持续输出生产力,提升信息收集工作的效率。

9.1.2 学术信息搜集工具

一、Flomo(https://flomoapp.com)

Flomo是最初由刘少楠和Lightory设计开发的一款极简的多功能笔记软件,目前支持iOS、Android、Web网页,可以跨平台多端使用,也可以绑定微信服务号来使用。它拥有多种记录工具,可以根据用户的需求快速便捷地记录碎片信息,并建立知识之间的链接。

二、印象笔记(https://www.yinxiang.com)

印象笔记由Evernote于2012年5月正式推出。2018年6月印象笔记重组落地为中美合资的独立实体。它是帮助个人及团队创建、收集、整理和分享信息的知识管理工具。印象笔记支持手机、电脑、平板等全平台使用,无论何种终端或系统都可以云端同步,同时支持Markdown笔记、模板、桌面便签、密码锁、微信文档保存等功能。

三、讯飞语记(https://iflynote.com/home)

讯飞语记是科大讯飞于2010年推出的一款能将语音转变为文本的软件工具,可用于调查采访、会议记录、课堂笔记等应用场景。讯飞语记基于科大讯飞自主开发的语音识别技术,配合人工智能的深度学习技术,大大提升了语音记录的识别速度和准确率。目前讯飞语记的功能包括录音速记、语音输入、OCR拍照识别、图文排版、定时任务提醒、多端同步、分类管理、待办事项、朗读笔记、导出文档等。讯飞语记的录音速记功能,可实现快速实时记录语音内容,对于学术信息搜集场景非常有用。

四、Cubox(https://www.cubox.pro)

Cubox是一个跨平台网络书签收集和整理工具,具备收藏、阅读、管理功能,并可在多个平台同步,包括网页、iPhone、iPad、Mac、Android。Cubox可以记录详细的网站信息,并利用收藏夹、标签等方式,快速将书签分类,方便日后查找。它在不同平台都有辅助工具,例如,Cubox为用户提供了网页浏览器插件以及Mac快速收藏助手。

五、Microsoft Lens(https://support.microsoft.com)

Microsoft Lens("Office Lens")是一款可以从文档、白板、名片、收据、菜单、符号、手写备忘录或其他包含要导入但不能手动键入的文本内容中捕获信息的工具。Windows端的Office Lens于2020年12月31日停止支持,而移动端不受影响;Office Lens于2021年2月2日宣布改名作Microsoft Lens,并采用全新Logo标志。它不仅可以剪裁、强化白板和文档的图片,还能识别其中的文字,转为可编辑的Word和PowerPoint文件。它在

Windows、Android、iOS 上均能下载使用,是一款完全免费的 App。

六、Eagle(https://cn.eagle.cool)

Eagle 是奥革设计有限公司开发的一款素材管理软件。它可以轻松收集及整理设计项目的"案例、灵感、截图、图片、视频、音频、情绪板"等各种素材,激发更多创意灵感,让工作变得更有效率。除图片格式外,Eagle 目前还支持超过 78 种文件格式,包括.doc、.pdf、.psd、.ai 等。除此之外,它不仅支持不同类型的云盘存储,还能提供团队协作等功能。用户可以通过其内置的搜索功能来搜索所需素材资料。

七、Pocket(https://getpocket.com)

Pocket(前称 Read It Later)是一个用于管理互联网文章的应用程序及服务,最早由 Nathan Weiner 于 2007 年 8 月发布。2014 年 5 月,Pocket 推出了付费服务 Pocket Premium,增加了文章的存储空间并提供了更强大的搜索。它目前已有 Windows、iOS、Android、Windows Phone、BlackBerry 等平台的客户端,在各种浏览器中亦有其附加组件。

Pocket 的主要功能是将用户要阅读或者一时没有读完的网页标记下来,接着同步到服务器端,然后就可以实现在不同的终端设备上同步阅读的功能。如果用户在个人电脑上一些东西来不及看完,这时 Pocket 移动客户端就能按用户的需求,在 PC 上标记需要阅读的内容,后续可使用移动设备随时进行阅读。

9.2 学术信息整理方法与工具

一般而言,对于先期搜集而来的学术信息须进行整理之后,才可进一步作为研究素材进行有效利用,在本节中将探讨学术信息整理的方法,并介绍相关学术信息整理工具,如笔记工具、翻译工具、文献管理工具及团队协作工具等。

9.2.1 学术信息整理方法

一、构建信息处理秩序

要对学术信息进行整理,首先是要构建信息处理的秩序,构建信息处理秩序的核心工作流程大致可以被分为三步(如图 9-1):

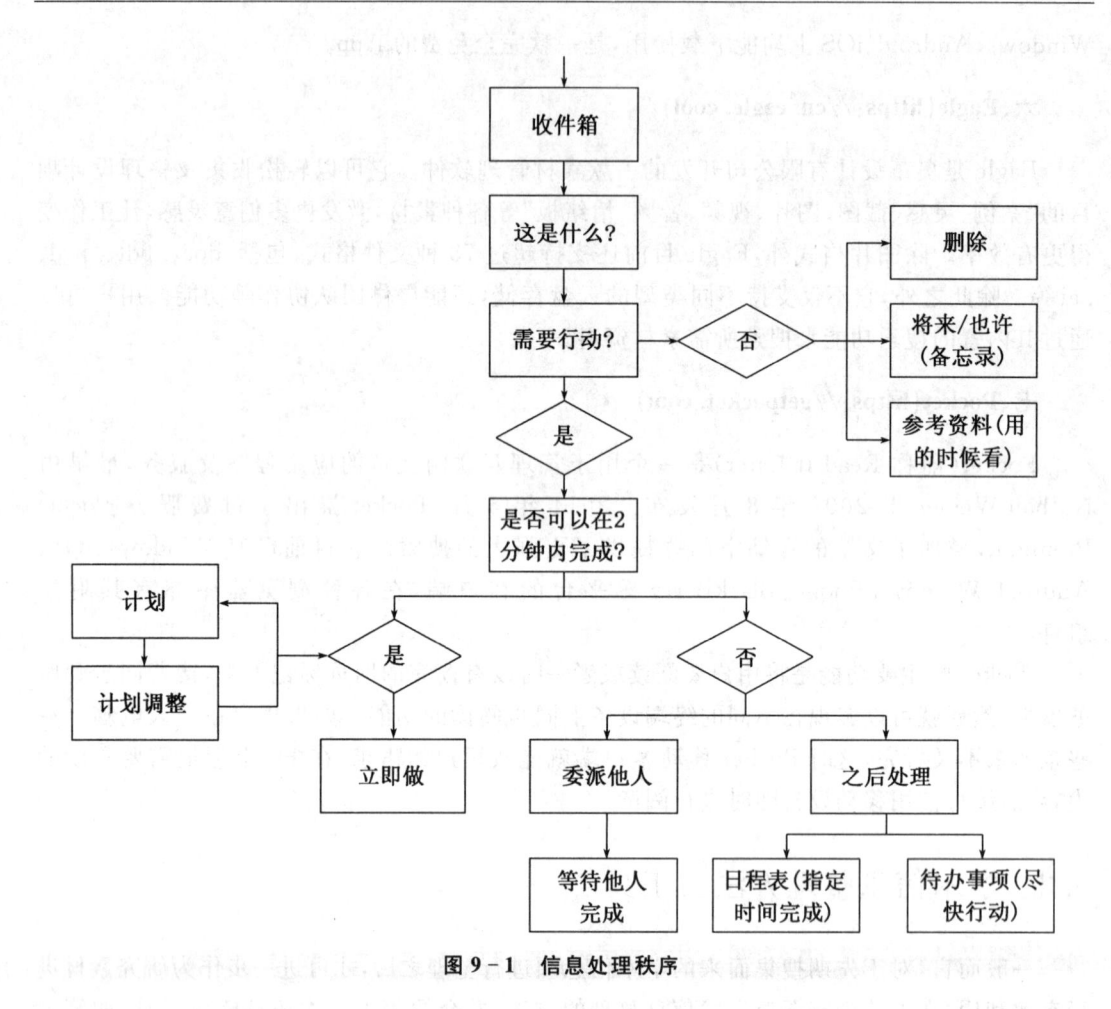

```
                    ┌──────┐
                    │ 收件箱 │
                    └───┬──┘
                        │
                    ┌───┴────┐
                    │这是什么?│
                    └───┬────┘
                        │
                   ┌────┴───┐         ┌────┐
                   │需要行动?│───否───┬→│ 删除 │
                   └────┬───┘        │ └────┘
                        │            │ ┌──────────┐
                        是           ├→│将来/也许  │
                        │            │ │(备忘录)   │
                        ↓            │ └──────────┘
                   ┌─────────┐       │ ┌──────────┐
                   │是否可以在2│      └→│参考资料(用 │
                   │分钟内完成?│        │的时候看)  │
                   └────┬────┘         └──────────┘
                        │
              ┌─────────┴─────────┐
              是                  否
              │                   │
  ┌────┐      │        ┌──────┬───┴────┐
  │计划│←─────┤        ↓      ↓        ↓
  └─┬──┘      │     ┌──────┐┌──────┐┌──────┐
    ↓         ↓     │立即做││委派他人││之后处理│
  ┌──────┐ ┌────┐  └──────┘└───┬──┘└───┬──┘
  │计划调整│ │立即做│              │        │
  └──────┘ └────┘            ┌───┴──┐     │
                             │等待他人│  ┌──┴───────┬──────────┐
                             │完成   │  ↓          ↓
                             └──────┘ ┌──────────┐┌──────────┐
                                      │日程表(指定││待办事项(尽│
                                      │时间完成) ││快行动)    │
                                      └──────────┘└──────────┘
```

图 9-1 信息处理秩序

第一步 信息获取。在信息获取阶段,需要借助合适的信息收集工具作为信息收件箱,信息收件箱用来暂存一些待分类和用于阅读的信息,在对收件箱中的信息进行仔细筛选之后再进行下一步的决策处理。对于信息的筛选,需要制定适合自己的信息筛选机制,例如对于有价值的信息可直接放入信息收件箱,对于一些碎片化、价值不高的信息,可以直接删除。

第二步 信息预处理。在信息获取完成之后,针对收件箱不同的信息类型,需要采用不同的处理方式,包括:① 标记已读。很多信息仅仅通过标题和摘要就可以直接忽略,其中主要有两种内容:一种是不感兴趣的信息,第二种则是曾经读过的文章。② 纳入备选。很多信息很有价值,但信息的优先级不高,被立即阅读、处理的必要性不强,这类信息更适合暂存以便合适的时机进行调用。③ 快速浏览。在一些文章中,知识点密度不高,保存全文的必要性并不大,这时直接快速浏览全文就好。当占有的信息越来越多,对感兴趣的主题研究越来越深,单篇内容所蕴含的增量信息将会越来越少,因此,快速阅读可以在一定程度上提升信息处理的速度。

第三步 运用信息处理问题。完成以上两个步骤之后,就需要根据处理好的信息来解决实际问题,如果是自己可以胜任完成的事,就需要制定好目标、计划,立即行动,尽早完成;

当遇到自己无法解决的问题,可以寻求他人的帮助或者是先学习相关知识和技能,再一次性解决。

二、掌握阅读方法

1. 三步阅读法

加拿大滑铁卢大学的 S. Keshav 教授在他的 *How to Read a Paper* 中介绍了多种文献阅读方法,有"泛读法""精读法""选择性阅读法""挑战式阅读法"以及"三步阅读法"等。下面以研读学术论文为例着重介绍一下三步阅读法:

第一步　用 5 至 10 分钟完成第一次论文阅读,判断这篇论文的类型,思考在这一类文章中,还有哪些文献与之有关联?这篇论文使用了什么基础性理论?然后再对文章的结构、文笔等方面进行初步评价。

第二步　用不超过 1 小时的时间,对整篇论文内容进行深入剖析,不仅要理解文章的主旨内容,还要思考作者撰文的依据、写作的逻辑。此外,还需特别关注论文中的图、表等可视化的信息,标注出较为感兴趣的参考文献,方便之后进一步拓展阅读范围。

第三步　对于学术研究新手,建议用 2~3 小时,对于经验丰富的科研人员用 1 小时,对该篇论文进行消化与吸收,能凭借记忆说出文献的章节结构、研究背景、研究方法、研究过程、研究结论及有益效果等,能较为准确地指出论文的创新之处以及不足之处。

2. 存盘式阅读法

存盘式阅读法的核心要点是分类存放各类文献并构建知识体系。构建个人的知识体系就好比构建一本专著的三级目录(章、节、子节),通过知识体系能够有序存放和快速查找搜集而来的文献资料;同时可在知识体系的修订和文献阅读过程中,有效了解目前国内外研究现状,发现一些可创新的研究问题。

3. 跳跃式阅读法

跳跃式阅读方法是针对单篇文献时使用的,即快速浏览标题、摘要、结论、插图、表格等,但是着重对文献中重点的部分进行仔细的阅读,最后提炼出核心要点。

4. 提问式阅读法

提问式阅读又称针对性阅读,英文是 critical reading。提问式阅读法是指根据阅读目的,带着疑问去阅读每段内容,从而强化阅读内容之间的联系和记忆。

5. 标记式阅读法

标记式阅读法就是在阅读过程中勤做笔记,无论是纸质文献还是电子文献,都可以使用相关工具标记、注释、记录重要内容,留下阅读的痕迹。

6. 截屏式阅读法

截屏式阅读的目的是积累素材,在阅读文献过程中通过随时截屏,复制有用的内容,并记录可能需要引注的文献内容。截屏记录的内容应当尽量有序分类存放在新建文档中的不同位置,方便日后阅读与引用。

三、掌握笔记方法

英国经济学家贝弗里奇说道:"新想法常瞬息即逝,必须努力集中注意,牢记在心,方能捕获。一个普遍使用的好方法是养成随身携带纸笔的习惯,记下闪过脑际的有独到之见的念头。"记笔记能够强化思考,帮助记忆,提高学习效率,形成知识体系,掌握一些科学、有效的笔记方法是学习和科研道路上成功的法则。

1. 康奈尔笔记法

康奈尔笔记法,又被称作 5R 笔记法。5R 分别为"Record、Reduce、Recite、Reflect、Review",即记录、简化、复述、反思、复习。它是康奈尔大学 Walter Pauk 于 1974 年提出的一种有着固定格式的、系统的记笔记方法。它通过将笔记空间进行分隔来提高记笔记的效率,是记与学、思考与运用相结合的有效方法。它应用简单,适用范围广泛,尤其在课堂教学、深度阅读等方面有着大量的实践和应用,对知识的获取与理解有着明显的帮助。

Record(记录),即把听课过程中老师反复强调的重要内容记录在笔记栏中;Reduce(简化),记录完成后,及时将这些知识点简要地概括在线索栏中;Recite(复述),遮住笔记栏只用线索栏的概要提示,尽量完整地复述出内容;Reflect(思考),将自己的听课随感、意见、体会之类的内容写在总结栏中;Review(复习),定期花时间快速复习笔记,主要浏览笔记的总结栏与线索栏。

2. 九宫格笔记法

九宫格笔记法是由日本的今泉浩晃博士改良曼陀罗思考法而推出的。九宫格笔记法只需要在一张纸上绘制九个格子,将九宫格以生活、学习等不同情景进行填制即可。例如,运用九宫格笔记法写晨间日记,中间一格写上今天的日期、今日的大事(或者今天是一个什么样的日子),然后四周的八格分别写上每一天最重要的八件事或八个反省方向。再譬如运用九宫格笔记法建立目标计划,在中心写下目标,然后在四周的八格把需要执行的步骤一一写下来,这样在每次开始任务之前,就可以很清楚地提醒自己需要注意的点。还可以运用九宫格笔记法分析问题,从问题中心延伸出人、事、时、地四个方向的思考,然后给出四个更具体的子问题,通过尝试回答子问题来思考核心问题的解决方法。

3. Markdown 笔记方法

Markdown 是一种轻量级标记语言,创始人为约翰·格鲁伯(John Gruber)。它允许人们使用易读易写的纯文本格式编写文档,然后转换成有效的 XHTML(或者 HTML)文档。这种语言吸收了很多在电子邮件中已有的纯文本标记的特性。由于 Markdown 的轻量化、易读易写特性,并且对于图片、图表、数学式都有支持,许多网站都广泛使用 Markdown 来撰写帮助文档或是用于论坛上发表消息。

4. Zettelkasten 笔记法(卡片盒笔记法)

卡片盒笔记法源自德国社会学家尼克拉斯·卢曼所创作的《卡片笔记写作法》,卡片盒笔记法中的卡片关键部分包括:标题与想法、关联卡片、来源(文献、书籍页码等)。在《卡片笔记写作法》中着重介绍了三种笔记:闪念笔记、文献笔记、永久笔记。闪念笔记是将平时读书一些转瞬而逝的想法、观点、念头记录下来。文献笔记是在阅读书籍文章时,将不想忘记的内容用自己的语言写下来。永久笔记是将之前所做笔记整理思考，衍生新的想法和观点并且记录。卢曼在书中强调卡片盒笔记法的核心就是自己的思考，不论是闪念、文献、永久笔记，如果只是纯粹的摘录是没有价值的，运用卡片盒笔记法最主要的目的就是为了在制作三种笔记时融入个人的全局思考。任何笔记法都不能代替学习行为本身，正确的观念是运用笔记法帮助自己找到理解知识的途径，而不是简单地套用笔记法的形式。

9.2.2 学术信息整理工具

一、笔记工具

1. 为知笔记(https://www.wiz.cn)

为知笔记不仅是一款帮用户记录工作内容、学习资料的云服务笔记软件，还是一款可以共享资料、基于资料进行沟通的协作工具。为知笔记是由魏拾俊和李峻于2011年开发的一款云笔记工具。它可以帮助个人长期记录重要的信息，比如关注的网页内容、聊天记录、个人日记、工作日志记录想法以及灵感等，也可以方便团队共享与协作使用资料。所有数据同步后在电脑、手机、平板、网页保持一致，可以随时查看。

2. 有道云笔记(https://note.youdao.com)

有道云笔记(原有道笔记)是2011年6月28日网易旗下的有道推出的个人与团队的线上资料库。有道云笔记采用了增量式同步技术，即每次只同步修改的内容而不是整个笔记；并支持PC、Mac、Android、iPhone、iPad和Web等平台使用。有道云笔记还采用"三备份存储"技术，将用户的数据在三台服务器上进行备份存储，一定程度上保证数据不易丢失。有道云笔记支持在笔记中插入图片及文档类附件，扩大了笔记内容的存储空间，可实现用户多地点办公；笔记内容支持分类整理、快速搜索以及安全备份至云端，方便用户进行知识管理。

3. OneNote(https://www.onenote.com)

OneNote首次公开发布于2002年11月17日，是一套用于自由格式的信息收集和多用户协作工具。2014年3月17日，Microsoft发布了OneNote云服务API，使第三方应用程序开发人员能够将该服务集成到其应用中。OneNote可以用于收集用户的笔记、图纸、屏幕剪辑、音频、视频以及评论，支持触摸屏操作，支持录音、拍照等方式记录笔记。用户可通过网页端访问笔记，并且可以与他人共享笔记。OneNote支持Windows、Mac、Linux等多种平台使用。

4. Obsidian(https://obsidian.md)

Obsidian是一个基于本地Markdown格式文件存储的知识管理器。它模拟了人类大脑的跳跃思维及知识存储方式，并提供可视化网状图知识结构，能够有效地协助用户建立起头脑中任意知识间的网状链接。用户可通过文件夹、标签、双向链等多个维度快速发现知识间的联系，灵活地进行知识管理。

5. LiquidText(https://www.liquidtext.net)

LiquidText由创始人克雷格·塔什曼于2012年开发，是一款文档阅读与批注的应用软件。它采用新颖的方式将思维导图和批注工具相结合,并且批注内容可以单独整理。LiquidText 可以快速审阅、收集和组织文档和网页中的信息,并支持将笔记内容应用于撰写报告、会议准备或课堂学习等场景。用户可以通过 LiquidText 提取各个文档的关键内容并将其串联在一起,或者同时在多个文档页面上进行评论等。

二、翻译工具

1. Lingoes(http://www.lingoes.net)

Lingoes 是由 Kevin Yau 开发的一款字典和多语言翻译软件,支持 430 多种语言,该软件的首个版本于 2006 年 9 月 1 日发布。Lingoes 拥有当前流行的商业软件的全部功能,能够全文翻译、屏幕捕获单词翻译、真人语音朗读,并提供了丰富的各类免费词典等等。

2. 有道词典(http://cidian.youdao.com)

有道词典是网易公司开发的一款翻译软件,其翻译引擎基于有道搜索引擎,搜索引擎的后台数据以及"网页萃取"技术为有道词典提供了传统词典无法收录的各类新兴词汇和英文缩写,如影视作品名称、品牌名称、名人姓名、地名、专业术语等。

3. DeepL(https://www.deepl.com)

DeepL 最初由首席技术官 Jaroslaw Kutylowski 于 2016 年在 Linguee 内部开发的,于 2017 年 8 月推出。DeepL 翻译器是一种机器翻译服务,能提供高质量的译文,它利用了先进的人工智能技术、神经网络,旨在利用人工智能消除全球语言障碍。DeepL 翻译器可通过网页版服务以及 Windows 和 Mac 的桌面应用程序使用。DeepL Pro 为付费订阅服务,为用户提供改进的网页翻译功能,如无限量的术语表条目,用正式或非正式代词设置翻译语气以及编辑已翻译文档等等。

4. SDL Trados(https://www.trados.com)

SDL Trados 由德国 Trados GmbH 公司开发,是一款计算机辅助翻译(CAT)软件,在全球拥有 20 多万客户,全球 500 强企业有超过 90% 的公司都在使用 SDL Trados 来做日常的本地化翻译工作。SDL Trados 支持目前市面大部分常用格式,适用于 Microsoft Office、Adobe FrameMaker、InDesign 等应用程序。它为翻译、审校、项目管理提供了高效生产力工具。

三、文献管理工具

1. 知网研学(http://estudy.cnki.net)

知网研学平台(也称 CNKI E-Study)以搭建个人探究式学习环境为核心,以提高用户自主学习和创新能力为目标,是集"汇、读、写"为一体的个人终身式学习平台。知网研学利用 XML 碎片化、知识重组、知识网络构建等技术,提供了汇聚资源、理解知识、创作表达、选刊投稿、知识管理、协作交流等多样化学习功能,并改变了传统静态的阅读方式,开启了动态、交互、图谱化的阅读模式。知网研学提供了 Web 版、PC 端、移动端(APP、PAD、小程序)等多种平台,实现多端数据云同步,满足用户在不同场景下的学习需求。

2. Calibre(https://calibre-ebook.com)

Calibre 最初由 Kovid Goyal 于 2006 年 10 月开发完成，它是一款强大且易用的电子书本地管理工具，可以在 Windows、MacOS 和 Linux 平台集中整理各种格式的电子书；还可以从豆瓣、谷歌或亚马逊等网站下载书籍的元数据，包括书籍的名称、作者、出版社、封面或者读者评价等信息。

3. Zotero(https://www.zotero.org)

Zotero 最初是由乔治梅森大学的历史和新媒体中心创建的，Zotero 的第一个版本于 2006 年 10 月作为 Firefox Web 浏览器的附加组件提供。它是一个开源、免费的文献管理软件，不仅可以存储和格式化书目信息，还可以组织、标记和搜索这些信息，自动、无缝地从书籍、期刊文章和其他在线资源中提取信息，使得创建参考列表的整个过程变得轻松。用户可以将 Zotero 内嵌在兼容的 Web 浏览器中作为插件应用，例如 Chrome、Firefox 以及 Safari 浏览器；并能够对在线文献数据库网页中的文献题录直接抓取生成文内引用、页面脚注或文后的参考文献。

4. EndNote(https://endnote.com)

EndNote 是科睿唯安公司开发的文献管理软件，至今已有二十余年历史。EndNote 支持国际期刊的参考文献格式有 3776 种，写作模板几百种，科研人员可以方便地使用这些格式和模板，并能够用来创建个人参考文献库，通过加入文本、图像、表格和方程式等内容及链接，进行本地及远程检索。EndNote 的快捷工具也可以嵌入到 Word 编辑器中，方便用户边写论文边插入参考文献。

5. Mendeley(https://www.mendeley.com)

Mendeley 由同名的 Mendeley 公司开发，于 2013 年被 Elsevier 公司收购。它是一款免费的跨平台文献管理软件，同时也可作为一个在线的学术社交网络平台。Mendeley 能够一键抓取网页上的文献信息添加到个人的图书馆中，并且它的参考文献格式与 Zotero 一样用各种期刊格式的 CLS 文件。

6. Citavi(https://www.citavi.com/en)

Citavi 是一个用于参考文献管理和知识组织的软件程序，可以支撑从资料检索到写作论文的全过程。它允许用户搜索 4 000 多个图书馆目录和研究数据库，并可以将其导入用户的项目中。对于书籍，只需输入 ISBN 编号，Citavi 就会将该图书元数据信息添加到用户项目中，包括作者、标题、出版商及出版年份等，此外还能够直接生成参考文献列表。

四、团队协作工具

1. 飞书(https://www.feishu.cn)

飞书是字节跳动 2016 年研发的一站式协作平台，可以实现团队高效协作办公。2020 年 2 月，飞书宣布向全国所有企业和组织免费开放，不限规模，不限使用时长，所有用户均可使用飞书全部套件功能。飞书作为团队协作与管理平台，可以为用户提供一站式办公协作套件，整合及时沟通、智能日历、音视频会议、飞书文档、云盘等功能。通过开放兼容的平台，让成员实现高效的沟通和流畅的协作,全方位提升团队工作效率。

2. Teambition(https://www.teambition.com)

Teambition 由阿里巴巴集团于 2011 年推出,面向企业和团队提供数字化协同办公工具,满足了团队项目管理、任务协同、文档协作、日程共享、知识管理等各种协作需求,可帮助团队将计划落实到位。团队通过 Teambition 可以用全新方式规划管理工作项目,使成员执行任务更有效率。

3. 石墨文档(https://shimo.im)

石墨文档是 2015 年由武汉初心科技有限公司推出的一款支持云端实时协作的企业办公服务软件。石墨文档可以实现多端实时同步,并且支持用户远程办公,高效协作;团队同步的内容可在线共享汇总,避免资料反复传递。团队直接在一个文档里就能完成如方案讨论和稿件校对等需要多人协作的工作,团队成员可以对文档的某一细节内容进行评论,其他成员也可以一起参与讨论。

4. Wolai(https://www.Wolai.com)

Wolai 是由上海我云网络科技有限公司于 2020 年开发的一款国产云笔记软件,中文名为"我来"。Wolai 通过快速的更新速度、强大的功能,为用户提供了良好的产品体验。Wolai 提供了基于块编辑功能的信息组织能力,用户可以在多端记录、组织、同步、分享信息,并能够帮助用户快速地记录文字、图片、待办、计划、剪藏、文档等多种信息内容,辅助用户构建个人专属的信息库。Wolai 支持 Mac、Windows、Linux、Android、iOS 等多种终端平台。

9.3 学术信息内化方法与工具

学术信息内化是学术信息管理过程中较为重要的一个环节。研究者在经历了学术信息搜集、信息整理等过程后,如果没有实现信息的有效内化,则前期工作也失去了意义。在本节中,将详细介绍有助于加强学术信息内化的相关方法以及工具,希望可以进一步提升大家的学术信息内化能力与效率。

9.3.1 学术信息内化方法

信息内化的过程是用户信息积累以及认知结构改变的过程,同时也是信息需求产生与满足的过程。信息内化本质上是将外部的智慧吸收为自身生产力的过程,且与自身原有的知识架构完美融合,进而产生新的化学反应。由于个体的心智、性格等方面的差异,学术信息内化能力因人而异,但通过一定的方法技巧还是可以有效提升信息内化的效率,接下来从学习方法、时间管理、任务管理、情绪管理以及记忆管理等五个方面进行探讨。

一、学习方法

学习方法是前人通过学习实践总结出的快速掌握知识的方法,好的学习方法有助于信息内化效率的提升,因此,越来越受到人们的重视。

1. SQ3R 学习法

SQ3R 学习法也叫作五步读书法，是由美国爱荷华大学心理学教授罗宾逊提出的。SQ3R 是英语 Survey、Question、Read、Recite、Review 五个词的第一个字母，分别代表"浏览、发问、阅读、复述、复习"五个学习阶段。以阅读图书为例，"浏览"时应特别关注图书的序、内容提要、目录、正文中的标题、图、表、照片，以及注释、参考文献和索引等，以便对全书有一个总的直觉印象。这不仅可获得对全书框架的大体了解，还可以把自己原先已掌握的有关知识与经验调动起来，为进一步阅读提供基础。"发问"主要围绕 5W1H 进行，即 Who、What、When、Where、Which、How，在这一阶段主要是阅读图书中各章节的标题以及章节承上启下的内容，一边快速阅读一边提问，这样可以激发学习兴趣。

2. 索引读书法

日本作家丸谷才一先生在他的著作《思考的课堂》一书中提出了"索引阅读法"。索引读书法就是通过掌握书籍的结构层次来快速地阅读完一本书。它的优点是可以快速地贯穿全书的主题，帮助寻找书中深层次内容。索引读书法一般采用"一总、二分、三合"的方法，"一总"即先浏览书的前言、后记、序等总述性部分，然后认真地读目录，以便概括地了解全书的结构、内容要点等，这样便可对全书有个总体印象。"二分"即在阅读目录后，先略读正文，这不需要逐字读，要着重对文中标题、画线、黑体字或有特殊标记的句段进行阅读，这些往往是章节的关键内容所在。"三合"就是在翻阅略读全书的基础上，再重新细读一遍目录和全书内容，并加以系统化思考，弄清楚其内在逻辑，进一步领会初读时可能会忽略的内容。

3. 费曼学习法

费曼学习法是诺贝尔物理学奖获得者理查德·费曼提出的。费曼学习法具体步骤为：第一步，选择一个想要掌握的概念，然后拿出一张白纸，把这个概念写在白纸的最上边。第二步，设想要向别人传授这个概念的场景，并在白纸上写下对这个概念的解释，就好像教一位新接触这个概念的学生一样，这样做会清楚地意识到自己对这个概念掌握了多少。第三步，如果发现假想的传授某部分内容遇到困难，则需要重新学习，直到可以在纸上解释这部分概念为止。第四步，用自己的语言，而不是学习资料中的语言来解释概念，尽量做到通俗易懂，让别人可以轻松理解。如果阐释过程中语言表达过于冗长，就说明对概念的理解可能并没有想象得那么透彻，要进一步简化语言表达。

4. 睡前一分钟学习法

睡前一分钟学习法是高岛彻治在他的《不熬夜，不死背，睡前 1 分钟惊人学习法》一书中提出的，睡前一分钟学习法的背后有着很强的科学依据支撑，REM 睡眠（快速眼动）是指大脑的浅睡眠，大脑和清醒时一样在运作；NREM 睡眠（非快速眼动）是指深睡眠，大脑进入休息的状态。一般来说，REM 睡眠时的大脑正在整理记忆，具有学习效果，睡前一分钟进行有意识的记忆会有较好的效果，大脑一般也会记得，可以说也是自然记忆的一种模式。

二、时间管理方法

时间管理方法就是用技巧和工具帮助人们更有效地运用时间，完成相应工作并实现目标，在国际上较有影响力的时间管理方法当属番茄工作法。番茄工作法是弗朗西斯科·西里洛于 1992 年创立的时间管理方法。番茄工作法的原理极其简单：工作 25 分钟（算作一个番茄时间），休息五分钟。每 4 个番茄时间后休息时间增加为 15 分钟，以此循环合适的工作周期。

番茄工作法有五个基本流程，计划、追踪、记录、分析、可视化处理。第一步"计划"：在一天工作任务的开始，将需要完成的任务按优先级排列在今日代办中。第二步"追踪"：打开计时器，设定一个 25 分钟倒计时，从今日待办的第一项任务开始工作，在若干番茄时间之后，在完成的任务后打个"×"。第三步"记录"，在事先准备的记录本上，写上具体的日期、时间、任务以及使用的番茄数量，也可以备注一些遇到的问题，作为原始资料。第四步"分析"，从原始资料中，分析出有用信息。第五步"可视化处理"，将有用的信息标注出来，使其更加直观，同时敦促自己进一步提高。

三、任务管理方法

任务管理最早由美国管理学家泰勒提出，任务管理方法的基本内容，可以概括为通过科学分配时间并确定标准作业任务，以提高时间的利用率进而迅速完成相关任务。

1. GTD

GTD 是任务管理的一种方法，是 Getting Things Done 的缩写，意思为"把事情做完"，由 David Allen 提出。GTD 通过五步工作流程：捕捉、理清、整理、检视、执行，进而建立一个全方位的工作和生活管理系统，让大脑专注于思考、决策以及执行，以便达到提高效率、减轻压力和掌控工作的目的。

2. Time-boxing 工作法

Time-boxing（时间盒）工作法是由埃隆·马斯克提出的，他最早将其运用在企业的项目管理上，要求员工在规定时间完成既定任务。Time-boxing 工作法是将每天分为多个连续时间块，在每个时间块中分配特定任务，并努力在特定时间内将其完成。该方法的核心策略强调在规定的时间块中先完成任务，再优化结果，该策略的执行关键是需要在开始某项任务前决定投入多长时间。

3. PDCA 工作法

PDCA 方法，主要包含四个部分：P（Plan）计划、D（Do）执行、C（Check）检查以及 A（Act）处理。Plan 主要是方针和目标的确定，以及活动规划的制定。Do 是根据已知的信息，设计具体的方法、方案和计划布局，再根据设计和布局，进行具体运作，实现计划中的内容。Check 为总结执行计划的结果，总结对错原因，找出问题。Act 是对总结检查的结果进行处理，对成功的经验加以肯定，并予以标准化；对于失败的教训也要吸取重视。以上四个过程不是运行一次就结束，而是周而复始迭代进行，一个循环结束可解决一些问题，未解决的问题进入下一个循环，如此阶梯式上升（如图 9-2）。

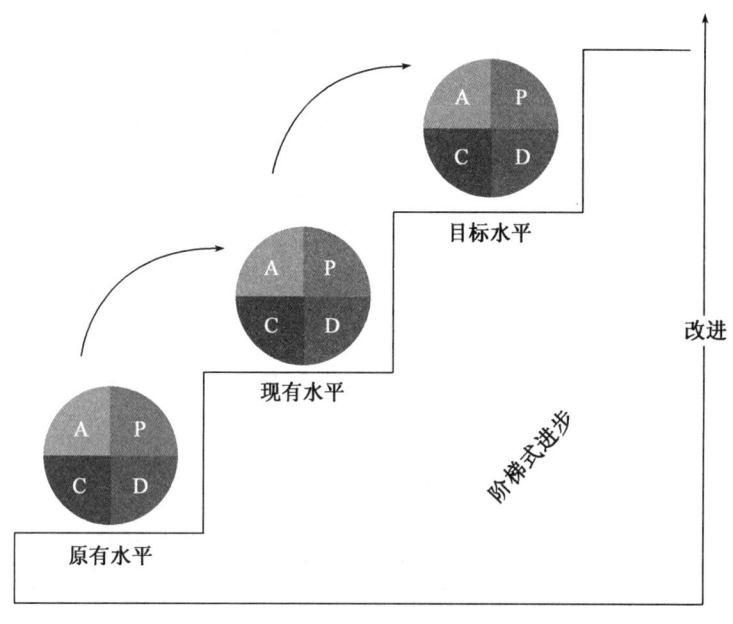

图 9-2　PDCA 工作法

四、情绪管理方法

情绪管理是一种对自我情绪认知、监控和驱动的能力以及对周围情境的识别与适度反应的能力,它具有三个特性,即情绪管理的适应性、情绪管理的功效性和情绪管理的特质性。如果能够很好把控情绪,就能在学习中保持良好的状态,学习效率也会成倍增加。接下来简要介绍一下心流理论在情绪管理中的应用。

"心流"指的是当人们沉浸在当前某件事情或某个目标中时,全神贯注、全情投入并享受其中而体验到的一种精神状态,是由积极心理学家米哈里·契克森米哈赖在 2004 年提出,认为这种状态就是人们获得幸福的一种可能途径。契克森米哈赖在一次采访中,将人们进入"心流"时的状态描述为:"你感觉自己完完全全在为这件事情本身而努力,你觉得自己的每一个动作、想法都如行云流水般发生并发展。你觉得自己全神贯注,所有的能力被发挥到极致。"契克森米哈赖还指出当任务挑战难度中等偏上,执行者本身技能水平偏高,就容易在完成任务的过程中进入心流状态(如图 9-3)。从另一个角度,如果一直做简单、毫无挑战的任务,则不会轻易地进入心流通道,从而收获幸福感。

另外,记忆方法对于学术信息内化过程具有较为重要的作用,直接影响到内化的效果。通常认为,通过相关理论与方法的训练可以强化记忆能力,提升记忆水平。下面简要介绍一下艾宾浩斯记忆理论。

艾宾浩斯记忆理论源自艾宾浩斯遗忘曲线,是由德国心理学家艾宾浩斯提出的,他在 1855 年出版的《关于记忆》一书中详细阐述了其中原理。他提出遗忘率随时间的流逝而先快后慢,特别是在刚刚识记的短时间里,遗忘速度最快。遵循艾宾浩斯遗忘曲线所揭示的记忆规律,应对所学的新知识在特定周期内及时进行复习,这种记忆方法即为艾宾浩斯记忆

图 9 - 3 心流理论

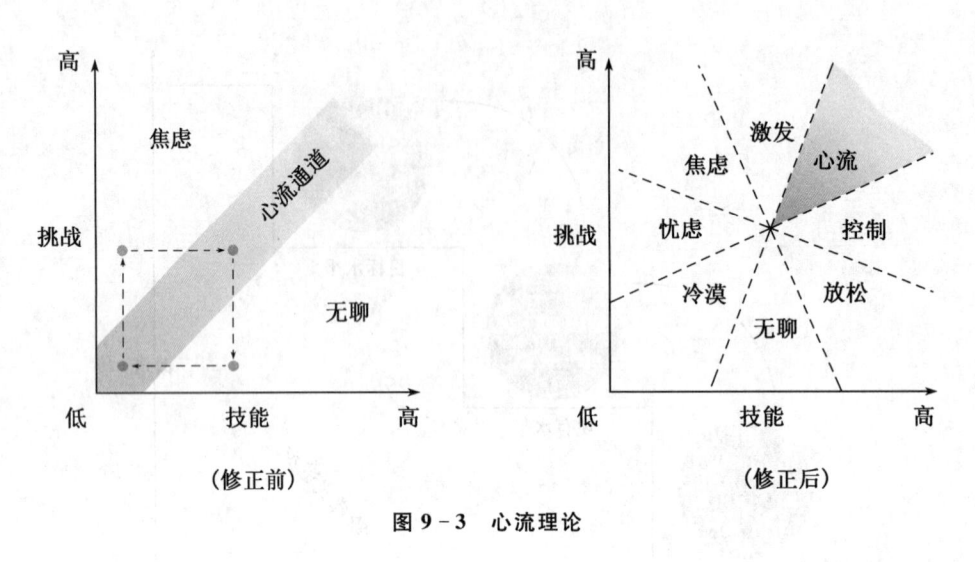

法。艾宾浩斯记忆法对于任何学习材料的记忆都是行之有效的,可以极大地提高记忆效率,收到事半功倍的记忆效果。记忆并不是最后目的,它只是一种手段,记忆的目的是储备认识问题和解决问题的能力。想要知道信息内化的效果,则必须及时复习并进行自我测验,复习与自测都是对艾宾浩斯记忆法的具体应用。

9.3.2 学术信息内化工具

一、任务管理

1. 滴答清单(https://www.dida365.com)

滴答清单是由杭州随笔记网络技术有限公司开发的一款记录待办事项、管理日程提醒的效率类应用。滴答清单的功能包含了日程安排设置、备忘录事项、自动添加日常任务并设置消息提醒等,并且滴答清单支持多平台同步,可帮助用户随时随地制定工作计划、安排行程规划、设置会议提醒、管理学习任务。

2. Trello(https://trello.com)

Trello 由 Atlassian 的子公司 Trello Enterprise 开发,由 Glitch 于 2011 年创建。它是一个基于 Web 的看板式列表制作应用程序。Trello 的看板、卡片和清单能够帮助用户管理团队的项目或任务;并支持用户创建任务小组,能够更好、更快地完成日常内容。团队可以通过 Trello 管理项目、工作流并组织各种事务;用户可以自定义看板内容以确保团队用最佳方式运行。

3. Todoist(https://todoist.com)

Todoist 是 2007 年推出的一款支持多平台的任务管理工具,用户可以使用它组织和安排计划。Todoist 可以把日常的工作安排、日程安排进行有序的管理,支持任务进度管理、任务优先等级设置等,可有效地提高工作的效率。Todoist 将所有的任务清单保存在云端,用户可以随时跨终端平台获取所有信息。

4. Microsoft To Do(https://todo.microsoft.com)

Microsoft To Do 是一个基于云的任务管理应用程序,允许用户通过智能手机、平板电脑或计算机管理其任务。该应用是由 Microsoft 收购的 Wunderlist 背后的团队开发的,它能够为用户管理和安排工作计划、个人生活以及家庭学习等方面的待办事项;并能够为用户重要的待办事项设置提醒和截止日期,还可以设置重复提醒,以确保用户不会忘记重要的事情。

二、时间管理

1. 番茄土豆(https://pomotodo.com)

番茄土豆是由上海贝朋信息科技有限公司开发的一款以番茄工作法为使用基础的时间管理软件。番茄土豆支持跨平台登录,实现多端自动同步,任务和历史数据都将储存在云端。用户能够收集想法、计划工作、完成任务、回顾历史的工作,实现完整的工作流管理。

2. Forest 专注森林(https://forestapp.cc)

Forest 由 Seekrtech 团队制作,旨在帮助用户在设定时间内不玩手机,专心于学习工作。每当用户想要专心学习工作时,可以在 Forest 中种下一颗种子;在接下来的时间内,这颗种子将会慢慢地成长为一棵大树。若是在这段时间内离开这个 App,小树将会枯萎而死。Forest 可以帮助用户戒除手机成瘾,提升时间效率,建立规律生活习惯。

三、情绪管理工具

1. 潮汐(https://tide.fm)

潮汐由杭州格珞铂软件科技工作室运营,是一款可以缓解生活压力的应用软件。它提供了不同主题的冥想音乐、自然声音和睡眠故事等海量音频内容,可以帮助用户专注于工作、提高睡眠质量,从而缓解生活压力。

2. Now 冥想(https://www.navoinfo.cn)

Now 冥想是一款 2016 年推出的减压助眠软件,创始人是李乐鹏。Now 冥想结合国际正念冥想理念与国内心理学界理论,为用户提供冥想引导课程,并且通过音频引导词帮助用户告别焦虑与压力。Now 冥想还提供个人冥想练习计划、正念冥想指导、呼吸冥想训练、冥想睡眠音乐、睡眠监测、大自然声、白噪音、睡眠故事、助眠音乐等海量音频内容。

3. Anki(https://apps.ankiweb.net)

Anki 是据艾宾浩斯遗忘曲线原理制作,由 Damien Elmes 开发,是一款免费的非营利性的记忆辅助软件。Anki 的卡片能够高度自定义化,可以随意添加文字、图片、音频、视频等;并采用间隔重复算法,智能筛选出记忆薄弱点,帮助用户提升记忆的能力。Anki 支持全平台同步运行,可以在 Windows、Mac、Linux、Android 以及 iOS 跨平台使用。Anki 运用独特的卡片和牌组,将陌生的知识转化为便于用户理解的形式,用户通过使用 Anki 学习和复习知识,不仅可以完成短期的背诵任务,还能长期性地培养大脑记忆力。

4. CareUEyes(https://care-eyes.com)

CareUEyes 是一款眼部保护软件工具,可以在使用电脑屏幕时减轻眼睛疲劳。一般而言,电脑显示器发出的蓝光是一种波长短、能量高、易于闪烁的光,容易引起眼睛疲劳,CareUEyes 可以自定义显示器的色温,通过调整色温来过滤蓝光,以减少其产生的蓝光量,帮助用户在使用计算机时降低对眼部的伤害,也可以提高工作效率。

9.4 个人学术信息输出方法与工具

在学术研究过程中,经历了信息搜集、信息整理及信息内化之后,就来到了信息输出的环节,可以说信息输出的质量直接影响到学术观点表达、学术成果发表等一系列活动。在本节中,将从学术写作、学术交流、成果发表以及个人知识库建置等四个方面来阐述学术信息输出的方法,并介绍相关实用软件工具。

9.4.1 个人学术信息输出方法

一、学术写作

科研人员一般使用学术写作的方式来阐述学术观点,参与学术对话。学术写作的特点是基于证据的论证,需要选用精准的专业术语进行表述,文章结构具有较强的逻辑性;写作过程通常需要查找大量的资料,往往需要消耗大量的时间与精力。接下来介绍三种可以提高写作效率的方法,分别为:沉浸式写作、极限写作和卡片式写作。

1. 沉浸式写作

所谓沉浸式写作,即注意力都集中在写作上,心无旁骛地完成这一项工作。想要达到沉浸式写作的效果,就应该让自己处在一个长期的写作项目过程之中,避免写作选题的来回切换、跳转,那样会使得无法将内容深入下去,进而导致相关内容层次较为粗浅。沉浸式写作可以让人达到一种"心流"的状态,不会被外界环境所打扰,从而能够加快写作的效率,也容易写出更高质量的文章。

2. 极限写作

极限写作是一种给自己特定时间限定来完成写作的模式,极限写作的核心是一个"输出倒逼输入"的过程。极限写作意味着要激发自己最大潜能,在规定时间内尽可能创作出高质量的内容,最为关键的就是注意力的高度集中。一般而言,人们清早醒来后的第一个小时被称为黄金时间,在这个时间段内,人们的注意力是一天中的顶峰,如果在这个时间段运用极限写作的方式,可以达到信息输出的最大效率。此外也可以尝试一些调整写作状态方法,例如在写作之前冲个热水澡、在享用三餐时充分咀嚼以刺激多巴胺的分泌、中午时分小憩 20 分钟等等。这些方法都可以让人快速恢复注意力。在极限写作结束之后,还应适当通过各种方式,如看一场电影犒赏自己,运用这样的自我激励机制可以更好地执行预先制定的写作任务。

3. 卡片式写作

卡片式写作可以让灵感倾泻出来,而不用考虑逻辑结构等问题,这一创作方式的典型代表人物便是作家纳博科夫,他对于卡片式写作有着很高的造诣,在一生为数不多的几次采访里,他均毫不掩饰地表达了对卡片式写作的喜爱。他说每一张卡片就像是一幅拼图中的一小片,在最后将这些卡片组装起来便能够完成一篇很好的创作。卡片式写作主要有以下几个步骤:第一步:确定主题。俗话说"万事开头难",在写作的一开始要把写作的主题和大纲确立好,搭好文章的大体框架结构,那么后面的写作就事半功倍了。第二步:撰写卡片。这一步,是卡片式写作的核心,就是将每一段内容写成一张卡片,不管内容是否丰富、格式是否正确。第三步:搜集资料。在积累了一定数量的卡片之后还需要补充完成相应的收集资料的工作,在写作过程中如果遇到不确定的内容,不要盲目中止写作,可以先标记起来,然后在资料搜集环节再统一补充。第四步:撰写初稿。在卡片积累到一定程度之后,就可以开始撰写初稿了。撰写初稿和创作卡片并不相同,这需要创作者拿出"大块"的时间,在可以安静工作的场所进行初稿的撰写;还要避免"边写边改"的坏习惯,修改应该在写作的最后一步进行。第五步:修改。好文章都是改出来的,想要追求独特风格和精妙结构,只有经过一次次的潜心修改,慢慢积累写作的方法,长期坚持下来写作的能力就会有所提高。第六步:排版与校对。排版也是信息输出非常重要的部分,"形"的美丽会让人看下去的欲望,好的排版可以优化读者阅读体验,让人们更愿意去了解其中蕴含的思想。可以说,卡片式写作的最大优点就是可以随时捕获灵感,在学术研究过程中,研究者应该将一些好点子、好想法随时用卡片记录下来,无论这个卡片本身是纸质的还是电子化的形式。

除以上三种写作方法,思维导图对于学术写作也有妙用。东尼·博赞是公认的思维导图创始人,20世纪70年代,他向公众介绍了一种"改善学习障碍儿童学习力"的思维工具,这让思维导图第一次走向人们的视野,也让思维导图这个概念被众多世人所知晓。之后东尼·博赞与巴利合作,探索出思维导图也可以运用于写作领域。

二、学术交流

学术交流是指针对特定主题,由相关领域学者参加,为了交流前沿知识、经验体会、科研成果以及相关研究问题,而进行聚集探讨、论证的一项研究活动,其最终目的是使相关信息、思想、观点得到沟通和交流,促进学科专业的发展。作为个人学术信息输出的一种方式,本节中将学术交流行为分为参加学术会议与相关社群交流;另外作为学术交流很重要的前期准备工作,还将介绍一些有关学术简历撰写的要求。

1. 参加学术会议

首先是会前准备。可以根据会议通知和会议日程,仔细筛选自己感兴趣的报告,最好在听报告之前,思考自己希望了解的报告具体内容,带着问题去听报告。如果有若干个会场同时举行会议,且主题报告时间有冲突,则应事先做好计划,有所取舍。其次在听会阶段,针对初次参加学术会议的新人,如果遇到较为深奥听不太明白的报告,不要气馁,要耐着性子把握报告的主体内容,不要纠结于一些技术细节,尽量弄清楚报告的研究目的、研究方法、研究过程、研究结论及价值意义。对于无法理解的内容可以先记录下来,等会后再进行学习研究。接下来,是提问环节。一般而言,不要为了提问而提问,可以把时间留给真正想与讲者互动的人。如果对报告感兴趣,可以通过提问来了解报告的细节或报告中未提及的部分;提问者要用简洁的语言来表述问题,如果有不同意见或是有质疑的部分,也要注意礼节保持风度。

2. 参与社群交流

社群既包括传统的各级学术性群众团体,如学会组织等,也包括借助网络平台建立起来的新兴虚拟社群,如QQ群、微信群、论坛等。社群为学术交流提供了良好的平台基础,可大大促进学术信息的快速分享,社群成员之间的探讨也更具时效性,通过社群可以营造出更加自由且富有活力的学术交流氛围。在参与线上虚拟社群时,要注意遵守相关法律法规,最好使用实名制;在进行交流时要注意语气措辞,切不可因为观点不同而进行人身攻击。

3. 撰写学术简历

作为一名科研人员很多时候都需要提交个人学术简历,学术简历通常需要包含的信息有:个人基本信息、目前所在单位、研究领域及正在从事的科研项目、主要教育经历、相关研究成果等,最后还可以简短地表述特长或性格,用来展示与学术工作密切相关的品德及团队精神。撰写学术简历的两个基本规则:第一,不能只写一份"万能"简历,而应该根据申请的不同项目或工作量身定制简历,可以根据目标工作需求侧重介绍自己的某些技能或个人经历。第二,简历内容要真实并有所侧重。学术简历要重点展示个人的学术经历,如论文发表情况只能填写已经发表或已被确定录用的,其他的则不要填写;再如教育经历一般写获得最高学历学位的时间和学校即可。此外,学术简历不可以第一人称来撰写。

三、学术发表

学术发表是指某一研究课题在实验性、理论性或预测性上具有新的科学研究进展或是创新见解的科学记录,又或是某种已知原理应用于生产实践取得新进展的科学总结的书面文件,发表在学术刊物上供领域学者进行交流、讨论和学习的行为过程。

以发表期刊论文为例,在投稿之前首先要了解期刊的要求,要认真阅读"投稿须知"或"作者须知",了解一些重要事项并遵照执行。比如,自己的稿件是否属于期刊的征稿范围、稿件的模板是否符合期刊的要求、该刊对论文中图与表的数量是否有所限制、对图和表的格式是否有要求,比如图的宽度、分辨率和电子版的文件格式等、参考文献的引用和著录格式如何规定等等。在投稿时,要注意稿件的检查。特别要注意检查是否存在明显的文字拼写错误和明显的语法错误等,要注意检查文章的标题、作者署名及单位信息(有的期刊一旦投稿成功后就不允许更改)、摘要关键词等,要注意核对参考文献的格式以及引用情况,还要注意检查图与表的规范性、正确性、美观性和清晰度,以及图表位置的正确放置等等。

稿件检查完毕之后就可以开始投稿了,目前大多数杂志社均采用在线电子投稿系统,但也有一部分还是采用电子邮件投稿或是传统的邮递投稿方式。在使用在线电子投稿系统时,首先要辨别系统是否为官方所有,切勿进入虚假的钓鱼网站,以免造成稿件丢失。进入投稿系统后,需要注册投稿账号后方能使用,投稿时参照系统的投稿说明按步骤填写稿件相关内容即可。投稿完成后,可通过投稿系统实时查询稿件状态,常见状态有初审、外审、退修、复审、终审等。

四、个人知识库建置

个人知识库即记录平时自己所思所想以及资料知识储备的仓库,并且方便个人对相关知识进行筛选、检索和再利用。建置个人知识库的意义在于可以使个人知识有序化,并加快知识的流动,进而实现对知识的有效管理。针对学术研究场景,个人知识库将有利于学者更好地整理、内化并输出学术信息,还可以从系统化、结构化的视角去分析相关问题。

知识库的构建要满足以下几个原则:第一,与个人发展期望完全匹配。构建知识库之前需要设定清楚人生目标和未来规划,保证知识库与职业选择、个人发展相匹配。第二,科学分类。知识库的分类越清晰,就越能保证用户可以以最快速度找到所需要的知识。知识库结构一般是树形结构,最初始的文件夹命名、排列一定要清晰直观,保证知识库入口具有结构化的特性。此外,文件夹的层级不宜过多,最多不超过三级,前两级包含个人知识的汇总、分类,第三级往往是对知识的总结内化。第三,具有可扩展性。扩展性并不是指知识库的容量可以无限增大,而是指知识库本身架构的可扩展性,如提供更多的同级分类,保证新知识可以迅速融合到以往的知识库中。第四,选择合适的知识库工具。知识库工具的选择尤为重要,根据自己的使用习惯和思维习惯选择合适的搭建知识库的工具,可以参考网上的一些经验帖,比较不同工具的优缺点,选择最适合自己的知识库工具。第五,及时更新总结。个人知识库的构建是一个迭代的过程,应经常对知识库中的知识进行回顾总结,往往能达到"温故而知新"的效果。

9.4.2 个人学术信息输出工具

一、思维导图

1. Xmind(https://www.xmind.cn)

Xmind 由深圳爱思软件技术有限公司开发,是一款非常实用的商业思维导图软件。Xmind 可以创建思维导图并将信息可视化,协助用户进行项目管理。Xmind 不仅可以绘制思维导图,还能绘制鱼骨图、二维图、树形图、逻辑图、组织结构图等。此外,该应用程序还可用于捕获想法、厘清思维、管理复杂信息并促进团队协作等。

2. 幕布(https://mubu.com)

幕布是坤豆科技旗下的一款在线思维概要整理工具。幕布主要以大纲的形式梳理呈现结构化内容,并且支持思维导图模式,可以一键将大纲结构的文本内容转化成思维导图。幕布支持 OPML 格式和思维导图格式文件的导入和导出,也支持多种其他格式(PDF、Word、HTML、图片以及 MM)导出;可以实现多平台同步,大大提高了用户的工作效率。

3. 亿图图示(https://www.edrawmax.cn)

亿图图示是深圳市亿图软件有限公司旗下的一款基于矢量的绘图工具,包含大量的事例库和模板库。它可以绘制各种专业的业务流程图、组织结构图、商业图表、程序流程图、数据流程图、工程管理图、软件设计图、网络拓扑图等。它采用全拖曳式操作,结合 44 450 多个常用图形模板库和用户自定义实例库,最大程度简化用户的工作量。用户在设计时既可以充分利用它固有的素材,又可以借鉴其他用户的作品。

二、写作工具

1. WPS(https://www.wps.cn)

WPS(Word Processing System),中文意为文字编辑系统,是由北京金山办公软件股份有限公司自主研发的一款办公软件套装。2020年12月,教育部考试中心宣布 WPS Office 将作为全国计算机等级考试(NCRE)的二级考试科目之一,于2021年在全国实施。WPS 可以实现办公软件最常用的文字、表格、演示、PDF 阅读等多种功能,具有内存占用低、运行速度快、云功能多、强大插件平台支持、免费提供在线存储空间及文档模板等优点。

2. Typora(https://typoraio.cn)

Typora 是一款轻量级的 Markdown 编辑器,在 Typora 官网上将 Typora 描述为"A truly minimal markdown editor",与其他 Markdown 编辑器不同的是,Typora 没有采用源代码和预览双栏显示的方式,而是采用所见即所得的编辑方式,实现了即时预览的功能,但也可切换至源代码编辑模式。除了基本的文本编辑体验极佳之外,Typora 还是一个非常优秀的学术文档编辑器,尽管还不能与一些 LaTeX 编辑器相提并论,但它仍支持了许多可用于学术写作的功能。

3. Get 写作(https://getgetai.com)

Get 写作是由上海赅推智能科技有限公司推出的一站式智能写作平台。它采用 AI 算法,以人机协作的方式提升写作效率,可以快速创作优质文章。Get 写作还为用户提供多种文章素材、十万多个文章模板、智能取标题以及一键智能改写等功能,帮助用户释放大脑,专注创作。

4. Texmaker(https://texmaker.en.softonic.com)

Texmaker 是由 Pascal Brachet 于2003年推出的一个跨平台开源 LaTeX 编辑器,带有集成的 PDF 查看器。Texmaker 可适用于多操作系统平台,且集成了 LaTeX 开发文档所需的许多工具。它包括一个功能强大的文本编辑器,允许用户执行多个操作,如设置文本格式,插入表格、图片、数学公式、列表以及拼写检查等。此外,它还具有内置的搜索引擎,可以快速查找用户需要的内容。

5. Origin(https://www.originlab.com)

Origin 是由美国 OriginLab 公司开发的一个科学绘图、数据分析软件。它支持绘制各种各样的 2D 或 3D 图形。Origin 的数据导入功能支持多种格式的数据,包括 ASCII、Excel、NI TDM、DIADem、NetCDF、SPC 等;还支持将图片输出多种格式,如 JPEG、GIF、EPS、TIFF 等。

6. MathType(https://www.mathtype.cn)

MathType 由美国 Design Science 公司开发,是一个强大的数学公式编辑器。MathType 需要与其他文档编辑工具搭配使用,能够与微软 Office 系列软件兼容,可用在编辑试卷、书籍、报刊、论文、幻灯演示等方面。它是编辑数学资料的得力工具,但是用户需要付费使用。

7. Grammarly(https://www.grammarly.com)

Grammarly 是由 Alex Shevchenko、Max Lytvyn 和 Dmytro Lider 联合开发的一款在线语法纠正和校对工具,于 2009 年 7 月在乌克兰首次发布。Grammarly 具有英语语法错误监测功能,可以自动检测用户所书写的英文是否存在语法、拼写、标点、时态等错误,帮助用户提高写作效率。这款软件提供 Windows 和 Mac 两种系统的客户端版本,并且有 Chrome、Firefox 等浏览器的扩展插件,可以检测网页内所有输入框内的内容。另外还有 Word 支持的插件,可以更高效地检查 Word 内的英文内容。

三、交流工具

1. 腾讯会议(https://www.tencent.com)

腾讯会议是腾讯云旗下的一款音视频会议软件,于 2019 年 12 月底上线;2020 年 1 月 24 日起腾讯会议面向用户免费开放 300 人的会议协同能力。腾讯会议具有全平台一键接入、音视频智能降噪、背景虚化、锁定会议、屏幕水印等功能,此外还提供实时共享屏幕、支持在线文档协作等功能。由于其强大的功能,国内外许多学术线上研讨会主办方,均采用腾讯会议作为远程会议的解决方案。

2. Zoom(https://www.sanyuanshi.com)

Zoom 是一款由 Zoom Video Communications 开发的专有视频电话软件程序,为用户提供兼备高清视频会议与移动网络会议功能的免费云视频通话服务。Zoom 适用于 Windows、Mac、Linux、iOS、Android 等多个系统。Zoom 支持最多 1 000 名视频参会者或 10 000 名观看者,用户可以通过移动端或 PC 端设备在 Zoom 中进行多人视频及语音通话、屏幕分享、会议预约管理等。国外许多线上学术研讨会主办方会选择 Zoom 作为会议解决方案。

3. 知页简历(https://www.zhiyeapp.com)

知页简历是一款智能简历制作工具,可为广大毕业生提供专业而又精美的中英文简历模板,以及各种案例。知页简历目前已有超过 700 万用户正在使用,是国内使用人数较多的专业简历制作工具,受到求职者及专业人力资源经理的喜爱。

4. 乔布简历(https://cv.qiaobutang.com)

乔布简历是由上海乔布堂信息科技有限公司与多家高校联合开发的一款专业简历制作工具,采纳了 300 多家企业 HR 的专业意见。乔布简历可以快速制作一份专业的简历,为用户提供简历模板和岗位信息,并支持用户在线制作简历。同时,它还提供了海量的简历模板供用户下载。

四、发表工具

1. 中科院文献情报中心分区表

中科院文献情报中心分区表是中国科学院文献情报中心科学计量中心的科学研究成

果,自 2004 年开始发布,延续至今,其微信小程序版本于 2021 年正式上线,提供最新年度期刊分区免费查询服务。

2. LetPub(https://letpub.com.cn)

LetPub 是 ACCDON 公司(美国)旗下的一个 SCI 期刊智能查询及投稿系统,为非英语国家科研学者提供最优质 SCI 论文编辑和各类相关服务。LetPub 专门为学术出版界提供编辑服务,并提供研究传播服务。LetPub 还基于常规的 SCI 期刊影响因子数据报告,整理并添加相关参数,包括期刊名全称、期刊近八年的影响因子变化情况、学科领域细分以及创办期刊的机构所在国家区域等。

3. MedSci(https://www.medsci.cn)

MedSci 是由上海梅斯医药科技有限公司推出一款医学类研究应用,其功能主要包括临床研究设计、研究方案指导、数据管理、数据统计挖掘、临床研究成果发表等学术服务,为用户提供了专业的"一站式"科研学术知识服务。

4. PLoS(https://plos.org)

PLoS 为美国科学公共图书馆(Public Library of Science)的简称,该机构由生物医学科学家哈罗德·瓦尔缪斯、帕克·布朗和迈克尔·艾森创立于 2000 年 10 月,是一家由众多诺贝尔奖得主和慈善机构支持的非赢利性学术组织,为科技人员和医学人员服务,并致力于使全球范围科技和医学领域文献成为可以免费获取的公共资源。PLoS 出版了 7 个同行评审的开放存取期刊,其中包括科学和医学领域的质量研究、专家评论以及批判性分析。

5. 中国学术期刊论文投稿平台(http://www.cb.cnki.net)

CNKI 中国学术期刊论文投稿平台是清华同方公司为广大用户提供的一个免费投稿服务平台,汇集了 8 800 多种刊物信息,方便用户查询、阅读期刊;此外还为用户提供了投稿指导功能,能充分满足投稿作者的需求。

6. Jane(https://jane.biosemantics.org)

Jane 的全称是 Journal Author Name Estimator,由 Martijn Schuemie 创建,专注于生物学和医学专业领域。它为全球学者提供了一个非常简单的期刊搜索工具。Jane 包括了 Medline 中列出的所有期刊,适合生物学和医学专业领域。作者可利用关键字、文章标题和摘要等因素搜索,并允许在搜索时选择筛选项包括开放获取政策、文章类型以及出版语言等。

7. 知网查重(https://cx.cnki.net)

(1) 知网查重简介

同方知网(北京)技术有限公司于 2022 年 6 月 12 日发布公告,中国知网向个人用户直接提供查重服务。中国知网个人版与机构版的检测功能与结果相同,除此之外,机构版还提供批量检测和流程管理等服务功能。个人版定价参照市场通行的按字符数收费的方式,定为 1.5 元/千字,不高于市场主流同类产品价格。个人用户上传论文查重由本人自主操作,个人信息与论文内容仅本人可见;个人送检的论文仅保存在查重专用的服务器上,30 天后自动删除且不可恢复。

(2) 主要功能介绍

检测报告可显示完整检测结果(即用百分数显示的文字复制比),包括了去除引用文献的检测结果、去除本人文献的检测结果、重合字数、小段落数、大段落数、最大段长、最小段长、前部重合度、后部重合度等检测指标数据。检查报告中还用表格形式逐一列出相似论文的标题、作者、来源和发表时间,特别标明该论文是否被引用,并且可以选择重复片断进行逐一对比。在被检论文的原文中,用带下划线红色字体表示重合文字,可以直观了解文章的抄袭程度。知网查重检测页面如图9-4所示。

图 9-4 知网查重检测页面

五、个人知识库工具

1. Notion(https://www.notion.so)

Notion 是一个用于构建个人知识库的优秀应用,支持网页、电脑端、手机移动端软件等不同运行环境。它可以实现在任意设备上的个人知识管理,并且所有运行环境都是实时同步的;在此基础上,还提供了团队协作功能,方便项目团队进行在线协作办公,提高团队效率,促进工作的有效推进。

2. 语雀(https://www.yuque.com)

语雀是蚂蚁集团旗下的在线文档编辑与协同工具,截止到 2022 年,语雀共有超过 600 万用户,上线了 200 多个新功能。语雀本身是一款知识创作工具,支持团队协调编写文档、交流想法、沉淀知识,让企业、团队、个人轻松拥有自己的在线知识库。语雀拥有小记、知识库和空间三大核心功能,支持文档、表格、PPT 和画板四种文稿类型。

3. VERSE(https://verse.app.yinxiang.com/product)

印象笔记于 2021 年 12 月 16 日在北京举办首届年度盛会,推出新产品 VERSE。VERSE 本身含有诗、韵文、宗教经书的节、主歌的意思,是一款面向未来的智能化生产力工具。用户使用 VERSE 可以管理数字内容,让信息有序高效运转;搭建知识体系,构建个性化个人知识库。此外,VERSE还支持多人在线协作,可以优化提升团队生产力。

4. Baklib(https://www.baklib.com)

Baklib是成都探码科技有限公司旗下的一款专注企业知识人工智能的网站系统,能够在线制作产品手册、帮助中心、FAQ、Guide、知识库、产品介绍、开发文档、在线手册等,并发布到网站上。Baklib具有知识库在线搭建快捷方便、主题模板一键选择、多人在线编辑文档以及展示页面种类多样化等功能特点。

课后思考与练习

1. 在学习完本章的内容之后,谈谈你对学术信息搜集、整理、内化、输出这四个过程的认识。
2. 结合自己的生活实际,讲述如何使用GTD工作流。
3. 结合心流理论,仔细回想自己在生活中有类似注意力完全投注在某活动上的感觉吗?
4. 在了解认识了这么多类型的信息工具,你最喜欢并且想去使用的是哪个?
5. 选用一个你最喜欢的思维导图工具整理本章的内容。

第 10 章　信息资源检索综合利用

☞ 扫码可浏览
本章学习资源

学习目标

了解文献计量的概念,掌握文献计量与分析的规律和方法,学会使用文献计量的相关软件;了解科技查新的概念和术语,牢记撰写科技查新报告的撰写规范和原则,熟悉科技查新检索的流程;了解并掌握信息资源检索的知识与技巧,特别是运用现代化的技术和手段,利用丰富的信息资源,加速信息检索的过程,提高信息检索的查准率与查全率,将这些技能运用到学术工作和生活当中去,以起到事半功倍的效果。

知识框架

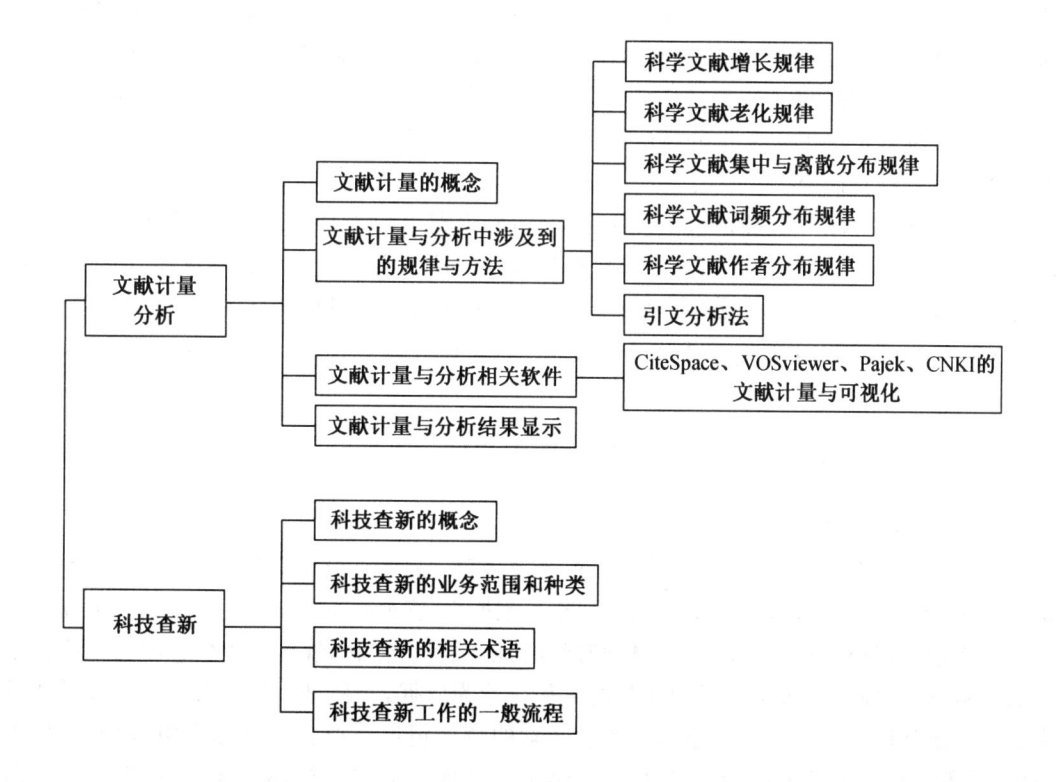

- 文献计量分析
  - 文献计量的概念
  - 文献计量与分析中涉及到的规律与方法
    - 科学文献增长规律
    - 科学文献老化规律
    - 科学文献集中与离散分布规律
    - 科学文献词频分布规律
    - 科学文献作者分布规律
    - 引文分析法
  - 文献计量与分析相关软件
    - CiteSpace、VOSviewer、Pajek、CNKI的文献计量与可视化
  - 文献计量与分析结果显示

- 科技查新
  - 科技查新的概念
  - 科技查新的业务范围和种类
  - 科技查新的相关术语
  - 科技查新工作的一般流程

10.1 文献计量与分析

10.1.1 文献计量的概念

1917年，文献学家科尔(F. J. Cole)和伊尔斯(N. B. Eales)对动物解剖学方面的论文进行了统计分析。1922年，伦敦专利局的图书馆员休姆(E. W. Hulme)以《国际科技文献目录》为基础，对科技文献的数量增长情况进行了分析研究，并冠以"统计书目学(statistical bibliography)"的名称。20世纪50年代开始，美国情报学家加菲尔德(Eugene Garfield)对引文进行了持续深入的研究，并建立了一系列大规模的引文数据库。20世纪60年代，计算机技术的兴起和信息技术的发展为文献计量学提供了发展保障，相关的理论研究和应用研究成果层出不穷。1969年英国的普里查德(A. Pritchard)首次提出文献计量学(Bibliometrics)这一新名称，代替了"统计书目学"一词，其定义为应用数学和统计学的方法，通过计算和分析书面交流的各个方面，更清楚地表达书面交流的过程和学科发展的特点及进程。我国的邱均平教授对文献计量学的定义是以文献体系和文献计量特征为研究对象，采用数学、统计学等的计量方法，研究文献情报的分布结构、数量关系、变化规律和定量管理，并进而探讨科学技术的某些结构、特征和规律的一门分支学科。

信息分析的方法有定性分析法和定量分析法。定性分析法是指对研究对象采用比较、评价、判断、分析推理、综合等方法，从而揭示出研究对象本身所固有的、本质的规律性。定性分析在认识和把握事物的本质和规律时，往往需要借助于逻辑思维活动和创造性思维活动。定量分析法是以数学、统计和其他数学处理手段为基础，对研究对象的数量特征、数量关系、数量变化进行的分析，通过分析研究揭示出研究对象本身所固有的、内在的数量规律性。文献计量分析法属于定量分析法的一种，是指对一定时间段内与研究目的有关的研究文献从数量上进行研究。

文献综述和文献计量都是对以往研究的整理，以期了解研究的现状。不同的是，文献综述在进行文献检索后，从已有文献中选取有代表性的论文进行研究内容的整理，包括研究内容有哪些，以往研究的发现，还存在哪些不足。文献计量则尽可能检索不同来源的文献，不详细分析每篇文献的内容，主要从文献发表数量、年份分布、作者分布、机构分布、研究热点等方面进行总结。

10.1.2 文献计量与分析中涉及的规律与方法

1. 科学文献增长规律

科学文献总体数量的增长是一个客观的社会现象。科学文献的数量变化直接反映科学知识量的变化情况，但科学文献的急剧增长也给文献搜集、管理和科学研究的发展带来了挑战。

文献增长规律是描述文献信息量随时间的推移数量增加的规律。衡量科学文献增长的方法有两种，一种是以每年出版的文献的累积总量为依据，一种是以每年新出版的文献数量为依据。通常以每年出版的文献数量衡量文献的增长情况。在直角坐标系中，以文献量为纵轴，以历史年代为横轴，把不同年代的文献量在坐标图上逐点描述出来，然后以一光滑曲线连接各点,这个曲线称为普赖斯曲线,可十分近似地表征文献随时间增长的规律。

科学文献数量增长的规律由科学发展的客观过程决定,而科学发展的客观过程受两种因素的制约,分别是科学自身的发展规律和科学所处的环境条件。科学自身的发展一般分成三个阶段:直线型增长期,一般是在学科诞生以后的一段时间;指数型增长期,一般是在学科发展时期;循环期,是指稳定和增长交替发生,一般是在学科成熟时期。科学所处的环境条件,包括政治因素、经济层次、社会的文化导向、教育等,对科学文献数量的增长也具有较为明显的影响。研究文献增长规律可以大致揭示科学研究发展的某些特点和规律,同时根据文献数量的变化可以预测文献的增长趋势,为科学研究的未来工作提供决策参考。

2. 科学文献老化规律

科学技术的进步使得科学知识得到不断更新,新知识不断地产生,旧知识不断被取代,这是科学发展的客观规律。

文献老化规律是描述文献信息价值随时间推移而不断下降的规律。1958年,贝尔纳首次提出用"半衰期"来表征文献情报老化速度,随后伯顿(R. E. Burton)和开普勒(R. W. Kebler)对科学文献的"半衰期"进行了一系列研究。文献计量领域的"半衰期"是指某学科仍在利用的全部文献中较新的文献一般是在多长一段时间内发表的,不同学科其"半衰期"也不同。假如管理学的文献半衰期为5年,则在统计的那一年里,尚在使用的全部管理学文献的50%是在最近5年内出版的。这个概念的提出对文献老化的研究具有里程碑的意义。

普赖斯指数是指在某一个知识领域内,年限不超过5年的被引文献数量与被引文献总量之比,以度量文献的老化速度和程度。文献的半衰期只能笼统地衡量某一领域内全部文献的老化情况,普赖斯指数既可以用于某一领域的全部文献,还可以用来评价某种期刊、某一机构、某一作者的老化特点。

英国的布鲁克斯(B. C. Brookers)引进期刊有益性的概念,期刊有益性是指某一年份某一期刊被利用的文献数。经过若干年后,期刊还保留的有益性即剩余有益性,是反映期刊老化的一个指标。科学文献的老化指标能帮助我们掌握文献的特性,判断文献的时效,确定文献的利用价值。

3. 科学文献集中与离散分布规律

1934年,英国文献学家布拉福德(Samuel Clement Bradford)在大量文献统计调查的基础上提出了描述专业论文在期刊中的分布规律,即布拉福德定律。具体而言,如果将期刊按其刊载专业论文数量的多寡递减的顺序进行排列,并分成三个区,三个区的期刊上发表的某领域论文数量相等,即恰好等于全部期刊发表的该领域论文总数的三分之一,这样可发现第一区(核心区)所发表的文献来自数量不多但是质量较高的 n_1 种期刊,第二区(相关区)所发表的文献来自数量较大,质量中等的 n_2 种期刊,第三区(外围区)包含数量最大但质量最低的 n_3 种期刊,三个区中的期刊数量呈现出以下关系:$n_1:n_2:n_3=1:a:a^2(a>1)$,a值约为5。这个式子中,a即为布拉福德常数,或称比例系数。

在布拉福德定律问世后,很多学者基于布拉福德定律进行了更为深入的研究和修正。如1948年维克利就对布拉福德定律进行了修正。基于维克利的区域分析法中区域大于三个,a值根据具体情况而定,这样的分析结果比只有三个区的分析结果更精确,也是现在常用的分析方法。

布拉福德定律可以帮助我们确定某一领域的核心期刊,科研人员利用核心期刊检索本领域文献可提高检索效率。此外,布拉福德定律也可用于研究某一学科发展的特点及学科之间的交叉影响和相互渗透关系,以此确定某些新学科的生长点。

4. 科学文献词频分布规律

1935年,美国语言学家和心理学家齐夫(George Kingsye Zipf)揭示了文献的词频分布规律,并被命名为齐夫定律。词频是指一个单词在某一篇论文中出现的次数。假设一篇文献含有 N 个词(N≥5000),用自然数 1,2,3,…,给文献中的词编级,出现频次最高的为 1,其次为 2,依次类推,直到 r(r<N),则词的频次 f 与词的等级序号 r 的乘积是一个常数,即 fr=C。C 是常数,但不是绝对不变的恒量,是围绕一个中心数值上下波动的值。

齐夫定律在出现频次特别高和特别低的词的时候不能完整地反映分布规律。因此,不少学者对齐夫定律进行了深入研究。有学者将齐夫定律进行了分解,分为高频词出现的定律和低频词出现的定律。将低频词分布的定律称为齐夫第二定律,布什推导出了齐夫第二定律,即 $I_n/I_1=2/n(n+1)$,$n=2,3,4,…$,其中 I_n 是出现 n 次的词的数量,I_1 是出现 1 次的词的数量,n 是第 r 位词出现的次数。齐夫第二定律的公式与正文长度和常数 C 都无关,仅与单词的频率有关。

齐夫定律可以用于文献标引、词表编制,作为文献检索还可以根据文献关键词的计量分析展示一个学科领域的研究动向,进行科学评价。

5. 科学文献作者分布规律

洛特卡(Alfred J. Lotka)在数据研究中,注意到研究者数量和论文数量之间分布不均匀的现象,在 1926 年提出洛特卡定律。洛特卡定律是指在一定时间内,写了 x 篇论文的作者数量占作者总数量的比例 $f(x)$ 与其所撰写的论文数 x 的平方成反比。数学表达式为:$f(x)=C/x^2$,其中 x 表示研究者发表的论文数量,$f(x)$ 表示发表 x 篇论文作者占作者总数的比例,C 为常数。洛特卡定律是洛特卡根据化学和物理学领域的数据统计所得。在对洛特卡定律的研究过程中,学者们也发现了针对不同领域,不同的样本数据,n 取值并非总是 2,因此,对洛特卡定律进行了修正,$f(x)=C/x^n$,其中 x 表示研究者发表的论文数量,$f(x)$ 表示发表 x 篇论文作者占作者总数的比例,C,n 为参数,这也被称为广义洛特卡定律。1985 年,帕欧基于各个领域的 48 组数据的研究,得出 n 是在 1.2~3.5 之间的值。美国普赖斯注意到高产作者研究的重要性,他提出:撰写全部论文一半的高产作者的数量,等于全部作者总数的平方根。

洛特卡定律可用于论文数量的预测,便于文献搜集,有助于掌握文献的变动规律,还有利于预测研究者数量的增长和科学发展的规模和趋势。

6. 引文分析法

科学文献体系内,文献之间不是孤立存在的,而是通过文献之间的引用和被引用的关系进行相互的联系。

节点文献的作者在写作节点文献时参考并引用了一系列文献,这就形成节点文献的参考文献(如图 10-1)。节点文献发表后,其他的论文作者在写作时参考并引用了节点文献,这些文献就被称为节点文献的引证文献。参考文献和引证文献反映了科学文献之间的引证和被引证的关系。文献之间相互引证的关系结构被称为引文网络。科学文献的相互引证关系是引文分析的主要依据。

图 10-1　文献之间引用与被引用的关系

引文分析是利用数学、统计学的方法对论文、著作等各种文献的相互引用现象进行分析，揭示其数量特征和内在规律的一种文献计量分析方法。进行引文分析时，使用引文率、被引用率、自引率、被自引率、即年指标、引文耦合强度、同被引强度等指标从不同方面反映文献之间的内在联系，深层次反映文献所代表的学科的发展规律。例如文献的同被引关系，指的是两篇或多篇论文同时被后来的一篇或多篇论文所引证，则被引证的这两篇或多篇论文具有同被引的关系，引证它们的论文数量作为其同被引程度的测量指标。假定文献 A 和 B，同被引强度定义为同时引证文献 A 和 B 的论文篇数，也称同被引频率。同被引强度越高，说明文献 A 和 B 的关系越密切。

引文分析可以测定学科的影响和重要性；发现学科之间的亲缘关系和结构；分析学科之间的交叉关系，了解学科的产生背景和发展概貌；确定某一领域的核心期刊；可以对国家、学术机构和个人的科学能力和学术水平进行比较和评估。

10.1.3　文献计量与分析可视化工具

随着各学科领域文献数量的快速增长，文献计量已经成为各学科发展动态研究的重要方法。文献计量的数据来源包括图书、期刊论文、会议论文、专利文献、学位论文、报纸文献等。其中期刊论文和会议论文是科学研究中最常使用的学术交流形式，数据更新快，获取方便，是文献计量主要的统计对象。

文献计量及可视化工具分为两类，一类是专业的文献计量与分析可视化的软件，如 CiteSpace、VOSviewer、BiBexcel、SCI2、Pajek、Histcite、Bibliometrix 等；一类是文献数据库自带的计量工具，中国知网（CNKI）、万方数据知识服务平台、Web of Science（WoS）、中文社会科学引文索引（CSSCI）等数据库都提供了结果的统计分析功能，有些数据库还同时提供可视化功能，如 CNKI 和 WoS。

一、CiteSpace

CiteSpace 是由美国德雷塞尔大学信息科学与技术学院陈超美教授开发，着眼于分析科学文献中蕴含的潜在知识，并通过可视化的手段呈现科学知识的结构、规律和分布情况，已经成为文献计量可视化分析广为使用的工具。利用 CiteSpace 可以进行文献的共被引分析、共现分析、突现分析和聚类分析等。对于共被引分析，CiteSpace 提供了引文共被引、作者共被引、期刊共被引等分析方法。通过共现分析，CiteSpace 可获得作者、国家、机构的合作网络。突现分析是探测某一时段引用量有较大变化的情况，以发现某一个主题词、关键词的衰落或兴起。聚类分析分析对象的相似性,将物理或抽象对象的集合分组为由类似的对象组成的多个类的分析过程。Citespace 选取的是基于时间和图的可视化呈现方法,在分析图谱中主题随时间变化的规律上有着很大的优势。使用 CiteSpace 可以从海量的文献数据中挖掘出特定主题的知识基础、相应的学科结构和最新的研究前沿。

CiteSpace 自 2003 年诞生后,历经版本的多次更新,当前版本是 2022 年发布的 Version 6.1.R2。CiteSpace 的开发基于 Java 语言,因此,在运行 CiteSpace 前需要先配置好电脑的 Java 环境。CiteSpace v6.1.R2 基础版安装完成后打开的主界面如图 10-2 所示。

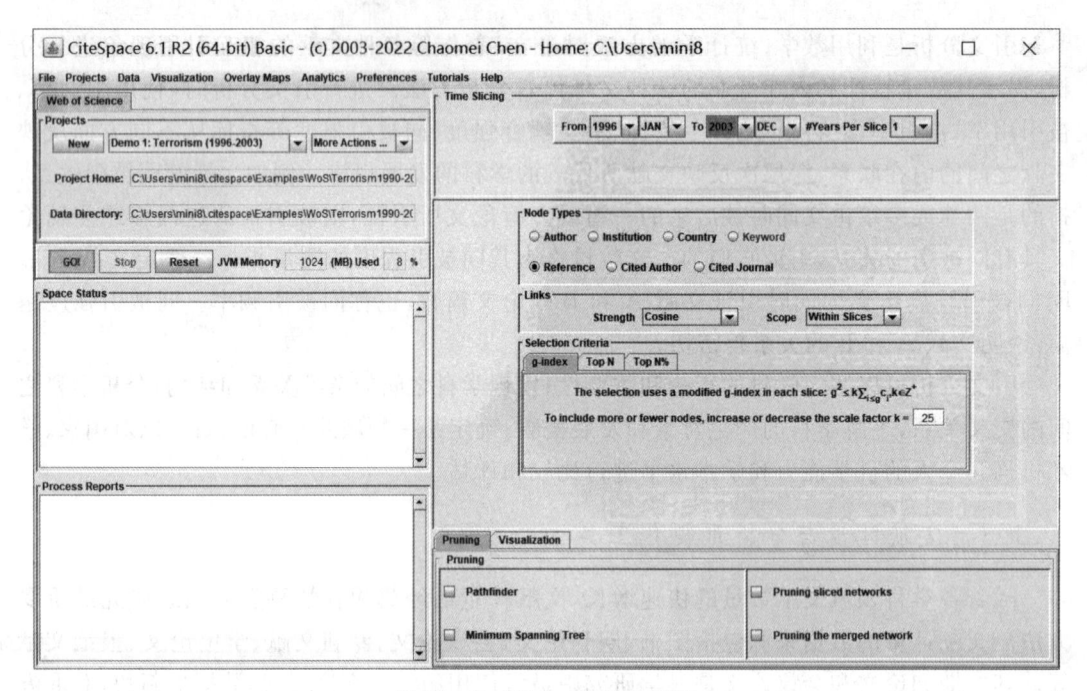

图 10-2 CiteSpace 的主界面

1. CiteSpace 的数据准备

CiteSpace 能分析来自 WoS、Scopus、CNKI、CSSCI 等数据库的数据。在 CiteSpace 中,从 WoS 下载的数据在分析前需要进行去重操作,其他数据库收集的数据在进行分析前需要在软件中先转换为 WoS 的数据格式。在使用 CiteSpace 进行数据分析前,需要建立三个文件夹,一个"input"文件夹存放数据库中下载的原始数据,一个"data"文件夹存放去重或转换格式后的数据,一个"project"文件夹用来存放软件分析过程中运行的结果,如节点信息、聚类信息等。

分别以 WoS 和 CNKI 为例介绍 CiteSpace 的数据准备。在 WoS 检索后选择检索结果进行导出,选择导出格式为"纯文本文件"(如图 10-3),WoS 可一次性导出 500 条记录,记录内容中选择"全记录与引用的参考文献",单击"导出",导出文献记录(如图 10-4)。在 CNKI 检索后,选择记录,在导出文献中选择"Refworks"(如图 10-5),导出文献记录(如图 10-6)。将数据库中导出的记录保存到"input"文件夹,完成原始数据的准备。

第 10 章 信息资源检索综合利用

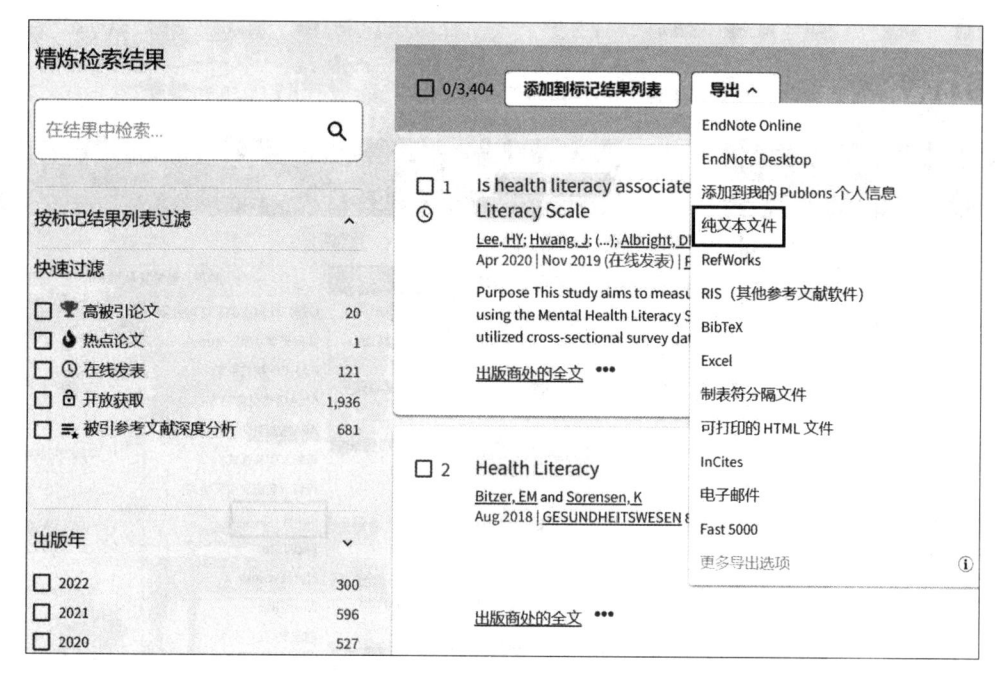

图 10-3 WoS 选择记录导出

图 10-4 WoS 中选择导出的记录内容

图 10-5 CNKI 的结果中选择记录的导出格式

图 10-6 CNKI 中导出文献记录

单击 CiteSpace 主界面菜单中的"Data"下的"Import/Export",将数据库导出的文献数据上传至 CiteSpace 并输出处理后的数据,WoS 导出记录的输入和输出界面(如图 10-7),分别在"Input Directory"和"Output Directory"中设定原始数据的目录和输出数据的目录,单击"Remove Duplicates"完成文献数据的去重(如图 10-8)。来自其他数据库的数据,单击相应数据库的按钮进行切换(如图 10-7)。如 CNKI 的数据,则单击"CNKI",切换至 CNKI 的数据输入和输出界面,设定原始数据的目录和输出数据的目录,选择"Use Chinese",单击"CNKI Format Conversion"完成 CNKI 数据的格式转化并输出至相应目录(如图 10-9)。

图 10-7 CiteSpace 中 WoS 数据的输入界面

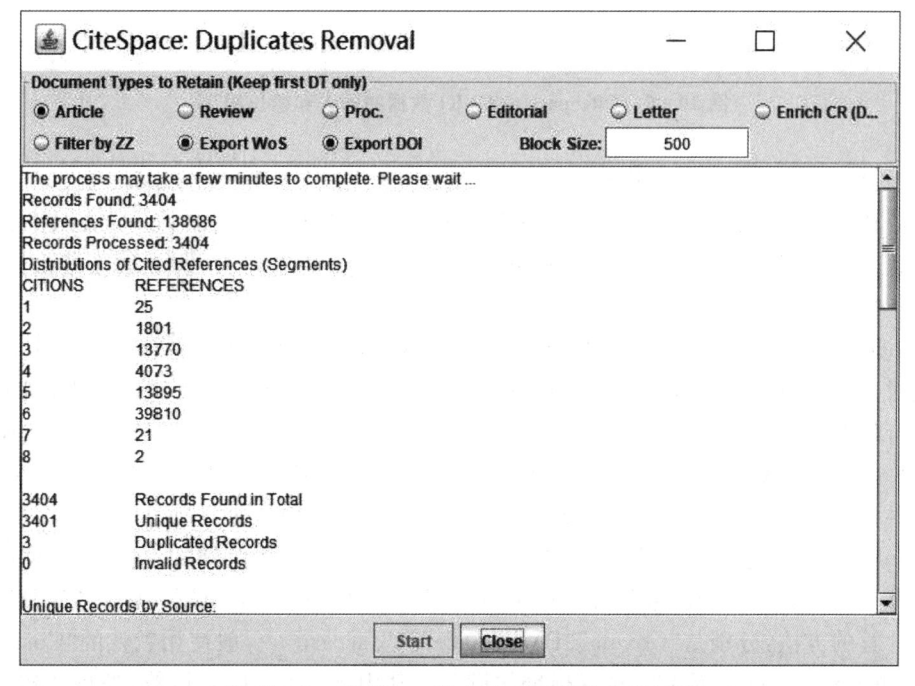

图 10-8 CiteSpace 完成 WoS 数据的去重界面

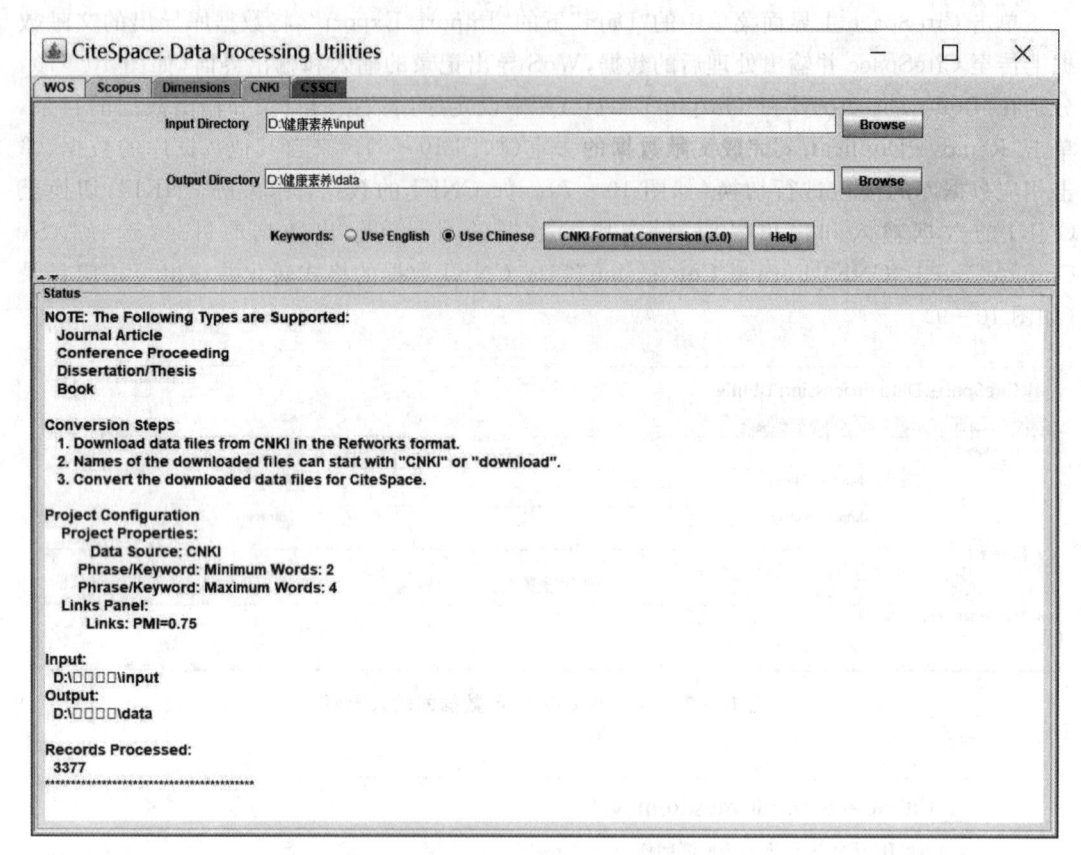

图 10-9　CiteSpace 中 CNKI 数据的输入和输出界面

2. CiteSpace 主界面的参数设置

时间切片设置"Time Slicing"是根据检索文献的年限跨度设置,"Years Per Slice"一般使用默认的"1",即按 1 年为单位进行划分,如果文献年份跨度较大,文献数量较多,也可选择更长年份进行切片,以提高运行效率。

"Node Types(节点类型)"的设置决定了 CiteSpace 分析的目的,在节点的两行中,上面一行是对文献本身进行分析,其中"Author""Institution""Country"可进行作者、机构或者国家的合作网络分析,"Keyword"可进行关键词的共现分析。下面一行是对参考文献进行分析,"Reference""Cited Author"和"Cited Journal"三个选择分别进行文献的共被引分析、作者的共被引分析和期刊的共被引分析。

"Links"是网络连接的算法选择,无论是共被引分析还是共现分析,在生成网络时都需要根据共被引次数或共现次数计算网络节点之间的连接强度,CiteSpace 提供了四种网络节点强度计算的方法,分别是"Cosine""PMI""Dice"和"Jaccard",一般使用默认的"Cosine"。

"Selection Criteria"是节点选择标准的设置。其中 g-index 是 g 指数,是将文献按被引次数由高到低排序,将序号平方、被引次数按序号层层累加,当序号平方等于累计被引次数时,该序号则为 g 指数,通过设置 k 值进行文献数量的调节,k 越高,选取的文献越多。Top N 和 Top N%分别是每个时间切片内频次排名前 N 和排名前 N%。

"Pruning"是当最终的网络过于密集使得结构或规律显示不清时,通过修剪剔除一些次要的链接,突出核心结构。网络修剪有两种方法,分别是"Pathfinder"(寻径网络法)和"Minimum Spanning Tree"(最小树法)。寻径网络法,系统会基于寻径网络算法优化网络图的连线。最小树法,系统会基于最小树算法减少节点连线,不会减少网络节点数。网络修剪有两种策略,分别是"Pruning Sliced Networks"(修剪切片网)和"Pruning the merged Network"(修剪合并网)。

3. CiteSpace 的可视化界面

CiteSpace 的可视化界面(如图 10-10)左侧是节点信息的列表区域,除节点信息外,还包括 Count(统计频次)、Centrality(中心性)、Year(发表年份)等。单击对应行可进行排序,若要隐藏某一个节点,点击首列"Visible"取消方框内的勾选即可。

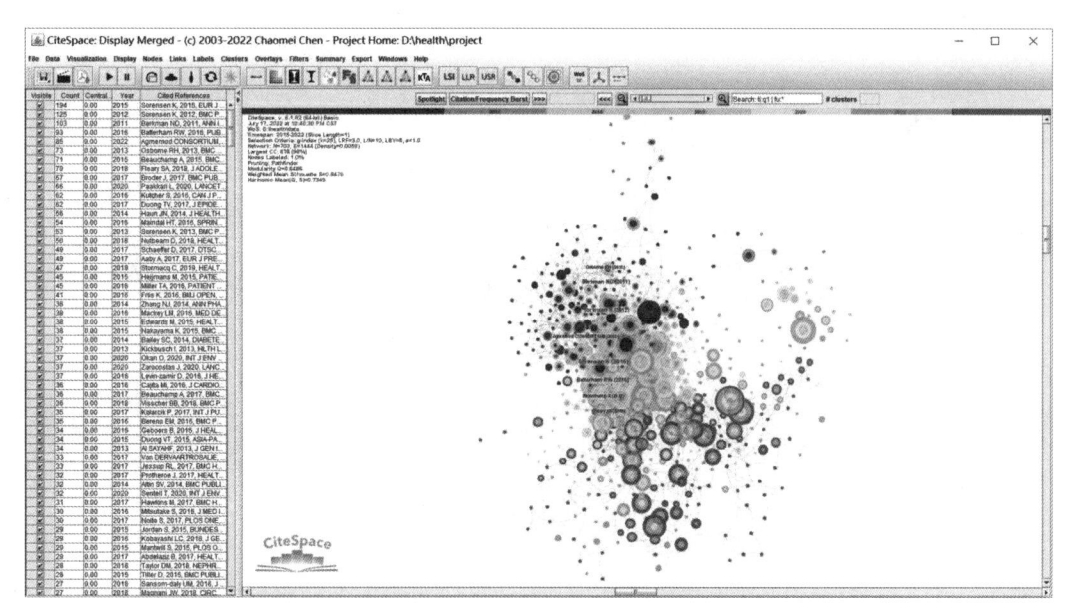

图 10-10 CiteSpace 可视化界面

二、VOSviewer

VOSviewer 是荷兰莱顿大学科技研究中心的 Van Eck 和 Waltman 于 2009 年开发的一款基于 Java 的免费软件,当前版本为 1.6.18,支持文献数据、通用网络数据及文本数据的导入和分析。其中文献数据是指从 WoS、Scopus 等主流数据库中下载文献数据,在此基础上提取相应的字段构建网络。通用网络数据是指用户可以自建节点、关联数据或直接导入 GML 或 Pajek 等网络数据文件实现共现聚类。文本数据是指 VOSviewer 可以从单行文本中提取主题词,基于主题词在单行中的出现进行聚类,其中文本数据可以来自用户自建文件,也可以来源于相应文献数据库中的标题或摘要字段。VOSviewer 软件设计的核心思想是"共现聚类",即两个事物同时出现代表它们之间是相关的,这种相关关系存在多种类型,它们的强度和方向也不一样。VOSviewer 提供聚类视图(network visualization)、标签视图(overlay visualization)和密度视图（density visualization）等三种可视化视图。除主要的文献计量可视化功能外，VOSviewer 还提供了数据清洗、通用词汇筛选等其他功能。与其他文献计量软件相比，VOSviewer 最大的优势就是图形展示能力强，适合大规模数据，且通用性强，支持 WoS、PubMed、RIS 等多种数据格式。VOSviewer Online 是 VOSviewer 基于 Web 的版本，在 Web 浏览器中运行，可以共享交互式可视化，并可将这些可视化嵌入在线平台。

VOSviewer 的主界面（如图 10-11），其中①是可视化结果显示区，②是可视化结果概览信息，③是可视化参数的设置及结果保存区，④是可视化图形参数调整区，用于调整和美化可视化图形。

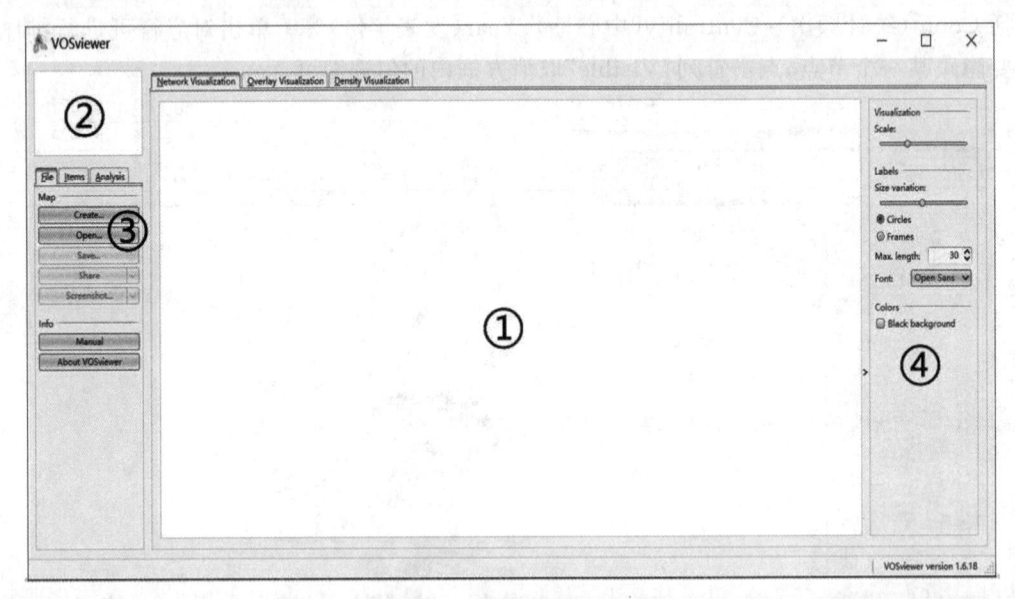

图 10-11　VOSviewer 主界面

三、Pajek

Pajek 是由 A. Mrvar 和 V. Batagelj 于 1996 年开发的一款大型网络分析和可视化软件，最新版本 5.16。Pajek 在斯洛文尼亚语中是蜘蛛的意思，暗示其网络绘制的功能。Pajek 为用户提供了快速有效的网络分析算法，且具备可视化操作功能界面。不同于一般的网络分析软件，Pajek 可以处理拥有数千甚至数百万个节点的大型网络，并通过强大的可视化功能将网络及分析结果展现出来。Pajek 的结构基于六种数据结构以及数据结构之间的转换，这六种数据结构分别是 Networks（网络）、Partitions（分类）、Vectors（向量）、Permutations（排序）、Cluster（聚类）和 Hierarchy（层级）。

Networks：主要对象是节点和边，是 Pajek 最基本也最重要的数据类型，包括了整个网络最基本的信息，如节点数、各节点名称、各边的连接情况及权值等，默认扩展名.net。

Partitions：指明了每个节点分别属于哪个类。用户可以根据网络中各个节点的不同特性将其人为地分成若干个类，同样也可以某种特性作为参考标准，自动将网络中的各个节点按照用户指定的标准进行分类。Partitions 的后缀名为.clu。

Vectors:指明每个节点具有的数字属性,以向量的形式为操作提供各节点需要的相关数据。在构建一个网络时利用 Vector 文件给出各个节点的度,也可以输出由 Pajek 求得的各节点的度。Vector 文件的后缀名为.ver。

Permutations:将节点重新排列,可以人为指定或由 Pajek 自动根据某种算法进行排序,其后缀名为.per。文件给出的是重新排序后各节点的序号,不是各个序号对应的节点。

Cluster:节点的子集,表示网络中具有某种相同特性的一类节点的集合,后缀名为.cls,利用这个文件,用户可以对一类节点进行操作,避免了多次处理单个节点的麻烦。

Hierachy:按层次关系排列的节点,其后缀名为.hie。这种层次结构类似于数据结构中的树。

Pajek 有一个主界面,显示当前处理的对象和处理结果(如图 10-12),有一个程序报告窗口,显示复杂网络对象处理的相关信息(如图 10-13),在读取网络文件后,单击菜单栏的"Draw"下面的选项进入 Pajek 的可视化结果界面。

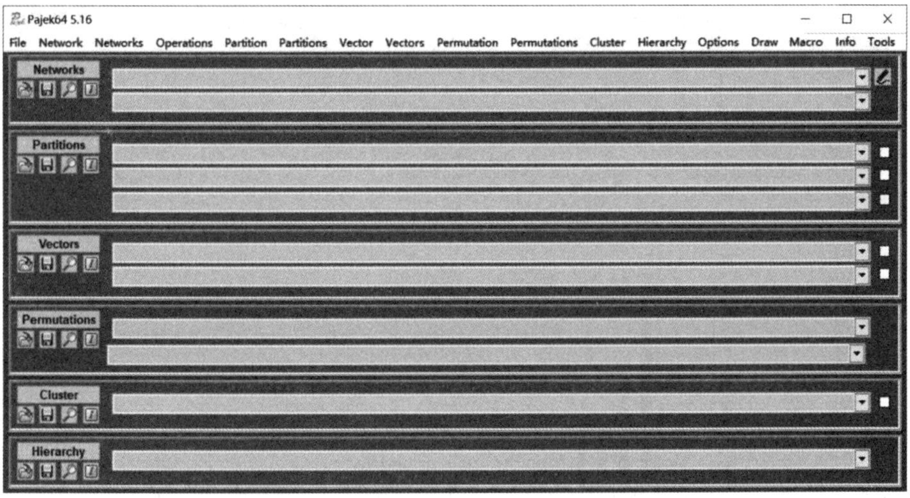

图 10-12　Pajek 主界面

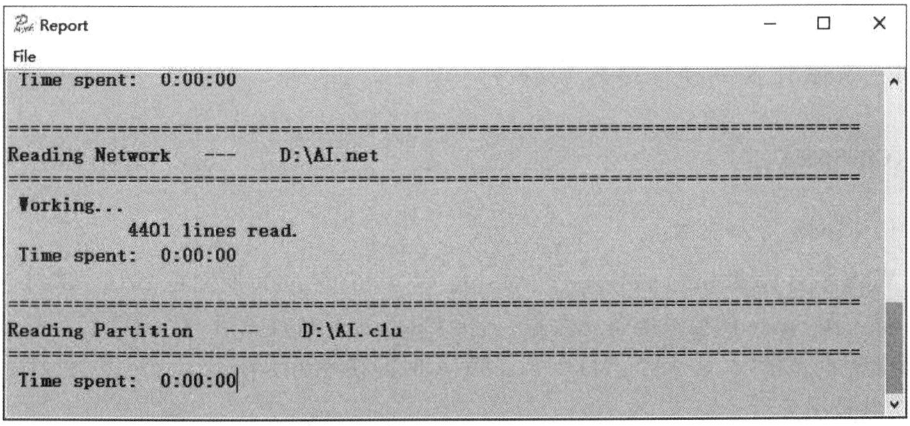

图 10-13　Pajek 程序报告窗口

四、CNKI 的文献计量与可视化

CNKI 平台基于文献的元数据及参考引证关系,用图表的形式直观展示文献的数量与关系特征,可选择部分检索结果进行分析,也可对全部检索结果进行分析,包括了总体趋势分析和文献的分布分析,如学科、来源、基金、作者、机构等的分布分析。选择部分检索结果进行分析时还提供关系网络,包括文献共引网络、关键词共现网络和作者合作网络。对全部检索结果进行分析时可以选择任意分布中的柱状图或饼状图中扇区,添加该项分组数据作为比较项进行比较分析。图 10-14 是以"智库建设"为主题进行文献检索后对全部检索结果绘制总体趋势和主要主题分布的可视化图。

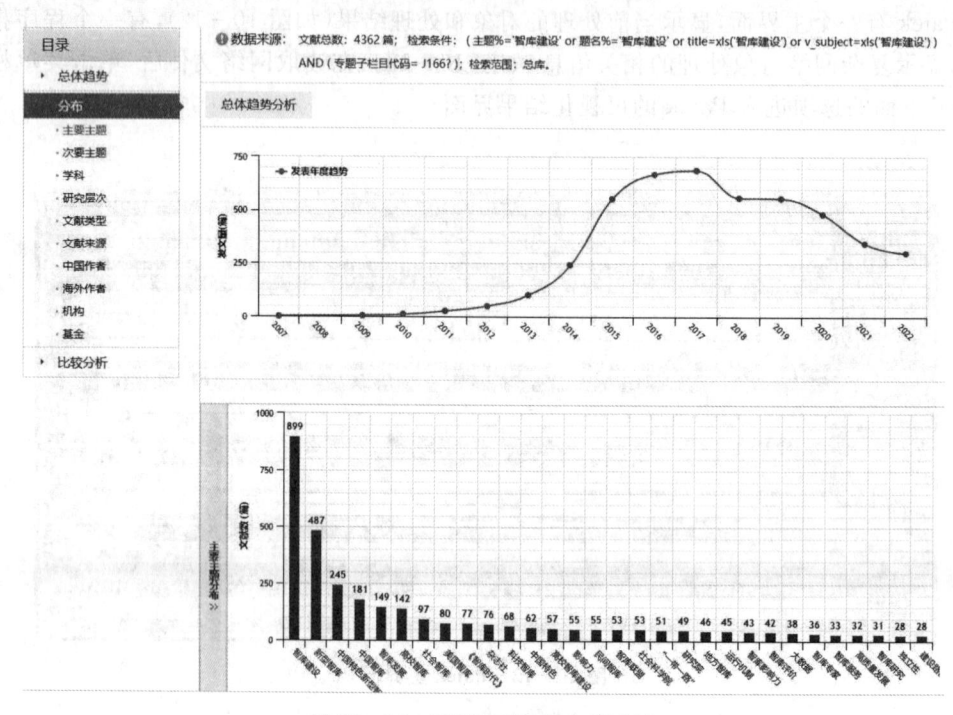

图 10-14　CNKI 可视化分析示例

10.1.4　文献计量与分析结果显示

一、CiteSpace

1. CiteSpace 分析案例

在 WoS 平台检索 Information Processing & Management 期刊在 2010—2021 年发表的文献,按 CiteSpace 的要求准备好数据,上传 CiteSpace 经查重后,对 1317 篇 article 进行分析,设置时间范围"2010 JAN TO 2021 DEC",时间切片为 1 年。

(1) 共被引分析

在 CiteSpace 主界面的"Node Types"中选择"Reference",其余使用默认设置,单击

CiteSpace 主界面"GO!"按钮开始分析,在主界面左下方显示分析过程和进程报告,分析完毕弹出计算结果对话框,单击"Visualize"进入可视化界面查看 CiteSpace 生成的共被引网络图,此网络包括 734 个节点和 2080 条连线。每个节点代表一篇文献,节点之间的连线代表文献的共被引关系(如图 10-15)。节点标签的大小与文献被引频次一致,由图可见,文献"Devlin J(2018)"被引频次最高,说明其是 Information Processing & Management 期刊具有重要影响力的论文。图中有些文献联系比较紧密,联系紧密说明这些文献经常被施引文献一起引用,这些共同被引用的文献在内容上具有相似性。基于此,可以进行聚类分析。单击聚类图标" "进行文献聚类,并单击" ",从施引文献的标题中提取聚类命名术语,共聚成 156 个类,聚类序号从 0 到 155,数字越小,聚类中包含的文献就越多。不同的色块代表不同的聚类,显示部分聚类(如图 10-16)。

图 10-15 共被引网络图谱

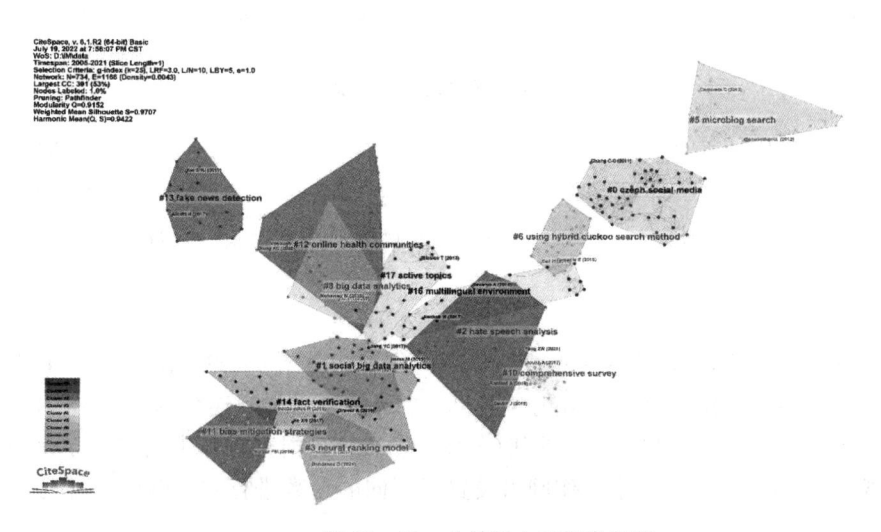

图 10-16 共被引文献聚类图谱

(2) 关键词共现分析

在 CiteSpace 主界面的"Node Types"中选择"Keyword"进行关键词的共现分析,可视化网络包括 456 个节点和 1 066 条连线,53 个聚类。将视图设定为时间线视图(如图 10-17),通过工具栏"Clusters → Show the Largest K Clucster"设置显示最大的 11 个聚类,聚类名称在时间线图谱右侧显示。每个节点代表一个关键词,所在位置对应视图上方的年份,是关键词首次出现的年份。节点之间的连线代表关键词在文献中同时出现,时间线视图可直接从图上获得任意时间段内的研究主题和研究方向。围绕节点的不同颜色的圆环代表关键词出现的时间序列,即每个颜色的圆环与出现该关键词的一个年份相对应。从横向看,每一个聚类的节点按时间序列排列。相邻聚类通常对应相关主题,即聚类间关键词共现。

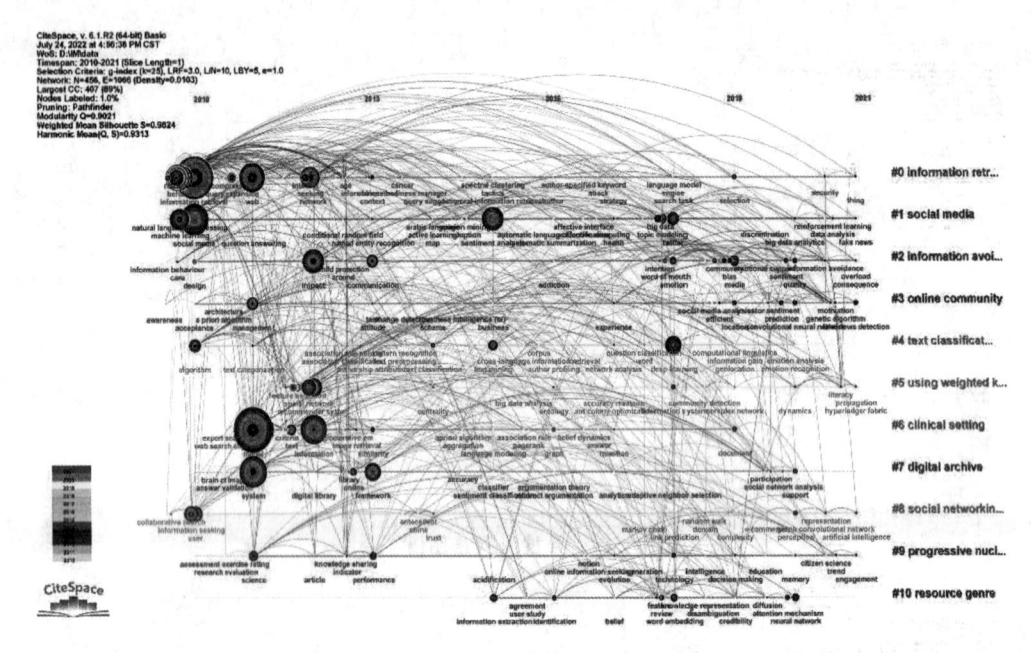

图 10-17 关键词共现网络图谱

单击标签形式的快捷功能区的"Burstness"进行突现词分析,显示 23 个突现词(如图 10-18)。突现词可探测关键词在某一时段引用量有较大变化的情况,用以发现关键词衰落或兴起的情况。由图可见,"information retrieval"的突现强度排名第一,且一直从 2010 年持续到了 2017 年,突现时间也较长。

(3) 合作网络

在节点中分别选择作者、机构和国家进行作者合作网络分析,机构合作网络分析和国家合作网络分析。所绘制的作者合作网络包含了 392 个节点和 413 条连线(如图 10-19)。机构合作网络包含了 348 个节点和 264 条连线(如图 10-20)。国家合作网络包含了 73 个节点 335 条连线(如图 10-21)。三个合作网络设置了不同的参数进行知识图谱的可视化。

Top 23 References with the Strongest Citation Bursts

References	Year	Strength	Begin	End	2010 - 2021
information retrieval	2010	11.52	2010	2017	
retrieval	2010	6.22	2010	2015	
citation analysis	2010	4.72	2010	2016	
search	2010	3.9	2010	2015	
web search	2010	3.19	2010	2012	
user	2010	3.08	2010	2012	
query expansion	2010	6.89	2011	2016	
question answering	2010	4.8	2011	2015	
text categorization	2010	3.31	2011	2017	
web	2010	2.67	2011	2014	
seeking	2010	4.5	2012	2015	
recommender system	2010	2.73	2012	2015	
sentiment analysis	2010	4.43	2015	2018	
opinion mining	2010	2.72	2015	2017	
graph	2010	3.23	2016	2019	
social network	2010	3.09	2016	2018	
performance	2010	2.75	2016	2018	
framework	2010	2.62	2016	2017	
strategy	2010	2.84	2017	2018	
behavior	2010	2.66	2017	2018	
word of mouth	2010	3.17	2018	2021	
twitter	2010	3.12	2018	2021	
media	2010	3.26	2019	2021	

图 10-18 突现词分析结果

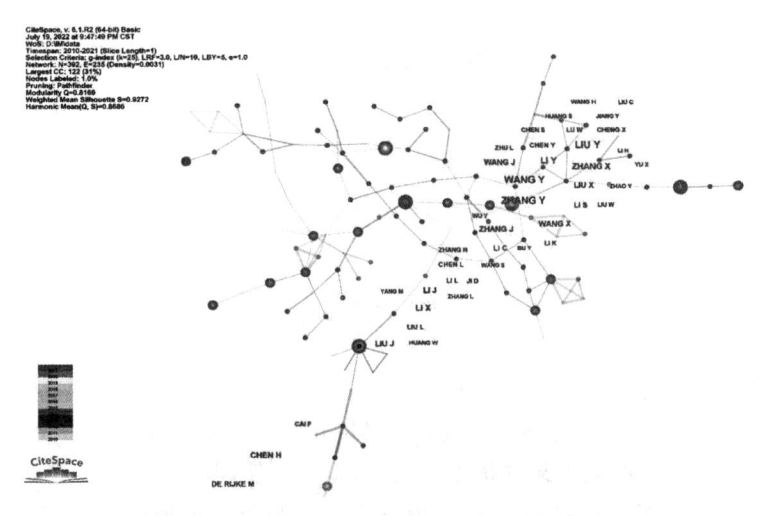

图 10-19 作者合作网络

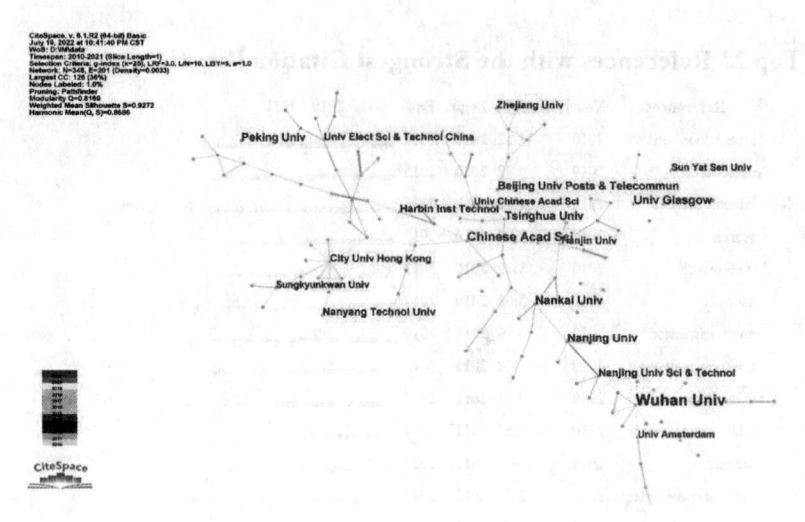

图 10-20　机构合作网络

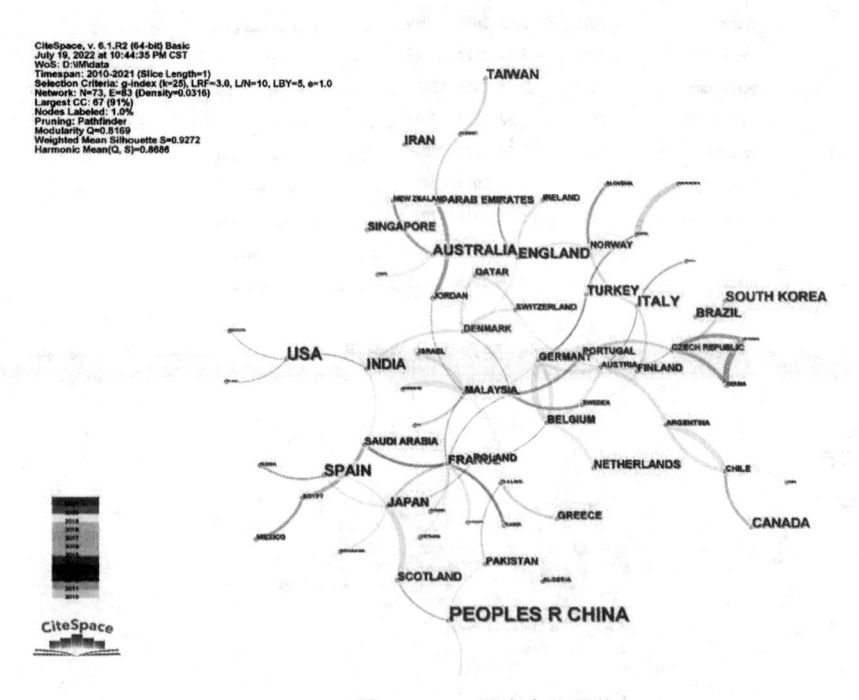

图 10-21　国家合作网络

2. CiteSpace 网络图谱评价

　　CiteSpace 根据网络结构和聚类的清晰度,提供了 Modularity Q(Q 值)和 Silhouette S 值(S 值)两个指标作为评判图谱绘制效果的依据。其中,Q 值在区间[0,1]内,一般而言,当 Q 值在 0.3 以上可以认为聚类的社团结构显著,S 值越接近 1,网络的同质性越高,S 值大于 0.5 说明聚类是合理的,S 值大于 0.7,聚类结果具有高信度。

二、VOSviewer

1. VOSviewer 分析案例

（1）数据准备：以 WoS 文献为例，在 WoS 中选择"主题"字段，输入"artificial intelligence"和"library"检索人工智能在图书馆中应用的文献，导出格式选择"制表符分隔文件"，记录内容选择"全记录与引用的参考文献"，导出文献并保存。

（2）导入文件：在 VOSviewer 主界面可视化参数设置区打开"Create Map"，选择数据类型，此处选择第二项"Create a map on bibligraphic data"即文献数据，单击"Next"打开数据来源选项，选择第一项"Read data from bibliographic database files"即文献数据库文件，单击"Next"进行文件选择，选择"Web of Science"，上传保存的文件，步骤如图 10-22 所示。

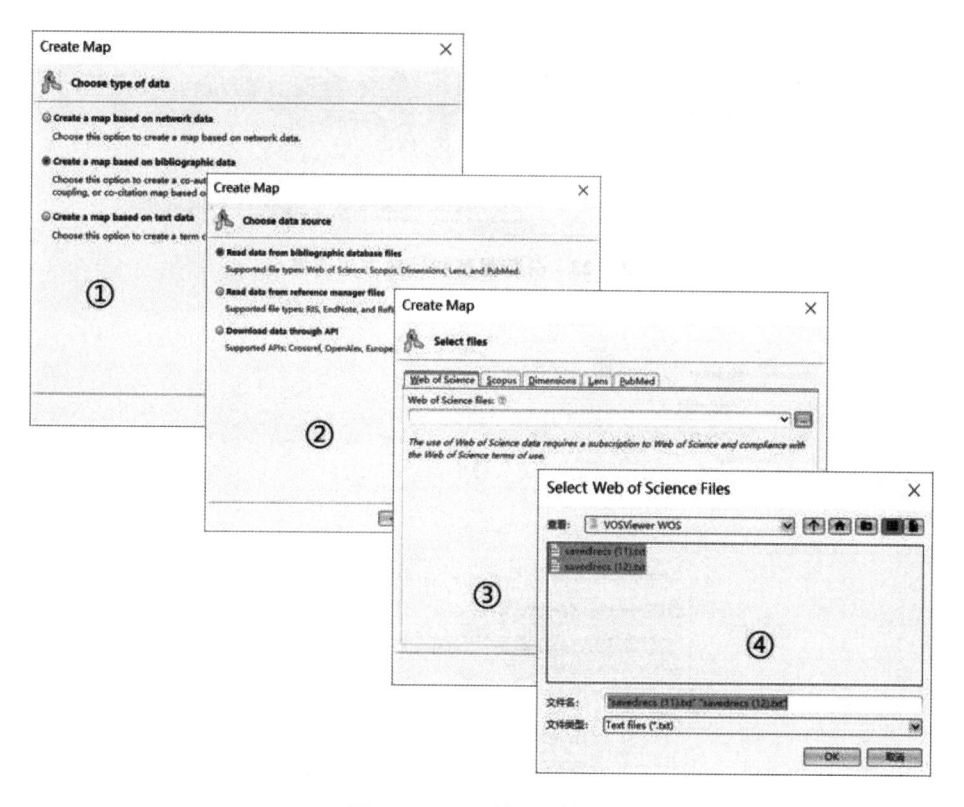

图 10-22 文件准备步骤

（3）选择分析类型和计数方法：分析的类型包括合作网络分析、共现分析、引证分析、文献耦合分析、共被引分析等（如图 10-23）。以下以文献耦合分析和关键词共现分析为例进行介绍。

文献耦合分析是通过文献所引用的相同参考文献的数量测度文献的相似性，反映的是两篇引证文献之间的关系，而共被引反映的是两篇被引文献之间的关系。分析步骤如图 10-24 所示，在分析类型中选择"Bibliographic coupling"，分析单位选择"Documents"，单击"Next"进入下一步阈值设定，即设定一篇文献的最少被引次数，此处设"2"，显示 642 篇文

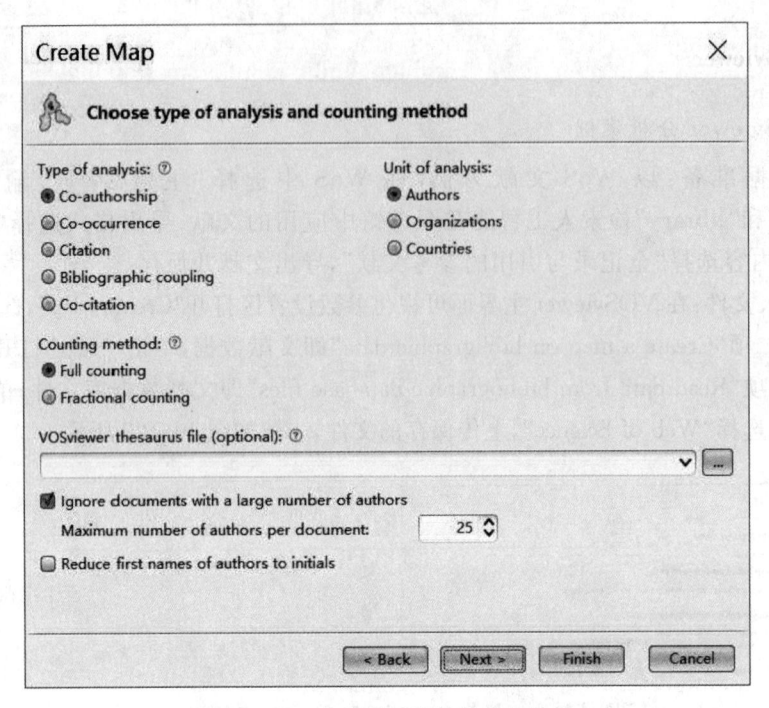

图 10-23　分析类型和计数方法选择

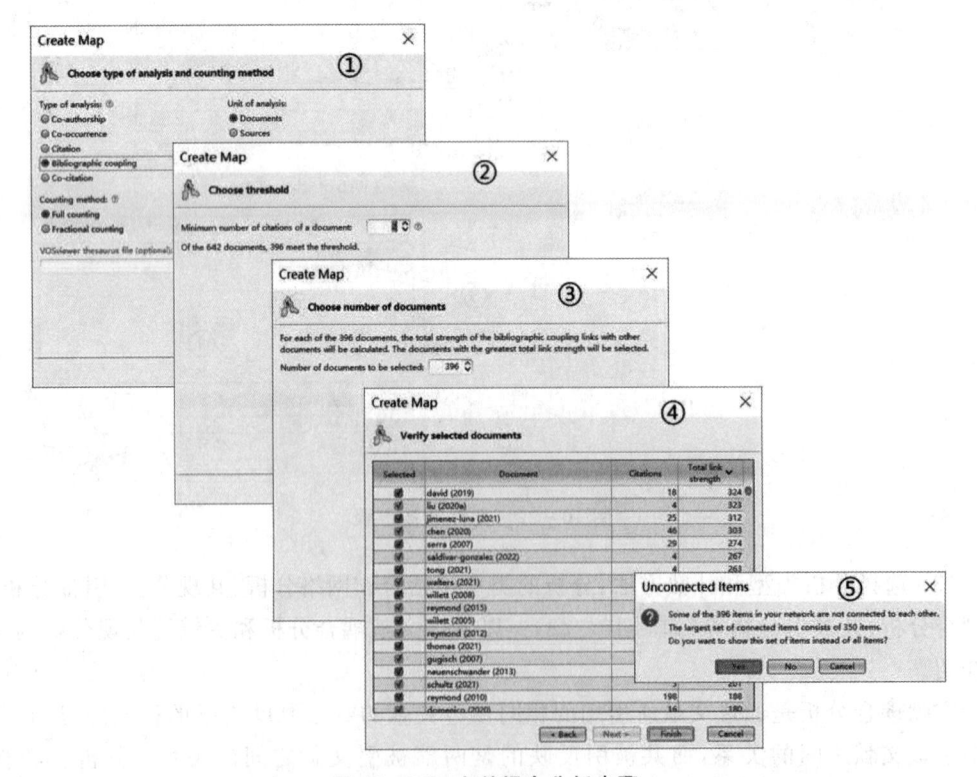

图 10-24　文献耦合分析步骤

献中396篇满足这个阈值。单击"Next"进入下一步,进一步从396篇文献中选择进行文献耦合分析的文献数量,此处选择满足阈值的396篇文献。单击"Next"进入文献确认界面,该界面提供文献列表、引用次数和总关联强度。单击"Finish",系统提示"396个项目中有些没有相互连接,最大的一组连接包含350个项目,是否显示这个最大的一组连接",选择"Yes",得到可视化结果(如图10-25)。可视化图谱共350个节点3 277个连接,形成14个聚类。

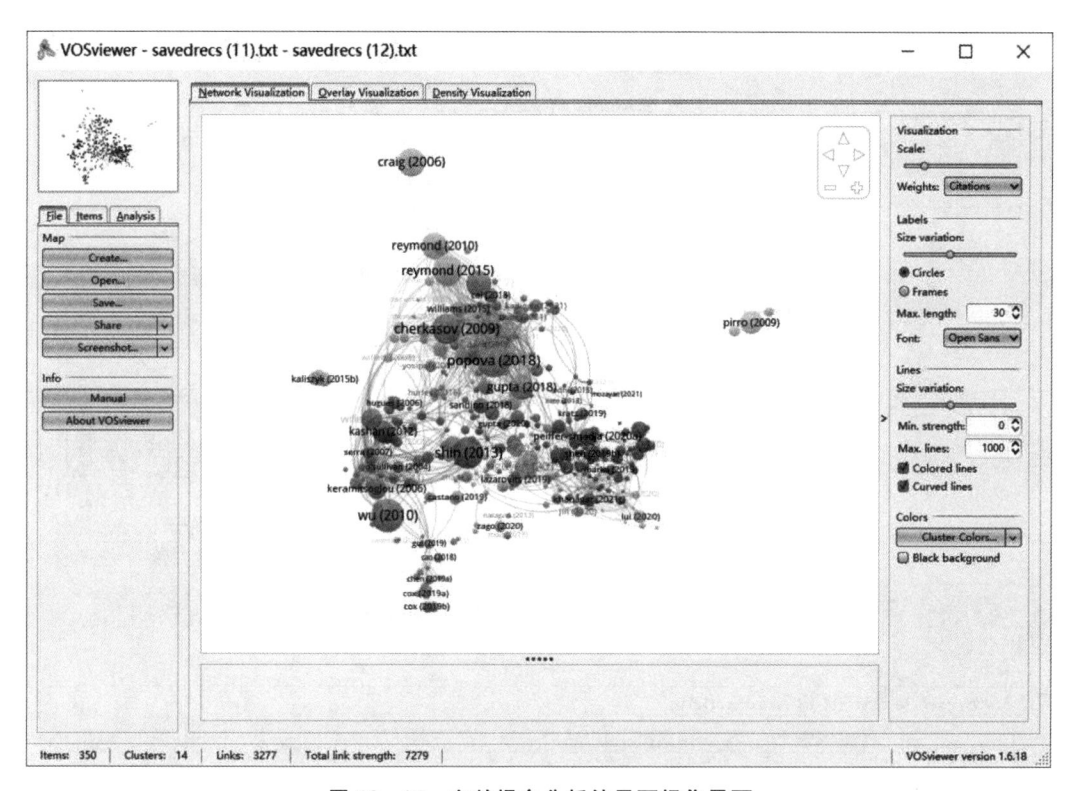

图10-25　文献耦合分析结果可视化界面

对关键词进行共现分析,在图10-23界面选择"Co-occurrence",分析单位选择"All keywords",表示对所有关键词进行共现分析,单击"Next"进入下一步阈值设定,即设定关键词同时出现的最少次数作为关键词共现,此处选择"3",系统提示在3546个关键词中,302个满足设置的阈值,将会出现在网络中。单击"Next"进入下一步,进一步从302个关键词中选择进行共现分析的关键词的数量,此处选择满足阈值的302个关键词。单击"Next"进入关键词确认界面,该界面提供了关键词列表、关键词共现频次以及总关联强度。以上步骤如图10-26所示,单击"Finish",得到可视化结果(如图10-27),共302个节点4 097个连接,形成了11个聚类。

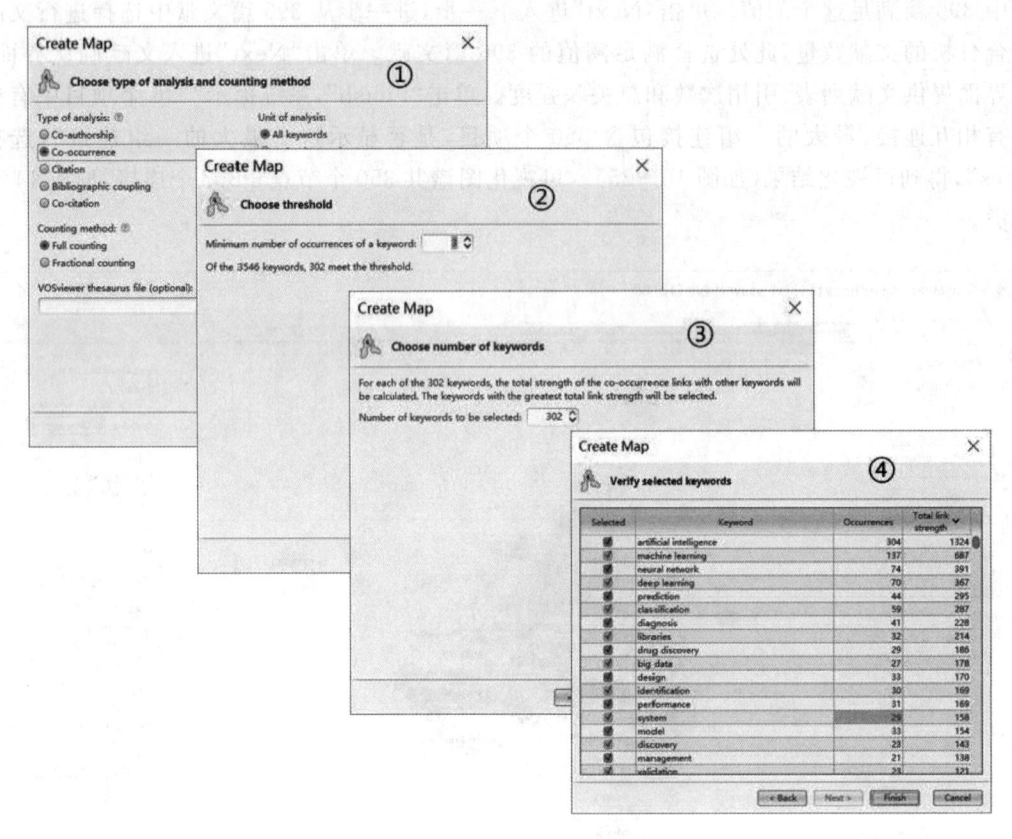

图 10-26 关键词共现分析选择

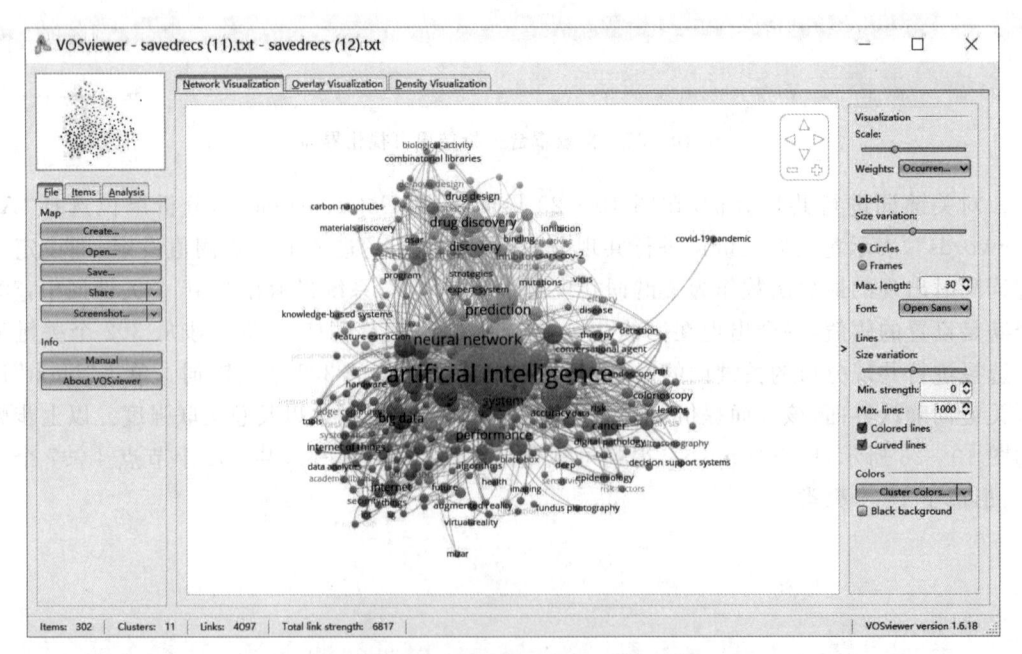

图 10-27 关键词共现分析可视化结果

(4) 可视化结果显示及参数调整：可视化结果界面上方提供了三种可视化图谱的显示选择，分别是聚类视图、标签视图（如图 10-28）和密度视图（如图 10-29）。默认聚类视图，聚类视图中的节点大小代表了节点的权重，节点之间的距离表示节点之间的亲缘性或相似性。越相似的两个节点距离越短。不同的节点颜色代表了各自所属的聚类。关键词共现的可视化结果（如图 10-27），节点大小与节点共现频次成正比，"artificial intelligence"和"machine learning"是两个共现频次最高的关键词，分别为 304 次和 137 次，对应的节点就较大。单击网络中某个节点，则凸显与该节点有连线的其他节点。标签视图可以根据自己的研究需要，通过 Scores 或颜色字段对节点赋予不同的颜色，默认按关键词的平均年份取 Score 值进行颜色映射，可以探索研究领域的演化情况。密度视图上的每一点都会根据该点周围元素的密度进行颜色填充，密度越大，越接近红色，密度越小，越接近蓝色。密度大小依赖于周围区域元素的数量及这些元素的重要性。密度视图可以用来发现某一研究领域的研究重点和热点。

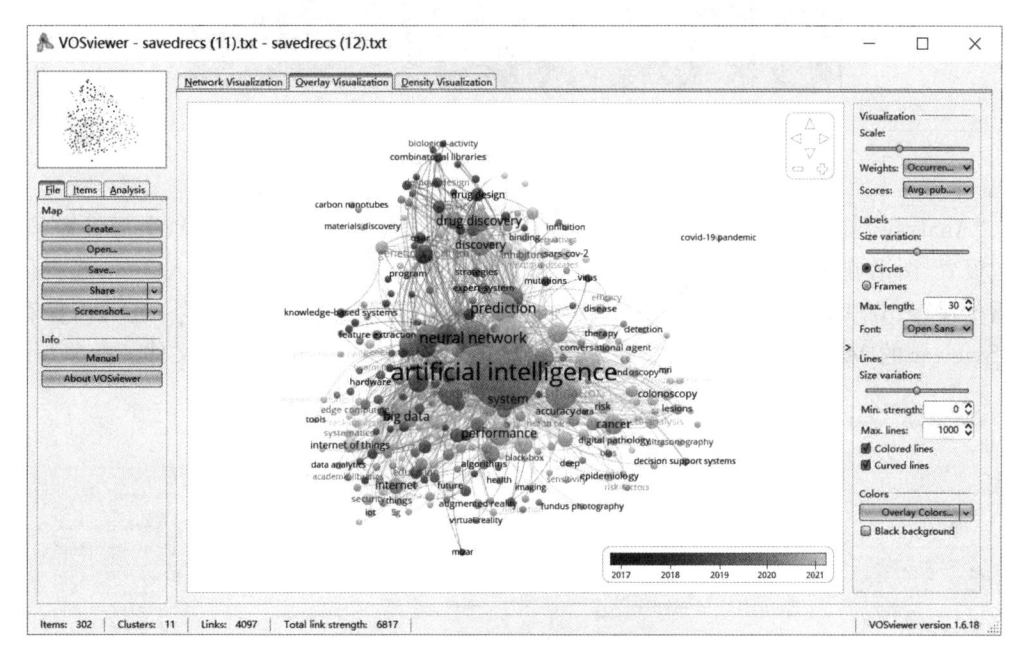

图 10-28　关键词共现分析的标签视图

可视化结果的右侧面板提供了对可视化网络的参数调节。Scale 是对整个网络图的节点大小和连线粗细的调节。"Weights"是权重，可在下拉框中选择权重参考的指标进行调节。"Labels"部分是对节点及标签的大小差异、节点形状、节点标签最大长度和字体的设定。"Lines"部分是对连线粗细差异、连线的最小强度、最大连线数、是否有颜色线、直线或是曲线的设定。"Colors"部分是对聚类颜色进行设定，默认可视化网络背景为白色，可修改图的背景为黑色。标签视图中的"Scores"通过下拉列表中项目的选择，对项目的颜色表示进行调整。密度视图中的"Density"可设定项目密度或聚类密度的核宽度。

可视化结果左侧面板的"Items"提供了聚类及每个聚类内的关键词（如图 10-30），还提供了"Filter"框可进行关键词所在聚类的搜索。双击"Items"中的词可在可视化区域放大该

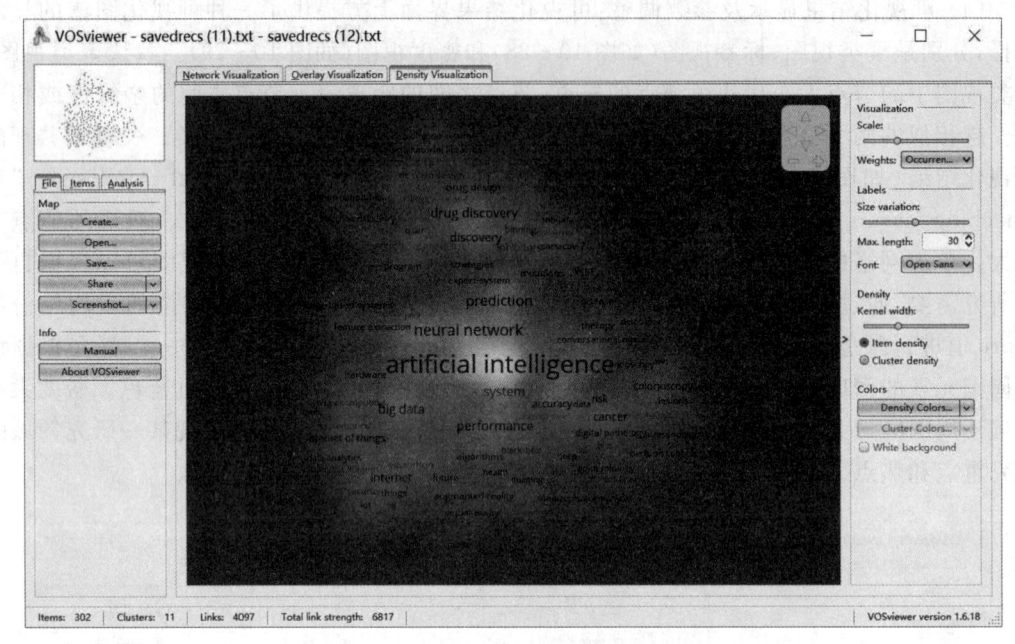

图 10-29 关键词共现分析的密度视图

词。"Analysis"提供了可视化图谱中节点之间连接强度标准化的方法选择、布局设置、聚类参数设置、图谱旋转和翻转设置等(如图 10-31)。"File"除了提供数据导入之外,还提供了图谱的保存、分享等功能。VOSviewer 中的图谱除了能以图片格式保存外,还可以保存为 VOSviewer 的 Map 文件和 Network 文件、JOSN 文件、GML 文件、Pajek 文件。

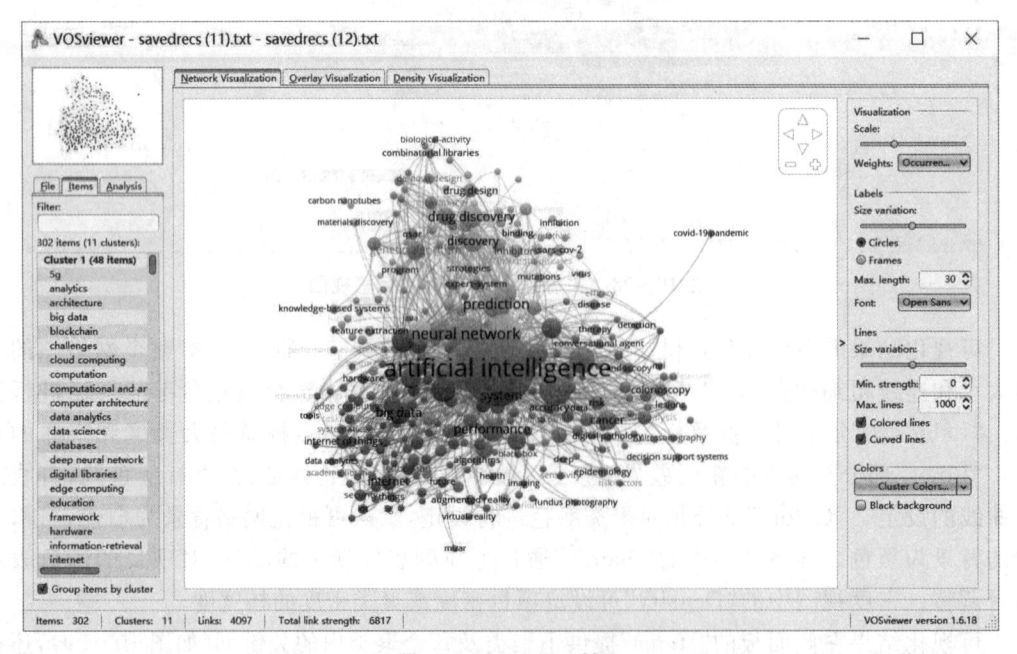

图 10-30 Items 所示

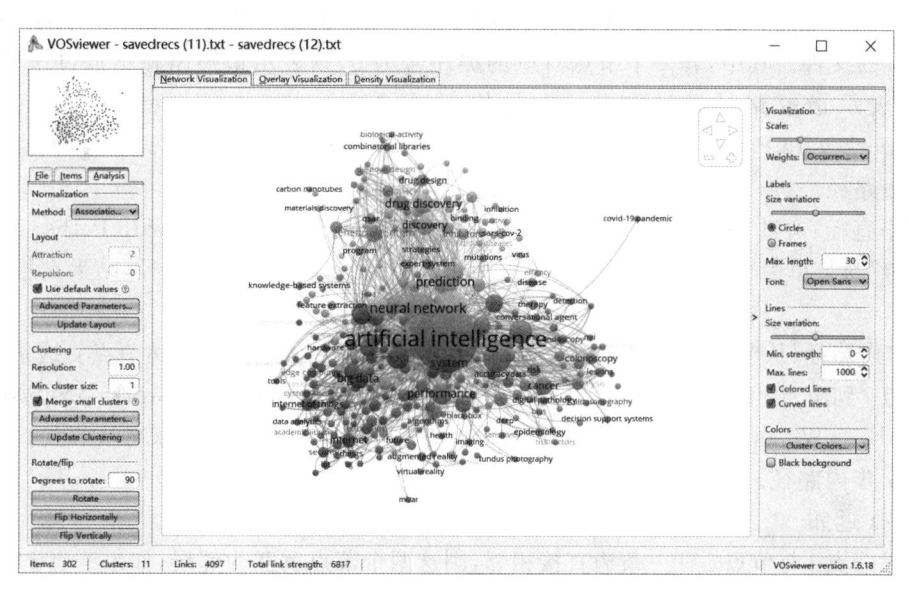

图 10‐31　Analysis 所示

三、Pajek

下文从 Pajek 网络的形成、网络参数的计算及网络可视化调整等三个方面进行介绍。

1. 构建网络或导入网络

Pajek 的输入方式灵活，可以直接定义网络，可以导入外部数据生成网络，还可以导入其他软件的网络数据。通过 Pajek 主界面菜单栏"Network →Create New Network →Empty Network"，然后输入节点数，即可建立一个空网，单击菜单栏"Draw →Network"可画出该网络，右键单击节点可添加边，依次对边赋予权值即可。也可通过编写代码将其保存为 .net 文件，然后上传至 Pajek。若已有网络，可直接在 Pajek 主界面通过"Networks"中的" "按钮或通过菜单栏"File →Network →Read"上传网络。

2. 网络参数计算

（1）度的计算

一个节点的度为与它相连的节点数目，度越大意味着这个节点就越重要。对于有向图，一个节点的度分入度和出度，入度是指向该节点的节点数目，出度是被该节点指向的节点数目。入度与出度之和即为该节点的总度。在 Pajek 的菜单栏，通过"Network →Create Partition →Degree"下的 Input/Output/All 三个命令可分别对有向图的节点求其入度、出度和总度。对于无向图，则只需用 All 一个命令即可。计算结果为一个 Patition 的文件，它按照每个节点的度值为网络中所有的节点分类，而类的标号就是节点的度。

（2）两点间的距离

两点间的最短距离：在 Pajek 的菜单栏，通过"Network →Create New Network →SubNetwork with Paths →One shortest Path between Two vertices"，在弹出的对话框中输

入起始节点和终止节点,则可以得到这两个节点之间的最短路径。输出的结果为一个 partition 的文件。其中,若一个节点对应的类序号为 0,则表示最短路径不经过该节点,若为 1,则表示最短路径经过该节点。另外,利用"Network→Create New Network→SubNetwork with Paths→All shortest Path between Two vertices"还可以得到两点之间所有的最短路径。

网络直径:通过"Network→Create New Network→SubNetwork with Paths→Info on Diameter"的菜单命令,可以求得网络中距离最大的两个节点及网络直径,结果在报告窗口中输出。

k 步内路径:从节点 i 出发,经过一条路径,可以在规定的 k 步内到达节点 j,这条路径就称为节点 i 到节点 j 的 k 步内路径。通过"Network→Create New Network→SubNetwork with Paths→Walks with Limited Length between Two vertices"可以求得从节点 i 到节点 j 的所有 k 步内路径。

(3) k 近邻

如果节点 i 与节点 j 有一条边直接相邻,则这两个节点就互为邻居,如果节点 i 与节点 j 通过 k 条边相连,则这两个节点就互为 k 近邻。对于有向图,则分 k 入近邻和 k 出近邻两种。通过"Network→Create Partition→k-Neighbours"下的 Input/Output/All 三个命令可分别对有向图的节点求其 k 入近邻、k 出近邻和总 k 近邻。对于无向图,则只需用 All 一个命令即可。

(4) 聚类系数

复杂网络中,一个节点的两个邻居节点之间也可能存在连线,这种属性称为复杂网络的聚类特性,如果一个节点 i 通过 k 条边和其他节点相连,这 k 个节点就是节点 i 的邻居,这 k 个节点之间最多可能有 $k(k-1)/2$ 条边。k 个节点之间实际存在的边数 e 和最多可能的边数 $k(k-1)/2$ 之比就是节点 i 的聚类系数,整个复杂网络的聚类系数就是所有节点的聚类系数的平均值。通过"Network→Create Vector→Clustering Coefficients"下的 CC1 求得网络中各个节点的聚类系数,有两个输出文件,一个是 partition 文件,表示网络中连接各个节点的邻居的边数,一个是 vector 文件,表示网络中各个节点的聚类系数。

3. 网络可视化调整

通过 Pajek 可视化结果界面菜单栏的"Layout"可调整网络布局,通过"Layout→Circular"下的选项可进行网络的环形布局。"Layout→Energy"下的 Kamada-Kawai 算法和 Fruchterman-Reingold 算法可进行网络的自动布局。此外 Layout 还提供了两种不基于最小化能量的自动绘图方法 Pivot MDS 和 VOS Mapping 等。在可视化结果界面按住节点拖动鼠标也可手动调整节点位置。GraphOnly 仅仅显示网络图形,隐藏网络的标签信息。Options 是对可视化网络及可视化界面的编辑功能,常用的如"Mark Vertices Using"下的选项是对节点标签显示的设置,Lines 是对网络连线的一些属性设置,Size 是对图中的节点、连线、字号等进行设置,Colors 是对图的背景、节点、边及文字的颜色等进行调整。Export 是对当前可视化结果的导出,主要包括 2D、3D 及 Options,2D 的功能主要是将当前的可视化结果保存为 EPS/PS、SVG、JPEG、Bitmap 以及发送到 VOSviewer 进行可视化。

以上文 VOSviewer 的关键词共现网络为例使用 Pajek 进行网络布局优化。首先将

VOSviewer 中的关键词共现分析结果保存为 Pajek 的 Network 文件、Partition 文件和 Vector 文件，在 Pajek 中单击菜单栏"Draw→Network+First Partition+First Vector"分别导入这三个文件（如图 10-32），显示 Pajek 中的网络，在 Pajek 的可视化结果界面，通过菜单栏的"Layout→Energy→Kamada-Kawai→Optimize inside Clusters only"优化 VOSviewer 的关键词聚类，网络自动布局结合手动调整，将 11 个聚类在网络中完全分开（如图 10-33），通过"Export→2D→VOSviewer→Send to VOSviewer"再次在 VOSviewer 中打开优化过的聚类图（如图 10-34），可见此时 VOSviewer 中的聚类完全分开显示，图 10-31 未能清晰显示的共现高频关键词"machine learning"此时清晰可见。

Pajek 还可以抽取网络的一部分进行显示，若只需要保留其中序号数在最后 4 个的聚类，则可通过"Operations→Network+Partition→Extract→Subnetwork Induced by Unions of Selected Clusters"，在弹出的"Select clusters"中填入聚类号，抽取后 4 个聚类（如图 10-35）。通过"Network→Create New Network→Transform→Remove"下的选项还可移除网络中的点、边，或移除网络中满足特定范围值的边进行网络优化调整。

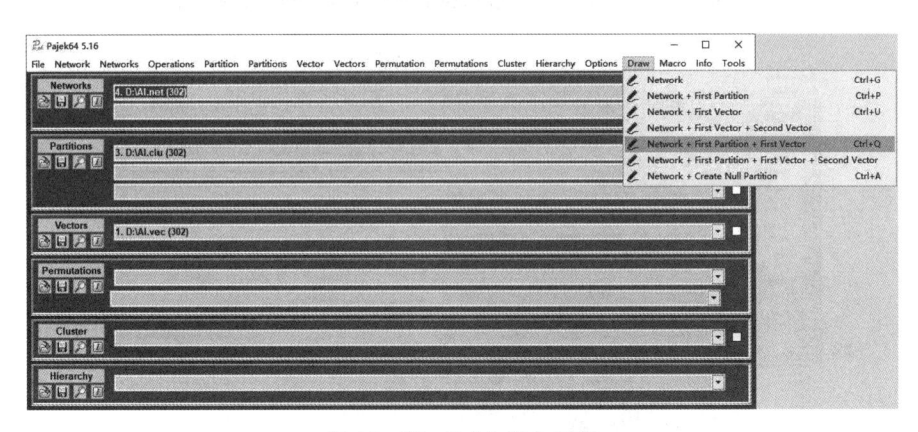

图 10-32 Pajek 导入网络

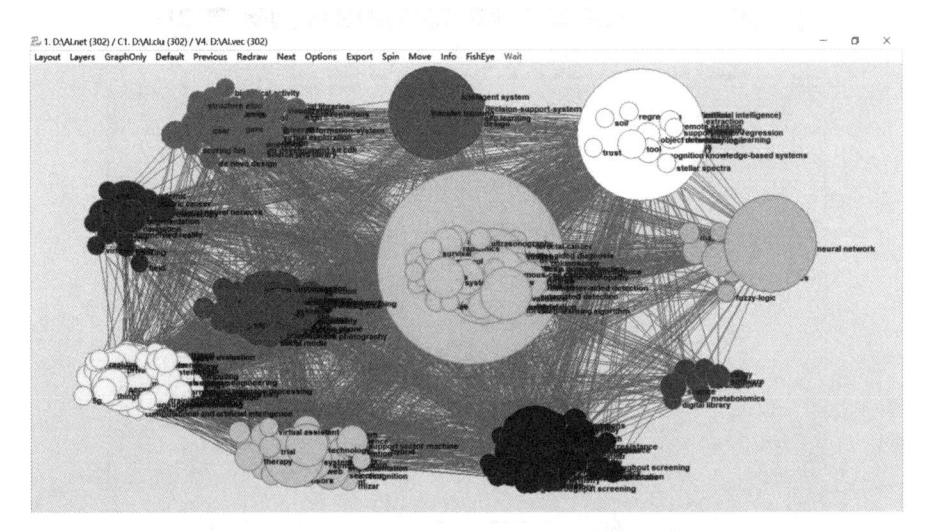

图 10-33 Pajek 可视化结果界面调整网络布局

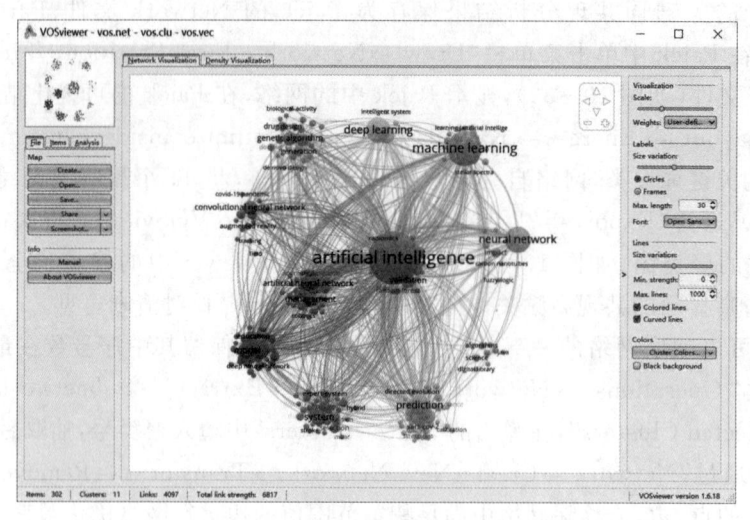

图 10-34　VOSviewer 中显示经 Pajek 调整布局后的聚类图

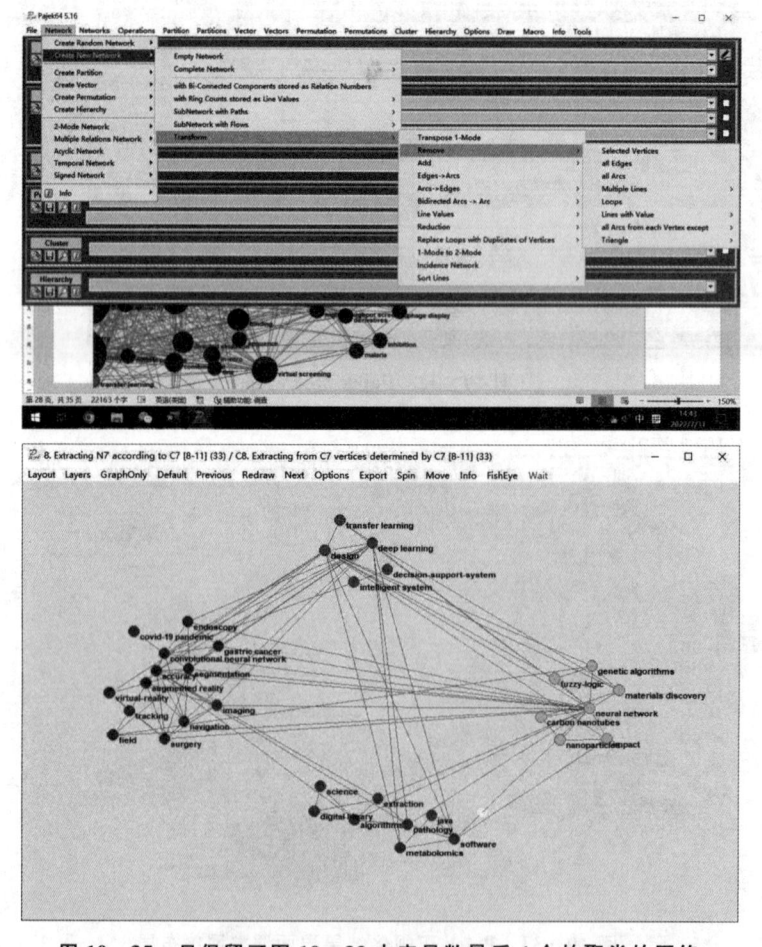

图 10-35　只保留了图 10-32 中序号数最后 4 个的聚类的网络

10.2 科技查新

科技查新是文献检索和情报调研相结合的情报研究工作,它以文献为基础,以文献检索和情报调研为手段,以检出结果为依据,通过综合分析,对查新项目的新颖性进行情报学审查,写出有依据、有分析、有对比、有结论的查新报告。也就是说查新是以通过检出文献的客观事实来对项目的新颖性做出结论。因此,查新有较严格的年限、范围和程序规定,有查全、查准的严格要求,要求给出明确的结论,查新结论具有客观性和鉴证性,但不是全面的成果评审结论。这些都是单纯的文献检索所不具备的,也有别于专家评审。

一、科技查新的概念

《科技查新技术规范》(GB/T 32003—2015)中对科技查新的定义为:"以反映查新项目主题内容的查新点为依据,以计算机检索为主要手段,以获取密切相关文献为检索目标,运用综合分析和对比方法,对查新项目的新颖性做出文献评价的情报咨询服务。"

二、科技查新的业务范围和种类

高校科技查新工作主管部门教育部科技发展中心《关于规范高校科技查新工作的意见》指出,科技查新机构可以受理的科技查新业务包括:科研立项前;研究、开发、转化和技术转移活动等;成果评价、专利申请等;国家及地方有规定的;其他需要科技查新的。根据科技查新的目的和业务范围,科技查新的种类包括:立项查新、成果查新、产品查新、标准查新、专利查新、其他。

三、科技查新的相关术语

查新项目:查新委托人提出的要求查证新颖性的科学技术项目。
查新机构:具有科技查新业务资质的信息咨询机构。
科技查新报告:查新机构就其处理查新项目的过程以及得出的查新结论向查新委托人或有关部门所做的正式书面报告。
查新目的:科技查新报告的具体用途,如用于立项、成果、产品、标准、专利等相关事务。
查新范围:查新的专业范围、地域范围和时间范围。
科学技术要点:查新项目主要技术内容包括所属科学技术领域、研究目的、技术方案和技术效果。科学技术要点须包含查新项目查新点。
查新点:需要查证的查新项目的科学技术要点,能够体现查新项目新颖性和技术进步的技术特征点。每个查新点应清楚、准确,突出一个技术主题或技术特征。
新颖性:查新委托日或指定日以前查新项目的查新点没有在国内或国外公开出版物上发表过。
查新人员:参与查新工作的人员,包括查新员、审核员及对查新工作负有责任的其他人员。查新员是指参与查新全过程的具有查新资质的查新人员;审核员是负责审核科技查新报告及查新员所做的查新工作是否规范,并向查新员提出审核意见的具有查新审核资质的查新人员。

文献检索范围：查新过程中查新员实际使用的检索工具及其时间范围。

检索提问式：检索策略的具体体现，是表达用户检索提问的逻辑表达式，通常是由检索词及检索工具所规定的各种逻辑算符、截词符、位置算符以及其他连接组配符号等构成的计算机可识别并可执行的检索语句。

密切相关文献：与查新项目的查新点实质相同，单独否定查新项目新颖性的文献。

一般相关文献：与查新项目的查新点部分相同，单独不否定查新项目新颖性的文献。

对比文献：判定查新项目新颖性时，用来与查新项目进行比较分析的相关文献。

查新结论：针对查新点将查新项目与文献检索结果进行对比分析，并由此得出查新项目是否具有新颖性的判定结果。

四、科技查新工作的一般流程

科技查新工作的程序包括查新委托、查新受理、文献检索、文献阅读与筛选、撰写查新报告、查新结果审核、提交查新报告、查新文件归档等。

1. 查新委托

查新委托人根据科研主管部门的要求判断是否需要查新，再选择相应资质的查新机构并做好科技查新前的准备工作，包括：据实、完整地向查新机构提供查新项目的科学技术资料、技术性能指标数据及查新机构认为查新所必需的其他资料；认真填写查新课题检索咨询委托单，主要内容有：委托日期、委托人姓名、委托单位、电话、地址、查新项目类别、查新项目级别、查新项目名称、查新项目科学技术要点、查新点、检索词、参考文献等。

2. 查新受理

查新机构在接受委托申请时须根据《科技查新机构管理办法》和《科技查新规范》的有关规定，判断待查新项目是否属于查新范围，判断待查新项目所属专业是否属于本查新机构查新业务的受理范围；初步审查查新委托人提交的资料是否存在缺陷，是否符合查新要求；指导查新委托人填写查新合同等。

3. 文献检索

文献检索对科技查新的质量起着决定性作用，是查新检索实践及相关研究的重点内容。科技查新检索围绕课题查新点内容，进行一系列检索操作，具体操作流程为：

（1）提炼主题

在开始项目查新之前，应认真阅读查新项目的资料，了解查新项目的科学技术要点，仔细分析查新委托人提出的查新点，在明确委托人的检索要求的基础上，围绕查新项目的主题，依据查新点进行概念分析，从主题和查新点中提炼出最具代表性和指示性的检索概念，充分反映查新项目的主题内容。

（2）确定检索范围

针对查新项目的技术主题、查新范围和查新目的，确定文献检索的专业范围、地域范围、时间范围、语种以及文献类型等，以便于选择适当的检索工具。其中检索文献的时间范围应当以查新项目所属专业的发展情况和查新目的为依据。一般应从查新委托之日起回溯检索

15年以上。对于新兴学科、高新技术项目,回溯年限可酌情缩短;对于较成熟的技术和专利进行查新时,回溯年限应酌情延长。

(3) 选择检索工具

常用的中文通用检索数据库主要有:中文科技期刊数据库、中国学术期刊数据库、中国博士学位论文全文数据库、中国优秀硕士学位论文全文数据库、中国重要会议论文全文数据库、国家科技成果网、中国专利数据库等。

常用的外文通用检索数据库主要有:ScienceDirect、Web of Science、Ei Compendex、EBSCO、SpringerLink、Derwent Innovations Index、INSPEC、PQDT、Wiley Online Library等数据库。

在通用数据库的基础上,一般要结合课题研究领域选择对应的专业数据库,以及搜索引擎进行检索。

(4) 确定检索词

参考查新委托人提供的检索词,结合数据库的特点,充分利用已有的工具书(如主题词表、专业词表、分类表等),将检索概念转化为数据库可以识别的具体检索词。检索词的选择应注意以下事项:

① 尽量选择行业内惯用的专业术语、专指词或特定概念词;尽量选择数据库中的规范词;应广泛列举同义词、近义词、替代词、缩写词、相关词、上位词、下位词,并注意英美单词的不同拼写方式等。

② 中文检索词应注意切词;外文检索词应注意截词;2个以上单词组成的词组应注意使用位置算符;对于专有名词,注意采用固定短语和精确检索等方式。

③ 应考虑检索词在数据库中所对应的字段以及在文献中的位置与深度。根据检索需求,一般可将检索词限制在文献的标题、摘要、关键词、全文等字段中进行检索,也可以限制在网页的标题、某个特定网站等,实现快速精确查找。

④ 对标引分类号的文献,可根据数据库所采用的分类法选择相应的分类号。检索国内非专利文献一般采用中图法分类号,检索专利文献可以选择相应的专利分类号。

(5) 制定检索式

根据查新项目的技术主题和数据库要求,组配检索词,确定各个检索词之间合理的逻辑关系,构成正确的检索表达式。应根据每个查新点的内容从不同角度构造多个检索式,通常由严格到宽松,经反复试检、字词拆分更替、组配、字段调整确定最终检索式。在制订检索式过程中,往往需要结合逻辑算符、位置算符、截词符,实现查全率和查准率的平衡,找到合适的相关文献。

(6) 评价检索结果

检索式确认后可以进入具体数据库实施检索。

检索初步实施后,应当对检索结果的有效性进行初步评价:发现密切相关文献可确定本次检索有效;仅发现一般相关文献可确定本次检索部分有效,需进一步优化检索策略确认是否真的不存在密切相关文献;未发现相关文献一般需重新梳理检索过程。对于后两种情况,可以分别从关键词途径和分类号途径检索,然后对检索结果互相验证。

(7) 调整检索策略

当检索结果太多且相关度不高时,需缩小检索范围;增加限制的检索概念,使用逻辑"与"连接更多的检索词;使用位置或字段限制,使用短语检索,限制检索范围;选用下位词等。当检索结果太少时,需扩大检索范围:去掉不重要的检索概念;补充同义词、近义词,选用上位词或其他相关词;去除已有的字段限制或位置限制;改变或增加检索途径,如使用分类检索;采用截词技术;新增检索的相关数据库等。当检索结果为零时,应重新审查检索策略和检索词,搞清同类研究范围,调整检索词和检索式,尝试改变检索途径;延长检索年限和回溯期,利用搜索引擎及其他网络资源等进行补充检索;手工搜集刊物、专辑、汇编、简报等;检索扩大到上位概念领域或相关领域。

(8) 停止检索

检索过程中出现下列情形之一时,可以按照下述顺序决定是否停止检索:

① 找到一篇否定符合单一性原则的查新项目的全部查新点的对比文献;

② 找到两篇或者多篇与查新项目查新点相关的对比文献,所属领域的技术人员能够容易地把它们结合起来,认为它们清楚地公开了符合单一性原则的查新项目的全部查新点;

③ 从委托人或公众提供的公开文献中发现了否定查新项目查新点的对比文献;

④ 查新机构认为不可能找到密切相关的对比文献。

(9) 获取检索结果

剔除无关文献及重复文献,保留相关文献。保存所有相关文献的题录和摘要信息。一般文献输出字段原则上应包括:题名、作者、机构、来源、关键词、摘要。专利文献输出字段应包括:专利名称、专利申请号、专利权人、发明人、专利申请日、国际专利分类号、专利摘要。网络新闻或技术报道输出字段应包括:网页题目、公司或作者、报道日期、网址或其他出处、内容摘要等。

从相关文献中选择对比文献。对比文献所属领域、解决的问题、解决方案、研究方法、主要技术特征和效果(包括技术指标、功能、功效、适用范围、推广程度等)与查新项目的查新点相同或相近,其内容是可比的。

4. 文献阅读与筛选

检索完成后,查新人员应结合查新要点,对检索到的相关文献摘要进行阅读,初步确定文献的相关程度。对密切相关的文献,应尽可能获取并阅读原文。按相关性分国内国外文献两种情况进行整理。

5. 撰写查新报告

查新报告是查新机构用书面形式就查新事务及其结论向查新委托人所做的正式陈述。查新机构应当在查新合同约定的时间内向查新委托人出具查新报告。查新报告不仅是文献检索结果的具体体现,而且是针对查新委托人提出的查新点进行检索并进行科学、独立、客观、公正的分析对比后的事实性描述,一般应具备的内容有:

(1) 基本信息。包括查新报告编号、查新项目名称、委托人名称、委托日期、查新机构名称及地址、联系方式、查新员和审核员姓名、查新完成日期等。

(2) 查新目的。查新目的主要有立项查新、成果查新、专利查新等。

(3) 科学技术要点。一般根据查新委托人在查新合同中提供的资料进行简单描述。

(4) 查新点与查新要求。报告中的查新点与查新要求与查新合同中的一致,查新要求一般根据查新委托人提出的期望来描述。

(5) 文献检索范围与检索策略。列出查新过程中所使用的数据库、检索工具、检索年限、检索词及检索策略等。

(6) 检索结果。一般根据查新项目的科学技术要点和查新点,将检出的相关文献(密切相关文献或一般相关文献)按相关性程度分国内、国外列出,对所列主要相关文献逐篇进行简要描述。检索结果是进行文献分析对比及做出查新结论的依据,因此,描述时必须以客观事实和文献为依据。

(7) 文献对比分析。对照查新要点,按照各种内容和技术要素,逐项分别进行对比分析,在对查新要点逐个进行对比分析的基础上,再从整体上进行综合分析,对整个项目的新颖性做出评价。

(8) 查新结论。查新结论是整个查新报告的核心,是对接受查新的科研项目是否具有新颖性、先进性的重要评估。要求撰写查新结论是客观的,完全以文献中事实、数据为依据,不受各种主观、客观因素影响;结论要准确,表述要清晰、简明扼要。结论内容一般包括相关文献检出情况,检索结果与查新项目的科学技术要点的比较分析,对查新项目新颖性的判断结论。

(9) 查新员与审核员的声明。《科技查新规范》规定:查新报告应包括查新员和审核的签字声明。

(10) 附件清单。查新报告中的附件清单主要是指密切相关文献的题目、出处和原文复印件等。

查新报告的撰写原则包括:

(1) 基本原则

① 文献依据原则。科技查新是以公开文献为依据判断查新项目的新颖性,不包括"使用公开"和"以其他方式公开"。

② 公正原则。查新机构应当站在公正的立场上完成查新。

③ 客观原则。查新机构应当依据公开文献客观地完成查新。查新报告中的任何技术性描述、分析对比、结论不包含任何个人偏见。

④ 独立原则。查新不受任何行政部门、社会团体、企事业单位、个人、查新委托人等的干预。

(2) 单一性原则

一个查新项目应当限于一个主题,只有当多个主题有一个密不可分的特定技术特征时才被允许出现在同一查新项目中。

(3) 新颖性判断原则

① 单独对比原则。在判断查新项目新颖性时,应当将查新项目的各查新点分别与每一篇对比文献中公开的相关内容单独进行比较,不得将其与几篇对比文献公开的相关内容的组合,或者与一篇对比文献中的多项技术方案的组合进行比较,也不得要求一篇文献覆盖所有的查新点才能比较。

② 相同排斥原则。如果查新项目在科学技术领域、研究目的、技术方案和技术效果等方面均与已公开报道的某一对比文献实质上相同,则该项目缺乏新颖性。

③ 具体(下位)概念否定一般(上位)概念原则。在同一科学技术主题中,当查新项目和对比文献分别采用一般(上位)概念和具体(下位)概念限定同类技术特征时,具体(下位)概念的公开可使一般(上位)概念的查新项目丧失新颖性。反之,一般(上位)概念的公开并不影响采用具体(下位)概念限定的查新项目的新颖性。

④ 惯用手段的直接置换否定原则。如果查新项目与对比文献的区别仅仅是所属技术领域惯用手段的直接置换,则该查新项目不具备新颖性。

⑤ 突破传统原则。传统上对某个技术问题普遍存在的认识是引导人们舍弃某种技术手段。如果查新项目恰恰突破传统,采用了这种被舍弃的技术手段解决了技术问题,则查新项目具有新颖性。

6. 查新结果审核

查新报告完成后,由审核员根据《科技查新规范》以及相关文献与查新项目的科学技术要点的比较结果,对查新程序和查新报告进行审核,并签字加盖科技查新专用章。

7. 提交查新报告

经审核员审核,出具正式查新报告。按查新机构与委托人订立的合同规定的时间、方式和份数向查新委托人提交查新报告及其附件。

8. 查新文件归档

查新员在查新工作完成后,及时将查新项目的资料、查新合同、查新报告及其附件、查新员和审核员的工作记录等存档。

课后思考与练习

1. 请阐述布拉福德定律、齐夫定律、洛特卡定律和普莱斯定律的核心内容。
2. 请回答撰写科技查新报告有哪些原则及具体内容。
3. 简要回答一下科技查新的检索流程及每个步骤的具体内容。
4. 请谈一谈文献计量及可视化工具的类型以及相关软件名称与其使用方法。
5. 在学习完本章之后,谈谈你对信息资源检索的整体认识。

主要参考文献

(按章节顺序排序)

[1] 韩丽风,王茜,李津,等.高等教育信息素养框架[J].大学图书馆学报,2015,33(6):118-126.
[2] 马费成,宋恩梅,赵一鸣.信息管理学基础[M].第三版.武汉:武汉大学出版社,2018.
[3] 于良芝.图书馆情报学概论[M].北京:国家图书馆出版社,2016.
[4] 钟义信.信息科学原理[M].第5版.北京:北京邮电大学出版社,2013.
[5] 张勤.信息链与我国情报学研究路径探析[J].图书情报知识,2005(04):23-27.
[6] 叶继元.信息组织[M].第2版.北京:电子工业出版社,2015.
[7] 董璐.传播学核心理论与概念[M].第2版.北京:北京大学出版社,2016.
[8] 端木艺.实用信息资源检索与利用[M].南京:南京大学出版社,2018.
[9] 于光.信息检索[M].第2版.北京:电子工业出版社,2014.
[10] 黄如花,胡永生,程银桂.信息检索[M].第3版.武汉:武汉大学出版社,2019.
[11] 黄晓鹂.医学信息检索与利用[M].第2版.北京:科学出版社,2016.
[12] 彭奇志,张群,沈艳红,等.信息检索与利用[M].北京:中国轻工业出版社,2013.
[13] 邓发云.信息检索与利用[M].第3版.北京:科学出版社,2017.
[14] 周建芳.信息素养与信息检索[M].第三版.北京:科学出版社,2021.
[15] 张帆.信息存储与检索[M].第三版.北京:高等教育出版社,2017.
[16] 沈固朝,储荷婷,华薇娜.信息检索(多媒体)教程[M].第三版.北京:高等教育出版社,2015.
[17] 姚中平,张善杰,李军华.现代信息检索[M].上海:上海交通大学出版社,2019.
[18] 陈荣,霍丽萍.信息检索与案例研究[M].上海:华东理工大学出版社,2015.
[19] 蔡丽萍.文献信息检索教程[M].第2版.北京:北京邮电大学出版社,2017.
[20] 王宏波,来玲.信息资源检索与利用[M].第4版.大连:东北财经大学出版社,2019.
[21] 邱均平.信息计量学概论[M].武汉:武汉大学出版社,2019.
[22] 蒋葵,董建成.医学信息检索教程[M].南京:东南大学出版社,2015.
[23] 刘双魁.信息检索与利用[M].南京:东南大学出版社,2010.
[24] 马建锋,魏强.信息组织[M].北京:国防工业出版社,2019.
[25] 王冲.大学生信息检索素养教程[M].北京:清华大学出版社,2017.
[26] 张永忠,王乐.信息检索与利用[M].上海:复旦大学出版社,2016.
[27] 刘伟成,杨红梅,周琪.数字信息资源检索[M].武汉:武汉大学出版社,2018.
[28] 吉家凡,王小会.文献信息检索与利用[M].北京:高等教育出版社,2019.
[29] 康桂英,明道福,吴晓兵.大数据时代信息资源检索与分析[M].北京:北京理工大学出版社,2019.
[30] 刘彩娥.数据与事实检索[M].北京:科学出版社,2013.
[31] 萧振华.出版物质量问题典例面面观[M].合肥:安徽教育出版社,2020.
[32] 张晶.国际标准书号(ISBN)发展简史[M].北京:中国标准出版社,2018.

[33] 王红兵,胡琳.信息检索与利用[M].北京:科学出版社,2019.
[34] 郭向东,易雪梅.四库全书研究文集[M].兰州:甘肃人民出版社,2016.
[35] 潘树广,黄镇伟,涂小马.文献学纲要[M].第2版.桂林:广西师范大学出版社,2005.
[36] 黄爱平.四库全书纂修研究[M].北京:中国人民大学出版社,1989.
[37] 国家知识产权局专利局专利文献部.专利文献与信息检索[M].北京:知识产权出版社,2013.
[38] 马天旗.专利挖掘[M].第2版.北京:知识产权出版社,2020.
[39] GB/T 1.1—2020.标准化工作导则第一部分:标准化文件的结构和起草规则[S].北京:中国标准出版社,2020.
[40] GB/T 1.2—2020.标准化工作导则第二部分:以ISO/IEC标准化文件为基础的标准化文件起草规则[S].北京:中国标准出版社,2020.
[41] GB/T 20000.1—2014.标准化工作指南第1部分:标准化和相关活动的通用术语[S].北京:中国标准出版社,2014.
[42] ZC 0007—2012.中国专利文献号[S].北京:中国标准出版社,2012.
[43] ZC 0009—2012.中国专利文献著录项目[S].北京:中国标准出版社,2012.
[44] GB/T 15416—2014.科学技术报告编号规则[S].北京:中国标准出版社,2013.
[45] GB/T 7713.3—2014.科学技术报告编写规则[S].北京:中国标准出版社,2013.
[46] 邱均平.文献计量学[M].北京:科学出版社,2019.
[47] 查先进.信息分析[M].武汉:武汉大学出版社,2011.
[48] 李杰,陈超美.Citespace科技文本挖掘及可视化[M].第2版.北京:首都经济贸易大学出版社,2017.
[49] 赵蓉英.信息计量分析工具理论与实践[M].武汉:武汉大学出版社,2017.
[50] 朱旭振.基于链路预测的推荐系统:原理、模型与算法[M].北京:北京邮电大学出版社,2018.